춤을 본다는 것
춤을 쓴다는 것

춤평론가 김승현 유고집

춤을 본다는 것
춤을 쓴다는 것

지은이 / 김승현
펴낸이 / 조은경
기 획 / 이부섭
편 집 / 박민경
디자인 / 박민희
펴낸곳 / 늘봄

등록번호 / 제300-1996-106호 1996년 8월 8일
주소 / 서울시 종로구 동숭4길 9(동숭동 19-2)
전화 / 02)743-7784
팩스 / 02)743-7078

초판발행 2013년 5월 10일

ISBN 978-89-6555-021-1 03680

춤평론가

김승현 유고집

——

춤을
본다는 것
춤을
쓴다는 것

늘봄

그의 눈망울이 더 이상
춤 무대를 비추지 않음을 실감하며

"승현"이라 불러보니 참 엊그제 같이 바로 옆에 있는 듯한데 부르기에는 멀리 있다는 생각이 들면서 무언가 가슴 밑에서 찡한 것이 올라온다. 한국무용협회 회의에 마지막 척추 지지대를 하고 왔던 모습이 떠오른다. 그때 나는 삶에 대한 치열한 도전을 생각했다. 그 힘든 몸으로도 쉬지 않고 공연을 보고 글을 쓰고 끝까지 죽음을 이겨내려 했던 모습이 지금도 내 눈에 선명하다.

내가 그를 처음 만난 것은 1990년대 초였다. 작은 키에 영리하게 빛나던 눈망울이 내게 순수하게 비쳐졌고 무용에 대해 끊임없이 질문하던 모습에 제자처럼 때론 동생처럼 그리고 좋은 읽을 책을 권해주던 친구처럼 내 옆에 있었다.

둔한 몸이라고 하면서 댄스스포츠를 나의 집 연습실에서 배우기도 한 열정이 있었다. 이후 불란서로 유학을 다녀 온 뒤로 그의 옆에도 많은 무용가들과의 친분이 생기면서 조금의 거리는 생기기도 했다. 그러나 늘 어려울 때는 서로에게 도움을 주려고 했던 것은 그가 떠날 때까지 연결되었었다.

1996년 이집트 공연에 함께 동행 했던 기억이 난다. 밤 문화가 없는 이집트의 삭막함을 공보관이 사다준 맥주로 달래면서 우리는 이집트의 피라미드, 스핑크스 등 1,500년이 되지 않은 작품은 유물로 간주하지도 않는다는 그들의 찬란한 문화에 대해 충분히 대화를 나누었던 기억이 잊히지 않는다.

이후 1997년 나는 로르카의《피의 결혼》을 한국화하여 정동극장에서 일주일간 공연했었다. 그는 그때도 (장기공연이 없던 시절이기도 하고, 그의 사무실이 극장에서 가깝기도 했

다) 나의 공연에 대해 관심을 가지고 매일 정동극장에 와서 격려를 해주면서 극찬을 아끼지 않았었다. 정말 평론의 한부분이 뚝 잘려나간 것 같은 아픔을 느낀다.

춤에는 평론이 무척 중요하다. 그의 반짝이던 눈망울이 춤 무대를 더 이상 비추지 않는다는 것이 진심으로 아쉽다. 내가 가족을 걱정하면 내게 아들 자랑, 부인 자랑을 흠뻑 하곤 했던 김승현. 그가 떠났지만 우린 이렇게 또 살아간다. 그가 좋은 곳으로 가서 아프지 않게 행복하기를 바라고 그의 가족들이 행복하기를 바란다.

김복희

사단법인 한국무용협회 이사장

김승현 兄의 글을 다시 보며

그를 떠나보낸 지 1주기가 다가오지만, 아직도 20년간 함께 지낸 편집국 어딘가에서 그가 야릇한 웃음을 던지며 "어이~ 최국장~"하고 부를 것만 같습니다. 공연 리뷰 기사를 읽다가 불쑥 '김승현 씨가 썼다면…' 하는 생각이 들 때도 있습니다. 그런 그가 생전에 써놓은 글을 모아 유고집이 나온 것을 보니 더욱 그리움이 사무칩니다.

그는 천생 기자였습니다. 교사생활을 접고 첫 신문사에 입사한 수습시절, 데스크의 취재 독촉에 며칠 동안 신발을 벗지 않았다는 일화는 후배들에게 기자근성에 대해 이야기할 때마다 등장하는 전설이 됐습니다. 돌이켜보면 1992년 문화일보 창간 직후에 만난 그는 언제나 인파이터처럼 기(氣)가 꽉 찬 동료였습니다. 상황을 단순명쾌하게 정리하고, 아무리 어려워도 자신감을 잃지 않았습니다. 때론 너무나 냉철하게 판단해버려 차갑게 느껴지기도 했지만, 그게 결국에는 거친 기자생활을 견뎌내고 낙관의 여유를 갖게 해주는 원천이라는 것을 알기에 미워할 수가 없었습니다. 수컷들만 느낄 수 있는 속정을 가진 그였습니다.

그와 나눴던 농담들과 세평 속에는 그만의 위트와 감성이 있었습니다. 아마 그것이 하드보일드 해 보이는 그가 사회부나 정치부로 가라는 권유를 몇 번이나 물리치고 문화부를 고집하며 책과 음악과 공연과 미술과 깊고 단단한 인연을 쌓아가게 된 연유였을 겁니다.

그는 언젠가 "나는 눈이 밝은 것 같아"라고 얘기한 적이 있습니다. 그림을 봐도 공연무대를 봐도 오감의 가운데 시각의 충족감이 가장 크다고 했지요. 그 즈음 그가 리뷰기사에 그치지 않고 무용평론의 길로 접어들었던 것으로 기억됩니다. 중력에 저항하는 비상의 꿈, 몸이 표현할 수 있는 최상의 미를 춤이 지닌 마력으로 꼽았지요. 무용계는 물론 연극, 뮤지컬, 출판, 음악, 미술, 학술 등에서 폭넓게 많은 인사들과 교분을 나눴던 그의 자취도 어쩌면 그 꿈과 미를 공유하고 싶었던 열정의 소산이었을 것입니다. 그 뜨거웠던 필객의 역사가 오롯이 담긴 게 바로 이 유고집이겠지요.

그의 마지막을 추억하기란 여전히, 참으로 힘이 듭니다. 고통을 이겨내려 더 빠르게 노트북 자판을 두드리던 그를 그저 안타깝게 바라만 봐야 했던 시간들, 우리 모두가 그 고통을 겪게 만든 건 아닌지 밑도 끝도 없는 미안함을 느껴야 했던 시간들이었습니다.

하지만 누구에게나 끝이 있듯이, 고통 없는 세상에서 안식하고 있을 그를 떠올리며 유고집 한편에서나마 그를 추억할 수 있음이 얼마나 감사한지요. 오늘도 그를 닮은 후배들이 치열하게 기자로 살고 있는 편집국 풍경을 보면, 이 유고집이 먼저 간 친구와의 해후일 뿐만 아니라 그 후배들과의 약속 같다는 생각이 듭니다. 그것 또한 얼마나 고마운 일인지요.

김승현! 큰 선물을 남겨줘서 정말 고맙다.

최영범
문화일보 편집국장

남편이 돌아가신 지
1주기가 되었습니다

항상 환한 모습과 긍정적 자세로 말하고, 웃고, 일하던 모습을 어디에서도 볼 수 없다는 사실이 지금도 믿기지 않고 슬픔이 가시지 않습니다. 남편께서는 마지막 순간까지도 일에 대한 열정과 가족에 대한 책임을 버리지 않았습니다. 병원에 입원하기 전까지 회사에 출근했었다고 하니 담당 의사도 남편의 굳은 의지에 놀랄 정도였습니다. 그러나 의지로 이겨낼 수 없는 병으로 남편은 돌아가셨습니다. 남편이 돌아가시고 남편의 죽음을 진심으로 안타까워하며 눈물을 흘리시는 조문객들의 모습을 보며, 남편이 훌륭한 사람이었다는 자부와 존경심을 돌아가신 후 더 크게 가지게 되었습니다.

많은 분께 사랑을 받은 남편은 인생을 잘 산 사람이었습니다. 많은 분께서 보여주신 남편에 대한 사랑은 저와 세 아이들에게 살아갈 힘과 위로가 될 것입니다.

남편의 1주기를 기념하여 남겨진 가족, 세 아이의 아버지인 남편의 유고집을 출판하게 되어 기쁘게 생각합니다. 이 유고집이 출판되도록 애써주신 모든 분들께 감사드립니다.

고인을 춤평론가로 이끌어주신 월간『춤』지의 조동화 선생님, 고인에 대한 사랑을 가지고 저희 가족에게 힘이 되어주신 한국춤평론가회의 유인화 회장님 이하 춤평론가 여러분, 고인의 애정 어린 비평을 고맙게 받으시며 기꺼이 동료가 되어주셨던 무용계 여러분, 원고정리와 편집을 해주신 박민경 님, 흔쾌히 출판을 허락해주신 늘봄출판사 사장님께도 고마움의 인사를 전하고 싶습니다.

끝으로, 남편은 알프레드 드 비니의 시 〈늑대의 죽음〉을 자주 애송했습니다. 아이들과 저에게 불어로 낭송하며 한 구절 한 구절 해석해주던 날을 잊을 수 없습니다. 이 시를 읽을 때마다 저와 아이들은 남편의 모습을 그리워할 것입니다. 남편을 존경하고 사랑하는 마음으로 오늘은 제가 이 시를 읽어드리겠습니다.

La mort du loup (Alfred de Vigny)

Helas! ai-je pense, malgre ce grand nom d'Hommes,
Que j'ai honte de nous, debiles que nous sommes!
Comment on doit quitter la vie et tous ses maux,
C'est vous qui le savez, sublimes animaux.
A voir ce que l'on fut sur terre et ce qu'on laisse,
Seul le silence est grand; tout le reste est faiblesse.
 – Ah! je t'ai bien compris, sauvage voyageur,
Et ton dernier regard m'est alle jusqu'au coeur.
Il disait: "Si tu peux, fais que ton ame arrive,
A force de rester studieuse et pensive,

Jusqu'a ce haut degre de stoique fierte

Ou, naissant dans les bois, j'ai tout d'abord monte.

Gemir, pleurer, prier est egalement lache.

Fais energiquement ta longue et lourde tache

Dans la voie ou le sort a voulu t'appeler,

Puis, apres, comme moi, souffre et meurs sans parler."

나는 생각했다. 아아, 인간이란, 이 위대한 이름에도

우리는 얼마나 나약하고 또한 부끄러운가!

사람이, 생명과 고난을 어떻게 마무리 지어야 하는가를

고귀한 동물이여, 너는 아는구나!

땅 위에 살면서 거기에다 우리가 남기고 가는 것이 무엇인지 생각할 때,

침묵만이 위대하고, 그밖에 모든 것은 연약한 것일 뿐이다.

– 아! 야생의 여행자여, 나는 너를 잘 이해하겠다.

너의 마지막 시선은 나의 심장에까지 와 닿았다.

너의 시선은 이렇게 말하고 있었다.

"가능하다면 근면하고 깊이 사색해서

이 드높고 고결한 스토아적인 경지에 도달할 수 있다.

신음하고, 울고, 기도함은 모두 비겁하다.
운명이 너를 인도해가는 길에서
힘차게 너의 길고 무거운 삶의 과업을 수행해가라.
그런 후, 나처럼 시련을 견디며 말없이 죽어가라."

2013년 5월
당신이 너무나 사랑하는 지수 지원 지현
당신을 사랑하는 아내 수현 드림

21세기 첫 10여년의
춤 공연 현장을 담다

2012년 5월 13일, 결국 그는 눈을 감고 말았다. 김승현의 죽음은 충격이었다. 1년여 전부터 암이 재발해 치료를 받고 있다는 사실을 알고 있었지만, 투병 중에도 종종 공연장에 의연한 모습으로 나타나곤 했던 그였다. 늘 여유롭고 웃는 얼굴이어서 언제 아팠느냐는 듯 금방이라도 활발하게 현장을 누빌 것만 같았던 그였기에 안타까움은 더 컸다. 이제는 더 이상 그 환한 미소를 볼 수 없을 것이고, 무대를 생생하게 전해주며 그 가치를 함께 나누던 글도 만날 수 없을 것이라는 사실에 마음이 아팠다. 그리고 이 슬픔이 곧 그리움으로 바뀔 것이라는 사실도 잘 알고 있었다. 1년이 지난 지금, 그를 기억하는 뜻으로 유고 평론집을 선보인다. 고인을 추억하는 많은 이들의 애통한 마음에 조금이나마 위로가 되었으면 한다.

작년 여름 유족의 뜻에 따라 유고집을 기획하며 고인의 컴퓨터에 남아 있는 파일 형태의 원고들을 모았다. 그리고 음악, 연극, 뮤지컬, 무용 등 공연예술에 관한 수많은 원고 중에서 춤에 관한 것들만 따로 분류했다. 각종 세미나와 포럼 등에서 발표한 논단, 극장의 사보나 공연프로그램 책자를 위해 쓴 프리뷰와 해설, 외국 무용단의 내한공연에 대한 리뷰를 곁들인 단상, 춤과 관련된 다양한 시평이나 논평, 무용가 인터뷰와 좌담, 추천글이나 심사평 등 그 범위가 폭넓으며 그 양이 책 몇 권 분량이었다. 이 책은 그중 순수 춤리뷰라고 할만한 글들을 선별해 엮은 것이다. 추려내고 보니 대부분 무용전문잡지 『춤』에 실린 공연평들이었다.

김승현은 2001년 4월부터 월간 『춤』에 공연평을 기고하는 고정필자가 되면서 '춤평론가'로 활약하기 시작했다. 그는 첫 공연평을 쓰면서 그때를 이렇게 기록했다.

"2001년 초, 한국예술종합학교 무용원 김채현 교수 소개로 '춤지 25주년 기념좌담'에 참석했다. 이 좌담회에서 이런 저런 주제넘은 이야기를 한 것이 3월호에 실렸다. 그때『춤』잡지 발행인인 조동화 선생께서 사람을 시켜 연락을 해왔다.

나는 1996년 10월부터 줄곧『문화일보』무용담당기자였다. 2년4개월 정도의 공백기를 거쳐 2001년 1월 다시 무용담당기자로 돌아올 때까지 춤계의 큰 어른 중의 한 분인 조동화 선생과 대화를 나눈 적이 한번도 없었다. 기사를 쓰기 위해 특별히 만나야 할 계기가 없었던 것이 가장 큰 이유겠지만 어른이 어려웠던 때문도 없지 않았다. 그런 조 선생께서 만나자고 사람을 시켜 연락을 해오니 지난번에 한 주제넘은 이야기에 대한 꾸중인가 하여 찜찜한 구석이 없지 않았다. 하지만 예상과 달리 좌담내용에 대한 과분한 칭찬이었다. 그리고 조 선생께서는 춤지에 글을 쓸 것을 권하셨다.

그러나 제대로 된 지식이나 이론도 없고, 볼 줄도, 들을 줄도 모르는 것이 사실이기에 처음에는 완곡하게 거절했다. 또 표면적으로는 백조처럼 고아하고 평온해 보이는 무용계지만 수면 아래로는 백조의 발처럼 빠르게 움직이며 무용평론가들과 무용가는 물론 평론가와 평론가, 무용가와 무용가, 여러 개의 무용단체 등이 서로 나뉘어 이합집산하는 무용계의 갈등에 끼어들기 싫었던 것이 사실이다. 그러나 1시간30분이 넘어서도록 계속해서 사명감을 갖고 글쓰기를 권하시는 데다, 쓰겠다는 답을 안 하고서는 일어서기도 힘든 분위기여서 결국 승복하고 말았다."

그렇게 해서 김승현은 춤리뷰를 2012년 4월호까지 11년간 거의 빠짐없이 매달 연재했다. 그는 오랫동안『문화일보』의 기자로 재직하며 장르불문하고 공연계 기사들을 전방위로 담당했지만, '춤평론가'라는 직함으로 쓴 리뷰는 되도록 『춤』에만 싣고자 했다. 일종의 중립성 같은 것이기도 했고, 조동화 선생에 대한 존경어린 의리 같은 것이기도 했다.

이 책은 김승현이 춤평론가로 활동한 시기인 21세기 첫 10여년의 춤공연 현장을 담고 있다. 그는 일간지의 기자로서 공연현장을 발로 뛰며 직접 보고 겪은 것을 기록했다. 따라서 여기 실린 글들은 한 사람의 평론가로서 고인의 흔적이기도 하지만 더불어 우리 춤계의 소중한 기록물이라고도 할 수 있다. 그는 좁은 범위의 '춤' 그 자체에 한정하지 않고 넓은 시각에서 '공연'의 한 요소로서 춤을 다루었는데, 마찬가지로 공연예술을 '문화'의 한 요소로 보았다. 그래서 21세기 들어 두드러지게 확산되기 시작한 문화산업적 측면에서 예술의 경영적, 시장적 관점을 중심으로 의견을 피력하곤 했다.

책의 구성을 보면, 논평을 곁들인 리뷰를 별도의 파트로 분류하고 그 밖의 리뷰를 크게 무용가(특히 안무가), 직업무용단, 기획공연&축제 별로 나누었는데 동문무용단의 정기공연과 외국무용단의 내한공연, 가족/어린이를 위한 춤공연을 각각 하나의 카테고리로 묶어 기획공연&축제 장에 넣었다. 그 나머지 짧은 글은 단평으로 남겼고 끝으로 『춤』에 수록된 리뷰 목록을 실었다. 각 글마다 출처를 따로 표기해놨지만 편집되기 전 원문이어서 잡지에 실린 글과 조금 다를 수 있다. 가능한 글의 손상없이 싣고자 했으며 중복된 내용에 한해서만 부득이하게 삭제했다. 전체 분량을 봤을 때 분권해야 마땅했겠지만 단절됨을 피하기 위해 그냥 한 권으로 묶었다.

한 가지 언급할 점은, 2011년 김승현은 자신의 첫 평론집이라 할만한 『정의숙 전미숙 안은미의 춤-한국 춤 백화제방의 세 꼭짓점』(늘봄출판사)을 출간했다. 그는 저자서명이 들어간 책을 건네며 시간이 나는 대로 그런 형식으로 평론집을 낼 계획이라고 밝힌 바 있다. 이 책은 비록 그의 생각과 다른 형식이긴 하지만 그 평론집의 후속이라고 할 수 있다. 따라서 안은미 전미숙 정의숙 세 안무자의 작품에 대한 리뷰는 제외했다. 춤과 비평에 관한 그의 생각은 그 책의 프롤로그와 에필로그에 상술되어 있다.

김승현은 늘 최선을 다해 열심히 살았기에 매사 낭비와 후회가 없었다. 그토록 진심으로 삶을 꽉 채워서일까, 그가 살아온 50여년의 인생, 그 시간보다도 훨씬 더 많은 걸 남기지 않았나 싶다. 여기 묶은 글들 역시 그 일부로서, 우리 춤현장에 대한 기록이자 이 시대 춤에 대한 김승현 자신의 평가로서 조금의 부족함도 없다고 생각한다.

순전히 오랫동안 『춤』 잡지에 몸담았던 인연으로 이 책의 편집을 맡았다. 나는 그와 같은 공연을 본 관객이자 그의 공연평을 읽는 첫 독자였던 셈이다. 김승현의 글은 평소 그의 성격과 많이 닮아 있다. 그는 춤이 됐든 글이 됐든 지나친 엄숙함이나 현학, 극단을 매우 싫어하고 풍자나 역설, 유머 등을 좋아했는데, 그러한 면모는 그의 글들 전반에 묻어났다.

여러 가지 개인적인 사정 때문에 시간이 충분하지 못했다. 1주기에 맞춰 서둘러 마무리를 하니 아쉬운 점도 있다. 하지만 여름에서 가을, 겨울을 지나 다시 봄―그의 글들과 함께 한 시간들이 행복했고 그것으로 만족한다.

따뜻한 햇살 가득한 봄날, 다시 고인을 생각한다.

박민경

차 례

| I. 논평 |

I. 논평

젊은 무대예술가들의
춤과 음악이 흥겹게 어우러진 한 판

- 안은미와 김지영의 《페이퍼 레이디》

발레리나 김지영이 2002년 6월 하순 네덜란드로 떠나기 전 파격적인 무대를 선보였다. 그는 곧 '인공의 천국' 네덜란드 암스테르담으로 떠나는 것을 시사하기나 하듯, 과거 무대에서는 거의 볼 수 없었던 도발적인 화려한 몸짓을 보여줬다. 보들레르는 산문시집 『파리의 우울』 첫머리에 실린 작품 〈세상 밖이라면 어느 곳이나〉에서 모든 것이 사람의 손으로 새롭게 가공된 암스테르담을 '인공의 천국'이라고 부르며 그 화려한 자유를 찬미했다. 극작가 이만희도 작품 〈그래 우리 암스테르담으로 가자〉를 통해 퇴폐적이기까지 한 암스테르담의 자유를 그렸다.

2002년 5월 1일 문예진흥원 예술극장 대극장에서 있은 이날 공연은 강미선, 김지영, 안은미의 공동무대. 여기에 인디 록밴드 '어어부프로젝트'와 퓨전 국악그룹 '공명'이 참가, 자신들의 콘서트와 함께 춤음악도 연주한 크로스오버 무대다. 한국무용과 발레, 현대무용, 그리고 록밴드와 국악그룹 등 참가자의 스펙트럼이 상당히 넓은 가운데 각 분야의 젊은 기수로 꼽기에 부족함이 없는 인물들인 만큼 만남의 폭발력도 컸다. 강미선의 깔끔한 귀족적 현대미, 김지영의 기계적으로까지 보이는 테크닉, 더 이상 감출 게 없는 안은미의 도전적 춤에, 컬트해 보이기도 하는 어어부의 과격무쌍한 연주와 아이디어가 빛나는 장난기 넘치는 공명의 음악이 한데 어울려 설명할 수 없는 독특하면서도 강한 생명력이 넘치는 무대를 만들어냈다. 물론 이 무대의 중심에는 도전과 파격의 춤꾼 안은미가 있다.

강미선은 안은미 연출의《데미안》으로 막을 올렸다. 이어 즉석에서 파이프로 피리를 만들어 연주하는 등 퍼포먼스를 겸한 공명의 콘서트로 한껏 흥이 오른 가운데 김지영이 등장했다. 김지영이 춘 작품은《페이퍼 레이디(Paper Lady)》. 안은미가 의상과 안무를, 공명이 음악을 맡았고, 이준규가 파트너로 잠깐 등장했다.

'Paper Lady'는 '종이로 만든 아가씨'라는 뜻이다. 그냥 아름답기만 한 종이인형 바비를 뜻하는지, 아니면 생명력 없이 예쁘기만 여성을 풍자한 것인지, 또는 종이처럼 찢어지기 쉬운 약한 여성이라는 건지 정확히는 잘 모르겠다. 그러나 평소 안은미의 작품궤적으로 봤을 때, 수동적이며 아름답기만 한 인형 같은 여성을 풍자한 것만은 분명해 보인다. 그 신랄한 안은미의 풍자가 김지영이라는 우리나라 최고 수준의 발레리나 몸을 캔버스 삼아 그려지면서 아름답게 변주됐다. 안은미의 매운 독설이 김지영의 화려한 테크닉이라는 프리즘을 통과하면서 달콤, 쌉쌀한 다채로운 이미지로 바뀐 것이다.

안은미는 1990년대 후반 예술의전당에서 당시 동덕여대 교수였던 발레리나 김순정과 함께 이 같은 도발적 무대를 만든 적이 있다. 김순정은 속살이 훤히 비치는 흰색 반투명 타이즈를 입고 아마조네스와 같은 당당한 몸매로 균형미와 역동미가 빛나는 파격적인 무대를 만들어 갈채를 받았었다. 이번 무대는 그것보다는 덜 충격적이지만 평소 김지영의 춤을 생각해볼 때 상상하기 쉽지 않은 무대였다. 마치 김지영이 국립발레단을 떠나면서 자신의 자유를 확인하기 위한, 또 앞으로 자신의 춤세계 확장을 위해 얼마든지 과감한 도전을 할 수 있다는 의지를 피력한 의식과도 같은 무대로 생각된다.

김지영은 쇼트커트 머리에 하얀 외투, 빨간 조끼, 하늘색 스커트에 빨간 스타킹을 신고 무대에 나왔다. 안은미다운 키치미가 넘치는 치장이다. 쇼트커트 머리도 김지영의 데뷔 이후 처음 보는 헤어스타일이다. 여성들은 뭔가를 결심하면 머리를 자른다고 한다. 직업무용수로서 안정된 국내의 자리를 박차고 새로운 세계로 도전하는 불안한 마음의 한 구석이 엿보이기도 한다. 하여튼 잘 차려입은 '종이인형'의 모습이다. 깨어지기 쉽고, 허영심이 엿보이며, 생명력이 없는 조화처럼도 보인다. 거기에 걸맞게 춤사위도 바비인형처럼 딱딱하고 수줍고 기계적이었다.

그러나 잠에서 깨어 외투와 조끼를 벗는 등 하나씩 껍질을 벗으며 춤사위는 점점 격해지면서 깃털같이 가벼워졌다. 이미 정평이 난 그의 깔끔한 테크닉이 육감적인 지체미에 얹어져 표현됨으로써 자유로운 욕망과 강인한 생명력이 객석으로 그대로 전해졌다. 국립발레단

시절 튀튀와 함께 하는 정형의 클래식발레에 묻혀 거의 보기 힘들었던 김지영의 모습이었다. 1999년인가 「해설이 있는 발레」 무대에서 일본인 안무가의 작품을 김용걸과 듀엣으로 출 때 이 같은 춤의 일단을 보여준 적이 있었다. 물론 그때는 아직 '국립'이라는 다소 무거운 이미지를 벗어던지기가 어려웠을 것이다.

그러나 이번 무대는 달랐다. 모든 측면에서 새로운 기회의 세상으로 도약하는 김지영의 무한한 기대와 온 몸을 던지는 모험이 담겨있는 듯했다. 현대무용에서는 찾기 힘든 아크로바틱한 고난도 테크닉에 터질 듯한 자유의 감정을 시원하면서도 육감적인 지체미에 담아 전달하는 데 성공했다. 자유의지가 없는 바비인형의 꿈에서 벗어나, 깃털같이 가벼운 자유로움으로 뛰고 구르고 나는 춤사위로 생명력 충일한 도발적인 유혹을 객석에 보냈다. 여기에는 공명의 신나는 라이브 음악연주도 큰 몫을 했다. 도전적인 젊은 무대예술가들의 춤과 음악이 흥겹게 어우러진 한 판이었다.

김지영에 이어 안은미는 특유의 시원하게 파격적인 《플리즈 킬 미(Please Kill Me)》라는 작품을 춤췄다. '제발 좀 나를 죽여줘'라는 제목에서처럼, 안은미의 주체할 수 없는 끼가 느껴진다. 그러나 자신이 연출한 《데미안》과 안무한 《페이퍼 레이디》와는 달리 정장차림의 얌전한 모습으로 등장해 묵직한 춤사위를 보였다. 얼핏 남들은 왕창 망가트리고 자신만 멋지게 보이려는 것 아니냐고 오해할 수도 있는 시작이었으나, 이내 다른 사람이 '죽여주지' 않으면 도저히 멈출 수 없을 것 같은 안은미의 화끈함이 폭발했다. 배에 주름이 잡힌 이 대머리 무용가는 결코 관객의 기대를 저버리는 법이 없다. 그는 잘 계산된 불꽃놀이를 연출하듯 다양한 계산과 도발로 상식을 깨는 즐거움을 줬다. 강미선과 김지영, 두 사람의 춤과 대조를 통해 아름다운 인형 같은 몸매를 지닌 사람만이 좋은 춤을 추는 것은 아니라는 것을 분명히 보여줬다. "세상에 하나밖에 없는 안은미의 춤은 안 보는 사람이 손해"라는 어느 무용기획자의 말도 일정부분 타당하다. 그러나 상식의 허를 찌르는 안은미의 춤방식이나 키치미도 이제 '안은미적 상식'이 되는 것은 아닌지 하는 생각도 없지는 않다. 자칫 실험을 위한 실험이라는 관성적인 매너리즘에 빠질 가능성도 배제할 수 없다는 말이다.

이집트에 유명한 실험연극제가 있다. 그 연극제의 심사위원이었던 이를 만난 적이 있다. 그에게 "실험이 뭐냐"고 물었을 때, 그는 "가장 재미있는 것"이라고 간단하게 답했다. 김지영과 공명, 그리고 안은미를 비롯해 강미선과 어어부가 만나 벌인 이번 실험축제는 그의 말을 단적으로 설명하는 듯한 무대였다. 난해성이 실험의 조건이 아니다. 자신만이 아는 비밀암호가 아니라, 일반적인 인식의 한계를 깨는 통렬한 재미, 거기에 실험의 묘미가 있는 것 같다. 그 재미있는 실험이 시간이라는 시험을 통과하면 고전으로 자리잡는 것이 아닐까. 고전이 안 돼도 동시대인과 함께 재미있을 수 있다는 것 하나로 실험은 충분한 가치를 얻을 수 있을 것이다. 열린 마음으로 만나 서로의 다름을 인정하고 그 다름을 통해 하나의 작품을 만들어가는 '하이브리드(hybrid)', 그 '잡종'의 생명력이 바로 실험의 즐거움이다. 그리고 '잡종 강세'라는 말처럼 '잡종'은 강하다. 독선과 아집은 아무리 밟아도 잡초처럼 다시 자라난다. 독선과 아집도 하나의 다양성으로 간주할 정도로 세상의 온갖 다양성을 모두 받아들이는 '똘레랑스(tolérance)', 그 관용, 포용의 마음을 갖고 있기 때문이다.   — 춤 2002년 6월호

크로스오버 작품으로 춤이
공연예술의 중심부로 진입하기를

- 김명숙 늘휘무용단의《샘》

김명숙 이화여대 교수가 이끄는 늘휘무용단의 크로스오버 작품《샘》은 조각가 유영교가 〈샘〉이라는 새로운 개념의 조각품을 제작한 뒤, 선인(仙人)들이 물가에서 노는 모습을 그린 음악 〈영산회상〉을 해체해 새로 정리한 황병기의 음악을 바탕으로 안무한 작품이다.

2000년 3월 20여분짜리 소품으로 초연된《샘》은 2001년 6월 60분짜리 대작으로 새롭게 만들어져 서울 예술의전당 자유소극장에서 공연됐다. 이 작품이 다시 정리되어 2002년 8월 22일 프랑스 파리 가나-보부르 갤러리에서 홍종진의 대금과 지애리의 가야금 연주에 맞춰 공연된 것이다. 지극히 한국적인 음악과 몸짓, 조각이 어우러진 이 작품은 한바탕 시원한 바람으로 유럽의 관객들을 감동시키기 충분했다.

유영교의 조각 〈샘〉은 해남 땅끝마을에서 생산되는 청오석(青烏石)으로 만든 작품으로, 물과 돌이 녹아 서로 스며드는 느낌의 한국적 정서가 가득하다. 30대 초반에 국전 초대작가가 된 유영교는 이탈리아 유학 후 대학진출 대신 작품제작에 매진한 드문 인물. 그 결과 그는 콜렉터들이 가장 소장하고 싶은 아름다운 조각을 만드는 작가로 자리매김했다. 그러나 아름답기는 하지만 고정된 조각에 어떤 한계를 느낀 그는 '움직이는 조각'에 도전했다. 꽃이 피고 지는 돌꽃으로 나타난 그의 첫 번째 변신을 1999년 방송으로 우연히 접한 김명숙이 이를 배경으로《버들음》이라는 작품을 만들면서 두 사람의 만남이 시작됐다.

아마 이 작업에 더 감동한 사람은 유영교였나 보다. 그는 6개월 만에 〈샘〉을 만들었고, 이 작품에 맞춰 춤을 만들어줄 것을 요청했다.《버들음》이 김명숙의 주도로 춤과 조각이 만났다면,《샘》은 유영교의 주도로 조각과 춤이 만난 셈이다. 그래서 2000년 3월 황병기, 유영교, 김명숙이 만나 만들어진《샘》이 처음으로 그 모습을 선보인 것이다.

그렇게 해서 세 번째 버전으로 다듬어진《샘》이 파리에서 공연된다는 소식은 소재빈곤에 허덕이는 현지의 무용가, 화가, 소설가 등 수많은 프랑스 예술가들을 화랑으로 끌어들이기 충분했다. 전문 공연장이 아닌 화랑 2층에 마련된 공연에는 100여명이 몰려들어 층계까지 가득 채웠다. 더 이상 들어갈 수 없어 입장하지 못하자 30여명의 관객이 주최측에 항의하다가 발길을 돌리기도 했다.

여성의 주된 생활공간이며 관능적 상징의 매개인 '샘'을 소재로 한 이 작품은, 여성들이 샘터에서 벌이는 아침, 점심, 저녁, 그리고 다시 아침으로 이어지는 삶의 모습을 상징적으로 그렸다. 작품은 소리에서 몸짓으로, 또 몸짓이 조각과 하나가 되는 상황을 정적이면서도 육감적으로 보여줬다.

아침은 샘에서 생명을 길어 새로운 삶을 열어가는 건강한 여성성을 날아갈 듯한 가벼움과 함께 묵직한 호흡으로 표현했다. 점심은 달콤한 샘터의 오수로 시작해 공기놀이, 술래잡기, 숨바꼭질 등으로 명랑하게 형상화해 건강한 여성성을 조각해냈다.

음악은 아침의 느린 상영산에서 점심의 점점 빠른 중영산, 군악에 이어 다시 느린 상영산으로 정리됐다. 저녁의 음악은 더욱 빨라지는 하현 도드리에 이어 계면 도드리, 우조가락 도드리의 '천년만세'로 빠르게 전개됐다. 여기에 맞춰 격렬한 춤사위가 펼쳐지면서 춤과 오브제인 조각 작품의 이미지가 하나로 융합돼, 뜨거운 관능미를 폭발시켰다.

에필로그 형식인 새벽은 밤의 열기를 정리하며 새로운 생명을 잉태, 새아침을 기다리는 여심이 강인한 필치로 그려졌다.

무대 한가운데서 춘 이애덕의 춤이 강렬한 관능적 에너지로 관심을 모았고, 미리 마련된 객석을 넘어 무대 바로 앞까지 앉은 관객들의 코앞에서 춤을 추면서도 조금도 동요하지 않은 윤정민, 김율희의 대담한 춤도 큰 박수를 받았다.

이날 공연을 지켜본 프랑스 현대무용가 리자 로젠버그는 "풍요로운 동작과 농축된 표현은 충격이었다"면서 "매우 우아하면서도 표현력이 뛰어난 작품"이라고 칭찬했다. 소설가 겸 수필가 장 크리스토프 블랑사르는 "하나의 예식 속에서 자연과 인간이 하나 되는 흔치 않은 경험을 했다"면서 "공연도중 무용수들과 조각, 심지어 음악까지 만져 보고 싶은 강렬한 관능적 충동을 느꼈다"고 말할 정도였다.

한편 2000년 공연에서 문제로 지적됐던 조각품의 위치도 춤을 위해 새로운 구도로 정리됐고, 춤의 힘도 대폭 보강됐다.

김명숙과 유영교는 《샘》의 해외진출이 여기서 끝나지 않을 것이라고 말했다. 유영교는 보다 자유로운 해외공연을 위해 무거운 조각인 〈샘〉을 느낌은 똑같으면서도 보다 가벼운 소재로 만들겠다고 말했다. 안무도 춤을 좀 더 보편적 형태로 깎아내면서 독창적인 우리 춤사위를 강화해 아비뇽페스티벌이나 에딘버러페스티벌 등 새로운 무대에 도전할 각오다. 이를 위해 자금마련 등 구체적인 실천방안을 준비 중인 것으로 알려졌다. 각 장르에서 나름의 성과를 이룬 두 예술가가 한 작품의 계속된 진화, 발전을 위해 노력하는 모습이 이채롭다. 이같이 장르를 넘어서는 크로스오버가 더욱 많아지고 다양화하면서 무용예술이 공연예술의 중심부로 진입하기를 기대해본다.　　　　　　　　　　　　　　　　　　　　— 춤 2002년 10월호

유니버설발레단이
한국발레사의 새 장을 열었다

― 《로미오와 줄리엣》&《심청》 파리공연

한국발레가 드디어 발레종주국 프랑스 파리 무대에 섰다. 특히 아시아 발레단으로는 처음으로 독자적인 창작/클래식 레퍼토리로 발레의 본고장에서 인정받았다는 점에서 한국발레사의 새장을 여는 사건으로 평가된다.

유니버설발레단(단장 문훈숙)은 2003년 3월 14~16일 《로미오와 줄리엣》, 18~19일 《심청》을 파리 팔레 데 스포르 극장에서 잇따라 공연했다. 매회 2200여명에서 1500여명에 이르는 관객들은 "브라보"를 외치며 박자를 맞춰 치는 기차박수와 함께 발을 구르는 등 절찬을 아끼지 않았다.

이탈리아 무용전문지 『댄스 2000』 편집자 알피오 아가스티노는 "기술적인 면에서 미학적인 순수성이 특히 빛나는 환상적인 공연"이라며 "한국발레가 이 정도 수준에 올랐을 줄은 전혀 예상치 못했다"고 놀라움을 표했다.

파리오페라발레단의 드미솔리스트로 활동하는 김용걸도 "모리스 베자르가 일본 발레무용수를 모아 작품을 만들어 공연한 적은 있지만, 아시아에서 한 단체가 독자적으로 독창적인 레퍼토리를 가지고 파리에 온 것은 처음"이라며 "냉정하기로 소문난 파리관객이 이만큼 따뜻한 평가를 보내는 것은 쉽지 않은 일"이라고 말했다.

프랑스 평론계의 관심은 특히 유니버설발레단의 예술감독을 맡고 있는 올레그 비노그라도프에 집중됐다. 프랑스의 유력 일간지 『르 피가로』의 평론가 르네 시르뱅은 3월 18일자

26면에 실린 리뷰에서 예술감독을 맡고 있는 비노그라도프에 대해 자세하게 설명한 뒤, "이탈리아 르네상스 건축물에서 영감을 받은 시몬 파스투크의 위엄있는 무대세트 디자인, 금빛으로 물결치는 갈리나 솔로비예바의 의상은 유니버설발레단이 가진 특출한 재능의 표시다. 음향 역시 놀랄 만큼 훌륭했다"고 호평했다. 또 "비노그라도프의 신고전주의적 안무는 기교보다는 서정성과 감수성을 정확하게 부각시켰다. 특히 진실함으로 감동을 준 줄리엣, 격렬함과 유연성이 뛰어난 티볼트, 활기넘치고 쾌활한 머큐시오 등 모든 것들이 감정표현의 깊이있는 훈련을 잘 증명해주었다"고 좋게 평가했다. 그러나 "프로코피에프 음악을 녹음한 오케스트라에 대해 언급이 없는 점" "로미오와 파리스가 늘씬한 이점을 살려 완벽한 안무를 보여주었으나 동양적인 세련됨으로 연기한 그들의 연기는 너무 어색해 서양인들이 보기에는 극중인물들이 유약해보였다"고 지적하고 "호화롭지만 라브로브스키, 크랑코, 맥밀란, 누레예프 등의 역사적인 작품들을 능가하지는 못하는 작품"이라고 평가했다.

이는 파리에 처음 진출한 컴퍼니에 대해서는 상당히 긍정적인 평가다. 이 같은 평가의 배경에는 유니버설발레단이 19년 동안 쌓아온 실력의 축적이 가장 중요하겠지만, 비노그라도프를 비롯한 세계적 수준의 스태프진의 과감한 기용이 큰 역할을 한 것으로 보인다. 특히 프로듀서를 맡은 폴 지라의 역할이 지대했다. 세계 무용계에 폭넓은 인맥을 갖고 있는 폴 지라는 2001년 뉴욕공연의 프로듀싱은 거절했었다. 유니버설발레단의 수준을 전혀 몰랐기 때문이다. 그러나 뉴욕공연을 본 뒤 파리공연의 진행을 맡아 3년에 걸친 작업 끝에 한국 발레사상 처음으로 프랑스 무대 진출을 성공시켰다.

《로미오와 줄리엣》은 23년 동안 예술감독을 맡아 러시아 키로프발레단의 황제로 불리던 올레그 비노그라도프가 유니버설발레단의 예술감독으로 부임한 1998년도부터 구상, 2002년 한일월드컵대회 기념으로 초연한 작품이다. 베로나의 광장을 사실적으로 재현하고, 영화보다 더 실감나게 표현한 가면무도회 등 화려한 무대와 의상은 세계적 수준이다. 창문의 배경을 바꿈으로써 침실로, 성당으로 재치있고 화려하게 변하는 무대는 우리 발레무대사상 가장 화려한 무대로 평가된다.

그러나 춤 전용극장이 아닌 팔레 데 스포르 무대는 폭과 높이가 (초연을 했던) 서울 예술의전당 오페라극장보다 좁아 당초 3층으로 만들어졌던 무대가 2층으로 줄어들었으며, 좌우의 넓이도 줄어들어 춤추는 공간이 상당히 축소돼 아쉬움을 남겼다.

그래도 『르 피가로』에 이어 프랑스 신문 『니스-마탱』도 "캐플릿 집안의 무도회는 넘쳐나는 금과 장식, 가면과 모자는 관객의 시선을 잡기 충분했다. 너무나 생동감 넘치는 카니발은 마치 진짜 축제와 같았으며, 비극의 시초인 격정적인 타란텔라 춤의 강렬한 붉은색 의상은 관객들을 강력한 비극적 분위기로 이끌었다"고 적고 있다.

이를 배경으로 러시아적인 대륙적 선이 굵은 네오클래식풍의 춤이 무대를 장식했다. 특히 러시아적인 선 굵은 정서는 중세의 묵직한 분위기의 시대배경과 아주 잘 어울려 셰익스피어의 경쾌한 즐거움과 비장미가 잘 드러났다. 웅장한 집단 결투장면, 가면무도회 등의 군무신은 장대한 다이나미즘으로 관객들의 가슴을 뛰게 했다. 또 솔리스트들의 결투와 사랑, 질투 등은 군무와 잘 어우러져 묘한 형태미를 만들어냈다. 이와 함께 가슴 뛰는 로미오와 줄리엣의 만남과 첫날밤, 그리고 함께 죽는 대미의 부분에서 리듬보다는 형태미를 강조한 회화성 짙은 춤이 빛났다.

결혼을 거부하는 줄리엣에 대해 폭력을 가하는 줄리엣 아버지의 모습 등에서는 진한 러시아 사실주의 예술의 전통을 느낄 수도 있었다. 이와 관련 프랑스 언론은 '러시아적 아시아 발레(russoasiatique)'라고 표현하기도 했다. 한편 줄리엣이 파리스와 결혼을 거부하자 아버지가 줄리엣에게 발로 짓밟고 채찍을 휘두르는 등 지나치다 싶을 정도로 가혹하게 느껴지는 폭력장면에 대해 프로듀서인 폴 지라가 완화해줄 것을 주문했었다. 그러나 비노그라도프는 중세에서 아버지의 권위는 절대적이어서, 결혼을 반대하는 딸에 대해 그 같은 폭력을 행사했다고 주장, 생생한 폭력장면을 무대에서 그대로 보여줬다.

머큐시오의 죽음의 춤을 일본의 전통극 분라쿠 형식을 빌려 표현한 점이나, 대미에서 현대의 캐주얼 복장을 한 젊은이 12쌍을 등장시켜 로미오와 줄리엣의 죽음을 조문하게 한 뒤 객석으로 퇴장시켜 무대와 객석의 경계해소를 시도한 것은, 클래식발레에서는 드문 파격적인 시도로 관객들의 감정을 최고조로 끌어내는 데 효과적이었다.

또 이야기를 풀어가는 광대처럼, 또는 비극적 상황을 암시하는 카메오로 처음부터 끝까지 무대 한 구석에 숨어서 불현듯 나타나는 죽음의 사자 '해골'은 르네상스와 고전 시대 그림에 자주 등장하던 죽음과 시간의 이미지로서 유럽관객들에게 익숙한 상징으로 작용, 발레의 긴장감을 유지하는 데 상당한 역할을 한 것으로 보인다.

니스-마탱은 "줄리엣 역의 김세연은 여신과 같은 우아함 자체였으며, 로미오 역의 엄재용은 엘레강트하고 매력적이었다. 두 사람 모두 아름답고 완벽한 댄서로 로미오와 줄리엣을 표현하기에 적당한 나이에 신선하고 감동적이며, 순수한 춤을 선보였다"고 절찬했다. 또한,

줄리엣 황혜민의 경우 회전을 할 때 스텝이 꼬이면서 미끄러질 뻔한 약간의 실수가 있었지만 무사히 공연을 마쳐 큰 박수를 받았다.

1985년 초연한《심청》은 2001년 『뉴욕타임즈』의 무용평론가 제니퍼 더닝이 "춤의 근본적인 휴머니티가 상실돼 가는 시대에 관객들의 심금을 확실하게 울린 작품"이라고 평가한 유니버설발레단의 고정레퍼토리다.

평균관객 2000여명을 기록한《로미오와 줄리엣》보다는 관객이 적었지만, 클로드 베시 파리오페라발레학교 교장을 비롯한 무용계 유력 인사들이 대거 관람하는 등 한국적 독창미가 넘치는 이 작품에 대해 큰 관심을 보였다.《심청》을 관람한 파리오페라발레단 수석무용수 출신의 미쉘 에나리는 "작품의 전개가 부드럽고 스마트해 매우 인상적이었으며 주역을 맡은 유난희, 황재원은 국제적 스타로서의 가능성이 보인다"면서 "빨리 다시 파리에서 봤으면 좋겠다"고 말했다.

그러나 세계적인 레퍼토리가 되기에는 한계점이 보이기도 했다. 우선 도입부가 관객의 시선을 잡아채기에는 너무 서사적이고 마임 위주로 진행돼 지루한 감이 없지 않았다. 세계적 작품으로 성장하기 위해서는 서곡에서부터 관객을 압도하는 무엇이 필요해 보인다. 또 용궁의 잔치장면에서 의상과 무대, 춤 등에서 상징과 표현이 너무 진부해 보였다. 이 작품에서 가장 화려한 디베르티스망이 펼쳐져야 하는 부분인 만큼 좀 더 환상적이며 상징적일 필요가 있다고 생각된다. 작품의 클라이맥스인 맹인잔치 부분도 스펙터클이 좀 떨어지는 느낌이다. 맹인잔치에 참여한 손님들이 더욱 많아 북적이는 모습을 보이는 등 서사적인 코러스와 심청과 아버지 심봉사, 그리고 사위인 왕과 감동적인 춤이 대비됐으면 더욱 좋았겠다는 생각이다.

유니버설발레단의 파리공연은 아쉬운 점이 없지는 않았지만 전체적으로 부족함보다는 긍정적으로 평가할 점이 더 많았다. 첫 술에 배부를 수는 없는 법, 계속된 창작과 도전이 필요하다. 이번 공연이 우리 발레가 샹젤리제극장 또는 바스티유나 오페라 가르니에 등 파리 중심부 세계 최고의 극장으로 진출하는 도약대가 되기를 기대해 본다.　　　— 춤 2003년 4월호

세계화 시대 좌표 잃은 우리 춤이 나아갈 방향

− 서미숙의《프리미티프》

한국에서 '세계화(globalization)'가 본격 화두로 떠오른 것은, 1995년 문민정부 수반 김영삼 전(前)대통령이 유럽순방을 갔다 와서 갑자기 '세계화'를 꺼내면서부터다. 그 이전까지 한국의 정치, 경제, 사회, 문화 전반의 화두는 분명 '민족주의'라고 할 수 있을 것이다. 일제 식민지로서의 잊히지 않는 상처 위에 독재와의 투쟁, 주사파, 반미주의에 영향을 받으며 민족주의는 좌우익을 넘는 최고의 가치였으며, 거의 신성불가침이었다. 이 같은 상황에서 세계화는 발상의 전환이며 인식의 혁명이었다.

한국인의 주요한 경향 중의 하나가 공격적인 평등주의가 아닌가 생각한다. 커트 러셀과 알렉 볼드윈이 주연으로 나온 영화〈분노의 역류〉(원제 Back Draft)의 마지막 장면에서 "네가 가면, 우리도 간다(You go, we go.)"라는 말이 나온다. 연쇄방화살인의 주범인 소방관이 추락하자, 비록 악인이지만 그를 구하기 위해 잡은 손을 끝까지 놓지 않고 함께 추락하는 커트 러셀이 한 말이다. 이와는 조금 다른 상황이지만 한국인들은 "네가 하면, 나도 한다"는 의식이 유난히 강하다. 그래서 어느 미국 경제인은 "한국인은 배고픈 것은 참아도, '배아픈' 것은 못 참는다"라고 뼈있는 말을 하기도 했다. 정치, 경제, 사회, 문화 전반에서 이와 같은 불같은 투혼이 상승작용을 일으켜 지금의 한국을 만들었는지도 모른다.

2차세계대전 이후 150개가 넘는 나라가 새로 태어났지만 이 가운데 세계의 중심부에 들어선 나라는 한국이 유일하다는 것은 이미 공인된 사실이다. 공업화에 성공한 대만이나 싱가포르, 홍콩이 함께 거론되기도 하지만 이들은 정치적, 문화적으로 독립적이지 않거나 도시국가적 성격을 갖고 있어 중심부로 진입한 국가로 꼽기에는 다소 부족하다는 견해가 지배적이다.

부존자원도 별로 없는 식민지 출신인 반도의 분단국가가 고속, 압축 성장한 배경에는 바로 이 같은 공격적 평등주의의 특성이 "하면 된다"로 모아져 힘을 낸 결과로 보인다. 물론 독재에 의한 압축성장의 결과 여러 가지 문제가 발생했지만, 과정이야 어쨌든 '한강의 기적'에는 외국인들이 좀처럼 이해하기 어려운 공격적 평등주의가 바닥에 깔려 있다. 물론 이를 파르르 끓고 곧 식어버리는 얇은 바닥의 냄비와 같은 특성이라고 비난해도 별로 할 말은 없어 보인다.

유난스런 한국인의 공격적 평등주의가 또 작용, 세계화는 10년 만에 부동의 이데올로기로 자리잡았다. 여기에는 세계를 하나로 만들어버린 인터넷이라는 정보통신 혁명이 가장 큰 역할을 했다. 이제 민족주의는 더 이상 한국인의 제1이데올로기가 아니다. 지금은 민족주의를 들먹이기만 해도 애국은커녕 오히려 수구적, 국수주의적 낡은 가치관으로 매도되기 십상이다. 이어 부인과 가족만 빼고 세계적 스탠더드로 모두 바꾸자는 열풍도 일었다. 국제통화기금(IMF) 체제가 이를 더욱 가속화시켜 세계화는 이제 한국의 모든 부분에서 과거 민족주의가 차지했던 자리를 대신했다고 해도 무방해 보인다.

영국 다이애나 황태자비의 죽음이 현재 세계화의 상황을 상징적으로 보여준다는 우스개도 있다. "영국 황태자비가 이집트 재벌가의 아들과 프랑스 파리 호텔에서 나와 벨기에인 운전사가 모는 독일 벤츠 승용차를 타고 간다. 이를 이탈리아인 파파라치가 일본 혼다 오토바이를 타고 쫓아간다. 이탈리아인 파파라치는 일제 니콘 카메라에 미제 코닥필름을 쓰고 있다. 입고 있는 옷은 이탈리아 필라 브랜드인데 만들기는 중국에서 만들어졌다. …" 온 세계가 정체성을 상실, 파편화한 채 엉켜있는 상황을 단적으로 보여주는 조크다.

세계화가 세계적인 상황이지만 미국을 제외한 대부분의 나라에서 세계화에 대한 반감은 상당하다. 세계화가 사실 미국화로 전개되고 있기 때문이다. 20세기 후반 냉전의 승자로 지구상 유일한 초강대국 미국의 모든 것은 그대로 세계의 표준으로 강요되고 있는 형국이다. 어쩌면 이 때문에 9·11테러도 발생했고, 이라크전쟁도 일어났는지 모른다. 세계화가 갖고 있는 그 몰개성, 폭력성이 지역적 독창성, 문화적 종의 다양성을 결정적으로 해치고 있는 것이다.

10여 년간 숨 가쁘게 전개된 이 같은 세계화의 모습이 그대로 한국의 춤에 투영된다고 해도 지나치지 않아 보인다. 우리나라의 춤은 정체성을 잃고 포스트모더니즘의 미명아래 해체와 크로스오버 등을 통해 미국 중심으로 세계화했다. 한국춤, 현대춤, 발레 모두 상황은 마찬가지다. 어떤 전략을 갖고 세계화를 추진한 것이 아니라 "네가 하면, 나도 한다"식의 부정적 의미의 공격적 평등주의의 바탕아래 그나마 가지고 있던 것도 모두 내던지고 정체모를 세계화의 유행에 몸을 맡기지 않았나 싶다. 그래서 지금 1970~80년대에 한국적 민족주의에 바탕해 얻어낸 성과마저 모두 잃어버리고 모래알 같이 세계화한 춤경향에 빠져 좌표를 잃고 있지 않은가 싶다.

이 같은 상황에서 서미숙의《프리미티프(Primitif · 원초적인)》는 작품의 내용이나 제작방식에 있어서 세계화와 관련, 한국의 춤이 나아가야 할 하나의 긍정적인 방향을 제시한 것 같아 반갑다. 이 작품은 2003년 4월 18~19일 프랑스 파리 퐁피두센터 앞 발로니-브뤼셀 센터에서 초연했다.

서미숙은 국립발레단 출신으로 1995년 프랑스로 건너갔다. 바흐의 음악에서부터 국악가수 장사익의 노래에 이르기까지 다양한 음악에 맞춰 매년 실험적인 작품을 발표하는 등 보편성에 바탕한 한국 춤의 독창적 미학을 추구해왔다. 이번 작품은 10년 가까운 그의 파리생활에 한 획을 긋는 1시간 20분짜리 대작이다. 그는 쉽게 의미가 다가오지 않는 이 작품의 제목에 대해 다음과 같이 말했다.

"더 이상 한국적인 것을 찾는 것을 포기했다. 아무리 서구적인 방법론을 쓴다고 하더라도, 한국인인 내가 하는 모든 것은 한국적일 수밖에 없다. 때문에 한국인인 내가 한국적인 것을 의식적으로 찾는다는 것은 사족이요 과장에 불과하다는 것을 깨달았다. 한국적일 수밖에 없는 내 자신의 가장 원초적인 무의식을 파고 들어가면 한국적인 것의 원형질을 만날 수 있다고 생각, '프리미티프' 시리즈를 시작했다."

고개가 끄덕여진다. 우리 공연예술이 그동안 한국적인 것을 의식적으로 강조하면서 밖으로는 국수주의적으로 비춰진 것은 일정부분 사실이기도 하다. 국민뮤지컬로 불리는 에이콤의 뮤지컬 〈명성황후〉가 런던 웨스트엔드 비평가들에게 집중적으로 공격받은 것도 바로 이 부분이었다.

《프리미티프》에서 우선 눈길을 끄는 것은 각각 다채로운 춤색깔을 갖고 있는 다국적 출연진이다. 이 작품에는 파리오페라발레단에서 드미솔리스트로 활동하는 발레리노 김용걸을 비롯해 일본 발레리나 호리코시 게이코, 프랑스 자키 루이용, 러시아 이울리아 플라트니코바, 루돌프 푸이요 등이 나온다. 김용걸과 호리코시는 이미 서미숙과 수차례 작업을 해 서로의 안무의도나 춤특징을 잘 알고, 나머지 3명은 108명의 지원자 가운데 오디션을 거쳐 뽑았다고 한다.

서막은 재즈발레 출신의 플라트니코바가 열었다. 무대는 왼쪽이 흑, 오른쪽이 백으로 나뉜 대칭구조였는데 검은색무대 속에 흰색 선, 흰색무대에는 검은색 선이 있었다. 인간의 의식이 어두움과 밝음, 무의식과 의식 크게 두 부분으로 나뉘지만, 완전히 나뉜 것이 아니라 그 안에 다른 것이 섞여 서로 영향을 미치고 있다는 의미로 해석된다. 검은 쪽에 정삼각형으로 된 탄력적인 버티컬로 만든 출입구가 있었는데, 이를 스크린 삼아 플라트니코바가 실루엣으로 춤을 췄다.

플라트니코바의 실루엣 춤은 아주 느리고 정적인데다 조형적이어서 얼핏 교통표지판의 아이콘을 연상케 했다. 기하학적 형태로 표현된 정지, 비상, 고통, 균형, 추락 등 실루엣의 느낌 변화에 따라 관객들은 마치 운전자가 교통신호를 따르듯 무의식적으로 바뀌는 의식의 변화를 경험할 수 있어 재미있었다.

이어 호리코시가 일본 전통춤 '노(能)'와 같은 조용한 춤사위로 이어받았다. 호리코시는 얼굴에 분을 발라 멀리는 가부키, 가까이는 부토를 연상시키는 외형이었다. 옷은 한복 저고리의 단정함, 일본 기모노의 강인한 허리, 중국 치파오의 관능적인 트임을 갖춘 하이브리드한 의상으로 묘한 동중정(動中靜)의 맛을 표현했다. 그 위에 한·중·일 어디 것이라고 말하기 어려운 파스텔톤의 색동을 두른, 소매가 넓은 두루마기를 입었다.

국립발레단의 모던발레《로미오와 줄리엣》에서 의상을 맡았던 제롬 카플랑이 디자인한 무대의상은 이외에도 드레스와 바지에 오리가미를 넣고, 티셔츠에 동정을 다는 등 동서양 하이브리드의 의식적인 시도가 눈길을 끌었다.

호리코시의 춤은 발레의 기본동작으로 단순하게 이뤄졌다. 그러나 가부키와 노의 에너지를 담고 있었다. 플라트니코바의 실루엣 춤이 미명이나 고통스러운 겨울의 이미지라면 호리코시의 춤은 생명이 움터 기지개를 켜는 새벽, 또는 봄의 이미지라고 할 수 있다. 화사하면서도 묵직한 힘이 있는 호리코시의 춤사위는 더욱 잘 자라고 보리순을 밟듯 따스한 생명의 기운이 느껴졌다.

플라트니코바와 호리코시가 잔잔하게 깔아놓은 동양적 명상의 힘을 루이용과 푸이요는 경쾌한 파드되로 연결시켰다. 스트라빈스키의 러시아춤, 탱고, 스위스춤 음악에 맞춰 펼쳐진 전체적으로 가볍고 흥겨운 파드되는 한밤 발코니에서 나누는 로미오와 줄리엣의 청순한 풋사랑을 연상시켰다. 이들의 춤은 한낮의 즐거움이며 사랑의 기쁨이었다. 호리코시의 춤을 봄이라고 하면, 이들의 춤은 격정적인 여름이라고 할 만했다.

그랑파드되 형식을 취한 이들의 춤이 끝나고 플라트니코바와 김용걸이 각각 솔로춤을 췄다. 플라트니코바는 풍부한 표정과 연기로 다소 흐트러진 춤판의 분위기를 잡았고, 김용걸은 특유의 에너지와 스피드로 춤판의 기를 절정으로 끌어올렸다. 이들의 춤은 가을에서 겨울로, 또는 꿈이라는 무의식의 세계로 들어가는 밤의 관능이 느껴졌다.

이어 살색 언더웨어만 입은 채 등장한 다섯 명의 댄서는 서로 어울려 기하학적 선과 역동적인 리프팅 묘기를 선보이며 원시적인 에너지로 무대를 가득 채웠다. 이들은 절정의 순간, 정지하면서 불이 꺼지는 서프라이징 엔딩으로 대미를 지었다.

발레의 기본동작을 골격으로 해서 단정한 한국춤의 선과 경쾌한 서양춤의 색이 잘 조화를 이룬 이 작품은 골치아픈(?) 포스트모더니즘 춤을 탈피, 춤 본래의 맛을 지향하는 요즘 유럽의 네오클래시시즘(neoclassicism)과 잘 맞아 떨어졌다. 이같이 다국적으로 채색된 한국인의 아름다운 무의식에 대해 프랑스 관객들은 "익숙한 독특함"이라며 큰 박수를 보냈다.

'사이비(似而非)'라는 말이 있다. '비슷(似)'하지만 '아니다(非)'라는 뜻의 이 말은 진품을 흉내낸 가짜라는 부정적인 의미의 말이다. 그러나 패러디를 주요 표현수단의 하나로 삼는 포스트모더니즘 시대에서 '사이비'는 결코 나쁜 말이 아니다. 보편성과 독창성을 깃춘 역실의 뉘앙스를 갖고 있는 매력있는 단어다. 서미숙의 춤은 다양한 서양 춤의 방식과 동양 춤의 기법을 이용해 어디서 본 듯한 편안한 이미지에 서미숙만이 낼 수 있는 한국적인 맛을 가미한 퓨전 춤을 만들어내는 데 성공한 것으로 평가된다.

다양성의 조합을 통해 현재의 흐름을 무시하지 않고 만들어낸 서미숙의 독창성은 한국 춤의 세계화를 위해 충분히 참조할 만한 전략이라고 생각된다. 물론 서미숙 특유의 치기어린 가벼운 과장된 동작들이 부분적으로 눈에 띄었지만 대세에 지장은 없었다. 향후 내용과 형식면에서 더욱 깊어지는 '프리미티프' 시리즈를 기대해 본다.　　　　　　— 춤 2003년 5월호

오랜만에 만난 김말애의 춤

— 김말애&지희영의 공동무대 「우리 함께 춤추던 때가…」

경희대 무용과 김말애 교수와 지희영 강원도립무용단 단장은 한 스승 밑에서 춤을 배워 30년을 한 무대에서 호흡을 맞추며 경쟁해온 한국무용가들이다. 또 그들은 (한국 신무용의 개척자 최승희의 동서로 신무용의 적통을 창조적으로 잇고 있다고 할 수 있는) 김백봉의 가장 큰 제자들이다. 그 두 사람은 똑같이 1949년 3월 강원도(김말애는 삼척, 지희영은 춘천)에서 태어났고, 같은 해에 경희대에서 석사학위를 받았으며 1972년 서울 명동 국립극장에서 데뷔공연도 함께 갖는 등 남다른 인연도 갖고 있다.

2003년 11월 7일 국립극장 해오름극장에서 김말애와 지희영이 만났다. 김말애&지희영의 공동무대 「우리 함께 춤추던 때가…」는 김백봉의 분신이라고도 할 수 있는 '화관무'로 시작해서 '부채춤'으로 끝을 맺었다. 김말애가 재안무한 이 춤들은 스승에 대한 오마주라고 할 수 있을 것 같다. 또 지희영이 안무한 《합장》과 《내 마음의 멋》, 김말애가 안무한 《기백》과 《굴레》등 창작춤이 공연되었고, 그 사이에 지희영이 재안무한 전통춤 '소고춤'과 '검무'가 삽입되었다.

김말애는 한국춤의 기본사위를 바탕으로 선이 굵고 스케일이 큰 춤을 구사한다. 반면 지희영은 자연스러우면서도 표현이 풍부한, 화려한 테크닉의 춤이 일품으로 평가받는다. 여성인 김말애의 춤이 이례적으로 남성적인 힘찬 춤선이라고 한다면, 지희영의 춤은 남성춤에서는 보기 힘든 여성적인 부드러움이 다채로운 테크닉에 잘 녹아있다. 이날 공연 역시 두 사람의 특징이 굳셈과 부드러움, 고요함과 빠름으로 잘 대비돼 상승효과를 나타냈다. 아쉬운 점이 있다면 조인트 무대였던 만큼 함께 출연하는 큰 작품이 하나 있어야 했다는 것이다. 예정에 없이 앙코르무대에서 짧은 2인무가 있었지만 그것으로는 관객들의 성에 차지 않아 보였다.

김말애의 이날 춤은 '심청'을 소재로 1999년 발표한 창작춤《우리 아버지》이후 모처럼 무대에서 보는 것이었다. 당시 심하다고까지 할 수 있는 '독한 리뷰'에 충격을 받아 김말애는 그동안 중앙무대에 거의 서지 않았었다. 그래서 그의 춤을 보기 위해 온 관객들이 적지 않았다.

작품이 좋을 수도 있고 나쁠 수도 있지만, 한 예술가의 작품을 개인적인 잣대로 폭력이라고 할 수 있을 만큼 일방적으로 난도질한 것도 무리가 있어 보인다. 물론 그것에 실망해 무대를 멀리하는 것도 결코 의연한 예술가의 태도로 생각되지는 않는다. 비평과 창작 사이에는 분명 거리가 있어야 한다. 하지만 상대방에 대한 존중은 있어야 한다. 그것이 없다면 서로에게 아무 도움이 안 될 뿐만 아니라 궁극적으로는 스스로를 해치는 비극이 된다. 김민기의 노래에 나오는 것처럼 '아무것도 살 수 없는 깊은 산 속의 작은 연못'이 될 수밖에 없을 것이기 때문이다.

다양성과 독창성을 생명으로 하는 포스트모더니즘 시대의 예술에서 '나는 P라고 생각한다'는 데카르트식 정언적 명제에 의한 이성적 명증성은 더 이상 힘을 갖지 못한다. '나는 P라고 느낀다'라는 열린 감성적 명증성이 더욱 중요해졌다. '나는 이렇게 생각한다'고 우월적 입장에서 독단으로 상대방을 일방적으로 재단하고 가르치려는 태도는 이제 시대에 뒤떨어진 생각으로 '느껴진다.' 나도 옳고 너도 옳고 그도 옳은 가치의 민주시대다. 물론 보편적 미학과 원리야 존재하겠지만 그것만이 전부라고 하기에 세상은 너무나 다채로워졌고, 많은 틈새 영역이 매일 매일 만들어지고 있다. 느림의 철학이 인기를 얻을 정도로 핑핑 돌아가는 사회에서 하나의 잣대로 모든 것을 평가하기에는 힘든 것이 사실이다. 그래서 다양한 영역에서 동시다발적으로 포스트모더니즘 철학이 등장한 것이 아닌가 싶다. 이제 창작에만 다양한 형식과 내용을 요구할 것이 아니라 비평도 다양한 형식과 내용의 실험이 필요한 시대가 아닐까. 난해한 일방통행의 비평이 아니라 작품과 대화하는, 다시 말하면 인터액티브(interactive)한 비평도 생각해야 할 때다.

이날 공연은 모처럼 무대에 선 김말애를 위한 무대였다는 생각이 든다. 남성들만 출연한 《기백》은 여성이 안무했다고는 생각되지 않는 힘찬 춤선이 돋보였다.《굴레》의 유장한 춤선은 한국춤은 깊이를 느끼게 해줬다.

지희영의《합장》은 남성 한국춤이 어디까지 경쾌하고 화려해질 수 있는지를 보여준 것 같다. 또 《내 마음의 멋》은 한국춤에 녹아있는 유유자적한 한량미를 잘 보여줬다.

한국춤은 나이로 춘다는 것을 이들의 춤은 분명히 가르쳐 주고 있는 것 같다. 오랜 시간 갈고닦은 춤의 힘이 허리, 어깨 몸체에서부터 팔, 다리, 손끝으로 뻗어나가는 것이 무대에서 객석으로 그대로 전해졌다.

한편 이날 공연은 무료로 진행됐다. 모처럼의 공연인데다가 두 사람의 개인무대 30주년을 기념하는 공연인 만큼 잔치처럼 치르기 위해서다. 하지만 너무 많은 관객이 몰려들어 관람에 방해를 느낄 정도로 공연 내내 소란함이 적지 않았다. 이는 춤대중화의 가능성을 시사하기도 하지만, 공짜라야 비로소 극장이 차는구나 하는 안타까운 마음도 들게 했다.

— 춤 2003년 12월호

춤의 지루함, 그 매력에 빠져들다

– 머스 커닝햄의 내한공연과 LG아트센터의 「한국 무용계를 이끄는 4인의 안무가」

예술의 본원적 특징은 무엇일까. 축제, 제사 등 인간의 한계를 뛰어넘으려는 초자연적 존재에 대한 접근, 또는 유희나 즐거움을 포함하는 쾌락이 될 것이다. 그러나 '지루함'도 이제는 개념조차 불분명해졌지만 고급예술의 주요한 특징 중의 하나가 아닐까. 아리스토텔레스가 예술에 관해서 말하면서 "한가하게 골똘히 뭔가를 생각할 수 있는 명상"이라고 지적한 것이 기억난다. '한가한 명상', 이는 달리 말하면 '나른한 권태' '즐거운 지루함'으로 번역될 수도 있을 것이다.

2004년 4월 공연에서 관객들로부터 가장 큰 주목을 끈 작품은 머스 커닝햄의 내한공연(4월 15~17일 세종문화회관 대극장)과 LG아트센터가 안성수, 김은희, 박호빈, 허용순 등 4명의 안무가를 초청해 마련한 「한국 무용계를 이끄는 4인의 안무가」(4월 16~17일 LG아트센터)전이 아닌가 싶다. 그리고 이 두 공연을 관류하는 공통점이 바로 '지루함'이 아니었던가 싶다. 하지만 '지루하다'는 일차적인 느낌은 비슷했지만 뒷맛은 많이 달랐다.

● 머스 커닝햄의 《그라운드 레벨 오벌레이》와 《스플리트 사이즈》

머스 커닝햄은 아마 자신의 삶에서 마지막 방문이 될지도 모를 한국공연에서《그라운드 레벨 오벌레이(Ground level overlay · 지상 덮개)》,《스플리트 사이즈(Split sides · 갈라진 양편)》,《폰드 웨이(Pond Way · 연못 길)》등 최근작 세 편을 선보였다. 앞의 두 작품은 15~16일 이틀 동안 공연했고,《폰드 웨이》는 17일 하루만 공연했기 때문에 다른 공연과 겹쳐 보지 못했다.

먼저 《그라운드 레벨 오벌레이》. 1995년 작인 이 작품을 외국에서 먼저 본 어떤 무용가는 "작품이 좀 지루하다"고 사전 정보를 줬다. 맞다. 분명 좀 지루했다. 시규어 로스의 음악은 명상적이기는 하지만 특별한 비트 없이 낮은 음으로 반복적이었고 커닝햄의 춤도 별다른 자극 없이 물 흐르듯 반복적으로 진행됐다. 하지만 그 지루함은 결코 하품 나오는 짜증은 아니었다. 반세기 이상 지속해온 실험과 해체를 통해 비로소 얻은 거장의 따뜻한 세계관이 그대로 녹아있는 '달콤 쌉쌀한 권태', '즐거운 지루함'이었다.

80여 년 세월, 격렬한 현대를 풍미하며 일체의 권태로운 전통의 형식과 싸워 온 거장이 황혼기에 바라본 '세상을 덮고 있는 덮개'는 여전히 권태롭지 않았나 생각된다. 그에게는 누구처럼 마지막으로 서산 하늘을 시뻘겋게 물들이고 싶은 욕심도 없어 보였다. 천둥치고 무서리 내리는 질풍노도의 세월을 지나 마침내 누님같이 생긴 국화꽃을 바라볼 수 있는 여유를 갖게 된 순화지경에 이른 무렵 기재의 모습이 거기 있었다.

그의 지루함은 아름다운 관능으로 채색되어 있었다. 16명의 남녀무용수는 몸에 딱 붙는 타이즈를 입었는데 모두 언더웨어를 입지 않았다. 타이즈와 그들 사이에는 아무것도 없었다. 어깨에 땀방울이 하나 떨어지면 그대로 발끝으로 굴러 떨어져 발로 차면 객석으로 팅겨 나갈 것 같다.

또 관능은 탄탄한 테크닉을 바탕으로 발산됐다. 도발적인 해체로 현대무용사를 새로 쓴 커닝햄의 작품이라고는 선뜻 믿지 않을 정도로 고전적인 테크닉이었다. 이는 어쩌면 20세기 후반을 풍미한 포스트모더니즘의 끝을 암시하는 것은 아닌가 싶다.

'아트(art)' 즉 예술의 어원은 '기능' '기술'이다. 19세기 낭만주의를 거쳐 예술지상주의를 통해 레디메이드(ready made)와 같은 현재의 예술 개념이 형성되기 이전까지 '아트'는 '기술'이었다. 히포크라테스가 말한 '예술은 길고, 인생은 짧다'에서 '예술'의 의미는 바로 '기술'이었고 이 '기술적'인 예술은 20세기 초반까지 강력한 힘을 행사했다.

한국 포스트모더니즘 예술은 그동안 기술을 천시해오지 않았나 싶다. (물론 예외 없는 법칙은 없다. 한국무용예술은 아직도 여전히 무엇보다도 기술을 중시하고 있다.) 의도적으로 기술을 버리기도 했지만 없는 기술을 자랑한 경우도 없지 않았던 것 같다. 하지만 인간이 만든 모든 것에는 수명이 있게 마련이다. 머스 커닝햄의 작품을 보면서 포스트모더니즘의 수명도 이제 다하고 있지 않은가 하는 생각이 든다. 평생에 걸친 울타리 넘기 끝에 망망한 수평선, 지평선에 도착한 커닝햄은 어쩌면 포스트 신고전주의를 예언하고 있는 것은 아닌가

하는 생각도 든다. (이런 점에서 어쩌면 아직도 개념예술의 터널을 통과하지 못한 한국 무용 예술은 호기를 맞고 있는지도 모른다.) 엇박자로 허공에 떠서 한번 회전하며 발을 내딛는데 마치 점프해서 착지하려다가 발밑에 위험한 것을 발견하고 허공에서 급히 발을 바꾸는 고난도 동작이 아주 자연스럽게 반복됐다. 얼핏 배구나 농구에서 개인 시간차, 이중점프 공격처럼 보인다. 명상, 선의 냄새가 나는 반복되는 음악에 실려 아름답게 균형 잡힌 고난도 동작이 반복되면서 지루함도 느껴졌지만 그것은 참 달콤하고 매혹적인 지루함이요, 은밀한 욕망을 불러일으키는 권태로 생각됐다.

머스 커닝햄 무용단 창단 50주년을 기념, 2003년 만든《스플리트 사이즈》는 대립의 양극을 화해시키고 있다. 잡음과 소음이 절묘한 조화를 이룬 밴드 '라디오 헤드'의 라이브 연주에 맞춰 진행된 이 작품은 두 부분으로 구성돼 있다. 전반부는 흑백 수묵화의 동양적 명상이다. 수묵화 같은 배경 영상에 흑과 백으로 염색된 타이즈를 입은 무용수들이 주역의 다양한 괘를 표현하듯 무용수간의 접촉을 가급적 자제한 가운데 전개됐다. 그러나 후반부는 거꾸로 선 마천루 빌딩이 칼라영상으로 배경에 투사된 가운데 헐렁한 루스 룩 스타일의 화려한 색색옷을 입은 무용수들이 바지자락을 휘날리며 다양한 접촉 테크닉을 구사했다. 동양과 서양, 자연과 인공, 타이즈와 판탈롱, 흑과 백, 수묵과 칼라, 음악과 잡음, 움직임과 정지, 빠름과 느림, 정상과 도착, 추상과 구상 등 인간사의 모든 이분법적 대립을 화해시키는 거장의 원숙한 따뜻함이 자못 감동스러웠다.

●LG아트센터의 「한국 무용계를 이끄는 4인의 안무가」

LG아트센터의 「한국 무용계를 이끄는 4인의 안무가」에는 《이상한 나라》(안무 안성수), 《소실점》(안무 김은희),《돌아온 퍼즐 속의 기억》(안무 박호빈),《길이 만나는 곳》(안무 허용순) 4작품이 각각 30여분씩 무대에 올랐다. 관객들은 '이상한 나라'에서 즐거운 유머와 아름다운 명상으로 시작해 '소실점'에서 길을 잃고 '퍼즐 속'을 헤매다가 극장 문을 나서 집으로 가는 '길을 만난 것' 같다. 각각으로는 충분히 매력이 있는 안무가들이었지만 그들을 한데 모아놨을 때 서로간에 긴장을 상충시키고 아름다움을 배가시킬 차이와 동력을 찾기 힘들었다. 특히 뒤의 3편은 표피적인 느낌을 각각의 평범함 속에 안주시키는 나태함이 엿보여 '의무적으로 기록하기 위해 객석에 남아있어야 하는 지루함'마저 주지 않았나 싶다.

《이상한 나라》는 안성수가 최근 추구하고 있는 말러의 교향곡과 동화〈이상한 나라의 앨리스〉의 결합으로, 이번 작품이 아마 세 번째 작품이 아닌가 싶다. 각 작품마다 안무자 특유의 독특한 비트는 춤사위가 약간씩 변주되며 경쾌한 새로움을 만들어냈다. 흰 타이즈와 체크무늬를 거쳐 이번에는 스트라이프로 의상을 했다. 안성수의 카드병정들이 말러의 음악에서 점차 길을 찾고 있는 느낌이다. 이번에는 과거보다 더욱 힘찼고 유쾌해 보였다. 특히 남성, 여성의 구별이 없이 중성적 느낌이 인상적이었다.

《이상한 나라》는 머스 커닝햄의 공연과 상당한 유사성이 엿보인다. 테크닉을 중시하고 무브먼트를 통해 몸을 제대로 드러내 보인다는 점에서다. 하지만 이들 작품들과 달리 상당수의 우리 작품들은 타이즈 안에 뭔가를 껴입어 몸이 드러나는 것을 막는다. 패션모델들도 옷선이 망가지는 것을 피하기 위해 패션쇼 도중에 내의를 입지 않는 것은 물론 일부 결벽증적인 모델들은 무대에 오르기 2~3일 전부터 아예 언더웨어를 착용하지 않는다고도 한다. 몸에 옷자국이 나는 것을 막기 위해서다. 물론 타이즈 안에 언더웨어를 입는 것이 작품을 위한 전략이라고 하면 할 말은 없다. 하지만 몸을 제대로 드러내는 것이 무용예술의 목표 중 하나인 만큼 의상에 대한 전략적 사고에 대해 고민이 있어야 할 것으로 생각된다.

안성수는 《이상한 나라》에서 날카로운 선과 익살이 가득 찬 비틀음으로 깊고 우울한 말러의 음악에 명랑하게 탄 중성적인 모던한 관능미를 보여주었다. 무대 뒤에서 실루엣으로 등장한 앨리스는 궁금증을 자아내게 하는 한편 이상한 나라에 대한 환상을 증폭시켰다. 손바닥으로 몸을 치는 소리가 경쾌했는데, 이는 길을 잃은 앨리스를 놀리는 장난으로도 이해되고 깨우침을 주는 경쾌한 죽비소리로도 생각된다.

안성수는 자신의 기존의 춤 전략을 그대로 밟으면서 조명을 더욱 화려하게 하고 무대를 확대하면서 춤의 개성을 다양화해 그야말로 능소능대하게 무대에 적응하는 모습을 보였다. 묵직한 고전의 힘에 의존해 경쾌하게 모던을 변주하고, 익살을 양념으로 쳐 그의 관객들을 실망시키지 않는다. 고전의 압축과 현대의 자유가 조화롭게, 때로 부조화해 만들어내는 그의 미학적 생동감을 포스트 신고전주의라고 말해도 될지 모르겠다.

김은희의 《소실점》은 섬뜩한 망령들의 춤이었다. 경련하고, 머리를 긁고, 귀에 거슬리는 파찰음은 전작인 《합장》과 맥이 닿았다. 그러나 극장이 화려해지면서 망령들도 화려해졌으나 춤은 더욱 느려졌다. 춤 자체가 힘은 있었으나 전체적으로 춤과 음악이 가라앉아 있는데 의상은 너무 색상이 두드러지고 번쩍거려 부조화스러워 '지루한' 느낌이었다. 하지만 잠깐 등장한 김은희의 춤은 지루함을 단번에 깨는 일품이었다. 정확한 박자와 속도감이 만들어내는 싸늘한 춤선은 작품의 내용을 떠나 모두 칭찬을 아끼지 않았다.

《돌아온 퍼즐 속의 기억》은 이런 인재들이 모여 어떻게 이런 작품이 나왔을까 하는 아쉬움이 먼저 든다. 박나훈, 이광석, 박호빈 등은 지금 가장 빛나는 남성무용수들의 하나 하나로 꼽히기 부족함이 없다. 그러나 이들이 모여 만들어낸 이 '지루한' 작품은 조금 실력이 떨어지더라도 오래 함께 작업하는 것이 얼마나 중요한지 알게 해준다. 한 20년은 족히 된 영화로 〈머나먼 다리〉가 있다. 로버트 레드포드, 록 허드슨 등 당시 쟁쟁한 배우들이 총출동한 전쟁영화다. 어떤 다리를 파괴하기 위해 연합군들이 대대적으로 공격하는 영화였는데, 참 많은 스타들이 나왔다. 하지만 그들은 제 역할을 못하고 어이없이 죽어 참 '머나먼 영화'라고 풍자하기도 했던 영화다. 이 작품이 꼭 그런 느낌이다. 박나훈, 이광석, 박호빈 한 명으로도 관객들을 충분히 즐겁게 할 수 있는 무용수들인데 아무도 눈에 띄지 않아 아쉬웠다. 이는 춤과 녹지 못한 영상, 느낌을 주지 못하는 퍼포먼스, 특히 의미도 전달되지 않는 지루한 장광설 등 작품을 위해 풀지 못한 퍼즐이 많았기 때문이 아닌가 생각된다.

《길이 만나는 곳》은 아마추어가 만들었다면 참 예쁘게 만든 작품이고, '한국 무용계를 이끄는 안무가'가 만들었다고 하기에는 너무 평범했다.　　　　　　　　　　— 춤 2004년 5월호

'Nacho'와 'Waltz' 사이에는 무엇이 있을까

– 2004년 상반기 우리 춤의 위치잡기

Ⅰ. 들어가기

'Nacho'와 'Waltz' 사이에는 무엇이 있을까. 여기서 '나초'는 손바닥만한 옥수수가루 튀김 콘칩에 각종 소스를 찍은 고기와 생선 등을 얹어 야채와 함께 먹는 멕시코 전통음식이 아니다. 물론 '왈츠'도 근대 유럽을 휩쓴 사교춤 '왈츠'가 아니다. 스페인국립무용단 예술감독 나초(Nacho) 두아토와 독일 샤우비네극장의 무용감독 사샤 발츠(Waltz)다. 이들은 '죽은 나무에 꽃을 피우는 잔인한 달' 4월의 끝에 서울을 찾아 '계절의 여왕' 5월 첫머리에 떠났다. 이들의 앞에 프랑스 출신으로 베를린을 중심으로 활동하는 사비에르 르 로이의 독특한 퍼포먼스 같은 춤이 있었고, 그 사이에 안은미가 안무한 독일 폴크방 탄츠스튜디오의 작품이 있었다. 그리고 그 뒤 매튜 본의《호두까기인형》과 유정숙, 강미선, 조흥동의 한국춤이 이어졌다.

사비에르 르 로이부터 사샤 발츠, 나초 두아토, 매튜 본에는 묘한 스펙트럼이 있다. 극도의 전위에서 대중성까지, 실험에서 상업성까지, 육체성과 음악성, 포스트모더니즘의 해체에서부터 신고전주의의 단아함 등 무엇을 기준으로 하든지 지금 우리 시대의 한 단면을 가로지르는 스펙트럼이 펼쳐진다. 이는 세계 춤의 중심이 미국에서 유럽으로 바뀌고 있음을 보여주는 한 증거로도 생각된다. 미국의 현대무용이 잠시 정체하는 사이 유럽 각국 현대무용가들이 오랜 전통에 근거한 다양한 모색을 동시다발적으로 내놓으며 세계 무용계를 이끌어가고 있기 때문이다.

이 스펙트럼 안에서 지금 한국의 춤은 어디에 있는지 그 현주소도 여실히 드러난다. 나초와 발츠 사이에 만들어지는 유럽 춤의 스펙트럼 위에, 그 어름에 이루어진 우리 춤을 포지시

온느망(positionement · 위치잡기) 해본다.

II. 펴기

#1. 소문으로만 듣던 사비에르 르 로이의 작품《셀프-언피니쉬트(Self-Unfinished · 미완성의 자아)》(2004년 4월 27일 문예진흥원 예술극장 대극장)가 한국 관객을 찾아왔다. 몇 년 전부터 첨단의 전위적 작품을 집중 소개해 주목을 모아온 「제23회 국제현대무용제(Modafe 2004)」에서다.

르 로이의 무대는 백색이다. 천장에 6개씩 6줄로 형광등이 36개 켜 있다. 바닥도 벽도 모두 하얗다. 그 안에서 그는 거꾸로 간다. 기계 몸처럼 걸어가다가 아주 느리게 뒤로 걸어가고, 네 발로 어디가 앞인지 알 수 없는 자세로 기어가다가, 물구나무를 서서 뒤로 가기도 한다. 마침내 옷도 모두 벗어버린다. 거꾸로 서서 양팔이 다리가 되고, 엉덩이가 어깨가 되고, 거기서 빠져나온 두 발이 팔이 된 채 게걸음으로 움직인다. 이때 머리가 없다. 독특한 이미지가 충격적이다. 현대 물질문명의 모든 가치를 뒤집어 놓는 신랄한 조소가 보는 이에게 소름을 돋게 한다. 손같이 생긴 이상한 짧은 다리와 발같이 생긴 긴 팔을 가진 머리 없는 엉덩이 괴물이 무대 위의 유일한 소품 책상과 의자를 거칠게 뒤집은 다음 똑바로 일어서서 옷을 입고 무대에서 객석으로 내려와 총총히 사라졌다. 인간을 회복하자는 메시지가 시원하다.

#2. 사샤 발츠의《육체(Bodies)》(2004년 4월 29일~5월 2일 LG아트센터)는 마치 일본 사무라이 액션영화를 보는 듯했다. 인간의 육체를 어디까지 물화(物化)할 수 있는지 극한으로 밀어붙여 시험하는 듯했다.

영화 〈매트릭스〉의 한 장면처럼 건강한 액션신으로 시작해 군대 등 병영훈련의 체벌로 사용되는 '인간 계란말이' 장면이 이어졌다. 몸을 정육점의 고기처럼 집어들어 던지고, 어항 속에 가두어 학대하고, 인체를 부위별로 가격을 매기기도 했다. 여자 몸에 뒤틀린 남자다리는 그리스신화에 나오는 반인반마의 켄타우르스를 연상시켰다. 인간의 육체에 대해 새로운 해석을 가하는 에피소드 하나 하나가 충격적 이미지다. 남녀 무용수가 실오라기 하나 걸치지 않은 채 벌이는 이 같은 육체의 해체는 사도마조히즘적으로 보이기도 한다.

사샤 발츠는 인간을 발가벗겨 공격성과 관능, 독창성과 상상력, 유머와 두려움을 통해 '인간의 몸'과 '인간 본성'에 대한 가혹한 질문을 끊임없이 던졌다. 이를 통해 육체의 상품화, 유전자 조작과 복제, 성적 차별 등에 대해 날카롭게 비판했다. 다양한 이미지들과 역동적인 표현, 아시아와 유럽을 넘나드는 개성 있는 무용수들의 에너지는 이 작품을 '21세기 독일 표현주의의 정수'라는 평을 듣기에 부족함이 없게 만들었다.

#3. 스페인국립무용단 예술감독 나초 두아토는 2002년 6월 한일월드컵 한국과 스페인의 대결이 벌어지는 날 서울에서 공연을 했었다. 그때 그는 월드컵경기 자체에 대해 불만을 털어놨다. 처음 서울에서 공연을 하는데 축구 때문에 관객이 줄게 됐다고, 마치 어리광피우는 소년처럼 화를 내며 스페인 축구단을 비판했다. 하지만 그의 걱정은 기우로 끝났다. 공연은 대성황을 이뤘고 고전적 우아함에 지중해적인 명랑함을 곁들인 그의 춤에 관객들은 아낌없는 박수를 보냈다.

이번 작품 《멀티플리시티(Multiplicity · 복제)》(2004년 4월 30일~5월 2일 예술의전당 오페라극장)에서 나초는 직접 무대에 오르기로 했었다. 네덜란드댄스시어터(NDT) 지리 킬리언에게서 춤과 안무를 배운 그는 무용가로서의 기량이 안무력 이상이면 이상이지 결코 못하지 않기 때문이다. 그러나 부상으로 인해서 내한이 무산됐다.

《멀티플리시티》는 바로크시대를 대표하는 바흐의 음악과 삶에서 영감을 얻은 작품으로, 2001년 뉴욕 링컨센터페스티벌에 초청돼 현대무용의 메카인 뉴욕을 깜짝 놀라게 했던 작품이다.

나초는 본래 뉴욕에서 무용을 배우고 활동했다. 그러나 더 이상 비자가 나오지 않아 뉴욕을 떠났다. 사실상 뉴욕에서 쫓겨나다시피 해서 킬리언에게 갔다. 킬리언을 통해 새로운 무용가로 탄생한 그는 금의환향, 스페인국립무용단의 예술감독이 됐다. 그는 유럽에서 성공한 뒤 자신을 푸대접한 뉴욕에 돌아가 멋지게 복수하는데, 그때 쓴 '칼'이 바로 이 작품이다.

이 작품은 음악을 몸으로 연주한다는 말이 적합할 것 같다. 음표와 높낮이와 소리의 강약, 화성이 몸으로 그려졌다. 군무의 무용수들이 움직이는 음표였으며, 솔로는 첼로, 바이올린, 하프시코드, 쳄발로였다.

오케스트라 피트 연주석에 무용수들이 30여명쯤 되는 무용수들이 서고, 지휘자석에 바흐로 분장한 무용수가 온 몸으로 지휘를 하면 지휘에 따라 무용수들이 뛰어오르는데 살아펄떡이는 싱싱한 리듬감과 관능이 무대에 넘친다. 재치의 면에서 클래식을 만화영화로 만든 디즈니의 장편 애니메이션 〈환타지아〉를 보는 듯하다. 여자무용수의 몸을 첼로, 하프시

코드, 바이올린 삼아 연주하고, 실루엣으로 미뉴에트를 만들어낸 것이 특히 그렇다. 미국적 상상력을 유럽의 전통에 담아내 가벼우면서도 묵직한 아름다움을 만드는 데 성공한 것으로 평가된다.

2부 '침묵과 공허의 형태들(Forms of Silence and Emptiness)'은 1부와는 달리 종교적인 숭고함이 가득한 바흐의 칸타타를 악마적인 힘, 종교적 고뇌 등으로 묵직하면서도 인상적으로 그려냈다. 오선지 위에 악보의 기호들을 연상시키는 대미의 레퀴엠 무대는 음악의 형상화에 대한 놀라운 감각으로, 생각할 것이 많은 부분이었다.

#4. 영국의 안무가 매튜 본의 패러디 춤극《호두까기인형》(2004년 5월 8~30일 LG아트센터)의 키워드는 '관능'이다. 매튜 본은 차이코프스키의 음악을 사용하고 있지만 원 안무자 마리우스 프티파의 그것과 철저하게 다른 '호두까기인형'을 그렸다.

프티파는 호두까기인형을 중심 모티브로 해서 행복한 가정의 즐거운 성탄절을 동심의 꿈으로 꾸몄다. 그러나 매튜 본은 행복한 가정을 불행한 고아원으로, 순수한 동심의 축제를 욕망과 관능의 향연으로 바꿔놓았다. 순백의 눈꽃왈츠를 힘찬 에로틱 스케이팅 댄싱으로, 화려한 사탕과자 나라의 축제를 핑크빛 관능의 파티로 채색했다. 왕자와 함께 떠나는 눈의 나라는 깃털처럼 가볍고 푹신한 침대의 나라다. 같은 음악으로 어떻게 이렇게 다른 표현이 가능한지 믿기 힘들 정도다.

이는 차이코프스키 음악이 갖고 있는 독특한 우수 때문으로 생각된다. 프티파는 차이코프스키의 표면적인 밝음과 아름다움에 춤을 실었다면, 매튜 본은 차이코프스키의 깊은 심연에 몸을 맡긴 것으로 보인다.

프티파는 아름다운 낙관에서 클라라와 왕자의 행복한 춤을 찾았다. 하지만 매튜 본이 마련한 우울한 자본주의의 그림자에서 클라라가 진실한 사랑을 찾는 것은 설득력이 없다. 매튜 본의 드라마에서 호두까기인형이 변한 환상의 왕자는 악덕 고아원 원장의 딸 슈거 공주의 차지가 된다.《백조의 호수》에서 백조 오데트가 흑조 오딜에게 왕자를 빼앗기는 것과 같은 상황이다.

하지만 대중춤을 지향하는 매튜 본은 분명 비극지상주의자는 아니다. 그는 현실적인 선택으로 영화 〈뻐꾸기 둥지 위를 날아간 새〉의 마지막 장면과 같은 해피엔딩을 준비했다. 꿈에서 깨어난 클라라가 자신을 사랑하는 현실의 애인 고아원 친구와 함께 창을 깨고 지옥과 같은 고아원을 탈출하는 것이다.

처음부터 끝까지 매튜 본의 신랄한 블랙유머가 특히 빛난다. 환상을 가능케 하는 단순하면서도 상징성이 넘치는 박력있는 무대와 탱고, 왈츠 등 대중 춤사위를 과장, 왜곡한 스케일 큰 춤사위의 강력한 표현력이 매력만점이다.

#5. 안은미는 4월 29일 발츠, 30일 나초에 이어 5월 1일 시작해 2일 같이 끝났다. 한국 춤으로 이들 세계적인 안무가들과 정면 승부를 벌인 것이다.「제23회 국제현대무용제(2004 모다페)」에 초청되어 5월 1~2일 문예진흥원 예술극장 대극장에서 공연한《제발 내 손을 잡아 줘(Please hold my hand)》는 2003년 피나 바우쉬의 폴크방스튜디오 객원안무가로 초청돼 안무한 작품으로, 안은미가 최근 몰입하고 있는 일련의 '제발(Please) …' 시리즈의 작품으로 보인다. 무용단체만으로는 발츠나 나초 못지않은 명성을 갖고 있는 폴크방스튜디오인 만큼 충분히 한판 승부를 벌일 만해 보인다.

안은미 특유의 키치미가 일단 눈길을 끌었다. 알록달록한 원색에 분홍빛 조명이 얼핏 미아리 사창가를 연상시킨다. 수영장에서 펼쳐지는 듯한 경쟁의 모습이 우스꽝스럽기도 하고, 발자국소리, 전화소리라든지 새가 날아가는 소리 등이 긴장감을 불러일으킨다. 고대 이집트나 오리엔트 사제와 같은 중성적인 모습과 다양한 관능적인 요소들이 한데 어울려 흐드러진 성과 관음증이 느껴진다. 뒤로 보면 여성인데 앞으로 보면 남성인 성도착 또는 성차별을 무시하는 도발적 의도도 전해진다.

색동원색이라든지 물동이를 진 아가씨는 한국적 정서를 느끼는 샤머니즘적 요소로 원시적인 생명력이 느껴진다. 권력을 상징하는 듯한 의자 위에서 이익을 위해 싸우는 사람들의 모습이 재미있고, 그 아래서 전라로 기어가는 참혹한 현실을 패러디한다. 이 과정에서 온 몸을 뒤로 던져 등으로 안기는 포즈는 참 역동적이고 재미있는 무브먼트였다. 안긴다기보다는 끌려가는 느낌이 났으며, 수동적인 능동이라는 역설도 느껴졌다. 관능과 해학, 유희가 과장되고 극적으로 결합해 경쾌하면서도 결코 밝지만은 않은 깊은 삶의 근원적 음영을 드러낸다. 하지만 관객과의 입맞춤으로 대미를 짓는 막을 내린다. 안은미의 낙관적 익살이 돋보이는 대목이다. 피나 바우쉬의 군단을 이끌고 나초 두아토나 사샤 발츠 같은 큰 안무가들과 한판 승부를 벌이기 충분한 대담한 배짱이 믿음직하다.

#6. 유정숙무용단의《바리》(2004년 5월 12일 국립국악원 예악당)는 전통 한국 창작춤의 전형적인 요소를 모두 갖췄다. 소재도 최초의 샤만으로 추정되는 바리설화를 바탕으로 하고 있으며 전개도 탄생, 성장, 희생 등 클래식하게 구성되어 있다. 춤구성도 한국 전통춤에서 따온 다양한 춤사위로 만들어졌다. 무대도 검은 태양과 코발트빛 조명 등 상징성과 색채감에 대한 고민의 흔적이 역력했다. 외형상 딱히 나무랄 데 없이 짜인 작품이다. 하지만 바로 거기에 한국 전통 창작춤의 고질적인 문제가 들어 있는 것 같다.

우선 단순, 평이한 서사구조다. 한국 무용을 보는 관객치고 바리설화를 모르는 관객은 거의 없을 것이다. 그것을 그냥 평범한 구조로 풀어놓는 것은 너무 안이하지 않은가 싶다. 매튜 본 같이 극한까지는 가지 않더라도 새로운 변형 또는 패러디에 따른 창작이 필요하다. 알싸한 맛을 찾는 그러한 고민 없이 관습적인 감상으로 풀어간 것은, 마치 시작을 보면 끝을 알 수 있는 장르영화를 보는 것 같은 나태함이 느껴진다.

플롯이 관습적이다 보니 음악도, 춤사위도 관습적이다. 정확하게 음악의 빠르기에 춤사위가 실린다. 기계적 배분으로 음악과 춤을 연결시켜 놓음으로써 춤의 포인트, 악센트를 찾기 어려웠다. 박자를 모으고 쪼개는 긴장과 응축의 포즈가 없는 것이다. 이에 따라 바리의 원초적 생명력과 춤은 상당한 거리가 있을 수밖에 없었다. 춤에서 상징과 은유를 찾기 어렵게 된 것이다. 그렇게 되면 춤은 1차원적이고, 평면적 묘사에 그칠 수밖에 없어 자연 포크(folk)로 갈 수밖에 없게 된다. 거기에서 흥(興)은 있을지 몰라도 창작의 치열함, 거기서 느껴지는 카타르시스는 찾기 힘들다.

#7. 강미선의「우리춤 2004 - 전통춤과 신무용의 만남」(2004년 5월 14일 호암아트홀)은 전통춤과 신무용의 비교를 통해 한국춤 창작의 틈새 확장을 시도하고 있다. 전통에 바탕한 창작춤 신무용과 그것의 현대적 변용에 대한 실험이 느껴진다.

전통춤인 '아박무'와 '향발무'를 현대적 감각으로 재구성한 '신(新) 서일화지무'는 고구려 벽화를 모티브로 해 느리고 유장하면서도 경쾌함을 잃지 않은 춤사위였다. 역으로 전쟁터에 남편을 보내고 전승을 기원하는 '여인무검(女人舞劍)'은 경쾌하면서도 묵직한 맛이 있었다. 용고, 대북, 소고 등 온갖 북을 올려놓고 극장이 무너져라 북을 내리치며 원진과 사방진 등 진의 형태로 흥겨운 춤사위를 보여준 '북의 대합주'는 가슴이 시원한 스펙터클을 보여줬다. 한국춤의 멋과 흥을 전통춤의 선상에서 가지런히 보여준 무대였다.

#8. 조흥동의 '우리춤의 맥' 시리즈 첫 번째 무대「우리춤 우리맥」(2004년 5월 16일 세종문화회관 대극장)은 한국춤이 어떻게 대극장을 메울 수 있는지를 보여준 스펙터클이 일품인 무대였다.

〈춘향전〉의 사랑가 대목에 춤사위를 실은 '사랑의 향기'는 동양화 같은 배경에 경쾌하고 해학적인 춤사위가 인상적이었다. 하지만 사랑가만이 갖고 있는 건강한 에로티즘이 제대로 살아나지 않아 아쉬움이 남았다.

50여 개의 오고를 연결해 만들어낸 '북의 향연'은 극장 무대에서 모처럼 맛본 장대한 스펙터클이었다. 강미선의 '북의 대합주'가 다양한 북의 조화였다면 조흥동의 '북의 향연'은 세종문화회관 대극장의 전면을 오고북을 가로와 세로로 잇대어 가득 채웠다. 강미선의 것이 합창이었다면, 조흥동의 것은 제창이었다. 제창의 통일성과 힘, 아크로바틱한 조화를 최고조로 끌어올려 통쾌한 맛을 관객들에게 선사했다.

'강강술래'는 한국춤의 다양한 발디딤새를 끊임없이 변하는 원진의 형태로 보여줬다. 화려한 진세의 속도감이 돋보였으며, 애조띤 구음에 맞춰 돌다가 서, 잡아채고 툭툭 늘어트리면서 만들어내는 부드러움은 관능적이기도 했다.

부러지지 않은 검으로 추는 조흥동의 '검무'는 독특했다. 부러지지 않은 칼로 황창무처럼 검을 휘두르는 것은 맛이 없었다. 황창무처럼 흥겨움이나 무속성이 느껴지지 않고, 어딘가 좀 어설픈 칼돌림이었다. 부러진 칼은 공격성을 숨기고 유희성을 강조한다. 하지만 날카로운 장검은 공격이 너무 강해 황창무처럼 칼을 돌리는 것은 자칫 자해와 같은 위기감을 느끼게 한다. 화려한 춤사위나 끊고 자르는 기(氣)가 부족해 액션이나 아크로바틱한 검술의 느낌이 없었다. 중국의 18기가 아니라 한국의 18반 전통무예와 같은 전통 무술에 기원한 본격적인 칼춤의 탄생을 기대해 본다.

Ⅲ. 나오기

외국작품들을 실험성 기준으로 사비에르 르 로이-사샤 발츠-매튜 본-나초 두아토로 펼쳐볼 수 있다. 물론 좌변으로 갈수록 실험성이 높다. 이 같은 수직선에 안은미는 사샤 발츠와 매튜 본 사이에 위치할 수 있을 것이다. 유정숙이나 강미선, 조흥동은 나초 두아토 다음에 자리잡을 것 같다.

흥행성을 기준으로 나눈다면 매튜 본-나초 두아토-사샤 발츠-사비에르 르 로이가 될 것이다. 안은미는 여기서 사샤와 사비에르 사이에 놓일 것이다. 아니면 사비에르와 비슷하거나 뒤에. 관객수로만 본다면 조흥동, 강미선, 유정숙이 사샤와 사비에르 사이에 놓일 것이다. 하지만 관객의 자발성과 다양성으로 본다면 역시 모두 사비에르 뒤에 놓일 것이다.

독창성은 실험성과도 유사할 수 있다. 하지만 전통적 방법론에 기초한 독창성도 얼마든지 있을 수 있다. 이에 따라 사비에르, 사샤, 매튜, 나초의 독창성의 순위를 매기기는 쉽지 않다. 하지만 조흥동, 강미선, 유정숙의 독창성이 이들의 끝에 있다는 것은 부인할 수 없다.

전통성을 기준으로 순서를 나열하면 나초-매튜 본-사샤-사비에르 순이 될 것이다. 그리고 조흥동, 강미선, 유정숙이 이들을 앞설 것이다.

서로 다른 장르의 예술성과 흥행성, 실험성 등을 비교한다는 것은 가능하지도 않은 일이고, 해서 좋은 일도 아니다. 하지만 한번쯤 줄 세워봄으로써 스스로를 반성하면서 새로운 방법론을 모색하는 것도 의미있는 유희다. 그리고 세계의 흥행사, 공연기획자들은 언제나 자기의 가슴에 다양한 단체가 줄 서있는 줄자(포지시온느망 그래프)를 갖고 있다. 그 줄자를 대고 작품을 고른다. 세계에 나가기 위해서 싫든 좋든 그 줄자에 한 눈금이 돼야 하며, 그 눈금은 실험성이면 실험성, 독창성이면 독창성, 예술성이면 예술성, 유희성이면 유희성, 전통성이면 전통성 등 강한 색깔을 갖고 있어야만 한다.　　　　　　　　　　　　　　— 춤 2004년 6월호

전형적인 한국적 모더니즘

– 한국컨템포러리무용단의 「메모리」와 김복희무용단의 《우리시대의 새》

모더니즘(modernism)은 정확히 개념잡기 어렵다. '모던(modern)'은 항상 '모던'하기 때문이다. 또 모더니즘이 한때 20세기 초 당시의 현대성을 표현하는 예술의 한 사조적 특징으로 쓰였기 때문이기도 한 것 같다. 그래서 컨템포러리(contemporary)라는 말이 모던 대신 많이 쓰여 컨템포러리가 모던보다 더 가까운 현재진행 상황처럼도 느껴진다. 이 때문인지 모던 댄스보다 컨템포러리 댄스가 좀 더 최근 시점의 춤 같이 들리기도 한다. 그래서 어떤 현대적인 느낌의 춤을 보고 모던 댄스라고 말하면 끝까지 컨템포러리 댄스라고 주장하는 사람도 있다. 이름을 뭐라고 부르든 존재는 존재라는 언어의 자의성에 기대 이를 설명할 수도 있을 것이다. 하지만 그보다도 비교와 대조를 통해 그 의미를 분명히 하는 게 굳이 복잡한 추상성을 추상하는 것보다 쉬워 보인다.

포스트모더니즘은 모더니즘 이후의 이즘을 가르친다. 포스트모더니즘은 무엇인가. 해체와 경계의 확장을 통한 인식의 확장이 특징이다. 깨뜨리고 부수어 새로움을 만들어내는 게 특징이다. 특히 고전을 때려 부수고 비틀어 익숙한 새로움을 만들어내는 패러디 방식이 아주 발달했다. 여기서 거꾸로 모더니즘으로 들어가면 모더니즘에는 합리적인, 이성적인, 보수적인 고전의 냄새가 난다. 그래서 모더니즘은 더 이상 모던해 보이지 않기도 하다. 그러나 모더니즘은 합리와 이성적 전통 위에 현재에 대한 비판과 극복을 본질로 한다. 전통에 대한 비판과 극복은 현대성이 갖고 있는 영원한 특징 중의 하나일 것이다.

하지만 한국 예술사조에서 모더니즘은 모더니즘 자체가 가지고 있던, 어쩌면 포스트모더니즘의 속성을 그대로 가지고 있는 모더니즘 본래의 현대성이나 시대에 대한 고민은 없었던 것으로 생각된다. 여기에는 식민지시대의 엄혹한 문화탄압에 따른 지식인들의 퇴폐적, 허무주의적 속성이 필터링된 결과가 아닐까 생각된다.

이에 따라 한국의 모더니즘은 일반적인 모더니즘과는 다른 방향으로 전개됐다. 고전에 대한 합리적 재해석과 아방가르드식 도전보다는 감상적 주지주의에 그치고 말았다. 소리나 운율, 형태의 자유로움보다는 소녀적 감상에 바탕한 언어의 유희에 머물고 만 것이다. 김광균의 시 〈추일서정〉이나 박인환의 시 〈목마와 숙녀〉를 보면 그런 느낌이 난다. 이는 허무주의가 한국에서 그 격렬한 무정부주의적 운동의 동력보다는 감상적 퇴폐주의에 그친 것과 같은 양상일 것이다.

한국컨템포러리무용단의 「메모리(Memory)」(2004년 7월 9일 세종문화회관 소극장)와 김복희무용단의 《우리시대의 새》(2004년 7월 14~15일 문예진흥원 예술극장 대극장)는 전형적 한국적 모더니즘의 느낌이 난다. 아름다움에 대한 주지주의적 입장을 취하고 있지만 이미지 중심에 그치고 있는 것으로 보인다. 시대에 대한 저항의식이나 과거에 대한 극복의 힘을 찾기 쉽지 않다. 이들 작품들이 형태적 아름다움을 통해 순수춤 본연의 미학에 접근하려한 것은 아무리 높이 평가를 해도 지나치지 않다. 하지만 아름다운 또는 고통스러운 '기억'의 영상에 빠져 벗어나지 못하고, '우리시대의 새'를 강렬하게 날개짓하며 하늘로 날려 보낼수 있는 저항의 힘을 찾지 못한 것이 아쉽다.

● 한국컨템포러리무용단의 「메모리(Memory)」

한국컨템포러리무용단의 「메모리(Memory)」(안무 장은정, 김정은, 윤미정, 이윤경)는 형식이 독특했다. 장은정 안무의 《스탠드 업(Stand up)!》, 김정은 안무의 《쿰》, 윤미정 안무의 《나의 살던 고향은》, 이윤경 안무의 《공간-궤도》 등 4개의 작품이 하나의 작품으로 묶인 연작 공연이다. 그러나 작품이 구체적으로 잘라지지 않고 연결된 작품의 4개 부분으로 이어져 마치 공동창작의 작품으로 보인다. 이 때문에 관객들의 작품이해에 혼선이 빚어질 수도 있어 보였다. 추상적 춤의 연결을 쪼개 누구의 작품으로 구별해내기가 쉽지 않았다. 특히 안무가들이 모두 출연했기 때문에 더욱 그랬다.

네 작품의 공통적인 안무의도는 아마 과거의 기억으로부터 벗어나 '일어나자'라는 것이 아닌가 싶다. 장은정은 직설적으로 '스탠드 업!'이라고 말했고, 김정은은 성경의 구절을 인용해 '일어나라'고 암시했다. 윤미정은 자본주의 대중사회의 양상을 벗어나 인간 본래의 고향을 찾아 '일어날 것'을 권유하고 있다. 이윤경은 궤도를 따라 무의미하게 돌고 있는 공간을 벗어날 것을 속도감 있는 춤으로 강조하고 있는 것 같다.

작품의 전체적 연결은 그리 나쁘지 않아 보였다. 빨간 구두와 빨간 스타킹, 빨간 옷, 빨간 끈들이 이미지를 연결하며 4작품의 맥을 이끌어가고 있다. 하지만 이미 지적했듯이 4작품의 이미지가 비슷해 따로 한 작품을 찾기 어려웠다. 또 주요 이미지가 너무 비슷해 각 작품의 안무의도를 찾기 쉽지 않았다. 한 뿌리에서 난 가지이기도 하겠지만, 이는 네 작품 모두 서재형이 연출에 참여했기 때문이 아닌가 싶다. 서재형은 단아한 상징에 재능이 있는 젊은 연출가다. 하지만 그의 힘이 너무 두드러져 보여 안무가들의 개성이 차별성을 보이지 못한 것은 아닌가 하는 느낌이 들었다. 작품이 전체적으로 회화적 이미지를 통해 상징과 주지적 양상을 보인 것은 서재형의 영향인 것 같다. 무용수로 출연해 기억의 감상으로 들어간 것은 안무자들의 의도로 보인다.

물론 이것은 해석의 관점에 따라 다를 수 있다. 작품의 의미를 느낄 것이냐, 해석할 것이냐의 차이다. 그러나 상징과 은유는 관객에게 작품을 그냥 보기만 하는 것보다는 해석을 강요하게 마련이다.

한국 최고의 테크니션으로 꼽히는 이윤경·류석훈 커플의 춤은 여전히 인상적이었다. 류석훈의 춤은 강한 에너지가 돋보였다. 하지만 힘을 좀 갈무리할 필요도 있어 보였다. 이윤경의 균형미와 스피드는 세월의 한계를 넘어선 듯 빼어나다. 하지만 분별적 자아의 표현 뿐 아니라 서정주의 시 〈국화 옆에서〉에서 내 누님같이 생긴 국화꽃을 보듯 세월이 녹은 움직임도 보고 싶다.

● 김복희무용단의 《우리시대의 새》

김복희무용단의 《우리시대의 새》(안무 김복희)는 서사시 〈금강〉 또는 '껍데기는 가라'라는 구절로 유명한 서사 민중시인 신경림의 시를 바탕으로 하고 있다. 시의 낭송을 근간으로 해서 속도감이나 무브먼트보다는 이미지 중심의 춤으로 작품을 풀어갔다.

시와 산문을 비교한 프랑스의 시인 폴 발레리의 정의는 언제나 유효해 보인다. '시는 무용이고, 소설은 산문이다.' 하지만 근래에 들어 한국의 춤은 다다이즘의 난해시처럼 자동기술적으로 만들어지지 않았나 하는 생각도 든다. 다다의 시창작 방법 가운데 하나가 글자를 잘라 바구니 안에 넣고 마구 흔든 뒤 그것을 그냥 풀어놓는 방법이 있는데, 무의식을 통한 자동기술법이다. 한국 춤의 상당수도 이 같은 다다의 자동기술적 시창작 방식으로 난해한 엄숙주의, 건조한 테크닉춤을 만들어내지 않았나 싶다.

《우리시대의 새》는 그런 난해성을 극복하고 시의 의미와 달라붙는 편하고 아름다운 동작으로 구성, 춤의 본래 아름다움과 의미의 복원을 시도했다는 점에서 평가를 받을 만하다. 특히 구체적인 시의 낭독을 통해 춤의 의미를 대중에게 보다 분명하게 전달하려는 시도는 '시는 무용이다'는 폴 발레리의 정의를 무대에 직접적으로 실험했다. 하지만 이 시도는 절반의 성공에 그치지 않았나 싶다. 호흡이 제대로 실리지 않아 대사가 객석 뒷부분까지 전달되지 않았기 때문이다.

내레이터 서은정은 직접 춤까지 추며 최선을 다해 시를 암송했다. 음유시인의 낭송에 맞춰 춤을 추는 그리스 서사극의 느낌까지 났다. 서은정의 낭송은 그것을 연상할 수 있도록 감정이 풍부하게 실리기도 했다. 하지만 대극장에서 무대 위의 대사는 연극배우들이 마이크를 쓴다고 해도 웬만한 내공으로는 잘 되지 않는다. 특히 뒤돌아서 하는 대사의 경우 특급 배우들이라도 좀처럼 하지 않는다. 그 소리가 제대로 들리지 않기 때문이다. 노래를 잘하는 성악가의 가장 중요한 기준 중의 하나도 바로 '딕션(diction)'이다. 정확한 의미의 전달이다. 그러나 서은정의 대사는 최소한 뒷부분 객석의 절반이상은 그 의미를 알아듣기 힘들었다. 서사시에서 서사를 빼고, 서정만 전달한 모습이다.

서사시의 파도 같은 운율처럼 춤의 속도는 시종 묵직했다. 묵직한 호흡에 걸맞게 춤은 표현적이었고 많은 이야기가 들어있었다. 이를 김복희무용단 특유의 강인한 힘을 바탕으로 단단한 균형과 아크로바틱한 높이로 풀어내 춤을 보는 재미를 한껏 끌어 올렸다. 이정연의 도시적 이미지의 시원하고 건조한 선의 춤과 박은성의 강한 에너지의 도발적 힘이 잘 어울렸다. 천성우, 박종현의 부드러움을 갖춘 힘있는 춤선도 앞을 기대하게 한다.

— 춤 2004년 8월호

새로운 정체성을 창조하기

- 한·중·일 아시아가무단의 「아무타제(亞舞打祭)」

세계화는 더 이상 새로울 것이 없는 단어다. 세계화를 압축적으로 표현하는 '지구촌'은 지금은 은유로 여겨지지 않을 정도로 진부한 단어이기도 하다. 그 세계화와 함께 꼭 쌍으로 쓰이는 단어가 '정체성'이다. 세계화 시대에 자기 정체성을 갖지 않으면 존재하기가 결코 쉽지 않기 때문이라는 설명도 따라 붙는다. 하지만 그 정체성이 흔히 전통적인 것, 동양적인 것으로 간주되는 경향이 있는 것 같다.

정체성에 대한 개념이 사회·문화적으로 본격 연구되기 시작한 것은 1970년대부터다. 수많은 논의의 결과 정체성에 대한 개념은 일일이 소개하기 힘들 정도로 다양하다. 하지만 대체적으로 일치하는 공통요소를 찾아보면 한 개인을 어떤 사회적 그룹에 속하게 하는 행동, 언어, 문화의 총체를 말한다. 여기서 정체성은 자신이 속한 지역성, 전통성으로만 한정되지는 않는다. 다민족 혼성 사회, 내지는 국가가 보편적인 포스트모더니즘 상황에서 지역성과 전통성만으로는 한 집단의 정체성을 표현하는 데 충분하지 않기 때문이다. 지역성이나 전통성은 현재의 사회구성원이 원해서 얻어지는 것이 아니라 생래적으로 주어지는 것이기 때문에 정체성을 표현하기 가장 좋은 수단이기는 하다. 하지만 그것이 정체성의 모든 것을 담아내지는 못한다. 전통적이고 동양적인 것이 한국적 정체성 확보의 유리한 한 측면은 될지 모르지만 결코 배타적, 독점적 성격을 갖는 전부는 아니다.

포스트모더니즘 시대에 정체성의 본질은 차이에 있는 것 같다. 집단과 집단의 다름, 개인과 개인의 다름이다. 여기서 차이가 과거 제국주의적 우열로 나타나지는 않는다. 나름의 고유한 독창성과 의미를 갖는 차이다. 장미는 장미라 좋고, 백합은 백합이라 좋은 경우다. 호박꽃은 호박꽃대로, 할미꽃은 할미꽃대로 좋다. 차이는 아름다움이다. 백합 닮은 장미꽃, 장미꽃 닮은 호박꽃, 이런 것은 뭔가 맞지 않아 보인다. 자기다움, 다시 말해 정체성의 혼란이 있기 때문이다. 그러나 이종교배, 하이브리드와 같이 차이의 통합, 융합에 따른 새로운 종의 탄생은 또 다른 의미가 있을 것이다. 새로운 정체성의 창조이기 때문이다. 하지만 다른 새의 깃털을 가득 꼽아 장식한 까마귀, 호랑이 흉내를 내는 여우, 이런 것들은 그리 아름답게 인용되지 않는다.

한국의 춤과 일본 · 중국의 타악이 만난 「아무타제(亞舞打祭)」(총예술감독 채향순, 2004년 10월 11일 국립국악원 예악당)는 2003년에 이은 한 · 중 · 일 아시아가무단의 제2회 공연이다. 한국 · 중국 · 일본 세 나라의 춤과 음악의 공통 요소와 차이를 통해 크게는 아시아적 예술의 정체성을, 작게는 한 · 중 · 일 각국의 춤과 음악의 정체성의 본질을 느낄 수 있게 한 재미있는 무대였다. 특히 각국 전통예술의 현재의 수준을 전통성과 지역성 속에서 조망하면서 우리 춤이 향후 나아갈 지점을 살펴볼 수 있다는 점에서 큰 의미가 있다고 생각된다.

그러나 공연에서 형식적 단점이 많이 보인 것이 사실이다. 레뷰 스타일의 평면적이고 단선적인 프로그램 구성과 중국측 출연진의 수준이 밤무대 클럽 수준으로 한 · 일의 작품과 큰 차이를 보여 아쉽다. 하지만 이것이 각국의 전통문화가 현재 처한 현실이고, 또 그런 것들을 그대로 노출시키면서 엮어낸 즐거운 한 판의 축제를 통해 지금 세계 속에서 '동양은 어디에 있는가', '한국은 어디에 있는가' '나는 어디에 있는가'라는 질문과 맞닥뜨리는 즐거움이 있다. 이 같은 측면에서 이 공연의 단점은 자신을 성찰할 수 있는 반면교사로서 오히려 소박한 장점으로 작용한다고 볼 수도 있다. 선악(善惡)이 개오사(皆吾師)인 셈이다.

오리엔티어링을 할 때 필수품이 나침반과 지도다. 그러나 지금 내가 어디에 있는지 알 수 없다면 나침반과 지도가 아무 소용이 없다. 독도법의 시작은 지금 내가 어디에 있는가를 아는 것이다. 지금 자신의 위치를 분명히 알아야만 출발점을 잡고 나침반과 지도를 이용해 목표한 곳으로 나갈 수 있다. 이는 오리엔티어링뿐만 아니라 인간사 모든 것에 적용될 수 있을 것이다. 자신의 상황을 모른 채 목표와 여건이 좋다고 밀어붙이면 배는 산으로 가거나 뒤집어질 수밖에 없다.

이 무대에서 가장 돋보인 것은 단순함 속에 힘과 기를 불어넣은 일종의 타악춤을 만들어낸 일본팀 타오(TAO)의 공연이었다. 특히 천수관음에서 이미지를 따온 '타오이즘'은 한 줄로 늘어서 손만을 움직이며 북을 치는 정갈하면서도 스펙터클한 형식에 절묘한 호흡으로 천수관음의 이미지를 만들어 마치 천 개의 손이 절도 있게 북을 연주하는 듯한 환상을 불러일으켰다. 일본 특유의 정제된 형식미에 펼쳐진 북춤은 아프리카의 흥겨운 퍼큐션과는 전혀 달랐다. 신명과 흥겨움, 생명력을 위주로 한 아프리칸 퍼큐션과 달리 동양의 타악은 종교적 명상마저 느끼게 할 만큼 놀라운 형식미을 보여줬다.

반면 중국 여성 타악연주단 레드 포피 레이디스(Red Poppy Ladies)는 경제개발을 위해 모든 것을 파는 중국의 현 상황을 짐작케 한다. 서양 것에 매몰돼 중국적인 것의 정체성을 잃고 속화하는 모습이 마치 한국의 1960~70년대 상황을 보는 것 같아 안타깝기도 하다.

중·일의 연주에 맞춰 한·중·일의 춤을 각각 보여준 한국 중앙가무단의 춤은 현재보다는 미래가 더 기대된다.

태극권을 소재로 한 중국춤은 놀라운 부드러움으로 묵직한 기를 잘 갈무리했다. 하지만 검무의 경우 맺고 끊는 날카로움이 없었다. 일본 축제춤 마츠리는 화려함을 잘 엮어냈지만 흥으로 확대시키지는 못했다. 하지만 한국춤의 경우 다른 한국 전통춤과 분명 구분되는 흥과 신기가 있었다. 보통의 소고춤, 장구춤에서 악기 연주는 형식에 그치고 마는데 강렬한 실연이 인상적이었다. 이 같은 실연의 결과 연주와 춤사위가 하나로 녹아들어 춤과 음악이 제대로 붙었다는 느낌을 들게 한다. 특히 창작 민요, 신국악에 맞춘 '나나니춤'의 경우 한국춤 대중화에 기대되는 한 단서로 생각된다. 살풀이춤이나 승무에서처럼 엄숙한 한의 정서를 안으로 갈무리하는 한국춤의 일반적인 정조와는 달리 바닷가 과부촌의 한을 창작민요의 독특한 신명과 흥으로 풀어낸 것이 재미있다.

음악과 춤이 붙어있는 한국 춤사위를 바탕으로 중국춤과 일본춤의 장점을 따와 엄숙주의를 탈피한 즐거운 창작 한국춤이 기대된다. — 춤 2004년 11월호

거기에 '동동(東動)'은 없었다

- 국립무용단의 「동동 2030」

2003년에 이어 두 번째인 국립무용단의 기획공연 「동동(東動) 2030」(2004년 12월 15~19일 국립극장 달오름극장)에 대해 김현자 예술감독은 다음과 같이 설명했었다. "봄과 젊음을 뜻하는 한자어 '동녘 동(東)'과 힘과 에너지를 상징하는 '움직일 동(動)'의 합성어입니다. 그리고 '2030'은 젊은 안무가의 창조적 정신을 바탕으로 만들어지는 무대를 상징합니다."

하지만 결론부터 말하면 거기에 '동동(東動)'은 없었다. 봄보다는 늦가을과 겨울이 느껴졌다. 생명이 태동하는 봄이 아니라 불임의 겨울처럼 보였다. 청춘의 열정보다는 상상력의 빈곤 속에 여기저기서 따온 누더기 카피가 중심을 차지하고 있기 때문이다. 젊음의 치열함도 찾기 어려웠다. 젊음의 특권인 정통에 대한, 기성 권위에 대한 도발적인 실험과 무모하다싶은 과감한 도전은 눈을 씻고 봐도 찾기 힘들었다. 오히려 상업적인 감각적인 눈요기에 집중하고 있었다.

《담배꽁초에 관한 감각적 분석》(안무 이화석)은 유럽의 발레콩쿠르 고정 레퍼토리 가운데 하나인 《부르주와》가 생각났다. 프랑스 가수 자크 브리엘의 샹송 〈부르주와〉에 맞춘 작품으로, 담배를 이용한 위트가 넘치는 도전적인 안무가 워낙 인상적이고 다양한 테크닉과 표현이 강해 콩쿠르 작품으로 적격이다. 이화석의 작품은 그런 《부르주와》의 담배 느낌을 연상케 하는데, 그저 연상시키는 것뿐이다. 담배에서 느껴지는 실존의 고민과 외로움, 기다림, 초조함에 바탕한 표현이 없다.

담배를 피우지 못하는 무용수들이 뻐끔 담배로 담배를 빼앗아 길게 이어가는 것은 생기 없는 금붕어들이 입으로 담배 릴레이를 벌이는 느낌이었다. 타성에 젖은 매너리즘과 유치한 모방의 느낌이 강한 가운데 아니나 다를까 담배는 몸에 해롭다고 쓴 샌드위치맨이 나온다. 무슨 공익광고 프로그램도 아니고, 요즘 텔레비전 토크쇼에서 흔히 쓰는 말풍선을 이용한 허황한 개그를 연상시켰다. 더욱이 말보로, 던힐, 마일드 세븐 등 외제 담배 샌드위치맨이 나오더니 예상대로 국산품 애용 샌드위치맨이 나온다.

더 이상 상투적일 수 없을 정도로 유치한 상상이다. 초·중등학생 학예회도 아니고, 한국 프로무용단을 대표하는 국립무용단의 '젊은 안무가의 창조적 정신을 바탕으로 만들어진 작품'이라고는 믿어지지가 않는다. 혹시 이게 한국을 대표하는 국립무용단의 작품이라고 외국인들이 보지나 않았을까 걱정됐다.

그래서 평일 오후 7시에 공연을 시작했는지도 모르겠다. 연말 교통체증으로 다른 공연들은 오후 8시로 시간을 늦추는 게 보통이다. 그런데 이 공연은 오히려 일반적인 7시30분보다 30분 더 당겼다. 남부끄러운 것을 스스로 알아서 그랬는지도 모르겠다. (시간을 당긴 것은 극장 사정이라고 한다. 국립극장은 동절기 공연을 30분 앞당긴다고 했다. 이것은 공무원 조직의 행정편의, 무사안일을 보여주는 대표적인 경우가 아닌가 생각된다. 공연을 보러올 관객은 생각하지 않고 직원들이 일찍 끝내고 집에 가려는 것 외에 다른 이유는 생각나지 않았다.)

여자무용수 5명이 각각 입에 물고 있는 눈깔사탕 5개를 빼앗아 한꺼번에 입에 집어넣는 마지막 장면은 또 무슨 지저분한 컬트인지 모르겠다. 담배를 끊으니 단 것이 당긴다는 골계인 것 같기도 한데 도대체 의미를 모르겠다. 이 작품 어디에서도 '담배꽁초에 관한 감각적 분석'을 도저히 찾을 수 없는 것은 분명 글쓴이의 무감각 탓일 게다.

《웨이팅 룸》(안무 이윤경)은 사무엘 베케트의 대표작 〈고도를 기다리며〉에서 아이디어를 따왔다. 류석훈의 느낌이 많이 나는 연극적인 작품으로 무언극과 같았다. 이윤경과 류석훈의 장기인 속도감과 화려한 테크닉을 찾기 힘들어 아쉬움이 남는 작품이다.

그런데 이화석과 이윤경의 작품이 왜 국립무용단의 기획공연 무대에 올랐는지 이해가 안됐다. 객원 안무로 국립무용단원과 함께 공연한 것도 아니고, 안무자들이 국립무용단 출신도 아닌데 온전히 그들의 작품을 도대체 왜 국립무용단 기획공연에 올랐는지 모르겠다. 이와 관련 국립극장 홍보관계자도 "이들 안무가가 국립무용단의 「바리바리촘촘디딤새」에 참여했던 무용가"라며 "그 이상은 모르겠다"고 자세한 설명을 하지 못했다. 국립무용단이 드디어 한국의 무용을 책임져야 한다는 의식을 갖게 된 것은 아닌지 모르겠다. 외부단체의 좋은 발레와 현대무용 작품을 공연함으로써 내부에 자극을 주고 고질적인 한국 춤의 3분법 장벽을 헐어 새로운 비전을 보여주려는 야심찬 의도인지, 잘 이해가 되지 않는다.

《홍백이》(안무 박재순)와 《안티 워(Anti War)》(안무 백형민)는 순수 국립무용단원들 작품이다.

《홍백이》의 첫 장면은 1997년인가 세계연극제 때 선보였던 캐나다 작품이 떠오른다. 정확히 제목이 기억나지 않는데 '두 세계 이야기'쯤이 아닐까 생각된다. 바로 달오름극장에서 공연한 것 같다. 막이 바닥 위 50cm쯤까지 내려와 발이 움직이면서 서두를 풀어갔는데 그 말 없는 발들의 이야기가 너무 재미있어 두고두고 기억에 남는 작품이다. 이 작품은 연극평론가들 사이에서 당시 초대된 작품 가운데 최고의 작품 가운데 하나로 꼽혔다.

《홍백이》는 맨발에 버선을 신겼지만 꼭 이 작품을 닮았다. 한국춤사위로 걷고 뛰고 시종일관한 표현의 방법과 시간의 길이에서는 차이가 있지만 아이디어가 거의 전부라고 할 수 있는 이런 류의 작품에서 이 작품은 이미 시작부터 크게 점수를 잃고 들어갈 수밖에 없다. 상황이 이러니 장면 장면에 다른 연상이 달라붙는다. 검은 막 위로 손만 내놓고 캐스터네츠를 치는 것은 아이리쉬 댄스의 흰 장갑 박수 장면이 떠오르기도 한다.

젊음의 아이디어가 없으면 힘으로 밀어붙이는 것도 좋은 방법이 아닐까 싶다. 아이디어도 없는데 힘마저 없다면 그것은 젊은이도 아니다. 이미 늙어 노쇠한 상태. 젊은이는 화장을 하지 않아도 아름답다. 젊음 자체가 가장 훌륭한 화장이기 때문이다. 아이디어가 없으면 자신을 그대로 보여주면 된다. 그러면 최소한 걸작 하나는 남길 수 있다고 생각한다. 사람 각각은 누구도 흉내낼 수 없는 자신만의 인생스토리를 하나씩 갖고 있기 때문이다.

어떤 원로 문인이 그랬다. 요즘 젊은 작가들은 이야기를 할 줄 모른다고. 고작 내놓는 이야기가 자신의 신변잡기뿐이고, 도대체 사람들의 이야기를 쓰지 못한다고 한탄하는 것을 들은 적 있다. 그것도 양반인 것 같다. 자신의 이야기도 못해 남의 이야기를 자신의 것처럼 하다가 실패하는 초라한 경우가 많기 때문이다.

지나치게 길게, 자주 사용된 버선발의 움직임과 캐스터네츠의 동작이 지루하게 이어지다가 팀파니와 첼로연주에 맞춘 김미애의 춤은 고왔다. 북 반주에 맞춘 오포춤과 듀엣은 정갈하게 좋은 그림을 만들었다. 그런데 갑자기 오른쪽 무대에서 얼굴이 쑥 삐져나와 분위기를 망쳤다. 무용수 같지는 않고 무대 스태프였겠는데, 코미디의 한 장면처럼 머리를 쑥 빼내는 게 어이가 없었다. 관객이 몇 명이나 있는지, 보다가 가는 사람은 없는지, 혹시 공연이 벌써 끝난 게 아닌지를 확인하러 머리를 빼고 본 것은 아닐까도 생각해 본다.

정성을 잔뜩 들이고 많은 고려를 한 무대인 것 같은데 악센트 없이 헛힘만 쓴 것 같아 안타깝다. 잘하는 것으로 승부를 해야지, 약한 것으로 맞서서는 안 된다. 장점을 키우느냐, 단점을 고치느냐. 둘 다 하면 좋겠지만 불가능할 때는 선택해야 한다. 어린 나이가 아니라면 단점 보완보다는 장점을 키우는 것을 권하고 싶다.

《안티 워》는 깜짝쇼와 다양한 볼거리의 종합선물세트라고 할 수 있겠다. 시작부터 방독마스크에 군복을 입은 병사들이 객석에 나타나 붉은 '레이저 빔'(사실은 붉은색 플래시)을 쏴 긴장감을 고조시켰다. 이어 전자오락게임을 하는 전쟁고아 같은 어린이가 한 명 나오고, 여러 개의 모니터에서 영상이 터졌다. 모니터 뒤로 무대바닥이 올라가더니 그 위에서 중국 영화배우 장쯔이가 주인공으로 나온 영화 〈연인〉의 한 장면과 같은 춤이 추어졌다. 무대 위의 모래무덤에서는 역시 예상했던 대로 무용수가 한 명 갑자기 튀어나왔고, 얼굴을 반은 하얗게, 반은 파랗게 칠한 무용수 2명이 등장, 역시 반쪽으로 나눠진 조명 아래서 결투를 벌였다. 또 마지막에는 유리 욕조가 등장해 여자무용수가 그 안에 빠져 마치 싱크로나이즈 수영의 한 장면을 만들어냈다.

원색 조명에, 원색 무용수가 비트가 강한 원색적인 음악에 맞춰 원색적인 춤을 추는 모습이었다. 열심히 꾸미고 만들었지만 너무 상투적이고 구체적이어서 어디 한 틈 상상력이 개입될 여지가 없었다. 얼핏 사회주의 집체무 같다는 느낌도 들었다. 1차원적 음악과 춤, 연기, 재치가 모여 만들어낸 평면적인 감정으로 관객을 감동시킬 수는 없다.

— 춤 2005년 1월호

'부토'를 생각하다

– 김영희의 《마음을 멈추고》와 《기다림》

한국국제교류재단과 일본국제교류기금, 국립극장, 국제무용협회(CID-UNESCO) 한국본부가 2005년 '한일 우정의 해'를 기념해 대규모 축제인 「한일 우정의 해 춤 교류전」을 마련했다(2005년 6월 25일~7월 14일 국립극장). 일본 '부토예술'을 주제로 한 특집형태의 '부토페스티벌'과 한일 양국의 현대무용가가 참여하는 '현대무용페스티벌'로 나뉘어 진행된 이번 축제에 한국과 일본의 무용가 100여 명이 참가했다. 한일협정 체결 40주년을 맞아 여러 장르에서 양국의 협력 프로젝트가 진행됐지만, 질과 양의 측면에서 단연 돋보이는 축제였다.

이번 축제의 중심은 '부토'다. 부토는 '죽음의 춤'이라는 이름이 붙을 정도로 무거운 느낌이 강한 춤이다. 하지만 일본 작품에서는 부토의 허무와 무거움을 넘어서는 자유와 재기가 느껴졌다. 오히려 우리의 작품에서 부토의 엄격성이, 더 나아가 전체주의 또는 교조주의마저도 느껴졌다. 일본의 젊은 무용가들은 느리게 힘을 안으로 갈무리하는 부토의 회칠 안에 붙어 있는 죽음의 이미지에서 발랄한 생명의 다양성을 꺼낸 것 같다. 그런데 우리 젊은 작품들은 부토의 무거운 힘을 넘어서지 못하고 하나같이 안으로 침잠하는 것 같아 안타까웠다. 여기서 어떤 복잡한 콤플렉스도 느껴졌다. 순수와 참여, 민족과 세계, 진보와 보수 그 어느 쪽에 갇혀있는 교조적 질곡 같은 것이다. 그런 콤플렉스와 질곡을 털어버리고 진보에서 보수로, 또 보수에서 진보로, 민족에서 세계로, 세계에서 민족으로, 공동체에서 개인으로, 개인에서 공동체로 자유롭게 유영하며 다양한 나, 독특한 나를 표현하는 그런 춤을 보고 싶다.

이번 축제의 한가운데 김영희 이화여대 교수의 안무작이 두 편 있었다. 김영희 무트댄스의 작품은 부토의 방법론과 아주 닮았다. 한국춤의 호흡을 깊게 뽑아내 절정의 순간에서 현대적으로 극화하는 데 성공했다. 아쉬운 점은 그것이 거기에서 몇 년째 정체되어 있다는 것이다. 이번 두 작품 역시 거기서 크게 벗어나지 못해 보인다.

《마음을 멈추고》(7월 6일 국립극장 해오름극장)는 무대를 앞뒤, 또는 좌우로 절반으로 갈라 솔로와 군무로 나눠 배치했다. 특유의 호흡을 바탕으로 군무와 솔로를 대비했다. 다소간의 과장을 털어낸 단순한 힘이 좋았지만 변화가 없어 후반부에서 다소 지루함이 느껴졌다.

일본 부토무용수들이 출연한 합작《기다림》(7월 7~8일 국립극장 달오름극장)은 멋진 부토춤이었다. 표정과 복근을 이용해 만들어낸 움직임은 부토보다 더 부토다웠으며, 강렬한 이미지를 만들어냈다. 김동리의 소설 〈등신불〉이 연상될 정도로 인상적이었다. 초반에 관객과의 기싸움에서 분위기를 완전히 장악했지만 후반부에 들어서 움직임이 소리에 묻히면서 느슨해진 것 같다.

음악이 춤의 대본이냐 효과냐를 한번 고민할 필요가 있을 것 같다. 음악이 춤의 느낌을 강화하는 효과로 쓰일 때 음악은 두꺼운 화장처럼 좀 거추장스럽다. 하지만 음악이 춤의 대본 역할을 하며 움직임을 밀어줄 때, 음악에 춤이 붙을 때 춤도, 음악도 빛난다.《기다림》은 후반부에서 음악이 효과음향이 됐다는 느낌이 들어 아쉬웠다. 그리고 하루 사이에 두 작품을 다른 무용수로 서로 다르게 안무하기는 역시 쉽지 않은 것 같다.　　　　— 춤 2005년 8월호

어린이 무용과 당의정(糖衣精)

– MCT 기획 「춤으로 클릭하는 동화」

대학시절 교육학개론 시간에 어린이에게 책을 줄 때 다이제스트판을 주지 말라고 배웠다. 원작의 의미를 어린이들이 이해하기 어려울 것이라는 지레 짐작에 요약본을 줘서 읽게 하면, 그 어린이는 이미 그 책을 다 읽은 것으로 치고 나중에도 원작을 보지 않게 된다는 것이다. 그렇게 되면 그 어린이는 원작의 감동은 영원히 느낄 수 없게 된다.

요약본이라도 보는 게 안보는 것보다는 낫지 않겠느냐는 주장도 일리는 있다. 그러나 그것이 어린이들에게 고전을 감상할 수 있는 진정한 힘을 빼앗는 비교육적인 방법이라면 차라리 안보는 게 더 나을 수도 있다.

서울 예술의 전당이 주부용 프로그램으로 개발해 화제를 모으고 있는 시리즈 공연이 있는데, 바로「11시 콘서트」다. 그런데 이 프로그램 내용이 만만치 않다. 전문가들도 머리를 갸웃하게 하는 작품이 있을 정도로 쉽지 않은 레퍼토리들이다. 그래서 김용배 사장에게 물었더니 그는 "아이들에게 오이를 먹이기 위해 설탕을 발라서 주면 안 된다"고 단호하게 말했다. 오이맛이 아니라 설탕맛에 익숙해져 오이를 더 못 먹게 된다는 설명이다. 좀 힘들더라도 오이를 그대로 먹어야 오이맛을 알게 돼 오이를 먹을 수 있게 된다는 것이다.

이 음악회는 해설이 있는 음악회다. 김용배 사장은 또한 "해설이 절대 교육적이어서는 안 된다"고 주장한다. 해설은 가르치려 하지 말고, 음악의 본질을 재미있게 그대로 드러내야 한다는 것이다. 물론 이게 말처럼 쉽지는 않다.

「예술의 전당 11시 콘서트」의 핵심을 요약하면 '정통 레퍼토리를 대상으로 한 비교육적인 해설이 있는 음악회'다. 흔히 해설이 있는 클래식 음악회는 쉬운 레퍼토리를 교육적으로 장황하게 해설하는 경우가 많다. 그러나 이런 음악회를 듣고 오면 음악취미가 조금 있는, 또는 음악취미를 가져보려는 주부들이 기분이 나빠질 때가 많다고 한다. 무시당했다는 기분이 들기 때문이다. 이런 점에서 정통 레퍼토리를 과감하게 채택해 음악의 본질을 파고드는 전략은 주부들의 자존심을 살려주는, 또 진정한 감상능력을 키우는 적확한 전략으로 평가된다.

주부들의 수준을 무시하는 것과 마찬가지로 어린이에게 어린이 눈에 맞는 요약본을 준다는 것도 어쩌면 어린이들의 능력을 무시한 어른들의 교만일지 모른다. 단적인 예로, 어른들도 어렵다는 현대 개념미술을 아이들이 더 잘 받아들인다고 하지 않은가. 열려 있지 않으면 좀처럼 가슴으로 들어오기 쉽지 않은 개념미술이 천진한 어린이들 마음에 그대로 스며드는 것이다.

무용의 대중화, 저변확대를 위해 아동을 위한 춤, 가족을 위한 작품의 개발이 절실하고, 그것을 인정한다. 2000년 들어 어린이용 혹은 가족용 춤공연이 많이 만들어지기 시작했다. 국립발레단의 「해설이 있는 발레」의 폭발적 인기에 힘입어 여름방학 기간에 예술의 전당, 세종문화회관, 문예회관 등 주요 극장에서 모두 가족무용을 한 적도 있었다. 발레를 비롯해 현대무용, 한국무용 등 형식도 다양했다. 상상력 계발과 정서함양 등 필요성은 인정되지만 예술성과 흥행성을 이유로 거의 만들어지지 않던 가족무용이 폭발적 붐을 일으켰던 것이다. 어린이의 정서교육, 체형교정, 다이어트 등으로 발레교육이 붐을 이루기도 했다. 그래서 이대로 가면 춤 대중화도 멀지 않았다는 생각이 들던 때도 있었다.

그런데 2005년에는 거의 볼 수 없었다. 관립 단체는 전무하다시피 하고, 한 민간 기획사가 어린이전용극장에서 기획공연으로 올린 것이 유일하다. 춤 대중화의 가능성도 엿보이던 어린이무용의 붐이 왜 그렇게 일시에 사그라졌을까. 경기불황이라는 외부의 영향이 크기는 하지만 내부에서의 문제점이 그것을 더욱 확대, 강화시켰을 것으로 생각한다. 이 문제를 찾아 고친다면 다음에 외부환경이 좋아졌을 때 다시 강력히 일어서는 힘이 될 것이다.

한때 경쟁적으로 올라갔던 것이 이렇게 드물어진 것은 바로 춤은 어렵다는 지레 짐작으로 요약본과 당의정(糖衣錠)을 어린이들에게 강요한 결과가 아닌가 생각된다. 즉, 우리 가족무용의 가장 큰 문제점을 '눈높이 낮추기'에서 찾을 수 있다. 하지만 그래도 위안이 되는 것은 2005년 공연된 작품들이 부분적인 문제점이 없지 않지만 춤 자체의 정통 방법론을 통해 어린이들에게 접근, 어린이들은 물론 함께 공연을 본 부모들로부터도 좋은 반응을 이끌어낸 것으로 평가된다. 어린이들을 설득시킬 수 있다면 성인들도 충분히 설득시킬 수 있을 것이다. 무용 대중화는 그렇게 단계를 밟아 가야 하는 것으로 생각된다.

공연기획 전문단체인 MCT가 동화를 소재로 기획한 「춤으로 클릭하는 동화」(2005년 8월 24~28일 사다리 아트센터 세모극장) 무대에 발레블랑의 《늑대와 빨간 두건》(안무 이고은), 생텍쥐베리의 소설 〈어린왕자〉를 소재로 한 댄스씨어터까두의 《어린 왕자》(안무 박호빈), 밀물현대무용단의 《바오밥나무가 있는 풍경》(안무 이해준) 등이 올려졌다.

《늑대와 빨간 두건》은 늑대와 소녀의 단순한 갈등구조에 꽃의 요정 등을 등장시켜 구성을 다양화하고 이를 발레 특유의 고난도 테크닉으로 풀어냈다. 화려한 의상과 우화적인 무대가 잘 어울렸다. 집중하기 쉽지 않은 어린이들을 상대로 무대와 객석을 허물어 재미있게 진행했다. 발레는 여러 춤 장르 가운데 어린이를 상대로 무용을 대중화하기에 가장 효과적인 장르로 보인다. 정서함양, 음악 듣기 훈련, 신체 표현능력과 올바른 성장 및 체형 교정 등을 이유로 학부모들이 가장 선호하는 예술장르 가운데 하나다. 《늑대와 빨간 두건》은 여기에 부응하는 재미있고 유익하면서도 아름다운 작품으로 보인다.

《어린왕자》는 웬만한 일반 현대무용 작품을 넘어서는 작품이었다. 〈어린왕자〉 전체를 그리려 하지 않고 뱀, 고양이, 개, 양, 여우 등의 이미지만을 따와 움직임으로 형상화했다. 분장이 아니라 상징적인 움직임으로 캐릭터를 부각시킴으로써 현대무용 특유의 자유로운 상상력을 최대한 발휘하고 있다. 또 이를 놀이형식으로 이어 붙여 관객들의 관심을 집중시켰다. 따라하는 메아리 놀이를 통해 어린 왕자의 극한적인 외로움을 재미있으면서도 아련하게 부각시켰다. 즐거우면서도 맛있는 춤맛이 느껴졌다.

관객들의 관심을 시종일관 끌어들인 다양한 속도와 서로 다른 형태의 춤도 인상적이었다. 흉내내기 놀이에서 랩송에 따른 브레이크 댄스 이미지, 굴렁쇠 굴리기에서 아크로바틱한 홀라후프 돌리기 등 다양한 요소를 적절히 배치했다. 특히 홀라후프를 가지고 개인의 유희차원에서 경쟁으로 확대되면 서커스적 차원까지 올라가다가 조명이 꺼지면서 야광으로 만들어낸 환상적인 분위기, 여기에 조그만 홀라후프로 만든 날아가는 이미지는 부모는 물론 처음 춤을 접하는 어린 관객들에게 충분히 환성을 지를 만하게 만들었다. 유희 속에 환상과 아름다움, 속도감이 적절히 배치한 여러 가지 미덕을 고루 갖춘 작품이었다.

같은 소재로 만든 《바오밥나무가 있는 풍경》은 한 작품을 이렇게 다르게 해석할 수 있다는 점에서 관객들에게 좋은 경험을 줬을 것으로 생각된다. 같은 내용을 비언어적인 추상적인 몸짓으로 풀어낸 작품들을 함께 엮어보는 것도 좋은 시도로 생각된다. 어린 관객들의 관심을 집중적으로 끌어내 서로 다른 상상력을 극대화하면서 무용예술의 참맛을 스스로 느낄 수 있을 것이기 때문이다.

이 작품은 '고전을 읽히기 위해 아이들에게 다이제스트를 주지 마라'는 교훈을 잘 지키고 있다. 다양한 현대무용 음악과 안무자 특유의 문학성을 가미해 속도감 있는 연극적 이미지를 만들어냈다. 객석에서부터 출발해 관객들을 놀라게 했으며, 병든 양, 염소, 늙은 양 등 다양한 음악을 배경으로 느낌을 적절하게 잡아냈다. 음향으로 편집한 현대음악과 더불어 추억의 팝송, 원작 낭독 등 소리를 다양하게 쓰면서 관객들의 관심을 유지했다.

그러나 후반부에 들어 작품의 다양성이 지나쳐 관객들에게 사탕을 나눠주는 것은 연구가 좀 부족하지 않았나 싶다. 사탕을 주려면 작품의 대미에서 줘야지 아이들이 사탕을 받자마자 까먹는 바람에 극장 직원들이 객석을 돌며 작품이 끝나고 사탕을 먹으라고 했지만 이미 사태는 돌이킬 수 없었고, 이 영향은 다음 작품까지 이어졌다. 사탕을 주고 사진을 찍는 이벤트는 결코 나무랄 수 없는 아이디어이지만 작품의 흐름을 결정적으로 깨뜨리면서 후반부의 흐름을 결정적으로 방해했다.　　　　　　　　　　　　　　　　　　　　　— 춤 2005년 9월호

실패한 한국의 춤 블록버스터들

— 최데레사의《나! 심청》과 안애순의《복수는 가슴 아픈 것》

할리우드 블록버스터 영화는 세계를 지배한다. 그러나 다른 곳에서 만든 블록버스터 영화는 그렇지 않다. 오히려 작게 만든 것보다 못한 경우가 더 많다. 한국 춤도 그런 것 같다. 2005년 이른바 '춤의 블록버스터'라고 할 수 있는 것들이 줄줄이 참패했다. 이유가 뭘까. 아마 가장 큰 이유는 우선 자신을 믿지 못하는 데 있는 것 같다.

한국 춤 블록버스터들의 가장 눈에 띄는 공통점은 춤의 대중화를 기치로 든 외부 인력 스카우트다. 영화, 연극, 대중가요, 미술 등 유명 아티스트들이 협업으로 참여, 대형 크로스오버 무대를 만든다. 하지만 오랫동안 함께 작업해온 사람들이 아니다. 안무자가 함께 작업하고 싶었던 각계의 스타들이다. 자금도 충분하니 한번 멋있게 해보자고 이들을 어렵게 '모신다.' 그래서 각자의 개성이 부딪히는데, 그게 작품에 그대로 드러난다. 심한 말로 '돈으로 산 짝사랑의 파탄'이다.

할리우드영화와 유럽영화의 가장 큰 차이는 편집권의 차이다. 할리우드영화의 경우 영화의 편집권이 제작자에게 있다. 반면 유럽영화는 감독에게 있다. 그래서 할리우드 블록버스터는 대중적으로 성공하는 경우가 많고, 예술가인 감독이 편집하는 유럽영화는 예술적으로 성공하는 경우가 많다.

그럼 우리 춤의 블록버스터들은 어떻게 됐나. 최데레사와 안애순, 둘 모두 평소 좋아하는 무용가들이다. 이들에게 많은 작품제작비가 지원된 것이 참 기뻤다. 그동안 어려운 형편에도 불구하고 최선을 다해 좋은 작품들을 내놓았으니까. 하지만 이 두 사람 모두 그만 평소보다 못한 작품이 나오고 말았다. 이미 지적한 대로 제작자인 안무가가 '편집권'을 행사하지 못하고 초청 스타들의 명성에 끌려 다닌 결과, 대중성과 예술성 모두 놓쳐 버리지 않았는가 싶다. 이제 크로스오버는 일상이다. 만남 그 자체가 아니라 성공적인 결과일 때 의미가 있다.

● 최데레사무용단의 《나! 심청》

최데레사의 안무작 《나! 심청》은 2005년 9월 2~3일 국립극장 해오름극장에서 공연되었다. 이 공연이 끝난 뒤 이 작품의 지원을 결정한 한 교수 주위로 교수, 평론가, 기자, 관객 등 일군의 사람들이 모였다. 이들이 한마디로 내놓는 말들이 "심사위원들이 지원금을 물어내야 한다"는 것이었다. 시민의 세금을 무책임하게 낭비했으니 심사위원들이 책임져야 한다는 주장이다. 몇 주 후쯤 이 작품에 대해 지원한 기관 책임자는 "새로운 지원대책을 모색할 것"이라고 말했다. 프레젠테이션을 잘했다고 1억 원이라는 돈을 선뜻 지원했는데 정말 이런 작품이 나올 줄 몰랐다고, 그는 설명했다. 지원에 관련된 대부분의 인사들이 이같이 말하는 상황에서 더 이상 논평이 필요 없을 정도로 이 작품은 최악이었다.

먼저 공연의 뼈대가 되는 대본이 문제다. 공연의 끝난 뒤 한 무용가는 "안무자가 심청이한테 무슨 원수졌냐"고 말할 정도로 좀 과하지 않았나 싶다. 심청이가 어렸을 때 심봉사에게 성폭행당하고 나중에 공양미 삼백석에 팔리게 했다. 그것도 모자라 심청의 전생을 음란한 도시의 남자로 만들어 버렸다. 용궁이라는 술집으로 팔아넘긴 소설가 최인훈이나 황석영의 번안은 현실성은 물론 철학이 느껴졌는데, 거기서 한 발 더 나아간 이 대본에는 무모한 치기만이 느껴진다.

이것을 '대중적'으로 표현한다고 록음악가 김수철에게 음악을 맡기고, 〈명성황후〉로 유명한 뮤지컬 배우 이태원과 그의 남편 방정식까지 끌어들였다. 그러나 인간관계를 매개로 한 이들의 성실한 협조는 아쉽게도 작품의 개선에 아무런 영향을 미치지 못했다. 음성이 구조적으로 객석에 들리지 않았다. 락을 하든 랩을 하든 일단 노래를 한다면 객석에 소리가 전달돼야 했는데, 아무런 의미 있는 소리가 들리지 않았다. 그냥 높은 소리, 낮은 소리, 아니면 반복적인 음향에 불과했다. 차라리 음향이었다면 관객들이 군이 들으려 하며 피곤해하지 않았을 것이다. 아니면 이 '음향'을 타고 넘는 강렬한 몸짓이 있었으면 그나마 위안이 될 텐데 몸짓은 공허했다. 해오름극장의 큰 무대에 짓눌려 꼬물꼬물거리는 단순한 반복적인 움직임에 불과했다. 그 반복적인 움직임은 에로틱이라기보다는 노골적인 포르노그래퍼처럼 감정이 느껴지지 않았다.

안무자 최데레사는 "그동안 순수는 할 만큼 했다. 40번째 작품이니 만큼 대중적인 작품을 하겠다"고 말했었다. 그러나 이게 '대중적'이라면 그는 대중을 모독하고 있는 것이다. 실제 이 작품을 보고 나온 대부분의 '대중'들은 모욕에 따른 불쾌함을 감추지 않았다. 썰렁한 객석에서 분노만큼은 뜨거웠다.

●안애순무용단의 《복수는 가슴 아픈 것》

안애순은 현대무용에 한국적 정서를 도입, 상당한 성과를 이뤄낸 안무가다. 하지만 최근 대중지향을 표방하면서 작품 경향이 크게 달라졌다. 그래도 나름대로 변신의 성과가 없는 것은 아니었다. 엄숙했던 자기 자신의 변화의 필요성이 느껴졌기 때문이다. 그런데 2005년 12월 14~16일 아르코예술극장 대극장에서 공연된 《복수는 가슴 아픈 것》은 그를 좋아하는 팬의 한 사람으로서 정말 '가슴 아픈' 작품으로 생각된다.

이 공연은 안애순의 그동안 작업 성과와 상대적으로 충분한 자금, 그리고 영화계의 많은 스타들이 참여한 화려한 크로스오버 무대로 공연기획단계에서부터 관심을 모았다. 하지만 결과는 실망스러웠다. 너무 크게 목표를 잡아 초라해진 모습이다. 시나리오 골격에서부터 문제가 많지 않았나 싶다.

제목과 포스터에서부터 영화적인 패러디가 역연하다. 〈복수는 나의 것〉이라는 송강호·신하균 주연, 박찬욱 감독의 유명영화가 떠오르고, 7가지 대죄에 한 가지 죄를 더하는 '7+1'에서 브래드 피트와 기네스 펠트로 주연의 영화 〈세븐〉이 생각난다. 대본 작업도 영화감독 출신이 맡았다. 하지만 작품은 이 두 영화와 너무 큰 차이가 났다.

우선 줄거리다. 남자에게 버림받은 여자가 자살을 시도하는데 실패한다. 임신 중인 사실이 밝혀지고 딸이 태어난다. 딸이 성장, 가족에게 폭력을 일삼는 아버지에게 어머니에게 잘해 주라고 부탁하는데 아버지가 운전 중인 딸을 폭행, 차가 뒤집어지는 끔찍한 사고가 발생한다. 하지만 아버지는 딸에게 심장을 이식해주고 자신은 숨진다. 그러나 회복한 딸은 아버지에게 복수하기 위해 자신의 가슴속에서 뛰고 있는 아버지의 심장을 찌른다. 복수가 추상적인 '가슴 아픔'이 아닌, 물리적인 '가슴 아픔'으로 치환되며 끝이 난다.

상처 입은 모성과 딸, 그리고 그 딸이 원수 같은 아버지의 폭행으로 차가 뒤집혀 숨지게 됐는데 아버지의 심장이식 수술로 살아났다가 스스로 아버지의 심장을 찔러 죽는다는, 이 유치한 만화적 발상(어쩌면 만화를 모독하는지도 모르겠지만)의 컬트 신과 줄거리가 난해한 작품 전체의 형식과 상상을 코미디로 만들고 말았다. 전위적이지도, 서정적이지도, 감정적이지도, 그리고 미학적으로 보이지도 않았다. 다큐멘터리, 뉴스 편집, 의미 없는 반복, 감동과는 상당한 거리가 있는 건조한 무브먼트와 대사 등 뭔가 있을 것 같았던 무대 위의 모든 것들은 일시에 허무한 웃음이 돼버린 느낌이다. 이 작품은 작품이 갖고 있는 기본보다 오히려 영화 〈복수는 나의 것〉과 〈세븐〉과 거리 차이만큼이나 손해를 보고 있는 것 같다.

주제며 스토리라인이며, 무브먼트, 오브제, 대사 등에 대해 시종 '왜?'라는 느낌이 떠나지 않았다. 그저 춤 기본에 충실한 건조한 무브먼트만이 보였다. 차라리 '무제(無題)' 또는 영어로 '논 타이틀(Non title)'이라고 했으면 작품의 이해가 쉽지 않았을까.

뱃머리가 무거우면 배가 앞으로 나가지 않는다. 자기 자신을 믿지 못하고 남의 생각과 몸짓을 잔뜩 진 채 너무 무겁게 시작, 배가 물속으로 들어간 것은 아닌지 하는 생각이 든다. 자신을 믿고, 자신있게 밀고 나가야 한다. 가다가 아니 가면 간 만큼 좋다. 어차피 한번하고 그만 둘 것도 아닌 만큼 다음에 시작할 때 거기서부터 다시 시작하면 된다. 그러나 끌려가서 시작하면 매번 원점에서 다시 시작할 수밖에 없다.

2006년 쇼스타코비치 탄생 100주년을 기념해 첼리스트 장한나가 첼로협주곡 음반을 냈다. 그와 통화하며, 요요마처럼 크로스오버 음반을 내지 않느냐고 물었었다. 이에 대해 그는 "필요를 느껴야 한다"고 답했다. "내가 비틀즈를 좋아하지만 그것을 첼로로 만들어야 하는 이유를 발견하지 못했다. 찾아지면 하겠다"고 말했다. '어린 도인'의 의미 깊은 지적이다.

— 춤저널 2005(춤 2005년 10월호 + 춤 2006년 1월호)

창조를 향한 30년의 가시밭길을 지나
이제 세계적 보편성 확보로

— 창무회와 한국컨템포러리무용단 30주년

　창무회와 한국컨템포러리무용단의 30년은 한국 현대 창작춤의 살아있는 역사라 해도 지나치지 않을 것이다. 이화여대 교수였던 김매자와 육완순이 1970년대 만든 이들 두 단체는 한국의 창작춤을 대표한다고 할 수 있다. 2006년 두 단체의 30주년 기념 기획공연에 이들이 그동안 걸어왔던 지난 역사가 상징적으로 응축돼 있는 것 같다. 그리고 그 30년의 과정이 결코 쉽지 않았음을 다소 빈약해 보이는 이번 프로그램이 시사하는 것 같아 안타깝기도 하다.

　하지만 역시 창무회의 30년 내공은 무시할 수 없을 것 같다. 이번 창무회 공연을 시작으로 창무회를 거쳐 간 무용가들, 창무회와 선의의 경쟁을 벌였던 단체들이 매월 참여, 2006년 내내 계속되는 「창무 한국창작춤 메소드공연」(2006년 1월 21일 포스트극장)은 비록 소극장이지만 서울을 비롯해 전국에 산재한 대표적인 창작 한국춤 단체들을 망라하고 있다는 점에서 한국춤 창작가들의 좋은 교재가 될 것 같다.

　그러나 한국컨템포러리무용단의 30주년 기념공연(2006년 1월 20일 충무아트홀 대극장)은 아쉬움이 많이 남았다. 미우나 고우나 한국 현대춤의 산실인데 좀 더 많은 무용가와 단체들이 참가, 다채로운 공연을 마련했으면 좋으련만 육완순과 이윤경 사이를 메우고 있는 많은 현대무용가들, 그리고 이윤경 이후의 가능성 있는 젊은 무용가들의 축하작품이 보이지 않아 안타까웠다.

어찌됐건 이 두 단체의 공연은 한국의 창작춤이 얼마나 지난한 터널을 거쳐 현재에 이르고 있는지를, 30년 세월 동안 얻은 것이 무엇이었는지를 온 몸으로 보여줬다.

● 창무 한국창작춤 메소드공연

30년 창무회의 최근 성과를 보여주는 작품으로 창무회가 갖고 있는 범상치 않은 전통성과 현대성, 그것을 한데 아우른 추상과 관념의 힘을 세 가지 색으로 보여줬다.

《칼춤 시를 지어 미인에게 주다》(안무 최지연)는 부러진 칼로 추는 황창무의 느낌으로 시작했다. 하지만 가야금 또는 거문고 현을 연상시키는 선이 가득한 무대에서 그 선을 자르며 진행된 작품은 '찌를 수 없는 칼'인 황창무의 칼이 아니라 가슴의 정한을 자르는 매서운 칼이었다. 단아하면서도 부드러운 몸짓은 좋았지만 실제 이용한 칼이 보이지 않아 아쉬웠다. 은장도라도 휘둘렀다면 조명과 어우러진 강한 검기와 함께 고르기아스의 매듭을 일도에 양단한 알렉산더의 검, 일체의 고민을 베어나는 강인한 도의 느낌이 나지 않았을까 하는 생각도 해본다. 때문에 칼춤이 바깥을 향한 것이 아니라 안으로 향해 자신을 찌르고 그 피가 소매 밖으로 흘러나온 것이 아닌가 싶다.

《달의 저편》(안무 김선미)은 퍼큐션에 맞춘 안정된 기의 흐름과 단아한 전통춤사위의 힘이 돋보였다. 달의 저편에 있어 차안에서는 결코 이를 수 없는 피안의 세계에 대한 갈구가 단단히 갈무리돼 객석에 전달됐다. 그래서 춤이 관객의 내부에서 각자의 경험과 관념으로 다시 태어날 수 있도록 강하게 이끌었다.

《무인구》(안무 윤수미)는 허공에 떠있는 단아한 일무였다. 풍경과 향, 나무판 위에서의 균형이 삶과 죽음의 경계처럼 보였다.

● 한국컨템포러리무용단 30주년 기념공연

한국컨템포러리무용단의 창단 30년 기념 프로그램 《홀로 아리랑VI》(안무 이윤경)과 《2006 초혼》(안무 박명숙),《실크로드III》(안무 육완순). 이미 서두에서 지적했지만 육완순과 이윤경의 사이를 메우지 못하는 서글픔이 먼저 눈에 밟힌다. 이제 중견이라고 할 수 있는 이윤경 이후의 모습도 없어 아쉽다. 그래서 이윤경의 '홀로 아리랑'이 더욱 쓸쓸해 보인다.

《홀로 아리랑VI》는 조명으로 무대가름이 좋았다. 작은 선에서 커다란 면으로 확대됐다가 다시 줄어드는 과정이 모던했다. 그 위로 조심스럽게 줄타기를 하다가 점차 커지는 동작의 느낌이 좋았다. 기타와 피아노의 라이브 연주 느낌도 좋았다. 팔을 들어 흔들어 땅을 찌르고, 팔을 문지르는 모습에서 슬프되 슬프지 않는 애이불비(哀而不悲)의 느낌이 묻어난다.

한국컨템포러리무용단의 창단멤버인 박명숙이 안무한《2006 초혼》의 의미는 강렬해 보였다. 김영미는 절절한 그리움을 안으로 갈무리, 단정하게 풀어가다가 치마를 벗어 초혼 의식을 치른 뒤 폭발하는 정한을 온 몸을 던져 그려냈다. 대극장의 무대가 결코 넓어 보이지 않았다.

《실크로드Ⅲ》은 20여 년 전의 작품이라고 하기에는 믿기지 않을 정도로 현대적이었다. 황병기의 음악에 기대 동양과 서양, 전통과 현대의 소통과 화합의 비단길을 부드럽게, 때로 역동적으로 풀어냈다. 부드러운 여성미와 강한 남성미가 잘 어우러지다가 대미에서 꽃처럼 활짝 피어나는 장면이 좋았다.　　　　　　　　　　　　　　　　　　　　　　　　　　― 춤 2006년 2월호

무대예술은 인생의 축소판

- 서울발레시어터가 기획한 「발레 3545」

무대예술을 '인생의 축소판'이라고 한다. 인생의 의미를 제대로 알고 방향을 잡기 위해 최소 절반은 살아봐야 하듯이 무대예술도 제대로 그려내려면 역시 절반은 살아봐야 할 것 같다. 물론 태어날 때부터 모든 것을 아는 천재도 있고, 아무리 경험해도 모르는 바보도 있다. 그래서 어린 천재가 만들어내는 절묘한 보편에 좌절하기도 하고, 늙은 둔재의 어리석음에 안도하기도 한다. 여기서 좌절과 안도는 바꿔 써도 의미는 무방할 것 같다. 천재는 보통사람에게 좌절과 안도를, 경탄과 질투를 동시에 주기 때문이다. 둔재 역시 그렇다. 그것은 보는 사람의 마음에 따라, 상황에 따라 달라질 뿐이다. 그러나 천재도 둔재도 아닌 보통사람의 입장에서 역시 삶의 의미를 어느 정도 알려면 적어도 절반 이상은 살아봐야 하듯이 춤맛도 역시 절반 이상은 살아봐야 그 맛을 제대로 낼 것 같다.

그런 의미에서 서울발레시어터가 2006년 7월 22일 서울 정동극장에서, 25일 과천시민회관 대극장에서 무대에 올린 「발레 3545」는 의미가 있다. 30대 중반을 넘어, 40대 중반까지 어느 정도 뜻을 세워(立志) 흔들리지 않으면서(不惑) 비로소 춤의 맛을 제대로 내기 시작하는 나이의 춤을 모은 것은 중요한 기획이다.

'웃을 수 있는 시간을 가진 표본 두개골엔 근육이 없다'라고 설파한 이상의 시는 생각할수록 옳다. 10대에 뜻을 두고 20대에 기예가 상승하다가 입지를 넘어 이제 비로소 춤의 맛을 알게 됐는데, 무대를 얻기가 쉽지 않다. 아직 무용시장이 형성되지 않은 한국 상황에서 공공의 지원이 없으면 무대 만들기가 거의 불가능한데, 공공의 지원은 통상 원로와 신진을 중심으로 이뤄진다. 떠오르는 유망주로 몇 번 지원을 받아 무대에서 시행착오를 거치며 이제 조금 움직일 만한데 지원이 떨어지는 것이다. 물론 이것은 춤계만의 문제가 아니라 연극, 음악, 문학, 미술 등 감성적 유대주의에 바탕한 한국 문화예술 전반의 문제다. 어려운 사람의 심정은 어려운 사람들이 안다고, 쉽지 않은 형편인 서울발레시어터의 과감한 기획에 박수를 먼저 보낸다.

《페넬로페 2006》(안무 김순정)은 경계를 넘으며 과감하게 자신의 춤을 찾아왔던 안무자가 이제 '머언 젊음의 뒤안길에서 인제는 돌아와 거울 앞에 선 내 누님 같이 생긴 국화꽃' 같다는 느낌을 갖게 했다. 감정의 낭비를 털어낸 미니멀한 형식미에 말하고자 하는 의미를 잘 담아냈다

페넬로페는 아킬레스와 함께 트로이 정벌의 두 주인공인 아카타의 왕 오디세우스의 아내. 오디세우스가 신들의 질투로 10년의 전쟁과 또 그 만큼의 방랑을 하는 동안 정절을 지키기 위해 매일 베를 짰던 여인이다. 그는 이 옷이 완성되면 결혼하겠다고 구혼자들에게 선언한 뒤 낮에는 천을 짜고, 밤에는 그것를 자르며 고행을 거듭해왔다. 이 사실이 들통 나 더 이상 도망갈 길이 없을 때 오디세우스가 등장, 열 개의 도끼자루를 통과하는 화살을 쏘며 적들을 몰살시킨다.

안무자는 페넬로페를 남편을 기다리며 정조를 지키는 지혜로운 여인이 아니라 고난의 예술가로 해석했다. 정상까지 올리면 굴러 떨어지는 바위를 끊임없이 굴려야 하는 시시포스의 운명으로, 살기 위해 1001일 동안 재미있는 이야기를 만들어야 했던 세헤라자드로 풀었다. 그래서 안정되면서도 미니멀한 동작으로 춤 전체의 뼈대를 세우고, 손으로 베를 짜 올리는 듯한 반복적인 동작으로 장식했다.

에로틱하게 깊이 파여 몸에 꽉 달라붙는 원피스를 입고 오히려 단정하게 춤을 춰, 어쩔 수 없이 관능적이지만 정숙한 페넬로페의 이미지를 잘 형상화했다. 물론 이는 끝없이 반복을 계속하며 깎아나가는 예술적 고행도 연상이 된다. 후반부에서 화려한 유리 발이 내려오고 원피스를 벗어 던진 채 상대적으로 생기 넘치게 춤을 췄지만, 페넬로페의 관능은 역시 숨기고 있을 때 빛났다. 보석의 느낌이 나는 화려한 유리발의 이미지도 재미있다. 페넬로페가 짜고 찢었던 천이 연상되기도 하고, 그것이 아름다운 보석으로 되돌아왔다는 느낌도 난다. 드디어 완성된 보석같이 화려한 옷감 뒤에서 돌아온 오디세우스를 만나 즐거운지, 또는 고행 끝에 득도한 기쁨인지 경쾌함이 전반부의 엄숙함과 즐거운 비교를 만들어냈다.

《임펄스(Impulse)》(안무 허용순)는 일상의 생활을 'impulse'하게 그렸다. 검은 바지에 소

매 없는 검은 티셔츠, 하얀 드레스셔츠 차림은 단정한 일상이다. 그러나 셔츠 앞섶을 풀어 헤치고 빠르게 뛰고 달리는 모습은 생명력 넘치는 모던한 '자극'으로 다가왔다. 공연 내내 한시도 쉴 새 없이 무대를 뛰고 돌며 뒹굴어 뻗어내 움츠려 만들어내는 충동은 힘과 시간의 곱으로 표현되는 임펄스, 즉 순간력, 충격량을 느끼게 했다. 상당히 높고 그만큼 즐거운 임펄스를 객석에 뿌렸다. 그 임펄스가 만들어내는 속도감 넘치는 단단한 몸짓의 추상은 굳이 설명이 필요 없는 강한 자극으로 객석을 격동시켜, 생명력을 느끼게 하기 충분했다. 그 자극적인 생명력은 놀람으로, 호기심으로, 두려움으로, 후회로, 안심으로, 반항으로, 허탈로, 긴장으로, 온갖 사념으로 객석의 시선을 무대에 고정시켰다.

《뺑덕어멈이 심봉사를…》(안무 제임스 전)은 볼 때마다 느끼는 것인데 남녀의 역할을 뒤집은 것이라든지, 남성적인 여성안무, 여성적인 남성안무 등 안무자의 '발칙한 상상력'은 역시 재미있다. 그러나 초연 때는 보는 사람의 느낌이 그랬는지, 하는 사람들의 느낌이 그랬는지 어딘지 좀 어색하고 수줍어 보였는데 세 번째 무대인 이번 공연에서는 몸에 착 달라붙었다는 생각이다. 강미선의 심봉사가 좀 더 남성스러워졌고, 박호빈의 뺑덕어멈이 한층 여성스러워져 익살맞았다. 강미선은 특유의 한국적 움직임에 자연스러운 연기가 익어 노추(老醜)와 같은 심봉사의 사랑과 삶에 대한 의지를 설득력있게 그려냈다. 여기에 박호빈은 과장된 몸짓과 표정으로 '건강한' 뺑덕어멈을 잘 이어 붙였다. 역시 고전은 창작의 영원한 샘이라는 생각이다. 날로 먹어도 맛있고, 구워먹어도 맛있고, 삶아 먹어도 맛있는 밤 같다. 그러나 물론 가시로 가득 찬 밤송이를 뚫고 들어가야 하는 어려움은 있다.

《가시리》(안무 백연옥)는 드물게 한국적인 이별의 정한을 잘 간직한 발레작품이다. 하얀 한복에서 얼핏 엇박자로 툭 치고 나오는 살풀이춤이 시작될 것 같은데 단아한 선으로 쑥 나온다. 발레의 날카로움을 예쁜 곡선으로 잘 깎아냈다. 힘찬 정운식과 작고 가냘픈 백연옥의 조화와 호흡이 눈이 아리게 곱고 슬퍼보였다. 고려가요 '가시리'는 구전가요를 거쳐 대중가요까지 나왔다. 발레《가시리》는 저 높이 있는 클래식발레가 대중 곁으로 가는 의미있는 방향의 하나로도 보고 싶다.

　　　　　　　　　　　　　　　　　　　　　　　　　　　　　　— 춤 2006년 8월호

전통의 해체, 지혜와 미덕의 시작인가 종말인가

― 루멘판토마임댄스씨어터의 《백설공주의 미러셀프》와 《전시장 안의 사람들》 그리고
댄스씨어터까두의 《꼬리를 문 물고기》

파괴 없는 창조는 없다. 과거의 해체 없이 미래의 새로움은 없다.

인류의 무한한 진보를 믿던 20세기 초, 인류역사상 그 어느 때도 볼 수 없었던 제도적 대
량학살이 벌어진 1·2차세계대전은 이를 산산이 부숴 버렸다. 이토록 삶이 비합리적이고 폭
력적인데, 왜 예술은 그러면 안 되는가, 위대한 지도자의 말도 별 의미가 없는데, 왜 시인은
그러면 안 되는가. 1916년 중립국인 스위스 취리히 '카바레 볼테르'에서 독일 극작가 후고
발은 "예술은 죽었다"며 이렇게 외쳤다.

전후 20세기 후반 대량생산, 대량소비의 광포한 물질문명에 대해, 과학적 이성이 한계에
이른 상황에 대해 반성하며 새로운 모색이 있었다. 칸트철학, 변증법, 마르크시즘, 프로이드
심리학, 현상학, 실존주의와 구조주의 등 다양한 기존의 철학사조에서 동시 다발적으로 근
대적 합리성의 신화에 대한 해체가 진행됐다. 이를 통칭 포스트모더니즘이라고 한다. 들뢰
즈는 상식을 들고 나왔고, 료타르는 표상적 인식과 비표상적 인식의 심연을 지적했다. 푸코
는 억압된 성의 해방을 주장했으며 데리다는 차이를 들고 나왔다.

각각의 유파에 따라 약간의 방법론적 차이는 있지만 포스트모더니즘은 공통적으로 사변
적 이성, 반성적 이성, 수학적 이성, 귀납적 이성, 도구적 이성, 선험적 이성, 변증법적 이성,
해석학적 이성, 의사소통적 이성 등 근대의 동일률적 사유를 거부했다. 소피스트, 상대주의
자, 회의론자, 시인, 예술가 등 개인의 특수성, 상대성에서 진리의 원천을 찾는다.

포스트모더니즘은 시원의 발견과 독창성, 근거의 설정과 재설정, 독창성의 인정과 재인정

등 순환론적인 합리주의적 진보의 신화를 거부했다. 대신 짜깁기, 재활용, 레디메이드, 패러디를 비롯한 혼성모방 등 기존 방법론과 내용의 차용을 정당화하고 비순환적인, 불가역적인 인식을 허용했다.

포스트모더니즘 시대에서 플라톤의 이데아에서 아리스토텔레스의 시학으로 중심이 옮아 갔다. 이원론의 철학에서 일원론의 철학으로의 변동이다. 플라톤 이래 서양철학의 기본은 이원론, 이성지상주의, 로고스 중심이었다. 디오니소스, 감정, 광기의 존재와 역할은 망각됐다. 이에 따라 이성 만능주의로 치달은 데카르트 이후 근대철학은 파산으로 이어지는 역사, 최후의 몰락으로 치닫는 역사, 퇴행의 역사, 파행의 문화사로 치부됐다. 그래서 포스트모더니즘 시대에서 해체는 정당성을 획득했다.

그러면 지금 우리는 어디 있는가. 방희선 · 장성원이 이끄는 루멘판토마임댄스씨어터의 《백설공주의 미러셀프(Mirror-Self)》(2007년 5월 31일~6월 3일 국립극장 하늘극장)와 《전시장 안의 사람들》(2007년 6월 6일 아르코예술극장 대극장), 그리고 박호빈이 이끄는 댄스씨어터까두의 《꼬리를 문 물고기》(2007년 6월 12~13일 서강대 메리홀)을 보면서 갑자기 묻고 싶어졌다. 아직 우리는 포스트모더니즘 시대에 있는가.

정신과 의사 출신의 에세이스트 테어도르 데일림플의 칼럼집 『브레이크 없는 문화-문화엘리트와 대중』(원제 Our culture, What's left of it)은 이와 관련 많은 시사를 준다. 데일림플은 이 책의 '잃어버린 예술'이라는 제목의 글에서 "미로 이후로 나타나는 멍청이들은 자신이 표현하고 싶은 것이라기보다는 이전에 해본 적이 없는 것에 대해서만 집착한다"고 현대 예술엘리트들을 비판했다. '쓰레기, 폭력 그리고 베르사체 그런데 그것이 예술일까?'라는 제목의 글에서는 한층 더 신랄하다.

"독창성이 본질적으로 예술적 미덕이라는 낭만적인 자기 과대평가는 어디서나 무비판적으로 받아들여지고 있다.

낭만주의적 개념으로 진정한 인간은 자신의 자유를 자유롭게 행사하는데 어떤 구속도 인정하지 않고 모든 관례에서 자유로운 사람이다. 이는 미학에 대해서만큼 도덕에도 적용된다. 또한 예술의 천재는 제멋대로 인 것과 동의어가 된다. 하지만 인간처럼 자신의 문화유산에 의존적인 존재는 그렇게 쉽게 전통에서 벗어날 수 없으며 전통에서 벗어나고자 하는 욕망 그 자체가 진부한 것이다. 아주 생경하고 추잡하긴 하지만 '센세이션'은 아주 전통적이다.

사악하고 사회적으로 파괴적인 전통을 따르고 있다.

내가 불만스럽게 생각하는 생경함은 한편으로 통속적이고 다른 한편으로 지적인 속물근성에 부응해 이데올로기적으로 고무돼 지식인들이 찬사를 보낸다는 사실에 기인한다. 추잡함은 지식인들이 프롤레타리아트에게가 아니라 프롤레타리아트에 대한 자신들의 도식적이고 부정확하며 생색을 내는 듯한 관념에 보내는 찬사다. 지식인들은 자신들의 정치적 감정의 순수함을 자신들의 저작품의 불결함으로 입증하고 있다.

속물근성에 대해 말하자면 지식인들은 대중을 전적으로 부정함으로써 보통사람들 이상으로 자신을 드높인다. 지식인 자기의 교육적 그리고 문화적 유산에 매어있지 않다. 따라서 지식인 자기 인식의 초도덕성으로 정신적 자유를 증명한다.”

최근 다섯 번째 앨범 〈달하 노피곰〉을 내놓은 황병기 선생을 만났다. 그는 변하지 않기로 유명하다. 50년째 현재의 전화번호를 쓰고 있으며, 45년 이상 현재의 부인과 살고 있다(?)고 조크하기도 한다. 하지만 그의 작품은 혁신적인 데가 있다. 전통과 전통을 깨는 혁신이 함께 한다. 그러나 그는 그렇게 말하지 않는다. “무조건 깨는 것은 허망한 일이야. 현재 한국 전통음악은 조선조의 음악인데 나는 그 틀을 깨고 싶었다. 그냥 조선음악을 깨는 것이 아니다. 조선음악의 뿌리가 되는 신라음악을 도입했다. 신라무용가로부터 무용곡을 위촉받으면 어떻게 쓸까라는 가정아래 만든 음악이 ‘침향무’다. 전통을 깬 이 작품은 바로 새로운 전통이 됐다.”

지금 우리는 어디쯤 있을까. 아직 치열한 해체가 진행중인 포스트모더니즘인가. 아니 포스트모더니즘은 이제 지나지 않았을까. 포스트-포스트모더니즘은 또 어떨까. 포스트-포스트모더니즘은 부정의 부정은 긍정이라고, 이제 독창성만을 주장하는 감성중심의 해체의 시대를 지나 다시 조화와 질서의 이성 시대에 이른 또 다른 모더니즘에 있는 것은 아닐까.

●루멘판토마임댄스씨어터의《백설공주의 미러셀프》와《전시장 안의 사람들》

방희선의 작품은 기발하고 엉뚱하다. 여기에 장성원이 더해지면 피와 살이 된다. 몇 년 전부터 방희선현대무용단에서 연출·출연으로 역할을 해오던 장성원이 본격적으로 가세, 크로스오버 무용단체로 개편한 ‘루멘판토마임댄스씨어터’를 창단했다. 일단 현대무용의 난해성에 마임의 알기 쉬운 표현과 유머를 더해 대중성을 높이려는 시도로 평가된다. 그 발전적 변화의 첫 번째 결실이《백설공주의 미러셀프》(연출 장성원, 안무 방희선)이다.

이 작품은《미러셀프》는 2001년 방희선의 안무로 초연된 현대무용작품. 당초 "모호하면서도 맹목적인 욕망을 품으며 사는 우리들의 모습을 '백설공주' 속의 등장인물을 통해 보여주고 싶다"는 안무의도 아래 아름다운 언어와 시적인 무대, 강렬한 이미지의 연속과 파격적인 연출로 화제를 모았다.

백설공주, 왕자, 마녀와 현대의 젊은 남녀가 등장하는 이 작품의 외형은 동화적이지만 '욕망'이라는 주제가 결코 가볍지 않다. '미러-셀프(mirror-self)'는 '거울 그 자체'라는 뜻이지만 넓게는 백설공주의 미모를 탐하는 마녀, 나아가 인간의 욕망이라는 의미로도 통한다.

《백설공주의 미러셀프》는 궁극적으로 '백설공주'의 거울을 통해 현대인의 정체성에 대해 묻고 있다. 백설공주의 기본 상징인 하얀 눈(白雪)과 거울, 거기에 아담과 이브의 원죄의 상징 '사과'가 더해진다. 백설공주의 사과는 현대인의 허기진 욕망을 대변하며, 거울은 허상에 집착하는 현대인의 상징이다. '거울'과 '사과'로 요약되는 현대인의 맹목적인 욕망은 아담과 이브, 백설공주와 행복한 왕자, 또 빨간사과는 빨간 구두로 끝없이 변신, 확대되며 관객의 욕구를 자극한다.

마녀로 출연하며 안무를 맡은 방희선은 "원작 그대로의 구성"이라며 "청소년 관객을 대상으로 작품을 꾸민 만큼 아름다운 이미지가 중심이 될 것"이라고 밝혔다. 특히 "일곱 난쟁이가 건장한 청년으로 등장, 백설공주를 지키는 것이 원작과 차이라면 차이"라며 "현대무용의 속도감과 추상성에 마임의 명료한 이미지와 다양한 정지장면을 배치하는 등 무용 절반, 마임 절반으로 알기 쉬운 무대를 만들고 있다"고 말했다.

이번 공연은 초연과 달리 야외무대에서 펼쳐졌다. 2001년 작품을 뼈대로 장성원이 살을 입히고 피를 돌렸다. 춤에 마임과 연극, 해프닝을 더했다.

하얀 소금이 눈처럼 가득한 야외극장에 한 소년이 등장했다. 오디션을 본단다. 엄마들을 위한 춤을 추며 스트립쇼를 벌인다. 아슬아슬한 장면에서 퇴장했다. 청소년 프로그램에서 자칫 옐로카드가 나올 뻔했다. 거친 인상의 사냥꾼이 등장했다. 사악한 계모의 '사냥개'가 연상될 정도로 거칠어 보인다. 그러나 동화에서 이 사냥꾼은 백설공주를 살려준 인간적인 면모가 있다. 하지만 계모의 유혹의 덫에 걸려 '사냥개'가 되고 만다.

음악은 가수 심수봉이 번안한 러시아 노래 〈백만송이 장미〉다. 백설공주와 왕자, 왕과 왕비 등이 각각 서로의 정욕의 포로가 되는 사랑의 춤이 경쾌하게, 때로 관능적이고, 거칠게 펼쳐졌다.

계모인지, 아니면 계모의 분신인 딸인지 '백설'공주와 다른 '흑설'공주가 등장한다.《백조의 호수》오데트, 오딜의 패러디일 수도 있겠다. 왕비가 살해당한다. 이어 백설공주도 죽는다. 귀신이 돼서 나타나는 이들의 모습에서 장화홍련의 느낌도 나고, 왕자의 측면에서는 햄릿의 냄새도 난다. 어머니가 죽은 뒤 백설공주의 모습에서 엘렉트라 콤플렉스도 느껴진다. 내장이 던져져 피와 살이 튀는 예의 비릿한 헤모글로빈 냄새와 느낌이 무대에 가득하다.

'청소년 페스티벌' 공연인 만큼 청소년을 대상으로 한 공연으로서는 결코 편치 않은 작품이다. 하지만 이 팀의 평소 스타일에 비해 많이 참았다고 할 수 있고, 이 정도 실험적 재미는 청소년들도 충분히(?) 감상해야 할 것도 같다. 연극과 영화 등 다른 장르와의 긴밀한 크로스오버는 역시 칭찬할 만하다.

《전시장 안의 사람들》(연출 장성원, 안무 방희선)에서 크로스오버는 더 확대됐다. 록밴드와 모델, 스포츠댄스팀도 가세했다. 동성애 코드도 강했다. 디자이너와 모델, 그리고 마네킹이 음악이 연주되는 동안에 역할이 바뀌는 재미있는 무대였다.

조영남의 〈내 생애 단 한번만이라도 그대를…〉, 신중현의 〈빗속의 여인〉이 울려 퍼지고, 거친 록음악도 나온다. 음악이 나오면 마네킹들이 살아나 남자 모델과 관능적인 장면도 펼쳐진다. 음악이 멈추면 동성애 코드의 디자이너가 모델에게 달려든다. 그 사이에서 오불관 탱고를 추는 커플이 있다. 배추가 무대에 패대기쳐져 파편이 객석으로도 튀고 무릎 톱으로 자르기도 한다. 한 등장인물이 마네킹으로 분한 무용수를 '꽝'하고 넘어뜨리는 소리에 객석이 놀랄 정도였다. 이 예기치 않은 사태에 무용수도 많이 놀란 것 같다. 특유의 피가 뚝뚝 떨어지는 살코기 장면은 없었지만 두부장면이 마치 뇌수를 풍자한 것으로 보여 섬뜩했다.

격렬한 욕망의 전시장이 실감나게 표현됐다. 시원한 카타르시스가 느껴지기도 했다. 그러나 정제되지 않은 실험이 반복, 병치, 나열되고 있다는 느낌이 든다. 데일림플의 의견이 전적으로 옳다고 생각하지는 않지만 참조할 필요는 있어 보인다.

● 댄스씨어터까두의 《꼬리를 문 물고기》

많이 모였다. 아이디어, 재주 많고 테크닉은 물론 사람까지 좋은 박호빈, 그와 비슷한 연극계의 젊은 기대주 김관이 잘 만났다. 최종범의 영상, 채송화의 보디페인팅, 김종석이 디자인한 다채로운 무대가 어울려 한국 공연사상 가장 많은 무대로 구성된 작품으로 기록될 만하다. 주제에 걸맞게 커밍아웃한 배우 홍석천도 가세, 관심을 모았다. 로비에서 시작, 무대, 좌우 포켓, 중간 막 이동 공간, 백스테이지는 물론 객석, 분장실, 연습실과 통로까지 활용해 14개의 작은 무대를 만들었다. 동성애, 이성애, 노예와의 사랑, 바람피우는 장면, 음담패설, 성교육, 캄캄한 곳에서 끌어당기는 깜짝쇼, 핍쇼 등 무대에서 몸으로 표현할 수 있는 성적 표현의 가짓수를 모두 한 것 같다. 그리고 2부에서 이 모든 것을 한 무대에 모아 재미있게 펼쳐냈다.

모두 열심히 뛰었다. 성에 대해 많은 이야기를 전하려 애썼다. 그런데 브루투스가 생각난다. "나는 시저를 사랑했지만 로마를 더 사랑했다"는 명쾌한 말도 있지만, 그는 대부분 핵심이 잘 전달되지 않는 이야기를 열정적으로 했다고 역사는 말하고 있다. 그래서 시저는 원로원에서 장황하게 연설한 그의 말에 대해 "무슨 이야기인지 잘 모르겠지만 열의는 느껴진다"고 말하기도 했다. 이 작품이 꼭 그렇다는 느낌이다. 이 작품 역시 데일림플의 주장을 곰곰이 씹어볼 필요가 있어 보인다.

관념이 앞선 것 같다. 절실해 보이지 않는다. 그래서 진지한 다양한 시도가 장난스러워 보이기도 했다. 또 너무 많은 것을 짧은 시간에 한번에 보여주려 한 것도 무리한 욕심이 아니었나 싶다.

창작춤의 한 가운데를 지키는 중견들의 꾸준한 실험은 필요하다. 하지만 반복된다면 생각해 볼 문제다. 실험이 습관이 돼서는 안 된다. 실험이 새로운 전통이 돼 실험의 대상이 되는 것이 가장 이상적일 것이다. 물론 이를 위해 더 많은 실험이 행해져야 하는 것은 당연하다. 그러나 실험을 위한 실험, 독창성만을 위한 독창성에 대해서는 데일림플의 글이 많은 생각의 단서를 주고 있다.

춤의 영역은 분명 넓어지고 있다. 오페라, 연극 등 순수예술 분야뿐만 아니라 뮤지컬 등 문화산업적 예술, 생활레저 스포츠 등 다양하게 확산되고 있다. 독창성 개발을 위한 실험도 좋지만 다른 장르와 융합하고, 대중에게 어필할 수 있는 조화의 영역도 분명 필요하다.

— 춤 2007년 7월호

공동제작, 협업의 성공적 모델

- 예술의전당이 기획한 「자유젊은무용」

'보몰의 법칙'이라는 것이 있다. 미국의 경제학자 보몰은 1967년 〈공연예술의 딜레마〉라는 논문에서 '공연예술은 필연적으로 재정적 위기에 빠질 수밖에 없다'라는 결론을 도출해냈다. 다른 모든 장르는 기술의 발달에 따라 시간의 압축이 가능한데 공연예술은 시간의 압축이 불가능해 공연을 하면 할수록 재정적자가 심화돼 결국에는 위기에 빠질 수밖에 없다는 것이다.

공연예술은 기초예술이다. 개인적인 영역이기는 하지만 공공이 즐기고, 문학 음악 미술 등 다른 예술의 기초가 되는 예술로 공공적 성격이 강하다.

공연예술은 가만히 두면 재정적 위기로 고사할 수밖에 없고, 그 손해는 고스란히 공동체의 몫으로 돌아오게 된다. 때문에 공연예술을 공공이 지원, 살려내야 한다. 이것이 '보몰의 법칙'이 끌어낸 공연예술 문화정책, 문화행정의 철학적 배경과 성과다.

1998년도 국제통화기금(IMF) 상황 이후 한국의 공연예술은 기반이 크게 흔들렸다. 그래서 공공기금이 대폭 투입되기 시작했다. 그러나 긍정적 효과도 컸지만 부정적 영향도 없지 않았다. 공연예술이 자생력을 잃었고, 공적자금의 지원이 없으면 작품을 할 생각조차 하지 않게 됐다. 심지어 일부에서는 지원금을 생활비로 쓰고 형식적으로 작품을 올리는 경우도 있어 문제로 지적되기도 했다.

이 같은 상황에서 2007년 9월 잇따라 오른 서울 예술의전당, 국립극장, 한국문화예술위원회가 함께 한 일련의 성공적인 작업들은 무용예술에 있어서 공공의 지원과 역할이 어떠해야 하는지 중요한 전범을 보여준 것으로 평가된다. 협력의 방식에서, 만드는 방식에서, 선발의 방식에서 다양한 교훈을 주는 수준 높은 공공의 무용창작 협업방식으로 아무리 칭찬해도 지나치지 않아 보인다.

예술의전당(대표 신현택)은 2005년 「자유젊은연극」 시리즈를 시작, 좋은 젊은 작가, 연출가, 배우들을 발굴, 지원, 육성하는 데 성공했다. 예술의전당은 올해부터 그 성과를 무용에 확대, 적용시켰다.

예술 창작 지원 활성화와 국민의 문화민주주의, 문화복지의 확대는 공공 극장의 목표다. 그러나 수지균형을 맞추고 경제적 자립을 요구하는 요즘 정부 시책에 비춰 수익을 전혀 예상할 수 없는 무용, 그것도 현대무용에 투자하는 것이 결코 쉬운 일은 아니다. 이 같은 상황에서 무용계는 작품 제작비와 극장을 제공하는 예술의전당의 이 프로그램을 크게 환영했다.

「자유젊은무용」(2007년 8월 30일~9월 2일 예술의전당 자유소극장)을 위해 예술의전당은 2007년 1월부터 3월까지 20여명의 지원자 가운데 1차 서류심사, 2차 실연심사를 통해 《베케트의 방》(안무 김윤정)과 《깊이에의 강요》(안무 김설진) 두 작품을 선정했다. 《베케트의 방》은 극작가 사뮈엘 베케트의 희곡 〈고도를 기다리며…〉에서, 《깊이에의 강요》는 파트리크 쥐스킨트의 동명 소설에 뿌리를 두고 있다.

《베케트의 방》은 흰 벽으로 무대의 좌우, 뒤 공간을 막아 만든 공간을 3차원 스크린으로 사용해 영상과 조명을 투사한 것이 잘 어울렸다. 목표를 찾아 퍼즐을 맞춰 가는 듯한 영상에서 10년 전쯤 한창 유행했던 1인칭 슈팅게임 '둠(Doom)' 또 그것을 3D게임으로 더욱 발전시킨 '서든 어택(Sudden Attack)'이 떠오른다. 면의 왜곡효과가 독특한 느낌을 줬다.

베케트는 특이한 작가다. 모국어인 영어 대신 불어로 작품을 썼다. 모국어가 만들어내는 관습적 느낌을 탈피, 언어 그 자체의 소통불가능성을 표현하려 한 것 같다. 그 독특한 서사미가 난해함을 주지만, 한 꺼풀 벗어버리면 그렇게 유쾌할 수 없다. 작가 자신이 "심각하게 생각하지 말고 그냥 웃어라"고 조언한 그대로다. 의미를 배제해 쓰려고 애쓴 작품에 의미를 부여하면 꼬일 수밖에 없다.

베케트식으로 왜곡된 방에서 불안한 퍼즐의 영상이 흘러가고 경쾌한 발자국 소리와 함께 무용수들이 들어온다. 쿵쿵따 쿵쿵따 나름의 박자를 가지고 공간을 가득 채우다가, 조각난 언어의 파편들이 떠다닌다. 행복, 노동, 사랑 등 지극히 일상적인 단어다.

'포옹할까'에서 음악이 바뀐다. 경쾌한 라틴풍인데, 경련하는 몸짓으로 하나둘씩 무대 밑의 구멍으로 빠져나가고 둘이 남아 소꿉놀이를 시작한다. '포옹'이라는 연상을 통해 과거의 향수로 소꿉놀이부터 시작해 함께 늙어 가는 정겨운 사랑이 그려진다.

마칭밴드의 흥겨움으로 음악이 바뀌고 구멍에서 나온 무용수들이 음악에 맞춰 힙합 등 다양한 춤을 무대에 펼쳐 놓는다. 굳이 연관은 없다. 그냥 흥겨움이다. 베케트가 "심각하게 생각하지 말고 그냥 웃어라"라고 조언한 것과 같다. 경쾌하고 깔끔한, 때로 재미있는 유희, 흥겨움이 가득한 몸짓이다. 감정의 과장 같은 군더더기가 없다. 추억과 동심으로 들어간다.

현지예 등 2명이 춘 샴쌍둥이 느낌의 춤은 인간의 이중성을 절묘하게 그려냈다. 치마 속에서 손이 나오고, 한 몸에 두 개의 얼굴, 세 개의 손, 네 개의 다리 등은 이오네스코의 〈대머리 여가수〉처럼 부조리 미학의 본령을 이해하게 해준다. 나와 나 아닌 나의 공존, 두 개의 언어, 두 개의 세계 등 정체성의 혼란도 느껴진다.

옷을 가지고 줄넘기하기 등 옷을 이용한 놀이가 재미있다. 허깨비 같은 인간의 모습을 상징하는 것도 같다.

김윤정의 솔로춤은 처절하다. 누워서 침뱉기라더니 하늘로 침을 뱉고 그 침을 그대로 받는다. 고독과 외로움, 구원을 위한 뭔지 모를 것을 기다리며, 찾는 그 절절한 외로움의 순간이 객석으로 고스란히 감정이입된다.

디제이 박스처럼 만들어진 곳에서 드럼을 친다. 귄터 그라스의 〈양철북〉 느낌이 난다. 성장하지 않는 소년, 아니 성장할 수 없는 소년, 그 소년의 성장을 위해 무엇이 필요할까.

모든 것을 벗어던지는 대미는 절정이다. 소통하지 않는 공간, 언어, 몸짓, 음악 등 모든 것을 벗어던지고 온 몸으로 만나려는 정열이 느껴진다. 부조리의 공간을, 침묵을 거부하는 인간적인 뜨거운 몸부림이 격렬한 울림으로 객석을 시원하게 때렸다.

《깊이에의 강요》는 파트리크 쥐스킨트의 소설에서 착안했다. 쥐스킨트는 국내에 책으로는 『좀머씨 이야기』로 가장 먼저 알려졌고, 연극으로는 〈콘트라베이스〉, 그리고 영화로는 최근 화제를 모은 〈향수〉가 유명하다. 이 영화 OST 앨범을 세계적 지휘자 사이먼 래틀이 지휘, EMI에서 음반이 나오기도 했다. 이번에 무용작품까지 더함으로써 쥐스킨트의 모습이 한국 팬들에게 보다 입체적인 모습으로 각인될 것 같다.

쥐스킨트의 작품은 독특하다. 밀폐공포증에 걸려 매일 걷는 남자, 오케스트라에서 가장 큰 악기 중의 하나로 가장 구석에 놓여 전체를 완성하는 콘트라베이스, 향수를 만들기 위해서 여성을 살해하는 등 삶의 자잘한 일상 속에 놀라운 충격을 담아 놓는다. 《깊이에의 강요》역시 그렇다. 단순히 '깊이'가 부족하다는 지적 때문에 죽음을 선택한 한 젊은 예술가의 이야기다.

무대 배치 그림이 좋았다. 왼쪽에 라이브 연주 무대를 마련했고, 2층, 3층까지 무대로 활용, 극장 전체를 무대로 폭넓게 이용했다. 무동타기, 물구나무 등 다양한 상황을 아크로바틱한 테크닉으로 표현했다. 무용수들의 등과 팔을 밟으며 이동하는 허공걷기나 천장에까지 닿을 듯 무용수를 높이 날리는 핸드스프링, 브레이크댄스, 헤드스핀 등은 묘기에 가까웠다. 하지만 내용의 구체적 전달에는 좀 아쉬움이 남는다. 춤과 음악의 화려함이 '깊이에의 강요'를 벗어나려는 안무자의 의도인지는 모르겠으나 오히려 그것이 '깊이에의 강박관념'처럼 보이기도 했다. '깊이에의 강요'가 필요해 보인다는 생각이 든다.   — 춤 2007년 10월호

모범생 콤플렉스 벗기

- 류석훈의《그래피티 2008》

정확히 기억이 나지 않는데, 언젠가 류석훈의 작품을 비슷한 시기에 공연한 안은미의 작품과 비교한 적이 있었다. 당시 수줍은 '모범생' 타입인 류석훈의 작품은 '긍정적'으로, 언제 봐도 생기발랄한 안은미의 도발적 작품은 '비판적'으로 볼 생각이었다. 비평가가 선입관을 갖고 작품을 보면 어떻게 하느냐는 비판이 있을 수 있으나 분명 비평가도 사람이다. 또 그런 선입관은 오히려 작품을 균형적으로 보려는 노력의 결과이기도 하다.

한국에 스타가 없다고 하는데, 올려놓고 흔들기를 즐기는 우리네 풍도 탓도 없지 않다. 물론 꼭 우리만 그런 것은 아니다. 세상 공통이지만 우리의 경우 일단 올라가면 장점보다 단점을, 그것도 그냥 보는 것이 아니라 돋보기를 들이대고 확대, 증폭시켜 본다. 여기에는 올라가기는 어렵지만 일단 올라가고 나면 파렴치범죄가 아닌 이상 정년이 보장되는 우리 학문 풍토도 한 원인이다. 특히 정년이 없는 예술계에서는 일단 올라가면 숨질 때까지 권위를 행사하는 탓에 주류의 정당한 권위의 행사도 비스듬히 바라보는 경우가 적지 않다. 또 여기에는 약자를 동정하고 강자를 견제하는 억강부약(抑强扶弱)의 지사의식, 정의감이 남다른 우리 사회풍토도 한 몫 한다. 서구의 경우도 우리와 크게 다르지 않지만 정당한 권위의 행사에 대해서는 우리보다 좀 적극적으로 평가하는 경향이 있다.

여기에 중요한 시사점이 있다. 어쩔 수 없는 약자에 대한 플러스, 강자에 대한 마이너스 평가다. 독립·실험예술에 대해서, 또 젊은 작가에 대해서는 대체로 평가가 후하다. 그러나 일단 자리를 잡은 중진 작가 또는 주류에 대해 평가가 박한 것이다.

그러나 따지고 보면 그 모두가 비과학적이다. 현상은 현상이다. 있는 그대로 보기 위해 애를 쓰지만 사람인 이상 그것이 쉽지 않다는 데 어려움이 있다. 내 경우 그것을 극복하기 위해 사전에 어느 정도 판단의 가중치를 두고 들어가는 경우가 있다. 아무리 나빠도 여기까지, 아무리 좋아도 여기까지라는 한계를 둔다. 하지만 또 그것이 그대로 되지 않는 것도 사실이다. 감상은 일방적인 것이 아니라 창작자와 감상자의 상호주관적인 교감과 소통이기 때문이다. 그래서 전혀 예기치 않게 좋은 작품을 발견한 경우 기쁨은 두 배가 되고, 크게 기대를 했는데 불만족스러울 경우 불만은 네 배가 되기도 한다. 류석훈과 안은미의 작품을 비교할 때 그랬다. 긍정적으로 보려했던 류석훈의 작품은 비판적으로 보게 됐고, 꼬투리를 잡으려 했던 안은미의 작품에서는 오히려 큰 박수를 치고 나왔던 것이다. 류석훈의 신작《그래피티 2008》(2008년 2월 23일 동덕공연예술센터)을 보고 또 그 느낌이다.

류석훈의 최대 장점은 뛰어난 테크닉과 시정(詩情)이 가득한 멋진 그림을 만드는 능력이다. 이번 작품 역시 그랬다. 무대의 뒷면을 거의 채운 벽이 주는 무게감과 질감은 묵직했다. 벽의 왼쪽 상단에 놓은 마네킹의 느낌은 뭔지 모를 현대인의 고독과 우수가 벽의 무거운 질량감과 좋은 대비를 이뤘다. 이를 배경으로 7명의 뛰어난 댄서가 만들어내는 일곱 색깔 경쾌한 춤은 마치 회색의 도시에 환상의 무지개를 만들어내는 듯한 느낌이 들었다.

그러나 거기까지다. 강아지처럼 멜로디언을 끌고 나온 댄서는 멜로디언을 연주하며 몸으로 '낙서'를 시작했고, 두 사람이 재미있는 호흡으로 멋진 하모니를 만들어내기도 했다. 하나씩 둘씩 무용수들이 무대에 등장, 각각의 기량을 화려하게 펼쳐냈다. 그러나 그 재치와 속도감 넘치는 춤은 15분을 고비로 지루함으로 바뀌지 않았나 싶다.

이에 대한 첫 번째 원인으로 꼽고 싶은 것이 바로 '모범생' 의식이다. 모범생은 선생님과 부모님의 말씀을 잘 듣는다. 친구들과도 좋은 관계를 형성하고 훌륭한 화합의 리더십을 발휘한다. 예습, 복습 철저히 하고 숙제도 빠트리지 않는다. 한마디로 요약하면 모든 것이 예측가능하다는 것이다. 일탈이라든지 게으름, 땡땡이는 찾아보기 힘들다. 그것이 모범생이다. 실생활에서 모범생은 본인이나 가족이나 사회구성원 모두가 좋아한다. 그러나 예술에서는 조금 다르다. 안정감은 주지만 지루하다. 다른 말로 단적으로 표현하면 상투적이라고도 할 수 있을 것 같다.

《그래피티 2008》의 상투성에는 두 가지 측면이 있다. 하나가 내용이요, 다른 하나가 형식이다. 모범생 의식 중의 최악의 것이 '내용에 있어서의 상투성'이 아닌가 싶다. 이를 다른 말로 하면 매너리즘이 될 것 같다. 어느 시인이 표현한대로 '다른 사람이 너무 많이 써 당신에게는 쓸 수 없는' 그런 말이다.《그래피티 2008》은 단적으로 말하면 상투성이 두드러졌다. 먼저 내용 면에서 '그래피티 2008'이라는 제목 자체에서도 '낙서'와 같은 그림이 머릿속에 그려지는데, 이것이 '벽' '관계' '낙서하기' 등 세 부분으로 이뤄졌다는 팸플릿을 보면서 류석훈의 스타일이 떠오르고 작품을 보기도 전에 그려진 그림이 실제 작품의 전체 흐름과 내용에서 크게 다르지 않아 섭섭했다. 정체성, 고독, 한계, 탈출, 내면, 추상 등 진부한 개념어들이 줄줄이 떠오르는데, 그게 팸플릿과 작품에 그대로 나열된다. 그래서 재미있게 더한 양념들이 때로 헛웃음을 짓게도 한다. 모범생의 세련된 매끈함 속에 들어있는 본인도 인식하지 못하는 현실안주적 반복의 아쉬움이다. 과거의 어느 시점에 아주 훌륭했던 것이 시간의 지남에 따라 정체, 반복되면서 타성이, 더 나아가서는 스테레오 타입한 상투성으로 고착화하는 것이다. 여기에 관성적으로 감상적 낭만주의, 이미지만 남은 모더니즘, 교조적 도덕주의가 더해지기도 한다. 이런 것이 익숙해지면 영혼이 사라진 미라 같은 형해화한 춤만 남을 수밖에 없다.

또 하나가 형식의 상투성이다. 형식을 완전히 탈피할 수는 없다. 모든 형식은 자신이 걸어온 경험에서 벗어나기 힘들다. 특히 성공했던 기억의 유혹을 떨치기 힘들다. 그러나 그것의 반복은 내용의 새로움마저 딱딱한 각질 속에 가두기도 한다. 류석훈의 작품은 좋은 속도감에 깔끔한 춤선, 그리고 즐거운 익살이 있다. 굳이 어디가 흠이라고 나무랄 데가 없다. 그러나 아쉬움이 남는다. 맛있게 음식을 잘 먹기는 먹었는데, 함량 분석표를 살펴보면 영양소도 고루고루 들었는데, 어제 먹은 그 음식 메뉴가 오늘 먹은 음식 메뉴 같다. 스테인리스 밥공기에 국그릇, 찌개 뚝배기, 접시, 간장종지 등이 붉은 쟁반에 실려 나오는 한정식집 음식 스타일 그대로다. 표준화된 상차림이지만 가끔은 냄비에 김치를 푸짐하게 썰어 넣은 김치라면, 고춧가루를 확 뿌린 자장면, 양푼에 나물을 섞어 넣고 상추를 뚝뚝 썰어 고추장을 뿌리고 손으로 석석 비빈 비빔밥, 그리고 서양식으로 큰 접시에 이것 저것 얹은 퓨전 상차림도 신선할 때가 있다. 가다가 중단하면 간만큼 좋다. 그러나 대부분의 모범생들은 가다가 중단하면 아니 간만 못하다고 생각해 시도도 하지 않는 경우가 많다.

물론 이런 것을 진정한 마음 없이, 공부 없이 따라가다가는 동네사람 말을 듣다가 나귀를 물에 빠뜨리고 만 어리석은 아버지와 아들 모양이 되기 십상이다. 분명한 판단과 공부가 선행돼야 한다.

내용과 형식의 상투성을 극대화해 성공한 사람도 없지 않다. 프랑스 화가 귀스타브 모로

가 그 경우다. 그는 아카데미즘을 대표해 쿠르베의 사실주의, 마네와 모네, 르누아르의 인상주의의 파도에 맞서 최선을 다해 싸웠다. 그 결과 주류 매너리즘의 대표로 생전에는 영화를 누렸으나 사후 그 영광은 생전만 못했다. 현대미술의 영광은 사실주의와 인상주의에 주어졌다. 매너리즘의 집중도 제대로만 한다면 결코 비극적인 것은 아니지만 역시 역사는 도전을 좋아한다. 용자(勇者)만이 미인을 얻을 수 있는 것이다.

또 하나 안타까운 점은 무대에서 류석훈의 모습을 볼 수 없었다는 것이다. 류석훈은 분명 한국 현대춤 최고의 테크니션 가운데 한 명이다. 그는 정확하고 빠르며 많은 이야기를 하는 잘 만들어진 몸을 갖고 있다. 영화감독이나 연출자가 스크린이나 무대에 등장하지 않는 것처럼 안무자가 스스로 무대에 설 필요는 없다. 무대 밖에서 더 많은 것을 보고 만들어낼 수 있는 것도 사실이다. 그러나 류석훈은 무대에서 더 빛난다. 아직 무대에 서서 더 많은 것을 보여줄 게 있고, 보여줘야만 한다고 한다.

이 작품은 류석훈이 마흔 살을 맞으며 만드는 작품이라고 한다. 류석훈도 이제 이립(而立)을 지나 불혹(不惑)의 때다. 더 이상 젊지 않다는 뜻도 된다. 그러나 하늘의 뜻을 알게 되기(知天命)까지 흔들리지 않고 더욱 자기 길을 뚫고 가야 한다. 그것이 불혹을 완성하는 길이기도 하다. 그러기 위해서 필요한 것이 모두를 만족시키기 위해 모든 것을 하는 모범생 콤플렉스를 벗어나 지금 내가 해야 할 것에 흔들리지 않고 과감하게 올인해야 한다. 형식이든, 내용이든.

우리 무용계에는 모범생들이 많다. 젊었을 때는 대수롭지 않게 생각될지 몰라도 나이가 들수록 예술가에는 큰 흠으로 커질 수 있다. 예술은 모범적인 사고로 만들어지는 것이 아니기 때문에.　　　　　　　　　　　　　　　　　　　　　　　　　　　— 춤 2008년 3월호

현대 춤의 가장 큰 미덕은 새로움에 있다

− 김용걸이 참여한 퍼포먼스《몬스터 발레》

현대 춤의 가장 큰 미덕은 새로움에 있다. 기본이 완벽하면 금상첨화이겠지만 타성에 젖은 기본보다, 기본이 좀 부족하더라도 과감한 새로운 실험, 파격적 도전에 더 눈이 간다. 새내기일 경우 더욱 그렇다.

새로움의 측면에서「하이 서울 페스티벌 2008」여름축제의 개막공연《몬스터 발레》(2008년 8월 9~12일 여의도 한강시민공원 메인무대)는 근래 보기 드문 규모의 독특한 이벤트라고 할 수 있다. 한국 공연사상 처음으로 대형 건설기계와 인간이 함께 어울려 만들어낸 물질문명과 정신문명, 기계와 인간, 하이테크와 순수예술, 인공과 자연의 이미지는 한국 공연예술의 새로운 스케일을, 감각을 일깨우기에 부족함이 없어 보였다.

무대는 현대기계문명의 상징처럼 보이는 철골조다. 가로·세로 21m 정사각형에 높이 13m의 무대에서 8m짜리 거대한 인형과 4대의 대형 굴삭기가 만들어내는 이미지는 장대했다. 붉은색, 푸른색, 호박색에 눈부신 흰색 조명으로 덧칠해 만들어진 기계가 지배하는 물질문명의 디스토피아는 강렬한 느낌으로 관객을 압도했다. 좌우에 서있는 엄숙한 얼굴과 찌푸린 얼굴이 공존하는 거대한 기구는 더욱 그로테스크한 이미지를 만들어냈다. 이들 기계에게 굴복, 노예처럼 생활하는 붉은 인간의 춤은 한없이 비굴하고 초라했다. 물질문명에 억눌려 선택권을 빼앗긴 현대인의 어쩔 수 없는 자화상으로도 보였다.

이들 사이에서 춤추는 국립발레단 솔리스트 조성주를 비롯한 9명의 국립발레단 발레리나, 발레리노들의 모습은 가녀릴 만큼 작았다. 높이 8m의 장대한 기계왕의 움직임에 따라 네 개의 거대한 기계 팔이 요동을 치는 가운데 펼쳐진 조성주의 춤은 멀리서 보면 그저 하나의 점에 불과했다. 그러나 그 점에서 뿜어져 나오는 저항의 에너지, 절규의 순수 에너지는 결코 약하지 않았다.

조성주가 30t의 굴삭기 삽날에 앉아 '무쇠팔'을 어루만질 때 삽날은 기계왕의 머리높이까지 아찔할 만큼 높이 올라갔고, 외국인 서커스단원 케이트가 기계왕의 머리끝에서 발끝까지 붉은 천을 드리우고 곡예를 펼치기 시작했다. 기계 팔의 움직임이 조금씩 떨리며 감동을 표현할 때 케이트가 드리운 붉은 천은 냉정한 기계왕의 혈관에 파란 기름이 아니라 붉은 피가 도는 듯 조금씩 흔들리며 움직이기 시작했다. 온 몸을 천으로 둘러싼 케이트는 두둥 두둥 심장이 박동하는 모습을 멋지게 그려냈다. 정말 보는 이의 심장이 쿵쾅거릴 정도로 감동을 만들어냈다.

기계의 지배를 받는 인간의 저항과 기계에게 영혼의 순수와 사랑을 가르쳐주는 조성주의 백색 발레는 멋진 작품 콘셉트였다. 특히 기계가 감동, 심장이 생긴다는 아이디어는 인상적이었다.

이 작품의 첫 공연은 난산(難産)이었다. 갑자기 쏟아진 소낙비로 주음향기기가 물을 먹어 배경영상은 물론 마지막 클라이맥스 부분에서 무음악으로 공연됐다. 그러나 검은 강물과 불야성을 이룬 강 건너 이촌동의 아파트 불빛은 오히려 물질문명이 지배하는 디스토피아의 세계를 더욱 부각시켰고, 음악이 사라진 가운데 철컥거리는 최대 30t짜리 대형 굴삭기 4대가 내는 거친 기계음은 인간의 깊은 절망과 그만큼 절실한 가슴의 소리를 전할 수 있었다.

축제개막선언과 동시에 쏟아진 비로 판타지쇼 등 공들여 준비한 많은 프로그램이 실행되지 못했다. 비가 오는 것에 대비, 최종 리허설을 녹화해놨지만 모사재인 성사재천(謀事在人 成事在天)이라고 주음향 조정기가 물을 먹을 줄 아무도 예측 못했다. 하지만《몬스터 발레》는 '몬스터'답게 모든 악조건을 극복, 빗속에서도 멋지게 해냈다. 오히려 예상치 않은 우연의 효과가 더욱 빛을 내기도 했다. 때문에 빗속에서도 자리를 지킨 5000여 시민들은 이 프로그램 하나에 충분히 만족하고 돌아갈 수 있었던 것 같다. 첫 공연의 '불행 중 다행'은 입소문으로 이어져 매일 성황을 이뤄 모두 3만여 명의 관객들이 열광했다.

이 작품의 아이디어는 로저 린드 예술감독이 냈고, 파리오페라발레단 솔리스트로 활약하는 김용걸이 안무를 맡았다. 시드니 오페라하우스 개관 20주년 축제 예술감독을 맡았던 린드는 시드니 오페라하우스를 만들 때 사용했던 대형기계들을 모아 감동의 퍼포먼스를 만들었던 것을 기억해냈고, 이 아이디어를 안호상 서울문화재단 대표가 받아 한국 클래식발레의 세계적 스타 김용걸을 연결시켰다. 여기에 굴삭기로 두부를 자르고 계란을 옮기는 등의 묘기로 유명한 한국 볼보의 굴삭기 데몬스트레이터 이정달이 참여했다. 이질적인 다양한 장르, 사람, 환경 등의 합작인 《몬스터 발레》는 독특한 하나의 퍼포먼스라기보다는 우리의 축제와 예술의 새로운 방향을 제시하는 것도 같다. 역시 보편적 새로움의 바탕은 다양성의 조화다. 《몬스터 발레》는 새로움과 다양성, 소통이 현대예술의 원천이라고 웅변하는 것 같다.

— 춤 2008년 9월호

고정 레퍼토리와 자기 표절

– 안성수의《시점 NOW》

공연예술에서 사실 고정 레퍼토리는 없다. '사람은 똑같은 강물에 다시 들어갈 수 없다'는 고대 그리스 철학자 헤파이토스의 말처럼, 엄밀히 말해 똑같은 공연예술 작품이 다시 올라갈 수 없기 때문이다. 안무자가 아무리 작품을 고정하려 하지만 추는 사람에 따라 작품은 달라진다. 아무리 우수한 안무의 작품이라도 무용수가 우수하면 작품의 질이 우수해지고, 무용수의 수준이 떨어지면 우수한 안무라 할지라도 작품수준이 떨어지기 마련이다. 2010년 국립발레단에 의해 초기 명작들이 국내에 소개됐던 프랑스 안무가 롤랑 프티는 '어떤 철학으로 춤을 구성했느냐'는 질문에 "나는 그렇게 지성적인 사람이 아니다"라고 딱 자르면서 "무용수에 따라 다르다. 이번 무용수는 30cm쯤 더 높이 뛰어 더 느낌이 좋다"고 말해 질문자를 머쓱하게 했다.

창작 지원금 때문인지, 연구업적 때문인지 고정 레퍼토리보다는 창작을 선호하는 한국 공연예술풍토에서 새롭게 안무했다면서 제목을 새로 붙여 스토리를 바꾸거나, 시리즈 1, 2 등으로 전작을 버전업해 새로운 작품이라고 말하는 경우가 많다. 그러나 어떤 경우를 보면 자기 표절이라고 해도 지나치지 않은 경우도 있어 소송까지 가는 논란을 빚기도 했다.

고정 레퍼토리가 작품의 숙련도, 완성도를 높이며 작품을 반복하는 것이라면, 자기 표절은 새로운 작품이라는 이름 아래 자기 작품을 차용하는 것이다. (합법적인 표절이라고 할 수 있는 패러디가 있지만 자기 작품을 패러디하는 경우는 거의 없어 자기 패러디는 문제가 되지 않는다.) 그런데 8마디 이상 같은 음이나 멜로디가 나오면 표절로 치는 음악과 달리, 무용에는 표절과 새로운 창작의 뚜렷한 기준이 없다. 그래서 숙련도와 완성도를 높인 고정 레퍼토리와 크게 다른 것이 없는데도 새로운 창작이라고 주장하는 경우가 많아 정리가 필요해 보인다.

최근 초기작품을 집대성한 작품에 꾸준히 버전업해온 작품을 다시 강화해 포함시킨 안성수픽업그룹의《시점 NOW-BEYOND MY CONTROL》(2010년 7월 30~31일 아르코예술극장 대극장)을 보면서 이런 생각이 더욱 들었다.

《시점 NOW》는 2001년 12월 초연한《시점》을 버전업한 작품이다. (안무자는 이번에 "완전히 새롭게 만들었다"고 말했다.)《시점》은 1997년부터 2001년까지 발표한《볼레로》등 소품 6편과 2001년 만든 소품 1편을 더해 모두 7개의 소품으로 구성되었다. 이를 '악몽의 방' '무도회의 방' '유혹의 방' '휴식의 방' '결투의 방' 등 5개 장면으로 편집 · 재구성해, 프랑스 대혁명 직전 프랑스 귀족사회를 그린 스티븐 프리어스 감독의 영화 〈위험한 관계〉를 안성수 판 무용극으로 꾸몄다. 영화감독이 되려다가 무용가로 변신한 안성수의 과거가 거울처럼 반영된 형식의 작품으로, 한국춤평론가회는 당시 이 작품에 '올해의 춤평론가상'을 주며 혜성과 같이 나타난 스타를 격려했었다.

Scene 1 '악몽의 방'은 전작과 마찬가지로 도시적 감수성이 화려하고 시원한 방이었다. 좌우 포켓을 확 드러내놓은 무대에서 빠른 속도로 추는 격렬한 솔로는 자유와 함께 강한 욕망의 분출을 생생하게 전했다. 관능적 흐느적거림, 빠른 속도감, 툭툭 치고 빠지는 악센트가 살아있는 춤선은 안성수 특유의 경쾌한 우아미가 돋보였다. 욕정을 달래려 다락방을 침실로 쓰는 정숙한 미망인의 본성이 드러나는 악몽(?)으로 적절해 보인다.

Scene 1-1 '무도회의 방'은 빛으로 잘 나누어진 무대에서 균형미과 대칭미가 잘 짜인 기하학적 춤이었다. 도시적 감수성을 곁들인 탄탄한 고전적 균형미가 빛이 났다. 미망인이 악몽을 꾸는 가운데 현실에서는 악몽 이상의 욕정의 무도회가 펼쳐지는 상황이다. 동시상황인 만큼 Scene1과 Scene1-1이 좀 더 스미듯 전환돼야 했는데 좀 딱딱하게 잘린 맛이 있어 아쉽지만, 흐느적거리는 악몽과 달리 속도감을 높여 건조하게 달림으로써 '악몽의 방'과 차별화한 것이 눈에 띄었다. 잘 분할된 무대에서 균형미, 속도감, 리듬감이 특히 좋았다. 과장된 큰 동작은 공허한 데카당스의 표현으로도 읽혔다. 역시 '안성수다운' 춤으로 초기의 신선한 감각이 돋보였다.

문제는 Scene 2 '미로의 방'이었다. 초연 때는 '유혹의 방'이었던 이 장면은 1998년 '8일간의 여행'이라는 워크숍 공연으로 시작해 1999년 국립발레단에 의해 처음으로 무대화한 이래 거의 매년 '버전업'해 안성수의 트레이드마크가 된 《볼레로》다. 끝없이 돌아가는 볼레로 춤처럼, 어떻게 보면 반복되는 삶과 사랑의 허무를 퇴폐적으로 풀어내는 듯한 라벨의 선율에 맞춘, 물 흐르는 듯한 부드러운 춤선과 강렬한 색상은 '유혹의 방' 또는 '미로의 방'이라 이름하기 적절해 보였다. 물살에 실린 바다말들이 하늘거리듯 손·발로 만들어내는 지체미의 파동은 관능미로 증폭돼 관객들을 어떤 명상의 세계로 이끄는 힘이 있다. 그러나 너무 많이 버전업돼 진부한 느낌마저 주는 '안성수의 볼레로'로 만든 '미로의 방'은 작품의 인상을 갑자기 '미로'에 빠뜨렸다. 더욱이 가뜩이나 반복이 많은 음악을 5분여 정도 더 늘여 반복시킴으로써 지루한 느낌마저 줬다.

움직임의 변화에 스토리를 더한 안성수의 볼레로는 초기에는 기울기가 양(+)인 1차 함수처럼 선진화(善進化)했다. 그러나 귀신이 등장하면서 기울기가 음(-)의 2차 함수로 버전다운됐다가 최근 유머와 파격을 도입하면서 다시 양의 3차 함수가 됐다. 그러나 이번에 원래 음악을 4분의1가량 늘려가며 다시 만든 것은 음의 4차 함수가 돼 다시 악진화(惡進化)한 것이 아닌가 싶다. 김민기가 1994년 초연한 뮤지컬 〈지하철1호선〉을 무대에 올릴 때마다 현실에 맞게 버전업하다가 2000년이 되면서 1990년대의 고정된 '시점'으로 결정판을 만들어 4000회까지 대장정을 마친 것을 반면교사로 삼을 가치가 있어 보인다.

'미로의 방'을 넘어 Scene 3 '휴식의 방'으로 들어가면 고전적 형식미에 정적인 부드러움이 가득하다. 2001년 초연에서 1998년 발표한 《제한》, 2000년 발표한 《초현》, 2001년 발표한 《휴식》 세 편을 모은 장이다. 여기에 살풀이춤 느낌에 뒤태를 강조하며 바운스를 주는 몸짓은 안성수가 국립무용단에서 안무했던 《틀》의 많은 장면을 떠올리게 했다. 《초현》은 국립발레단의 주역무용수 김지영, 김주원이 초연했던 작품. 그 무대의 볼륨감이 기억에 강하게 남아있고, 《틀》에서 김미애가 보여줬던 고혹적인 자태는 잘 잊어지지 않는 명장면이다. 물론 '휴식의 방'인 만큼 초연 팀에 비해 관능미나 볼륨감이 다소 떨어져도 괜찮지 않나도 싶다.

마지막 '결투의 방'은 옷을 벗고 입는 등 전장과는 달리 다소 거친 결투의 모습이 그려졌다. 그러나 폭발하는 박력은 찾기 어려워 아쉬웠다. 블랙&화이트로 구축된 미니멀한 빛의 무대에서 관능적 움직임으로 잘 시작된 프랑스 앙시앙 레짐의 권태와 우울이 '볼레로'의 지루한 반복에 치마를 밟고 쓰러지면서 좀처럼 춤의 흥이 되살아나지 않은 것 같다.

물론 창작의 지난한 어려움을 이해는 한다. 자기 습관에서 좀처럼 벗어나기도 어렵고 무의식적으로 떠오르는 몸짓이 있기 마련이다. 김민기는 자신의 노래극 〈개똥이〉의 테마곡 '날개가 있다면'이 모차르트의 플루트협주곡을 무의식적으로 차용한 것임을 10여년 뒤에 우연히 모차르트를 듣다가 발견했다. 그는 "4분의4박자로 4분의3박자인 원곡과 다르지만 분명 무의식적으로 차용했다"며 "이미 지난 일을 되돌릴 수도 없고, 너무 많이 알려진 곡이니 만큼 모차르트를 현대에 맞게 확장했다고 애써 위로하고 있다"고 말하기도 했다. 그러나 "완전히 새로 고쳤다"면서 고정 레퍼토리와 구별하기 힘든 작품을 반복하는 행태는 문제가 있다.

이를 위해 고정 레퍼토리 공연에 대해서도 지원금과 연구업적으로 인정하는 제도의 개편도 필요해 보인다. 한국 창작 뮤지컬 사상 처음으로 미국 뉴욕 브로드웨이와 영국 런던 웨스트엔드 무대에 진출, 한국공연사를 새로 쓴 뮤지컬 〈명성황후〉의 제작자 겸 연출자 윤호진 단국대 교수는 '연구업적의 부족'으로 안식년을 쓰지 못하는 아이러니를 맞기도 했다. 고정 레퍼토리를 위한 '버전업'을 창작으로 인정하지 않았기 때문이다. 이래서 좋은 작품들은 사장되고, 본의 아니게 작품의 숙련도, 완성도를 위한 고정 레퍼토리 작업 대신 눈속임 자기 표절이 만연하게 된 것 같다.

— 춤 2010년 9월호

악화(惡貨)는 양화(良貨)를 구축한다

– 제31회 서울무용제와 제4회 서울댄스컬렉션

'악화(惡貨)는 양화(良貨)를 구축한다(Bad money drives out good).' 16세기 영국의 재무관 T. 그레셤이 제창한 화폐유통에 관한 법칙이다. 이 말은 그레셤이 악화를 개주(改鑄)해 외국환의 지배권을 장악하려는 구상에서 엘리자베스여왕에게 진언한 편지 속에 나온 말로 1858년 H. D. 마크로드에 의해 '그레셤의 법칙'이라 명명됐다.

한 사회 내에서 귀금속으로서의 가치가 서로 다른 화폐, 예를 들어 금화와 은화 따위가 동일한 화폐가치로서 유통되는 경우, 귀금속 가치가 작은 화폐인 악화(은화)는 가치가 큰 화폐인 양화(금화)를 유통으로부터 배제시킨다는 뜻이다. 같은 가격을 표현하는 사실상 높은 가치의 주화가 낮은 가치의 주화에 밀려 시장에서 사라진다는, 어떻게 보면 밥 먹으면 배부르다는 당연한 이야기다. 물론 그래서 '법칙'이라고 말하는지도 모른다. 오늘날처럼 주화가 아닌 신용화폐가 중심을 이룬 시대에 있어서 이 법칙은 역사적 사실의 뜻만 남아 있기도 하다.

그러나 그레셤의 법칙은 현대에 들어 화폐유통보다는 일반적인 상황에 널리 사용돼 '나쁜 것이 좋은 것을 내쫓는다(Bad drives out good)'는 의미로 더 많이 사용되는 것 같다. 배보다 배꼽이 더 커진 경우를 멋지게 표현하는 금언으로도 들린다.

이 그레셤의 법칙이 2010년 「제31회 서울무용제」(2010년 10월 7~17일 아르코예술극장 대극장) 한국무용 부문에 적용되어도 큰 무리가 없어 보인다. 병역면제 혜택이 주어지는 한국무용 남자 연기상이 오히려 대상이나 안무상보다 더 치열한 경쟁을 보이며 무용제 전체 참가 작품의 질과 수준은 물론 상의 권위체계 자체마저도 흔들어 버렸기 때문이다.

한편, 같은 기간 펼쳐진 「2010 서울국제공연예술제」의 「제4회 서울댄스컬렉션」(2010년 10월 13/15/16일 아르코예술극장 소극장)과 여러 부분에서 대조를 이뤄 많은 생각을 준다. 「서울댄스컬렉션」 심사위원으로 참여했던 일본인 무용평론가 노리코시 다카오는 자신의 심사평 발표에 앞서, 참여 무용가들에게 "평론가들의 판단 결과를 믿지 말라. 상은 그냥 있으니까 주어지는 것으로 그 자체가 춤의 우열을 나누는 것은 아니다"라고 강조했다. 동의한다. 글쓴이 역시 댄스컬렉션에 세 번(1, 2, 4회) 심사위원으로 참여했다. 통상 해외에서 2명, 국내에서 3명의 평론가(2010년 4회의 경우 국내에서 평론가 2명, 무용가 1명)가 참여하는 심사결과 최종 회의는 치열한 각자의 주장과 논쟁으로 시작, 마침내 몇 작품으로 압축돼 의견이 좁혀지다가 예술감독이 2~3명을 수상자로 결정한다. 1~2명에게 해외 페스티벌 연수 및 공동작업의 특전이 주어지고 차기 연도에 서울국제공연예술제 작품 참가 혜택이 주어진다. 시작은 큰 의견차이를 보이지만, 서로가 서로에게 많은 것을 새로 배우고 깨달으며 만족한 결과를 내놓는다.

서울무용제와 서울댄스컬렉션, 두 경연의 선정과정을 보면 차이가 있다. 서울댄스컬렉션의 경우는 시각차가 극과 극에서 시작해 첨예하게 수상 범위가 좁혀진 상황에서 예술감독이 적절히 개입, 양화가 악화를 구축하는 프로세스를 갖고 있는데, 서울무용제는 그렇지 못한 것 같다. 심사위원들이 대체로 비슷한 시각에서 지나치게 공정한 객관성을 강조해 아무 토론도 없이 세 차례의 '블라인드 테스트' 투표를 한다. '미스터리한' 궁금증 속에 결정, 마침내 시상식장에서 악화가 양화를 구축하는 '극적인 상황'이 서프라이징 엔딩으로 반전하는 것만 같아 안타깝다. 무용계의 '화목'과 '단합'을 위한 과도한 '공정'이 만들어낸 어쩔 수 없는 비극적 시스템이라고밖에 할 수 없다. 무용계 모두가 머리가 맞대고 '양화가 악화를 이기는 당연한 법칙'의 확립을 위해 시급히 지혜를 짜내야 할 때인 것 같다.

● 제31회 서울무용제

순헌무용단의 《물빛이 하늘빛을 담을 제…》(안무 차수정), 한동엽무용단의 《백혈화우(白血花雨)》(안무 한동엽), Han댄스프로젝트의 《터-무시무종(無始無終)》(안무 한효림), 태혜신카르마푸리무용단의 《샤인 아웃, 휘(輝)》(안무 태혜신) 등 한국무용 4편과 최경실스프링댄스시어터의 《물의 꿈》(안무 최경실), 아지드현대무용단의 《붉은 언덕, 그곳을 거닐다》(안무 윤석태), 툇마루무용단의 《율(律)》(안무 김환희) 등 현대무용 3편, 그리고 김광범발레단의《타락사(墮落史)》(안무 김광범) 발레 1편 등 모두 여덟 작품이 참여했다.

글쓴이를 포함해 심사위원단 12명은 한국무용협회의 규정과 박재희 심사위원장의 진행으로 경연대상부문을 심사, 대상·우수상·안무대상은 3차까지 가는 접전 끝에 각각 1팀씩 선정했다. 대상은 Han댄스프로젝트, 우수상은 순헌무용단, 안무대상은 최경실스프링댄스시어터가 차지했다.

Han댄스프로젝트의《터-무시무종(無始無終)》는 제의성에 근거한 다양한 움직임을 활용, 정돈되고 짜임새 있는 안무구성이 높은 평가를 받았으며, 순헌무용단의《물빛이 하늘빛을 담을 제…》는 선형적인 춤사위와 극성을 띤 표현으로 희생을 통한 상생의 시대를 효과적으로 그려갔다는 평가를 받았다. 최경실스프링댄스시어터의《물의 꿈》은 대립과 갈등 사이에 공존의 가능성에 대한 고찰을 다채롭고 힘있는 구도로 실현시킨 것으로 의견이 모아졌다.

서울댄스컬렉션의 심사위원으로 참가한 일본평론가의 말처럼 "상은 있는 것이니 주어진 것이지, 분명 춤의 우열을 평가하는 것은 아니다"라는 말이 딱 들어맞는 것 같다. 모두가 나름으로 좋은 작품을 내놨고, 심사위원들은 나름의 잣대를 들이대 '우연히' 또는 '엄격하게' 가장 많은 표를 얻은 작품에게 상이 돌아갔을 뿐이다.

하지만 개인적으로 이번 무용제에 참가한 한국무용 네 작품은 대상이나 우수상, 안무대상 등 가장 유력한 권위의 3개 부문 상에 초점이 맞춰진 것이 아니라 병역면제 혜택이 주어진 남자연기상에 방점이 찍혀 있었다는 느낌이다. 30분 안팎의 작품에서 남자 주역의 솔로춤을 2분 조금 넘게 구성한 순헌무용단의《물빛이 하늘빛을 담을 제…》를 제외하고 남자 주역 솔로의 춤이 5분 이상을 차지하는 등 마치 개인 솔로 콩쿠르 작품을 방불케 했기 때문이다. 전체 구도와 군무, 여성 솔로 등은 남자 연기상을 부각시키기 위한 장식이나 도구 정도에 그친 느낌이었다. 작품의 주와 종이, 배와 배꼽의 크기가 바뀌어 악화가 양화를 구축한 우스꽝스런 모양이 됐다는 생각을 지울 수 없었다.

● **제4회 서울댄스컬렉션**

전체 12개 작품 가운데《블루정글》(안무 이현범·최진주),《공존》(안무 김보람·장경민),《하루》(안무 주정민),《그림자나》(안무 이지희),《셔플》(안무 조슈아 퓨),《또 다른 언어》(안무 노경애) 등 6개 작품이 심사위원들의 1차적 관심을 모았다. 심사는 신작을 전제로 화려한 무대나 기교보다는 안무 능력 그 자체에 중점을 뒀다. 그 결과《블루정글》과《공존》, 그리고《또 다른 언어》가 가장 새로운 움직임을 시도한 작품으로 논의가 모아졌고,《공존》이 거의 만장일치로 가장 훌륭한 작품으로 꼽혔다.

그러나《공존》은 2010년 7월 열린「크리틱스 초이스 2010」에서 최우수안무가상을 수상한 김보람의 안무작《바디 콘서트》의 부분 집합에 불과하다는 의견이 강력히 제기돼 최우수상은 곤란하다는 의견이 있었다. 김보람의《바디 콘서트》는 힙합에서 클래식까지 9곡의 다양한 노래에 맞춰 펼쳐낸 화끈한 '몸의 콘서트'로 극장을 춤의 에너지로 가득 채운 뜨거운 무대였다. 힙합, 브레이크 댄스 등 스트리트 댄스에서부터 탈춤, 발레, 현대무용까지 모든 춤을 섭렵하며 춤 자체의 흥과 멋, 풍자를 더했다. 춤의 백화점이라 할 만했다. 하지만 '갈라쇼' '버라이어티쇼'가 대부분 그렇듯 하나로 모아 가는 포인트는 부족했다. 잔 펀치는 많이 날렸지만 정타가 없었다. 화끈한 액션영화를 보고 시원한 기분으로 극장 문을 나서면서 같이 본 친구한테 "그런데 내용이 뭐지?"라고 묻는 것과 비슷했다.《바디 콘서트》를 본 심사위원이라면 분명 이 같은 의견을 냈을지도 모르는데, 다행인지 불행인지 심사위원 가운데 글쓴이를 제외하고 아무도 이 작품을 보지 못해《공존》은 이번 댄스컬렉션의 사실상 최우수 작품으로 선정되어 일본 후쿠오카페스티벌에 참가할 수 있게 됐다.

즉흥으로 착각할 정도로 과감하고 치밀한 안무를 선보인《또 다른 언어》는 아마추어적 순수한 정열과 끈기있게 잘 계산되고 약속된 안무가 높은 평가를 받아 독일 라이프치히축제 공동작업에 초대되는 등 사실상 공동 1위에 올랐다.

《블루정글》은《또 다른 언어》보다 더 많은 지지를 얻어 거의《공존》과 같은 득표를 기록했지만, 지지의 질에서《또 다른 언어》보다 못해 내년 서울국제공연예술제 참가에 만족해야 했다. 움직임의 순수성과 질적 측면에서《또 다른 언어》의 순도와 숙련도가 더 높은 평가를 받았기 때문이다.

《그림자나》와《셔플》도 탄탄한 안무로 2명 심사위원 이상의 지지를 받았으나 지나치게 안정적이고 아카데믹한 안무전략이라는 측면에서 수상권에 오르는 데는 실패했다.

— 춤 2010년 11월호

故 홍정희 선생과의 인연을 추억하며

- 발레블랑 30주년 기념공연

시간만큼 위대하고, 또 시간만큼 가혹한 것은 없다. 시간은 모든 것을 만들어내고, 모든 것을 가차 없이 허물어뜨리기 때문이다.

발레블랑 창단 30주년 기념공연(2010년 11월 12~13일 아르코예술극장 대극장)에서 허용순이 안무한《시간의 속삭임》무대를 지배하는 것은 거대한 시계추다. 어떻게 보면 다정하게 손을 흔들며, 관능적으로 유혹, 모든 것을 태어나게 하지만, 또 어떻게 보면 냉정하게 손을 흔들고 돌아서 사형을 언도하는 두 개의 얼굴로 보인다. 고야가 그린 아들을 잡아먹는 잔혹한 사튀르스의 모습은 그가 왜 시간의 신인지 알게 한다.

족히 30년 이상은 움직였음직한 그로테스크한 덩굴 또는 인동초 모양의 시계추의 움직임 속에서 등장하는 솔로는 발레블랑의 모태가 된 고(故) 홍정희를 떠올린다. 비운의 당쇠즈 노블레스. 그를 비롯해 각각의 무용수는 자기만의 의자를 갖고 있다. 다 자기의 달란트이며 업이리라. 요염하면서도 단정하고 발랄한 춤은 솔로에서 4인무, 6인무, 11인무, 12인무까지 계속 확대됐다.

조윤라의 등장은 과감했다. 분명 요즘의 젊은 발레리나에 비해 신체적 조건은 뒤지지만 카리스마와 자신 있는 테크닉은 젊음을 압도하기 충분했다.

주인공이 가고 없어서인지 '시간의 속삭임'은 전체적으로 비장하고 무겁게 느껴졌다. 첼로소리는 관능적이면서도 애달프게 느껴졌다. 대하서사 중국영화의 진법 전투처럼 다양한 수의 무용수로 무대를 바꿔가며 만들어내는 역동성은 소름을 끼치게 했다. 마치 라벨의〈볼레로〉처럼 조금씩 확대, 축소, 변화하며 감성을 몰아쳤다. 클래식발레와 비슷하지만 전혀 다른 느낌의 움직임으로 30년 한 세대의 시작과 끝, 그리고 새로운 시작을 기념하는 비장한 스펙터클이었다.

《밤의 장면들》(안무 김나영)은 《지젤》의 유령과 《라 실피드》의 마녀들의 춤이다. 원작의 장대한 스펙터클을 솔로, 듀엣, 파드트루와, 파드캬트르 등 솔로와 소수의 군무로 잘 포착해 냈다. '발레 블랑(백색 발레)' 원작의 아름다운 무거움 대신 경쾌한 우아함, 또는 익살로 백색 발레의 현대적 특징을 잘 부여했다.   ― 춤 2010년 12월호

국립현대무용단,
어떻게 정체성을 확보할 것인가

－ 국립현대무용단의 「안무가 베이스캠프 Ⅰ」

예술감독 홍승엽의 창단 레퍼토리 기념 공연에 이은 국립현대무용단의 첫 정기공연 「안무가 베이스캠프 Ⅰ」(2011년 3월 26일~4월 3일 예술의전당 자유소극장)은 '국립' 무용단의 역할과 숙제를 분명히 보여준 무대였다.

국립현대무용단은 단원이 없다. 예술감독 또는 초청 객원 안무가에 따라 오디션 등을 통해 출연자를 모집·해체하는 일종의 실험적인 프로젝트 무용단이다. 이에 따라 국립현대무용단의 작품의 질은 안무가의 선택이 결정적으로 좌우한다. 이를 위해 국내외 우수 안무가 풀을 확보하는 것이 성패를 좌우한다. 그런 맥락에서 국내 젊은 우수 안무가 확보를 위한 이번 공연은 큰 의미를 갖고 있다.

그러나 작품의 수준을 높이기 위한 우수 안무가 풀의 확보도 중요하지만, 국립현대무용단의 정체성 확보가 향후 풀어야 할 가장 중요한 숙제임이 확인됐다. 프로젝트 무용단의 단점은 작품의 정체성이다. 과연 국립현대무용단의 작품인지, 안무가의 작품인지 그 소속이 불분명하다.

분명 작품은 안무가의 작품으로 기억된다. 예를 들어 마사 그레이엄이 안무한 마사그레이엄무용단의《절규》, 피나 바우쉬가 안무한 부퍼탈무용단의《봄의 제전》, 지리 킬리언이 안무한 네덜란드댄스시어터의《인디고 로즈》, 모리스 베자르가 안무한 베자르무용단의《쇼 머스트 고우 온》등과 같이 안무자와 공연주체가 분명히 드러난다. 때문에 안무가가 떠나도 작품은 해당 단체의 고정 레퍼토리로, 대표작으로 남는다. 안무가의 예술성이 무용단의 정체성으로 남는다. 안무작을 몸으로 익힌 단원들이, 스태프가 남아있기 때문이다.

하지만 안무자를 중심으로 모였다가 작품이 끝나면 해체되고 마는 프로젝트무용단의 공연은 그야말로 '온 에어'다. 공연의 끝과 함께 작품은 허공으로 날아가 버린다. 다시 재공연될 가능성은 사라지고 재공연 된다고 해도 국립현대무용단의 작품이라기보다 안무가의 작품으로 넘어가 버린다.

이번 공연이 끝난 뒤 국립현대무용단 「안무가 베이스캠프 Ⅰ」이라는 이름으로 공연된 작품 역시 국립현대무용단의 작품이라기보다는 해당 안무가 무용단의 작품으로 남을 공산이 크다. 이렇게 되면 국립현대무용단은 기획사, 심지어 상황에 따라 모이고 흩어지는 이벤트 회사라는 비판도 피하기 쉬워 보이지 않는다.

처음 실시한 「안무가 베이스캠프 Ⅰ」는 국립현대무용단의 정체성이라는 본질적 문제에 대해 한계를 드러냈지만, 공연 자체로서는 완성도 높은 작품들이 무대에 올라, 전체 한국 현대무용의 창작 수준을 높이는 데 앞장 서는 국립현대무용단의 역할을 잘 해냈다.

참가자는 안무가 김성용, 밝넝쿨, 최경실, 정영두, 김남진, 이태상 등 6명이다. 현재 국내외적으로 가장 활발하게 활동하는 30대 젊은 안무가들이다. 신청자의 세대가 젊으니 어쩔 수 없지만 좀 더 세대의 범위를 넓히기 위해 안무가를 초청하는 방법 등을 통해 '중견 안무가 베이스' 등으로 선정을 다양화할 필요가 있어 보인다.

작품 각각은 전체적으로 자신들의 개성을 충분히 발휘했다. 각자의 색깔이 있는 작품을 솔로, 듀엣, 군무 등으로 다양한 형식으로 형상화해 관객들을 즐겁게 했다. 또 연극적, 풍자적, 회화적, 음악적, 추상적 개념들을 골고루 소화, 현대무용의 다양성을 관객들에게 충분히 맛보게 했다. 하지만 일부 작품의 경우 자신이 안무한 전작과의 시간이 너무 짧아서인지 유사한 점이 느껴져 아쉬웠다.

김성용 안무의 《가라앉다(falling)》(3월 26~27일)는 김성용이 프랑수와 리아랑, 다비드 모로 등 프랑스 음향, 영상 작가와 함께 한 솔로 작업이다. 30여분 동안 쉽지 않은 추상성을 홀로 잘 이끌었다.

무대는 블랙 앤 화이트 조명으로 만든 좌표의 형태였다. 이 좌표 안에 기계음, 전자음이 불안을 증폭시키는 가운데 문자와 의미가 더해져 메시지를 만들어냈고, 그 안에서 김성용은 기승전결의 형태가 뚜렷한 춤을 솔로로 이끌었다.

디스토피아적 미래상황 속에서 현대인의 불안을 밤거리의 나방과 잘 매치했다. 하지만 작품이 던지는 구체적 언어의 메시지들이 좀 생경하다는 느낌도 없지 않았다. 또 개인 작품이 아니고 국립현대무용단의 안무가 육성 프로그램 가운데 하나인 만큼 솔로보다는 오디션을 통해 단원을 기용, 군무의 형태로 작업을 하는 것이 좀 더 이번 프로그램의 기획의도에 가깝지 않았나 하는 생각이 든다.

밝넝쿨 안무의 《헨델과 그레텔들》(3월 26~27일)은 헨델의 음악에 맞춰 흥거운 놀이 형식의 춤이었다. 이 작품은 이름만 들으면 얼핏 '헨젤과 그레텔'이라는 독일민속 동화가 떠오른다. 그러나 안무가는 '헨젤'을 '헨델'로 바꾸고 '음악의 어머니' 헨델의 바로크 음악에 놀이형식의 군무를 다양하게 변주했다. 바로크 음악의 성스러운 분위기와 한밤 숲 속의 놀이를 왁자하게 결합, 재미있는 그림을 만들어냈다.

밝넝쿨을 비롯한 6명의 무용수들은 서로 돋보이기 위해 과장된 몸짓으로 경쟁을 하면서 헨델의 음악을 잘 쪼개 즐거운 놀이형식의 춤판을 만들었다. 하지만 초반의 흥미와 재미가 변화 없이 계속돼 작품 후반부에서 좀 지루한 맛이 없지 않았다. 또 '그레텔'의 의미에 대해서도 좀 더 정확한 표현이 있어야 왜 '헨델과 그레텔'인지, 또 '헨젤과 그레텔'과는 어떻게 다른지 의미가 분명해질 것 같다. 마무리의 표현과 내용에 좀 더 친절한 악센트가 있었으면 관객들이 더 재미있게 춤을 즐겼을 것 같다.

최경실 안무의 《포옹》(3월 29~30일)은 뒷모습으로 앉아서 추는 춤으로 시작한 첫 장면이 얼핏 2010년 서울무용제에 출품한 최경실 자신의 작품 《물의 꿈》을 닮았다. 그래선지 다채로운 회화적 느낌에 무용수들의 특징을 살린 자연스런 움직임이 재미있었지만, 어쩐지 좀 식상한 느낌이 들었다.

물구나무 선 세상에 대한 풍자나 조소가 재미있었고, 시조창과 트로트 유행가, 샹송, 파두 등 듣기 쉬운 음악을 사용, 일상적 이미지를 편하게 만들어 무대에 대한 접근을 쉽게 했다. 하지만 지나치게 평이하고 편안한 메시지 전달이 매너리즘과 상투성을 만들어내지는 않았는지 하는 우려가 든다.

정영두 안무의 《시간은 두 자매가 사는 서쪽 마을에서 멈추었다》(3월 29~30일)는 움직임의 본질을 찾던 안무가가 이제는 거기서 한 단계 나아가 움직임을 만들어가는 단계를 보여준 작품이 아닌가 싶다. 하지만 지극히 단순함 속에서 찾아내던 움직임의 본질을 화려한 클래식 음악 속에서 발전시키다 보니 좀 수다스러워지지 않았나 하는 걱정도 있다.

전체적으로 라벨의 음악을 2인무의 긴장과 관능 속에 잘 살려냈다. 힘과 속도도 안정적이었다. 무대도 소극장을 압도하는 대도구를 상징적으로 잘 사용했다.

과거 작품에서 안무가는 말을 줄이며 움직임을 하나로 응축시켜나가려는 힘이 인상적이었다. 그러나 최근 들어 움직임으로 말하기보다는 손·발로 많은 연기를 시도하고 있구나 하는 느낌이 든다. 본질적인 움직임에 스토리를 담아 음악에 실어내는 시도가 느껴진다.

김남진 안무의 《똥개》(4월 2~3일)는 안무자 특유의 연극성이 잘 살아있는 무대였다. 특히 태국 무용수를 기용, 아크로바틱한 무대를 구성해 보는 재미를 더했다. 그러나 특유의 풍자와 상징, 표현이 지나치게 강해 관객들의 호오(好惡)가 분명히 엇갈리는 무대였다.

신문과 자루 등 다양한 소품을 잘 활용, '똥개'라고 비하하는 사회의 밑바닥 삶을 강렬하게 묘사했다. 또 '똥개'라고 불리는 밑바닥 사회의 소외현실 그 자체에 대한 신랄한 묘사도 느껴졌다. 붉은 천으로 매달려 벌이는 퍼포먼스는 그 자체로 '태양서커스'의 한 에피소드가 느껴지는 부분이기도 하지만 밑바닥인생의 처절한 생존경쟁, 투쟁이 상징적으로 느껴지기도 했다.

이태상 안무의 《뿔난 낙타》(4월 2~3일)는 안무가 특유의 추상적 특징이 잘 살아있는 구조적 무대가 인상적이었다. 속도감과 액션, 풍부한 표정과 무대 전체의 콘트라스트가 조화를 이뤘다. 이번 무대를 위해 해외 작품까지 포기할 가치가 충분히 있어 보였다.

전체적으로 유기적인 움직임과 상징이 잘 맞아 떨어지는 가운데 표현의 스펙트럼이 넓은 무대였다. 움직임 그 자체의 순수함, 추상성과 억압적인 상황이 단속적인 딸꾹질로 잘 묶어졌으며 대칭성 속에서 잘 녹아들며 결론을 향해 나아갔다.

하지만 추락과 상승욕구의 끊임없는 충돌 속에서 움직임은 조각같이 단정하고 유기적으로 잘 밀고 나아갔지만 메시지를 날카로운 '뿔'로 깎아내는 데까지는 이르지 못한 것 같다. 때문에 현실에 순치된 고단한 낙타는 보였지만 이를 뚫고 나가는 뿔난 낙타는 찾기 힘들어 아쉬움이 남는다.

— 춤 2011년 6월호

Ⅱ. 리뷰

1. 무 용 가

강미선 강혜련 김경영 김나영 김남진 김매자 김명숙 김민정 김민희 김복희
김봉순 김삼진 김선미 김선희 김성한 김숙자 김순정 김영미 김영희 김용걸
김운미 김원 김윤정 김윤진 김은정 · 한창호 김은희 김정은 김종덕 김현자
김형희 · 김윤규 김희진 남정호 류석훈 · 이윤경 문영철 박나훈 박재희 박호빈
방희선 · 장성원 배상복 · 이미도 백현순 서미숙 서정숙 손관중 손인영 신창호
안성수 안신희 안애순 우현영 육완순 윤덕경 윤미라 윤혜정 이경옥 이경은
이고은 이미희 이애덕 이애주 이은영 이은주 이정연 이주희 이희자 장선희
장은정 장해숙 장현수 전은자 정귀인 정승희 정신혜 정연수 정영두 정은혜
정혜진 조기숙 조은미 조현상 · 조슈아 퓨 조흥동 최데레사 최상철 최청자
한명옥 허용순 홍승엽 홍혜전 황미숙

강미선

페드라 2005년 6월 11~12일 예술의전당 토월극장

강미선가인무용단의 《페드라》는 2005년 세 번째 수정판을 선보였다. 이 공연에서 여전히 아쉬운 점이 없지 않지만, 다양성 속에서 자기의 정체성을 찾으려는 노력과 협업의 정신이 빛났다.

이 작품은 한국무용가(강미선)가 전위적 현대무용가(안은미)의 연출로 서양 고전(그리스 에우리피데스, 로마의 세네카, 프랑스 라신느 등의 〈페드라〉)을 클래식음악(소프라노 박상영)에 맞춰 한국무용과 발레(제임스 전), 현대무용(김형남)을 섞어 만들었다. 강미선은 서양적 소재를 한국적 정서와 테크닉을 기본골격으로, 아낌없이 서양방법을 차용하며 이 작품을 만들었다.

현대예술에 있어서 순수성이란 이제 지루함의 동의어로 쓰이는 것 같다. 물론 고전으로서 순수성을 지키는 작품도 여전히 많다. 하지만 현대적으로 새롭게 번안하지 않은 고전은 잘 먹히지 않는 것도 현실이다. 근래 작품 가운데 남자 백조로 유명한 매튜 본의 《백조의 호수》가 대표적인 예다. 세계적인 공연작품은 이제 연극인지, 무용인지, 음악인지, 과거 예술의 잣대로 정확히 장르를 가를 수 있는 작품이 많지 않다. 골프 천재 타이거 우즈에게 토크쇼의 여왕 오프라 윈프리가 혈통을 물은 적이 있다. 그때 우즈는 자신을 '캐블리네시언(Cablinasian)'이라고 답했다. 코카서스(Cacasus)와 흑인(Black), 인디언(Indian)의 혼혈인 아버지와 태국인인 어머니 사이에서 태어난 자신을 재치있게 설명한 말이다. 아무 쪽에도

속하지 않으면서 모두에게 속하는 것, 그것이 바로 잡종강세, 다양성의 힘이다.

다양성의 세계에서 집단의 정체성은 더 이상 의미가 없다. 개인의 독창성이 바로 정체성이다. 〈페드라〉는 여러 가지 이본이 있지만 아들이 계모를 유혹한 에우리피데스 판, 계모가 아들을 유혹한 라신느 판 둘로 나눌 수 있다. 그런데 강미선은 그 어느 쪽도 아니다. 누가 먼저랄 것도 없이 함께 사랑에 빠져 공멸하는 비련이다.

강미선은 그 많고 많은 다양성을 한데 모아 강미선 특유의 강인한 '한국적인 페드라'를 만드는 데 성공했다. 이 성공은 디테일에 있어서 부분적인 부족함을 충분히 보완하고 남는다. 하지만 디테일에서의 부족함은 앞으로를 기대하는 아쉬움이기도 하다.

제임스 전의 강미선 리프팅은 여전히 무거운 느낌이다. 단전에 무게중심을 두고 땅을 딛고 서는 한국무용과 가슴에 무게중심을 둔 채 중력을 떨치고 날아가려는 발레의 차이가 만들어내는 어쩔 수 없는 상황일 것이다. 리프팅보다는 차라리 어깨나 허리를 이용해 내던지는 방법이 춤의 높이와 역동성을 살리는 방안이지 않을까 싶다.

또 경망스럽게도 보이는 테세우스에 대한 가벼운 해석은 작품의 무게를 다소 손상시키지 않았나 싶다. 테세우스는 이아손, 헤라클레스, 페르세우스 등과 함께 그리스신화 4대 영웅 가운데 하나다. 셰익스피어의 〈오델로〉처럼 좀 더 무게있게 풀어냈으면 작품의 비극성이 배가됐을 것 같다. 특히 이런 영웅이 불륜에 빠진 자신의 아내를 처벌하는 데 군인들을 동원한다는 것은 좀 설득력이 떨어져 보인다. 격정적으로 목 졸라 죽이든지, 아니면 애끓는 정으로 끌어안고 칼을 박는 것이 어울려 보인다. 작품의 디베르티스망은 광대격인 큐피드로 충분해 보인다.

페드라의 최후는 참 한국적이었다는 생각이다. 과거 신파 한국영화에서 주인공은 좀처럼 죽지 않는다. 곧 숨이 넘어갈 것 같은데 할 말 다하고 죽었다가 다시 깨어 또 한마디하고 쓰러진다. 비극성의 극대화를 위해 극적 단순화가 필요할 것 같다. — 춤 2005년 7월호

강혜련

3D 2005년 3월 18~19일 예술의전당 토월극장

강혜련댄스프로젝트의《3D》는 아름다운 무대구성과 영상이 뛰어났지만 음악과 동작에서 의미의 전달력이 모호했다.

이 작품에서 '3D'는 점, 선, 면으로 이루어진 3차원(dimension)의 입체를 뜻하는 '3D'가 아니다. Dust, Desk, Disk의 '3D'다. 안무자의 의도에 따라 분석하면 Dust는 먼지요, 점이다. Desk는 면으로 현대 사회의 데스크잡, 일상을 뜻하는 것 같다. Disk는 사이버, 또는 정보 등 시공을 초월한 현대 정보사회의 한 측면과 연결되는 것 같다. 하지만 안무자의 그 같은 의도가 작품에 제대로 구현돼 관객들에게 전해졌는지는 의문이다. 팸플릿을 보지 못한 대부분의 관객은 '3D'를 3차원으로 이해, 작품에 접근하기 힘겨워했다.

작품의 시작은 깊이가 있는 무대와 조명으로 시작됐다. 핀조명 아래 떠는 모습이 아주 인상적이었다. 마치 환상적 불안을 만들어내는 화가 키리코의 그림을 보는 듯한 느낌이었다. 조명과 모던한 무대가 만들어내는 불안 속에서 온 몸을 자유롭게 쓰는 무용수들이 그려내는 그림은 훌륭했다. 그러나 같은 움직임과 불협화음의 음악이 30분 이상 계속 되는 상황은 관객들을 지치게 만들었다. 40여분 지나자 불안을 야기하는 소음과 같은 음악에 신경이 쓰여 춤을 제대로 보지 못할 지경에 이르기도 했다. 급기야 일부 관객은 자리에서 일어서 나가기도 했다. 50분쯤에 타악으로 음의 변화가 있었는데 그제야 관객들은 숨을 쉬었다. 작가의 창작 의도와 의지도 중요하지만 관객에 대한 고려도 어느 정도는 필요하지 않을까 하는 생각

이 든다. — 춤 2005년 4월호

수류 2006년 4월 17~18일 예술의전당 자유소극장

강혜련댄스프로젝트의 신작《수류》에서는 강혜련의 고집이 느껴진다. 자신의 추구가 무엇인지 분명하다. 그리고 그것을 설득력 있는 탄탄한 언어로 이미지화해 관객들에게 분명하게 전달한다.

갇힌 무대에서 고인 물의 느낌이 고즈넉이 빛으로 그려졌고, 그 안에 무용수들이 무겁게 움직였다. 천상 갇혀 있는 모습이었지만 에너지의 축적이 느껴졌다. 물은 막히면 기다린다. 서두르지 않는다. 서서히 기다렸다가 차면 넘어가거나 돌아간다. 그 든든한 힘의 저류가 무대에 흐른다. 물이 고여 차고 넘치는 수류의 변화는 솔로춤으로 이어 붙였다. 이정연은 중성적인 느낌의 에너지로 무대를 뚫어 큰물의 흐름을 잘 갈무리했다.

깊은 물 속 내면의 떨림에서 큰 에너지의 축적이 느껴지고 그것이 곧 다음의 변화를 기다리게 했다. 장면이 진행될 때마다 벽이 하나씩 마치 댐의 수문이 열리듯 열리면서 급박한 에너지의 흐름이 느껴진다. 마침내 모든 벽이 열리고 무대 뒤에서 이정연이 운명의 여신과 같은 소용돌이를 만들어내고 그 앞에서 다양한 물의 흐름에 몸을 내맡기는 인간군상의 모습은 여러 가지를 생각하게 하는 좋은 그림이었다. — 춤 2006년 5월호

풍류 2009년 3월 6~7일 아르코예술극장 대극장

강혜련댄스프로젝트의《풍류-사구의 노래》는 안무자 강혜련이 현재 한국 현대무용에서 가장 앞서가는 스타일리스트 가운데 한 사람임을 보여주기 충분했다. 그는 하나 하나 벽돌을 쌓아 탑을 만들어 가듯 테크닉과 테크닉을 연결, 하나의 장면을 구성하고 이를 고전적 단아함에 돌발적인 파격으로 전체 구조물을 구축한 뒤 미학적 생동감으로 화룡점정해 메시지

를 전달했다. 특히 물 흐르듯, 바람에 쓸린 모래가 물결을 만들며 구릉을 형성하듯 자연스러운 춤언어가 인상적이었다.

이 작품은 좌우와 후면이 통과 가능한 탄력 있는 버티컬로 막혀있는 미니멀한 경사무대에서 날카로운 조명으로 시작했다. 단속적인 빛의 교차 속에서 모래바람소리, 물이 흐르는 소리 같은 효과음 속에 나직한 톤으로 '더스트 투 더스트, 애쉬즈 투 애쉬즈(Dust to dust, ashes to ashes · 먼지에서 먼지로, 재에서 재로)'라는 시적 금언이 반복됐다. '애쉬즈 투 애쉬즈'라는 해롤드 핀터의 연극 제목도 있는데, 삶의 허무를 느끼게 하는 이 금언의 출전은 성경이다. 삶의 경건함과 긴장된 순간이 그윽한 침묵과 함께 날카로운 조명과 음향으로 서서히 응축, 폭발하기 시작했다.

작품은 모래소리에서 물의 흐름으로, 바람으로 넘어가더니 공기의 흐름으로 확대됐다. 자기증식이랄까, 유체이탈이랄까, 그런 생명의 진화 또는 상승의 느낌이 좋은 컴포지션 속에서 공감각적으로 전개됐다. 베이지색과 검은색의 조화도 느낌이 좋았다.

'13인의 아해가 달려간다'는 이상의 〈오감도-시 제1호〉처럼 13명의 무용수가 펼치는 다양한 움직임도 재미있다. 어딘가 한 쌍씩 조화가 맞지 않는 다채로운 엇박자를 가능케 하는 조합이다. 나중에 알게 됐는데, 이는 한 명이 부상으로 빠진 우연의 결과였다. 그러나 이 조합이 오히려 더 다양한 패턴을 가능케 했다. 남-여, 남-남, 여-여 쌍에 남남남, 남남여, 남여여, 여여여 등 새로운 패턴으로 액센트를 줘 무대를 풍요롭게 했다.

이 같이 잘 짜인 미니멀한 무대에서 클래식과 모던이 결합된 음악에 기본이 탄탄한 춤이 힘차게 펼쳐졌다. 때때로 무대에서 다소 의외의 거친 에너지가 표출됐는데, 이는 김수정, 김영재 등 강혜련의 춤을 효과적으로 표현할 수 있는 테크니션이 기초를 잡고 그 위에서 새내기들이 겁없이 펼쳐낸 다이나미즘의 결과였다. 잘 계산된 무대에서 계산되지 않은 의외의 에너지가 작품의 생명력을 극적으로 높인 것이 재미있다. 역시 작품의 최종 표현은 안무자가 아니라 무용수의 몫임을 알게 했다.

대미에서 모래소리와 함께 모래가 떨어졌는데 잔잔하게 떨어지지 못하고 그냥 쏟아지는 바람에 분위기를 깼다. 국립발레단이 《신데렐라》에서 금분을 떨어뜨리며 마무리했는데 이 효과가 이 작품에 더 적합했겠다. 제목에서 차용한 모래에 집중하지 말고, 다른 소재를 찾아 의도한 효과를 내는 것이 어땠을까 싶다.

— 춤 2009년 4월호

페이딩 어웨이(Fading away) 2009년 10월 12일 서강대 메리홀

강혜련댄스프로젝트의《페이딩 어웨이》는 미니멀한 몸짓에 빛의 실험이 돋보였다. 무용수의 몸에서 빛을 쏘아내고 받아가며 새로운 이미지를 만들어냈고, 병풍 같은 사막 속에 숨었다가 나오며 실상보다 실루엣이 더 리얼리티가 넘치는 묘한 느낌을 만들어냈다. 조명을 이용한 그림자의 왜곡은 초현실적인 관능적인 짜릿함을 맛보게 하기 충분했다. 전체적으로 세련된 흑백의 미니멀리즘에서 빛의 차분한 감정이입을 통해 감성을 조금씩 끌어올렸다가 절정의 순간에서 진한 잔상을 남기고 아스라이 사라지는 움직임이 인상적이었다. 물의 부드러운 흐름, 모래의 끝없는 미끄러짐과 빨아들임을 통해 보여줬던 안무자의 깊은 내면이 빛의 흡수와 반사를 통해 그려낸 이번 작품을 통해 보다 입체적인 지도를 그려가고 있는 것 같아 다음의 주제가 벌써부터 기다려진다.　　　　　　　　　　　　　　　　— 춤 2009년 11월호

몽류 2010년 6월 18~19일 서강대 메리홀

강혜련댄스프로젝트의《몽류(夢流)》는 1999년 물의 흐름(水流)으로 시작한 강혜련의 '류(流)' 시리즈 세 번째 작품으로 2009년 바람의 흐름(風流)에 이어 꿈의 흐름(夢流)을 그렸다. 강혜련은 "《수류》는 대지 위를 흐르는 물성을,《풍류》는 바람의 이미지를 통해 삶과 죽음을 넘나드는 영적인 존재들의 움직임을 형상화한 작품"이라며 "《몽류》에서는 꿈과 현실, 무의식과 의식, 그리고 마음과 몸이 어떻게 부딪히고 어우러져 삶을 구현하는가를 그렸다"고 안무 배경을 밝혔다. 그는 "꿈과 무의식은 밖으로 표면화돼 드러나지는 않지만 삶의 저변에 흐르고 있는 원천"이라며 "꿈이 익어 삶이 되고, 또 삶이 익어 꿈이 되는 연금술을 춤으로 풀어냈다"고 덧붙였다.

안무의도대로 아름다운 꿈이 5겹 사슬커튼 안팎에서 1시간가량 그림자와 함께 연금술처럼 펼쳐졌다. 흐느적거리는 움직임 속에서 꿈의 특징인 무중력 유영, 환상적인 변환, 착시 등이 여러 겹의 커튼으로 확대돼 세련되고 멋진 이미지를 만들어냈다. 무의식의 심연에 접근하는 코드를 제대로 잡아낸 느낌이다. 그 안에서 김원, 장은정, 이경은, 김수정 등 자신의 이

름을 걸고 춤을 추는 실력 있는 무용가들이 개성 있는 춤으로 아름답고 세련된 강혜련의 '꿈의 흐름'을 풀어냈다.

하지만 전체적으로 사슬커튼을 이용한 그림자 장면이 좀 길지 않았나 싶다. 1시간 작품의 절반 정도인 30분가량을 사슬커튼 속에서 이미지, 마임 중심의 움직임이 흑백의 그림자와 함께 하며 처음의 강력한 신선함이 점차 반감됐기 때문이다.

유인촌 문화부 장관이 초짜 배우시절 햄릿을 하며 망토를 두 번 휘둘렀다가 연출자 이원경 선생에게 따귀를 맞은 일화가 좋은 예가 될 것 같다. 유인촌은 초년시절 무대에서 연출자의 지시대로 망토를 멋지게 휘두르고 돌아서는데 관객들 반응이 좋아 한 번 더 휘두르고 나갔다. 이때 무대 뒤에서 기다리고 있던 이원경 선생이 다짜고짜 눈에서 불이 번쩍 나도록 따귀를 올려부쳤다고 한다. 과한 것은 하지 않느니만 못하다는 진리를 깨우친 순간이라고, 그는 회고했다.

사슬커튼 속에서 그림자와 함께 추는 이미지 춤은 절반인 15분쯤, 정 아쉬우면 3분의2인 20분쯤이었으면 족했을 것 같다.

또 춤과 이미지가 너무 세련되고 아름다운 것만 추구하지 않았나 싶다. 2인무 중심으로 전체적인 춤의 우아한 기조가 흑백톤으로 1시간 가까이 이어지면서 지루한 느낌이 들었다. 꿈에는 악몽도 있고, 유쾌한 돼지꿈도 있다. 프로이트가 해석한 격렬한 관능의 꿈이 있다. 또 꿈은 꼭 흑백으로만 꿀까? 컬러로도 꿈을 꾼다고 한다. 아름답고 우아한 공주님의 행복한 꿈으로는 다양한 삶의 꿈의 흐름을 포착하기에는 좀 부족해 보였다. 《목신의 오후》에서 니진스키의 타이즈를 적셨다는 격렬한 카타르시스의 '몽정(夢精)'도 꿈의 흐름을 그리는 데 좋은 요소가 아니었을까 싶다.

대미의 새장 이미지도 아름답지만 진부하다는 생각이 든다. 상징은 정형화하면 상징이 갖고 있던 신성성, 제의성을 잃기 마련이다. 잘 시작한 꿈의 흐름이 아름답고 우아한 새장의 무의식에 갇힌 형국이 된 것 같다.

어쩌다 보니 지적이 많아졌는데 형식이나 내용 면에서 단점보다는 장점이 많은 작품이다. 특히 감각적이고 쓰임새 많은 좋은 틀을 갖추고 있다. 좀 더 다양하고, 과감한 '몽류 시즌2'를 기대한다.

— 춤 2010년 7월호

김경영

0+ 2009년 6월 3일 아르코예술극장 대극장

《0+(제로 플러스)》는 김경영이 왜 발레안무에 떠오르는 샛별로 불리는지 알게 한 무대였다. 김경영은 유니버설발레단이 발레 대중화를 표방하며 이미지극으로 유명한 젊은 연출가 양정웅과 함께 만든 발레뮤지컬 《심청》의 안무자다. 연출이 관객을 쫓아간다는 느낌이 들어 썩 마음에 들지는 않는 작품이었지만, 김경영의 안무는 고전적이면서도 명랑하고 깔끔했다. 마케팅과 연출이 너무 강해 오히려 안무가 많이 손해를 봤다는 느낌이었다.

김경영은 2008년 이를 새롭게 해석한 《심청전 경판 24장본》을 가지고 「서울무용제」 자유참가부문에서 최우수상을 수상했다. 물을 이용한 이 작품은 참가작 가운데 단연 뛰어나 심사위원 만장일치로 선정된 것으로 전해진다.

《0+》는 명암도가 0인 상태에서 인지능력을 상실한 인간이 다시 빛을 보는 순간 본능적으로 반응하는 움직임을 그린 작품인데, 소리와 이미지가 잘 어울렸다. 정제된 다양한 움직임을 한 곳으로 집중, 크고 뚜렷한 메시지로 관객을 몰입시켰다. 무대도 대칭과 통일 등 살아 있는 기하학적 구도로 구성했다.

현대적 타악에서 베토벤까지 다양한 음악의 변주에 맞춰 원과 사각형 등 독특한 공간을 형성했으며, 또한 조명을 따라가지 않고 빛의 구조물을 잘 이용해 넉넉하고 세련된 이미지를 구축함으로써 메시지를 집중해 전달했다. 속도의 완급도 적절히 조절, 긴장과 이완의 좋은 무대를 구현했다.

발레 안무에 있어서 새로운 별이 깜깜한 어둠을 뚫고 막 빛을 발하는 느낌의 작품이다.

— 춤 2009년 7월호

826번째 외침 2009년 9월 27~28일 아르코예술극장 대극장

'위안부 할머니'라는 쉽지 않은 주제를 춤과 드라마, 조명, 영상 등을 잘 조화시켜 세련되면서도 감동적으로 풀어냈다.

우선 조명을 이용해 상징적으로 나눈 무대가 인상적이었다. 무대 중심에서 양끝으로 사선으로 가른 날카로운 빛으로 시작해 전체 무대를 하나의 어두운 빛의 감옥으로 만들어 위안부 할머니들의 현재의 상황을 상징적으로 잘 잡아냈다. 이어 퍼큐션으로 '두껍아 두껍아 헌집 줄게 새집 다오'라는 속요의 리듬을 불안하게 변주, 풍전등화의 위험 속에 아무것도 모르는 평화로운 일상에서 일순간 바뀐 일장기의 무대는 비극의 역사를 상징적으로 잘 압축했다. 더욱이 붉은 빛의 한 가운데 평화롭게 놀던 여성들을 몰아넣어 위안부 할머니의 비극을 더욱 극화시켰다.

이같이 구축된 빛의 무대에서 묵직한 솔로로 시작, 평화로운 군무, 그리고 불안한 포인트를 이용한 군무로 일장기 한 가운데 위기상황으로 몰아넣었다. 그리고 간결하면서도 잘 이어지는 춤사위로 쉽지 않은 위안부 할머니들의 고통을 세련되게 그려냈다. 또 군무 속에 숨겨 놓은 소복의 이미지에 핏빛 핸드프린팅으로 느낌을 극대화했고, 그를 마른 나뭇잎 위를 지나 오케스트라 피트로 이동시키며 비극을 절정으로 끌어올렸다. 피칠갑을 한 소복한 여인을 강압적으로 내리누르고 객석을 향한 오케스트라 피트벽에 여인의 상체를 얹어 놓고 옷을 찢어 등을 북처럼 두드린 장면은 이들의 고통을 외면해온 위정자들, 방관자들의 양심을 난타하는 듯했다. 특히 여인의 등을 때릴 때 삼삼칠 박수의 느낌으로 확대, 비극미를 역설적으로 더욱 고조시켰다.

여기에 이어붙인 엔카 장면도 가슴이 아팠다. 이는 친일파들의 과거 행적이기도 했고, 과거를 잊은 지금 우리의 반성 없는 현실로도 다가왔다.

위안부 할머니들의 과거와 현재의 영상으로 마무리하면서 부분적으로 초점을 흐린 것은 할머니들의 마음 또는 애써 이를 외면해온 우리의 마음을 표현한 것 같아 가슴이 아팠다.

어느 것 하나 버릴 것 없이 격한 감정을 안정되고 세련된 테크닉으로 냉정하게 풀어가며 관객들의 가슴을 헤집은 솜씨가 30대 젊은 안무가라고는 믿기지 않았다. 국내 무용 공연사상 처음으로 엔카를 도입하는 등 과감한 실험과 풍자미도 만만치 않았다.

— 춤 2009년 10월호

김나영

칼멘 샌디에고의 행방 2002년 3월 13~14일 예술의전당 토월극장

재기발랄한 도전적 아이디어로 주목을 받아온 젊은 안무가 김나영이 창작발레작품《칼멘 샌디에고의 행방》을 공연했다. 이 작품은 1980년대 유행했던 같은 제목의 전자오락 게임의 형식에 발레와 마임을 중심으로 다양한 장르를 버무려 넣어 대중적으로 흥미를 끌기 충분한 작품이었다.

춤을 어떻게 정의하느냐에 따라 달라지겠지만 일반 상식적인 수준에서 논의한다면 이 작품은 춤작품이라고 하기에는 좀 범위가 넓었다. 춤이 중심이기는 하지만 마임이스트 이태건이 주인공 탐정역을 맡아 무대를 이끌어가고 있는데다가, 판화가 김들네가 무대미술을, 공학박사 출신의 프로급 아마추어 음악가 김성민이 작곡·연주를 맡았다. 또 춤도 발레무용수만이 아니라 현대무용가 예효승, 한국무용가 정혁준 등이 참여했다. 다양한 예술의 경계를 넘어서는 크로스오버, 퓨전 무대의 성격이 강한 공동작품이라는 게 적당할 것 같다. 물론 가장 중요한 조정역할을 맡은 것은 안무자인 김나영이라는 것은 의심의 여지가 없다.

그러나 결론부터 말하자면 너무 욕심을 부렸다는 인상이다. 춤의 의도를 쉽고 재미있게 전달하겠다는 의도는 좋았지만 마임이 너무 많은 부분을 차지함으로써 작품 전체의 느낌이 무브먼트보다는 이미지가 강해 춤의 흐름을 가끔씩 잊게 했다. 또 패러디가 지나치게 자주 등장해 키치(kitsch)한 느낌도 없지 않았다. 어디서 본 듯한 패러디가 가끔씩 나와야 재미있지 계속해서 나오면 식상한 것은 당연하다. 물론 기대했던 효과에는 미치지 못했지만 관객에게 다가가려는 김나영의 다양한 시도는 아무리 높이 평가해도 지나치지 않을 것이다.

《칼멘 샌디에고의 행방》은 영상 같은 춤으로 시작했다. 마치 '007 시리즈' 영화주제곡 같은 음악에 맞춰 황혜선, 류주연 등 6명의 무용수들이 이 영화 오프닝신처럼 관능적으로 춤을 췄다. 한 명이 세 명이 되고 세 명이 다시 다섯, 여섯으로 변화하면서 칼멘의 다양한 변신을 암시한다. 무대에는 와류형 지문문양의 그림들이 배경으로 설치되어 있고, 그 뒤로 무용수들이 등퇴장한다.

이 대담한 여도둑을 쫓는 탐정역이 마임이스트 이태건이다. 칼멘을 쫓으며 뒷북만 치는 모습이 재미있게 형상화돼 있다. 이태건은 당초 형사였다. 그러나 범인을 잘못 잡아 결국 쫓겨나고 만다. 이제 사설탐정이 될 수밖에 없는 것이다. 좌절한 그를 여러 명의 칼멘이 등장, 끝까지 괴롭힌다.

이 과정에서 칼멘의 도주 장면이 마치 스피드 스케이트 쇼트트랙 경기 모습처럼 안무된 것은 재치가 넘쳤다. 관객들의 춤에 대한 집중도를 높였으며 예술적으로도 완성도가 높은 시사적인 춤사위였다. 또 카바레 장면 등에서 탱고와 차차차 등 흥겨운 라틴댄스를 활용한 것도 관객들을 작품에 몰입시키는 데 좋은 효과를 보였다. 물론 춤 자체도 흥겹고 아름다웠다.

그러나 칼멘이 여럿인 것처럼 탐정도 여럿이라는 설정은 좋았으나, 탐정의 캐릭터가 너무 차이가 났다. 이태건의 이미지와 예효승의 춤이 너무나 달랐다. 예효승의 춤은 동작이 크고 스피드감이 넘쳐 박력이 있었다. 장난스럽고 귀여운 이태건의 마임 이미지와는 전혀 달랐다. 물론 대조적일수록 형사의 내면이 더 살아날 수도 있으나 이미지의 차이가 너무 크기 때문에 2인 1역이 원하는 만큼의 효과가 살지 못한 것 같다. 예효승의 춤이 있기 전까지 이태건의 형사는 귀엽고 재미있는 이미지였으나, 예효승의 활기넘치는 춤 다음에는 지루한 서술처럼 느껴졌다.

비행기 안에서 총을 빼어든 비행기신의 격투장면은 지나치게 영화적이어서 사실성이 떨어져 무대효과가 반감됐다. 그러나 전자오락 액션게임 '스트리트 파이터'의 결투장면을 패러디한 칼멘과 탐정의 결투장면은 재미있는 볼거리였다.

김나영은 "이 작품의 주제는 정체성의 혼란을 겪는 현대인의 삶"이라며 "칼멘의 다양한 변신은 타인에 대한 정체성의 혼란, 탐정의 꿈과 현실은 이로 인한 자신의 정체성의 혼란을 나타낸다"고 말했다. 그러나 김나영 스스로도 이 작품에서 정체성의 혼란을 겪는 듯해 안타깝다. 대중성과 예술성의 만남을 추구한 그의 의도는 이 작품 내내 뚜렷한 자기 정체성을 확보하지 못한 채 방황하고 있는 것처럼 보였다. 쉽게 결론이 날 것이라면 누군들 못할까. 젊은 패기와 재기로 이를 훌륭히 극복한 다음 작품을 기대해 본다.　　　　　　　— 춤 2002년 4월호

김남진

Story of B 2006년 2월 25~26일 아르코예술극장 대극장

트러스트무용단 창단10주년 기념공연 중《Story of B》(안무 김남진&전인정)는 가장 아프게 와닿은 작품이었다. 우선 김남진과 전인정의 깔끔한 테크닉이 눈길을 잡았고, 이어 말하고자 하는 강한 느낌이 가슴을 때렸다. 바닥에서 살아나려는 본능적인 욕구, 거친 세상과 싸워 쓰러지지 않으려는 굳은 의지가 도발적으로, 퇴폐적으로, 객석에 전해졌다. 거친 도시에서 소외와 싸워 이겨내려는 삶의 진정성이 강렬했다.

우선 'B급'이라는 냉소적인 주제가 관심을 끈다. 세상은 A급 사람들이 움직인다. 정확히 말해 A급들이 그린 그림을 B급들이 그린다. 또는 A급들이 B급을 움직여 세상을 만들어낸다. B급들은 C급이 아닌 것에 자조할까? 그러나 B급 아래 C급은 없다. C급은 세상의 제작에 참여하지 못한다. C급 이하는 성적으로 관념적인 평가에만 있지 현실에는 필요 없다. 화투놀음 고도리에서 2등은 필요 없는 것과 같다. 1등을 빼곤 2등이나, 3등이나 모두 똑같다. B급 아래 여러 등급은 모두 B급이라고 할 수 있다.

이 작품은 이런 B급 인생들의 삶을 자조적으로 풀어냈다. 김남진과 전인정은 뒷골목 남녀의 모습을 도전적이면서도 퇴폐적으로 잘 풀어냈다. 그 강렬한 저항의 몸짓이 위치는 B급이지만 삶은 결코 B급이 아니라는 강변으로 읽힌다.

세계적인 명감독 알프레드 히치코크. 그는 B급 영화감독이었다. B급 영화는 A급 영화에 끼워 파는 영화다. 속성으로 마구 만드는 영화다. 1960년대 국내에서 활약한 모 영화감독이,

모 영화배우가 몇 백 편의 영화를 찍었다고 자랑하는데, 이런 것이 바로 B급 영화다. 급증하는 수요를 위해 몇 달, 아니 며칠 또는 몇 시간 내에 급조하는 영화가 B급 영화다. 그러나 B급 영화는 급조한 영화라는 뜻이지, 질이 B급이라는 것은 절대 아니다. 물론 급조하다 보면 질이 떨어져 B급이 질의 등급으로 상징되기도 한다. 그러나 알프레드 히치코크의 'B급 영화'는 결코 'B급 영화'로 치부되지 않는다. 김남진과 전인정이 말하는 'B에 대한 이야기'에서는 절대 질의 B급이 아닌 히치코크의 그 B급이 느껴진다.

동전 하나를 이용한 구걸은 비정한 도시에서 사랑과 관심의 호소로 보인다. 그런 애타는 갈구가 도시의 어두운 골목길에서 생명력 없는 그림자처럼 흩뿌려지다가 이내 비틀고 엇갈리는 관능으로 생명을 되찾아 일어선다. 뼈 없는 육체가 서로에게 다가가 힘을 얻으며 얽히고설킨 연리지가 된다. 그렇게 서로에게 생명과 활기를 얻지만 세상은 여전히 차갑게 느껴진다. 거기에 생명의 근원을 흔들어 보이며 야유하지만 세상은 여전히 반응이 없다.

김남진과 전인정의 오랜 고련(苦練)이 무대 곳곳에 배어 있다. 감정이 잔뜩 묻어 있는 과감하고 세련된 테크닉이 숨을 멈추게 하는 것 같았다. 이국땅에서의 그들의 몸과 마음을 떠나지 않았을 고민과 번뇌가 생생하게 드러난 생채기 같은 무대에 빠져 불이 꺼지고도 오랫동안 여운이 남았다.

— 춤 2006년 4월호

Begging…(구걸하다…) 2007년 7월 21일 동덕여대 공연예술센터

김남진은 근래 가장 활발한 활동을 하는 안무가다. 그의 춤을 보면 몸이 움찔움찔할 정도로 격렬하다. 작품뿐만 아니고 작품 프리젠테이션에서도 그렇다. 세상 모든 것에 온몸을 던져 도전하는 그의 결연한 의지가 읽힌다.

작품《Begging…(구걸하다…)》역시 그렇다. 거리의 노숙자로 세상에 유서를 쓴 뒤 일어나 잘 펴지지 않을 정도로 굳어버린 몸을 일으킨다. 삐거덕거리며 쓰러지고 일어나 걸어가는 모습이 안타까울 정도다. 절로 감정이입이 들게 하는 춤의 에너지는 대단하다. 테크닉도 칭찬하지 않을 수 없다. 관객이 같이 일어나고 같이 쓰러지는 것 같다. 세상에 대해 격렬히 퍼붓는 모습이 사도마조히즘처럼도 보인다. 그러나 자신의 성기를 드러내면서(실제 전부 드러내지는 않았다) "퍽(Fuck)"을 외친 것이 좀 거슬린다. 유치하다는 느낌이다. '퍽'을 말할 수 있는데 이에 해당하는 일상적인 우리말 '씹'은 왜 안 되는 것일까. 차라리 우리말 비속어를 쓰는 게 더 솔직하고 절실하게 들리지 않았을까 생각해 본다.

그의 작품에는 이런 거슬림이 항상 있다. 그것이 사족(蛇足)일까, 아니면 구체성을 강조하는 절실한 호소의 표현일까. 나는 사족으로 본다.　　　　　　　　　　　　　　　— 춤 2007년 8월호

미친 백조의 호수 Ⅰ · Ⅱ 2011년 1월 19~23일 아르코예술극장 소극장

《미친 백조의 호수 Ⅰ》은 환경의 문제를 정면에서 접근했다. 가발을 쓰고 빨간 슈퍼맨처럼 차려입은 '일그러진 영웅'이 우물 안 개구리처럼 뚬벙에 앉아 객석을 조소하고 있다. 우아한 차이코프스키의 〈백조의 호수〉가 아니라 전형적인 시골의 '떼까우의 뚬벙', 아니 '미운 오리새끼의 썩은 웅덩이'로 보인다.

전체적으로 황금알을 낳는 닭의 우화를 느끼게 하는 이미지는 피리와 장구 등 라이브 연주와 재미있게 연결됐다. 이에 따라 익숙한 우화는 강렬한 패러디와 의도적 왜곡으로 관객들의 심상에 각인됐다. 역시 예상한 대로 인간의 욕심은 닭의 배를 갈라 아직 여물지 않은, 그래서 생명력을 상실한 물컹한 황금 전 단계의 알이 쏟아져 나온다. 이 미성숙 알들은 결국 이 거만한 미운 오리새끼의 뒷벽에 패대기쳐진다.

목이 잘리고 털이 뽑힌 채 내장이 모두 비워진 닭 한 마리를 뒤집어쓰고 나온 이 '거만한 백조'가 양동이로 하나 가득한 닭발을 무대 위에 쏟아내는 장면은 세상이야 어떻게 되든지 자신만 살면 된다는 생각의 '미친 백조'의 위선의 절정이었다. 강렬한 이미지가 격렬한 패러디와 어울려 거친 유머를 만들어냈다. 세상을 오염시킨 책임에 대해 오리발, 아니 닭발을 내미는 위험한 백조의 뻔뻔함이 느껴진다. 작품이 전개되며 백조가 되지 못한 못난 닭의 굿판인지, 백조인줄 착각하고 사는 닭의 어처구니없는 해프닝인지 혼동된다.

마지막에 차이코프스키의 '백조의 테마'에 맞춰 웅덩이에서 춤을 추는데 쏟아지는 검은 기름의 이미지가 오싹하다. 그게 태안이든, 아니면 그보다 더했던 미국 멕시코만 해양유전의 오염이든 거만한 인간의 위험한 환경약탈에 대한 경고가 분명하게 느껴진다.

《미친 백조의 호수 Ⅱ》는 같은 구조에 주인공만 바꿨다. 장애인(뇌성마비) 행위예술가 강성국이다. 같은 상황에서, 같은 음악에, 같은 스토리와 상징에 다른 몸이 들어갔다. '거만한 백조'에서 '의지의 백조'로 바뀌었지만 외부상황에 어울리지 못해 '미친 것'은 마찬가지다. 그러나 바뀐 몸이 주는 느낌은 엄청나게 다르다.《미친 백조 Ⅰ》이 '그래 어디 한 번 해 봐라' 하며 공격적으로 감상하게 한다면,《미친 백조 Ⅱ》는 옷깃을 여미고 겸허하게 바라볼 수밖에 없게 한다. 속으로 '실수하지 말고 힘내'라고 기원하며.

하지만 생경한 직설화법에 대해 불편한 사람들의 불편함은 여전할 것이다. 바뀐 몸 자체의 메시지가 워낙 강렬한 직설법이기 때문이다. 그리고 지구본이 매달린 것이나 '지구가 아파요'라는 직설적 문구 등은 관객을 가르치려는 어설픔이 느껴지기도 한다. 대미에서 강성국의 비틀린 몸에 투여된, 긁어 찢어내는 영상처럼 말없는 충격 이미지가 훨씬 많은 말을 했다.

역시 검은 기름투성이 호수에서 기름을 뒤집어쓴 백조로 작품이 마무리 됐지만《미친 백조의 호수 Ⅰ》이 환경오염으로 죽어가는 백조로 느껴졌다면,《미친 백조의 호수 Ⅱ》는 그 안에서 비틀린 몸으로 태어난 백조가 다시 흰 깃을 꿈꾸며 비상하는 의지의 표상으로 읽힌다.

"계속 바뀔 것"이라는 이 작품에 대한 김남진의 말처럼 치기의 사설을 빼고, 상징과 의미를 강화하며 '계속 바뀔 것'을 믿는다.

— 춤 2011년 2월호

두통 / Passivity 2011년 1월 25~26일 아르코예술극장 소극장

《두통》을 보면서 삼풍백화점 참사가 떠올랐다. 그러나 글로벌한 시각의 안무자는 아이티 지진에서 착안했다고 한다.

전라로 등장, 유혈이 낭자한 뇌를 꺼내놓고 톱라이트를 떨어뜨린 프롤로그는 인간의 무모한 지적 자만과 욕구를 비판하는 것으로 보였다. 라이브로 연주된 묵직한 거문고와 고통스러운 구음은 자연의 고통으로도, 어리석은 인간에 대한 조곡으로도 느껴진다.

박스로 만들어진 배경 벽의 붕괴는 대단한 스펙터클 효과를 나타냈으며, 그 안에 갇혀 팔이 부러진 채 도움을 호소하는 리얼한 몸짓은 허약한 인간의 내면을 잘 드러냈다. 고통스러운 몸짓의 반복이 지루해질 무렵 영화 〈사랑과 영혼〉을 패러디한 몸짓은 쉬어가는, 재미있는 장면이었다.

"도와달라"는 반복된 호소에 이어 "신은 왜 인간을 창조했는가, 나는 어디에 있는가…, 골치 아프다"는 대사가 움직임과 잘 달라붙어 생경하지 않았다. 자신 있는 영어대사는 이 작품의 세계무대 진출에 긍정적으로 작용할 것도 같다.

《Passivity》는 김남진의 작품 가운데 직설적 화법 대신 드물게 상징으로 가득 찬 작품이었다. 김남진, 용혜련, 최우석 3명이 한 개의 인형과 만들어내는 착시와 은유, 상징의 재미는 독특했다. 지배와 피지배, 강대국과 약소국 같은 약육강식이라는 본래의 안무의도와는 상관없이 충분히 물질만능의 현대사회, 무한경쟁의 국제사회에서 살아가는 현대인의 이미지가 그로테스크한 이미지로 팽팽한 긴장감을 만들어냈다. 카프카의 〈변신〉이 연상되는 샴쌍둥이, 다리가 4개인, 또 팔이 4개인 인간, 다리가 8개인 거미, 땅을 기는 다족류 벌레 등 3명이서 하나의 인형을 가지고 만들어내는 다양한 이미지와 움직임이 '수동성'이라는 제목과 연관해 많은 생각을 줬다.

속도감과 에너지, 다이나미즘이 가득한 환상적인 작품으로 김남진의 장점이 가장 돋보이는 작품으로 평가된다.　　　　　　　　　　　　　　　　　　　　　　　　　— 춤 2011년 2월호

※아르코예술극장이 '2011 환경 Project'라는 주제로 모은 안무가 김남진의 최근작 4편은 (2011년 1월 19~26일 아르코예술극장 소극장) 그의 현재와 미래를 보여주고 있는 것 같다. 장점과 단점, 그리고 가능성을 포함해서. 특히 무용작품으로서는 드물게 1주일 이상의 장기 공연을 기획했다는 점에서 춤의 대중성 확보, 저변확대와 관련해 많은 시사를 준다.

먼저 《미친 백조의 호수 Ⅰ·Ⅱ》와 《두통》은 그가 왜 평론가뿐 아니라 일반인에게도 관심이 높은지, 또 춤계에서 그를 좋아하는 사람만큼 '안티'가 많은지 그 이유를 알게 한다. 그의 작품은 메시지가 분명하다. 우리 주변에서 흔히 찾을 수 있는 시사문제에 대해 앞뒤 재지 않고 그냥 목구멍을, 심장을 푹 찔러 온다. 거칠다. 그만큼 명쾌하다. 하지만 직선적인 공격 대신 세련된 우아함을, 한 번 더 진지한 음미와 사색을 요구하는 춤 특유의 관용과 상징을 추구하는 예술지상주의자들에게 그의 이같이 무례함은 불온하게 느껴질 수밖에 없다. 특히 거의 가학적으로도 보일 정도로 무대에 온 몸을 내던져야 하는 그의 작품에 대해 '소설은 산보

요, 시는 춤'이라는 경구를 신봉하는 일부 주류 무용가들이 보이는 히스테릭한 반응이 이해가 간다. 그러나 오히려 이 거친 미학이 연극계에서 그를 많이 찾는 이유인 것도 분명 생각해볼 만한 대목이다. 하지만 가장 최근작인《Passivity》에서 보여주는 비교적 많이 완화된 부드러운 유머와 상징은 향후 그의 '안티'들과의 소통, 화합의 가능성을 전망하게도 해 관심을 끈다.

— 춤 2011년 2월호

김매자

얼음강 2002년 10월 18~20일 예술의전당 토월극장

한국 창작춤의 '대모(代母)'라고도 불리는 김매자와 허무주의적이고 탐미적인 시인 황지우, 조각같이 무대를 깎아내는 무대미술가 윤정섭, 그리고 현대음악가 이영자 등 모두가 각 분야에서 예술성은 물론 드물게 대중성까지도 일정부분 확보한 나름의 '한 칼'이 있는 인물들이다. 이들이 모였다는 자체가 뉴스였다. 또 이들이 그냥 우연히 모인 것이 아니라 뭔가 분명한 철학을 가지고 만났다고 해서 더욱 기대를 모았다.

황지우는 "무용은 특유의 추상성으로 인해 많은 것을 할 수 있지만, 그것으로 부패하기도 한다"면서 "무용이 구체적인 하중을 가질 때 허망하지 않을 것"이라고 말했다. 그는 "시, 소설, 영화, 연극, 무용 등 모든 예술형태가 '왜 하느냐'의 자기 필연성을 갖지 않으면 안 된다"면서 "이 작품은 이 시대의 화두인 탈북문제를 다루고 있다"고 설명했다.

윤정섭은 "무용이 추상성 때문에 부패했다고 한다면 연극은 구체성 때문에 부패했다"면서 "이 작품은 구체성과 추상성 사이에서, 안에서 밖으로 끊임없이 확대되는 작업이다"고 연출배경을 설명했다. 그는 "안에서 밖으로 나오는 선은 탈북 또는 피난 등 피난민들의 도강(渡江)과 관련이 있는 역사적 현실이며, 수평으로 움직이는 선은 김매자 개인의 삶을 의미한다"고 덧붙였다.

이영자는 "김매자씨에게 작품을 의뢰받고 가슴에 붙은 불을 매일 아이스바를 두 개씩 먹어 식혀가며 음악을 만들었다"면서 "나의 불이 타면서 '얼음강'이 녹을 것"이라고 말했다.

이 크로스오버의 시작은 김매자가 2001년 이영자의 콘서트를 보면서다. 매년 대형 창작품을 발표해온 김매자가 《심청》이 끝난 뒤 '혼불'을 주제로 새 작품을 구상하다가 이영자의 콘서트를 보고 음악작곡을 의뢰한 것이다. 이영자는 이해인 수녀의 시 〈내 혼에 불을 놓아〉, 최명희의 소설 〈혼불〉에서 영감을 얻어 음악을 작곡했다.

그러나 자세한 내막은 모르겠지만, 첫 구상대로 작품이 잘 만들어지지는 않았다. 이와 관련해 김매자는 "내 삶이 이해인 수녀와 같이 깨끗하지 않아 그의 작품을 이해할 수 없어 고민하던 중 윤정섭, 황지우씨를 만났다"면서 "이들이 신무용, 전통무용, 창작춤을 거치면서 아직 표현하지 못한 내 안의 춤을 꺼내는 데 결정적 역할을 했다"고 방향의 전환과정을 설명했다. 이에 따라 음악도 대폭 바뀌었다. 이영자의 22분짜리 곡은 12분짜리로 축소돼 김태근의 음향디자인과 이어졌다.

이렇게 서로가 만나 고민해 깎고 다듬어 첫 무대를 올렸는데, 썩 만족스럽지는 않았다. 각자 능력의 산술적인 합 이상의 예술적 시너지 효과를 보이지 못하고, 오히려 산술적 합에도 미치지 못하는 결과이지 않았나 싶다. 이는 연극의 구체성과 무용의 추상성이 서로의 장점으로 만나지 못하고, 상당부분 단점에서 만났기 때문으로 생각된다. 따라서 텍스트의 절박성이 구체적인 춤으로 형상화하는 데까지는 이르지 못한 것으로 생각된다.

작품은 오랜 암전에서 바람소리, 조심스런 걸음소리, 기차소리, 섬광이 번뜩이는 가운데 피난행렬로 추정되는 군중신으로 시작됐다. 석수장이의 돌 깨는 모습도 있었다. 그러나 정작 움직임에서는 어떤 절실함도 느껴지지 않았다. 다소 작위적으로 느껴지는 가벼운 흔들림으로는 절박한 탈주자들의 긴장감이나 위기의식, 또는 불안을 그려내기 어려웠다. 좀 더 묵직하면서도 유령 같은 느낌이 났어야 했을 것 같다.

강을 건너는 시작의 움직임은 긴장감이 넘치고 좋았으나 얼음이 깨지고 소용돌이가 치는 것을 바람과 폭풍의 음향효과와 섞어 시각 효과적인 조명으로 처리한 것은 너무 사실적인 접근이었다. 표현이 유치하다 싶을 정도로 구체적이어서 첫 신에서 주는 강력한 충격이 살아나지 않았다. 첫 시작에서 지나치게 작위적인 연극적 구체성에 함몰돼 한국춤 특유의 자연스러움과 상징성을 잃었다는 느낌이다.

이 같은 프롤로그에 이어 김매자가 무대 오른쪽 앞에서 등장하는데, 그 등장은 프롤로그의 내용과 논리적 연결이 설득력 있게 표현되지 않은 것 같다. 연출이 강조했던 자기 필연성을 찾기 힘들었다.

또 전체적으로 김매자 특유의 에너지가 넘치는 춤을 보기가 어려웠다. 물론 휴지부가 많은 춤이어서 그랬을지 모르지만 정지할 때도 가득한 에너지를 갖고 있던 김매자의 힘찬 춤사위를 찾기가 쉽지 않았다. 이는 회화적 컴포지션과 스타일에 집중해 나타나는 부자연스러움이 아닐까 생각된다. 외적 형상에 치우쳐 사진으로의 이미지로는 아름다울지 모르지만 무브먼트로서의 힘은 잃어버린 것 같다. 할머니, 소녀, 자전거를 타고 지나가는 사람 등도 사족으로 보인다.

결론적으로 말하면, 연극적 장치와 연출이 너무 많아 춤 자체의 단순 간결한 맛이 크게 상하지 않았나 싶다. 도식적인 연극적 상상력을 직설적으로 구체화하면서 무용이 가지고 있는 추상적 언어가 말더듬이화 해버린 것 같다는 생각도 든다. 물론 단순한 것이 최고의 것은 아니다. 그러나 흔히 최고의 것은 단순하다.　　　　　　　　　　　— 춤 2002년 11월호

춤본-하늘, 땅, 인간 2009년 4월 9일 세종문화회관 M씨어터

《춤본》은 김매자가 한국춤의 근본 단위를 재구성해 춤의 내용과 형식을 탐구하는 과정을 그린 작품으로, 과감한 한국춤 창작의 첫발을 뗀 창무회 춤의 근간이다. 1987년 발표한《춤본 I》은 한국춤의 기본이라 할 수 있는 승무와 궁중무용을 매개로 춤의 외적인 틀과 수련의 모형을 제시했으며, 1989년 발표한《춤본 II》는 민속춤의 자유로움과 무속춤의 의식과 주술성을 바탕으로 한국춤에 내재된 신명을 형상화했다.

《춤본 I》은 흔히 해외공연에서 월드음악과 즉흥연주로 행해지는데, 이번 공연에서 일본 음악가 호소노 하루오미, 종교학자이자 문화인류학자인 돌피리연주자 가마따 도지 등의 연주와 함께 극적인 느낌을 만들어냈다.

《춤본-하늘, 땅, 인간》은 제목처럼 하늘과 땅과 인간에 대한 인사로 시작했다. 기품 있는 동작으로 하늘과 땅, 인간에 대해 인사를 한 뒤 낮은 자세에서 높은 자세까지 다양한 움직임이 좌우로 돌며 상하로 느리게 변주됐다. 묵직한 형식미 속에 담겨진 에너지는 때로 깃털처럼 가볍고 경쾌하며 무중력의 하늘을 날아다니다가 문득 천근과 같은 무게로 땅을 누르고 하늘을 버텨냈다. 잘 갈무리된 한국춤의 흥과 기가 한국춤의 모범적인 '춤본'의 하나로 부족

함이 없어 보인다. 무형의 형식 속에 자유의 에너지를 담은 '춤본 Ⅲ'가 기대된다.

— 춤 2009년 5월호

심청 2011년 4월 8~10일 아르코예술극장 대극장

김매자. 저고리와 버선을 벗어던지고 맨발로 무대에 서 한국춤의 새로운 장을 연 '투사'
다.《춤본》이 그의 춤 철학을 대변한다면,《심청》은 그의 춤미학을 집대성, 무대에 드러낸 대
표작이라고 할 수 있다.

2001년 LG아트센터에서 초연한《심청》은 판소리 〈심청가〉를 대본으로 해 심봉사가 심
청을 얻고 곽씨부인과 사별하는 '생사별리(生死別離)', 심봉사가 심청을 동냥젖을 얻어 먹
이고 심청이 눈먼 아비를 봉양하는 '반포지효(反哺之孝)', 심청이 공양미 삼백석을 위해 남
경상인에게 팔려가 인당수에 몸을 던지는 '범피중류(泛彼中流)', 심청이 사해용왕의 도움으
로 용궁에서 곽씨부인을 만나고 연꽃을 타고 환생하는 '수중연화(水中蓮花)', 심봉사가 눈
을 뜨는 '천지광명(天地光明)' 등 모두 5대목으로 구성되어 있는, 러닝타임 1시간 30여분
의 대작이다.

LG아트센터 초연에서는 김매자가 직접 무대에 서 명창 안숙선의 소리에 맞춰 춤을 췄다.
또 이어지는 국내외 공연에서 이자람 등 개성 있는 명창들이 소리를 맡아 김선미, 최지연, 윤
수미 등 창무회의 스타들과 호흡을 맞춰 화제를 모았다.

판소리는 감정표현이 직설적이어서 시원하지만 다소 과장되어 있다. 김매자는 무대를 캔
버스 삼아 이를 사실적으로 그려내면서도 상징과 은유, 과감한 생략을 통해 간결한 이미지
로 구조화하는 데 성공, 국내외에서 높은 평가를 받았다.

당초 이 작품은 3장 '범피중류'를 모태로 시작했다. 한국현대춤협회의 「현대춤작가12인
전」에 초대된 김매자가《범피중류》를 선보여 화제를 모은 뒤 전체 그림이 완성됐다.《범피중
류》는 원 위에 돛대가 하나 꽂힌 추상적 무대였는데 완성작에서는 가부키(歌舞伎)의 하나미
츠(花道), 간결한 선, 대형 사막 등 다양한 상징적 무대가 만들어져 보는 재미를 더했다.

무대는 왼쪽 앞 출구에서 무대까지 각도가 급한 S자로 하나미츠 형태의 가교가 이어졌다.

하나미츠의 연결선은 무대 위에서 다시 한 번 휘돌았다가 반쯤 가려진 사막 뒤로 사라졌다. 이 길은 생과 사를 연결하고 뭍과 물을 이어주는 이승과 저승의 통로로 어둠과 빛의 연결로이며 인연의 끈이며 끈질긴 생명의 탯줄로 보였다. 이 길 위로 심봉사와 곽씨부인, 심청이 춤을 췄고 양 옆에서 다양한 입체 추상화가 마치 만화경처럼 펼쳐졌다.

먼저 무대 오른편에서 판소리 창자 정은혜와 고수 이태백이 등장, 흥겹고 구성지게 '생사별리'의 서두를 열었다. 전형적인 옛이야기로 시작한 〈심청가〉는 동서양 대부분의 고전 서사극이 그렇듯 세월이 빚어낸 운율과 박학다식, 현학적인 고사로 이해를 위해 귀를 쫑긋하게 했다.

이어 펼쳐지는 그림은 줄거리 있는 무용이 흔히 그렇듯 내용을 그리는 일차원적 묘사가 아니었다. 가지는 쳐버리고 줄기만 남긴 채 뿌리에서 올라오는 힘을 나눠 다층적 추상화를 구축해냈다. 길과 길옆, 무대 뒤와 앞에서 동시에 그려지는 그림들은 음악에 맞춰 적절한 균형과 조화, 힘의 안배를 통해 관객의 눈과 귀를 사로잡았다.

'생사별리'의 절정은 곽씨부인의 죽음이었다. 하나미츠로 이어진 객석 출입구에서 곽씨부인 역을 맡은 김선미가 소리가 절정으로 끌어올리는 영원한 별리의 슬픔을 꾹꾹 눌러가며 아련한 손짓으로 곱게, 아프게 인연의 끈을 풀어나갔다. 무표정해 보이는 얼굴이지만 아련한 눈빛 속에, 굳게 다문 입술로 아쉬운 이승의 마지막 인연을 담고, 다른 세상의 기쁜 만남을 기약했다. 단아한 정제된 움직임 속에 진정을 담아내는 몸짓이었다.

김선미에 이어 머리에 상여를 짊어진 듯한 네 명의 남자무용수와 무대의 여자 무용수들이 만나 만들어내는 생사별리의 춤사위는 초혼, 상여 등 전통제례의 상징과 의미를 그대로 담아내 김선미의 단아한 춤과 조화를 이뤘다. 출연자 모두가 하나씩 둘씩 배경의 절반을 가린 무대 뒤 사막으로 사라지며 쏟아지는 조명이 그려내는 그림자도 존재의 상실, 마지막 촛불같이 빛나는 장면이었다.

창자가 여성에서 남성인 임현빈으로 바뀌어 진행된 '반포지효'에서 아내를 잃은 슬픔과 함께 동냥젖을 얻어 먹이며 심청을 키우는 심봉사의 춤은 표현과 힘이 좋았다. 특히 심봉사가 물에 빠졌다가 봉은사 화주승이 구한 뒤 눈 뜬 다음 밝은 세상의 모습인 듯한 장면은 선녀경처럼 아름다웠다.

'범피중류'는 미학적으로 이 작품의 절정이었다. S자로 굽이친 길 가운데 마련된 원에 곧추 세워진 돛에 매달린 두 명의 선원은 이승과 저승을 헤매는 위기의 인간을 아크로바틱한 춤사위로 그려냈다. 그 주위로 최지연이 삶과 죽음의 고민 속에서 아버지를 그리는 효심을 뜨겁게 춤췄다. 기진맥진한 선원들을 남겨두고 펄쩍 뛰어 사라진 뒤 남겨진 적막은 1, 2, 3장을 통해 소나기처럼 치고 나간 격정을 갈무리하기 적절했다.

2막1장 '수중연화'는 대미를 위한 아름다운 잔치무대였다. 용궁의 향연과 심청과 곽씨부인과의 해후, 그리고 장사를 마친 남경상인들이 인당수에서 연꽃을 거둬들이기까지 한 편의 파노라마로 펼쳐졌다. 소품으로 흔히 사용하는 대형 연꽃 대신 사람으로 형상화한 꽃의 이미지는 이 작품의 현대성을 단적으로 보여준다.

마지막장 '천지광명'은 너무나 유명한 대목이다. 영화 〈서편제〉의 마지막을 장식하기도 한 이 흥겨운 감동의 대목은 그 진한 그리움과 바람으로 나이들수록 눈물이 더욱 많아지는 대목이기도 하다. 맹인잔치에 참석한 전국 맹인들이 걷고, 서고, 뛰고, 눕고, 물구나무 서는 등 다양한 몸짓으로 조바심 나는 기다림을 한층 고조시키며 절정으로 향해 치닫다가 '심봉사가 눈을 휘번득이더니 퍼뜩 떴다'로 뚝 끊어지며 객석에 불이 확 들어왔다. 마치 관객들이 '눈이 확 뜨이는' 감동으로 이어지는 대미는 한국춤에서는 좀처럼 찾기 어려운 절정의 현대적 매듭었다.

프랑스 아비뇽페스티벌 전 예술감독 베르나르 페브르 다르시에는 한국 소리와 전통춤에 대해 "세계 예술의 영감의 원천이 되기 충분하다"고 말한 적이 있다. 이는 전통에 대한 칭찬이기도 하지만 사실 한국 현대 공연예술 창작에 대한 비판이기도 하다. 판소리와 전통춤을 현대적 호흡과 무대로 해체, 재구성한 김매자의 《심청》은 그의 편견에 대한 대답인 동시에 세계로 향한 한국 현대 공연예술의 자신있는 문화발신이라고 해도 지나침이 없어 보인다.

— 한팩 뷰 2011년 5월호

김명숙

샘 Ⅱ 2001년 6월 7~8일 예술의전당 자유소극장

춤이 연극과 음악, 미술 등 다른 장르와 만나 한 무대를 꾸미는 크로스오버 또는 퓨전 무대. 탈장르의 시대에서 서로의 정수를 모아 최대치를 뽑아내기 위해 크로스오버하고 퓨전하는 것은 충분히 권장할 만한 일이다. 그러나 다른 장르에 대한 이해의 부족, 또는 지나친 배려가 오히려 작품 전체의 흐름과 구도를 해쳐, 만나지 않은 이만 못한 결과를 낳는 경우도 많다.

《샘 Ⅱ》는 퓨전의 결과 춤이 죽은 대표적인 경우다. '움직이는 조각, 춤, 그리고 소리'를 부제로 한 이 작품은 조각가 유영교의 조각품을 배경으로, 가야금의 명인 황병기가 편곡한 〈영산회상〉에 맞춰 김명숙이 안무했다.

세 명의 예술가의 공통된 주제는 '샘'. 유영교는 해남의 커다란 바위돌로 전통과 현대의 문제를 절차탁마해 11개 조각품 〈샘〉을 만들었다. 황병기는 심산유곡의 맑은 샘물로 목욕을 하는 느낌의 정악 〈영산회상〉을 가야금과 대금의 음악으로 해체, 재구성해 사죽(絲竹)의 묘미를 담은 유장하면서 단아한 가락을 만들었다. 이를 배경으로 김명숙은 새벽, 낮, 저녁을 지나 다시 아침이 되기까지 상징적인 하루 동안 샘가에서 벌어지는 여성의 삶을 춤으로 표현했다.

그러나 문제가 생겼다. 조각 11개가 '밭 전(田)'자로 무대를 갈라놓으면서 춤출 공간이 없어졌다. 조각이 너무 무거워 '밭 전'자로 힘을 분산시키지 않으면 무대가 무너질 위험이 있

기 때문이다. 이 때문에 춤사위는 단조로워졌고, 힘도 자연히 빠졌다. 화랑에서 조각전시가 중심이었을 때는 그런 대로 의미가 있었을지 모르겠지만, 춤이 주인 극장 안에서의 공연으로서는 만나지 말아야 할 궁합이었던 셈이다.

《샘 Ⅱ》도 춤사위만 한국춤사위일 뿐, 넓게 보면 기본적으로 컨템포러리 춤이다. 컨템포러리 춤의 3요소로 흔히 속도감과 공간의 분할, 유기적인 춤사위를 꼽는다. 묵직하게 '밭 전'자로 무대의 핵심위치를 차지하고 있는 조각들은 이 세 가지를 모두 불가능하게 해버렸다. 이를테면 춤이 진법에 갇힌 형국인 셈이다.   — 춤 2001년 7월호

움직이는 산 2001년 9월 12~13일 예술의전당 토월극장

김명숙늘휘무용단의 《움직이는 산》은 간결한 '무(武)'의 춤사위로 풀어낸 힘찬 '춤(舞)' 무대였다.

원제가 '산이동(山移動)'인 이 작품은 우리나라를 대표하는 극작가의 한 사람인 이강백이 10여년 만에 쓴 무용대본. 산들이 움직여 다니던 옛날, 여자들이 "산이 움직인다"고 소리치면서부터 산이 멈춰서는 바람에 서울이 될 드넓은 지역이 그만 협소한 땅이 되어 버렸고, 그래서 남자들이 화전을 일구며 곤궁하게 살게 됐다는 대구지역 전설을 바탕으로 하고 있다.

이강백은 "움직이는 산 이야기가 여자들을 오랫동안 억압해 왔으며, 지금도 억압하고 있다고 생각한다"며 "입에서 입으로 전해오는 이 오랜 이야기의 주술성을 후련하게 부수는 것은 춤이 아니면 할 수 없다"고 모처럼 춤대본을 쓴 배경을 설명했다.

김명숙이 기존의 교과서 스타일의 화려, 단아한 춤스타일을 탈피, 산같이 무거운 '선무(禪武)'에서 모티브를 따와 기본 춤사위를 만든 것이 '움직이는 산'이라는 주제와 부합돼 보인다. 또 작품에 힘을 보완하기 위해 이화여대 출신으로 구성된 한국무용단에서는 김매자의 창무회 이후 처음으로 남자무용수들을 출연시킨 것도 과감한 판단으로 평가된다.

모두 5장으로 구성된 이 작품은 무용수들이 모두 등을 보인 채 가부좌로 앉아 시작됐다. 산이 움직이는 진동음이 묵직하게 깔리면서 무릎을 조금씩 올려 뒷모습이 마치 '메 산(山)' 자 모습이 됐다. 몸을 거꾸로 뒤집어 발로, 기마자세로 박차고 일어서 손으로 우뚝우뚝 솟아

움직이는 산의 형상을 힘있게 만들어간 것이 상징적이고 재미있다. 흰색과 빨간색의 조명과 무대 중간에 매달려 구름같은 느낌을 주는 포그가 한데 어울려 마치 선 굵은 남화계열의 채색 수묵화를 보는 느낌도 주었다.

움직이던 산이 멈추기까지를 그린 '산이 움직인다'(1장)와 '외침'(2장)이 끝난 뒤 이정윤, 서성원, 장해영 등 객원 남성무용수 3명이 3장 '둘러쌓인 날'에서 울분에 쌓여 폭발하기 직전의 상황을 힘있는 춤사위로 잘 표현했다. 특히 이정윤의 부드럽고 절도가 있으면서도 다이나믹한 춤사위가 돋보였다.

4장 '깨달음'의 춤에서 잡아채고 내밀고 갈무리하는, 단순하면서도 힘찬 김명숙의 춤사위가 극을 절정으로 이끌었다. 그러나 단전에 기를 모으는 동작으로 깨달음을 갈무리하는 군무가 다소 형식적으로 흘렀다. 또 5장 '산을 움직여라'에서 군무진이 잡아채는 맛이 없이 밋밋하게 춤사위 끝을 흐린 것이 아쉽다. 전체적으로 단순하고 힘있는 깔끔한 무대였지만 후반부에서 체력이 떨어졌는지 다소 춤 끝의 매운 맛이 없어진 점과 회전무대 사용 등 부분적으로 작위적인 무대효과가 자연스러운 춤맛을 감소시켜 아쉬움이 남는다.

— 춤 2001년 10월호

나비연가 2003년 4월 29~30일 가나아트센터 야외공연장

'모사재인(謀事在人)이요, 성사재천(成事在天)이라'. 일은 사람이 꾸미지만 이루는 것은 하늘이 한다는 뜻이다. 김명숙늘휘무용단의 《나비연가》를 보면서 문득 이 말이 떠올랐다.

이 작품은 이 이상 더 화려할 수 없다고 할 정도로 '세계적인 스타'들이 모였다. 티벳의 명상음악가 나왕 케촉, 가야금의 명인 황병기, 투명한 감성을 자극하는 서정시인 이해인 수녀, 움직이는 조각의 개척자인 조각가 유영교, 정통 대금연주자 홍종진과 가야금 연주자 지애리가 김명숙의 춤을 매개로 만났다.

《나비연가》는 김명숙이 이해인 수녀의 같은 이름의 시에서 영감을 얻어, 황병기의 음악에 맞춰 춤을 만들었다. 30년 동안 추구해온 따뜻한 인간미의 대리석 조각에서 1999년 움직이는 조각가로 변신한 유영교가 그동안의 '꽃' '샘' 시리즈에 이어 '나비'를 선보이는 무대다.

황병기 · 김명숙 · 유영교 콤비가 창작춤《샘》이후 세계를 겨냥해 자신만만하게 내놓은 퓨전아트 프로젝트로 여기에 세계적인 뉴에이지 음악가 나왕 케촉이 참여했다.

나왕 케촉은 11년간 승려 생활을 하면서 달라이 라마의 지도 아래 히말라야 산기슭에서 은둔자로 수련하면서 명상철학과 음악을 익혔다. 다양한 다큐멘터리물의 배경음악으로 우리 귀에 익숙한 나왕의 음악은 브래드 피트가 주연한 영화 〈티베트에서의 7년〉의 영화음악으로 더욱 유명해졌다. 그는 세계적인 일본의 뉴에이지 음악가 기타로, 세 번이나 그래미상 후보에 오른 인디언 플루티스트 카를로 나카이, 재즈피아니스트 허비 행콕 등 세계적 스타들과 함께 공연했다. 나왕은 티베트와 다른 여러 나라의 전통적인 소리의 아름다움을 예스러움과 새로움의 조화 속에 창조적으로 결합하는 데 천부적 재능을 갖고 있다는 평을 받고 있다.

또 묵직한 정통 국악연주자 홍종진, 지애리는 나왕 케촉을 잇고 안으며 황병기의 명곡을 투명하게, 때론 몰아치듯 연주했다. 국악인 황숙경은 전통가곡으로 한껏 고즈넉한 분위기를 만들었으며, 타악그룹 푸리의 멤버 김웅식은 장구 등 타악으로 음악의 바닥을 든든히 다졌다.

이에 맞춰 이애덕, 한지현, 윤정민, 김율희, 박경은, 전고운, 배진일, 이현주 등은 최선을 다해 춤을 췄다.

그러나 첫날은 비가 왔다. 애써 만들어놓은 야외극장의 구도는 그대로 망가지고 말았다. 전시와는 다르게 나비의 이미지만을 따 추상적으로 만들어 바람개비처럼 움직이던 유영교의 나비 200여 마리는 비바람에 땅에 떨어져 모두 부서지고 말았다. 빗속에서 맞춰 놓은 이상봉의 조명도 원인무효가 됐다. 결국 미술관 2층에 급조한 무대에서 앞뒤로 옮겨가며 '실험적' 공연을 했다. 음악과 그림자 효과는 뛰어났지만 춤 공연으로서는 취소하지 않았다는 데만 의의를 두어야 했다. '모사재인, 성사재천'이 실감나는 장면이다.

다음날 공연은 어제 미안했다는 듯 하늘이 도왔다고 할 정도로 맑은 봄밤이었다. 최근 쏟아진 비 탓에 북한산 자락의 야외무대는 짙은 코발트 빛 하늘과 총총한 별이 훌륭한 무대배경을 만들어줬다. 춤을 위해 만든 모던한 추상적인 나비는 부서졌지만, 전시를 위해 만들어 놓은 대나무와 한지로 만든 팬시한 나비 모빌이 그 하늘무대를 장식했다.

나왕 케촉의 신비로운 피리소리가 들리는 가운데 1장 '이슬 머금은 나비'가 시작됐다. 때마침 들려온 소쩍새 소리와 옷깃을 스치며 지나가는 시원한 바람소리는 기대하지 않았던 감미로운 자연의 무대효과였다.

나왕의 연주는 3단계로 이어졌다. 우선 우리의 대금 같은 악기로 청아하게 영혼을 씻어낸 뒤, 뱃속 깊숙이 우러나오는 구음(口音)으로 가슴 속 밑바닥에 쌓여있는 두터운 감정의 찌꺼기들을 긁어 올려 띄워내 마음 속의 고뇌와 고통을 씻어냈다. 가슴을 진탕시키는 구음이 끝난 뒤 짧은 세피리를 불며 마치 천상의 음악인 듯한 청명한 소리로 무대를 '별유천지비인간(別有天地非人間)'으로 만들었다. 음악의 힘이 얼마나 위대한지, 공연에서 라이브 음악의 효과가 무엇인지를 알게 해주는 장면이다.

전고운은 특별히 제작된 유영교의 커다란 '샘' 위에 날개를 접고 앉은 나비의 형상으로 나왕의 대금음악을 받았으며, 김율희와 배진일은 어깨와 머리를 바닥에 대고 하늘로 다리를 뻗은 동작으로 구음에 맞춰 흔들렸다. 야외극장의 배경이 되는 '기역(ㄱ)자' 형태의 건물 유리창에 관객과 무용수, 악사들이 비치면서 가나아트센터의 야외극장은 완전한 원형무대의 형상을 이뤄 신비로움을 더했다. 전혀 기대하지 않았던 환상적인 무대효과였다.

2부 '꽃과 나비'는 지애리의 가야금 연주로 시작됐다. 유영교와 김명숙을 처음 연결시켰던 조각작품 '움직이는 꽃'이 무대 한 가운데, 오른쪽 뒤에 각각 놓였다. 박경은은 자진모리와 같은 무척 빠른 연주에 맞춰 깨끔발로 이 꽃들을 돌았다. 기계 꽃의 피고 지는 순간과 음악과 춤이 잘 어울렸다. 그러나 시설의 미비로 바닥에 노출된 전선에 걸려 몇 번인가 위태로운 순간을 맞았지만 박경은은 끝까지 긴장을 놓치지 않고 유희로서의 예쁜 춤을 잘 추었다. 박경은에 이어 군무를 춘 무용수 하나는 끝내 줄에 걸려 넘어지고 말았지만, 재치있게 소화해 춤의 진행에 무리는 없었다. 간간히 자동차 소리와 개짖는 소리가 들렸지만 작품을 방해하지는 못했다.

춤은 수채화처럼 화사하고 아름다웠다. 그러나 나비의 형태에 집착해 더 많은 내용의 표현을 잃지는 않았는가 하는 아쉬움이 있다. 등에 붙어있는 나비의 날개를 묘사하기 위해 무용수들의 팔을 모두 뒤로 꺾음으로써 처음에는 신선했지만, 이 같은 형태가 계속되면서 관객들에게 이내 갑갑함을 느끼게 했다. 형태를 좀 더 추상화해 움직임을 보다 자유롭게 풀어냈으면 꽃과 나비의 유희로서의 춤이 보다 즐겁게 다가왔을 것으로 보인다.

3부 '바다와 나비'는 김기림의 시에 붙었다. 무대에 천이 깔리고, 그 밑에 이애덕, 한지현, 윤정민이 드러누워 동작을 하면서 파도의 흐름을 만들어냈다. 그 위로 영상이 바다와 나비의 영상이 투사됐다. 그러나 영상의 빛이 원하는 만큼 효과를 만들어 내지는 못했다. 스크린이 건물 유리창의 앞에 있어야 했는데, 뒤에 놓여 관객들이 비치고, 영사기의 광원이 반사됐기 때문이다. 물론 이 유리창은 무대와 관객을 반사시켜 원형의 환상적 무대공간을 만들기도 했지만 여기서는 불리하게 작용했다.

천 밑에서 움직이다가 일어서서 천천히 돌며 만들어낸 나비의 형상은 형의 단순함과 느릿한 속도감과 긴장감이 잘 어울려 평안한 이미지를 만들었다. 홍종진의 대금소리, 황숙경의 가곡 '나비야 청산가자'는 이 이미지에 묵직한 생명력을 불어넣었다.

그러나 머리채를 너무 많이 흔들었다는 생각이 든다. 물기에 젖은 긴 머리를 흔들어 터는 것은 묘한 관능을 자극한다. 그러나 그것이 일상화하면 타성에 젖게 된다. 일상화한 이미지는 더 이상 상징이 되지 못한다. 절제가 무대의 효과를 극대화하는 수단이기 때문이다. 3부는 음악과 형, 기술의 만남에서 다소 무리가 있는 부분으로 생각된다.

4장 '꿈꾸는 나비'는 이 작품 제작의 단서가 된 이해인 수녀의 시 〈나비의 연가〉를 바탕으로 만들었다. 이제까지 응축된 에너지를 폭발시키는 절정의 장면이다. 나왕, 홍종진, 지애리, 김웅식이 함께 연주, 폭발할 수 있는 힘을 만들었다. 유리창의 반사로 무용수는 두 배가 됐으며, 관객 역시 두 배가 돼 강한 스펙터클을 만들어냈다. 잇따라 들리는 자동차 클락션 소리, 자동차 지나가는 소리도 춤의 활력에 도움을 줬다. 객석에 만들어져 2m 높이에 세워져 있는 가로 세로 약 1m 크기의 황금빛 나비날개를 단 움직이는 조각 '나비여인'이 날개를 퍼덕이는 것은 작품의 절정이었다. 이해인 수녀도 이 장면에 대해 칭찬을 아끼지 않았다.

잠에서 깨어 각자의 꿈을 찾아가는 나비들은 종종걸음으로 가고, 뛰어가고, 거꾸로 가는 등 다양하게 움직였다. 그러나 중심동작은 같았다. 한 손을 하늘로 곧추세우고 손목을 꺾어 백조와 같은 커다란 새의 목이나, 닭벼슬 같은 강한 이미지의 동작이었다. 이는 방향성을 가진 강한 힘을 느끼게 하는 동작이었다. 그러나 이미 지적한 대로 그것이 지나치게 많이 반복되는 것이 거슬렸다. 물론 베토벤 교향곡 〈운명〉, 뮤지컬의 걸작 〈오페라의 유령〉에서 강렬한 느낌의 메인 테마가 계속 반복돼 작품의 힘을 살리기도 한다. 그러나 무용에서 음악의 느낌이 달라지는데 같은 이미지의 동작을 계속 반복하는 게 과연 좋은 효과를 낼 수 있을지는 의문이다.

한편 거창에서 공수해온 나비는 너무 추워 날지 못했다. 바닥을 기어다니다가 무용수들의 발에 무참하게 밟히는 장면에서 관객은 비명을 지를 수밖에 없었다. 88서울올림픽 때 성화대 위에 앉아 있던 수십 마리의 평화의 상징 비둘기들이 갑자기 성화가 타오르면서 그대로 몰사한 것을 보는 것과 같은 느낌이었다. 역시 '모사재인이요, 성사재천이다'. 날씨만 따뜻해 400여 마리의 나비가 하늘로 날아준다면 그 이상의 대미가 없었을 텐데 아쉽게도 나비는 날지 못했다.

김명숙의 '나비연가'는 이 이상의 스태프는 모을 수 없다고 할 정도로 훌륭한 팀과 함께 한번으로 끝나기 아쉬운 작품을 만들어내는 데 성공했다. 소문난 잔치에 먹을 것이 없기 마련인데 이 작품은 그런 속설을 보기 좋게 깨면서 단단한 팀워크로 네오클래식한 한 편의 한국춤 명편을 탄생시켰다. 그러나 숙제는 남아있다. 형에 매달린 단순한 동작의 추상적 해체를 통해 한국무용의 고질적인 문제이기도 한 춤언어의 다양화를 이뤄내야 할 것이다.

— 춤 2003년 6월호

육법공양 헌무의식 / 소천 2003년 9월 7일 국립국악원 예악당

늘휘무용단의 '차세대인터넷으로 만나는 김명숙의 한국춤-육법공양 헌무의식과 소천(素泉)'은 기품 있는 전통과 진지한 창작의식, 그리고 첨단 과학이 어우러진 보기 드문 무대였다.

우선 작품 자체의 완성도는 논외로 놓고 참여한 사람들의 면면이 놀랍다.

《육법공양 헌무의식》에서 공개적으로 이름을 밝히기를 거부하는 송광사 스님이 대북을 쳤다. 한국을 대표하는 연극배우 박정자가 출연, 작품의 중심을 잡는 사제 역할을 하면서, 이 작품을 위해 송광사 주지 현봉스님이 번역한 공양게를 낭송했다. 가야금의 명인 황병기가 음악을 작곡했고, 그의 수제자 지애리가 국립국악원 연주단과 함께 가야금을 연주했다. 윤이상의 친척인 은발의 소프라노 윤인숙이 가야금 연주에 맞춰 노래를 불렀다. 또 한국에서 가장 인기있는 조각가 중의 하나인 유영교가 소품을 제작했고, 경원대 김정희 교수가 오행사상에 바탕해 의상을 만들었다. 이를 배경으로 이화여대 무용과 김명숙 교수가 안무한 춤을 이애덕, 한지현, 윤정민, 김율희, 박경은, 배진일, 전고운 등의 무용수들이 구체화시켰다.

김명숙의 '살풀이춤'에서는 인간문화재 이매방이 직접 장구채를 들었고 역시 인간문화재인 원장현이 대금을 불었다. 창작춤 '산조춤 소천'은 황병기가 장구를, 지애리가 가야금을 연주했다. 동래에서 연주하고 서울에서 춤을 춘 '동래학춤'에서는 동래학춤 구음보유자 유금선 등이 연주했고, 동래학춤 이수자인 김온경 신라대 교수가 춤을 췄다.

또 이들이 만들어내는 무대미학을 한국첨단망협회 회장인 충남대 김대영 정보통신공학과 교수가 차세대인터넷망으로 전 세계에 실황중계해 전 세계인이 동시에 관람하게 했다. 성공 여부를 떠나 이런 사람들이 한 작품을 위해 모였다는 것 자체가 놀랍다.

그런데 이들은 모인 것 이상이었다. 단순한 물리적 결합에 그치지 않고 완벽한 화학적 융합을 통해 하나가 도저히 이룰 수 없는 새로움을 만들어냈다. 산술적 합계를 넘어서는 완벽한 원만을 만들어내는 데 성공했다.

90분간 차세대 인터넷망 '인터넷2'로 생중계된 이 공연은 기술적인 측면에서 우선 기념비적인 성공으로 기록된다. 세계적으로 아직 실험중인 '인터넷2'는 아직 망이 안정되지 않아 언제 끊길지 모르는 상황이어서 프로예술단체의 공연은 사실 무리였다. 사실 공연 1시간전 리허설에서 잘 연결됐던 망이 공연 15분전 끊기는 바람에 인터넷 팀들이 대학 전산실을 점거해 다른 선들을 모두 끊고, 선 하나만을 남겨놓고 시작했으며, 세계 각국의 '인터넷2' 회원들이 밤을 새워 중계함으로써 전지구적 이벤트가 가능했다고 한다. 차세대 인터넷상에서 최초의 대형 공연을 성공시킨 김명숙, 김대영 교수는 이미 사이버상에서 새로운 스타로 통하고 있다. 충남대 김대영 교수는 이 공연과 관련한 보고서를 작성, 2004년 5월 서울에서 열릴 세계 차세대인터넷 회의에서 발표할 예정이며, 파리 퐁피두센터, 뉴욕 링컨센터, 시드니 오페라하우스 등에서 생중계 되는 대형 프로젝트를 또 구상중이다.

하드웨어적 측면에서의 성공이 우선 돋보였지만, 공연의 내용도 나무랄 데 없었다. 흔히 사공이 많으면 배가 산으로 가고, 소문난 잔치에 먹을 것이 없기 마련인데 이 작품은 예외였다. 대가들의 기품과 중견의 성실함, 젊음의 패기가 절묘하게 어우러졌다.

송광사 스님의 대북소리는 너른 극장을 공명하며 중생의 마음에 파고들어 예식을 준비케 했다. 온몸에 소름이 돋을 정도로 혼이 실린 연주요, 춤이었다. 새벽 법고소리가 중생을 깨워 위로하는 소리라는 어설픈 지식을, 몸으로 깨닫게 하는 장쾌한 연주였다. 정결한 생명력이 넘치는 이 연주는 그대로 춤이라 하기에 모자람이 없었다. 단지 아쉬움이라고 하면 북이 송광사의 대북보다 좀 작아 온 몸을 펼쳐 흔드는 시원함이 약간 훼손된 점이다.

이어 향을 들고 등장한 제주 박정자의 에너지는 걸음걸이만으로 무대를 가득 채웠다. 김정희가 오방색의 철학을 바탕으로 만든 의상도 어두운 색조의 무대에서 힘있게 빛났다. 박정자가 들고 있는 향에서 피어오르는 그윽한 연기는 그를 살아있는 향로처럼 느껴지게 하기도 했다. 향로는 서서히 미끄러지듯 제단으로 다가가 마치 성화에 불을 붙이듯 자리를 차지함으로써 본격 '육법공양 헌무의식' 춤의 시작을 예고했다.

이어 낮은 목소리이면서도 널리 퍼지는 지극히 연극적이어서 아주 서사적인 박정자의 목소리에 실린 공양게가 객석 가득히 울렸다. 법고의 공명이후 잠시 잦아진 심금을 격동시키는 음성이었다.

떡과 과일 공양 춤은 법고무와 향 공양의 긴 호흡과 달리 빠르게 처리됨으로써 숨을 고르는 효과를 줬다. 박정자가 떡공양게에서 '수자타'를 '수타자'로 잘못 낭송했지만 대세에 지장은 없었다.

국립국악원 최조병의 대금연주에 맞춰 등이 미끄러지듯 들어오면서 시작한 등공양은 초파일 유등축제를 연상케 했다. 배경의 수월관음도는 일렁이는 불꽃에 살아 움직이는 듯했으며, 천지에 부처의 공덕이 펼쳐지는 만다라를 만들었다. 왼쪽과 오른쪽에서 무용수들이 든 등이 각각 하나씩 꺼진 것은 옥의 아주 작은 티였다.

등공양이 끝난 뒤 느리게 이어진 연꽃과 연잎의 춤은 무대를 싱그러운 연꽃 연못으로 바꾸었다. 초파일의 화려한 유등과 연못의 비습오니를 뚫고 찬란한 생명을 만들어낸 초가을의 연꽃은 더할 수 없는 궁합이었다.

황병기의 '차향이제'의 노래에 맞춘 차공양은 이 작품의 하이라이트였다. 지애리의 가야금과 소프라노 윤인숙의 성악이 만들어내는 묘한 크로스오버는 환상미를 더했다. 사선으로 각을 세운 무용수들의 차공양은 힘찬 느낌으로 대미를 지었다. 개인적 아쉬움이 있다면 차를 드리는 손의 각도가 조금 높았던 것이다. 화엄사 사사자탑에서 얻었다는 이 춤선은 힘은 있어 보이지만, 매스게임에서와 같은 기계적인 작위감이 느껴져 부담스러웠다.

김명숙이 자신의 호 '소천(素泉)'을 내걸고 만든 춤《산조춤-소천》은 단순, 편안한 동작이면서도 지루하지 않았다. 이는 오케스트라 피트에서 마치 신선처럼 떠오른 황병기의 장구와 지애리의 분위기있는 가야금 라이브연주에 힘입은 바 큰 것으로 보인다. 황병기의 작이면서도 정곡을 찌르는 여린 음색의 장구연주는 장구로 이런 기품을 만들어낼 수도 있구나 하는 놀라움을 줬다. 이번 공연에서 김명숙은 이매방의 장구연주에 살풀이를 추고, 황병기 장구에 산조춤을 추는 등 정말 호사를 누렸다는 생각이다.

《산조춤-소천》은 이애덕이 가운데서 중심을 잡고 한지현, 윤정민이 좌우에서 오르고 내리고, 감추고 호미며 마치 바느질하며 수를 놓듯 단아하게 시작했다. 대칭과 비대칭이 적절하게 균형을 이루며 장구와 가야금에 따라 전체적으로 무거웠지만 때로 빠르게 춤사위를 밟아갔다.

3인무에 이어 김명숙의 솔로춤이 깊고 무거운 호흡으로 전개됐다. 빠르지 않은 느린 춤사위였지만 장구와 가야금, 춤이 어우러진 내밀한 긴장감이 내적인 속도감을 만들어내 힘을 더했다. 솔로춤은 7인무, 10인무, 9인무로 마치 진법을 펼치듯 우쭐우쭐 대칭과 비대칭으로 펼쳐지며 장식음, 잔가락, 농현을 절제한 황병기류 산조음악을 회화적으로 그려냈다.

한편, 절제와 품위가 두드러진 작품과는 어울리지 않는 시대착오적인 신파조의 작품해설 브리지와 극장 한 구석에서 아무런 방음장치 없이 객석에서도 들릴 정도로 무선연락을 주고 받는 예악당 관계자들의 무신경은 이 작품의 가장 결점으로 생각됐다.

― 춤 2003년 10월호

김민정

다시 돌아온 불후의 명작 2004년 11월 19~21일 게릴라소극장

김민정이 이끄는 플레이댄스그룹 당당의 《다시 돌아온 불후의 명작》은 한국 근현대사를 유행가와 춤으로 풀어낸 퍼포먼스다. '똥자루 무용단' '유랑가무쑈단' 등 발칙한(?) 상상력의 주인공인 독립 현대무용가 김민정의 작품답게 일단 웃음으로 시작하지만 천박한 세상을 고민하는 진지한 춤꾼의 아픔이 엿보인다. 대중적으로 풀어냈지만 그 안에 씹으면 씹을수록 아픈 현실의 고갱이가 쓰다. 당의정(唐衣精), 설탕으로 옷을 입힌 쓴 약 같다고 할까, 첫맛은 달지만 뒷맛이 결코 개운치는 않았다. 껄끄러운 찌끄러기를 잔뜩 남긴다. 꽤 오래전 작품을 다시 올렸는데 여전히 상상력이 발랄하다.

또 첫날부터 마지막날까지 입구에 장사진을 치고 빼곡하게 자리를 가득 채웠다. 7회를 맞이한 독립예술제인 「변방연극제」의 대미를 장식할만한 작품이다.

시대의 진실을 담고 있는 유행가들을 모아 일제강점기, 한국전쟁, 경제개발, 광주민주화운동 등을 제법 잘 엮었다. 노개런티의 독립 아티스트들답게 진지한 문제의식이 돋보인다. 키치와 패러디에 정통 현대무용과 클래식을 뒤섞어 재미있는 퍼포먼스를 만들었다. 물론 지나친 치기로 인해 눈에 걸리는 부분도 없지 않다. 그러나 젊은 공연자들의 순수한 도전의식은 충분히 이를 상쇄하고 남아 보인다. 고아한 전통을 치기로 패러디한 것은 대충 언제나 대중성을 갖는다. 그러나 지나치면 예술성을 잃어버린 장난이 된다. 과유불급의 한계를 어떻게 잡느냐, 그것이 패러디 예술가의 능력이며 수준이다. — 춤 2004년 12월호

김민희

아랑, 백골의 눈물 꽃잎처럼… 2008년 9월 18~19일 예술의전당 토월극장

김민희글로벌컨템포러리발레단의《아랑, 백골의 눈물 꽃잎처럼…》은 모처럼 골격이 잘 짜인 한국 창작발레였다. 하늘과 땅을 잇는 기하학적 구조의 미니멀한 무대가 턴테이블에 얹어져 앞뒤로 움직이는 등 단순한 무대를 최대로 활용, 모던하면서도 입체적인 무대를 만들었다. 아마 토월극장에서 공연된 무용작품 가운데 이 작품처럼 효과적으로 극장을 사용한 무대는 없을 것으로 보인다.

작품은 경남 밀양지역의 아랑설화를 소재로 하고 있다. 아랑은 재주가 뛰어나고 아름다운 여인으로 마을 총각들의 선망의 대상이다. 평소 아랑에게 욕심을 품어온 도홍사는 아랑을 범하려다가 저항이 거세자 아랑을 살해, 사건을 은폐한다. 그러나 아랑이 귀신이 돼 나타나 행정관이 부임해올 때마다 숨지게 한다. 액을 없애기 위해 굿을 하는데 아랑이 나타나 억울한 사연을 호소한다. 젊은 행정관 지수는 억울한 사연을 듣고 도홍사를 추궁, 사건의 전모를 밝히자 아랑은 비로소 수많은 꽃잎을 날리며 저승으로 떠난다.

전체적 스토리가 그대로 들어오면서도 감정이 풍부한 아다지오를 중심으로 해서 작품을 무리없이 엮어냈다. 특히 김주원, 이현준, 정형일 등 객원무용수들이 뛰어난 기량으로 작품을 이끌었고, 군무진들은 이들을 잘 받쳐줬다.

신명의 무당춤을 세련된 형식미의 발레로 바꿨고 아랑의 겁탈장면은 사실적인 박진감이 넘쳤다. 도깨비불에 처녀들의 춤, 지전춤 등 디베르티스망도 잘 갖춰졌다. 행정관이 한 명만 등장해 죽는 것보다 여러 명으로 만들어 잇따라 죽어나가게 하는 등 부분적인 보완을 거친다면 좋은 한국 발레 고정레퍼토리의 탄생도 기대해볼 만하다.　　　　　— 춤 2008년 10월호

김복희

꿈, 탐욕이 그린 그림 / 피의 결혼 2011년 2월 16~20일 아르코예술극장 대극장

1971년《법열의 시》로부터 2009년《흙의 울음》까지 한국 현대무용의 착근기부터 지금까지 40년 동안 가장 부지런하게 새로운 작품을 발표해온 현대무용가 김복희는 오늘날 한국 현대무용의 전성시대를 일군 주인공의 한 사람이라고 하기에 부족함이 없다. 특히 여성무용가 일색이던 한국 현대무용 초창기에 남성무용가들을 집중 육성, 한국 현대무용의 균형을 잡은 것은 아무리 높이 평가해도 지나치지 않다.

김복희의 특징은 한국적 현대무용, 그리고 남성적 역동미다. 당시 육완순 전 이화여대 교수가 도입한 미국 마사 그레이엄의 '릴리즈 앤 컨트랙트(release&contract · 긴장과 이완)' 골격에 한국적 춤사위와 정서, 불교적 세계관으로 근육과 살을 입히고 혼을 불어넣었다. 이런 일련의 작품들은 현대무용 테크닉에 한국적 전통기법과 정서를 반영, '김복희 현대무용'을 완성했다. 특히 여성 무용수와 안무가 일색에서 남성 무용수와 안무가를 발굴하고 육성에 집중함으로써 한국 현대무용에 역동미를 보완했다.

김복희 무용 40주년을 기념해 마련한 레퍼토리 공연에 선보인《흙의 울음》,《꿈, 탐욕이 그린 그림》,《피의 결혼》,《달과 까마귀-이중섭 이야기》는 그의 이 같은 특징들을 명확히 보여준다.

특히 삼국유사의 〈조신설화〉를 바탕으로 이광수가 쓴 소설 〈꿈〉을 소재로 한 1995년작 《꿈, 탐욕이 그린 그림》은 그의 춤의 모든 특징이 압축돼 있는 작품이라고 할 만하다. 승려

조신이 불공을 드리러 온 달례에게 반해 욕망과 애증을 좇다가 친구를 살해하고 마침내 자식까지 잃는 비극을 하룻밤 사이 꿈에서 겪는 이야기로 풀어낸 이 작품은 초기 한국 현대무용의 문학 지향의 특성도 엿보인다.

조신이 달례를 그리워하는 장면으로 시작, 꿈으로 들어가는 과정이 나한상의 역동미로 멋지게 그려졌다. 꿈으로 들어가 펼쳐지는 욕망과 애증의 스토리가 남성춤의 역동미로 스펙터클하게 배경을 마련하고 그 안에서 질박한 에로티시즘과 격렬한 결투의 장면이 잘 엮어졌다. 군무와 솔로, 듀엣이 좋은 균형을 이루고 꿈으로 들어가고 나오는 수미쌍관 형식은 춤의 구조를 설득력있고 탄탄하게 만들었다. 다소 오래돼 늘어진 듯한 음원과 유형화한 움직임들은 어쩔 수 없는 세월의 풍화로 이해된다.

스페인 작가 로르카의 원작 소설을 바탕으로 한 1997년작 《피의 결혼》은 《꿈, 탐욕이 그린 그림》의 미덕을 보다 분명히 하고 글로벌화한 실험이 돋보였다. 첫날밤 정부와 함께 달아난 신부의 비극을 그린 이 작품은 실물크기의 인형을 써 전통 혼례와 제례를 도입, 한국적 정서와 이미지를 강화하고 무용수들의 모듬북, 합창 등으로 구성을 다양화했으며 섬세한 심리묘사와 다양한 양식적 실험을 통해 김복희 특유의 한국적 현대무용 특징을 분명히 했다. 특히 내레이터 역을 맡은 이정연의 깔끔한 춤은 격정적으로 전개되는 작품의 거친 감정을 적절하게 조절했다.

— 춤 2011년 3월호

김봉순

하루 2006년 4월 14~15일 서강대 메리홀

김봉순의 고집스러우면서도 꾸준한 변화를 보는 것은 즐거움이다. 연극 쪽에서 먼저 두각을 나타내면서 관객을 생각하는 편안한 이미지에 장기를 보였다. 깔끔하고 인상적인 편안한 춤사위를 만들어내는 장기 때문에 연극쪽에 픽업됐는지, 아니면 연극작업을 많이 해서 편안한 이미지, 구체적인 의미의 무브먼트를 만들게 됐는지, 어느 것이 먼저인지 모르겠다. 물론 알 필요도 없다. 많은 연극무대 안무를 맡으면서도 자신의 작업을 꾸준히 하며, 연극으로는 채워지지 않는 순수 욕구와 갈등을 춤으로 만들어내는 그의 작업은 항상 기다려진다. 특히 이번 작품은 그가 처음 도전하는 대작이라는 점에서 더욱 그랬다. 그리고 김봉순은 그 기대를 배반하지 않았다.

여기서 '하루'는 1년 같은 하루다. 칠월칠석 하루를 살기 위해 1년을 기다려야 하는 견우와 직녀의 하루다. 그 하루의 이미지를 서정주, 김기림의 시를 이용해 객석을 준비시켰다.

시가 잘 투사되며 객석의 관심을 끌었지만 뒤부터 빠져서 흩날리는 영상은 왠지 신파조였고, 그런 아마추어적 신파조 영상이 작품 내내 계속된 것은 안타까운 일이다.

오랜 기다림을 지루하게 형상화한 정지 다음에 아버지에게 걸음마를 배우듯, 춤 스텝을 배우듯 서로 끌어안고 발등을 밟으며 조심스럽게 시작했다. 오랜 기다림 끝에 사랑으로 하루를 여는 떨림이 가득 담겨있는 춤사위로 김봉순 특유의 투명하고 아름다운 연극적 서사가 잘 담겨 있었다. 상대적으로 구체적인 연극의 서사를 넘어 현대무용 특유의 생략과 상징

이 단정하면서도 감각적으로 그려졌다. 가야금 연주에 맞춰 끊어질듯 이어지는 작은 움직임들이 음악과 무대로 잘 어울렸다.

몸에서 몸으로 이어지는 감각적인 춤은 364일을 기다려 하루의 회포를 풀어내는 견우와 직녀의 애달픈 사랑이 잘 드러났다. 잘 훈련된 무용수가 아니면 만들어낼 수 없는 아크로바틱한 동작들을 끊임없이 이어가며 김혜경 등은 절제된 관능을 깔끔하게 담아냈다. 무대 전체를 활용하며 서로의 몸을 탐하는 장면이 마치 이빨 빠진 늙은 범이 살찐 토끼를 잡아 놓고 먹지도 못하고 애태우는 듯한 동양적인 아쉬움이 가득 담긴 사랑의 장면을 만들어냈다.

경쾌한 공놀이로 이어진 사랑의 모습은 유쾌한 재미와 관능을 경험하게 했다. 진하지만 결코 부담스럽지 않은 즐거운 러브신을 예쁘게 그려냈다.

사랑이 끝난 자리, 그 '하루'를 위해 다시 364일을 기다려야 한다는 허무감이 무대를 꽉 채웠다. 큰 고드름을 타고 떨어지는 물소리는 고통의 겨울, 지루한 일상의 시간을 잘 그려냈다. 이는 어느 석회 동굴 속에 갇힌 감금, 유폐의 느낌도 났다. 사랑은 끝나고 님은 떠나간 뒤 남은 공허함이 마치 바람 빠진 공처럼 허무하다.

눈비 섞어 치는 영상은 역시 신파조였지만 강한 하이톤의 신나는 퍼큐션에 맞춰 춘 역동적인 4인무는 시원했다. 하루의 사랑이 끝나고 공허함이 몰아쳐 어떻게 살까도 싶지만 그 하루의 사랑을 다시 기다리며 삼백예순네날을 힘차게 춤추며 살아가는 건강함도 느껴진다.

바람 빠지는 소리와 함께 서두의 긴 잠 장면으로 이어진다. 하루를 위한 364일의 기다림이 결코 헛되지 않은 '하루'의 극적인 풍경화였다.　　　　　　　　　　　— 춤 2006년 5월호

김삼진

둔(屯)-시계 보는 아이 2003년 9월 4~5일 문예진흥원 예술극장 대극장

김삼진의 개인적인 아픈 경험에 바탕한《둔(屯)-시계 보는 아이》는 춤의 구체적인 진실성이 돋보인 무대였다. 다양한 놀이를 통해 세상과 벽을 쌓고 있는 자폐아의 내면과 소통하려는 강인한 모성이 특히 감동을 더했다. 예술의 진정성이 어떻게 현실의 구체성을 띠어야 하는지 한 전형을 보여줬다는 느낌이다.

김삼진은 무용가이지만 연극원 실기교수로 전임을 시작해 무용인들보다는 연극인들과 더 가깝다. 특히 연극원 교수로 있으면서 김우옥, 김광림 전/현 연극원장을 비롯해 윤정섭 교수와 많은 작업을 했다. 김삼진의 깊이 있는 안무는 강력한 새로운 신체표현을 찾는 실험적인 연극인들과 궁합이 잘 맞았기 때문이다. 그래서 김삼진은 황지우 시인이 대본을 쓰고 윤정섭 교수가 연출한 극단 돌곶이의 연극 〈물질적 인간〉의 안무를 맡아 이 작품의 구상 초기부터 이들과 함께 작업을 했다. 그러다가 아이가 자폐증을 앓고 있는 김삼진의 사정을 잘 아는 윤정섭의 설득으로 개인적 아픔을 춤으로 풀어내기로 결심했다고 한다. 황지우는 대본을 써 도와줬고, 윤정섭이 연출을 맡았다. 이에 따라 황·윤·김 세 콤비는 동시에 연극과 무용 두 작품을 동시에 무대에 올리게 됐다.

김삼진의 작품 출발은 '시계 보기'다. 이와 관련 그는 다음과 같이 말했다. "시간을 가르치기가 정말 힘들었습니다. 모래시계를 놓고 다 없어지면 과자를 하나 줬지요. 그 다음에 뒤집어 놓고 다시 다 떨어지면 과자를 또 하나 줬어요. 시간의 개념을 가르치기 위해서지요. 그

랬더니 이 꼬마가 글쎄 다음에는 뒤집자마자 얼른 다시 뒤집어 버리는 거예요. 그래야 빨리 과자를 하나 더 얻으니까요."

자기 내부에 몰두하고 있는 자폐아에게 시간의 개념은 없었다. 그가 보는 외부의 모든 것은 정지돼 있었다. "그 꼬마는 뭐든지 사진처럼 정지시킵니다. 물건도 꼭 있던 자리에 있어야 해요. 그냥 설명 없이 일상적으로 인식해오던 뭔가 흐르는 것을 가르치기가 정말 힘들더라구요. 그러면서 세상을 보는 제 눈도 달라졌어요. 옛날에는 해가 뜨면 움직인다고 생각했어요. 어두워지면 움직이지 않고요. 그런데 그게 아닌 것도 같아요. 해가 뜨면 거꾸로 단추를 채우고 몸을 추스리는 등 더욱 경직돼요. 하지만 밤이 되면 모든 것을 벗고 편하게 움직이잖아요. 낮이 희망이며, 미래이고, 진보적인 느낌 같지만 실제로는 밤이 더 위로가 되고 휴식이 됩니다."

황지우는 이 같은 혼돈의 상황을 주역의 '둔'으로 풀었다.

'역(易)에 의하면 / '둔'괘의 아래 3효가 진(震)이요, 윗 3효가 감(坎)이다. / 진은 양 하나가 두 개의 음 아래서 발동하기 때문에 그 이미지가 번개(雷) 비슷하며 / 성질은 끊임없이 동(動)하는 데 있다. 번개 치는 날 하늘이 뚫려있는 땅이라고 할까, / 말하자면 우리 모두의 어머니이리라. / 감은 하나의 양이 두 개의 음에 빠져있다. 그 이미지는 물 · 비 · 구름이며 / 그 성질은 험(險)을 나타낸다. / 요컨대 둔괘는 새로운 질서가 나오는 카오스이며 그 자체로는 폭폭하고 힘든 상태다 / 동방에서 처음으로 우레가 쳐서 하늘과 땅을 진동시키고 음양을 어우러지게 하여 / 비를 가득 내리게 하니, 때는 풀과 나무가 움터 나오는 새봄이다.…'

김삼진은 황지우의 이 둔괘풀이를 혼이 나가는 기절로 형상화했다.

"갑자기 불을 켜면 방안에 있는 바퀴벌레들이 빛이 싫어 달아나잖아요. 그런데 한가운데 있는 놈은 도망도 못 가고 혼이 나가 버립니다. 죽은 척하는 생존의 지혜를 보이는 거지요. 물론 이것에 대해 죽은 척하는 게 아니라 기절한 것이라는 생물학적 해석도 있습니다. 잠시 잠깐씩 혼이 나가는 기절한 아이가 혼을 찾아가는 이야기가 이 작품입니다."

이같이 진지한 경험과 탄탄한 논리가 바탕이 된 작품은 지극히 연극적으로 시작했다. 오토바이소리와 착암기소리 등 암전 속에서 소리의 춤이 어지럽게 전개되다가 무대 중앙에 강한 빛이 폭사하면서 음악이 중지되면 혼이 나간 아이의 등장으로 작품이 시작됐다. 자식의 깊은 병을 확인했을 때 부모의 좌절과 고통이 어찌했을지 자식 가진 이는 다 알 것이다. 김삼진은 이를 단추를 채우는 것과 푸는 것으로 담담하게 풀어냈다. 일상으로 받아들이는 노력이며 연습이리라.

무음악 프롤로그가 끝나고 웃음소리, 뱀이 지나가는 소리 등 괴성이 들리고 아이는 귀를 막는다. 순수한 아이가 느끼는 세상에 대한 불안으로 생각된다. 이어 군더더기 없이 드라이하고 냉정한 액션이 비인간적으로 잔혹하게 펼쳐진다. 사실주의 극의 한 장면을 보는 것 같이 실감나게 치고받는다. 치고받은 뒤의 소근거림은 다투고 난 뒤의 막후의 정략적인 협상처럼 느껴진다.

아이가 다시 귀를 막고 다섯 명의 무용수가 물구나무를 선다. 가치가 전도된 세상에 대한 풍자는 아닌지 모르겠다. 이어 줄서기, 도미노게임, 올라타고 뛰어넘기 등의 놀이를 빠르지 않게 묵직하게 꾹꾹 눌러 담아 나갔다.

날카로운 금속성, 트라이앵글소리와 신디사이저음이 점점 강하고 급해지면서 아이는 긴장감에 오그라들고 주변의 세상은 빠르게 변해간다. 온 세상이 돌기, 뛰기를 반복하며 메치고, 매달리고, 올라탄다. 적자생존의 정글법칙이 지배하는 거친 세상이 피가 튀길 듯 그려졌다.

이 과정에서 아이의 바닥에 테이프 붙이기가 끊임없이 전개된다. 테이프를 찢고 붙이는 소리가 묘한 느낌을 자극하며 혼돈의 세상에 대해 어떤 방향성, 이정표를 제시하는 느낌이다. 세상이 어떻게 변하든 외부와 벽을 쌓고 내면의 길을 찾아가는 아이의 모습이다.

5명의 무용수들이 벌이는 말타기 놀이는 곡예처럼 전개돼 손에 땀을 쥐게 했다. 남자 어린이, 청소년들이 흔히 하는 놀이인데 무대에 올려져 이같이 과격하게 표현되니 흥이 절로 난다. 무너지고, 떨어뜨리고, 가위바위보를 하고, 약육강식의 처절한 생존투쟁과 함께 원시적 건강성도 엿보인다. 뛰어넘기 놀이도 곡예처럼 펼쳐졌고, 발을 밟는 돈까스 놀이는 속도감에 어지러울 정도였다. 껴안기 놀이는 사랑놀이로도 보였으나 도를 더해가면서 질투나 간섭, 독점욕으로 보이기도 했다. 상대방을 길들이려는 강요처럼 느껴지기도 했다. 머리를 밟는 장면에서는 폭력적인 현실세계의 잔혹성이 생생하게 드러나는 것 같았다.

혼이 나간 아이가 무심하게 바닥에 테이핑한 것이 길을 이루는 동안 전개되는 폭력과 경쟁은 눈코 뜰 새 없이 밀려가는 지금 우리 삶의 모습과도 같아 섬뜩하다.

자명종 소리, 괘종시계의 종소리, 태엽 감는 소리, 초침소리 등이 뒤섞여 들린다. 시계를 본다는 것은 역사와 미래를 믿는다는 뜻은 아닐까. 그러나 작품의 흐름은 그렇게 보이지 않는다. 염세적인 느낌이 더 강했다. 공연 끝마무리의 한바탕 격렬한 혼돈의 뒤풀이는 역사와 미래의 진보에 대한 김삼진의 불신의 감정을 좀 더 분명히 한 것 같다.

에필로그에서 무용수들은 완전히 에너지를 소모해 모든 기운이 빠져나간 채 유령처럼 비스듬히 서있었다. 기울어진 세상에서 기우뚱하게 살아야한다는 안무자의 시니컬한 메시지로도 들린다. 여행이 끝난 아이의 머리를 쓰다듬고, 아이는 비로소 단추를 채운다. 세상에 대해 비로소 적응하는 모습이다. 그러나 그것이 결코 긍정적인 변화로만 보이지는 않았다.

공연을 앞두고 김삼진은 결론에 대해 고민을 하며 다음과 같이 말했다. "황지우 선생님은 대본에서 '세상이 알고 보면 따뜻한 곳이여' 하고 매듭을 짓습니다. 하지만 저는 아직 마지막 단추를 채우지 못해 고민이에요. 어떻게 매듭을 지어야 할지 막이 오를 때까지 고민할 겁니다. 이 작품은 아직 관객까지 생각하지 못해요. 우선 이 작품으로 제가 가장 위로 받고 싶습니다. 또 함께 작업하는 사람들을 행복하게 해줬으면 좋겠어요. 그렇게 되면 관객들도 좋아하겠지요."

하지만 실제 공연에서의 결론은 상당히 염세적인 것 같다. 살인적인 경쟁과 야만적인 폭력이 난무하는 사회에서 제대로 혼을 갖추고 살기 어려우며, 비뚤어진 세상에 어느 정도 타협하며 살 수 밖에 없는 것이라고. 그래서 단추를 채우는 것은 온전한 자각이라기보다는 야만의 세상에 대한 굴종적 타협으로 느껴진다. 현실을 있는 그대로 보는 것이 김삼진에게는 위로가 된다는 의미인지도 모르겠다.

《둔-시계보는 아이》는 인간과 세계에 대한 진지한 천착을 바탕으로, 속도와 역동성, 균형과 컴포지션이 돋보이는 춤이 한바탕 잘 어우러진 춤판이었다. 하지만 조금 과한 듯한 연출이 춤의 진정성을 약간 상하게 한 것 같은 아쉬움이 없지는 않다.　　　　─ 춤 2003년 10월호

터미널 2005년 5월 21~22일 예술의전당 자유소극장

김삼진의 《터미널》은 아직 정리되지 않은 채 무대에 오른 느낌이 난다. 작품 내 에피소드들이 서로 연관성을 갖지 못하고 모래알처럼 부스러져 있는 느낌이다. 나열된 에피소드들이 하나로 이어져, 아니면 종합적으로 조합해, 또는 공통적인 무엇으로 객석에 뭔가를 전달해야 하는데 그것을 좀처럼 찾기 쉽지 않았다. 춤인지, 의미인지, 형식인지, 독특함인지, 사회

적 고발인지, 풍자인지 전략적 목표가 모호했다.

작품은 암전 속에서 맥박 뛰는 소리, 가위소리, 깊은 숨소리로 시작했다. 이어 만원 지하철에서 가방이 쏟아지고 그것을 주우려는 주인을 군중들이 철저히, 교묘하게 방해했다. 이게 '실수의 사소함'이라는 에피소드인데, 사소한 실수도 용납하지 않는, 우연한 실수가 철저한 파멸로 이어진다는 의미인지, 누구를 향해 찌르는 칼인지 쉽게 이해되지 않는다. 교실에서 벌어지는 아이들의 잔혹한 폭력 이지메를 그린 '아이들의 전쟁'이라는 에피소드는 앞의 내용과 어떻게 이어지는지 모르겠다.

어떤 할머니가 바쁘게 움직이는 세상을 공허하게 가로지르고 주위를 헤매는데, 삼풍백화점 붕괴를 소재로 한 황지우의 연극 〈물질적 남자〉가 생각난다. 이 작품에서 최근 불의의 사고로 돌아가신 고 이항 박사가 저승사자적 성격을 가진 노인으로 등장하는데, 꼭 그 모습같기도 하다. 이 연극도 이 무용을 연출한 윤정섭이 연출했다. 말없는 기성세대인지, 소외된 기성세대를 의미하는지, 참혹한 현실의 다가올 미래를 암시하는지 잘 모르겠다.

이어 '두 남자, 한 여자' '불편한 일상' '있지도 않은 적' '소녀와 개' '복날 오후' 등 여러 가지 소제목의 에피소드들이 전개되면 춘향전 판소리도 나오고, 바닥에 백회로 그려놓은 모눈이 다 지워질 때까지 격렬하게 싸우는데 한 편의 춤 속에 너무 많은 것을 정리되지 않은 채 꾸역꾸역 집어넣어 소화불량이 되고 만 것 같다. 김삼진 특유의 회화적이고 연극적이면서 뚜렷한 선을 가진 아름다운 춤이 보이지 않아 아쉬운 무대였다.   — 춤 2005년 6월호

김선미

강변북로 2005년 2월 1~2일 예술의전당 토월극장

창무회의 신작공연《강변북로》는 시인 황지우의 대본에, 무대미술가로 더 유명한 윤정섭이 연출을 맡았다. 또 화려한 빛의 마술사 이상봉이 조명을 했고, 톡톡 튀는 재능이 눈에 보이는 김태근이 음악을 맡았다. 이를 성실과 끈기로 신뢰를 주는 김선미가 안무했다. 공연을 보기 전부터 충분히 기대를 모을 만했다. 그러나 결론부터 말하자면 '구슬이 서 말이라도 꿰어야 보배'라는 말이 실감이 난다. 대본과 안무, 조명, 음악이 서로 각각이었다.

우선 안무는 황지우의 대본 전체를 잡아내지 못했다. 황지우의 시는 감성적이면서도 가슴이 서늘한 풍자가 생명이다. 민중적이면서도 상스럽지 않은 기품이 있다. 그런데 김선미는 여기에서 감성과 기품만 잡아냈다. 풍자가 없는 감성, 민중성이 없는 기품은 황지우의 것이 아니다.

강변북로는 한강 북쪽 강변을 끼고 서울을 동서로 가로지르는 도로다. 일산 신도시와 서울을 연결하며, 한강을 따라 펼쳐진 온갖 욕망의 편의시설이 즐비한 곳을 이어주는 도로다. 신부님도 강변북로에서 운전대를 잡으면 욕이 터져 나온다는 악명 높은 교통체증 도로이기도 하다. 하지만 가만히 들여다보면 강변북로에는 물결의 일렁임도, 생명의 움직임도 있다. 삶과 죽음, 중앙선을 넘어간 바퀴자국, 부유하는 도로 위의 원혼이 있는가 하면 넘치는 욕망과 사랑도 있다. 그리고 강변북로는 '자유로'로 이어진다. 그러나 그 자유로는 분단으로 자유롭지 못한 도로다.

강변북로에 황지우는 인간의 일상의 삶에서부터 자유와 통일이라는 거대 담론까지 담고 있다. 분명하게 땅에 발을 딛고 있는 거친 언어로 자유로운 상상과 관능과 풍자를 담아냈다. 하지만 여기서 김선미가 찾아낸 것은 일부분에 지나지 않은 것 같다.

조명과 음악도 김선미를 도와주지 못했다. 조명은 화려한 대칭적 구조의 빛의 건축물을 구축했다. 너무 화려해서 문제였다. 불안과 짜증이 나는 장면일 텐데, 화려한 성이 만들어졌고 너무 안정적이었다. 음악도 드라마 음악처럼 이벤트적 또는 장르적이었다. 조명과 음악만으로 시 전체가 아니라 부분을 확대, 집중해서 보여주는 방법도 가능했을 텐데, 그렇지 못했던 것으로 봐서 연출도 제 역할을 하지 못하지 않았나 생각된다.

한국 전통춤과 무예, 또는 여러 가지 놀이를 바탕으로 만들어낸 다양한 표현적 춤사위의 시도는 높이 평가할 만하다.

세계 문학사상 최초의 소설을 쓴 16세기 풍자소설가 프랑수와 라블레가 자신의 소설에 대해 "뼈를 으깨 골수를 빨아라"고 조언했다. 황지우의 시가 꼭 그렇다. 뼈를 으깨 골수를 빨 때 고소한 생명의 맛이 난다. 김선미는 이번 작품에서 아쉽게도 뼈에 붙은 살점을 떼내 요리하는 데 그치지 않았나 싶다. 어렵게 얻은 좋은 대본인 만큼 뼈를 으깨 골수를 우려내는 속편을 기대해 본다.

— 춤 2005년 3월호

볼레로 2009년 10월 12일 서강대 메리홀

김선미가 한국춤 발짓으로 반복, 확대해 풀어낸 《볼레로》는 큰 박수를 받았다. 오랫동안 병마와 싸워온 '은발의 여전사'의 승리를 확인하는 무대였기 때문이다. 라벨의 〈볼레로〉는 끝없는 반복, 확대, 관능, 회전의 느낌에서 꼭 압축된 인생을 느끼게 하는 곡이다. 그 곡은 어떻게 추어지든 간에 안무자의 삶이 고스란히 들어있는 느낌이다. 김선미는 한국춤으로 이 곡에 과감히 도전, 다소 투박해 보이는 한국춤의 손짓, 발짓, 어깨짓, 몸짓으로 건강하게, 그리고 깊이 있게 풀어냈다. 라벨의 투명한 음악을 동양적 명상으로 조각해낸 느낌이다. 끝없이 돌아가는 대미는 삶의 어질머리와 함께 하늘을 향한 삶의 기쁨에 대한 경배로 읽혔다.

— 춤 2009년 11월호

김선희

지귀(志鬼)-불꽃 2006년 2월 17~18일 예술의전당 토월극장

　김선희발레앙상블의 신작《지귀(志鬼)-불꽃》은 끊임없이 한국적 발레를 모색해온 안무자의 노력이 돋보인 무대로, 한국 창작발레의 희망적 불씨를 보여줬다. 물론 문제점과 함께다.

　우선 동양과 서양, 고전과 현대, 원로와 신진, 전통과 전위 등 시공을 넘어선 다양성의 만남이 가장 돋보인다. 90세를 넘어선 원로 예술평론가 박용구가 한국설화를 바탕으로 지극히 한국적인 뼈대를 탄탄하게 구성했고, 이를 김선희가 서양 무대예술의 정수인 발레로 안무했다. 무용수들은 이현준, 김성민 등 각종 국제콩쿠르에서 두각을 나타내고 있는 새내기들이다. 한국발레의 원로평론가와 중견 안무가, 그리고 신진 무용수들이 함께 만들었다는 점이 뿌듯하다.

　또 이 작품은 발레의 우아함과 아크로바틱, 판타지를 그대로 가지고 한국춤사위를 녹여냈다는 점에서 한국적인 것과 세계적 보편의 만남으로도 평가할 수 있을 것 같다.

　무대는 이제 김선희와 콤비라고 해도 지나치지 않을 안규철이 맡아 현대적인 심플한 무대를 만들었다. 전통설화와 고전발레, 그리고 전위적인 설치미술의 만남이다. 특히 꿈속 장면에서의 꽃잎 모빌 무대는 독특한 미적 구조를 만들어냈다. 하지만 좀 서운한 구석도 없지 않다. 거울이 내려오는 장면에서는 좀 더 거울이 많아서 환상적인 분위기를 냈으면 좋았을 것 같다. 탑돌이 장면도 탑이 어둠 속에서 보였을 때는 탑 내부의 조명으로 경건한 느낌을 줬는데 외부 조명에 의존하며 비율이 좀 맞지 않고 너무 작게 만들어진 것 같아 아쉬웠다. 결국 자본의 문제라는 생각도 든다.

또 영상이 춤과 무대에 상당히 미치지 못한 느낌이다. 춤과 무대는 가급적 절제하며 탄탄한 기초에 바탕한 새로움을 만들어 가는데 안일하고 진부한 이미지의 영상이 이를 덧칠해 잘 익어가는 감정을 깨뜨린 것 같아 아쉬웠다.

이 작품은 '연등회 축제', '지귀의 꿈', '심화(心火)' 등 세 부분으로 구성됐다.

프롤로그로 고아한 선덕여왕의 춤과 순박하고 발랄한 지귀의 춤이 사막을 통해 엇갈리며 비극적인 사랑이 암시됐다. 연등회 축제에 참가한 여왕에게 지귀는 농악대와 함께 멋진 춤 솜씨를 선보이다가 지쳐 쓰러져 잠이 들었다. 지귀의 열정적인 춤에 반한 여왕은 자신의 금팔찌를 쓰러진 지귀의 가슴 위에 올려두고 떠났는데 이것이 마치 결혼을 상징하는 고전발레의 판토마임처럼 보여 아름다웠다.

초반부 지귀의 춤색깔은 순박한 청색이라고 할 수 있을 것 같다. 파릇파릇 신선했고, 에너지가 넘쳤다. 그러나 손동작의 포인트가 가슴으로 모아져 남성춤 특유의 시원한 모습이 다소 부족해 보이지 않았나 싶다.

지귀가 꿈속에서 여왕과 춤을 추며 뜨거운 사랑을 나누는 장면은 아름답고 힘차게 만들어졌다. 하지만 광란에 이르는 지극한 사랑으로 관능과 리비도가 좀 더 넘쳤으면 더 좋았을 것 같다. 순수한 청년의 아름답고, 고운 사랑을 중심으로 춤이 채색된 것 같다. 이는 물론 안무자의 사랑에 대한 생각이 반영된 결과일 것이다. 달콤한 꿈에서 깬 광란에 빠지는 상황은 남성춤 특유의 역동성이 빛났다.

에필로그에서 올 누드의 느낌이 나는 남성 발레리노의 뒷모습은 강인한 리비도가 느껴졌지만 이것이 꿈속 장면에서 보다 과감하게 펼쳐졌더라면 하는 생각이 든다.

이 작품의 핵심인 지귀를 흥겹고 순박한 춤, 사랑을 꿈꾸는 서정적인 춤, 그리고 끝내 사랑의 열정으로 광란에 빠지는 춤까지 다채로운 춤의 스펙트럼을 통해 지귀의 복잡한 성격을 잘 그려냈다. 이현준은 쉽지 않은 지귀역을 감성적으로 풍부하게, 기술적으로 역동적이고 아름다운 균형으로 소화해냈다. 김성민은 부드럽고 깔끔한 선으로 선덕여왕의 애틋한 사랑을 그려냈다. 대칭과 통일성으로 무대를 변주한 힘찬 군무의 조화도 인상적이었다.

한편 창작춤에서, 특히 발레에서 음악이 가장 큰 숙제인 것 같다. 편집한 음악으로는 역시 안무자가 원하는 춤사위를 표현하기는 쉽지 않은 것 같다. 대본을 보다 정제하고 의식화한 음악을 바탕으로 해야 비로소 정확한 대본의 의도가 그려질 수 있을 것 같다. — 춤 2006년 3월호

거꾸로 가는 기차 2007년 4월 4일 아르코예술극장 대극장

김선희의 《거꾸로 가는 기차》는 수채화 같은 작품이다. 현재에서 과거로 가며 사랑을 찾아 회상하는 과정을 마치 뮤직박스 오르골을 틀어놓듯 맑게 풀었다. 젊은 연인의 만남을 단서로 막이 열리며 펼쳐지는 카페의 모습이 흥겨웠다. 특히 세계 각국의 콩쿠르에서 훌륭한 성적을 낸 19명의 국내 최고의 코르드발레는 최고의 '인간무대'였다. 사랑이 넘치는 활기찬 카페에서 태엽이 풀린 듯 시간이 정지된 흑백의 카페, 그 안에서 눈에 띄는 노란 머리에 핑크빛 의상의 김선희는 발료자 김과 멋진 호흡으로 그랑파드되를 췄다. 발료자 김에게 모든 것을 내맡겨 편안하면서도 무리 없는 동작으로 흘러간 아름다웠던 사랑을 다시 풀어놨다.

'인간무대'들은 움직이며 그랑파드되의 공간을 만들어주고, 또 절도 있는 동작으로 무대를 가득 채워 인상적인 투명한 이미지를 만들었다. 하지만 맺힌 데가 없는 아쉬움이 있다. 부드럽게 흘러갔지만 '이거다' 하며 내놓는 절정미, 발레 특유의 아크로바틱한 화룡점정이 아쉬웠다.
― 춤 2007년 5월호

인어공주 2008년 2월 29일~3월 1일 아르코예술극장 대극장

김선희발레단은 한국예술종합학교 무용원 학생들로 구성된 아마추어 발레단이지만, 실력은 결코 아마추어급이 아니다. 이번 공연의 주역인 인어공주 역을 맡은 한서혜는 2004년 불가리아 바르나 국제발레콩쿠르 실비아상, 2005년 스위스 로잔콩쿠르 3위를 차지하며, 해외 평론가들로 부터 '활화산 같은 당당함' 그리고 '재치 있고 자극적'이라는 좋은 평가를 받았다. 또 다른 인어공주로 함께 캐스팅된 이용정은 2006년 동아무용콩쿠르 주니어 금상, 이은원은 2006년 러시아 바가노바 국제발레콩쿠르 엘레강스상, 2007년 상하이 국제발레콩쿠르 은상을 수상했다.

2001년 초연한 이 작품에서 왕자와 공주로 출연한 김현웅과 유난희는 현재 한국 클래식 발레의 양대 축인 국립발레단과 유니버설발레단의 주역무용수로 활동하고 있으며, 2002년 인어공주 이시연도 국립발레단 주역급 무용수로, 2003년 인어공주 한상이는 몬테카를로 발레단원으로 활동하고 있는 것만으로도 이 '프로급' 실력의 아마추어 발레단의 잠재력을 짐작하기 충분하다.

이 같은 화려한 경력이 수준 높은 가족 발레 레퍼토리를 찾고 있는 아르코예술극장 최용훈 예술감독의 관심을 끌어 창작발레를 공동제작하는 배경이 됐을 것이다. 그리고 그것이 창작발레 《인어공주》가 새롭게 태어날 수 있는 동력으로 작용했을 것이다.

편집음악을 사용한 이전 버전 《인어공주》는 초연에서 지적한 대로 여러 가지 미덕에도 불구, 많은 단점이 있었다. 애니메이션 만화영화와 같은 스토리구조에 춤을 얹어 아이들이 보기에는 즐거울지 모르겠으나 일반인들이 보기에는 좀 아쉬움이 많았다. 상징을 배제한 직설적 서사가, 또 현실과 어울리지 않는 디즈니식 만화적 표현이 많이 걸렸었다.

그러나 독일에서 활동중인 러시아 작곡가 드미트리 파블로프가 작곡한 음악은 기존의 팝스타일의 월트 디즈니식 해피엔딩 《인어공주》를 정통 클래식에 바탕 한 유럽식 희비극 전막발레로 환골탈태시켰다.

1부는 디즈니의 애니메이션 《인어공주》스토리다. 안데르센이 그렇게 쓰기도 했지만 디즈니식 해석이 여러 가지 재미를 담아놓은 것은 사실이다.

인어공주는 배 위에서 축제를 벌이다가 물에 빠진 왕자를 구해주며 사랑에 빠진다. 배의 난파 장면은 얼핏 뮤지컬 〈명성황후〉의 초기 버전의 병인양요, 신미양요 등 개항을 요구하는 장면을 떠올린다. 커다란 배 위에서 설치된 돛대에 서구 열강 제국주의를 상징하는 해군들이 올라서 노래를 부르다가 치열한 전투 끝에 배들이 부서지고 마는 장면과 흡사하다. 또 왕자 등이 물에 빠지는 장면은 일본 전통극 가부키에서 흔히 쓰는 방식으로 천을 사용했다.

그러나 전체적으로 상하움직임보다는 좌우 수평움직임으로 짜여져 수직으로 난파해 물에 빠지는 장면을 표현하기는 좀 부적절해 보였다. 사실상 초연인 만큼 시간과 경제 등 여러 가지 제약 때문에 어쩔 수 없었겠지만 배를 없애 버리고 돛대만을 사용한 〈명성황후〉 최근 버전에, 매킨토시의 뮤지컬 〈레 미제라블〉 마지막 부분에서 자베르 경감이 세느강에 뛰어들어 스스로 목숨을 끊는 장면의 조명을 벤치마킹 한다면 더 자연스러운 표현이 됐을 것 같다.

바다 속 축제에 인어공주들의 군무는 매혹적이었으며 주꾸미, 새우, 게, 뱀장어 등의 캐릭터 춤도 재미있었다. 특히 장중한 축제의 음악이 마냥 즐겁지만은 않은 것이 인상적이었다. 어딘지 비극의 단서를 숨겨 놔, 쓸쓸한 여운이 남는데, 김선희는 이를 놓치지 않고 인어공주의 춤 속에 잘 여며 넣었다. 그러나 좀 더 많은 물고기 춤으로 디베르티스망을 강화했으면 희극과 비극이 더욱 대비돼 한층 더 윤택한 작품이 됐을 것도 같다.

인어공주가 인간세계의 물건을 모아 놓은 자신의 비밀의 방을 아버지인 용왕이 발견, 부숴버리자 인어공주는 문어마녀에게 인간이 되게 해달라고 부탁한다. 이때 매직기법을 사용했는데 좋은 착상이었다.

2부는 비극으로 속도감 있게 몰아쳤다. 인간이 된 인어공주는 왕자를 만나 사랑에 빠진다. 장중한 궁중의 파티에서 서로의 사랑을 확인하는데 역시 비극적 정조가 긴장을 놓지 못하게 한다. 순간 문어마녀가 등장, 마법으로 사랑을 가로챘다. 《백조의 호수》에서 백조 오데트가 흑조 오딜에게 사랑을 빼앗기는 것과 비슷한 국면이다.

왕자와 마녀의 관능적인 사랑의 듀엣이 펼쳐지고, 그 주위에서 인어공주의 절망의 춤이 처절하게 대비됐다. 뒤늦게 진실을 확인한 왕자가 문어마녀와 격렬한 싸움 끝에 승리하지만 잃어버린 사랑은 되찾을 길이 없다. 왕자의 깊은 회한이 가슴아픈 조각상처럼 남아있는 마지막 장면은 많은 여운을 준다.

왕자역에는 윤전일, 이여름, 이영도가 각각 캐스팅됐는데 이들은 한 사람이 왕자역을 맡을 경우 다른 사람은 문어마녀와 용왕역을 맡아 또 다른 카리스마를 보여주는데 재미있는 착상이었다. 특히 용왕역으로 출연한 키 193cm의 열여섯살 무용수 이재우는 아직 다듬어지지 않았지만 강력한 힘과 카리스마로 미완의 대기로서의 가능성을 유감없이 보여줬다.

한편 인어공주가 목소리를 잃고 사람으로 변신하는 과정, 문어마녀가 아름다운 공주로 변신하는 장면 등 마술쇼 기법을 활용, 재미있는 무대를 만들었다.

장중한 음악에 고전적 테크닉과 감성이 잘 어울린 아름다운 균형미의 춤, 그리고 다채로운 아이디어는 새로운 한국 창작발레 레퍼토리 탄생을 예고하는 것 같다. — 춤 2008년 4월호

오페라 발레-뮤즈 2009년 12월 21~27일 한국예술종합학교 예술극장

발레가 오페라와 감동적으로, 흥겹게 만났다. 오페라와 발레는 원래 떨어져 있지 않았다. 그런데 나누기 좋아하는 한국에서 뚝 잘라 나눠져 있는 것 같다. '파리오페라' 하면 한국에서는 오페라를 연상하기 쉬운데 사실 파리오페라발레단을 지칭할 정도로 발레와 오페라는

한 몸이었다. 발레가 오페라와 만나는 것이 남다른 일이 아닌데 지금 우리에게는 뉴스가 된 형국이다.

김선희가 오페라 명곡, 아리아에 붙여 해설과 함께 무대에 올린《오페라 발레-뮤즈》는 익숙한 오페라의 감동을 몸으로 아름답게 그려낸 품격 높은 송년파티라고 하기 충분했다.

국립발레단 주역 김현웅이 김성은과 함께 그려낸 마스카니의 〈카발레리아 루스티카나〉 간주곡에 맞춘 춤은 비장한 음악에 올린 장엄한 사랑의 헌사였다. 두 사람은 청각적 음악의 아름다움을 시각적 비장함으로, 참을 수 없는 사랑의 감정으로 안타깝게 형상화했다.

전준혁, 엄진솔, 이선우 3명의 영재 발레리노들이 파드트루와로 춘 글린카의 〈루슬란과 뤼드밀라〉 서곡은 관객들의 배꼽을 잡게 했다.《백조의 호수》의 파드캬트르를 연상케 하는 이 즐거운 춤은 너무 앙증맞아 실수도 귀여웠으며, 놀라운 테크닉에는 아낌없는 경탄의 박수가 쏟아졌다. 2008년, 2009년 뉴욕과 베를린 콩쿠르 은상 수상자들인 이들 영재 발레리노들은 한국 발레의 밝은 미래를 보여주기 충분했다.

최영규 등 발레리노 7명이 춘 오펜바흐의 〈지옥에 간 오르페〉의 '캉캉'은 '남성병아리' 춤이었다고 하는데 '남자 오리' 또는 '귀여운 남자 백조'로 보였다. 장난스러운 동작으로 활달하게 펼쳐진 이 작품은 매튜 본의《백조의 호수》와는 전혀 다른 사랑스러운 장난꾸러기 '큰 병아리'들이었다.

영화 〈나 홀로 집에〉의 '캐롤 오브 벨스, 위 위쉬 유 어 메리 크리스마스' 맞춘 피날레 군무는 클래식발레가, 모던발레가 얼마나 흥겹고 재미있을 수 있는지를 보여주는 무대였다.

— 춤 2010년 1월호

김성한

Story about Enemy 2005년 1월 26~27일 국립극장 해오름극장

김성한이 안무한《Story about Enemy》는 폭력에 대한 고찰이 빛났다. 무겁게 밀고 들어오는 벽의 이미지와 거기에 저항하는 사람들의 모습이 생생하다. 여성을 비롯한 인간에 대한 물리적인 폭력, 지배와 피지배 권위에 의한 폭력이 잘 다듬어진 역동성 있는 춤사위에 힙합, 브레이크 댄스 등 속도감 있는 춤을 가미해 인상적으로 그려졌다. 무대 전면을 위에서 내려다보는 듯한 부감(俯瞰)효과를 만들어낸 것도 기발했다. 참신한 이미지에 속도감이 인상적이었다.

— 춤 2005년 3월호

훔치는 타인들 2006년 9월 4일 충무아트홀

세컨드네이처댄스컴퍼니의《훔치는 타인들》은 검은색 톤의 세련된 무대였다. 영상과 조명이 세련되게 위치를 잘 잡았다. 하지만 그 안에 움직임이 일정한 박자 속에 진부한 그림을 그려 넣었다. 영상의 내용도 안과 밖을 구분, 작품을 유기적으로 전개시키는 데 도움을 주지 못했다. 깨끗하게 잘 나뉜 구도와 스케치에 익숙한 색감과 붓터치가 화룡점정에 이르지 못하게 한 것 같다. 속도감 없는 지루한 반복이 괜찮은 음악, 조명, 무브먼트에 자꾸 브레이크

를 거는 듯한 느낌이다. 메시지는 강한데 춤이 못 따른 것 같다. 환언하면 의식이 춤을 앞선 것 같다. 최고의 테크니션 가운데 한 명이라고 할 수 있는 안무자의 장기가 제대로 발휘되지 못했다. 주제를 너무 안일하게 풀어가지 않았나 하는 생각도 든다.　　　— 춤 2006년 10월호

물구나무 서는 인간 2008년 4월 12~13일 국립극장 달오름극장

현대무용가 김성한은 춤에 힘이 있다. 속도감도 좋다. 모던하다. 남자답다. 자존심이 강하다. 그만큼 독립심이 강하다. 좀 험한 말로 독불장군이다. 하지만 열려있다. 세계를 상대로 공부했기 때문일 것이다. 그래서인지 다양한 영역에서 좋은 친구들이 많다. 하지만 된장냄새가 진하다. 한마디로 한국적이다. 정이 많다. 좀 신파인 구석도 없지 않다. 하지만 신파(新派), 그것을 영어로 표현하면 '뉴 웨이브(New wave)' 아닌가. 본질에 충실하다. 세계적인 것과 한국적인 것, 현대적인 것, 그리고 고전적인 것이 잘 붙어있다.

《물구나무 서는 인간》은 '김성한의 인간탐구 시리즈' 두 번째 무대다. 인간탐구 시리즈 첫 번째 무대《훔치는 타인들》에서 그는 현대인의 다양한 만남과 기억의 파편들을 속도감 넘치는 춤과 영상으로 짜임새있게 표현했다.

이번 공연에서 그는 물구나무 선 채로, 거꾸로 세상을 바라보며 편견의 벽을 부수고 삶의 이면과 진실을 그리겠다고 했다. 하지만 인간과 사회 보편의 편견에 대한 천착보다는 개인적 불만의 생경한 폭발에 그치고 만 것 같아 아쉽다.

작품은 무대를 탁 트고, 천장에서 물구나무는 서지 않았지만 비스듬하게 옆으로 로프를 이용해 멋지게 하강, 시원한 스펙터클로 시작됐다. 안정적 춤선과 상하에서 쏟아지는 풍성한 조명으로 '추락하는 인간' 군상의 모습이 인상적으로 그려졌다.

그 사이로 언더웨어만 입은 무용수들이 등장, 걸어다니며 옷을 찾아 입었다. 조명을 비롯해 모든 것이 바닥으로 내려왔다. 박력 있는 시각적 이미지 속에서 무빙 라이트 등 빛이 폭발, 관객의 시선을 붙잡았다. '추락한 인간'들이 어떻게 '물구나무서서' 살아가는지 프롤로그가 끝나고 본격 작품으로 들어가는 느낌이다.

의자가 쓰러져 있고 여러 명이 한 명을 둘러싸고 이지메를 놓는다. 8명이 8개의 조명 속에

서 워킹을 한다. 앉아 있는 사람을 뼘으로 잰다. 현대사회의 물질적 측면을, 소외현상을 그린 것 같은데 좀 진부한 이미지로 느껴졌다. 조명도 붉은색, 녹색, 푸른색으로 빛의 삼원색을 썼다. 원색은 늘 그렇듯이 강렬한 인상과 함께 키치미를 느끼게 한다. 부적응을 표현하는 무용수들의 리듬감은 좋았다. 그런데 속도나 동작의 크기, 그리고 거기에 실어놓은 감정 등 무대의 대부분이 과잉이라는 느낌이다.

무브먼트는 국내 최고의 테크니션이라고 할 만큼 빠르고 크고 다이내믹했다. 그러나 그것이 과잉이라는 느낌이 들면서 존재의 허무, 몸부림이라기보다는 액션영화의 잘 훈련된, 약속된 과장의 몸짓으로 다가왔다. 감정은 물론 생각까지 그대로 드러내는 1차적 표현들은 생경한 느낌으로 멜로영화적 감정, 생각, 의식 과잉으로 생각됐다. 거기에 조악한 영상에 방송 또는 패션쇼 같은 빛의 과잉이 덧보태져 재료의 맛은 찾을 수 없는 양념과 조미료 투성의 섞어찌개가 되고 만 것 같다. ── 춤 2008년 5월호

김숙자

불멸의 처-링반데룽 II 2007년 1월 10~11일 국립국악원 예악당

한국 무용계 중앙무대에서 언제부터인지 무용극이 싹 사라졌다. 10년 전쯤만 해도 한국 무용하면 무용극이 대세였고, 현대무용도 상당부분 무용극적 요소가 있었다. 그런데 한 5 년 전쯤을 전후로 해서 무용극이 중앙무대에서 자취를 감췄다. 이미 전성시대를 지나 스스로 물러난 것인지, 아니면 전통무용도 아닌 것이 신무용도 아닌 것이 하며 바라보는 공격적인 안팎의 시선이 몰아낸 것인지 잘 모르겠다. 하여튼 국립무용단에서 무용극이 사라지면서 현대무용은 물론 한국무용 대부분에서도 무용극을 찾아보기 쉽지 않다. 하지만 사라지면 아쉽다. 예술이라는 것이 어차피 저항의 몸짓 아니던가. 다수의 흐름에 대해 한번 뻗대보기, 모두가 그렇다고 하는데 아닐지도 모른다고 하는 주장, 그것이 예술 하는 으뜸 재미가 아닌가 싶다.

한국 전통무용과 창작무용의 한 부분을 분명히 받치고 있는 김숙자가 자신의 대표작을 현대적으로 버전업한 《불멸의 처-링반데룽 II》는 무용극이 얼마든지 존재가치가 있음을 보여줬다. 특히 잘만 개발하면 대중적인 측면에서 충분히 가능성이 있음을 보여줬다. 보기에 즐겁고, 아름답고, 내용이 쉽고, 감동을 주기 때문이다.

공민왕과 신돈, 노국공주와 반야 등이 얽히고설킨 고려말 공민왕 시절의 이야기를 쉽고 편안하게 짰다. 프로그램이 없이도 공연 전 쭉 훑어내려간 자막을 한번만 봐도 내용을 쉽게 이해할 수 있도록 단순하게 구성했다. 이를 단순한 대도구를 사용, 효과적으로 무대를 구축한 뒤 아름다운 춤으로 풀어냈다. 두 명의 공민왕, 노국공주와 공주를 닮은 궁녀, 또 신돈과 반야가 주축이 돼 분명한 캐릭터가 있는 춤으로 의미를 잘 분할했다. 이를 위해 뛰어난 테크닉과 표현력이 전제가 돼야 하는데, 윤성철, 정길만, 이현주, 김남용, 김미애, 김은영 등 김숙자무용단 출신의 국립무용단 간판스타들이 훌륭히 역할을 수행했다. 스타가 되기 위해 아직 시간이 필요한 김숙자무용단의 후배들은 안정된 앙상블로 선배들을 받쳐줬다.

무용극도 분명 한국 춤의 한 부분이다. 전통춤과 신무용, 발레가 결합돼 만들어낸 경쟁력 있는 형식이다. 시대에 뒤떨어졌다며 사시할 것이 아니라 잘만 만들면 향수가 느껴지는 고전적 형식의 세련된 작품이 얼마든지 나올 수 있음을 이 작품은 말하고 있다. 다양성, 그것은 예술이 건강하게 발전, 아니 존재하기 위해 가장 중요한 요소 중의 하나다. 물론 그것은 꼭 예술계에서만 그런 것은 아니다. 사람 사는 모든 분야에서 그렇다. 모두가 가는데 혼자 서서 다시 한번 생각해 보자, 다른 길도 있다고 말하는 사람이 있어야 한다. 아까 것이 더 좋다고 말하는 사람도 있어야 한다. 그래야 피리 부는 사람에게 끌려간 아이, 대장 쥐를 따라 모두 바다에 빠져드는 들쥐 꼴을 면할 수 있다.

― 춤 2007년 2월호

김순정

바람이 분다, 간다 2005년 7월 1일 서강대 메리홀

《바람이 분다, 간다》는 애쓴 흔적은 역연하지만 아쉬움이 많이 남는다. 작품의 아이디어는 좋았지만 급조한 흔적이 역연했고, 특히 남자무용수의 존재감이 크게 떨어졌다. 또 러시아적 허무주의가 느껴지는 감성적인 부분이 관객들에게 쉽게 다가갈 수 있었지만 부분 부분 과도해 나르시시즘이 묻어나기도 했다.

《바람이 분다, 간다》에서는 두 가지가 먼저 연상된다. 하나는 운동권 가요 〈바람가〉다. '바람이 분다, 바람이 분다. 태평양에서 불어온다…'로 시작돼 외세를 비판하는 이 노래는 같은 세대를 호흡한 1980년 전후의 대학생 세대에게 향수를 불러일으킨다. 또 하나는 '바람이 분다, 살아야겠다. 바람이 불지 않는다. 그래도 살아야겠다. 살기에 그러한 세상이라고 꽃지고 잎진 가지에 바람이 분다'라는 시다. 작자는 기억나지 않는데 1970년대 말 책갈피 꽂이에 적혀 유행하던 시 가운데 하나다.

이 작품에서는 그런 바람이 느껴졌다. 세상에 도전하는 강한 의식적인 바람과 세상에 지친 퇴폐적 바람이다. 강한 의지의 바람이 향수에 젖는 묘한 이율배반, 그래서 인간적인 정서가 느껴진다. 반투명 소재를 늘어뜨려 그림자와 잔상을 이용한 안무가 인상적이었다. 그러나 막에서 남자무용수들이 벗어나 모습을 드러냈을 때 환상이 깨졌다. 춤이 아직 무용수들의 몸에 맞지 않았다. 시도는 좋았지만 무대에서 제대로 구현되지 못했다. 그 때문인지 프로그램에 없던 이영일이 등장했다. 긴급 투입된 릴리프가 아닌가 싶다. 단점을 고치기에 너무 늦은 시기가 있다. 그럴 때는 단점을 고치기보다는 장점으로 승부하는 게 차라리 낫다는 생각이다. 좋은 착상과 시도가 현실적인 구체화에서 막힌 느낌이다. 춤에서 안무는 중요하다. 그러나 그 춤을 구체화시켜 안무 이상을 만들어내는 것은 역시 무용수의 몫이라는 생각이 든다.

— 춤 2005년 8월호

김영미

동물원 이야기 2004년 1월 25~26일 문예진흥원 예술극장 대극장

젊은 현대무용가 김영미의《동물원 이야기》는 젊은이다운 패기와 진지한 고민을 바탕으로 한 다양한 모색이 빛났다. 다채로운 무대와 조명도 만화경처럼 화려하게 변화하는 이미지 중심의 춤과 잘 어울렸다. 그러나 작품 속에 너무 많은 것을 집어넣으려 한 젊은 욕심과, 전체적으로 모노톤인 춤의 템포로 인해 안무자의 의도가 객석에 효과적으로 전달되지 못한 것 같다.

안무자는 신화나 동화, 소설이나 미술, 영화, 상업광고 등에서 유형화된 인물, 아담과 이브, 신데렐라, 피터팬이나 동식물의 성격 또는 이미지를 차용해 춤으로 풀어내고, 약육강식의 생존경쟁과 물질만능의 풍조, 인간 상호간의 소통부재, 환경문제 등으로 황폐해져 가는 현대 도시 풍경을 동물원에 비유해 무대화하려 했다고 안무배경을 밝히고 있다. 가히 현대사회의 모든 문제를 작품에 집어넣으려는 당찬 포부다. 안무자는 장대한 포부에 걸맞는 진지한 자세로 문제를 다각도에서 접근, 다채로운 이미지의 성찬을 만들어냈다. 하지만 너무도 많은 이미지의 홍수가 해독을 어렵게 하는 역기능을 하지 않았나 싶다.

춤은 역동성과 함께 원초적 생명력이 느껴지는 구불구불 솟아오르는 설치물을 배경으로 시작됐다. 지극히 상징화된 나무같이도 느껴지는 이 설치물은 고통스러운 탄생과 투쟁, 진화의 과정을 거쳐야 비로소 온전히 자리잡을 수 있는 생명의 고통스러운 운명을 표현하는 것처럼도 보였다.

작품은 힘찬 남성 군무로 시작했다. 이어 3개 커플이 사선으로 등장해 원숭이, 뱀, 호랑이나 사자와 같은 커다란 고양이과 동물들의 느낌이 나는 춤을 만들었다. 단순한 이미지의 모사가 아니라 관능과 억압 등 일차적 느낌보다 더욱 깊은 의미를 담아내는 데 성공했다. 넓이와 함께 높이도 갖추는 등 형태적으로도 잘 만들어진 춤사위였다. 동물에 대한 오랜 관찰과 사색이 엿보이는 장면이었다.

이어지는 관객들의 장난과 청소부의 무관심한 행위는 동물원의 억눌린 일상을 스케치한 듯하다. 하지만 이 부분은 어쩐지 췌사 같다는 생각이 들었다. 같은 류의 장면이 사이사이 반복되면서 더욱 그런 느낌을 갖게 했다.

무대가 전환되면서 구멍난 회색 타이즈에 녹색 언더웨어를 입은 무용수들이 등장했다. 시계소리가 들리고, 차가운 느낌의 초승달은 어떤 변화, 변신의 느낌을 줬다. 자정이 지나면 모든 것이 변하는 신데렐라라든지 늑대인간, 지킬박사와 하이드 같은 그런 느낌이다. 천장에서 빨간 뿔이 내려오면서 이 같은 느낌을 더욱 확대됐다. 등장인물들은 도시라는 동물원에 갇혀 상처 입은 현대인들의 모습이라고도 할 수 있어 보인다. 속살은 자연을 그리는 녹색이지만 회색으로 덧칠해진 우울한 군상들이다. 현실과 꿈의 괴리가 잘 드러난 장면으로 생각된다.

조명이나 무대, 의상은 긴박하게 변했지만 춤의 템포가 앞 장과 같아 약간 지루한 느낌을 준 것이 아쉽다. 하지만 이 장면만 놓고 봤을 때 외로운 군상들, 고독한 늑대들의 애달픈 사랑을 잘 묘사했다. 특히 유희주의 탄력이 돋보였다.

이어 등장한 조가비나 바퀴는 원시시대의 돈이나 문명으로 생각된다. 자리뺏기, 밀어내기 싸움은 문명과 함께 시작한 만인에 의한 만인의 투쟁 또는 원시시대나 고도의 물질문명을 자랑하는 현대나 다름이 없는 인간사회의 갈등을 말하려는 듯하다.

장면이 또 바뀌면서 무용수들의 녹색 언더웨어가 붉은색으로 바뀌었다. 아마 자연을 그리는 본성마저 잃은 상황이거나, 도시에서 상처 입은 내면을 표현하는 것 같다. 무음악으로 진행된 이 장면은 네모난 쇠판 밑에 마이크를 장치하고 그 위에서 원숭이, 고릴라, 오랑우탄 등 유인원의 동작으로 거세된, 순치된 삶과 그 안에서 펼쳐지는 무의미한 행동과 절망적 사랑이 그려졌다. 마치 스탠리 큐브릭이 감독한 영화 〈스페이스 오디세이〉의 도입부가 연상되기도 했다.

조명이 레드로 바뀌고 솜인형을 안고 등장한 무용수들은 유령처럼, 기계처럼, 좀비처럼 영혼을 잃고 순치된 동물원의 동물들 모습으로 보였다. 흥겨우면서도 애조가 있는 탱고음악과 함께 펼쳐진 유희의 춤은 즐겁게만 보이지는 않았다. 순치된 동물들의 슬픈 꿈으로도 생각됐다.

다시 녹색옷을 입고 의자를 들고 등장한 무용수들은 새로 꿈꾸는 삶에 대한 희망으로도 보였다. 하지만 이내 붉은 옷을 입은 무용수가 등장, 의자를 차지한다. 탈출할 수 없는 동물원 동물들의 운명을 말하는 것도 같다.

작품은 이쯤에서 끝이 나도 괜찮은 것 같았다. 하지만 춤은 계속됐다. 마리오네트 같이 부자연스런 동작은 잃어버린 정열을 상징하는 것 같았다. 그리고 다시 경쾌한 음악과 함께 녹색옷의 남자들이 등장, 즐거운 원숭이들의 춤을 췄다. 또 여자들도 등장, 파열음과 비트가 강한 불협화음에 맞춰 즐거운 춤을 췄다. 현실은 비극이지만 꿈은 여전히 살아있다는 표현으로 생각된다. 검은 옷에 붉은 얼굴, 녹색 얼굴의 무용수들이 첼로 소리에 맞춰 추는 춤이 대미를 장식했다.

이미지의 백화점이라고까지 할 수 있는 진지하고 다양한 시도가 끝없이 변주됐다. 욕심 많은 젊은 춤의 미덕이라고도 할 수 있다. 또 여러 가지 이야기들을 논리적으로 연결하려고 무진 애를 쓴 흔적도 높이 살 만하다. 의상과 소품 하나 하나에도 뭔가 의미를 담아내려 한 성의가 돋보였다. 하지만 이것이 작품의 전체적 완성도와는 거리가 있다. 작품의 하나 하나 요소를 볼 때는 의욕과 정성이 넘치지만 전체적으로는 산만하다는 지적을 피할 수 없어 보인다. 의태어를 주로 사용하며 지나치게 꼼꼼하고 논리적이어서 다분히 산문적이었다. 춤 특유의 소리의 느낌, 리듬의 느낌을 제때에 끄집어내지 못한 아쉬움이 남는다. 다시 말하면 보여주고 싶은 메시지에 하이라이트를 주지 못한 안무전략 부재에 문제가 있어 보인다. 많은 부분을 덜어내고 이미지와 색깔뿐만 아니라, 리듬, 속도, 소리의 변화를 포함시켜 메시지를 강화했으면 어땠을까 싶다.

— 춤 2004년 3월호

김영희

부모은중경(父母恩重經) 2001년 9월 13일 문예회관 대극장

《부모은중경(父母恩重經)》은 김영희무트댄스 특유의 그로테스크한 회화성이 돋보였지만 과거 작품과는 달리 속도감을 비롯해 춤사위에 뭔가가 빠진 느낌을 주는 아쉬운 무대였다.

다듬이 소리 같은 목탁소리가 빠른 속도로 반복되며 시작한 무대는 뒷모습과 옆모습으로 만든 음울한 인간무대와 대비돼 낯설게 하기를 통해 감정이입보다는 자신을 돌아보게 하면서 새로움을, 의미를 발견해내는 브레히트의 서사기법이 연상됐다.

춤이 꼭 의미가 있어야 할 필요는 없다. 그 자체로 충분히 아름다울 수 있고, 그것 자체가 의미일 수도 있다. 네덜란드댄스시어터의 지리 킬리언은 "걸어다니고 뛰어다니는 것은 물론, 서있는 것도 춤"이라고 말했다. 정지를 포함한 무용가의 모든 움직임이 춤이라는 것이다. 그러나 걸어다니거나 뛰어다니고 서있는 것이 모두 지리 킬리언이 되지는 않을 것이다. 몸에 붙지 않아 낯설고 어설픈 움직임과 그 사이에서 의미를 찾기 어려운 정지는 춤이라고 말하기는 어렵지 않을까.

《부모은중경》에는 분명 관습을 탈피해 새로움을 찾으려는 다양한 시도는 느낄 수 있었다. 그러나 춤사위에서 무트댄스가 그동안 추구해온 한국춤의 호흡이 빠진 채 음습한 살(煞)의 기운만이 강했다.

목탁소리에 이어 종소리, 테이프 걸린 소리 등 귀청을 때리는 자극적인 큰 음향을 배경으로 펼쳐진 회화적인 춤사위는 유장한 호흡은 물론 리듬감을 찾기 힘들었다. 악마적 느낌의

빨간 조명에 정지된 화면의 연속인 춤사위는 나른하면서도 야릇한 가학적 관능을 불러일으키기도 했다. 신경질적인 음향에 아이웃음소리, 발작적인 어린이 울음소리, 불안한 맥박소리, 거기에 어스름한 얼굴 잔영이 뒤섞여 얼핏 지옥도가 연상됐다.

'부모은중경'이라는 제목을 생각하면 거무스레한 핏빛 무대는 불효한 인간들을 벌하는 장면이고, 발작적인 춤사위는 불효를 후회하는 모습이 생각되기도 했다. 특히 대미에서 모두가 쓰러진 가운데 연꽃이 내려오고 그 사이를 어머니 역의 무용수가 나와 하해(?)와 같은 사랑으로 불효중생을 구제하는 듯한 장면에서 더욱 그렇다.

이번 작품은 서있을 때가 가장 아름다웠다. 움직이면 그림이 깨졌다. 장면의 변환과 연결에서 특히 힘이 빠졌다. 춤이 힘이 빠진 상태에서 난해한 구도에 끼어든 의미의 추상성을 잡아내기 힘들었다. 또 지나치게 자극적이고 큰 음향도 전체적으로 난해한 작품의 이해를 돕지 못했다는 느낌도 들었다.

— 춤 2001년 10월호

달아 2002년 10월 6일 국립극장 해오름극장

김영희무트댄스는 한국춤계에서 큰 영향력을 갖고 있는 단체 가운데 하나인 만큼 대중성있는 연극이나 뮤지컬 공연도 채우기 힘든 해오름극장을 관객으로 가득 채우는 힘을 발휘했다.

안무자는 "달, 용, 애땜 등 우리 조상들의 소박한 민속신화에 담긴 의미들을 오늘에 되새겨 보는 의미를 담은 작품"이라며 "삶의 종합적 표현인 신화에 담겨있는 조상들의 소망한 바를 현대적으로 재해석했다"고 말했다.

그럴는지도 모른다. 무대 뒤에서부터 앞으로 걸어나오며 새생명의 기원을 표현했으며, 흙을 흩뿌리면서 용의 생명력을 그렸다. 또 부정거리의 행위를 통해 애땜을 형상화했다. 화려한 무대와 장대한 스펙터클, 객석을 가득 채운 관객들의 열렬한 환호가 이어져 김영희무트댄스의 춤을 처음 보는 관객들은 "한국춤이 이런 스케일과 힘을 가졌나" 하는 감동의 말도 충분히 나올 만하다.

그러나 문제는 그 느낌과 이미지가 너무 오래 지속된다는 데 있는 것 같다. 처음 봤을 때

무트댄스의 작품은 분명 충격이었다. 신비한 힘이 느껴졌다. 그러나 춤이 변하지 않는 가운데 무대만 점점 자극적이고 스펙터클하게 변하면서 다른 주제를 설명해 나가는 데는 점점 지루함이 느껴진다. 공연같은 피날레의 출연자 인사 소개에 이어 열광적으로 터지는 발구름과 박수소리, 기성까지 똑같다. 특히 2001년 공연한《부모은중경》과 이 작품은 스타일과 이미지에서 너무 유사하다. 이번 공연 팸플릿에《부모은중경》의 공연사진이 실려 있는데, 이 사진들을 갖고《달아》공연사진이라고 해도 일반 관객들은 잘 모를 것이다.

무트댄스 특유의 한국적 에너지와 신비한 분위기가 점차 타성화하면서 매너리즘에 빠지는 것 같아 아쉽다. 새로운 쇄신이 없을 경우 "무용은 추상성으로 인해 부패한다"는 무대미술가 윤정섭의 뼈아픈 지적이 사실로 확인될지도 몰라 걱정스럽다.   — 춤 2002년 11월호

기억 2010년 6월 11~12일 아르코예술극장 대극장

김영희무트댄스의《기억》은 1장 '그곳의 기억'과 2장 '내 안의 기억' 두 부분으로 구성되어 있다. 안무자는 '그곳의 기억'에서 과거와 미래로 끊임없이 시간을 되돌리고 앞당기는 시간여행을 통해 자아의 정체성을 찾고, '내 안의 기억'에서는 과거 속 기억의 창문을 열어 마음 속 깊은 곳에 잠재되어 있는 기억이라는 미지의 공간을 통해 인간의 기쁨과 슬픔, 사랑과 고독의 다양한 감정과 모습들을 무대로 끌어들였다고 했다. 자신 속에 존재하는 소중한 기억들을 캐내 잊혀져버린 아름다운 삶을 찾아내 마음에 담고, 그 기억들을 온 몸으로 받아들여 진정한 새로운 미래를 찾으려 한다고 안무의도를 밝혔다. 하지만 안무의도대로 잘된 것 같지는 않다. '미지의 기억' 속에 과장된 기억과 감정의 소용돌이에 휩쓸려 자기 정체성을 찾는 데 실패한 것 같다.

십여 년 전 김영희의 작업은 충격적이었다. 무대를 시원하게 열어젖힌 채 과감한 빛의 구조물 속에서 이국적 음악에 맞춰 가슴을 열고 펼쳐내는 그의 한국적 몸짓과 호흡은 독특했다. 대지에 뿌리박고 거칠게 뿜어내는 독특한 에너지의 묘한 카타르시스가 있었다. 세계에 내놓는 한국춤의 대답이라고 해도 지나치지 않아 보였다. 하지만 지금은 의문이다. 그때의 '기억'에 비춰보면 격한 에너지는 부담스런 신파가 됐고, 창조적 움직임과 호흡은 매너리즘

에 빠져 화석화한 느낌이다.

이번 작업 역시 그렇다. 물론 그의 작업에 대한 초기의 신선한 충격을 '기억'하지 못하는, 또는 '기억'이 없는 이들에게는 모던하면서도 도전적이고 생생한 격정을 볼 수 있을지 모른다. 무대는 한껏 열렸고 왼쪽 무대 끝 어둠 속에 피아노와 구음, 오른쪽 무대 깊숙이 색소폰과 퍼큐션을 중심으로 한 라이브 연주, 그리고 가로로, 세로로 5~7개로 무대에 빛의 길을 내고 무용수들은 과감히 몸을 던졌다. 그 뒤로 뭔가 의미를 담은 영상이 쏘아졌다. 포스트모던하다고는 할 수 없지만 여전히 아방가르드하다고는 할 수 있을 것 같다. 다시 한번 부연하자면 10여 년 전 그의 작업에 대한 '기억'이 없는 것을 전제로 그렇다.

하지만 십 몇 년째 그의 작업을 보아온 '기억'이 있는 사람들에게는 아방가르드라고 말하기에는 너무나 정형화된 형식이다. 군자는 화이부동(和而不同 · 다르지만 서로 조화를 이루고), 소인은 동이불화(同而不和 · 똑같지만 조화를 이루지 못한다)라고 했던가. 정형화한 낯익은 형식 속에서 과장된 감정과 움직임이 똑같은 표정과 모양으로 화음없는 제창 돌림노래로 불리고 있다는 느낌이다. 생명력 없는 불임의 체세포 복제라고나 할까, 한국춤 세계화에 가장 접근했던 한 양식이 게으른 매너리즘 속에서 자기표절, 자기복제의 나르시스의 연못에 빠져 있는 것 같다. 몇 년 전부터 늘 혹시나 하는 기대 속에서 보지만 여전히 나르시시즘의 연못가에 앉아 과거의 '기억' 속에 빠져 있는 것 같아 안타깝다.　　— 춤 2010년 7월호

김용걸

Work Ⅰ 2011년 6월 21~22일 예술의전당 자유소극장

프랑스 파리오페라발레단의 솔리스트 김용걸의 이름이 결코 그냥 얻어진 것이 아님을 보여준 작품이다. 테크닉은 탄탄했으며 동작은 하나하나 힘이 넘쳤다. 중력을 벗어나 하늘로 비상하려는 발레 본연의 아름다움을 한껏 보여줬다.

작품은 무대에 '엑스(X)' 자로 놓여진 4개의 은색 바(bar)에서 몸에 딱 달라붙는 검은 레오타드를 입은 무용수들이 바 기본으로 몸을 푸는 모습으로 시작했다.

첫 장면에서 문득 윌리엄 포사이드의 《썸왓 엘리베이티드(Somewhat elevated)》가 떠올랐다. 1998년인가 1999년 포사이드가 파리 오페라 가르니에 극장에서 파리오페라발레단을 위해 안무한 작품을 본 기억이 있다. 늘씬한 무용수들이 날카로운 기하학적 추상적 구도에서 레오타드를 입고 펼쳐내는 날카로운 몸짓이 인상적이었던 작품이었다. 제목처럼 '뭔가 고양되는' 듯한 느낌을 받은 시원한 작품이다.

김용걸은 공연이 끝나고 관객과 함께 한 안무가와의 대화에서 "더 꺾고 더 뻗어 더 멀리 잡으려는 포사이드의 몸짓을 생각했다"고 안무배경을 밝혔다. 하지만 머릿속을 파고드는 이성의 예각이 서늘한 포사이드의 그것과 달리 김용걸의 움직임은 보다 따뜻하고 감성적이었다. 팔꿈치와 무릎을 거의 직각에 가깝게 굽히며 긴장미를 만들어내는 포사이드와 달리 김용걸의 움직임은 고전발레의 기본에 입각해 길고 넓게, 그리고 높이 뻗어냈다. 더 멀리, 더 길게, 더 높이 날아 이상에, 꿈에 도달하려는 발레 본연의 몸짓이다.

그리고 김용걸은 세계적인 파리오페라발레단의 전문무용수의 서늘한 테크닉이 아니라 꿈으로 가득 찬 풋풋한 학생들의 몸에서 비롯된 따뜻한 마음을 다채롭게 담아냈다. 또 스스로 출연, 학생들과 함께 무대에 서 특유의 힘을 보여줬다. 아직 미완성으로 절정을 향해 달려가는 젊은 무용수들과 이제 절정을 넘어서는 교수가 만들어내는 뜨거운 그림은 모처럼 보는 한국 모던발레의 명품이라 하기에 부족함이 없어 보였다.

　관객들이 객석에 자리하기 전부터 시작한 바 기본훈련은 본격 공연의 시작과 함께 끝났다. 이어 엑스자 형태로 놓인 4개의 바는 도르래에 묶여 천정으로 올라가 무대배경이 됐다. 철그렁거리는 소리와 함께 무대 위에서 걸려 위태롭게 흔들거리는 바는 얼핏 그리스신화의 '다모클레스의 검'을 연상시키기도 했다. 권력의 자리 바로 위에 한 올의 실에 매달려 있는 그 칼이다. 정상에 서기가 얼마나 어렵고, 또 정상을 유지하기가 얼마나 불안한지, 그 아래서 정상을 꿈꾸며 춤추는 무용수들의 모습에서 은색 바는 마치 다모클레스의 칼처럼 보였다. 4개의 바는 공연 내내 다양한 조명으로 변주되면서 관객들에게 긴장의 끈을 놓치지 않고 무대에 집중할 수 있는 효과적인 오브제이기도 했다.

　강렬한 전자음악에 맞춰 시작한 작품은 무음악, 피아노 등의 음악으로 바뀌며 듀엣에서 솔로, 3인무, 4인무로 바뀌었다. 비발디의 작품으로 추측되는 정갈한 바로크 음악에 맞춰 전개되는 7인무와 5인무 등은 멋진 콘트라스트로 소극장을 가득 채웠다.

　여기서 등장한 김용걸은 화룡점정이었다. 힘차고 자신만만하고 자유롭게 무대를 누볐다. 좁은 무대를 완전히 장악, 관객들의 시선을 무대로 끌어들여 자연스럽게 "브라보"를 연호하게 했다.

　자유소극장 무대를 최대한 사용한 점도 돋보였다. 통상 무용공연에서 무대가 들어올려지는 경우는 거의 없었다. 김용걸은 과감하게 뒤쪽 무대 절반을 들어올려 늘씬한 무용수들을 거꾸로 눕혀 멋진 그림을 만들어냈다. 블루스라고 할까, 솔이라고 할까, 파두라 할까, 샤우팅이 감정을 바닥까지 긁어 올리는 짙은 감성의 음악에 맞춰 그 앞에서 펼쳐지는 김용걸의 아다지오는 이 작품의 절정이었다.

　올려진 무대에서 2층 안전대를 마치 바삼아 바 기본을 하는 재미있는 모습은 잔뜩 고조된 감정을 편안하게 추스르게 했으며 들릴 듯 말 듯한 종소리는 작품의 아쉬운 끝을 예감하게 했다.

　김용걸은 안무가와의 대화에서 "그냥 와서 가볍게 몸 풀고 무대에 서는 세계적 무용가들이 없지 않지만 매일 해야 하는 바 기본 훈련이 얼마나 중요한지 파리오페라발레단에서 배웠다"며 "바를 소재로 한 작품을 오래 전부터 구상했고, 18개월 된 아들의 미소를 보며 매일 아침 행복을 느끼는데 (아들의 미소처럼) 가식 없이 진지하게 몰입할 수 있는 작품을 만들고 싶었다"고 안무배경을 밝혔다.

김용걸은 앞으로 나올 작품을 예상해 'Work Ⅰ'이라고 이름을 붙였다. 그러나 《Work Ⅰ》보다 뛰어난 작품이 나오기 쉽지 않아 'Work Ⅱ'가 나오려면 좀 시간이 걸릴 것 같다. 하지만 그가 아직 젊은 만큼 더 새로운, 더 훌륭한 'Work Ⅱ', 'Work Ⅲ'가 나올 것을 믿어 의심치 않는다. — 춤 2011년 7월호

김운미

함 II 2001년 9월 18일 문예회관 대극장

    김운미무용단의《함 II》는 남편의 뒷바라지와 아이들 교육으로 절반의 삶을 보낸 뒤 정체성 상실에 고민하는 중년여성들의 삶을 회화적이면서 편안한 춤으로 그려낸 무대였다.

    모두 5장으로 구성된 이 작품은 영상으로 시작됐다. 젖먹이는 어머니, 단체사진에서 쭈뼛거리며 뒤로 물러나 있는 여인들, 동생을 업고 있는 소녀, 물동이를 진 아낙, 장옷을 입고 활짝 웃고 있는 할머니 등 구한말부터 현재에까지 이르는 다양한 여성들의 삶을 포착한 단편들이 투사됐다. 활짝 웃는 할머니의 사진으로 끝이 난다는 점에서 여성문제를 다루고 있지만 파국으로 끝나지는 않을 것이라는 암시를 줬다.

    1장 '여자, 남자, 그리고 여자'는 무관심의 늪에서 고민하는 여성의 삶이다. 아이들은 어느 정도 커서 자기의 삶을 찾아나갔다. 남편은 일밖에 모른다. 남편이나 아이들이 자신에 대한 일상적 사랑을 표시하지만 여성이 원하는 것은 그 이상이다. 궁극적으로 자신의 삶에 대한 정체성이다. 결혼 전에는 여성에게도 꿈과 희망이 있었다. 그러나 지금은 그것이 없다. 이 같은 갈등이 연극의 회화성과 무용의 율동성의 중간쯤에서 잔잔하게 그려졌다.

    결혼을 통해 여성에게 일방적으로 강요되는 질곡을 표현한 2장 '함'은 국악과 구음, 사이렌소리, 록음악 등에 실려 천을 이용한 상징적인 춤이 점층법적으로 표현됐다. 고치처럼 누웠다가, 일어서 꼭두각시춤을 추고, 이제 팔을 빼고 움직이며 온 몸을 질곡처럼 칭칭 동여맨 천을 아이의 포대기처럼 사용하는 등 하나의 천으로 상황의 변화를 쉽고 재미있게 표현하면

서, 음악도 구음에서부터 사이렌, 하드락으로 점점 리듬과 비트가 큰 음악 또는 음향으로 느낌을 집어넣은 것이 시청각적으로 좋은 효과를 줬다.

3장 '내 몸은 전쟁터!'는 업보와 같은 여성의 간고한 삶이 속도감 있는 춤에 실려 출세의 먼 산만 보는 남자의 춤과 대조를 이뤘다. 그러나 '내 몸은 전쟁터'라고 외친 미국 작가 신디 셔먼의 그 가열찬 투쟁성은 보이지 않는다. 오히려 외로움에, 상실감에 빠진 가벼운 느낌이어서 아쉬웠다.

여성들의 깨달음의 춤(4장 '이제 너는 너 자신이 아니다')에 이어 업보를 벗어던지고 자신의 정체성을 찾은 여성들의 자유로운 해방의 삶(5장 '너의 이름은')이 재즈, 록, 테크노 등 귀에 익은 음악에 실려 화려하게 펼쳐졌다.

이 작품은 춤이 더 많은 관객들과 만나기 위해 쉽고 편한 상징의 사용과 신나면서 아름다운 춤과 음악을 통해 약간은 무거운 주제를 효과적으로 전달하는 데 성공했다. 그러나 1장 도입부에서 좀 더 분명한 주제의식과 3, 4장 절정부에서 색의 액센트가 있는 강한 춤이 보강됐더라면 하는 아쉬움이 남는다.　　　　　　　　　　　　　　　　　　　— 춤 2001년 10월호

그 한여름 2005년 2월 20일 예술의전당 토월극장

김운미무용단의 《그 한여름》은 한국춤과 대중춤을 섞어 그린 군무 한국전쟁사다.

이 작품은 이라크전에 참전하는 손자를 보며 할머니가 과거를 회상하는 무용극 형식으로 구성됐다. 다듬이 소리와 정한수, 촛불을 든 여인들 등 진부하다고도 할 수 있는 전통적 이미지에 아랍 유목민 여인들의 애달픈 구음을 얹어 시작했다. 애초에 대중적인 민족무용극을 지향한 만큼 쉽고 익숙한 이미지로 갈 수밖에 없었을 것이다. 또 그것이 김운미 춤의 특징이기도 하다.

패션쇼 워킹, 다이어트 클럽의 에어로빅, 브레이크 댄스 등을 통해 과거와 대비되는 풍성한 물질문명의 사회를 그린 뒤 과거로 들어갔다. 해방과 가족의 모습이다. 알기 쉽게 다큐멘터리 영상을 사용했는데 영상의 이미지가 너무 강하고 서술적이어서 춤이 손해를 많이 본 느낌이 든다. 라틴과 코팍, 탱고, 플라멩코 등의 대중춤으로 해방공간의 혼란상이 흥

겹게 표현됐다.

마침내 벌어진 전쟁은 대금과 피리에 맞춰 온 몸을 던진 춤으로 표현됐다. 인공기 치하의 인민재판 등이 죽창춤으로 묘사됐는데 감정이 좀 과잉되지 않았나 싶다. 작품은 촛불시위로 정리되며 영령을 위로하는 지전춤으로 마무리됐다.

속도감 있고 몸을 내던져 만들어내는 군무의 역동성과 표현성은 좋았다. 그러나 그것을 담은 구성에는 많은 문제가 보였다. 우선 평면성이다. 시작은 현재로 했지만 어떤 사건을 계기로 과거로 들어가 회상을 하며 현재로 이어진다는 수미쌍관형 구조인데 너무 평범하다. 그리고 복잡하다. 한국 현대사를 그냥 집어넣은 느낌이다. 또 지나치게 서사적인 다큐멘터리 영상과 강한 음악을 쓴 것이 작품에 독이 됐다는 생각이 든다. 강한 사실성과 평면성에서 은유적인 춤과 음악이 숨 쉴 공간이 없기 때문이다.

동작이 모여 힘만 보인다면 군무가 아니라 제식훈련이나 매스게임과 다름없다. 그 힘에 운율과 리듬, 완급을 얹어 색채를 다양하게 했을 때 비로소 군무가 된다. 춤의 역동성은 군가제창이 아니라 교향악의 다양한 오케스트레이션에서 더욱 효과적으로 만들어진다.

— 춤 2005년 3월호

상생-2008 누구라도 그러하듯이 2008년 11월 13일 국립국악원 예악당

김운미무용단은 1993년《누구라도 그러하듯이》를 창단공연으로 시작,《흰옷》(1995),《조선의 눈보라》(1996),《온달》(1997),《1919》(1999),《푸리Ⅰ》(1999),《함Ⅰ》(2000),《함Ⅱ》(2001),《그 한여름》(2004),《축제》(2005),《푸리Ⅱ》(2007) 등 일관되게 한국의 '역사'와 '여성'을 천착해왔다.

이번 15주년 기념작품《상생(相生)-2008 누구라도 그러하듯이》은 이 중 '여성'을 주제로 한 작품을 옴니버스 형식으로 묶었다. 그냥 백화점식으로 모으지 않고 길쌈, 바느질 등 여성의 삶의 중심에 있는 천을 중심으로 이은 것은 적절한 안무 전략으로 평가된다. 특히 최근의 외모지상주의에 초점을 맞춰 추억의 인기 대중가요 신중현의 〈미인〉을 다양하게 변주하는 등 관객들에게 쉽게 다가서려 한 것도 미덕으로 평가된다.

안무자 특유의 쉽고 연극적인 몸짓들이 역동적으로 잘 이어졌다. 특히 강강술래 장면을 이용한 원무는 스즈키 메소드를 연상시킬 정도로 깊은 에너지를 잘 갈무리했다. 그러나 전체적으로 속도와 무게가 일정, 지루한 느낌이 없지 않았다. 이는 작품의 하이라이트인 아다지오를 중심으로 작품을 꾸몄기 때문에 어쩔 수 없는 현상으로 이해되기도 한다.

— 춤 2008년 12월호

김 원

Being Involved 2007년 12월 2~3일 예술의전당 자유소극장

김원/그룹 콜라보레이션 OR의 《Being Involved》는 추상적인 현대춤이다. 그러나 추상적 현대춤 특유의 막연함이 없이 감상의 단서가 구체적이어서 설득력이 있다. 그 설득력 있는 의미 위에 움직임을 중심으로 한 빛과 영상, 소리의 구조물을 잘 세웠다. 각 영역의 틈은 이 작품의 각 주체와 요소가 자발적으로 'Being involved'-수동적 의미의 포함됨이 아니라 능동적인 의미의 포함, 철지난 난삽해 보이는 철학용어를 빈다면 피투(彼投)적이 아니라 기투(企投)적 존재의 포함-해 메워냄으로써 살아있는 그림을 만들어내는 데 성공했다.

비행기를 타면 누구나 불안해한다. 이 거대한 물건이 정말 뜰까. 귀청을 울리는 굉음과 함께 활주로를 달리다가 140노트가 되면 물리학 법칙에 따라 양력이 발생, 비행기는 뜬다. 그러나 사고가 가장 많이 나는 때가 이착륙 때다. 불안하다. 또 안정된 고도에 오를 때까지 귀가 멍해지는 과정을 지나야 한다. 코를 잡고 압력을 높여 귀를 '뻥' 뚫고 나면 조금 안정된다. 창가에 앉을 경우 창문을 통해 성냥갑처럼 작아지는 도시의 건물들 모습을 보다가 마침내 사라질 때 안정된다. 그러다가 기류변화로 비행기가 덜컹하면 또 불안해진다. 착륙 때도 마찬가지다. 곤두박질치는 것은 아닐까. 그러다가 덜컹하는 느낌과 함께 땅에 닿아 굴러가는 느낌이 나면 비로소 안정된다.

《Being Involved》는 그런 불안에서 출발한다. 박영준, 주재만, 사나에 구로코, 키타마리, 한정규 등 한·일 무용가가 공동 안무·출연한 이 작품은 김원이 한·일을 오가는 비행기 안

에서 착안한 것 같다.

　우선 국적은 물론 영상, 기술, 조명 등 장르를 넘어서는 끈끈한 협업의 조화가 높은 평가를 받기 충분해 보인다. 말로만 하는 크로스오버나 협업이 아니라 각자의 개성이 살아있는 다양한 평행선과 교차가 인상적이다.

　작품 역시 빛이 만들어낸 평행선과 교차 등 다양한 선에서의 추락으로 시작했다. 중학교 때인가 고등학교 때인가 읽었던 정범모 시인의 시 〈가을에〉 마지막 연에서의 '추락의 느낌'이 떠오른다. '…불같이 끓던 병석에서/한없이 밑으로만 떨어져 가던/그토록 아득하던 추락과/그 속력으로/몇 번이고 까무러쳤던/그런 공포의 기억이 진리라는/이 무서운 진리…'의 느낌이 아름답게 살아났다.

　무중력 슬로우비디오의 느낌이어서 떨어지는 것인지, 올라가는 것인지, 또 기어 들어가는 것인지, 나오는 것인지 착시를 만들어냈다. 그 혼돈 속에서 단정한 기하학적 균형과 끈끈한 관능이 묘하게 흑백의 톤으로 조화를 이뤘다. 원숭이 또는 유인원의 움직임에서는 도구를 발견하는 원숭이로 시작하는 스탠리 큐브릭 감독의 〈스페이스 오디세이〉의 첫 장면이 생각났다. 비행기와 추락, 그 문명의 비극적 지점에서 물질문명을 풍자한 것은 아닌지 싶다. 해금 연주에 맞춘 꼭두각시춤 등 투명한 느낌의 음악과 영상, 그리고 무용수들의 군더더기 없는 잘 다듬어진 테크닉이 잘 어울렸다.

　무중력 슬로우비디오 움직임에서 역설적으로 굉장한 무게감과 압박감, 속도감을 느끼게 하는 모처럼 만난 깔끔한 현대 추상춤이다. 　　　　　　　　　　　　　　　 — 춤 2008년 1월호

김윤정

이별그림 2005년 11월 11∼12일 호암아트홀

《이별그림》은 사람의 한 생(生)이 담겨 있어서인지 묵직한 감동이 먼저 느껴졌다. 쓰러진 여자로 시작하는 그림이 슬프기도 하고, 권태롭게도 느껴졌다. 의자와 함께 쓰러져 하얀 양말과 학생화를 신는 모습이 꼭 무대가 옆으로 서있는 듯한 부감(俯瞰)의 착시도 느끼게 한다. 세상이 그렇게 무너졌다는 상징으로도 읽힌다.

우산으로 그려내는 눈물과 슬픔에서 아픈 진정성이 느껴진다. 상여소리와 함께 웃음에서 슬픔으로, 슬픔에서 다시 웃음도 아니고 울음도 아닌 무엇으로 변하는 표정에서 슬픔이상의 처절한 감정이 느껴진다. 가슴과 배를 만지는 동작에서 자식을 잃은 슬픔에 비유되는 구절양장(九折羊腸)의 고사도 생각난다. 물론 여기서는 '한 가지 나고서도 가는 곳 모르겠네'라고 슬퍼한 제망매가(祭亡妹歌)의 슬픔이다. 터키 음악의 느낌이 나는 오리엔탈 음악에 맞춰 지나치기 충분한 슬픔을 과하지 않게 풀어낸 점이 특히 좋았다. 몰두하기 쉬워 흔히 과해지는 젊음의 함정을 벗어나, 그 나이에 만들기 쉽지 않은 애이불비(哀而不悲)의 감정을 동작 속에 잘 집어넣었다.

자매의 꽃이름 대기 놀이에 맞춰 동생의 옷을 벗고 자신으로 돌아오면서 스러지는 허무함, 그리고 의자에서 빈손을 내밀어 동생의 영혼과 함께 추는 춤은 춤의 의미를 극대화했다. 사랑에 대한 진정이 과하지도 모자라지도 않게 잘 어울린 작품이었다. 동생이 언니에게 준 마지막 선물이 아닐까 싶을 정도로 음악성과 회화성은 물론 의미가 잘 살아있는 깔끔한 작

품이었다.

— 춤 2005년 12월호

닻을 내리다-피터를 위한 2006년 1월 14~15일 아르코예술극장 대극장

《닻을 내리다-피터를 위한》은 푸르스름한 팸플릿에서부터 이미 늙어 죽어버린 피터팬이 떠올랐다. 이유는 모르겠다. '피터'에서 피터팬이 떠올랐고, 나이든 남자의 얼굴에서 늙은 피터팬이 연상됐으며, '닻을 내렸다'는 데서 죽음이 떠올랐다. 피터팬이 네버랜드를 떠나 닻을 내렸다는 것은 동심의 죽음, 꿈의 상실로밖에 이해가 안 된다.

그런 선입관으로 작품에 들어가서인지 첫 장면이 피터팬의 장례식처럼 여겨졌다. 조명으로 파놓은 직사각형에 하얀 꽃을 던지는 장면은 피터팬의 죽음, 어린 시절의 끝으로 여겨졌다. 좋은 느낌의 프롤로그 그림이었다.

오르골 또는 금속성 하프 소리가 만들어내는 판타지를 배경으로 한 뮤직박스 인형, 또는 마네킹의 뒤틀린 춤은 지독한 상실의 현실에 대한 의도적 왜곡으로 보인다. 시점이 죽음으로 이동함과 동시에 그 죽음이 전염되는 것도 같다. 흑백의 미니멀리즘으로 표현된 우화적 애니메이션과 파도소리는 동양적 명상을 제공하기도 했다.

이어 등장한 커다란 실타래는 인간의 어쩔 수 없는 '시시포스의 바위'이며, 이리 저리 얽혀 꽁꽁 매어 있는 운명의 실타래로 보였다. 그 뒤로 들리는 라틴음악 '키사스, 키사스, 키사스(Quizas, Quizas, Quizas-아마도, 아마도, 아마도)'는 신나면서도 독특한 애조를 띠고 있다. 남미 특유의 리듬을 간직한 '아마도…'는 긍정과 부정을 모두 함의, 허무의 느낌까지 자아내게 한다.

이미지와 가사의 상징이 신나는 애조에 묻히면서 펼쳐지는 천진하면서도 아크로바틱한 무브먼트에는 짙은 페이소스가 가득했다. 어쩔 수 없이 어른이 돼야 한다는 장난스러우면서도 슬픈 느낌이다. 현실에서 더 이상 꿈꾸는 어린이가 아니라 어른으로 살아가야 할 수밖에 없다는 그런 현실인식이 안타깝게 읽힌다. 그 안타까움이 사랑이나 성장, 경제적 문제 등 어떤 하나가 아니라 종합적인 삶의 인식으로 절절하게 다가오기도 한다.

그것을 종교적인 편안한 느낌의 종소리가 감싸며 핏빛 길이 악어처럼 보이기도 하고, 째

깍거리는 시계소리에서 악어 뱃속에 들어있는 후크선장의 모습이 떠오른다. 그 앞에 선 요정 팅커벨의 모습도 보이는 것 같다. 후크선장의 이미지나 팅커벨의 연상에서 애증이 엇갈리는 복합적 사랑도 느껴진다.

기타와 아코디언 또는 반도네온에 실린 애달픈 사랑의 멜로디를 배경으로 한 채 운명의 실타래로 뜨개질을 한다. 뜨개질 그림자는 물속으로 가라앉고 실타래만 떠오른다.

이제 실타래는 섬이다. 헤어나올 수 없는 인연의 늪이기도 하다. 애써 밀고 올라가면 다시 굴러 떨어지고 마는 시시포스의 바위이기도 하다.

이어지는 나비의 영상은 환생과 윤회를 상징하는 것 같다. 다시 프롤로그에서 나온 빛의 직사각형이 만들어지고 커다란 종이배가 뒤로 떨어진다. 첫 장면의 직사각형은 죽음으로 읽혔는데 이 네모는 죽음을 넘어선 출입구, 새로운 탄생의 직사각형으로 읽힌다. 네버랜드로 떠나는 배다.

피터팬은 그림자와 싸우기도 한다. 피터팬으로부터 벗어나 자유를 찾고 싶은 피터팬의 그림자와 자신의 그림자를 찾기 위한 피터팬의 싸움이 계속 이어진다. '키사스, 키사스, 키사스'의 음악이 이어지는 가운데 새 신을 신고 뛰어가는 김윤정의 모습에서 피터팬에게서 비로소 벗어난 팅커벨이 보이지만, 새로운 피터팬을 찾아가는 모습도 겹쳐진다. 벗어날 수 없는 사랑의 인연, 열정이 무대에 허무와 함께 가득한 것 같다. '키사스, 키사스, 키사스…'

닻을 내리는 것은 정착이 아니라 죽음으로 읽힌다. 태엽이 다 풀린 뮤직박스 인형처럼. 하지만 아련한 등대불은 아직도 꿈이 남아있음을 보여준다. 동서양의 풍부한 이미지와 상징, 움직임이 잘 어울려 버무려진 작품이다.
— 춤 2006년 2월호

김윤진

노래하듯이 2006년 10월 13~14일 아르코예술극장 대극장

  김윤진댄스컴퍼니의《노래하듯이》는 상징과 생략으로 채운 수채화 같은 맑은 무대가 돋보였다. 무대 중앙에 평상, 왼쪽에 피아노, 오른쪽에 전봇대, 그리고 그 사이를 도는 자전거의 구도가 깔끔하다. 네모와 동그라미, 수직과 수평, 뚜렷한 명암과 채도의 대비가 명랑하게 다가온다.

  움직이는 피아노가 재미있고, 거기에 얹혀진 '빨간색 고무 다라', 주전자, 이불 등 이삿짐이 재미있다. 아직 임대차 계약법도 만들어지기 전 시절 6개월마다 한번씩 이사를 다녀야 했던 고달픈 달동네 민초들의 단칸방 삶이 맑게 그려졌다.

  아들 하나를 낳기 위해 줄줄이 딸을 낳아야 했던 시절, 억척 어머니의 몸빼바지, 청순한 세라복에는 정겹지만 힘에 겨운 삶의 흔적이 역연했다. 어려웠던 시절의 흥부네 삶이 꼭 이랬을 것 같다. 하지만 이삿짐 던지기, 이불 널기, 빨래하기, 물건빼앗기 등 다채로운 놀이형식에 그 당시 국민체조였던 '신세계 체조'를 고고나 디스코를 섞는 등 힘들지만 즐거웠던 정겨운 추억의 책가방을 열면서 흥미롭게 작품을 끌고 갔다.

  딸 다섯에 게으르고 무능한 아버지, 버릇없는 막내아들 등 남아선호 사상에 물든 전통 가부장제도 깔끔하게 비판하면서 흥겨운 음악에 재미있고 무리 없는 동작을 깔끔하게 펼쳤다. 그러나 그 재미있는 깔끔함은 공연시작 후 30분 정도까지였다. 이후 반복적인 내용과 동작이 같은 속도와 리듬으로 전개되는 데다 내용의 설득력마저 떨어지면 지루함이 느껴졌다.

과거 이런 살림에서 많은 딸들이 가출했다. 그들은 공단으로, 이른바 '식모'라는 이름의 가정부로, 버스차장으로, 심지어 술집과 유곽으로 팔려갔다. 이들의 삶이 〈영자의 전성시대〉 등 1970년대 상업소설과 1980년대 〈난쟁이가 쏘아 올린 작은 공〉 등 리얼리즘 소설에 이르기까지 다양하게 펼쳐져 있다. 그들은 가출한 뒤 흔히 집으로 돌아오지 않는다. 돌아올 집도 없다. 그러나 한국의 산업화는 그 딸들의 힘으로 이루어졌다고 해도 과언이 아니다. 가출한 그들이 돈을 벌어 오빠와 동생들 공부시켰다. 또 아버지 오빠들은 광부로, 중동건설 노동자로, 전쟁터로 나갔다. 그 시절은 그리 오래된 이야기가 아니다.

그러나 안무자는 딸의 가출 후 아버지는 술에 쩔고, 어머니는 빨래로 스트레스를 풀고, 집안은 전체적으로 풀이 죽는 등 현재의 소녀적 감수성으로 과거 신산스러웠던 풍경을 표면적으로 스테레오 타입하게 풀어나가 작품의 생기를 잃게 했다. 아버지가 하모니카로 연주하는 '나그네 설움'에서 특히 그랬다. 경험에 의한 진정성 또는 치열한 고민과 분석에 따른 시대적 고민의 흔적을 찾기 어려워 작품의 사실성이 크게 떨어지면서 수채화 같던 작품은 설득력없는 감정의 홍수로 인해 TV통속극 주말 드라마 수준으로 떨어진 느낌이다. 더욱이 아버지가 숨지고 철부지 아들이 가족의 모든 고민을 지고 가는 듯한 결말 부분에서는 남성중심의 가부장적 전통사회에 대한 비판도 증발되고 만 것 같아 아쉽다. 경험과 철학 없이 예쁜 그림만 만들려 하면서 드라마 중심의 춤에서 드라마가 실종된 모양이 되고 만 것 같다.

— 춤 2006년 11월호

김은정 · 한창호

사랑굿 2008년 1월 23~27일 아르코예술극장 소극장

온앤오프(On&Off)무용단의 《사랑굿》은 무용을 처음 보는 일반인이 감상하기 좋은 작품이다. 스토리 라인도 잘 짜였고, 그 위에 얹은 춤 맵씨도 깔끔하다. 속도감도 좋고, 힘도 좋다. 객석과의 호흡, 소통도 상당히 잘 이뤄졌다.

2007년 창단한 온앤오프무용단의 김은정-한창호 부부 무용가의 사랑을 주제로 한 작품 《사랑시-몽환》,《사이킥 홀(Psychic hole)》,《거리에서 Ⅰ/Ⅱ》,《사랑굿》등 4편으로 되어 있다. 그러나 자세히 들여다보면 《거리에서》가 1부 마지막과 2부 시작으로 나뉘어져 있고, 《사랑굿》 앞에서 소품 '처음 가는 길'이 붙어 있어 엄밀하게 말해 6편의 레퍼토리를 하나의 줄거리로 이었다.

《사랑시-몽환》은 지독한 사랑의 열병을 그렸다. 남자가 고민에 차 앉아있고 여자가 고통스러운 움직임을 보인다. 남자가 여자를 진정시키며 큰 동작으로 화답한다. 산조가락에 맞춘 한국 춤사위가 느껴지는 손동작과 발의 굴신에 현대무용의 속독감이 붙어 정(靜)과 동(動)이 잘 어울려 끈적끈적한 정(情)을 제목처럼 몽환적으로 잘 엮었다. 머리를 박박 민 남녀의 사랑의 춤이라서 얼핏 승과 비구의 이루어질 수 없는 사랑의 느낌도 났고, 가난한 부부의 힘든 사랑의 느낌도 났다.

이어진 두 번째 작품 《사이킥 홀》은 게임 음향의 느낌이 나는 비트가 강한 음악에 맞춘 힘과 속도감이 넘친다. 한창호의 장점을 최대한 살린 안무다. 먼저 이미현, 김은정이 어두운 무

대에서 핀조명으로 그린 무대에서 각각의 '심리적 구멍'을 뚫고 이어《사랑시-몽환》을 그렸던 한창호, 백호울이 가세해 단속적인 동작으로 한 호흡씩 잡아채며 힘차게 꺾고 푸려댄다. 각자의 자리에서 움직이다가 서로 한데 엉켜 관능적인 느낌의 역동을 더했다. 직사각형에서 정사각형으로 또 원으로 줄어드는 강렬한 화이트 조명 속에서 각각의 단단한 관능의 힘을 스스로의 '심리적 구멍' 속에 압축, 쏟아 넣었다.

《거리에서 I》은 차갑다. 공간에 한 사람이 서있고 주위를 무심하게 스쳐간다. 다른 사람에게는 관심이 없는 일상의 무관심함이 넘쳐나는 도시의 표정이다. 각각의 고독함이 브레이크댄스의 일종인 로봇춤 같이 단속적인 동작으로 스스로의 울타리 속에 갇혀져 있다. 조명이 빛살처럼 바닥에 사선으로 펴져 공격적 상황으로 바뀌면서 우왕좌왕하는 군중의 불안, 위기감도 느껴진다. 그러나 이내 경쾌한 즐거움이 가득한 도시적 사랑이 쿨 하게 펼쳐진다.

2부 시작《거리에서 II》는 이지메다. 한 사람을 밀치고 넘어뜨린다. 때리고 밟고 타고 논다. 머리채를 잡아 돌린다. 그러나 실감이 나지 않는다. 다치지 않게 하려는 배려가 너무 두드러지기 때문이다. 이런 이지메는 좀 더 강렬한 액션이 살아나야 감정이 전달되는데, 정교하게 약속되지 못해 아쉽다.

이어 오른쪽 안이 빈 네모난 상자 위에서 백호울이 앉아 '아무도 가지 않은 길은 없다, 다만 내가 처음 가는 길일 뿐이다…'로 이어지는 도종환의 시를 읽고, 왼쪽에서 붉은 털실 뭉치에 핀조명이 떨어지는 가운데 한창호가 등장, 한 손으로 실을 풀어 쥔다. 미니멀한 동작과 시의 의미가 잘 붙어 참을성 있게 에너지를 모았다.

전체 제목과 같은 마지막 작품《사랑굿》은 가로 세로 높이가 1m가 채 안 되는 앞뒤가 트인 네모난 상자 속에서 한창호와 백호울의 올 누드 춤으로 펼쳤다. 둘이 들어가 있기도 힘든 공간에서 서로 엉켜 자리를 바꾸며 움직이는데. 사랑의 고통과 기쁨이 잘 드러났다. 좋은 아이디어에 과감한 실험이 돋보인다.

그러나 너무 좁은 공간이라 움직임이 자유롭지 못했고, 몸을 사리는 느낌이 나 표현이 좀 어색한 것이 아쉽다. 이왕 전라로 한 것을 좀 더 과감하고 격정으로 그려야 했지 않았을까 싶다.

작품이 전체적으로 사랑의 고통과 기쁨, 사회적 소외가 한 줄거리로 무리 없이 잘 이어졌다. 그러나 부분적으로 관념의 상투성이 엿보인다는 점에서 아쉽다. 별개의 작품 여섯 편이 한 주제로 이어진 만큼 각각의 개성이 좀 더 두드러져 서로를 보완했으면 싶다. 시작을 보자마자 끝이 예상되고, 예상대로 끝난다면 좋은 작품이라고 할 수 없다.　　　─ 춤 2008년 2월호

김은희

우물단장 2001년 11월 19~20일 호암아트홀

한국춤 창작의 젊은 반항아에서 이제 중견무용가의 반열로 들어서고 있는 김은희의 첫 번째 개인무대《우물단장》공연에는 김은희에 대한 무용계의 기대를 반영하듯 많은 무용가들과 평론가들이 모였으며 방송의 카메라도 무대 여기저기 자리잡았다.

모두 5장으로 구성된 이 작품은 무대를 크게 세 부분으로 나누어 사용했다. 무대 전면 중앙에 마련된 작은 우물에서 독무로 시작해 무대 전체를 우물화한 2층 무대에서의 군무, 그리고 벽을 깨뜨린 채 무대 바닥을 다양하게 사용하는 군무로 대단원을 도출해냈다.

안무자는 이 작품이 "끝 모를 깊이에서 소리 없이 스며져 나와 영원히 메마르지 않는 불멸의 생명력과 함께 원초적 공포감을 불러일으키는 텅 빈 공간, 즉 생(生)의 우물에 관한 제의적 고찰"이라고 설명하고 있다.

'생의 우물'에 대해 안무자는 "땅을 경계로 위를 지향하는 수직적인 것에 대한 아래를 향한 통로의 출발점으로 지상과 지하를 연결하는 숨구멍으로서의 상징"이라고 상당히 난해하게 접근하고 있다.

이 같은 바탕에서 안무자는 우물의 소리에서 시작, 우물의 반사, 기억의 비명, 모래의 길, 우물에서의 고사(告祀) 순으로 인간의 무의식을 천착하고 있다. 여기에 흰 머리 가발과 흰 탈을 쓴 듯한 화장 등 부토에서 따온 듯한 서사적 기법의 차용은 관객들로 하여금 무대에의 카타르시스적 몰입 대신 차분한 관조를 요구한다.

그러나 일반적으로 '우물'은 그 자체로 여성의 모습으로, 또는 거울을 상징하기도 한다. 그래서 안무자의 복잡, 난해한 의도와 거리를 둔 채 여성미의 단장 또는 내면 돌아보기라는 단순한 의미구조로의 접근도 가능해 보인다. 어차피 아날로그한 무용 읽기는 새로운 해석의 시작 아닌가. 물론 거기에는 객관적 설득력이 필수적이다.

우선 산발한 흰머리의 괴기스러움으로 시작한 이 작품의 도입부는 늙은 여성의 과거에 대한 회상으로 생각된다. 금속성의 뭔가가 떨어져 구르는 규칙적인 소리는 시간의 흐름에 대한 불안과 또 과거로 들어가는 기제로도 작용한다. 특히 흰머리의 괴기스러움에서 인간이 못 된, 한 맺힌 구미호의 전설이라는 키치한 연상도 떠오른다.

무대전면 중앙의 작은 우물에서 산발한 흰머리 노파의 춤이 스태프들이 조명을 빼 나가는 것으로 끝나면, 무대 전체가 우물을 연상시키는 2층 무대로 확장된다. 우물가로 생각되는 2층 무대에 꼭두각시, 허수아비와 같은 무용수들이 등장, 발작 또는 경련과 정지를 반복하며 삶의 다양한 모습을 그려낸다.

소라껍질을 귀에 대면 바다소리가 난다. 우물 속으로 침잠하면 그런 메아리의 공명에 한가운데 놓이게 된다. 그 공명에 맞춰 움직이며 우물 벽을 헐어내고 들이닥치고 뛰어내린다. 경계가 사라진 바닥위로 꽃밭이 펼쳐지고 폐허의 심정과 같은 절규의 몸짓들이 파편처럼 무대에 부서져 꼽힌다.

단순한 '여성'과 '반사', '뒤돌아보기' 등과 같은 '우물'에서 출발한 사적인 감상은 안무자의 의도와는 상당한 거리가 있다. 이는 일상에서 지나치게 추상적인 의미를 추출하려한 안무자의 욕구와 이를 위해 너무 복잡한 장치의 사용이 가져온 결과로 생각된다. 어디서 본 듯한 춤사위의 발작적 반복과 의도적 왜곡을 위주로 한 복잡한 분장과 무대장치가 서로 상승작용을 일으켜 안무자의 의도와 관객의 독해가 다소 엇나가게 하지 않았나 싶다.

한편 언론과 사진예술가들의 관심은 좋지만 이날 카메라기자의 이어폰을 통해 객석에 그대로 전달된 PD의 커다란 목소리와 사진작가들의 셔터소리, 그리고 객석 중앙에 떡하니 액정비디오를 걸어놓고, 몰염치하게 셔터를 눌러대는 어떤 작가는 가뜩이나 난해한 작품의 해석을 힘들게 했다. 조용한 장면에서의 이 같은 '만행'은 부분, 부분 감상을 불가능하게도 했다. 공연예술이 일회성이라는 공연예술의 장점을 포기하고, 관광사진과 같은 복제예술의 상업적 기록성에 너무 기우는 것은 아닐까하는 우려도 들었다.　　　　　　　　─ 춤 2001년 12월호

합장 2004년 3월 16~18일 문예진흥원 예술극장 대극장

김은희의 작품《합장(合葬)》은 귀기가 느껴질 정도로 열정과 진지함이 돋보이는 무대였다. 솟대와 향, 거울 등을 이용해 샤머니즘과 같은 강한 기(氣)가 무대에 가득했다. 작품의 초반부는 전체적으로 일본풍이 많이 느껴졌다. 첫음에 악센트를 줘 강하게 시작해 짧게 끊어내는 음악이 노(熊)음악 장단과 흡사했다. 나무판을 마주 치는 것도 일본 전통극에서 많이 본 이미지였다. 하지만 그 자체를 비판하고 싶지는 않다. 일본은 이미 오래 전부터 '탈아입구(脫亞入歐)'를 모토로 동양적인 것의 세계화를 갖은 방법으로 모색, 아시아적인 것을 세계화하자면 자연히 일본색이 느껴지는 것도 어쩔 수 없다고 생각한다. 일본색을 경계할 것이 아니라 아예 그것을 안아내는 의식적 성숙성이 필요하다고 생각한다.

이 작품에는 일본적 느낌 외에도 중국의 귀신인 강시(疆屍)의 느낌과 전통 살풀이 춤사위가 포함되는 등 아시아적 보편성의 추구가 느껴졌다. 특히 후반부에서 신을 부르는 창부타령에 얹은 살풀이춤은 자신의 삶과 예술이 감정이입된 듯한 진정성이 객석에 그대로 전해져 소름이 돋을 정도였다. 사람과 사람의 인연의 끈, 생명의 끈을 적승도인의 붉은 줄로 형상화한 것이 다소 진부하기는 했지만 전체 작품에 녹아 긴장미를 잃지 않았다.

— 춤 2004년 4월호

산해경 2004년 12월 29~30일 국립극장 달오름극장

김은희무용단의《산해경(山海經)》은 불안에 대한 미학적 도전으로 보인다. '산해경'은 산과 바다의 모든 신기한 것들에 대한 기록이다. 동양의 지식은 박람강기(博覽强記)를 요구한다. 우선 널리 알고, 그 다음에 깊이 알 것을 요구한다. 동양의 고전을 읽다 보면 지식이라는 것은 많이 아는 것이다. 왕이 꿈에 어떤 이상한 동물을 봤는데 이 동물이 뭐냐고 물었을 때 답을 내는 것이 현자다. 그 동물이 무엇인지 알아야 길인지 흉인지 예측할 수 있기 때문이다. 그런 주술적 철학, 신화적 세계에서 동물들, 식물들, 기이한 현상들을 모아 기록한 책이 바로 〈산해경〉이다.

김은희는 이 '산해경'을 불안으로 열고 있다. 돌을 깨며 길을 내 접근, 촛불을 켜고 있다. 그렇게 만나는 세계는 세상을 비추는 거울의 세계이며 그 뒤에 또 하나의 빛이 있는데 접근이 어렵다. 이승과 저승을 갈라놓고 가슴을 격동시키는 반복적인 타격음에 맞춰 추는 강렬한 주홍빛의 움직임이 인상적이다. 병풍처럼 펼쳐진 반사판 뒤로 반딧불처럼 움직이는 빛은 도깨비불이라고 해도 좋아 보인다. 그 앞에서 속도감과 힘을 적절히 배치해 단속적으로 움직이는 무브먼트가 느낌이 강하다.

일순 무음으로 강한 움직임이 펼쳐지는데 떠드는 소리가 객석으로 들린다. 효과음인가 했더니 그것은 아니다. 조명실에서 나오는 소리다. 이런 무식한 스태프들이 나라를 대표하는 '국립'자가 붙은 극장의 직원이라는 게 한심한 생각이 든다. 공연자는 물론 극장을 욕 먹이는 행위다. 어쩌면 나라를 욕 먹일지도 모른다.

실로폰 소리의 느낌이 반투명 반사판 뒤로 움직이는 반딧불의 움직임과 투명하게 어울렸다. 이내 다시 시작된 불안한 규칙적인 타격음에 맞춰 팔다리를 당기고 뻗으며 온몸을 움직이는데 균형 잡힌 속도감이 가슴을 진탕시킨다. 부드러움으로 비비고 빠르게 꺾으며 규칙적인 리듬에서 불규칙한 내적 울림을 만들어냈다. 신비스러운 이미지는 그리움으로 관능으로 확대되어 묘한 쾌락마저 느끼게 했다. 기계적인 현대에 대한 자학적 반항으로 어떤 희열마저 느껴진다.

바람소리와 함께 주홍의 옷은 녹색으로 뒤집어진다. 귀기(鬼氣)가 단아한 영기(靈氣)로 응축되는 것 같다. 기(氣)가 뭉쳐 물(物)이 되는 것 같다.

정악에 맞춰 서사적인 가면무가 펼쳐졌다. 동양의 가면이 아니라 희랍식 서사적 가면이다. 동양의 가면이 축사적으로 외향적이라고 할 수 있다면, 서양의 가면은 외부와 격리된 자아침잠형 방관으로 내향적인 것 같다. 한국춤 가면무의 흥보다 희랍 서사극의 장엄한 코러스가 느껴진다.

다시 가슴을 격동시키는 타격음이 들리고 염한 시신들이 움직이는 듯한 귀기가 무대에 가득하다. 바람소리, 거울, 촛불, 오방색 등이 무중력감과 속도감 위에서 조합되며 진기한 '산해경'이 펼쳐진다. 헬리콥터 소리, 마림바 소리 등 모든 소리와 음향에 맞춰 박자를 쪼개내는 김은희의 춤사위는 기이한 신비감, 존재감으로 객석을 압도했다.

태엽이 풀려 느릿해지는 편안한 오르골 소리와 함께 촛불이 꺼졌다. 막의 탄생이 초 하나의 길이었다고 하던가. 작품의 시작 때 밝힌 촛불이 마지막에 꺼졌으니 이 작품은 단막극이라고도 할 수 있다. 그러나 김은희의 불혹의 고민과 모색이 안으로 잘 갈무리된 명품 단막극이다.

— 춤 2005년 2월호

진공 2005년 9월 2~3일 예술의전당 자유소극장

김은희무용단의《진공》은 '공기가 없음'의 진공이 아니라 '진짜(眞) 비어있음(空)'의 진공 같은 느낌이다. 〈반야심경〉의 그 '공' 같다. 색즉시공(色卽是空) 공즉시색(空卽是色), 수상행식(受想行識) 역부여시(亦不如是) 오온개공(五蘊皆空)이다. 김은희는 이 작품에서 특유의 무거움을 더욱 무겁게, 어두움을 더욱 어둡게 그렸다. 색, 수, 상, 행, 식 등 다섯 가지 삶을 이루는 주요한 것(오온)이 바로 없음이라는 불가의 오묘한 진리가 겹쳐질 정도로 묵직하고 깊이 있게 그려냈다.

반투명한 미로와 같은 무대를 통해 세련된 깊이와 그로테스크한 강한 이미지로 차단된 공간을 만들어냈다. 무대를 빛의 공간과 어둠의 공간으로 나누어 떨림과 긴장에 반투명벽을 긁어대는 스크래치의 강렬한 표현으로 관객을 자극했다. 하지만 지나치게 강한 색상과 이미지 때문에 일본풍이라는 비판은 이 작품에서도 여전히 유효할 것 같다. 그러나 일본풍이기 때문에 비판받아야 할 요소는 아니라고 본다. 미국풍, 중국풍, 유럽풍, 북한풍 등 세계화 시대에 어떤 것이든지 자신의 것으로 받아들여 소화할 필요가 있다.

이어 신들린 샤만의 제의적 느낌을 만들어냈고, 가면의 코러스를 통해 서사를 강화했다. 무겁고 어두우며, 순수하면서도 광기가 느껴지는 김은희 특유의 정서가 이명(耳鳴)이 아니라 이풍(耳風)으로 스쳐가는 듯했다. 어렴풋한 가야금 소리에 실린 호흡과 기합은 묘한 관능도 불러일으켰다. 물방울소리에 덧붙여진 퍼큐션에 균열음, 마찰음, 엔진소리가 낮은 비명처럼 묵직하게 눌러왔다.

미로에 갇힌 인간생쥐들이 숨을 내뿜어 모든 것을 비워내며 미로를 열어 광장을 만들어내면서 마크 로스코의 무채색 색면추상처럼 무대를 어둠과 빛으로 크게 쪼갰다. 가면과 얼굴을 통해 형태를 왜곡하는 것이 꼭 미로에서 탈출한 뒤 광장공포증에 빠진 인간의 모습을 그리고 있는 것도 같다.

이렇게 증폭, 확장된 진공상태에 빨간 옷을 입고 허리까지 내려오는 긴 머리로 귀기를 가득 뿜어내며 김은희가 등장했다. 날카로운 속도감과 함께 흩날려 떨어지는 긴 머리는 진공의 잔상처럼도 보였다. 가야금과 해금 등의 연주에 맞춰 접신한 듯 무아지경 상태에서 추는 그의 춤은 닭장 속에 갇혀 웅크리고 있는 인간을 위로하는 진혼굿, 또는 씻김굿처럼도 보였다. 대미의 두레박은 구원의 두레박으로도 생각됐다.

많은 사람들의 일본색이라는 비판에도 불구, 춤 본래의 맛을 잘 보여준 무대였다.

— 춤 2005년 10월호

에테르 2009년 6월 1일 아르코예술극장 대극장

《에테르》는 김은희의 장점과 단점을 모두 드러내준다. 그는 서있기만 해도 춤이 되는 몸을 갖고 있다. 더욱이 움직임은 크고, 빠르고 절도가 있다. 호흡이 깊고 내뿜는 에너지가 독특하다. 귀기(鬼氣)가 감돈다는 게 맞춤한 말이다. 이번 작품 역시 그렇다. 엉덩이를 뒤로 빼고 팔을 앞으로 펴고 상체를 상하, 전후로 움직이며 특유의 귀기 어린 제의적 느낌을 만들어냈다. 단순한 무대에서 익숙하면서도 달리 들리는 음악에 맞춘 제의적 움직임은 온 몸을 빨아들이는 밀교의식과 비슷했다.

예술가가 자기 색을 갖는다는 것이 쉬운 일은 아니다. 그러나 그것이 지나치게 반복된다면 타성과 매너리즘이 느껴질 수밖에 없다.

— 춤 2009년 7월호

마라 2009년 11월 18~19일 대학로예술극장 소극장

《마라》는 '~하지마라'의 '마라', 불교에서 중생을 유혹하는 존재, 범어로 고통의 은총을 뜻한다. 안무자는 금지, 유혹, 고통과 은총 등의 중의적 의미를 작품 안에 잘 여며 넣었다.

커다란 부적은 풀지 못하는 숙제처럼 무대 가운데 떡 버티고 서서 삿된 것을 막아냈으며 사방의 무당은 목어 밑에서 영혼의 안식을 세련된 굿형식으로 풀어내며 작품에 스며들듯 개입했다. 김은희는 중앙에서 제주, 혹은 굿주인이 돼 전체 에너지를 잘 갈무리해 응축, 폭발시켰다. 하지 말아야 될 것이 많았던 인간의 삶과 다른 쪽으로 가고 싶었던 유혹, 그리고 그것을 이겨내는 고통과 은총이 잘 그려졌다. 타성에 젖은 부분이 없지 않지만 깔끔한 형식과 내용이 역시 김은희라는 생각이 들게 한다.

김은희 춤 특유의 움직임이 잘 살아있었다. 무대도 상징성 있게 잘 정리됐다. 귀기 어린 에너지와 주술적인 무대가 잘 어울렸다. 특히 움직임이 과거의 작품보다 미니멀하게 정리돼 터져주면서 김은희의 독특한 무대양식을 맛깔나게 만들었다. — 춤 2009년 12월호

김정은

기워진 이브 II 2005년 8월 25~26일 예술의전당 자유소극장

무용작품으로는 드물게 살인사건을 소재로 했던《기워진 이브 I 》을 형식과 내용에서 업그레이드했다.《기워진 이브 I 》이 사건 흐름을 쫓아갔다면,《기워진 이브 II 》는 살인을 당한 여인 이브의 정서에 주안점을 두고 있다.

여행용 가방에 시체가 유기된 채 남녀 무용수 두 커플 4명의 무용수가 움직이는 플라스틱 슬레이트를 이어 붙여 만든 타원형 무대는 원형경기장을 연상시켰다. 비인간적이면서도 화려한 거치 도시의 삶을 잘 잡아낸 무대로 생각된다. 또 반투명 소재인 플라스틱 슬라브 슬레이트 뒤에서 쏘아낸 조명도 좋은 무대효과를 냈다. 몸을 왜곡시키는 조명같은 영상의 효과도 좋았다.

그러나 잔혹한 토막살인의 냄새로 시작한 작품치고는 너무 깔끔해 아쉽다. 일정한 속도감에 규칙적인 움직임이 가방 속에 갇힌 몇 년 동안과 그 시간 동안 갈았을 복수심, 또 그것을 넘어서는 용서와 화해를 고통스럽게 표현하는 것도 같았지만 좀 격렬한 표현이 아쉬웠다.

이는 혹시 어린이들이 감상하게 하려 한 의도가 숨어있는지 모르겠다. 사실 이 작품에는 어린이 관객들이 유난히 많았다. 부모의 지도아래 볼 수 있다는 PG(Parent guide)급으로 만들어 관객층을 넓히려는 무리한 욕심을 낸 것은 아닌지 하는 생각도 든다. 하지만 소재와 제목이 여성 토막살인 사건을 연상케 한다. 물론 마지막에 '기워진(sewed)' 것이 아니라 '짜여진(knited)'것이라는 영상이 나와 그냥 가방 속에 시체를 넣어 유기한 작품으로도 생각

될 수 있다.

관람등급을 나눌 때 가장 중요한 것은 소재다. 이 작품 소재의 경우 분명 어린이 관람불가 급이다. 이 작품은 X등급으로 좀 더 격렬하게 만들었어야 하지 않을까 싶다. 지금은 사회부 사건기사가 많이 약해졌지만 10여 년 전만 해도 사회부 기사를 쓸 때 데스크들은 '피가 뚝뚝 떨어지는' 기사를 주문했다. 이 작품은 나르시시즘보다는 격렬한 복수심으로 '피가 뚝뚝 떨어지는' 그런 생동감으로 만들었으면 좋겠다. '기워진 이브Ⅲ'이 있다면 그런 격렬함을 기대한다.

— 춤 2005년 9월호

책 읽어주는 여자 2008년 12월 4~5일 예술의전당 자유소극장

김정은댄스프로젝트의 《책 읽어주는 여자-요란한 침묵》은 레몽 장의 〈책 읽어주는 여자〉, 시몬느 드 보봐르의 〈위기의 여자〉, 아멜리 노통브의 〈적의 화장법〉 등 3권의 프랑스 소설에서 따온 책의 모티브를 춤에 국한하지 않고 독백, 웃기와 울기, 노래하기와 마임 등 자유로운 방식으로 풀어냈다.

무대의 그림은 전체적으로 깔끔했다. 주제와 책과 책상, 의자 등의 오브제가 잘 연결돼 현대인의 외로움과 상실감이 잘 어우러졌다. 음악의 선정도 라벨의 볼레로와 같은 익숙한 음악을 배경으로 난도 높은 테크닉으로 춤을 구성, 춤에 대한 접근성과 보는 맛을 높였다. 여성의 침묵과 처절한 건조함을 포스트모던한 무대 구성에 현대무용을 중심으로 다감각적인 움직임과 대사, 연기를 재미있게 집어넣었다. 그러나 자극적인 맛 등 좀 맺힌 데가 없는 것이 아쉽다.

— 춤 2009년 1월호

김종덕

또 다른 음모 2007년 4월 25~26일 아르코예술극장 대극장

　김종덕이 이끄는 '창작춤집단木'은 좋은 춤을 갖고 있다. 속도감 있고, 맺고 푸는 호흡도 좋으며, 깔끔하면서도 에너지가 넘친다. 한마디로 시원하고 보기 좋은 힘있는 춤선이다.

　하지만 이번 작품은 주제 면에서 또 작품의 구성요소간에 좀 아귀가 맞지 않는 것 같다.

　우선 주제다. 안무자는 '인간의 관계 속에서 발생하는 언어의 폭력성과 기업이윤의 노예가 되고, 물신주의 등을 직설적이지 않고 상징성과 해학성, 그리고 은유적으로 표현했다'고 말했다. 그러나 첫 머리에 "서로에게 총을 겨누고 있다"고 구체적인 말로 표현했다. 하지만 말과는 달리, '남의 머리에 총을 쏜 것이 아니라 자신의 머리에 총을 쏴 쓰러지는 것'으로 작품을 시작했다. 그리고 30여분 동안 창작춤집단木 특유의 시원하고 보기 좋은 힘찬 춤사위를 김윤희의 솔로에서 군무로 확대하며 말 그대로 '시원하고 힘차게' 30분간 돌렸다. 그러나 이 춤에서 언어의 폭력성, 기업이윤의 노예, 물신주의 등을 찾기 힘들었다. 그런 우울함을 발견하기에는 춤이 너무 시원했고 힘찼다.

　사이에 비보이 브레이크댄스가 잠시 겹쳐지다가 '톱모델'의 패션쇼가 15분가량 펼쳐졌다. 그런데 어떤 패션쇼인지, 그게 분명치 않다. 디자이너도 분명치 않고, 그러니 당연히 어떤 개념도 찾을 수 없고, 앞의 춤과도 이어지지 않아 보는 재미를 찾기 힘들었다. '톱모델'이라고 프로그램은 주장하는 데 톱모델 같아 보이지는 않았다. 각각의 개성이 없어 '톱모델 지망생'이라는 게 적합할 것 같다. 이들이 엄지와 검지 발가락 사이에 끈을 걸어 신고 다니는 일본식 슬리퍼인 속칭 '쪼리'를 신고 워킹을 하는데 여간 불편해 보이는 게 아니었다. 급기야 어떤 친구는 쪼리끈이 끊어져 아주 불편한 워킹을 하기도 해 객석 사이에서 실소가 터져 나오기도 했다.

디자이너 불명, 개념 불명의 패션쇼가 좀 지루하게 전개된 뒤 흥겨운 비보이 댄스가 펼쳐졌다. 아크로바틱한 헤어 스핀 등은 없었지만 비보이 특유의 무표정을 지워버린 하얀 가면의 착상이 좋았다. 그래서 비보이 춤이 작품 내에서 튀지 않고 독특한 서사를 획득할 수 있었다. 하지만 시원한 춤과 좀 애매한 패션쇼, 그리고 세련된 비보이 댄스가 어떤 '또 다른 음모'를 만들어내는지 쉽게 다가오지는 않는다.

마지막에 김종덕의 솔로춤으로 대미를 장식했는데 나르시시즘적 요소가 좀 걸렸으나 시원하고 아름다운 힘찬 춤선은 아무리 칭찬해도 부족할 만하다.

김윤희를 비롯한 무용수의 춤 자체에는 100점을 주고 싶지만 그 춤의 함의, 패션과 비보이의 결합을 통해 만들어낸 시너지효과 등은 50점을 넘기 힘들어 보인다.

— 춤 2007년 5월호

김현자

그 물 속에 불을 보다 2002년 12월 2~3일 문예진흥원 예술극장 대극장

김현자춤아카데미의《그 물 속에 불을 보다》는 현대 춤으로서의 한국춤의 형식과 내용이 잘 맞아떨어진 모처럼의 수작이다.

물론 이에 대해 개인 시각차에 따른 이견이 얼마든지 가능하다. 하지만 눈을 즐겁게 하는 아름다운 춤선과 고난도 테크닉, 그리고 생각의 폭을 넓히는 자유로움이 현대 춤의 형식과 내용의 요체라고 할 때 이 작품은 이 두 가지를 조화롭게 끌어안은 작품이라고 생각된다.

이 작품은 우선 '기(氣)춤' '생춤(lived dance)' 등으로 알려진 기존의 다소 난해하면서도 내공의 힘을 중시한 김현자의 춤과 상당히 다른 작품이었다. 절로 탄성이 일 만큼 가벼운 고난도 테크닉에 물에서 불로, 불에서 다시 물로 이어지는 내용을 마치 물 흘러가는 듯이, 기름에 불을 붙이듯이 쉽고 편안하게 담아냈다.

이와 관련 김현자는 "그동안 불립문자(不立文字), 무위자연(無爲自然)의 춤을 만들고 싶었는데 이번 작품에서는 그것 자체가 욕심이라는 깨달았다"고 말했다.

이 작품은 '그 물 속에 불을 보다'라는 제목의 내용처럼 물의 일렁임 위를 섬광처럼 지나가는 불빛으로 시작됐다. 우리나라의 대표적인 설치작가 전수천이 만들어낸 물의 쪽빛 일렁임은 즐거움과 함께 명상을 느낄 수 있었다. 그 위로 좌에서 우로 화살처럼 지나간 불빛은 잔잔한 마음에, 또는 전혀 예기치 못하는 순간에 화살처럼 가슴 한복판에 꽂혀 일어나는 불같은 정염, 또는 욕망의 상징으로 보였다. 그러나 도화선용 화약으로 만들어진 듯한 이 불빛이 좀 더 얇아 날카로운 느낌이 강했으면 더욱 효과적이었다는 생각이 들었다.

이어 진홍빛 빛의 파장이 명멸하는 가운데 긴장된 선 속에 어떤 한이 느껴지는 춤사위가 청아하면서도 깊이를 갖춘 대금소리에 맞춰 안으로 힘을 갈무리해 도는 춤으로 시작됐다. 독무에서 군무로 전개되는 도입부는 정염이 최대한 응축된 회화적인 구성으로 보였다.

대금소리에 물소리, 자갈 구르는 소리 등이 섞이고 오케스트라 피트에 만들어놓은 물웅덩이에 빛이 반사되고, 거문고 소리가 퉁겨지면서 춤은 슬로우 모션으로 맺은 힘을 서서히 풀어나갔다. 클라리넷 소리는 춤을 더 부드럽게 풀어내 춤사위가 좌우로 더욱 가라앉으면서 코발트블루로 변한 무대 배경은 창공인지, 물인지 혼동스럽게 했다. 이태백의 시에서 유래한 '하늘의 달, 물 속의 달, 내 마음의 달, 당신 눈 속의 달, 술잔의 달'이라는 식이다. 그런 혼동된 공간에서 하늘하늘한 한삼 자락이 바람에 흔들리며 만들어내는 이미지는 환상적 쾌미가 있었다.

사막 뒤에서 첼로 라이브 연주가 나오고 흐르는 물을 거슬러 오르는 듯한 은어떼처럼 온몸을 홍겹게 비틀고 나오는 여자무용수들의 춤의 전환도 재미있었다. 돌을 하나씩 끌고 들어오는 남자무용수들은 제 삶의 무게에 힘겨워하는 인간군상으로 보였다. 그 돌을 둘러싸고 벌어지는 투쟁의 모습은 헛된 삶의 단면을 보여주는 것도 같다.

첼로연주가 손가락으로 뜯는 핑거링 연주로 바뀌면서 여자무용수들이 다시 등장했다. 격정적인 알레그로 연주에 맞춰 춤추며 남자무용수 8명은 짝을 찾지만 2명은 찾지 못한다. 삶이 그러하다는 뜻으로 보인다. 혹은 동성애 코드로도 읽힌다.

연주가 아다지오로 바뀌면서 남자들은 떠나고 여자들만 남는다. 이어 소프라노 구음이 첼로선율에 섞이면서 소복한 여인(박미영 역)이 등장한다. 조그만 불을 든 그는 오케스트라 피트의 물 속에 들어가 가슴 속으로 번진 정염의 불꽃을 끄려는 듯 거친 물장구를 친다.

그 불을 남자들이 이어받아 불꽃 릴레이를 펼친다. 요즘 유행하는 마음을 모으는 촛불시위의 한 장면처럼도 보인다. 강력한 타악 음악이 터져 나오고 물의 춤에서 불의 춤으로 변하는 듯한 남성춤의 역동미가 폭사된다. 김종덕, 안덕기, 조재혁, 신동엽, 박기환 등이 뛰고 구르고 날며 만들어내는 춤은 남성춤에서만 볼 수 있는 힘있는 스펙터클의 백미였다.

몰아치는 거센 춤이 잦아지면서 고요함 속에 반딧불이 등장하고, 이는 쥐불놀이 같은 큰 움직임으로 점점 강해지면서 장쾌한 도약과 회전을 통해 다시 한번 힘찬 역동미가 폭사된다.

무대배경을 일렁이는 불의 영상과 함께 여자들이 붉은 천을 들고 나오고, 강한 타악이 환상적 느낌의 마림바와 요령소리로 바뀌면서 남자무용수들이 붉은 천을 펴 들고 정염의 담장을 쳤다. 그 안에서 관능적 여인의 춤이 경쾌하게 펼쳐졌다.

춤이 끝난 뒤 붉은 천 뒤에서 마치 마술을 하듯 여인들 쏟아져 나왔다. 정염의 불꽃 속에서 여자가, 의미의 외연을 확장시키면 사람이 새로 탄생한다는 느낌도 난다. 이들은 마치 탭댄스를 보는 듯 빠른 발놀림의 춤사위로 새로운 탄생을 즐기는 듯했다.

커진 북소리에 불이 다시 거세게 일고 꽹과리소리와 묵직한 구음이 보태지면서 전설의 불새가 자기 몸을 태워 다시 태어나듯, 승려가 자신의 몸을 태워 세상의 도를 구하는 소신공양이 연상될 정도로 춤과 소리가 하나로 모아져 절정으로 치달았다.

그 절정이 흥겨운 굿거리장단으로 변하면서 새로운 탄생의 즐거움이 온 몸을 비틀어 강하게 반동을 주며 팔을 흔드는 활기찬 춤사위로 삶에 대한 환희와 희열, 사랑의 기쁨을 표현했다. 작품은 여기서 끝났어도 좋았을 것 같다.

마지막 득도를 하는 듯 편안한 좌선 장면은 사족처럼 보이기도 했다. 또 춤 이상으로 큰 기대를 모았던 전수천의 설치 무대가 조명과의 조화 문제로 제대로 표현되지 않아 아쉬움이 남았다.

하지만 한국춤의 새로운 전형을 찾아내기 위해 끊임없이 변신을 모색해온 김현자의 반세기 무용공력과 각종 콩쿠르를 휩쓸며 국내 최고의 테크닉 집단을 떠오른 한국예술종합학교 무용원 출신 무용수들이 기량이 제대로 어울려 최근 보기 드문 화려한 스펙터클을 만들어냈다는 것은 분명해 보인다.   ─ 춤 2003년 1월호

김형희 · 김윤규

해당화 2006년 2월 25~26일 아르코예술극장 대극장

트러스트무용단은 창단 10주년을 기념해 효를 주제로 한 작품을 공연했다. '춤으로 다시 보는 십계' 연작 중《네 부모를 공경하라-해당화》(안무 김형희)는 동양적인 느낌의 서사적인 춤이다. 청개구리 우화를 섞어 재미있게 만든 이 작품은 색깔 좋은 아름다운 교훈극 우화의 춤이었다. 이 작품은 공들여 만든 우화적 구도의 스펙터클한 무대에서 연극적 기법을 적용, 상징과 사실의 중간쯤에서 동양적 이미지로 풀어냈다. 치매인 부모를 오카리나 음악 등에 올려 명상적으로 만들어 놓은 것이나, 탈춤을 적용한 흥겨운 무브먼트 등 볼거리와 생각거리가 많은 작품이었다. 대미에 전라로 물에 뛰어든 것도 슬픈 청개구리 우화를 생각하게 하는 즐거운 장면이었다.

— 춤 2006년 4월호

서드 턴 2008년 12월 10~20일 게릴라극장

트러스트무용단의《서드 턴(Third turn · 세 번째 전환)》은 지독한 현실에서 온 몸을 던져 희망을 찾는 춤이다.

'서드 턴'은 생명의 탄생에서 가장 중요한 순간이다. 태아가 자궁을 뚫고 나올 때 3번을

돌아야 하는 데 그렇지 못하면 자궁에 걸려 숨지게 되고 산모도 위험해진다. 세 번째 회전은 삶과 죽음을 가르는 순간이다. 이 작품은 지독한 현실에서 희망으로의 '서드 턴'을 처절하게 그려낸다.

안무의도와 춤, 명증한 라이브 음악, 소극장 무대를 잘 갈라놓은 입체적인 조명 등 어느 하나 나무랄 데 없는 작품으로 2008년의 대미를 장식하는 작품으로 손색이 없어 보인다. 무용공연으로는 이례적으로 소극장에서 11일간 공연, 객석을 가득 채운 것도 의미 있는 일로 평가된다.

작품은 시체놀이 하듯 널 부러져 있는 사람들로 시작한다. 이미지는 거칠다. 벽에 잔뜩 써놓은 숫자들은 계산적인 현실을 의미하는 듯하다. 한 구석에 가득 쌓여있는 신발들은 삶의 찌꺼기들로 보인다. 찌그러진 물통들, 조그만 의자들은 부와 권력을 상징하는 오브제들로 읽힌다. 왼쪽 무대 앞에 걸려있는 링게르 병은 치료제로도, 또 마약으로도 생각된다. 이 같은 상황에서 생명 없이 살아가는 사람들이 하나 둘 일어나 자기 고백을 시작한다.

이야기와 연기, 브레이크 댄스, 노래 등 자유로운 춤과 노래, 움직임이 범벅이 돼 각각의 아픈 라이프 스토리가 펼쳐진다. 웃을 수도 없고 울 수도 없다. 그저 거친 호흡으로 머리가 아닌 가슴으로 직접 전해진다.

남자 엉덩이에 붙어있는 의자는 일에 짓눌린 삶이 연상이 되고, 그게 뒤집어져 앞으로 왔을 때 원초적인 건강한 생명력의 회복이 느껴진다. 물 속에 머리 박고 고문 받으며 현실의 주문이 거세다. 가혹한 환경 속에서 편안하고 투명한 음악이 이율배반적이다. 치료약이 사랑일까, 모든 것을 잊는 마약일까. '베사메 무초(Vesa me mucho · 많이 입맞춰 주세요)'라는 직설적인 노래가 가슴으로 다가온다. 거친 환경에서 온 몸을 던지는 무용수들이 얼핏 '라 보엠'의 주인공으로도 보인다.

물통에서 쏟아지는 신문지 조각들의 상징도 인상적이다. 정보가 돈인 현대사회, 돈이 모든 것인 세상 등이 빨간 바코드와 같은 조명들에 어울린다.

90분 넘게 펼쳐지는 서울의 보헤미안들이 희망을 노래하는 지독한 춤이 보는 이의 삶에 '서드 턴'으로 희망을 불어넣는다.

— 춤 2009년 1월호

데칼로그-살인하지 말라 2009년 7월 1~5일 아르코예술극장 대극장

트러스트무용단의《데칼로그-살인하지 말라》는 춤과 연극, 음악, 무대미술이 서로의 장점을 살려 힘있게 만난 대형 총체극이라 할 만하다.

조명이 들어오면서 무대를 가득 채운 거대한 붉은 기둥으로 꾸며진 무대는 관객을 압도하기 충분했다. 기둥 하나 하나에 십계명이 하나씩, 하나씩 적혀있는 듯한 강렬한 이미지로 다가왔다. 저항하기 어려운 금단의 벽의 느낌이었다. 전면의 기둥이 위 아래로 엇갈려 열리면서 쏟아지는 조명은 계명의 파괴 또는 새로운 계명이 느껴졌다.

무대 왼쪽에서 테너 김홍부가 등장, 라이브 연주로 작품이 본격적으로 시작했다. 그레고리안 성가 풍으로 명증하게 부르는 노래는 종교적 비의의 느낌이 강했다. 하지만 편안한 움직임에 강한 호소력이 더해져 따뜻한 인간적 구원의 느낌도 함께 했다.

무대의 기둥과 성가의 소리를 배경으로 트러스트 무용단 특유의 표현력이 풍부한 연극적 움직임이 펼쳐졌다. 엄격한 내재율에 따라 자유롭게 움직이며 흥분과 고통, 불안을 객석에 던졌다.

이 같이 잘 짜인 자유스러움에는 오케스트라 피트에서 라이브로 연주하는 인디밴드 욤프로젝트를 이끄는 연리목과 옴브레의 작곡과 연주가 큰 역할을 했다. 소리가 춤으로 보이고, 춤이 소리로 들리는 것처럼 하나로 잘 이어붙었다. 연리목과 옴브레의 음악은 트러스트무용단과 오랜 협업으로 이미 충분히 '믿을 만한' 음악과 춤이 합해져 '연리목'이 된 것도 같다.

각 장의 에피소드는 꼬리에 꼬리를 물고 한 인간에서 집단, 집단에서 다시 개인으로 확대 또는 압축을 반복했다. 기둥과 의상 등 다양한 오브제들이 각 에피소드와 연결돼 의미의 내포와 외연을 확대했다. 특히 아름다움을 강조하는 기존의 춤선이 아니라 뒤틀리고, 꺾이고, 떨어지고, 솟아오르다가 바닥을 기는 감성적 움직임은 연극적 표현의 번안을 넘어 가슴에서 가슴으로 직접 전해졌다. 소리와 노래 그리고 춤이 하나로 묶여 춤에서 노래가 나오고, 소리에서 움직임이 빚어지는 느낌이다.

전체적으로 통일된 큰 동작에서 얼핏 전체주의의 느낌이 났다. 여기에 나팔소리가 더해져 싸움, 전쟁 등의 집단적 투쟁이미지도 느껴졌다. 개인의 존재론적 살인에서 집단적인 살상의 느낌으로 커지며 살인이 좀 더 서사적으로 확대되는 것 같다. '살인하지 말라'는 성경의 제1계명이 인간의 물리적 죽음을 넘어 인간의 집단적 패악, 더 나아가 신과 인간과의 단절은 물론 자연과의 단절까지 강렬한 인상으로 그려졌다.

2003년 국립극장 별오름극장에서 소규모 실험극으로 시작, 대극장의 입체적 스펙터클을 갖춘 대작으로 확대돼 시리즈로 이어지고 있는 이 작품은 트러스트무용단의 그 동안의 이력과 성과를 상징적으로 압축하는 것 같다. 부산에서 시작, 춤과 연극, 음악이 함께 하는 총체극으로 발전, 중앙무대에서 독특한 입지로 확고하게 뿌리내린 김형희, 김윤규의 끈끈한 협업도 인상적이다. 특히 하루 이틀에 끝나는 대부분의 현대무용 작업과는 달리 1주일씩 또는 1달씩 지속하며 대중을 만나는 뚝심의 노력도 높이 평가받기 충분하다.

그러나 후반부에 들어 의미가 춤보다 강해 좀 작위적이라는 느낌도 없지 않아 아쉽다. 또 소극장 무대에서의 에너지 중심의 움직임이 대극장에서도 상당 부분 사용됐는데 좀 더 큰 그림을 그릴 수 있는 움직임으로 전체 그림을 완성시킬 필요가 있어 보인다. 안무자의 의도인지 모르겠지만 무용수들이 무대에 압도된 느낌도 뭔가 허전한 부분이다.

— 춤 2009년 8월호

김희진

기억세포 2006년 8월 8일 국민대학교 예술관

국내 최고의 현대무용 테크니션 가운데 한 명으로 꼽히는 김희진은 10년 전부터 관계를 맺어온 갈로타로부터 최근 독립했다. 갈로타는 세계 현대무용에서 한 지분을 갖고 있는 현대무용가다. 그가 이끄는 프랑스 그르노블국립안무센터 수석무용수였던 김희진 역시 분명 세계 정상급 무용수라고 할 수 있다. 투명한 명상을 만들어낸《기억세포》는 그가 무용수를 벗어나 안무가로서, 자신의 세계를 튼튼하게 만들어가고 있음을 확인케 했다.

바람소리, 날벌레 소리를 배경으로, 명상적인 그림자로 등장, 꿈을 꾸는 듯한 독특한 걸음걸이로 시작했다. 느린 속도로 흐르는 물과 같은 움직임은 현재를 벗어나 투명한 기억 속으로 관객을 이끌었다. 그르노블에서 함께 활동했던 뤼도빅 갈방과 일란성 쌍둥이 같은 앙상블은 기분 좋은 경쾌한 관능으로 무대를 채웠다.

물 흐르듯이 끝없이 이어지는 선이 급하게 격정적으로 변주됐다. 거칠게 목과 다리를 잡고 폭력적으로 보일 정도로 힘차게 치오르다가 부드럽게 쉬어갔다. 시원스런 질감의 큰 동작은 섬세한 손가락 움직임으로 아스라하게 정리됐다. 적절한 긴장과 편안한 이완이 좋은 템포로 이어 졌다.

갑자기 밝아진 조명은 밀고 당기며 한바탕 절정의 순간이 지난 뒤 몰려오는 권태의 느낌이었다. 격정적인 밤의 열기가 흩어지고 밀폐된 공간에서의 고독과 외로움이 묻어났다. 갈방이 김희진의 손을 밟고 방을 나서면서 떠나는 자와 남겨진 자의 아쉬움이 팽팽하게 공간

을 채웠다. 그러나 아쉬움의 인력이 강했다. 뒷걸음쳐 끌려들어온 갈방은 김희진의 온 몸을 타고 돌며 관능적 속삭임으로 유영했다. 물결에 흔들리듯, 흐느적거리며 서로에게 몸을 맡겨 돌아가는 모습이 유혹적이었다.

하지만 다시 시작한 부분이 조금 길지 않았나 싶다. 좀 더 압축, 빨리 끊었다면 느낌이 더 좋지 않았을까 싶다. 그럼에도 불구, 김희진은 기억의 미로를 의식과 무의식의 세계로 뚫고 들어가, 투명한 명상적 아름다움에 편안한 관능을 입히는 데 성공한 것 같다.

— 춤 2006년 9월호

남정호

성난 돌진 2005년 11월 11~12일 호암아트홀

《성난 돌진》은 1999년 초연, 2004년 재연된 작품이다. 마흔만 넘으면 무용수보다는 안무자로 돌아 무대 뒤에 남으려는 한국무용의 조로(早老)현상에 대한 50대의 '성난 돌진'으로도 생각된다. 물론 안무자의 생활이 무용수의 생활보다 더 안정적이라는 말은 아니다. 단지 무대에서 더 보고 싶은 좋은 무용수 겸 안무가가 안무 한 쪽만 선택, 무대에서 그를 더 볼 수 없다는 것에 대한 아쉬움의 표현이다.

작품은 조심스러운 사색하는 그림으로 시작됐다. 조명으로 그려진 좀 찌그러진 사각형의 한 모서리에서 뿔테 안경을 쓴 단정한 단발머리 여성이 등장했다. 그는 마치 금지된 곳으로 들어가는 듯 조심스럽게 걸어나와 무대 앞에서 안경을 벗었다. 안경을 벗는 것, 그것은 어떤 콤플렉스를 벗어 던지는 상징으로 읽혔다. 지식 또는 이성 등과 같은 아폴로적 콤플렉스를 벗어던지고 몸과 감정, 디오니소스적 광기에 과감하게 몰입하는 느낌을 줬다.

안경을 벗고 뒷걸음치며 시작한 조심스러운 움직임은 아직 떨치지 못한 지식과 이성에 대한 불안으로 보였다. 한편 거기에는 갱년기라고 말하는 그런 중년의 불안도 느껴졌다.

그러나 이어지는 단정한 다양한 몸짓에 균형 잡힌 턴은 그 모든 것을 털어내는 자유의 몸짓이었다. 세월을 가늠하지 못할 만큼 가볍고 단정한 움직임은 긴장과 이완이 적절한 속도감에 맞춰 자리했다. 때때로 경쾌한 유머가 움직임 속에 자리해 세상을 이미 충분히 경험한 중년의 여성의 여유가 느껴졌다.

— 춤 2005년 12월호

남정호의 《고백》은 수채화같이 맑고 예쁜 소녀의 독백으로 보였다. 원작은 김광림 한국예술종합학교 연극원 교수의 〈나는 고백한다-너도 고백해봐〉다. 이것을 남정호가 자신의 시각과 생각으로 번안, 구체화했다.

먼저 눈에 들어오는 것은 무대 중심에서 왼편으로 가득 펼쳐져 있는 해바라기가 흐드러지게 핀 모래 꽃밭이다. 꽃밭의 오른쪽 뒤로 책들이 가득 쌓여있다. 오른쪽 무대 앞에 지하로 내려가는 듯한 출구가 있고, 해골이 다리를 밖으로 내놓고 상체는 계단 아래로 내려져 있다.

남정호가 해골을 넘어 네 발로 기어나왔다. 자궁에서 태어난 생명을 뜻하는 것 같다. 객석으로 눈웃음을 치는데 귀엽기도 하고, 좀 '징그럽기'도 하다. 하지만 표현하려는 용기가 좋다. 그 나이에 무대에 그만큼 몸과 기량을 유지하는 현대무용가는 많지 않다.

생명의 탄생, 삶은 죽음의 또 다른 얼굴이다. 해골을 가지고 노는 것이 꼭 삶과 죽음의 동시성을 표현하는 것도 같다. 그런데 해골의 머리가 없다. 남정호가 해골의 뼈에 자신의 얼굴을 올려놓고 장난을 치는데 삶과 죽음이 한 모습이라는 것이 그렇게 재미있게 다가올 수 없어 보인다.

삶은 금지를 넘어서는 것. 꽃밭의 출입금지 팻말을 치우고 꽃밭으로 들어간다. 이때 마임이스트 남긍호가 등장한다. 남긍호는 남정호의 친동생이기도 하다. 누나와 동생이 모래밭에서 장난을 치는 것이 실제모습이어서 정겹다. 40대와 50대 동생 누나가 어린 시절을 회상하며 노는 것이 관객들을 각자의 과거 추억으로 안내, 절로 웃음을 자아내게 한다. 손바닥을 마주치며 노래하는 속칭 '세세세'를 비롯해 밀기놀이 등 추억의 놀이가 정겹다. 특히 손가락을 불어 사람이 풍선처럼 부푸는 모습을 마임이스트 남긍호가 절묘하게 연기했다.

놀이를 하다가 모래밭에서 동그란 하얀 사발을 발견, 모자처럼 쓰고, 가슴에 대고 또 소꿉장난을 하는 등 재미있게 논다. 그런데 꽃밭 아래서 머리 윗부분이 잘려진 두개골이 발견되고 사발을 이것과 맞춰보니 딱 맞는다. 마치 원효의 해골물 설화처럼 의미가 새롭게 다가온다. 인지하지는 못하지만 항상 삶의 옆에 죽음이 있다는 그 섬뜩함을 통해 관객들에게 인생을 허투루 살지 말라고 충고하는 것 같다.

공놀이와 발레 훈련 등 춤입문에 이어 사랑이 시작된다. 밀고 달리기가 펼쳐진다. 공부도 소홀히 할 수 없다. 책을 가지고 뛰고 베고 징검다리 삼아 건너는데 배울 게 참 많았고, 그것을 넘기가 좀처럼 쉽지 않았음이 보인다. 그런 시절의 그리움이 탱고춤에 녹아들면서 '그대 내게 한 순간 머물고 떠났지만 사랑했다'는 내용의 시 낭송이 이어졌다. 해골과의 춤은 항상 죽음을 대면하고 준비, 오늘 죽어도 후회가 없어야 한다는 생의 결벽증으로도 보인다.

남정호는 택견을 이용한 춤사위로 자신의 두 배쯤은 됨직한 덩치가 큰 남자무용수와 듀엣으로 작품을 마무리했다. 감정의 낭비 없이 깔끔하게 무음악으로 돌면서 페이드인으로 무대를 정리했는데 시종 유쾌한 낭만수채화였다. 하지만 원작이 그래서인지, 대체적으로 서른 이전의 내용에 치우쳐 불혹(不惑)이후의 갈등과 고민에 대한 고백이 보이지 않아 아쉽다. 관객들이 듣고 싶은 것은 지천명(知天命)의 무게가 담긴 대하서사시였는데, 명랑 쾌활한 낭만 자유시에 그친 것 같다. 혹시 '고백 2'를 위해서 남겨뒀는지도 모르겠다.

— 춤 2006년 12월호

류석훈 · 이윤경

더블 웨이-블루 2002년 8월 6일 세종문화회관

「2002 국제 하계 현대무용페스티벌(KADF)」의 일환으로 열린 '현대무용스타페스티벌'에서 이윤경과 류석훈이 공동으로 안무하고 춤춘《더블 웨이-블루(Double Way-Blue)》는 같은 꿈을 찾는 춤꾼 두 사람의 삶을 아름답고도 재미있게 그리고 있다. 이 작품은 국내 최고의 테크니션으로 평가되는 두 사람의 춤이 2002년 일본 나고야 국제 발레 & 현대무용 콩쿠르에서 금상을 수상한 이후 절정에 이르렀음을 보여주고 있다. 두 사람의 호흡은 정확했으며 연기는 자신있었고 표현은 명징했다. 그러나 아쉽게도 마지막 부분에서 조금 늘어졌으며, 불필요한 과장과 반복이 느껴져 아쉬웠다.

두 사람은 코믹하면서 아크로바틱한 선이 큰 동작으로 조그만 공을 가지고 다투는 모습으로 시작했다. 꿈을 이루기 위한 경쟁의 모습일 것이다. 작은 공의 주인이 정해지자 공을 갖지 못한 사람이 더 큰 공을 가져오고 나중에는 주체하기 힘든 큰 공이 나온다.

이 큰 공을 가지고 추는 류석훈의 춤이 재미있다. 마치 공과 사람이 하나가 되어 사랑을 나누는 듯한 다채로운 이미지는 마치 서커스를 보는 듯 아름다운 긴장미마저 느끼게 했다.

공춤이 끝나고 이윤경과 류석훈은 코믹하면서도 사랑의 감정이 넘치는 파드되를 추었는데, 마치 잘 짜인 모던발레의 한 장면을 연상시키는 절정의 호흡을 객석에 전달했다. 아주 쉬워보이면서도 경탄을 자아내는 물 흐르는 듯한 테크닉에 아름다운 이미지를 싣는 등 두 사람의 장점이 잘 드러났다.

난해한 의미보다는 시원한 선과 속도감으로 춤의 미학적 아름다움에 액센트를 둔 것이 주목된다. 또 춤의 유희성과 서정성, 고전적 아름다움을 갖춘 현대무용에서 보기 드문 앙상블을 보여줬다. 여기에 재즈, 탱고 등 대중적인 춤을 완벽한 균형미로 섞어 넣고 유머가 섞인 느낌의 마임도 즐거웠다.

그러나 마임 이후 부분은 흥을 억제하지 못한 췌사로 오히려 지루한 느낌을 주고 있다. 과유불급이라고 할까, 적당한 절제가 아쉬웠다. 색소폰 마임을 끝으로 삼았으면 깔끔하고 재미있으면서도 여운이 남는 아름다운 작품으로 마무리되지 않았을까 싶다. 하여튼 그럼에도 불구하고 이 작품은 이윤경, 류석훈 콤비의 물오른 절정의 테크닉과 호흡을 한껏 보여준 재미있고 시원한 무대였다.

— 춤 2002년 9월호

웨이팅 룸 II 2005년 6월 5일 LG아트센터

댄스컴퍼니더바디(The Body)의 《웨이팅 룸 II》(안무 이윤경)는 좋은 구도에 즐거운 춤이었다. 사무엘 베케트의 〈고도를 기다리며〉에서 모티브를 따온 두 번째 작품인 이 작품은 전작에 비해 한층 세련된 무대 미학을 보여줬다. 하지만 좀 허하다. 즐겁고 아름다운 춤이었지만 가슴을 치고 들어오는 무엇이 좀 부족해 보였다.

안정적인 사각형 구도에서 변화를 줘 한 꼭짓점에서 예각으로 나무기둥을 뽑아냈다. 해시계 같기도 한 이것은 원로 연출가 임영웅이 연출한 연극 〈고도를 기다리며〉에 나오는 나무 한 그루를 연상시키기도 했다.

베케트의 〈고도를 기다리며〉는 난해하다. 하지만 지루하지 않다. 시가 있고 유머가 있다. 투명한 언어의 유희 속에 막연한 절망을 뒤집어 희망을 본다. 그 프리즘은 천진한 유머다. 이윤경의 《웨이팅 룸 II》에도 투명한 아름다움이 있다. 그래서 건조한 절망이 잘 드러난다. 하지만 유머가 단순하다. 절망의 껍질을 파고 들어가 희망을 끄집어내는 날카로움과 뜨거움이 부족해 보인다.

— 춤 2005년 7월호

그들이 원하는 것들… 2006년 4월 29~30일 서강대 메리홀

류석훈은 '춤'을 잘 춘다. 여기서 '춤'은 테크닉이다. 류석훈만큼 제대로 몸을 쓰는 한국 무용수를 찾기 쉽지 않다. 그 춤실력은 나고야콩쿠르 금상이 충분히 입증한다. 당시 콩쿠르에 참가하고 수상한 무용수들도 감탄했을 정도의 테크닉이다. 잘 움직이고, 빠르며, 섬세하다. 류석훈은 군살 하나 없이 조각 같은 몸매를 자랑한다. 이런 바탕에서 류석훈은 교과서적인 안무를 한다. 추상적인 텍스트에 주로 추상적인 춤을 입힌다.

《그들이 원하는 것들…》은 서울문화재단 2005 젊은 예술가 지원 프로그램(NArt)에 선정돼 제작비 상당부분을 지원받았다. 무대가 상당히 좋았다. 제작비가 제법 투입된 만큼 깔끔하고 모던했다. 특히 상징성을 갖춘 단순성이 돋보였다. 스태프들이 좋아 보였다. 댄서들도 훌륭했다.

그러나 주제면에서 형식면에서 지나치게 무겁고 진부하지 않았나 싶다. 먼저 주체하기 힘든 너무 큰 주제가 족쇄였던 것으로 보인다. 영혼의 무게로 시작한 죽음을 소유욕과 연결시키며 현실적인 캐릭터들을 예술적으로 풀어내려 했는데 쉽지 않은 일이었다. 정신에서 육체, 현실과 예술, 소유와 무소유 등 극과 극을 오가는 관념을 구체적 전달성이 떨어지는 추상적인 몸언어로 풀어내는 것은 과욕이 아니었나 싶다. 그래서 마음이 많이 나온 것 같은데 자연스럽지 않았다. 표피적이고 인위적이어서 지루한 감마저도 있었다. 한 편에서 깊이 침잠, 다른 쪽으로 들어가는 미시적 방법론을 적용했으면 어땠을까 싶다.

이런 상황에서 안무자가 의도한 구체적인 소재들이 객석에 효과적으로 전달되기는 힘들었다. 춤과 개념이 섞이지 않고 겉돌았다. 버릴 것이 너무 많아 보였다. 40분이나 50분 정도면 되는 무대를 80분으로 만든 느낌조차 줘 춤추는 사람들이나 관객들이나 적지 아니 피곤해 보였다.

그래서 재치를 부린 것 같다. 하지만 재치로는 무대를 채우지 못한다. 오히려 재미와 진지의 어중간한 선에 위치, 캐릭터의 인해전술, 단순한 동작들이 되풀이되면서 동어반복이 된 것 같다. 한국 현대무용이 빠지기 쉬운 전형적인 늪, 바로 추상적인 엄숙주의에서 벗어나지 못하고 정신적으로 육체적으로 진부한 언어를 반복한 것이 류석훈의 몸에 착 달라붙는 자연스러운 춤을 만들어내지 못한 것 같다. '그들이 원하는 것들'을 풍자한 류석훈의 작품은 '내가 원하는 것들'은 아니었다.

— 춤 2006년 6월호

웨이팅 / 변신 2008년 4월 18~19일 아르코예술극장 대극장

《웨이팅》은 사무엘 베케트의 희곡 〈고도를 기다리며〉를 연상케 한다. 기다림을 소재로 아무것도 명확하지 않은 인생의 애매함을 그린 부조리 형식이라는 점에서 특히 그렇다.

하얀 우산을 뒤집어 돌리고, 단장을 짚고 발을 절뚝거리며 하늘을 보는 데서, 남녀 무용수의 허공을 딛는 듯한 2인3각의 테크닉에서 〈고도를 기다리며〉의 두 주인공이 생각났다. 빨간 안경, 파란 안경 등 원색을 이용한 색감들이 키치함과 함께 비현실성을 준다. 또 그림자를 이용하면서 인간의 실존과 부조리의 느낌을 강화한 것이 재미있었다. 원색이 우화적 비현실성을 주는데 실존의 그림자가 더 현실적으로 다가오는 것은 확실히 부조리해 보인다.

휘파람소리인지, 바람소리인지가 희망과 함께 불안을 던지고 비스듬하게 서있는 사람들은 기울어진 세상에 적응하는 것으로도 생각된다. 그러나 그 각도가 예각으로 날카로운 선의 모습을 하고 있다는 점에서 기다림에 대한, 세상에 대한 저항감도 느껴진다.

다시 2인3각의 남자들이 춤을 추고 있는 가운데 우산을 든 여인이 나타난다. 소녀로 느껴지는 이 여인은 〈고도를 기다리며〉에서 고도의 소실을 전하는 소년처럼 보인다. 그의 우산은 하늘로 날아가는 꿈인 동시에 소시민의 삶을 온통 흔들어 버리는 거친 폭풍우에 대한 방패로도 느껴진다.

마지막 장면에서 얼굴을 정면을 응시한 채 엎드려 엉덩이만 들어 올린 모습에서 특히 그렇다. 자벌레처럼 기어서라도 가야한다, 그가 올 때까지 살아남기 위해 움직이지 않는 듯 위장해야 한다 등 여러 가지 슬프고 암담한 현실에서 버텨 나가는 군상들의 모습을 생각게 한다. 그러나 얼핏 생텍쥐베리의 소설 〈어린왕자〉에서 코끼리를 통째로 삼킨 보아뱀의 형상도 떠올라 희망적인 '기다림'이라는 생각도 든다. 움직임을 자제하면서 이미지 속에 많은 생각 거리를 담은 한 이 작품은 '정물화로 그린 비구상 작품'이 아닐까 생각된다.

《웨이팅》이 조용한 이미지로 베케트를 그렸다면,《변신》은 격렬한 움직임으로 카프카를 담으려 했다. 정확한 접근으로 생각된다. 〈고도를 기다리며〉는 희극이다. 유쾌한 기다림이다. 그러나 〈변신〉은 비극이다. 벌레같이 살아오다가 어느 날 갑자기 진짜 벌레가 돼 그야말로 버러지처럼 처절하게 죽어 가는 부조리한 인간의 모습을 적나라하게 그린 작품이다. 격한 움직임으로 그릴 수밖에 없어 보인다.

하지만《변신》에서 류석훈의 격한 움직임의 공격 포인트는《웨이팅》과 마찬가지로 희극적이다. 희극이 비극을 더 비극적으로 그려낼 수 있기는 하지만 이는 쉽지 않은 일이다.

《변신》은 엘비스 프레슬리의 히트곡 〈하운드 독〉으로 흥겹게 시작했다. 왼쪽 뒷부분의 바닥이 약간 들어올려진 비틀린 공간 구성이 재미있다. 선으로 만든 면의 착시도 느끼게 하면서 뫼비우스의 띠처럼 안과 밖이 함께 있는 공간 같다. 그래서 사람이 벌레가 될 수도 있고 벌레가 사람이 될 수도 있을 것 같다. 이승과 저승, 현세와 내세가 연결된 느낌이다.

그 위에서 무지개빛 일곱 가지 색이 화려하게 펼쳐졌다. 8명의 댄서가 하나로 묶어지는 장면에서 벌레로 변한 주인공이 보였다. 어느 날 갑자기 거대한 갑각류로 변한 벌레를 재미있게 그려냈다는 생각이다. 아름답고, 절도 있는 테크닉으로 뭉쳤다 흩어졌다 재미있는 이미지를 만들어냈다. 감자바위 먹이기 등 유쾌한 풍자도 잊지 않았다. 직립보행으로 걷고, 생각하고 존재하는 인간의 본질적인 부분도 놓치지 않았다. 서사적 표현이었지만 전체적 흐름과 잘 이어 붙었다.

영화 〈사랑과 영혼〉(원제 Ghost)의 테마송 '언체인지드 멜로디'에 맞춰 8명의 춤이 하나의 춤으로 펼쳐진다. 벌레로 변한 주인공이 차마 세상을 떠나지 못하고 배회하는 느낌이 난다. 그러나 영화와 같은 신파적 감상은 없다. 오히려 '벌레보다 못한 인간들아, 잘 먹고 잘 살아라' 하고 야유하고 조소하는 느낌이 난다.

여기에 2007년 유행했던 '텔미춤' 등 단순한 떼거리춤 동작에 막내를 찾고 있는 모습은 카프카의 〈변신〉에 대한 류석훈식 희극 번역의 절정으로 보인다. 아니 어쩌면 희극 상황 그 자체가 비극일지도 모르겠다. 먹다가 남긴 사과에서 백설공주가 연상되고, 그 사과에 스포트라이트가 박히는 상황에서 벌레로 변한 주인공은 너무 뛰어나 질투로 살해당했다는 느낌으로 읽힌다.

객석으로 내려오고, 향수뿌리고, 클래식발레 음악에 맞춰 막춤을 추고, 좀 어설프지만 흥겨운 비트박스를 연주하고, 조명으로 그로테스크한 얼굴을 만들어내는데, 이 모든 것이 가족의 자랑이었다가, 짐으로 변한 주인공 '벌레'의 죽음을 만족해하는 가족들의 비정한 부조리로 해석된다.

류석훈은 이 작품에서 카프카의 〈변신〉에 대한 자신의 느낌을 있는 그대로 풀어냈다. 그래서 부분적으로 좀 산만하고 과장되어 보이기도 한다. 좀 더 압축해서 공격했더라면 멋진 희극적 부조리 비극이 만들어지지 않았을까 싶다.

— 춤 2008년 5월호

바다가 죽어서 남긴 시신 2010년 4월 3~4일 아르코예술극장 대극장

바다가 죽어서 남긴 시신? 수수께끼 같은 제목이다. 수수께끼는 프로그램을 넘기면 바로 해결된다. 안무자는 '바다가 죽어서 남긴 시신'에 대해 '소금'이라고 답했다. 그러나 문제는 이제부터다. 이렇게 시작하는 테크니션 스타일리스트의 작품 읽기는 여간 고되지 않다. 추상적 그림이 조명과 음악이 무대 전체와 어울려 보는 사람에 따라 전혀 다른 느낌의 그림을 만들어내기 때문이다. 이럴 때는 원론대로 조각을 나누는 수밖에 없다.

댄스컴퍼니더바디의 《바다가 죽어서 남긴 시신》은 속도와 공간의 분할, 그리고 움직임의 구성이 유기적으로 좋은 조화를 이뤘다. 교과서적이라고 해도 지나치지 않았다. 문제라면 너무 교과서적이어서 액센트가 없다는 것이다. 그리고 결론부분에서 우왕좌왕하며 구토로 검은 무대에서 별처럼 보이는 형광의 토사물을 남겼는데 그것이 인간 심연의 어지러움에 따른 부조리인지, 아니면 상처 속에서 자란 진주인지 판단이 좀 애매하다.

막이 열리며 어두운 조명아래 날개 부러진 천사가 엎드려 있다. 파도소리와 시계추 소리가 계속되며 꿈틀거리며 움직이다 마침내 일어난다. 깔끔한 무대분할에 긴장감 넘치는 좋은 움직임의 전개이지만 부러진 날개에서 어딘지 신파의 냄새가 느껴진다. 너무 익숙한 상징은 더 이상 상징의 의미를 갖기 힘든 것과 마찬가지다.

계속된 물소리, 기차소리, 만발한 꽃 영상에 시계추 소리가 깔리면서 추락한 천사가 인간이 되는 과정이 느껴진다. 그를 핍박하는, 또는 사귀려는 5명의 여성과 2명의 남성으로 이뤄진 7명의 다채로운 조합의 춤이 완급을 조절하며 펼쳐졌다. 무용수들의 움직임이 상당히 불안하고 거칠었던 이전 작품에 비해서 확실히 좋아졌다. 용장 밑에 없다더니 역시 그렇다.

주역 겸 안무를 맡은 류석훈의 춤을 중심으로 속도와 그림이 좋은 밸런스를 유지했다. 화이트와 앰버, 블루, 빗살무늬 등 다양한 조명으로 무대를 분할하며 멋진 그림을 만들어냈다. 심연의 느낌과 빛의 공간으로의 이동 등 바다 깊은 곳에서부터 올라오는 생명의 에너지가 다양한 호흡과 움직임으로 무대에 펼쳐졌다.

이미지 그 자체로 마무리를 해도 괜찮았을 것 같다. 굳이 의미를 구체화할 필요는 없어 보였는데, 7명의 춤이 플로어에서 그 동안의 의미와 움직임을 정리하는 동안 2층 무대에서 불안하게 좌우로 돌던 주인공이 결국 무대 센터에서 조명이 페이드 아웃되는 동안 구토를 통해 형광구슬을 가득 쏟아냈다.

바다가 죽어 남긴 시신인 소금의 역할이 과연 무엇일까. 세상이 소금이 되라던 예수의 가르침일까. 신이 죽은 시대에 그 같은 위선을 고발하는 사르트르의 부조리한 실존의 구토, 토사물일까. '바다가 죽어 남긴 시신'이라는 수수께끼로 시작한 이 작품은 형광 구슬 구토를 통해 또 하나의 수수께끼로 막을 내린 느낌이다.

— 춤 2010년 5월호

문영철

백조Ⅲ 2004년 3월 16~18일 문예진흥원 예술극장 대극장

문영철의 작품《백조Ⅲ》는 매튜 본의《백조의 호수》와 너무도 흡사했던 전작《백조》와 달리 다양한 볼거리와 상징으로 탐미적인 무대를 만들었다. 시작할 때 목이 잘린 커다란 백조의 이미지가 인상적이었다. 이 백조의 이미지를 스크린 삼아 투사한 그림자극은 작품 전체를 긴장미 넘치게 예시했다. 그림자와 결맞는 흑조의 등장도 극적이었다. 또 그림이 찢어지며 객석의 시선을 잡는 동안 무대에 마법처럼 홀연히 등장한 문영철의 백조가 특히 인상적이었다. 전작에서 티처럼 느껴졌던 무거움을 털어 버리고 춤 자체의 미학에 몰입한 편안하고, 깔끔한 춤선이 일품이었다.

— 춤 2004년 4월호

무몽-귀천 2005년 6월 5일 LG아트센터

발레뽀에마의《무몽-귀천》은 '춤의 꿈(舞夢)'과 '귀천(歸天)'이 이어진 구조다. 천상병 시인의 〈귀천〉과 같이 천진무구한 소박한 아름다움으로 돌아가리라는 안무가의 꿈으로 읽힌다. 하지만 작품 내용은 그렇지 않다.

안무자의 춤의 꿈은 황금 알에서 불사조가 태어나듯 장대한 포부가 서사적으로 잘 드러

나 마치 고대 난생설화의 한 장면을 보는 듯하다. 많은 무용수들이 감싸안아 사람의 알, 또는 사람의 연꽃을 만들고 그 안에서 황금빛 춤의 꿈이 피어난다. 스펙터클한 군무진은 오로지 황금빛 영웅을 위해 존재하는 코르 뒤 발레다.

하지만 그것뿐이다. 이 구도가 처음부터 끝까지 반복된다. 빠르지도 느리지도 않은 일정한 리듬으로 붉은 앰버조명 아래 클래식 발레 기본이 인간 무대를 배경으로 펼쳐진다.

그 비인간적인 장대한 서사는 결코 천상병의 〈귀천〉과 이어지지 않는다. 어디에도 천진무구한 순수의 세계로 '나 돌아가리라'고 외치는 천상병의 세계는 찾아보기 힘들다. 장대한 난생설화의 제의적 과장이 넘칠 뿐이었다. '귀천' 부분이 아직 만들어지지 않은 미완성 작품이라거나, 아니면 아예 주제에서 '귀천'을 떼어버렸다면 훨씬 더 좋은 작품으로 관객에게 다가왔을 것 같다.

— 춤 2005년 7월호

박나훈

숨이 놀다 2006년 10월 31일~11월 1일 서강대 메리홀

　박나훈무용단의 《숨이 놀다》는 그의 다른 작품에 비해 좀 편안한 느낌이다. 아직 젊지만 쉽지 않은 무용가의 삶을 살아온 짠짠한 이력의 박나훈의 춤의 변화가 느껴진다. 그동안 전위적인 화가 등과의 협업을 탈피, 온전히 혼자의 힘으로 만든 무대도 반갑다. 이제 좀 스스로 혼자 '숨이 놀만해졌나' 하는 생각도 든다.

　무대 공간을 재미있게 나눴다. 평균대 5개로 무대를 7개의 공간을 나누고 평균대를 위로 넘고, 아래로 기면서 다양하게 활용했다. 하지만 평균대 위의 5개 공간도 활용했더라면 좀 더 재미있고 다양한 안무가 가능했을 것이라는 아쉬움이 남는다. (안무자도 당연히 알았겠지만 비용문제 때문에 그랬을지 모르겠다.)

　박나훈을 비롯해 김혜경, 이동원, 김준기, 여은미, 정수동 등 6명이 서로 다른 포즈로 서로 다른 곳을 응시하고 있는데 그림이 재미있다. 사람들은 그렇게 다른 모습으로, 다른 곳을 바라보며 살아가기 마련이다. 하지만 인간으로서 고통과 번민은 양태는 다르지만 한가지일 것이다. 역시 일제히 달려나오며 비명을 지른다.

　요즘 무용에서 대사를 쓰는 것은 이제 보통이다. 이쯤 되면 이제 대사 훈련도 해야 할 것 같다. 연극배우들이 무용을 배워 연기에 이용하듯, 무용가들도 대사를 배워 무용에 이용해야 한다는 생각이다. 악을 써도 배에 힘을 딱 주고 호흡을 써서 악을 쓰는 것과 그냥 대책 없이 지르는 것은 표시가 딱 난다. 열심히 비명은 질렀는데 왕사자 무파사의 포효가 아니라, 어

린 사자 심바의 울음소리가 같아 실소가 터지기도 했다. 이때 비명은 그야말로 록음악의 샤우팅(shouting)처럼 관객에게 전율을 일으켜야 한다.

온 기력을 다해 소리를 질렀으니 지칠 만도 하다. 마치 개가 헐떡거리듯 혀를 빼물고 심하게 헐떡인다. 들숨과 날숨이 크다.

호흡이 안정된 다음 한 곳을 응시하다가 새도우 복싱을 한다. 각자의 적일 것이다. 여섯이니 오감(五感)을 넘어 육감(六感)과 싸우는 것일까.

"안아줘"라는 단속적 외침이 터졌다. 거친 세상에 사는 게 힘들고 외로웠을 것이다. 알아들을 수 없는 빠른 말과 재잘거림이 재미있는 수다의 모습이다. 이어 박나훈 특유의 절도 있는 에너지가 넘치는 동작을 비롯해 땅바닥에 붙어서 떨어지지 않는 다리, 징검다리 건너가기 등 다양한 놀이가 펼쳐졌다.

안은 다음에는 떨어질 수밖에 없다. 떨어지려 애를 쓰고 침을 뱉고 한다. 하지만 떨어지면 춥다. 추위의 아크로바틱이 서늘하고 그 결과 "여기가 어디죠"라고 묻는다.

평균대를 모아 징검다리 놀이, 가로막기 놀이, 짝짓기 놀이를 하며 서로의 숨을 찾고, 서로의 숨으로 논다. "이리 오세요" "거기가 어디죠" 재잘거림이 반복되고 땅에 침 뱉고 문지른다. 숨을 쉬지 않고 살 수 없다. 숨이 반복돼야 생명이 살 수 있는 듯 그렇게 동작이 반복된다. 삶이 그렇게 반복되는 가운데 작품을 마무리하는 박나훈의 독무가 참 편안하고 따듯해 보였다.

— 춤 2006년 12월호

메멘토 모리 2008년 6월 28~29일 예술의전당 자유소극장

'죽음을 기억하라'는 뜻의 '메멘토 모리(Memento Mori)'는 스릴러 영화의 제목으로 잘 알려져 있다. 많은 생각거리를 주는 말이지만 발음도 모두 유성음으로 구성되어 있어 묵직한 의미와 달리 입에 잘 붙는다. 삶과 죽음이 동시에 존재하는 아이러니가 잘 어울리는 것 같다.

그런 의미처럼 9개의 침대가 놓여있고 5명의 무용수가 번갈아 가며 침대에 눕고 빈자리에 조명을 쏘는 등의 방법으로 삶과 죽음의 변화를 묵직하면서도 세련되게 그렸다.

박나훈의 작품에서 자주 드러나는 기하학적 공간구성이 이제 작품마다 비율을 달리하며 나름의 틀을 잡아가는 느낌도 든다. 기하학적 공간 안에 놓인 몸의 위치가 잘 어울렸다. 특히 앞으로 머리를 숙이기보다는 차라리 뒤로 젖혀 만들어내는 고집스런 저항의 몸짓이 도도했다.

침대를 세워 만들어낸 널찍한 공간도 재미있다. 죽음의 공간에서 삶의 공간으로의 변화가 느껴진다. 서로에 대한 편안한 털 고르기에서 옷을 달리 입은 사람에 대해 약을 올리는 이지메 등 치열한 공간싸움이 벌어진다. 살아있는 것들의 어쩔 수 없는 사랑과 경쟁으로 보인다.

그때 터져 나오는 대사가 "아니라구요, 그만해요, 다왔어요"다. 인간의 한계, 체념의 짙은 허무가 느껴진다. 허공에서 내려온 상자의 베이비파우더가 진토된 백골처럼 생각되어 재미있다. 한계에서 벗어나기 위해 온 몸을 벽에 내던진 절절한 무브먼트의 긴장미가 좋다.

9개의 스티로폼 침대를 이용해 만들어낸 다양한 무대 분할에서 펼쳐진 역동적이면서 유기적인 동작은 안과 밖, 삶과 죽음, 강자와 약자 등 2분법적 갈등의 세계를 힘있게 그려냈다. 특히 운명에, 힘에 저항하는 인간의 의지가 쉽지 않은 테크닉으로 잘 표현됐다.

— 춤 2008년 8월호

배추생각 2009년 12월 11~12일 아르코예술극장 대극장

박나훈무용단의 《배추생각》은 무대가 시원했다. 로비부터 푸른 바구니로 양쪽을 이어 붙여 배추를 생각나게 하는 무대는 무대 가득 플라스틱 바구니 기둥으로 가득 채웠는데, 마치 김장시장에서 산처럼 쌓인 배추를 보는 듯 객석을 양으로 압도해 왔다. 양이 쌓이면 질로 변화한다는 것이 실감나는 현대 설치미술의 한 장면을 보는 듯했다. 박나훈의 콤비인 설치작가 최정화의 작품이다.

그 안에서 박나훈은 다양한 춤을 펼쳤다. 자동화, 기계화된 물질문명 속에서 관습화된, 타성화한 다양한 몸짓들의 충돌을 특유의 분절적이고 속도감 있는 춤으로 보여줬다. 그리고 마지막에 무대를 가득 채울 만큼 엄청난 양의 배추를 던지고, 씹어대며 대단한 퍼포먼스를 연출해냈다.

의도는 많이 있었으나 무대와 배추에 압도돼 춤이 위축된 느낌이다. 무대와 오브제에 지지 않을 정도로 춤의 힘과 속도가 필요해 보인다. ─ 춤 2010년 1월호

박명숙

바람의 정원 2008년 12월 5~6일 아르코예술극장 대극장

박명숙댄스씨어터의 《바람의 정원》의 빛은 추억의 아름다움을 회고하는 호박색이다. 나무로 만든 전봇대가 줄을 이어 늘어서 있고, 어린 시절 즐거운 놀이터가 됐던 세칭 '노깡'(대형 시멘트 배수관)들이 쌓여있는 풍경위로 황혼의 앰버조명이 내리 깔린다. 푸쉬킨의 시(詩)대로 '과거는 항상 아름다운 것'으로 보인다. 그 시절 배고프고 힘들었다는 기억은 사라지고 아득한 그리움만 남는다.

그 안에 독특한 서정의 환상적 부조리극으로 한국 연극의 새로운 장을 개척한 윤영선의 희곡 〈할머니와 생쥐〉가 작품을 열었다. 윤영선 하면 떠오르는 대사가 '너 거기 있니, 나 여기 있어'다. 영화 〈왕의 남자〉의 키 센텐스로도 유명한 이 대사는 그의 대표작 〈키스〉에 그렇게 끝없이 반복되며 서로의 존재를 확인한다. 윤영선의 작품으로 시작한다는 점에서 《바람의 정원》은 벌써 주체와 객체의 존재, 소통, 공시성으로 작품을 시작하는 셈이 된다.

〈할머니와 생쥐〉에서 할머니는 뱃속에 가득 든 생쥐 때문에 그렇게 배가 고프다. 배고픈 할머니는 치매로도 느껴지지만 상처만 가득한 우리의 현대사를 그대로 대변하는 여성이다. 생쥐와 같은 치열한 생명력으로 일제와 동족상잔, 전쟁의 폐허의 그 극심한 고통의 터널을 지나 오늘의 풍요를 이룬 우리의 어머니다.

할머니의 삶이 상징하는 역사성과 개인성이 황혼의 조명아래 황금빛으로 채색되는 듯하다. 바람이라는 불안한 속도감은 과거의 아픔을 표현하는 동시에 현재의 불안을 그대로 반

영하는 것도 같다. 역사가 남성, 전쟁, 가난으로 씨줄을 형성한다면 인간, 특히 여성성이 생존, 저항, 생명력으로 끈질기게 살아남아 날줄을 형성한다. 그 두 개의 바람이 엉켜 회오리로 상승하며, 격렬한 한국 현대사의 《바람의 정원》을 만들어냈다. 어떻게 보면 여성의 눈으로 본 정치사의 느낌도 난다.

음악은 〈봄날은 간다〉다. 황혼의 아늑한 도시 골목의 풍경이 정겹다. 하지만 봄날은 가버렸다. 전쟁과 군사독재의 거친 그림이 펼쳐졌다. 노래가 '그때 그 사람'으로 바뀌었다. 풍요는 췄지만 인권을 유린했던 독재가 끝이 난 것이다. 난리가 나면 가장 피해를 입는 것은 여성들이다. 그 여성의 수난이 손에 잡힐 듯 생생하게 펼쳐졌다.

쉽지 않은 거친 역사의 그림들을 '나도 할 수 있을 것 같은' 편안한 대중적 춤사위로 그려낸 점을 높이 평가하고 싶다. 수돗물이 나오지 않아 물을 받기 위해 길게 이어진 줄을 즐거운 춤으로 풀어내는 등 그리 오래되지 않았지만, 벌써 모두 잊어버린 정겨운 풍경들이 대중적인 편안한 춤사위에 잘 갈무리됐다.

또 아름답게만 만들려 하지 않은 것도 인상적이다. 찌그러진 탈바가지를 얼굴이 아니라 뒤통수에 쓰고 만들어낸 허수아비 같이 어색한 서사적 춤이 어려웠던 지난 시절 추억의 책가방을 열어 눈시울이 뜨거워지기도 했다. 거기다 대고 다시 '봄날은 간다'가 감정을 최고조로 끌어올렸다가 '굳세어라 금순아'로 관객의 마음을 다잡게 한다. 이 노래에 맞춘 춤이 한때 선풍을 일으켰던 '꼭짓점 춤' 비슷해 재미있다.

한국 춤에서 무용극이 아직 지분이 있음을 시퍼런 무청 같은 대중적 생명력으로 보여준 작품으로 생각된다.
　　　　　　　　　　　　　　　　　　　　　　　　　　— 춤 2009년 1월호

※ 박명숙의 《바람의 정원》은 2010년 9월 8~9일 대학로예술극장 대극장에서 재공연되었다.

"애들아, 니들 거기 있냐? 내가 니들한테 얘기했었냐? 그… 내 뱃속에 들어온 쥐 말이다. 아 왜 느그들 어렸을 때 광속에 챙겨 둔 씨앗이며 곡식들을 마~구 훔쳐먹는 놈들 말여…"

어릴 적 할머니, 할아버지한테서 듣던 익숙하지만 새로운, 지루하면서도 흥미진진한 그런 옛이야기의 시작 같았다. 무대 뒤에 놓인 벽 위를 한 사람이 위태롭게 걸어가고 오른쪽에는 몇몇이 바쁘지 않게 모심기를 하고 있었다. 왼쪽 앞에는 아이들 놀이가 인형극처럼 진행되고 있었고 그 뒤로 전신주가 추억의 무성영화를 완성했다. 그 가운데로 할머니 탈을 쓰고 등장한 무용수는 온 몸을 마음대로 흔들며 썩썩 비질을 하더니 비음이 섞인 약간은 권태로운 목소리로 본격 막을 열었다. 처음부터 끝까지 작품을 이끌어가는 푸념조의 독백은 무용의 시인 윤영선의 미발표 유작 〈할머니와 생쥐〉다.

과장된 탈극 몸짓에 어딘지 서툰 듯한 아마추어의 목소리에 실린 윤영선의 우화는 묘한 부조화의 서사미를 만들어냈다. 박명숙의 작품으로서는 미처 예상치 못한 프렐류드였다. 서툰 목소리와 과장된 몸짓으로 처음부터 끝까지 무대를 휘저었던 가면의 주인공이 바로 박명숙이었다.

"그~때, 쥐들을 많이도 잡았지야. 내가 쥐들이 뚫어놓은 창구멍을 한 개만 남겨놓고 양말 짝으로 콱 틀어막으면 큰 애와 둘째 너는 기~다란 막대기로 그냥 여기저기를 쑤시고 돌아다니고 유난히 겁이 많은 막내 넌 벌벌 떨면서 쭈구리고 앉아 밀가루 푸대를 구멍에 대고 쥐 새끼들이 나오기를 기다리고 있었지야. 아 그러다가 고놈들이 밀가루 푸대 안으로 쏙 들어가면 … 내가 고놈들을 모두 때려 잡았지야."

할머니가 빗자루를 들고 신나게 두드리는 순간 흘러간 노래 '감격시대'가 울려 퍼졌다. 남녀 무용수 20여명이 일제히 쏟아져 나와 노래에 맞춰 캬바레 춤과 같이 흥겨운 춤을 추면서 쓸쓸한 서사미의 무대는 일순 축제의 장으로 변했다. 제2차 세계대전의 승전소식이 전해진 뉴욕 브로드웨이 타임스퀘어 광장의 관능적 축제 모습에 사자춤 등 민속춤이 더해져 동서양의 축제가 신명나게 어울린 난장이었다.

음악이 바흐의 'G선상의 아리아'로 바뀌면서 차가운 겨울바람이 시작됐다. 주용철의 컴퓨터에 남긴 윤영선의 유작은 2편이었다. 하나는 '할머니와 생쥐'였고 다른 하나는 미완성작 'G코드의 탈출'이었다. 주용철은 'G코드의 탈출'을 바흐의 'G선상의 아리아'로 해석, '할머니와 생쥐'와 바흐의 'G선상의 아리아'로 초연의 양축을 구성했지만 이번 수정판에서는 G선상의 아리아를 다양한 극중 음악의 한 편으로 사용한 듯했다.

'감격시대'의 흥이 잦아들 무렵 'G선상의 아리아'에 맞춰 이율배반적인 폭력과 갈등의 해방공간이 전개되더니 어느 덧 '봄날이 가버린 듯' 정겨우면서도 나른한 황혼의 도시 골목의 풍경이 '연분홍 치마가 봄바람에 휘날리더라'로 시작되는 '봄날은 간다'에 맞춰 그려져 웃음 짓게 했다. 이내 장면이 바뀌어 힘들었지만 정이 살아있던 '한강의 기적'과 함께 군사독재의 거친 그림이 격하게 전개됐다. 그리고 심수봉의 노래 '그 때 그 사람'이 들리면서 백화제방 민주화 시대의 디테일들이 생생하게 그려졌다. 한 세대도 채 지나지 않은 일인데 마치 오랜 옛이야기처럼 돼버린 현대사의 주요 장면들이 '무궁화꽃이 피었습니다', 고무줄놀이, 비석 치기 등 추억의 놀이에 실려 펼쳐졌다.

움직임은 박명숙 특유의 알기 쉽지만 그리기는 힘든 연극적 무브먼트로 구성됐다. 또박 또박 가지만 내적 운율을 갖고 있는 산문시다. 움직임과 움직임, 이미지와 이미지가 앞뒤로 의미의 연장선상에서 완급과 강약을 조절하며 전개됐다. 여기에 흘러간 노래와 클래식 음악, 탈과 물동이 등 오브제와 영상이 불립문자로 이미지를 명확하게 하며 여성의 시각에서 바라본 일제부터 6·25전쟁, 산업화, 민주화 등 격랑의 한국 현대사가 알기 쉽게 풀어졌다. 슬플 것도, 기쁠 것도, 좋은 것도, 특별히 나쁜 것도 없는 인생에 달관한 할머니의 초탈한 회고였다. 백미는 생쥐로 상징되는 남성 지배의 근현대사를 온 몸으로 견뎌낸 할머니의 희망에 내린 시퍼런 푸념이었다.

"막내야, 자냐? 텃밭에 무우씨는 뿌렸냐? 올해는 무우가 잘 될 것 같다. …돌멩이처럼 굳은 이 흙 속에 허연 무우통들이 척 박혀있는 것을 보면 차암 신기하지야. 꼭 내 뱃속에 든 새앙쥐처럼 말이다. 내가 무우씨를 뿌리면 무청이 자랄 때까지 살 수 있을까? 무우청 말이다. 파란 무청."

박명숙은 당초 이 작품을 소극장에서 오브제를 강화, 좀 더 밀도 있게 풀어낼 예정이었다. 그러나 대극장 무대여서 초연과 큰 골격에서는 차이를 만들어내기 힘들었지만 앞으로 자신의 다른 대표작《에미》와 결합, 상징성과 밀도를 높여 재구성, 고정레퍼토리로 만들 예정이다. 연극적 춤사위와 시적 희곡, 그리고 클래식과 대중음악, 오브제가 잘 어울린 총체무용극 고정레퍼토리의 탄생이 기대된다.　　　　　　　　　　　　　　— 한팩 뷰 2010년 10월호

윤무(輪舞) 2011년 3월 24일~4월 3일 아르코예술극장 소극장

박명숙의 도발적 신작이다. 얼마 전 신문에서 불의의 상배(喪配)를 당했다는 기사를 봤는데, 예정된 작품을 포기하지 않고 과감한 실험작품을 이례적으로 장기 공연한 굳은 의지

에 먼저 박수를 보낸다.

박명숙은 한국 현대무용의 개척자 육완순의 페르소나다. 30년 이상 계속 무대에 오르는 그의 대표작《지저스 크라이스트 슈퍼스타》에서 최고의 마리아로 꼽히는 한국 현대무용의 1세대 아이콘이다. 천부적으로 타고 난 재능에 끈질긴 노력을 더해 깎아낸 현대무용의 에투 왈이다. 이순이 넘은 나이에도 지난해 후배의 안무작에도 출연, 스무 살 가까이 차이가 나는 후배들 못지않게 열정적인 춤을 선보이고, 자신의 작품에 할머니 역으로 무대에 서는 등 춤 그 자체에 대한 뜨거운 사랑으로 큰 박수를 받기도 했다.

하지만 이는 그의 안무가 더욱 빛나는 그의 춤 다음에 언급된다는 것이지 그의 안무력이 흠이 있다는 말은 결코 아니다. 그의 안무 작품은 스토리가 있는 한국 현대무용 1세대의 극 무용 전통을 고수하면서도 문학성, 연극성, 상징성 등 자신만의 독특한 개성을 유지, 발전시 켜왔다. 여기에 매 작품마다 역사성과 시사성, 서사성을 특유의 섬세한 감수성으로 변주시 키면서 때로 젊은 무용가 이상의 실험적 무대를 구성, 논쟁을 불러일으키기도 했다. 특히 그 는 1970년대부터 현대무용 소극장 운동을 시작, 현대무용 대중화의 개척자로 꼽힌다. 이번 공연은 이제 원로 대우를 받는 그가 다시 소극장 무대에서 서 초심으로 돌아가 장기 공연을 펼쳤다는 점에서 더욱 높은 평가를 받을 만하다.

《윤무》는 19세기말 20세기초 오스트리아를 대표하는 젊은 비인파로 분류되는 의사출신 의 세기말 작가 아르투어 슈니츨러의 작품을 바탕으로 하고 있다. 창녀가 병사를 유혹하고, 병사는 다시 하녀를, 하녀는 젊은 주인을, 젊은 주인은 새댁을, 새댁은 불륜을 감추고 남편과 사랑을 나눈다. 남편은 숫처녀를 유혹하고, 숫처녀는 시인과 사랑을 나눈다. 시인은 여배우 와 관계를 맺고 여배우는 귀족인 백작을 유혹한다. 그리고 늙은 백작은 다시 처음 등장했던 창녀와 관계하는 10가지 쾌락의 에피소드로 구성됐다. 지위와 신분고하를 막론하고 꼬리에 꼬리를 물고 이어지는 인간의 성적 본능을 원형으로 둘러선 사람들이 손에 손을 잡고 추는 경쾌한 오스트리아의 전통춤 '라이겐(Reigen)'에 빗대 풀어낸 희곡이다.

이 작품은 자유분방한 서구에서도 '외설' 작품으로 취급돼 20세기 초까지 공연되지 못했 다. 슈니츨러가 쓰기는 1897년 썼지만 1900년 가까운 친구들에게 선물할 용도로 200부 한 정판으로 출판했다가 1903년 빈에서 정식 출판돼 4만부가 팔리는 등 센세이션을 일으켰다. 그러나 오스트리아 당국에 의해 판금되자 1908년 독일에서 다시 출판됐으며 1920년 연극으 로 무대에 올라 화제를 모았다. 1950년 〈라 롱드(La Ronde)〉라는 제목의 영화로 만들어지며 인간의 성심리를 정교하게해부한 현대의 고전으로 자리 잡았다.

박명숙의《윤무》는 슈니츨러의 성욕을 식욕과 연결시켜 연극적으로 풀어냈다. 무대를 '공화국식당'으로 꾸며놓고 요리사를 내레이터로 등장시켜 와인과 토마토, 사과 등 음식의 상징으로 무대에 던져놓고 감성적인 대사가 읊어졌다. 대사가 클래식과 재즈, 블루스, 록 음악에 얹어지며 그 위로 춤이 입혀졌다.

등장인물들을 소개하는 프롤로그에는 출연자 모두가 등장,《윤무》의 전개를 암시했다. 그리고 하나 둘씩 자기 자리로 숨어들어가며 첫 번째 에피소드 창녀와 병사, 그리고 병사와 하녀의 사랑이 무대에 올려졌다. 박명숙은 10개의 에피소드를 선형으로 나열하지 않고 하나에서 둘, 셋에서 네 개의 에피소드로 병치했다가 마지막 다섯 번째 에피소드에 나머지 모두를 집단으로 무대에 올리는 등 원작의 단조로운 선형 전개를 피했다. 대사 중심의 연극이 아니라 움직임으로 표현하는 무용인만큼 적절한 전략으로 평가된다.

클래식음악에 사회의 가장 천한 창녀와 제도적 폭력의 피해자인 병사를 올려놓고 알코올에 젖은 섹스를 그려냈다. 처음에는 술에 취한 병사가 창녀의 유혹에 끌렸으나 이내 창녀를 폭력으로 지배하며 욕심을 채운 뒤 창녀가 "네 이름이 뭐니"라고 묻자 대답 없이 떠난다. 이 장면에서 박명숙은 음식과 성욕의 연결뿐만 아니라 사회의 제도적 모순과 폭력적 지배 이데올로기에 대한 비판까지 포함시키려 한 것으로 보였다.

병사는 토마토를 맛있게 먹은 뒤 하녀를 유혹했다. 여기서 토마토의 상징은 무엇일까. 음담패설에 자주 이용되는 '자신은 과일인줄 알지만 사실은 채소'라는 독설이 의미는 아닐까? 순진한 하녀는 어느 덧 욕망에 길들여져 스스로의 만족을 찾아 나선다.

재즈에 얹어진 사랑은 하녀가 유혹하는 젊은 주인과 젊은 주인에 의한 가정불화로 보이는 젊은 유부녀와의 섹스다. 영화 〈하녀들〉을 패러디한 듯한 진한 하녀의 섹슈얼한 표현과 모든 것을 배우려는 젊은 주인의 지식욕과 성의 쾌락을 알게 된 주인과 욕구불만의 젊은 유부녀의 성은 기계적이고 계산적이다. 축축 늘어지는 음악에 걸쳐진 관능은 아무런 생명력이 느껴지지 않았다. 오로지 세기말적 관능과 쾌락의 심취만이 보였다.

록(Rock)의 샤우팅에 얹어진 관능은 재즈의 관능보다 더 강렬했다. 유부녀와 남편, 남편과 천사 같은 소녀의 사랑은 폭력적 사랑의 갈등으로 느껴졌다. 소통할 수 없는 사랑의 단절, 사랑이 없이 고통밖에 존재하지 않는 사랑이라는 이름의 폭력이 강렬한 비트에 실려 전해졌다.

타락한 소녀가 백설 공주의 독사과인지, 이브의 원죄를 의미하는 타락의 사과인지를 무대 바닥에 흩뿌려놓고 작가와의 위선적 사랑에 탐닉하고 작가는 다시 가면을 쓴 여배우와 사랑을 나눈다. 머리 뒤로 가면을 쓴 코러스들이 야누스의 얼굴로 인간의 양면성, 위선적인 은밀한 쾌락을 상징하는 것도 같았다.

작가에게 상처받은 여배우는 늙은 백작에게 쾌락의 보상을 받고 늙은 백작은 창녀로부터 돈으로 쾌락을 산다. 두 얼굴의 야누스 코러스나 늙은 백작을 표현한 가면극은 인간의 위선에 대한 상징적, 서사적 풍자로 강렬한 인상을 남겼다.

에필로그 대미는 오르프의 중세풍의 제의적 음악 〈카르미나 부라나〉가 장식했다. 강력한 합창과 화음이 폭풍같이 무대를 휩쓰는 가운데 출연자 전원이 등장, 각자의 캐릭터와 역할이 서로가 서로를 촉발하는 기계적 '윤무'로 펼쳐졌다. 식욕과 성욕, 지배와 피지배, 관능과 위선, 갈등과 폭력 등 인간의 본질적 문제들이 소극장이 터져 나갈 정도로 휘감으며 '공화국 식당'의 '윤무'는 끝없이 맴돌았다.

첫 무대에서 아직 어설펐던 관능의 연기가 '옥의 티'였는데 공연이 이어지며 몸에 붙었다. 역시 장기 공연에 의한 레퍼토리화가 작품의 완성도의 필수조건이라는 것을 새삼 깨닫게 한다.

— 춤 2011년 4월호

※ 박명숙의 《윤무-Sex and the Food》은 2012년 1월 28일~2월 5일 아르코예술극장 소극장에서 재공연되었다.

"연극적 기법을 도입, 인간의 성욕을 식욕과 연결시켜 풍자와 알레고리로 양념해 조리해 낸 박명숙의 《윤무》는 끊임없이 진화한다. 2012년 《윤무》는 초연과 전혀 달랐다. 9일간 10회 공연한 이번 공연 역시 첫 공연과 마지막 공연이 전혀 새로운 작품으로 달라졌을 정도다. 진화의 초점은 단순화와 효율성이다. 다소 과하다 싶었던 소품의 사용과 출연진을 과감하게 축소, 무대를 단순하면서도 효율적으로 갈랐다. 중앙을 메인 공간으로 삼으면서도 네 모퉁이를 테이블과 층계, 욕실 등으로 상징화하며 소극장 무대 사용을 극대화했다. 또 단선적 스토리 전개를 조금씩 확대, 병치하며 입체성을 강화, 서사적 희곡을 춤의 입체적 이미지로 조각해 냈다. 특히 비보잉 댄서를 과감하게 캐스팅, 전혀 다른 춤색을 보여줌으로써 《윤무》의 색채를 다양화했다. (슈니츨러의 원작은 국내에서는 〈라 롱드(La Ronde)〉라는 제목으로 2006년 연출가 윤호진이 뮤지컬로 제작, 연출해 국내 무대에 올렸고, 2011년 12월 오디뮤지컬컴퍼니가 1998년 니콜 키드만이 주연한 버전인 연극 〈블루룸〉으로 소개하기도 했다.)

식욕을 돋우는 애피타이저격인 프롤로그에는 출연자 모두가 등장, 《윤무》의 화려한 전개를 암시했다. 이어 하나 둘씩 자기 자리로 숨어들어가며 첫 번째 에피소드 창녀와 병사, 그리고 병사와 하녀의 관능적이면서도 폭력적인, 또 풋풋한 사랑이 이어졌다. 박명숙은 10개의 에피소드를 선형으로 나열하지 않고 하나에서 둘, 셋에서 네 개의 에피소드로 병치했다가 마지막 다섯 번째 에피소드에 나머지 모두를 집단으로 무대에 올리는 등 원작의 단조로운 선형적 전개를 피했다.

클래식음악에 사회의 가장 천한 창녀와 제도적 폭력의 피해자인 병사를 올려놓고 알코올에 젖은 섹스를 그려냈다. 처음에는 술에 취한 병사가 창녀의 유혹에 끌렸으나 이내 창녀를 폭력으로 지배하며 욕심을 채운 뒤 창녀가 "네 이름이 뭐니"라고 묻자 대답 없이 떠난다. 음식과 성욕의 연결 뿐 아니라 사회의 제도적 모순과 폭력적 지배 이데올로기에 대한 비판의 도가 엿보였다. 이 같은 비판의식은 창녀가 등장할 때 들고 있던 보온병에서도 찾을 수 있다. 연평도사태 당시 한 정치가가 찌그러진 보온병을 북한이 쏜 포탄 탄피라고 들어 올려 온 국민을 실소케 한 장면이 겹쳐진다.

병사는 힙합 비보잉댄스로 젊음의 힘을 과시한 뒤 하녀와 관계했다. 순진한 하녀는 어느덧 욕망에 길들여져 스스로의 만족을 찾아 나섰다. 하녀와 순진한 젊은 청년, 그리고 청년과 욕구불만 유부녀와의 섹스는 축축 늘어지는 재즈에 얹어졌다. 영화 〈하녀들〉을 패러디한 하녀의 표현은 진했다. 뒤늦게 성의 쾌락을 알게 된 청년과 젊은 유부녀의 성은 기계적이고 계산적으로 보였다. 생명력을 찾기 힘든 세기말적 관능과 쾌락의 심취만이 부각됐다.

록의 샤우팅에 얹어진 메인 메뉴는 재즈의 관능보다 더 강렬했다. 유부녀와 남편, 남편과 천사 같은 소녀의 사랑은 폭력적 사랑의 갈등으로 그려졌다. 소통할 수 없는 사랑의 단절, 사랑이 없이 고통밖에 존재하지 않는 사랑이라는 이름의 폭력이 강렬한 비트에 실려 전해졌다. 타락한 소녀가 백설공주의 독사과 또는 이브의 원죄를 의미하는 타락의 사과를 깨물어 먹은 뒤 작가와의 위선적 사랑에 탐닉했다.

박명숙의 《윤무》는 여기서 잠시 쉬어갔다. 디저트 시간이다. 그동안의 출연자들이 등장, 흥겨운 디스코 리듬에 맞춰 관객과 함께 셔플댄스로 긴장 속에서 계속 증폭됐던 감정을 풀어냈다.

이후 가면을 쓴 금발의 여배우가 등장하며 '파티'는 계속됐다. 작가 역시 가면을 썼는데 영화 〈무서운 이야기(Scream)〉 시리즈로 잘 알려진 우스꽝스러운 해골가면이다. 가면을 쓴 두 사람이 위선적 사랑을 나누는 가운데 펼쳐지는 머리 뒤로 가면을 쓴 코러스들의 끈끈한 움직임은 야누스의 얼굴로 인간의 양면성, 위선적인 은밀한 쾌락을 상징하는 듯했다. 작가에게 상처받은 여배우는 늙은 백작에게 쾌락의 보상을 받는다.

대미는 칼 오르프의 중세풍의 제의적 음악 〈카르미나 부라나〉가 무대를 가득 채웠다. 강력한 합창과 화음이 폭풍같이 무대를 휩쓰는 가운데 등장인물 모두가 가면을 쓰고 나와 서사적인 '라이겐'을 펼쳤다. 식욕과 성욕, 지배와 피지배, 관능과 위선, 갈등과 폭력 등 인간의 본질적 문제들이 소극장이 터져 나갈 정도로 휘감으며 '공화국 식당'의 만찬에는 허무만이 자욱했다. 늙은 백작이 붉은 장미를 처음 등장했던 창녀에게 전하며 페이드 아웃되면서 허무만 남은 쾌락의 윤무가 완성됐다."

— 춤 2012년 3월호

박재희

바람벽 2005년 3월 24일 예술의전당 토월극장

박재희새암무용단의 《바람벽》은 스펙터클에, 의미에, 서사에 치여 춤이 자신의 위치를 잡지 못한 느낌이다. 상징과 은유는 더 이상 신비를 품을 수 없었고, 무대는 시작하면 끝이 예상되는 진부한 장르적 성격마저 보였다. 극무용과 추상무용의 중간쯤에 놓인 이 작품은 춤보다 의미가 앞섰다. 무당, 솟대, 김동리의 소설 '등신불'의 한 장면이 연상되는 향로를 머리에 진 여인, 지전 등 원시 제천의식이 극적 엄숙주의로 조금 지나칠 정도로 과장되게 표현되지 않았나 싶다. 접신의 장면은 작두타기, 칼세우기 등 전통 샤머니즘에서 따온 느낌이 나며 장대를 이용해 음양을 나눈 모습이 마치 뮤지컬 〈환타스틱스〉에서 로미오와 줄리엣, 〈한여름밤의 꿈〉에서 극중극을 연상케 했다. 액션과 스펙터클을 강조해 마치 장르영화처럼 하나의 신을 보면 다음 신이 떠올랐고, 그것이 그대로 무대로 나타나며 상상과 은유가 끼어들 틈이 없었다.

— 춤 2005년 4월호

박호빈

말똥 콤플렉스를 위한 메트로놈 4중주 2002년 8월 6일 세종문화회관

「2002 국제 하계 현대무용페스티벌(KADF)」의 일환으로 열린 '현대무용스타페스티벌'에서 2년 동안 유럽에서 공부를 마치고 돌아온 현대무용가 박호빈이 재미있고 편안한 이미지의 신작《말똥 콤플렉스를 위한 메트로놈 4중주》를 가지고 관객들을 만났다.

박호빈은 안무노트에서 '말똥 콤플렉스'를 '자신의 존재가치를 필요 이상으로 비하시키는 습관성 자기합리화, 자기방어를 위한 심리증상'이라고 정의하고 '흔히 자신의 어떠한 행동결과로 나오는 예측불허의 여러 가지 상황으로부터 자신을 보호하고 합리화하고자 하는 무의식적 자기방어수단'이라고 설명하고 있다. 그는 이어 '이러한 열등의식은 아이러니하게도 우등한 사람일수록 강하게 나타나는데, 주변의 강한 시선과 압박에서 오는 불안심리를 자기연민으로써 희석시키고자 하는 심리증상이 아닌가 싶다'고 적고 있다. 쉽게 말하면 바보 같은 얼굴로 거친 세파를 적응해 나가는 유약한 엘리트들의 삶을 재미있게 그리려는 것으로 보였다.

무대에 불이 켜지자 오른쪽에 옷걸이와 바지걸이가 보통사람의 어깨높이, 허리높이쯤에 줄로 이어져 매달려 있었다. 그리고 하얀 와이셔츠에 까만 바지 차림의 박호빈은 메트로놈 4개를 들고 나와 무대를 세로로 4등분해 객석 쪽으로 하나씩 나눠놨다.

그리고 박호빈은 마법사가 자신의 도구를 가리키는 듯한 익살스런 표정으로 옷걸이에 관객의 관심을 유도한 뒤 주머니에서 노란 풍선을 꺼내 불기 시작했다. 검은 눈에 시원하게 웃

는 스마일 풍선이었다. 관객들의 웃음과 박수가 이어졌다. 박수가 끝난 뒤 풍선을 옷걸이 상단에 묶었다. 이제 유약한 엘리트의 머리가 만들어진 셈이다.

그는 메트로놈 하나를 작동시켰다. 4박자다. 마이크를 통해 기계적인 메트로놈의 소리가 증폭되면서 묘한 긴장감을 일으킨다. 조명이 만들어낸 사각형의 갇힌 공간에서 온 몸을 흔들고, 비틀고, 끄덕거리는 등 다양한 속도의 동작으로 메트로놈 4박자에 맞춘다. 연체동물같이 흐느적거리며 만들어지는 흑백의 긴장미가 기계적인 메트로놈 소리에 증폭되면서 비인간적인 느낌이 강하게 전달된다. 같은 춤사위를 한 번 더 반복한 뒤 바로 앉았다. 그리고 재채기를 한 뒤 셔츠를 벗었다.

시인 김수영은 '지식인들이 기침을 하라'고 촉구했었다. 인간을 압박하는 권력에 대해, 비인간적으로 돌아가는 세상에 대해 끊임없이 기침을 하며 권력과 세상에 경종을 울리라는 뜻일 것이다. 여기서 '기침'은 세상을 향해 끓어오르는 인간 내부의 에너지를 상징할 것이다. 그러나 이 작품에서의 기침은 그런 기침이 아니다. 어떤 행위를 한 뒤 머쓱한 느낌을 감추기 위한 헛기침과 비슷했다.

그는 셔츠를 벗어 옷걸이에 걸었다. 상반신이 만들어진 듯하다. 4박자 메트로놈을 멈추고 새로운 메트로놈을 골라 2박자의 빠르기로 움직이게 한다. 2분의1로 축소된 공간에서 그만큼 춤도 빨라지는 것 같다. 입에다 주먹을 집어넣는 동자도 해본다. 질식할 듯 다그치는 세상에 대한 자신의 느낌이리라.

2박자 메트로놈을 멈추고 느린 3박자의 메트로놈을 작동시킨다. 바지도 벗어 매달았다. 이제 제법 그럴듯한 허수아비가 하나 만들어진 셈이다. 멀쩡하게 웃는 커다란 얼굴, 하얀 와이셔츠, 검은 바지 등 얼핏 사람 좋아 보이는 박호빈의 이미지를 닮은 그런 허수아비다. 춤은 같은 동작의 변주인데 부드럽고 유연한 에너지가 전해진다.

이제 4개의 메트로놈이 모두 움직인다. 박자는 서로 다르다. 4개의 서로 다른 메트로놈이 만들어내는 엇박자가 제법 강한 힘으로 압박해온다. 공간은 더욱 좁아지고 허수아비는 목을 매달았다. 격렬한 음이 연주되고 옆에서 조명이 터져 나온다. 물 흐르듯 청아한 느낌의 부드러움을 온 몸으로 연주해내는 것 같다. 점층적인 다채로운 혼합구성으로 다양한 결의 춤의 느낌이 객석에 전해진다.

또 재채기가 나온다. 이번 재채기는 헛헛한 쑥스러움이 아니라 존재에 대한 불만 또는 자유에 대한 갈증과 같은 어떤 욕망에 대한 자각이 느껴진다.

온 몸을 비틀고 격동시키는 고난도 테크닉이 춤이 절정으로 치닫고 있음을 알려준다. 러닝셔츠까지 벗어던진 긴장된 근육 위로 주문과 같이 검은색 줄무늬의 문신이 보인다. 이것은 마치 세상에 아부해온 주인공의 상처처럼 또는 그런 식으로 세상과 싸우며 얻은 훈장처럼 보이기도 한다. 이제 내 삶은 내가 지휘한다는 결연한 의지도 느껴진다. 이때 허수아비풍선의 얼굴이 터지면서 조명이 페이드아웃된다.

잘 간수된 춤집에 꽉 들어찬 진지한 춤의 모습에 의미와 재미를 덧대 보여준 한 폭의 수채화 카툰같이 잘 짜인 작품이었다.   — 춤 2002년 9월호

꼬리를 문 물고기 2002년 10월 26~27일 국립극장 별오름극장

댄스컴퍼니조박의 《꼬리를 문 물고기》는 2002년 창작춤 가운데 가장 새로운 느낌의 작품 가운데 하나로 생각된다.

새로움은 '낯선 새로움'과 '익숙한 새로움', 두 가지로 나눠 볼 수 있다. 포스트모더니즘 이전 시대가 이성이나 감성 등에서 길어 올린 예술성으로 아주 '낯선 새로움'으로 전형을 창출했다면, 포스트모더니즘 이후는 더 이상 낯선 새로움을 창출하는 데 한계를 느낀 나머지 패티쉬, 패러디 등의 기법을 통해 '익숙한 새로움'을 즐겨 만들어낸다. 《꼬리를 무는 물고기》의 경우 주제는 다분히 포스트모더니즘적이지만 방법상으로는 요즘 보기 드문 '낯선 새로움'으로 풀어낸 작품이라고 생각된다.

우선 움직이는 객석부터 신선했다. 극장 문을 열고 들어서 물컹 하는 느낌의 찰흙바닥을 밟고 극장 안으로 들어서면 3층으로 된 바퀴가 달린 반원형 객석 4개가 기다리고 있었다. 물컹 하는 느낌도 재미있고, 테마공원에서 위락시설에 앉아있는 듯한 객석의 느낌도 즐거웠다. 출연자들이 안내한 객석을 '타고' 앉으면 객석은 공연의 장면전환에 따라 이리저리 옮겨지면서 새로운 무대공간을 만들어냈다.

제일 처음에는 4개의 반원형 무대가 2열종대로 선 형태였다. 벽은 몬드리안의 색면추상을 보는 듯 탄탄한 느낌을 줬다. 신성한 느낌을 주는 그레고리안 성가풍으로 시작한 음악은 슬라이드 영상의 투사와 함께 쇠를 자르는 소리와 비트가 강한 타악기 연주, 전자파 펄스음

이 뒤섞인 음악으로 바뀌었다. 장엄한 생명의 탄생에서 혼돈의 현재에 이르는 과정을 묘사한 것으로 생각된다.

각 의자 앞에서 모두 4쌍의 남녀 2인무가 펼쳐졌다. 돌아가며 추는 이 2인무는 남자는 상하운동, 여자는 바닥에서 구르는 동작을 중심으로 만들어졌다. 또 춤추는 동안에 옷을 벗고 입고 했다. 록가수, 모델, 레즈비언, 게이 등 각각 다른 느낌의 커플이었지만 남녀의 행동이 일반적인 성적인 체위 또는 성행위의 느낌이 났다. 몸매가 예쁜 여성무용수만 있는 것이 아니라 아마조네스같이 덩치가 크고 근육질인 여성무용수들도 등장, 귀족적이라거나 동화적인 성적 이미지가 아니라 보통사람들의 격렬한 성적 에너지가 더 강했다.

'꼬리를 무는 물고기'라는 제목은 어떤 순환의 느낌을 준다. 남녀의 허리 아래를 붙여 몽타주기법으로 만들어낸 포스터에서부터 그 순환이 어떤 성적인 코드를 중심으로 해서 만들어지고 있음을 암시한다. 이 같은 서막의 남성과 여성의 성적 움직임의 반복은 사랑과 삶의 순순환 또는 악순환을 감정을 배제하고 그려나가고 있다는 것을 시사하는 프롤로그처럼 보였다.

서막이 끝나고 좌석의 배치가 달라졌다. 좌석이 양쪽 벽으로 나뉘어 붙으면서 극장 가운데로 기다란 무대공간이 만들어졌다. 두 명의 무용수가 마치 뱀이 서로 꼬인 형상으로 등장했다. 상체의 움직임 위주로 한 이 춤사위는 마치 인도의 밀교 탄트라의 절정장면을 연상시키기도 했다. 음악도 명상음악으로 바뀌었다. 무언가를 서로 넣고 빼는 관능적 동작은 암수한몸인 생명체가 스스로 생명을 만들어내는 느낌을 갖게 했다.

불어에 '앙드로진느(androgyne)'라는 말이 있다. 발생학적으로 아직 암수가 구별되지 않는 상태를 가리킨다. 모든 생명체는 발생 8주 전까지는 양성을 모두 갖고 있다. 8주 후에야 비로소 염색체에 따라 암수가 가려진다. 그러나 생명체가 본래 양성을 모두 갖고 있기 때문에 남성이 된 다음에도 여전히 여성성이 존재한다. 여성 역시 남성성을 갖고 있는 것이다. 이와 관련 플라톤은 재미있는 말을 했다. 동성애가 동성을 좋아하는 것이 아니라 여성 속에 숨어있는 남성성, 또 역으로 남성 속에 숨어있는 여성성을 좋아한다는 것이다. 그래서 감각이 특히 발달한 예술가들 사이에서 남성 속에 숨어있는 여성성을, 여성 속에 숨어있는 남성성을 좋아하는 사람들이 많다는 것이다. 이 같은 점을 고려하면 엄밀히 말해서 남성이 남성을 좋아하고, 여성이 여성을 좋아하는 동성애는 없다는 것이다.

하여튼 암수한몸의 관능적 묘사를 통해 박호빈은 '꼬리를 문 물고기'의 꼬리를 풀기 시작한 것으로 보인다. 원래 한 몸이었던 존재를 찾아, 혹은 자신의 갈비뼈로 만든 이브를 찾는 아담의 모습을 암수한몸의 춤사위로 표현한 것 같다.

이어 무대 양쪽에서 여성의 옷을 입은 일본 무용가 에이찌 기무라가 나오고, 다른 쪽 끝에서 남성의 옷을 입은 박호빈이 나온다. 서로에게 안기고 뛰어들고 하는 반복적인 큰 동작을 하다가 혼인을 주재하는 적승도인의 끈처럼 빨간 끈을 팽팽하게 당기고 있더니 이 끈이 끊어지자 힘없이 쓰러지고 만다. 인연의 끈이 끊어지면서 존재의 집이 무너지는 것이다. 서로의 옷을 바꿔 입었다. 이는 남성이 남성의 입장을, 여성이 여성의 입장을 주장하다가 관계가 깨어지면서 서로의 입장으로 들어가 본다는 의미로 해석될 수도 있을 것 같다. 하여튼 관계의 파탄이다.

타성적인 삶에서의 남녀의 관계가 발생론적 차원에서의 암수한몸을 거쳐, 이제 각각 독립적인 삶에 의미를 부여하는 것 같다.

그러나 그 독립의 삶이 결코 이상적이지는 않은 것 같다. 원래 무대로 사용하던 곳의 미닫이문이 열리고 배경에 은백색 필름으로 바뀐 뒤 얼굴이 모니터로 된 인물이 등장한다. 신체의 일부를 기계로 바꾼 사이보그같은 느낌이 난다. 이 장면에서 문득 '나는 컴퓨터와 섹스하고 싶다'라는 최영미의 시가 생각난다. 이 시를 쓸 당시 최영미는 개인적으로 어떤 문제가 있던 것으로 알려졌었다. 그래서 시키는 대로 말을 잘 듣는 이 똑똑한 기계와 사랑을 하고 싶다는 시인의 마음에 공감이 갔었다. 개인적 고독을 물질문명을 통해 해소하려는, 역으로 물질문명에 의해 점점 더 고립되는 인간의 모습이 느껴진다. 특히 정보화 시대 이후 인터넷의 보편화로 점점 더 익명의 사회가 되어가는 상황에서 섹스도 결국 모니터를 통해, 가상현실을 통해 이뤄지지 않을까 하는 디스토피아적인 문제의식도 느껴진다.

이어 객석의 이동과 함께 박력있게 펼쳐지는 빠른 춤사위는 남성과 여성의 구별, 이성간, 동성간 사랑 등의 서술적 의미를 넘어서 춤의 아름다움을 보여줬다. 부딪히고 안고 뛰고 구르고 하는 동작들은 손에 땀을 쥐게 할 정도로 속도감이 넘치고 극적이었다.

앵그르의 그림 〈터키탕〉에서 한가운데 등을 보이고 얼굴을 보일 듯 말 듯 뒤로 약간 돌린 여인처럼, 등을 보인 무용수가 기타를 치고 허리 아래로 길게 늘인 긴 치마 속에서 벌이는 손가락인형의 놀이는 브레히트의 서사극적 기법으로 생각됐다. 다소 과격하게 질주해온 이미지의 홍수에서 잠깐 벗어나 브레이크 타임을 갖자는 것으로 보였다. 춤에의 몰입이 아니라 현실을 돌아보며 웃자는 제의처럼도 생각된다.

퍼포먼스 같은 인형극이 끝난 뒤 문을 열고 여성옷을 입은 남성이, 남성옷을 입은 여성이 나온다. 초반에 옷을 서로 바꿔 입은 남성, 여성에 이어지는 장면으로 생각된다. 일반 여성 무용수에 비해서 덩치가 크고 육감적인 이 여성무용수는 에너지가 넘치는 춤을 추면서 다시 자신의 옷을 입는다. 권태로운 일상을 깨고 발생의 기원에서부터 내 삶의 반쪽을 찾아 꼬리에 꼬리를 물고 헤맸으나 결국 모든 것은 나의 일상에 있었다는 의미를 내포한 것 같다. 마치 메테를링크의 주인공 치루치루와 미치루가 파랑새를 찾아 돌고 돌았으나 결국 못 찾고 집에 돌아왔을 때 파랑새가 있었다는, 그런 발견처럼 생각된다.

그런 깨달음이 대미의 바디 페인팅 퍼포먼스로 완성되는 것처럼 보인다. 온몸에 분칠과 회칠, 형광칠을 한 뒤 천에다 몸으로 찍어 만든 판화는 존재의 확인에 대한 기쁨, 자유에 대한 열정적 찬미로 보인다.

한편 부족한 객석으로 인해 많은 관객이 관람을 못하고 돌아가게 된 것은 아쉬운 부분이다. 관객들의 편안한 관람을 위해 좀 더 많은 정보와 안내가 필요해 보인다.

— 춤 2002년 12월호

오르페우스 신드롬 2003 / 천적증후군 2003년 11월 18∼19일 예술의전당 토월극장

연극적 감각과 형식으로 그려내는 독특한 문제의식으로 주목받아온 젊은 현대무용가 박호빈과 조성주가 함께 만든 무용단 '댄스컴퍼니 조박'이 그 일곱 번째 공연 '사이콜로지컬 댄스'로 길지 않았던 무용단의 막을 내렸다. 1994년《검은 치마를 위한 변주》라는 작품으로 무용단을 시작한 지 꼭 10년째다. 그러나 2002년 조성주와 박호빈의 이혼으로 조박의 해체는 이미 예정된 수순이어서 '오히려 늦었다'라는 게 무용계 참새들의 이야기다. 물론 박호빈은 댄스컴퍼니조박이 해체되는 것이 아니라 이름만 바꾸는 것이라고 말하고 있지만, 공동대표 가운데 한 사람이 떠나고, 이름까지 바꾼다면, 그것을 해체가 아니라 다른 뭐로 이름을 붙이기는 힘들어 보인다.

댄스컴퍼니조박의 마지막 공연 타이틀은 '사이콜로지컬 댄스', 즉 '심리적 춤'이다. 프로이트 심리학에 바탕해 자살충동과 증오점화를 주제로 해《오르페우스 신드롬 2003》과《천적증후군》두 편으로 구성됐다.

《오르페우스 신드롬》은 1998년, 《천적증후군》은 2003년 6월 각각 공연된 댄스컴퍼니조박의 대표작이다. 이 작품들을 재안무해 조박의 마지막 레퍼토리로 삼았다. 박호빈은 이 작품과 관련, "다른 생각은 말아달라"고 했다. 하지만 이 작품들에게 그의 개인적 아픔이 절절하게 투영되는 것은 어쩔 수 없다.

비평은 크게 두 가지로 나눌 수 있다. 전기비평과 신비평이다. 작가의 주변 상황으로부터 풀어나가면서 작품을 분석하는 것이다. 예를 들어 작가의 어렸을 적 어떤 사건이 이 작품에 영향을 미쳐 이 같은 형식과 내용이 나왔다는 분석이다. 작품을 작가의 종속물로 보고 작가 연구를 중심으로 하기에 이런 비평을 전기(傳記)비평이라고 한다. 근대까지의 비평은 작가론 중심의 전기비평이 주류를 이뤘다. 그러나 현대에 이르러 작품은 작가의 아들이기는 하지만 독자적인 존재로 해석해야 한다는 주장이 구조주의, 실존주의, 현상학, 심리주의, 마르크시즘, 원형신화주의 등 다양한 측면에서 제기됐다. 작가의 경험에 작품을 뜯어 맞추지 말고 작품 그대로를 보고 해석해야 한다는 주장이다. 이런 비평을 통칭 뉴 크리티시즘(신비평)이라고 하며 현재 비평계를 지배하는 흐름이다. 하지만 여전히 전기비평은 의미를 가지고 신비평의 인상주의, 독단을 보충 또는 견제하는 역할을 하고 있다.

박호빈의 이번 작품을 보면 우선 전기비평 스타일에 먼저 손이 가는 것은 그의 아픔을 짐작할 수 있을 만큼 저간의 사정을 알기 때문인지 모르겠다. 자칫 나무는 보지만 숲을 보지 못하고, 견강부회하는 전기비평의 약점을 그대로 답습하는 것일지도 모르겠지만 작품을 보는 단서가 거기서부터 시작되는 것을 어찌할 수 없다.

우선 자살충동을 소재로 한 《오르페우스 신드롬 2003》은 예기치 못했던 이별의 아픔을 겪었던 그의 여린 마음이 오르페우스에게 투영되어 있다는 느낌이다. 유리디케와 사별한 오르페우스는 지옥까지 쫓아가 하데스에게 빌어 아내를 찾아오다가 마지막 순간에 안타깝게 실패했다. 그리고 그는 이후 더 이상 여자들을 쳐다보지도 않아 결국 질투에 눈먼 트라키아의 여인들에게 갈가리 찢기는 죽음을 당한다.

박호빈은 오르페우스의 이 슬픔을 자살에 이르는 충동으로 해석해낸 것 같다. 다른 여자를 더 이상 보지 않음으로써 질투를 유발, 타살을 가장한 자살로 보는 듯하다. 그리고 오르페우스가 더 이상 여자를 만나지 않는 것을 동성애로 연결시킨 것 같기도 하다. 여자로 인해 당한 그의 상처의 깊이가 초연과 달리 하데스를 두 명의 남자로, 오르페우스와 유리디케를 여자로 풀어낸 것이라는 생각이다.

《천적증후군》은 증오가 주제다. 천적의 먹이사슬을 통해 증오가 어떻게 전파 또는 전염되는지를 주요 골자로 하고 있다. 하지만 끝내는 천적들조차 자연의 질서를 인정, 화합하는 것으로 끝난다. 끝까지 미워하지 못하는 박호빈의 모질지 못한 마음의 일단도 느껴진다.

두 작품의 주제인 자살충동과 증오전염은 각각의 것이 아니라 하나의 심리 흐름으로 읽혀지기도 한다. 사람들은 누구나 사랑을 잃은 뒤 자살을 생각하게 되고, 그것이 시간이 지나면 세상에 대한 혐오와 증오로 바뀌게 마련이다. 그 같은 사람들의 일반적인 심리상태가 바로 이 작품에서 표현된 박호빈의 심리상태로도 느껴진다고 하면 지나친 비약일까?

이 같은 심리적 바탕을 깔고 본 《오르페우스 신드롬 2003》은 너무도 화려해 처절해 보이기도 했다. 단속적인 경련이 느껴지는 동작, 죽음의 이미지를 담은 회칠한 얼굴, 바닥에서, 위에서, 옆에서, 그리고 전면에서 쏴대는 격렬한 조명, 뫼비우스의 띠처럼 묘하게 전개되는 무한 순환 큐빅스 상자 등 의상과 분장, 조명, 소품에 비인격적인 춤사위가 한데 어울려 폭발했다. 트라키아 여인에게 오르페우스의 몸이 갈가리 찢기듯 폭발적으로 끝난 엔딩 신이 특히 인상적이었다.

《오르페우스 신드롬 2003》이 화려한 신화적 장엄미로 자살충동을 춤췄다고 하면, 《천적증후군》은 연극적 패러디와 유머에 랩을 가미한 그로테스크한 퓨전 춤판이었다.

이 작품은 피카소의 얼굴과 같은 비정형의 얼굴 화장을 한 광대 약장사의 장광설을 프롤로그로 해서 시작했다. 이어 10명 가까운 같은 화장의 광대들의 약장사가 무대와 객석 사이에서 벌어지며 흥겨운 공연의 시작을 알렸다.

본공연의 시작음악은 프랑스 샹송가수 에디트 피아프의 노래 〈파글레 무아 다무르(Parlez-moi d'amour · 내게 사랑을 말해줘요)〉였다. 늘어진 테이프, 혹은 빨리 돌아가는 레코드판 음악 같은 향수를 자극하는 음색의 샹송에 맞춰 앞은 깔끔하지만, 뒤는 맨 몸이 드러나는 옷을 입은 박호빈이 무대에 12개의 화분을 늘어놓고 그 위로 핀 조명을 떨어뜨렸다. 12지신을 의미하는 것도 같고, 체스판을 연상케도 한다. 쥐에서부터 소, 호랑이, 토끼 등에서 닭, 개, 돼지에 이르기까지 서로 물고 물리는 관계인 12지신을 상징하는 듯한 무용수들이 각각의 화분을 차지해 아크로바틱한 춤을 추고, 이것이 집단화 양상을 띠면서 체스판에서 인간이 말이 돼 패싸움을 벌이는 것도 같다. 각각의 무용수가 천장에서 늘어진 마이크를 잡고 랩도 하는데, 제법 근사하다. 약장사에서 추억의 샹송을 거쳐 첨단의 랩에서 다시 약장사에 이르기까지 음악도 천적관계로 순환적이다.

이런 관계를 박호빈을 비롯, 무지한 백정 또는 청소부 차림의 남성무용수 3명이 등장해 원시적인 직선적인 무식한 동작으로 쓸어버린다. 테크닉의 경쟁에서 랩을 통한 언어의 싸움으로 옮아갔다가 다시 무식한 몸의 싸움으로 확대된다. 무식한 몸싸움은 이내 격렬한 욕설의 싸움으로 확대된다. 몸과 언어를 사용해 냉혹한 천적관계에 따른 증오의 자기증식 과정을 명료하게 보여준다. 하지만 욕설의 장면에서 '마더 퍼커(mother fucker)'라는 영어 욕설은 자연스럽게 사용하면서 왜 이것의 한국 욕설에 해당하는 '니미 X할' 등은 사용하지 않았는지 아쉽다. 욕설의 증오의 자기 증식 과정 중에 필연적인 것이며, 이 욕설을 굳이 영어로 미화할 필요는 없어 보인다. 영어 욕설이 무대에 등장했다면, 한국말 욕도 나와도 무방해 보인다. 오히려 한국어 욕이 없음으로써 영어욕설의 카타르시스, 증오의 자기점화 또는 증식의 효과가 떨어진 것 같다.

다시 〈파글레 무아 다무르〉 노래가 나왔다. 무용수들은 기저귀에 브래지어를 차고 나왔다. 어린이로 다시 돌아가고 싶은 순수로의 회귀, 원초적 사랑에의 귀의가 느껴진다. 하지만 다시 박호빈이 식칼을 휘두르며 등장한다. 식칼도 그냥 식칼이 아니라 사각형의 무자비한 검기가 느껴지는 무식한 식칼이다. 전장에서 등장한 청소부의 느낌도 나는 정육업자가 아니라 완전 도살자의 이미지다. 칼의 기운의 너무 거세, 행여 무용수들이 다칠세라 보는 이의 가슴을 조마조마하게 하는 가운데 박호빈은 칼을 바닥에 꽂고, 낚싯대 두 개를 들고 선다. 기다란 낚싯대 두 개를 들고 무대에서 휘두르는 기운이 자못 굉장하다. 획획 파공성과 함께 시원한 스펙터클이 무대를 감싼다. 낚싯대에 끌려 올라가고, 매맞고 하는 여자무용수들의 모습은 일상적인 에로티즘을 넘어 사도마저키즘(sadomasochism)마저 느껴진다. 증오점화가 쾌락으로 전환되는 것 같다. 낚싯대에 온 몸이 걸린 무용수들과 접시돌리는 무용수들이 오락가락하며 무대는 혼돈의 순간으로 빠져든다. 다시 〈파글레 무아 다무르〉 노래가 나오고, 박호빈은 낚싯대를 줄타기를 하면서 수평을 잡는 데 이용하는 균형봉처럼 쓰며 무대 깊숙이 들어가 공연의 배경으로 자리잡는다. 그리고 휘두르는 낚싯대는 더 이상 에로티시즘이나 사도마저키즘의 도구가 아니다. 무대 앞에서 펼쳐지는 격렬한 증오에너지를 지휘, 강력한 삶의 충동으로 변화시키는 지휘봉과 같은 느낌이 난다. 잘못된 세상을 질책하는 회초리이며 세상을 낚는 강태공의 낚싯대 같다.

《오르페우스 신드롬 2003》과 《천적증후군》으로 구성된 '사이콜로지컬 댄스'는 사랑에 실패한 박호빈이 자살충동을 이겨내고, 세상에 대한 증오를 확대하다가 결국 예술 속에서 자기 안정을 찾는 모습이 한바탕 화려한 꿈으로 그려진 춤판이었다는 생각이다. 조박의 10년 꿈이 내적 응축을 통해 질적으로 변화, 박호빈의 새로운 창조적 꿈으로 다시 태어나길 기대한다.

— 춤 2003년 12월호

푸른 돌 2005년 9월 23~24일 충무아트홀

댄스씨어터까두는 'DanceTheater Ccadoo加頭'라고 쓴다. 영어로 읽으면 '까두'로 읽히는데, 한자음은 '가두'다. 한글로 내놓는 자료는 '까두'인데 '머리를 더했다'는 한자음이 '까두'의 의미를 이해하는 데 도움을 주지만 이름의 정체성에는 혼란을 준다. 그런 사족의 혼란이 이번 신작에서 읽혀졌다.

댄스씨어터까두의 《푸른 돌》은 성악과 영상, 춤이 어우러진 미스터리극 형식의 크로스오버 공연이다.

해일로 새로운 유적지가 드러나고 그 유적지에서 이상한 문자가 쓰인 푸른 돌이 발견된다. 그리고 이 푸른 돌을 신봉하는 사교집단이 있고, 이 사교집단은 소녀들을 납치해 교화시키려다 살해한다. 좀 뜬금없는 스토리다.

이 스토리를 모던한 원색의 도시로 무대화하고 높은 빌딩을 세워 남녀 성악가를 세웠다. 사교집단은 에일리언 냄새가 나는 SF풍으로 묘사했다. 춤의 움직임은 군무 위주로 해 집단 광기를 표현하면서 아크로바틱함을 더했다. 무대의 색상이나 조명, 영상은 표현을 구체화하면서 환상적으로 만들었다.

하지만 너무 구체적인 서사가 춤의 입지를 애매하게 만들었다. 지나치게 사실적이고 분석적인 스토리 라인에 본래 아날로그한 상징적인 춤이 끼어들 여지가 많지 않다. 이 부분을 음악으로라도 보완할 수 있었을 텐데, 오히려 음악이 스토리라인보다 더 가벼웠다. 미스터리 TV드라마의 효과음악처럼 감정을 그대로 노출해 춤이 더욱 숨을 곳이 없어졌다.

거석숭배, 난생신화, 절대존재의 유토피아 등 안무자가 원래 계획한 의도가 무대에서 관객에게 효과적으로 전달된 것 같지 않아 보인다.

— 춤 2005년 10월호

만월 2008년 11월 7~8일 아르코예술극장 대극장

《만월(Full Moon)》은 아라비아 풍 음악에 모던한 신사복, 그리고 신사복 속의 보디페인팅을 한 몸으로 박호빈 특유의 풍부한 표현의 움직임으로 변화하는 달의 모습에 따라 우주생성의 신화적인 가치를 풀어냈다. 빠르지 않은 리듬감에 변화의 이미지를 힘있게 꾹꾹 눌러 담아 키메라(chimera · 혼성)의 느낌을 잘 그려냈다. 강한 남성성에서 부드럽고 감미로운 여성성으로의 변화가 재미있다. 그러나 같은 느낌의 같은 동작의 같은 속도의 반복이 작품의 감상을 어느 정도 지루하게 만들기도 했다.   — 춤 2008년 12월호

배꼽 2010년 4월 30일~5월 1일 서강대 메리홀

과유불급(過猶不及)이라는 말이 있다. 지나친 것이 모자람만 못하다는 말이다. 이 작품이 그렇다.

박호빈은 생명의 탯줄에서 생로병사 희로애락을 넘어 우주의 배꼽, 옴파로스에 이르기까지를 설치와 영상, 연극과 퍼포먼스, 아크로바틱까지 더해 담아내려 했다. 하나 하나의 단편은 공들인 흔적과 노력이 역연했지만 전체적으로 구성과 조화에 무리가 느껴지면서 부분적으로 감정이 과잉돼 신파의 느낌도 났다. 한 작품에 다 담으려 하기보다는 2부작, 3부작으로 나눠서 여유를 두고 정제했더라면 어땠을까 하는 생각이다.

원통으로 만든 벌집처럼 느껴지는 무대 왼쪽 뒤에서 임산부가 뜨개질을 하며 태내의 아기와 대화를 하는 것으로 시작됐다. 이어 태내에서 태아가 유영하듯 한 움직임의 군무가 펼쳐졌고 천장에서 각각 이어진 끈은 탯줄로 연상됐다.

아이의 성장이 힘이 있으면서도 부드러운 태극권과 같은 움직임으로 그려졌고 어머니의 품에서 최고의 행복을 느끼는 등 아이의 성장과정이 다양한 놀이와 대사, 영상으로 표현됐다. 오재미 놀이, 아크로바틱한 저글링 등 다채로운 놀이가 작품에 오랜 시간 공들인 흔적이 역연 했고, 탱고 등은 관객의 관심을 놓치지 않으면서도 작품의 컨셉과 잘 붙었다. 하지만 "엄마와 함께 있을 때 가장 행복해요" "사춘기에 저는 외톨이였어요. 형만 챙기고 난 관심 없

고, 투정했다가 작살나게 혼났어요." 등 감정을 직설적으로 드러내는 대사들이 춤의 추상성과 충돌, 생경한 느낌을 줬다. ― 춤 2010년 6월호

방희선 · 장성원

마차 안의 작은 이야기 2006년 6월 2~3일 포장마차 '노는 아이'

방희선은 6월 한 달 동안 매주 월 · 화요일 밤 8시 서울 강남구 학동사거리의 대형 포장마차 '노는 아이'에서 '마차 안의 작은 이야기'라는 제목으로 공연하기로 했다. 공연비용을 마련하기 위해 집도 팔았다고 했다. 이 이야기를 듣고 오대환, 주용철, 이정영 등 방희선을 좋아하는 사람들이 자원봉사에 나서 음악, 무대미술, 조명을 맡았다.

낮에는 자동차 정비센터, 밤에는 포장마차로 변하는 '노는 아이'는 영업이 변하는 시점에 두 시간 정도 춤을 공연하고, 손님들이 그대로 포장마차 집에서 뒤풀이를 한다는 아이디어로 장소를 무료로 제공했다. 포장마차측은 홍보도 되고 장사도 되는 일석이조라는 생각에 선뜻 응낙한 것으로 보인다. 그러나 이곳에서의 공연은 2일과 3일 두 번에 그쳤다. 영업에 별로 도움이 되지 않자 분명치 않은 이러 저러한 이유로 중단된 것이다.

그러나 방희선은 포기하지 않고 무대를 청담동 갤러리아백화점 야외무대로 옮겼다. 날짜도 14, 15, 21, 22일 매주 토 · 일 오후 7시로 조정했다. 제목도 '마차 안의 작은 이야기'에서 이제 더 이상 '마차 안'이 아닌 만큼 '마차 안의'를 빼고 그냥 '작은 이야기'로 바꿨다. 관객들을 만나기 위해 집까지 팔아 장비를 한 달간 임대했는데, 그냥 끝낼 수는 없었던 것이다. 방희선은 "우연히 학동의 포장마차 집에서 술을 먹었는데 공간이 너무 좋았다"며 "좁은 실내 무대를 벗어나 활짝 트인 무대에서 관객을 만나고 싶었는데 차질이 생겨 아쉽다. 그러나 백화점 옆 광장도 바닥이 돌바닥으로 좀 더 딱딱해진 것 말고는 괜찮은 무대조건"이라고 말했다.

포장마차 '노는 아이'에서의 공연은 30여 평쯤 되는 포장마차의 벽을 삼각형의 커다란 천으로 잇대어 만든 무대가 범선을 연상케 했다. 좌우는 삼각형의 날카로운 끝이 기둥 위쪽으로 매달렸으며, 무대 안쪽은 삼각형의 천을 덧대어 등·퇴장의 공간을 마련했다. 삼각돛의 형상으로 입체감 있게 겹겹이 붙어있는 무대는 안쪽에서 밖으로 튀어나오는, 또는 객석에서 앞으로 전진하는 두 가지 느낌을 동시에 줬다. 무대는 하나의 커다란 범선이었고, 도시는 바다같이 넓은 객석으로 여겨졌다. 선장 방희선은 포장마차 돛단배를 타고 정글 같은 도시의 무대로 항해하는 여전사처럼 느껴지기도 했다. 이런 상상 속에서 무심히 지나가는 자동차 소리와 클랙슨 소리와 헤드라이트 불빛, 호기심 어린 사람들의 웅성거림 등은 그대로 자연스러운 무대 효과로 작용했다.

암전 상황에서 찢어진 스타킹에 비닐봉지를 잘라 깃털처럼 붙인 무용수들이 마치 고양이처럼 조심스럽게 등장할 때는 얼핏 뮤지컬 〈캐츠〉가 연상됐다. 폐차장 구석에서 누가 하늘로 부름을 받아 올라갈 것인가를 놓고 벌이는 젤리클 고양이들의 화려한 축제를 기다리는 것과 같이 묘한 흥분감마저 느껴졌다.

춤은 자크 브리엘의 상송 〈느 므 끼뜨 파(Ne me quitte pas·나를 떠나지 마오)〉에 맞춰 시작했다. 떠나지 말아달라는 자크 브리엘의 호소력 짙은 목소리가 관객들을 찾아 거리로 나온 춤꾼들의 마음처럼 애절하게 느껴졌다.

갑자기 옆에 붙어있는 또 다른 포장마차집의 음악소리가 커졌다. 싸구려 댄스 메들리였다. 《작은 이야기》의 음악은 오케스트라 연주로 바뀌었다. 댄스 메들리와 교향악 연주가 한바탕 기(氣) 싸움을 벌일 때 문득 영화 〈타이타닉〉의 한 장면이 떠올랐다.

타이타닉호가 빙산과 충돌, 침몰해 갈 때 갑판은 아수라장이 됐다. 그때 악사들은 이들을 진정시키기 위해 연주를 시작했다. 한참을 연주했지만 별로 진정되는 기미가 보이지 않자, 한 악사가 "우리들의 음악을 듣지 않는데 그만 하자"고 했다. 그러자 악장으로 보이는 사람은 "저들이 언제 우리 음악을 들었느냐"며 연주를 계속하는 장면이다.

방희선의 춤은 그런 느낌이었다. 포장마차 집에서 고래고래 소리를 지르는 싸구려 음악에 맞춰 술을 마시며 끝없는 욕망의 바다로 침몰해 가는 타이타닉호의 승객들과 같은 사람들 속에서 아무도 듣지도 보지도 않는 가운데 스스로 만족해 제 한 몸을 불살라 춤을 추는 그런 느낌이었다. 음악이 베토벤의 교향곡 '운명'이어서인지 방희선의 이 같은 삶이 운명처럼 느껴지기도 했다.

도시의 소란함과의 싸움에서 방희선의 '작은 이야기'가 서서히 마차를 벗어나 거리로 들리는 것 같았다. 옆의 병원에서 사람들이 나와 객석을 차지하고 담장 위에 서서 보는 이도 있었다. 무심히 지나는 사람도 하나 둘 서서 사람의 벽을 둘러치기 시작했다. 본격적으로 '장사'가 시작되는 느낌이다.

음악도 유랑극단, 추억의 서커스 천막극장 음악 같은 향수를 느끼게 하는 즐거운 리듬으로 바뀌었다. 아코디언 소리에 오토바이 머플러 터진 소리가 잘 어울려 묘한 흥을 돋운다. 방희선을 비롯한 7명의 무용수와 마임이스트 장성원이 포장마차 바닥을 기고, 뒹굴고, 뛰고, 날며 춤을 췄다.

음악이 잦아들며 방희선이 빨간 투피스를 입고 나와 《빈사의 백조》가 연상되는 춤을 췄다. 음악이 끝나고, 영화 필름이 다 돌아간 듯 헛바퀴 도는 소리가 들린다. 그리고 이어 처음 시작할 때의 노래 〈느 므 끼뜨 파〉가 다시 흘러나온다. 노래가사 중에서 '라무르 스라 루앙(L'amour sera loin · 사랑은 멀리 가고)'이라는 말이 들린다. 이 작품의 표면적 주제는 남녀의 사랑이다. 그리고 이는 인간에 대한 사랑, 예술에 대한 사랑 등 보다 더 넓은 범위의 사랑으로 확대된다.

주제를 강조하는 전통적인 수미쌍관법 형식으로 대충 작품은 여기서 마무리되는 듯했다. 여기저기서 훌쩍이는 소리도 났다. 그런데 작품의 끝이라고 생각했던 것은 개인적인 생각일 뿐이었다. 작품은 관객들의 감동을 자양분 삼아 다시 시작되고 있었다.

다시 살아난 방희선과 장성원의 뜨거운 사랑이 포장마차 시멘트 바닥에서 펼쳐졌다. 관능적인 둘의 사랑은 10분을 훨씬 넘겨 계속됐다. 프랑스 영화는 흔히 절정에서 끝난다. 그래서 뭔가 미진한 결말을 놓고 '프랑스 영화 같다'라는 말을 하기도 한다. 그러나 한국영화는 오래 간다. 총에 맞아 곧 숨이 넘어가는 사람이 할 말은 다하고 죽는다. 그래서 지루하고 진부한 결말에 대해 '신파조 한국영화 같다'는 말을 하기도 했다. '빈사의 백조'까지는 깔끔한 프랑스영화였는데 '부활한 백조'부터는 한국영화 같았다. 지루할 정도로 끈질기게 관능적 사랑을 나누더니 급기야 장성원은 통곡하기까지 했다. 소리가 없는 무브먼트를 주요 표현수단으로 쓰는 마임배우이며 무용가가 큰소리로 통곡을 하는 것을 보니 좀 어색했다. 배우가 울 때 관객은 보통 울지 않는다. 배우가 슬픔을 웃음으로 버무려낼 때, 그때 관객은 눈물을 흘린다. 조금 있다가 또 필름 다 돌아간 영사기 소리가 나고서야 작품이 끝났다. 2부쯤으로 보이는 이 부분에서 뱀을 다 그려놓고, 심심해서 다리를 그렸다는 사족이라는 말이 생각났다.

하지만 '사족'에도 불구, 이 작품은 전체적으로 진정성이 강했다. 그것이 관객을 감동시켰다. 평이한 음악과 다이내믹하면서도 관능적인 고난도 춤사위는 관객들을 충분히 즐겁게 했다. 특히 장성원의 과감한 액션 춤은 보는 이의 탄성을 자아냈다. 시멘트 바닥에 몸을 쾅쾅 내던질 땐 관객들이 모두 움찔할 정도였다. 그러나 그는 아무렇지도 않은 듯 계속 춤을 췄다.

프랑스에서 활동 중인 장성원은 올 초 문예진흥원 주최 '입춘대길'이라는 퍼포먼스에 출연하면서 방희선을 만났다. 이들은 당시 '마차 안의 작은 이야기' 공연을 약속했고, 장성원은 그 약속을 지킨 것이다. 그는 "방희선씨의 작업이 너무 흥미가 있어 공연소식을 듣자마자 비행기를 타고 사스(SARS)가 창궐하는 홍콩을 지나 서울로 왔다"며 "이 작업은 '떠나버린 관객을 찾아서'가 아니라 '사랑하는 관객을 찾아서'"라고 말했다.

방희선은 "순수예술이건 대중예술이건 관계없이, 존재가치나 깊이에 관계없이 팔아야 대박잔치인 우리 문화계 상식에 내 머리가 뱅글뱅글 돈다"며 "이런 상황에서 집을 팔아 무료 거리공연을 나온 나는 바보 중의 바보지만 행복하다. 조금은 늦게, 조금은 모자라게 사람들과 만나며 차이점이 차별점이 아니라 다양성으로 비춰지는 사회에서 약간은 바보처럼 살고 싶다"고 말했다.

— 춤 2003년 7월호

TaBoo 2004년 2월 22~29일 씨어터제로

장성원현대예술단의 《TaBoo》는 프랑스에서 활동하다가 최근 귀국한 마임이스트 장성원이 방희선 등 젊은 전위적 현대무용가들과 함께 만든 독특한 퓨전 공연이다. 연극과 춤의 경계가 허물어진 프랑스에서 활동하다가 국내로 활동영역을 넓힌 장성원이 형식과 내용 면에서 한국 공연의 '타부'를 깨는 공연으로 주목을 모았다.

장성원의 마임은 국내에 잘 알려진 마르셀 마르소의 드라마 마임 또는 광대마임이 아니다. 움직임을 거의 무용 수준으로 발전시킨 폴란드 토마스제우스키의 마임이다. 춤보다 움직임에 더 의미를 둔다는 점에서 춤과 다르고, 규칙 안에서 즉흥적으로 움직이면서 보다 시각적이라는 측면에서 기존 연극과 구별된다. 장성원이 프랑스에서 마임극단의 주역배우이면서 현대무용단의 안무가이자 무용수로 활동한 이력이 그의 작업의 좌표나 수준, 장르를 짐작케 한다.

극장에 들어서면 중앙에 김성순이 등을 보인 채 다리를 벌린 도발적인 자세로 소파에 앉아 있다. 복장도 컬트영화, 컬트뮤지컬의 시조로 꼽히는 〈록키 호러 픽쳐 쇼〉의 출연자와 같은 에로틱한 의상이다. 오른쪽에 붉은 옷을 입은 방희선이 소파에 비스듬히 걸터앉아 객석을 응시했다. 왼쪽에는 석미숙이 검정색 원피스를 입고 서있다 모두 마네킹 같은 모습이다. 큰 키에 육감적인 김성순, 풍만한 관능미의 방희선, 작고 마른 석미숙의 모습이 묘한 조화를 이뤘다. 석미숙과 김성순 사이에 장성원이 누워 있었다.

삭막한 작품의 시작이 어쩌면 마지막 장면이라는 느낌이 났다. 파국에서 과거로의 회상이 시작될 것 같은 느낌이다. 물론 그렇지 않을 수도 있다. 이미 영혼이 고갈된 육체만 남은 상황에서 꿈을 향한 이들의 진한 핏빛 여행이 시작될 것이라는 생각도 들었다.

장성원은 공연에 앞서 작품을 소개하는 글에서 "파리의 낭만연애시절을 지워버리고, 설레는 바람과 정열로 고국의 순수 공연예술 사회의 문을 열었을 때 처음 본 이미지를 그대로 옮겼다"고 말했다. 그가 본 한국 순수공연의 현실이 이와 같은 마비상태, 유령의 상태, 상실의 상태라는 것인지도 모르겠다.

격렬하고 자극적인 비트의 음악이 들리며 마네킹처럼 있던 출연자들이 음악에 기계적으로, 단속적으로 반응했다. 전기가 들어왔다 나갔다 하면서 인형들이 기계적으로 움직이다가 멈추고 하는 느낌이다. 이들은 각각의 자리에서 조금씩 몸을 틀면서 새로운 각을 보여준다. 분장과 의상, 눈빛이 섬뜩한 느낌이다. 하얀 옷의 장성원 역시 누운 채로 발작적으로 반응했다. 이들 사이를 누드모델 최윤민경이 돌아다니며 격렬한 춤을 추다가 퇴장했다. 시스루(see through) 옷 사이로 가슴을 육감적으로 드러낸 최윤민경의 몸짓은 시체들에 생명을 주는 주술적인 느낌이 났다. 난해한 첫 장의 제목 '자살할 수 있는 행복에 하루를 산다'가 비로소 어떤 적극적 의미로 해석되는 것 같다. 하루를 살아도 목숨을 걸고 산다는 젊은 예술가의 진지한 삶이, 타성에 지친 세상에 퍼붓는 핏빛 독설이 느껴진다.

두 번째 장은 '평범한 사람의 일상생활'이다. 물론 첫 장과 두 번째 장의 명확한 구분은 없다. 그저 보는 사람의 느낌일 뿐이다. 장성원이 보는 평범한 사람들의 일상은 비생명적인 관성, 타성으로 보인다. 장성원이 일어나서 로봇처럼 단속적으로 움직이며 마네킹화한 방희선, 석미숙, 김성순을 옮겼다. 이어 김성순이 테이블 위에서 격렬하게 성행위 동작을 하며 교성과 비명을 질렀다. 방희선은 자지러질 듯 광소를 터뜨렸다. 석미숙은 계속 쓰러지면서도 물구나무를 섰다. 장성원이 잠을 자다가 이들을 하나씩 무대 밖으로 옮겼다. 평범한 사람들의 일상은 시시포스처럼 올려도 올려도 계속 굴러 떨어지는 돌을 밀어 올리는 무의미이며, 섹스와 조소, 광소, 폭소에 불과한 것이라고 피카레스크식으로 그려놓은 것으로 생각된다.

이어 석미숙이 노란 우비를 입고 오른손에 식칼, 왼손에 양동이를 들고 등장했다. 양동이 안에는 간과 내장이 들어 있었다. 테이블 위에 내장을 쏟아놓고 칼질을 하는 것이 섬뜩했다. 물화(物化)된 인간의 모습을 극단적으로 보여주는 것도 같다. 모두 퇴장하고 다시 격렬한 락음악의 볼륨이 높아졌다.

장성원이 피묻은 상의를 입고 등장했다. 방희선, 석미숙, 김성순 세 무용수는 흰 드레스를 입고 차례로 등장했다. 장성원의 가학적 폭력과 맞아도, 맞아도 쓰러지지 않는 세 무용수가 매저키스틱하게 보이기도 하며, 폭력에 결코 굴하지 않는 인간의 굳은 의지, 오랜 세월 남성의 폭력에 시달려온 여성의 모습 등이 오버랩되기도 했다. 흰 드레스에 피와 내장이 흩뿌려지는 등 엽기적인 무대가 펼쳐졌다. 이윽고 장성원이 굳어버린 방희선 등을 안고 퇴장했다.

천둥치는 소리 들리고 창살 같은 조명이 무대에 투사되는 가운데 비명과 울음소리가 터져 나오면서 맑은 피아노소리에 맞춰 석미숙의 처절한 몸부림 같은 춤이 펼쳐졌다. 여성의 물화에 분노하는 자아의 모습이 보는 이를 안타깝게 했다.

장성원이 찢어진 옷으로 갈아입고 관을 끌고 무대로 들어오고 벼락과 함께 폭우가 치는 소리가 기타소리에 섞여 들렸다. 붉은 조명으로 바뀌어 공포분위기가 조성되면서 관뚜껑이 열리고 석미숙이 관에서 기어 나왔다. 음악이 묘한 느낌의 락음악으로 변주된다.

장성원은 온 몸을 바닥에 내던지고 다시 튀어 오르기를 반복하는 가운데 늑대우는 소리, 또는 개 짖는 소리가 들린다. 조용한 피아노 음악으로 바뀌면서 세 명의 무용수는 제자리 높이뛰기를 반복한다. 과거를 후회하는 남성과 현실을 벗어나 도약을 꿈꾸는 여성의 모습이 느껴진다.

장성원은 김성순을 억지로 관 속에 집어넣으려고 격렬한 몸싸움을 벌인다. 김성순은 힘에 밀려 관에 들어가지만 계속 빠져 나온다. 그러나 강인하게 서서 나오는 것이 아니라 마치 무척추동물처럼 기어서, 접어서 나오는 모습이 기괴하다. 김성순은 기어코 관을 빠져나와 두 다리를 180도로 찢고 뒤쪽의 다리를 90도로 굽혀 머리를 괴고 있는 아크로바틱한 자세까지 연출, 엽기적 이미지를 극대화했다. 가히 엽기무용, 엽기마임이라고 할 만하다.

바람소리가 들리고 거기에 얹어 장성원의 신파조, 영탄조의 대사가 이어진다. "이 세상 모든 것을 썩게 만든 것은 당신들이야"라고 외치는 장성원의 말에서 사춘기적 순수한 낭만의 감정이 느껴진다. 장성원이 쓰러지는 가운데 벽에 세워진 관에서 유혈낭자한 김성순, 소복한 석미숙이 등장, 관객들을 놀라게도 했다.

이어 하얀 꽃으로 꾸민 방희선 등장해 진혼의 춤을 추고, 토플리스 차림의 석미숙, 김성순이 백합으로 가슴을 가리고 등장해 쓰러지면서 서서히 조명이 꺼졌다. 3장 '산다는 것'과 4장 '사랑'의 의미가 죽음과 폭력과의 대조를 통해 선홍색으로 그려진 듯하다.

파격으로 만들어진 폭력과 관능이 빚어내는 즐겁고 건강한 역동성, 즉흥성이 가득 찬 무대였다. 다소 사춘기적 감성의 신파조라는 비판이 있을 수도 있지만, 진지한 실험과 도발적인 표현이 인상적인 컬트 헤모글로빈 공연으로 생각된다.　　　　　　　　　　　　— 춤 2004년 3월호

실종 2004년 12월 30~31일 과천시민회관 소극장

방희선현대무용단의 《실종》은 카프카의 소설 〈변신〉을 무대로 옮긴 작품이다. 〈변신〉은 부조리 작가, 실존주의 작가 가운데서도 독특한 위치를 형성하고 있는 카프카의 작품이다. 가족을 위해 열심히 일한 주인공이 어느 날 갑자기 거대한 벌레로 변한다. 처음에는 가족들의 동정을 받지만 점차 무관심에서 학대로 바뀌면서 처절하게 죽어가는 사람의 이야기다. 벌레보다 못한 존재로 살아갈 수밖에 없는 가혹한 현대 물질문명의 세계를 갈파한 몸서리처지는 소설이다.

방희선과 장성원은 춤과 마임, 음악과 연극에 해프닝을 뒤섞은 퍼포먼스로 풀었다. 시작은 그레고리안 성가풍의 〈아베마리아〉를 립싱크로 노래하는 바로크풍 성악가의 패러디로 시작했다. 다양한 등장인물들의 반복적인 동작이 현대의 비인간적 상황을 묘사하는 듯하다. 이어 등장한 꼽추를 비롯해 다양한 인물군의 변신은 현대세계에 대한 그로테스크한 왜곡(변형) 같다.

쇠사슬에 묶여 갇혀 있는 꼽추에 대해 여동생의 동정과 아버지의 학대가 펼쳐지면서 사과를 내던져 박살을 내는 퍼포먼스가 펼쳐진다. 이 사과는 선악과일까, 아니면 백설공주의 독사과일까. 어떤 죄업의 상징 같다. 그것이 깨지면서 인어가 나오는 등 초현실적 상상이 펼

처진다.

주인공이 주사기로 실제 자기 몸에서 피를 뽑아내는데, 마약의 냄새도 난다. 또는 역으로 피로서 세상을 정화하려는 희생의 느낌도 난다. 피를 뽑는 상황이 실제 상황으로 무대에 펼쳐지고 그것이 허공과 몸에 뿌려지면서 광기와 폭력, 묘한 관능의 느낌이 난다. 여기에 흙을 퍼붓는 퍼포먼스가 진행되며 갇혀 있는 현대인에 대한 사도마조히즘적 본능의 카타르시스가 느껴진다.

춤무대의 표현을 이렇게 확장한 안무자와 연출자의 과감함에 박수를 보낸다. 그러나 안무자의 역할이 상대적으로 작아 보이는 것은 안타깝다. 현대 공연예술에서 연극과 무용, 마임 등을 구분하기 어려운 것이 사실이지만, 적어도 무용이 주체가 된 공연이라면 안무자의 역할이 작품의 중심이 돼야 할 것 같다.   — 춤 2005년 2월호

낙원을 꿈꾸다 2008년 9월 17∼21일 국립극장 하늘극장.

루멘판토마임댄스씨어터의 댄스뮤지컬을 표방한《낙원을 꿈꾸다》는 드물게 장애인과 함께 만든 무대다. 장애인 배우 길별은의 실제 이야기를 소재로 한 이 작품은 길별은이 드라큘라가 운영하는 의상실에 취직하며 벌어지는 내용이다. 길별은이 꿈꾸는 낙원이 관능적인 소극(笑劇)처럼 펼쳐졌다.

전체적으로 드라마는 감동적으로 꾸며졌고, 장애인들이 실제 출연해 마네킹 역할을 하는 멋진 무용수들과 함께 좋은 그림을 만들어냈다. 하지만 삼면무대에서 전면만을 염두에 두고 꾸민 연출방향에 문제가 있었고, 작품의 흐름도 작위적인 부분을 버리지 못해 작품에 관객들의 감정이입을 방해했다. 하지만 쉽지 않은 소재를 진지하게 접근, 계속 천착하려는 의도는 높이 살만하다.   — 춤 2008년 10월호

배상복·이미도

프렐류드 2010년 7월 9~10일 대학로예술극장 대극장

중앙무대에서 오랫동안 보이지 않았던 중견무용가 배상복 제주도립무용단 상임안무가가 평생의 춤동지인 부인 국립무용단 이미도와 함께 만든 BnS춤컴퍼니 창단공연무대다. 이 무용단이 얼마나 많은 것을 갖고 있는지, 앞으로 얼마나 더 좋은 작품을 보여줄 수 있는지 가능성을 충분히 보여줬다. 그러나 너무 많은 것을 한꺼번에 보여주려다가 부분적으로 과한 부분이 없지 않았다. 구슬이 서말인데 제대로 꿰어지지 않은 느낌이 좀 있다. 그러나 첫 술에 배부를 수 없다. 부분적으로 꿰어진 구슬만으로도 BnS춤컴퍼니의 미래는 낙관해도 좋을 것 같다.

상체와 손발을 중심으로 구성된 관능적 원무에서 강한 생명력을 응축시켜 빛의 덩어리, 달의 씨앗을 멋지게 만들어내며 막을 열었다. 그러나 초승달 이미지가 너무 구체적이어서 무용수의 그림이 죽고, 무대 앞에 설치한 연못은 효과도 없이 무대만 좁혀 비효율적이었다. 또 달의 씨앗, 생명의 알을 연결하는 끈이 너무 두꺼워 서사미가 반감돼 아쉬웠다..

특히 달의 모습이 너무 붉고 달이 아니라 태양 같은 느낌이어서 작의와 제대로 어울리지 못한 느낌이다. 뮤지컬 〈맘마 미아!〉처럼 좀 더 하얗거나 밝은 노란색이었으면 무대의 서사미는 물론 무용수들의 그림이 더욱 빛났을 것 같다.

음악 구성이 너무 장르적인 것도 아쉽다. 음의 전개가 충분히 예측가능해 아름다운 춤의 표현을 제대로 확장시키지 못했고, 무대에 대한 집중도도 떨어뜨렸다.

그러나 이 같은 적지 않은 아쉬움에도 불구, 그 안에서 펼쳐지는 춤 자체의 결과 질은 뛰어났다. 아무리 숨기려 해도 주머니 속에 넣어둔 송곳은 튀어나오기 마련이다. 이미도는 다양한 춤사위로 안무자의 의도를 십분 살려냈고 현대무용가 박호빈 등과 함께 만들어낸 아다지오는 멋진 그림을 만들어냈다. 그러나 이미 지적한 대로 갖고 있는 것을 오래된 형식논리 속에서 무대에 다 쏟아 넣으려 하다보니 개성 없는 백화점이 되어 버린 것 같은 아쉬움이 있다. 한꺼번에 욕심을 너무 낸 것 같다. 선택과 집중으로 보여줄 필요가 있다. 좀 더 무대를 단순화해 춤을 부각시켰더라면, 예측을 뒤집는 파격의 미와 과감한 실험의 악센트를 줬으면 어땠을까 싶다.

— 춤 2010년 8월호

백현순

유림 2010년 3월 30~31일 대학로예술극장 대극장

요즘 40~50대가 마지막으로 제사를 지내고, 처음으로 제삿밥을 못 얻어먹는 세대라는 풍자가 있다. 급격한 산업화에 따른 핵가족 시대에 이르러 1자녀 또는 자녀가 없는 집이 많아지면서 나오는 우스개다.

백현순무용단의 《유림(儒林)》은 박소리로 함께 유세차 모년 모월 모일로 시작하는 전통 제례형식이 정겹게 느껴진다. 문묘 또는 사당의 엄격한 제례와 흥겨운 남사당놀이 춤의 대비가 좋다. 엄숙하고 절도 있는 춤과 생명력 넘치는 남사당 춤과 놀이가 좋은 대조를 이뤘다.

유가의 전통 제례를 힘과 절도로 묘사하며 이따금 파격을 가미, 지루하지 않게 무대를 탄탄하게 구성했다. 문묘와 서예 등 영상도 효과적으로 사용됐다. 이 같은 스타일의 작품에서 흔히 엄격함이 과도하기 쉬운데 잘 참아냈다는 느낌이다. 하지만 부분적으로 좀 과장된 듯한 손끝의 떨림이 거슬리기도 했다. 대중가수 한영애가 1925년부터 해방 전까지의 노래를 부른 '비하인드 타임'이라는 음반이 있다. 이 음반에서 그는 속칭 뽕짝, 트로트 특유의 꺾임을 빼고 노래를 불러 트로트의 격을 한 단계 높였다는 평을 받았다. 그냥 말끔하게 풀어냈다면 유가의 춤의 의미가 좀 더 깔끔하고 절도 있게 객석에 전해졌을 것 같다.

소고와 장구, 여성과 남성의 신나는 북춤 등 다채로운 농악에 흥겨운 남사당놀이를 잘 이어 붙여 건강한 생명력의 서민의 춤을 격조 있는 유가의 춤과 잘 대비시켰다. 그 자체로 유림 지배층의 위선과 서민의 건강한 생명력이 좋은 대조를 이룬 것으로 생각됐다. 굳이 말로

설명할 필요가 없어 보였다. 오히려 대사를 사용, 춤의 의미를 제한한 것 같아 아쉬움이 남기도 했다. 대사를 사용하는 것이 작자의 의도를 정확히 전달하는 측면이 있지만 그것이 춤 특유의 추상성을 저해해 의미의 확장을 막는 부정적 역할을 하기도 한다.

유림의 아들과 남사당 여인의 아다지오는 한국무용으로는 이례적으로 안정된 리프트를 사용, 높이까지 갖춰 좋은 그림을 만들어냈다.

인무원려(人無遠慮) 필유근우(必有近憂) 학이불사즉망(學而不思則罔) 思而不學而殆) 등 한문구절을 투사하고 그 의미를 풀어낸 힘찬 춤은 대만의 클라우드게이트를 떠올리게 했다. 하지만 한문은 오른쪽에서 왼쪽으로 쓰는 게 맞다. 왼쪽에서 오른쪽으로 투사된 한문 영상은 서체 춤의 디테일을 다소 흐트러뜨려 감상을 방해했다는 생각이다.

유림의 아들과 여사당이 달아나는 작품의 마무리는 좀 상투적이어서 아쉽다. 작품이 한창 절정으로 치닫는 중에 뚝 자른 것 같아 흔히 결말을 관객의 상상에 맡겼던 프랑스 영화 느낌도 난다. '유림2'를 위해 다음 이야기를 아끼고 있나 하는 생각도 들었다.

— 춤 2010년 5월호

서미숙

프리미티프(Primitif) 2004년 7월 30〜31일 한전아트센터

다국적 춤색에 바탕한 보편적 미학 위에 한국 춤만이 가질 수 있는 독특한 미학을 구축한 서미숙의《프리미티프(Primitif · 원초적인)》는 한국 춤의 세계화와 관련, 좋은 단서를 주고 있다. 이 작품은 2003년 4월 18~19일 프랑스 파리 발로니-브뤼셀 센터에서 초연한 작품이다. 파리오페라발레단 드미솔리스트로 활동하는 발레리노 김용걸을 비롯해 일본 발레리나 호리코시 게이코, 프랑스 자키 루이용, 러시아 이울리아 플라트니코바, 루돌프 푸이요 등 다국적 무용가들이 모여 초연, 다국적 춤의 특성을 한국적 미학 속에 잘 표현한 작품이라는 평을 받았다.

소극장 규모의 춤이 대극장 규모로 옮겨지며 춤의 구도와 스케일이 대폭 수정됐고, 작품의 핵심 김용걸이 부상으로 빠지고 일부 출연진이 다른 무용단으로 옮겨 출연진이 거의 교체돼 작품은 '프리미티프 2'라고 해도 될 만큼 전혀 다른 작품이 됐다.

김용걸 대신 1998년 파리국제콩쿠르에서 김용걸과 함께 2인무 부문 금상을 탄 김지영이 참여했다. 또 파리에서 유학중인 국립발레단 솔리스트 출신 최세영, 현대무용가 이영일과 파리오페라발레단의 사무엘 뮈레스가 가세했다. 원래 출연진은 일본의 호리코시 게이코, 러시아 이울리아 플라트니코바 둘만 남았다. 춤의 예술성이 물론 중요하지만 스타를 기용, 흥행에 대한 관심도 놓지 않는 서미숙의 기획 아이디어는 높이 평가받기 충분해 보였다.

김지영이 한국무대에 다시 선 것은 지난 2002년 5월 네덜란드국립발레단 솔리스트로 한

국무대를 떠난 지 2여년 만이다. 2002년 가을 김지영은 네덜란드 국립발레단에서 주역을 맡았으나 크고 작은 부상으로 기대했던 것만큼 성과를 보지 못해 국내 팬들을 안타깝게 했다. 부상으로 다소 살이 올랐으나 여전히 아름답고 놀라운 기교에 관객들은 박수를 아끼지 않았다.

초연 무대는 미니멀한 기하학적 무대였는데 김정철의 이번 무대는 상당히 관능적인 느낌의 구상적인 대형무대였다. 핵심 2인무의 주인공이 김용걸에서 김지영으로 바뀌면서 작품이 좀 더 여성적이 된 느낌이다. 의상은 초연 때와 마찬가지로 제롬 카플랑이 맡아 독특한 동서양 퓨전을 만들어냈다.

초연은 이울리나 플라트니코바의 관능적 춤으로 열었는데, 한국 공연은 호리코시 게이코의 정적인 춤으로 시작했다. 상의는 개량한복 느낌이었고, 치마는 양 옆을 시원하게 튼 중국 치마 치파오 또는 베트남 아오자이를 연상케 했다. 게이코는 부채를 펴들고 전형적인 일본 느낌의 정적인 느린 춤사위로 관능을 꾹꾹 눌러가며 춤을 췄다. 이어 플라트니코바가 경쾌한 춤으로 대비하며 춤을 이어받았다. 정(靜)과 동(動)의 동서양 춤의 관능이 잘 합해진 느낌이다.

세 번째 부분은 이 작품의 하이라이트인 김지영-이영일의 듀엣. 30분 가까이 되는 길이인데 깊이와 넓이, 높이를 갖춘 절제된 균형미의 춤이 인상적이었다. 이영일은 현대무용가라고는 보기 힘들 정도로 안정된 기량으로 김지영을 받쳐줬고, 김지영은 화려한 테크닉을 아름다운 춤선에 마음껏 실어냈다. 성숙한 감정 선도 자연스럽게 붙어 그동안의 고민 속에서 적잖은 성과가 있었음을 짐작케 했다.

플라트니코바와 뮈레스의 경쾌한 듀엣이 이어졌다. 뮈레스는 김용걸에 비해 다소 힘은 떨어졌으나 정확하고 빠른 동작으로 플라트니코바와 잘 어울렸다. 곧바로 이어진 최세영과 뮈레스의 격렬한 남성 2인무는 시원했다. 대미의 군무는 인간의 원시적 무의식을 힘과 관능을 적절히 섞어 잘 연출했다.

아쉬운 점은 전체적으로 장들이 조금씩 길지 않았는가 하는 점이다. 지루하다 싶으면 꼭 5분쯤 더하고 끝났는데, 각 장에서 몇 분씩 욕심을 줄인다면 작품이 좀 더 타이트하고 스피디해지지 않을까 싶다.

'프리미티프'는 발레의 기본동작을 골격으로 해서 단정한 한국춤을 비롯한 동양춤의 우아한 선과 경쾌한 발레, 재즈 등 서양춤의 다양한 색이 잘 조화를 이뤘다. 지나치게 난해, 엄숙한 포스트모더니즘을 탈피, 춤 본래의 맛을 지향하는 요즘 유럽의 네오클라시시즘 경향과 잘 맞아떨어지는 작품으로 생각된다. ― 춤 2004년 9월호

청소년을 위한 이야기가 있는 발레 2007년 3월 23~24일 나루아트센터

국립발레단 출신으로 탄탄한 테크닉에 천방지축 물불을 안 가리는 뜨거운 정열의 안무가 서미숙. 서미숙은 고전발레 테크닉을 기본으로 자유로운 정신을 그리는 데 강점이 있다. 이번 공연은 말이 청소년이지 일반 성인들도 충분히 즐길 수 있는 감성적인 작품들로 서미숙이 프랑스에서, 그리고 국립발레단에서 공연해 화제를 모았던 대표적 레퍼토리들이다.

우선 무용수들이 주목을 모은다. 연출가가 아무리 뛰어나도 그 생각을 표현하는 것은 배우다. 작곡을 아무리 잘해도, 지휘를 아무리 잘해도 연주자들이 틀리면 말짱 꽝이다. 안무자가 아무리 춤을 잘 만들어도 무용수들이 춤을 잘 못 추면 그야말로 도루묵이다.

그런데 SEO발레단은 단원들이 없다. 예술감독만 있다. 상황에 따라 오디션을 통해 뽑거나, 국립발레단 등에서 좋은 무용가들을 '꾸어온다'. 본인 역시 우수한 단원이 없는 것이 아쉽겠지만 어쩌면 이것은 창작자 중심의 동인제 무용단이 몰락하고, 제작자 중심의 PD시스템이 공연예술의 중심이 되는 상황에서 심각하게 고려해볼 만한 공연단체 운영 방향이 아닌가도 생각된다. '실력 없는 단원'이 없기 때문에 역설적으로 '실력 있는 단원'을 빌려오거나 사올 수 있기 때문이다.

어쨌든 SEO발레단은 이번 공연에서 가능한 최선의 무용수를 확보, 예술감독 1인 체제 발레단의 장점을 최대한 발휘한 것으로 보인다. 전 국립발레단 주역 홍정민, 전 유니버설발레단 솔리스트 조정희, 발레 한국무용을 가리지 않는 전천후 현대무용가 이영일 등 한국 춤을 대표하기 충분한 중견 무용수을 비롯해 국립발레단 준단원 임정윤, 연수단원 한필성, 강승희, 서고은, 이나경, 이혜주, 전소희, 양찬주 등 한국발레의 미래의 기둥들이 대거 출연했다.

특히 한국발레의 간판스타 김지영(네덜란드국립발레단 수석), 김주원(국립발레단 수석)과 어깨를 나란히 하며, 개성적인 캐릭터댄스에서 자신의 영역을 확보한 홍정민은 이 무대를 끝으로 캐나다 캘거리 알바타발레단에 진출했다.

첫 작품《내 마음의 노래》(2005년 대구국제무용제 초연)는 발레리노 한필성과 임정윤 등 여덟명의 발레리나가 함께 만드는 무대였다. 얼핏 하룻밤 꿈속에 팔선녀와 함께 지내며 인생의 모든 번뇌를 겪는〈구운몽〉이 연상되는 작품이었는데, 동양의 명상적 이미지가 서양의 과학적 구조와 잘 어울렸다.

두 번째 작품《미로의 여행》(원제 Un tableau · 2003년 프랑스 Danse Connexion 초연 · 조정희-이영일 춤)'은 그림 속의 여인과 사랑을 나누는 내용으로 피그말리온 신화를 연상케 한다. 화가를 직접 무대에 등장시켜 직접 그림을 그리게 하고 그림을 뚫고 나오는 아이디어가 재미있었고, 환상적인 느낌의 하프음악과 경쾌한 관능을 느끼게 하는 재즈음악에 맞춰 편안하게 안무됐다. 하지만 표현의 측면에서 다소 과장된 면이 없지 않아 감정을 좀 더 절제했으면 어땠을까 하는 생각이 든다.

상송 연작인 세 번째 무대는 연출이 돋보였다. '라 보엠'(쿠제 크히잔) '낭트'(홍정민) '자전거'(박귀섭) '3개의 종'(강승희, 이진섭, 한필성) '브라보 광대'(김재석) '사랑의 노래'(임정윤 정형일) '아! 지금은'(이영일) 등 7개의 귀에 익은 상송을 하나의 선으로 엮어 애절하면서도 경쾌한, 또 묵직하면서도 맑은 춤으로 그려냈다. 춤의 대중화를 위해 이번 공연과 같이 테크닉과 음악, 연출력이 조화를 이룬 작품이 좀 더 많이 필요해 보인다.　— 춤 2007년 4월호

뉴 볼레로 2007년 10월 3~4일 아르코예술극장 대극장

SEO발레단은 최근 아비뇽 · 에딘버러 페스티벌 장기공연 등 도전적인 시도로 국내 무대에서도 신선한 바람을 일으키고 있다. 발레단을 꾸려가고 있는 서미숙은 작품에 따라 스타 무용수를 초청하고 오디션을 통해 무용수를 선발, 공연한다. 대중적인 아이디어를 가미해 쉽고 편하게 춤의 아름다움과 즐거움을 전하는 방향을 채택하고 있다.

SEO발레단의《뉴 볼레로》는 힙합, 브레이크댄스를 클래식발레와 연결시켜 라벨의〈볼레로〉로 마무리했다. 발을 중심으로 흥겹게 춤을 시작해 속칭 개다리춤, 다이아몬드 스텝, 꼭지점 댄스 등 대중적인 춤사위를 사용, 일반 관객의 흥미를 끌었다. 봉고 등 라틴풍 퍼큐션 음악과도 잘 맞았고 비트가 지나치게 강한 국내 브레이크댄스가 아니라 리듬과 그루브가 살

아있는 라틴 퍼큐션에 맞춤으로써 클래식 발레와의 호흡에 최선을 다했다.

유니버설발레단의 무용수 이상은은 뒷모습을 중심으로 한 솔로로 긴장미, 균형미, 절제미 등 클래식발레의 미학으로 브레이크댄스의 활기와 좋은 대조를 이뤘다.

문제는 군무였다. 클래식 무용수들은 브레이크댄스 스텝에 아쉬운 대로 적응할 수 있었으나 브레이크 댄서들은 클래식의 움직임에, 특히 상체의 움직임을 전혀 따라가지 못해 부조화를 만들어냈다.

더욱이 라벨의 〈볼레로〉가 별다른 전략없이 전형적으로 이어 붙으며 전체 플롯에 문제가 있어 보였다. 특히 움직임이 다른 두 명의 외국인 브레이크 댄서들의 몸이 시선을 빼앗으면서 작품의 균형이 무너지고 말았다. 좀 더 시간이 필요했던 작품으로 생각된다.

— 춤 2007년 11월호

올드 재즈 / 보이지 않는 경계선 2009년 7월 21~22일 나루아트센터 대공연장

SEO발레단의 '이야기가 있는 발레'는 춤 대중화를 위한 서발레단의 고정레퍼토리로 발레가 어렵고 지루하다는 선입관을 깬 무대다. 이번에 소개한 작품《올드 재즈》와《보이지 않는 경계선》역시 발레의 아름다움과 재미를 잘 소개했다.

《올드 재즈》는 한편의 재즈 뮤지컬을 연상시켰다. 재즈 특유의 콜 앤 레스펀스 형식으로 한 명씩 배턴을 이어 소개하며 솔로, 2인무, 군무로 확대되며 흥겨운 춤판을 열었다. 단순한 대중적 영합이 아니라 발레의 종주국으로서의 프랑스 발레의 품위, 또 유럽의 화성과 아프리카의 비트가 만나 탄생한 재즈의 고향 뉴올리언즈의 프랑스적 개방성을 잘 결합, 결코 관객에게 아부하지 않는 고급한 대중성을 만들어낸 것은 높이 평가할 만하다.

《보이지 않는 경계선》은 퍼큐션에 마림바 등 다양한 명상적 음악에 사막을 치고 무대 앞뒤의 2중의 영상 속에 춤을 배치하는 등 서양의 발레를 동양적 명상과 먹의 이미지에 잘 결합시켰다. 우아한 프랑스 발레의 테크닉에 맺고 푸는 한국적 기(氣)를 제대로 얹어 고민과 갈등 속에 끊임없이 흘러가는 삶의 목표, 자유를 포착해냈다.
— 춤 2009년 8월호

서정숙

미얄 2005년 12월 20일 국립극장 달오름극장

탈춤의 해학과 전통춤의 단단한 춤틀, 그리고 현대춤의 다양한 몸짓과 상징을 버무려 넣어 좋은 그림을 만들어냈다. 거기에 라이브 음악의 흥겨움을 더해 재미있으면서도 의미가 가득한 무대가 됐다.

미얄은 한국 '아줌마'의 원형을 보여주는 캐릭터. 1960년대 흘러간 영화 가운데 〈남과 북〉이라는 영화가 있다. 북한군 장교가 귀순해 정보를 제공하는 대가로 자신의 부인을 찾아달라는 것인데, 이 장교를 수사하는 남한 장교의 부인이 바로 북한 장교의 부인이다. 엄앵란, 최무룡, 신영균이 나와 열연했다. 1980년대 이산가족 찾기로 인해 유명해졌던 패티 김의 노래 〈누가 이 사람을 모르시나요〉가 바로 이 영화 주제가다. 이 영화에서 엄앵란이 남과 북의 두 남편 사이에서 고통을 겪는 부인 역을 했는데, 격한 감정표현이 웃음이 날 정도로 재미있었다. 가슴을 두 주먹으로 치는 슬픔 속에서도 살아나려는 강인한 생명력이 느껴졌다. 그 강인함이 지금 한국을 만들어낸 힘일 것이다. 바람난 남편을 찾아 온 세상을 떠돈 미얄할미에게는 그런 건강한 생명력이 넘친다. 머리에 비녀 대신 숟가락 두 개를 꽂고, 왼손에 오방색으로 천을 해댄 지팡이를 짚고, 오른손에는 부채를 들고 엉덩이를 '힘차게' 씰룩이며 무대를 휘저으며 시원하게 실례를 해대는 모습에서 건강한 생명력이 그대로 살아났다. 반주와 추임새를 맞추는 마당극 형식도 유쾌했다.

미얄의 앞풀이에서 현실의 여인들로 들어가는 본풀이로의 장면전환도 군더더기 없이 속

도감 있게 이어졌다. 검정, 빨강, 노랑, 파랑 등 네 가지 색의 의상과 부채를 든 무용수 4명이 등장, 앞풀이와는 전혀 다른 극적 긴장미를 만들어냈다. 원색의 의상 위에 시스루(see through)를 걸쳐 또 다른 색을 만들어내고 후반부에 이를 벗어 표현을 강화한 것도 여러 가지 생각거리를 제공했다. 빨간 옷은 열정적으로 뛰고, 파란 옷은 기도하듯 움직이는 등 색깔별로 움직임을 달리해 무브먼트에 상징성을 도입, 현대 여성의 삶을 다채롭게 꾸민 것도 재미있었다.

미얄이 끼어들어 본풀이를 앞뒤로 갈랐는데 부채를 빨간색 하나로 써서 다양한 모습을 만들어냈다. 부채는 나비와 같이 날고 싶은 자유, 성적인 관능, 입술, 억압당하는 성, 권력 등 다양한 상징을 만들어냈고, 춤과 잘 어울렸다. 신무용 부채춤의 화려함과 전통춤의 묵직한 호흡과 디딤새, 탈춤의 건강함이 정성스럽게 하나로 녹아 들어간 무대였다. 약간의 허무함도 묻어나는 뒤풀이의 미얄의 뒷모습에서 삶의 달관도 느껴진다.　　　　　　　　　— 춤 2006년 1월호

손관중

적(跡) · VII-세 개의 그림 2003년 11월 10~11일 예술의전당 토월극장

《적(跡) · VII-세 개의 그림》은 1995년부터 시작, 폭력적이라고까지 말해지는 손관중의 대표작인 '적' 연작시리즈에서 의미 있는 춤사위들을 모으고 시의에 맞는 새로운 춤사위를 더한 세미 창작이라고 할 수 있다.

이 작품은 인간의 근원적 외로움을 표현한 '이미지', 즐거움을 표현한 '움직임', 그리고 폭력적 갈등으로 묘사된 '메시지' 등 세 개의 장으로 구성됐다. 손관중은 남성안무가들의 무대인 만큼 여성무용수는 박은성 한 명만 쓰고 정재용, 김성용, 천성우 등 가림다현대무용단의 남성무용수 10명으로 안무, 자신의 장기인 힘과 스피드를 최대한 뽐냈다.

프롤로그는 4개의 그림자가 죽음, 유혹의 이미지를 만들어내는 가운데 고뇌에 찬 군인의 묵직한 이미지로 막을 열었다. 이라크 파병 논란과 어울려 시의적절한 주제선택으로 생각된다.

첫 장에서 박은성과 김성용이 만들어내는 춤은 힘과 박력이 곁들여진 감각적인 에로티즘이 강했다. 이는 원시적 힘과 본능을 강조함으로써 채워지지 않는 인간의 근원적인 외로움과 고독을 더욱 부각시킨 것 같다. 이어서 9명의 남자무용수들이 등장, 거칠게 꺾어 던지고, 팔을 걸어 어깨에 세우는 등 강력한 에너지와 함께 속도감을 더한 큰 동작들로 남성춤의 힘을 극대화했다. 포즈를 적절히 사용, 긴장을 고조시킨 것도 재미있었으며 직사각형에서 정사각형으로 컴포지션한 무대와 영상이 잘 어울렸다. 하지만 두 번째 장과 세 번째 장의 연결이 좀 매끄럽지 않아 아쉬웠다. 군화발소리가 들리는 가운데 갇힌 남자와 그 위의 벗은 여자의 이미지가 인상적이었다.

— 춤 2003년 12월호

적(跡) · Ⅷ-공간 플러스 2007년 4월 4일 아르코예술극장 대극장

야구에서 투수의 공을 보통 두 가지로 구분한다. 속구와 강구다. 속구는 스핀이 많이 먹어 빠르지만 맞으면 멀리 간다. 빠르지만 가벼운 공이다. 그래서 삼진도 많이 나오지만, 홈런도 많이 맞는다. 강구는 느리지만 스핀이 없다. 잘 맞지만 멀리 가지 않는다. 삼진은 많지 않지만 홈런도 별로 없고 안타도 많지 않다. 화려하지는 않지만 현명하게 맞춰 잡는 투수다.

손관중은 야구로 치면 강구를 던지는 투수 같다. 묵직하기가 너클볼, 포크볼이라고 할 수 있을 것 같다. 회전도 없이 우직하게 한 가운데를 힘으로 파고든다.《적(跡) · Ⅷ-공간 플러스》는 꽤 오랜만에 내놓은 '적(跡)' 시리즈인데, 예의 묵직한 에너지를 그대로 갖고 있다. 거기에 화려한 장치와 조명을 더했다. 또 디스토피아적 퇴폐미가 느껴지는 무용수 정정원과의 대조도 좋았다. 프랭크 밀러의 만화 〈신시티(Sin City)〉 같은 느낌도 난다.

손관중이 도시의 우울을 묵직한 힘으로 풀어낸 뒤 화려하면서도 우울한 느낌의 발광장치를 조종한다. 유리박스에 불이 들어오고 그 안에서 관능적인 춤을 추는 정정원의 모습이 퇴폐적이다. 정정원이 박스를 벗어나 손관중의 광포한 에너지에 몸을 맡기는데 무게가 없는 인형과 같이 손관중 주위를 타고 돌아가는 그의 몸이 비현실적으로 편안하고 아름다웠다.

하지만 손관중이 손으로 만들어내는 다소 과도한, 직설적인 감정의 표현은 옥의 티였다. 한 가운데를 우직하게 파고 들어오다가 스트라이크 존에서 뚝 떨어지는 느낌이다. 타자의 배트가 돌아가면 성공이지만, 넘어가지 않으면 볼이다. 이 장면에서 관객들의 배트가 돌아갔을까? 다 돌아간 것 같지는 않다.

— 춤 2007년 5월호

적(跡)·IX-푸른 침묵 2009년 4월 11~12일 아르코예술극장 대극장

《적IX-푸른 침묵》은 안무자 특유의 거친 힘과 호흡이 일품이었다. 의식의 흔적(跡)을 주제로 일관되게 풀어온 이 연작은 항상 힘이 넘친다. '푸른 침묵'의 흔적이어서 그랬을까, 과거 도시적 이미지에서 이번에는 자연으로 돌아간 원시적 힘의 느낌이 주조였다. 푸른 숲으로 둘러싸인 진흙 구덩이에서 온 몸을 던져 만들어낸 원시적 자아의 힘은 강렬했다. 진흙 구덩이서 빚어낸 토우처럼 표면은 거칠었지만 형형한 눈빛을 막을 수는 없었다. 남성적 힘은 잘 풀어냈지만 때때로 과도하게 느껴지는 감정의 노출은 풀어야 할 숙제로 보인다.

— 춤 2009년 5월호

2010 검은 소나타-불타는 칼 2010년 9월 3~4일 아르코예술극장 대극장

손관중 한양대 교수가 예술감독을 맡고 있는 가림다무용단의 창단 30주년 기념작이며 또한 개인적으로 손관중의 공식 무대 데뷔 30주년 기념작이다. 한국 현대무용을 이끌어가는 중견 남성무용가 가운데 한 명인 손관중의 무용인생 30년 한 세대를 정리하며 새로운 모색을 전망할 수 있는 무대로 관심을 모았다.

그는 이 같이 뜻깊은 기념무대의 작품으로 노벨문학상 수상자인 칠레의 저항시인 파블로 네루다의 〈불타는 칼〉을 소재로 2005년 초연한 《검은 소나타-불타는 칼》을 선택했다. 소극장보다는 크고 중극장보다는 작은 서강대 메리홀에서 8명이 출연, 초연한 작품이다. 당초 아르코예술극장 대극장에서 공연하려다 대관에 실패, 서강대 메리홀 무대에 올랐는데 무용공연이 거의 이루어지지 않던 이 애매한 규모의 극장을 효과적으로 사용, 메리홀을 새로운 현대무용공간으로 인식시키는 망외의 효과를 거두기도 했다. 손관중의 이번 기념공연은 당초 공연하려 했던 아르코예술극장에서 김성용 등 가림다무용단의 대표 무용수 20여명이 총 출동, 초연 무대의 아쉬웠던 점을 대폭 수정했다.

네루다의 시 〈불타는 칼〉은 일종의 창세 이야기로 '인간 사회와 자연은 필연적으로 윤회한다'는 것을 서사적으로 그려낸 작품이다. 손관중은 여기에 불교적 관점을 도입, 인간과 자연이라는 우주의 윤회보다는 사랑과 욕망, 번뇌와 해탈 등 삶과 죽음의 인연의 고리를 통과하는 개인적 삶의 윤회과정을 더했다.

전개방식은 제목에 드러나듯 손관중 특유의 묵직한 힘을 바탕으로 짙은 음영의 강렬한 선, 피가 뚝뚝 듣는 듯한 살아있는 입체적 무대효과로 객석을 처음부터 충격적 인상으로 휘몰아가려 했다. 그러나 불가항력적인 두 가지 요소를 미처 고려하지 못했다.

먼저 서막의 주인공 두 '사군(蛇君)'의 태업이다. 예쁘게 만들어진 투명한 아크릴 집에 똬리를 틀고 있는 두 마리 뱀은 혀를 날름거리며 객석을 노려보면서 서로를 탐하면서 민첩하게 움직여야 했다. 리허설 내내 효과 100%를 보여줬던 이들이 정작 공연에서는 연습에 지쳐 너무 피곤했는지, 아니면 극장을 꽉 채운 관객들의 기에 눌렸는지 꼼짝도 하지 않아 그 속에 무엇이 들었는지 관객들은 전혀 알지 못했다. 관객들은 '웬 된장?' 또는 '웬 소꿉장난?'이라는 썰렁한 분위기였다. (두 사군은 2일째 공연도 태업, 비싼 출연료만 챙겼다)

또 하나는 '가는 세월'이다. 고려시대 시인 우탁의 시조에 '백발가(白髮歌)'가 있다. '한 손에 막대 들고 한 손에 가시 쥐고/ 가는 청춘 가시로 막고 오는 백발 막대로 치렸더니/ 백발이 제 먼저 알고 지름길로 오더라'는 내용이다.

서막의 어스름한 무대에 등장한 손관중은 30년째 트레이드마크인 짧은 스포츠형 머리에 깊은 윤곽의 얼굴선을 활용, 머리위로 하이라이트 조명을 받으며 등장했다. 깊은 눈, 우뚝한 코의 흑백의 대비와 짧은 머리에 탄탄한 가슴근육을 더해《검은 소나타-불타는 칼》의 강렬한 인상을 표현하려 했다. 그런데 '아뿔사', 얼굴 쪽보다 정수리 바로 위로 조명이 떨어져 얼굴은 전체적으로 검게 나오고 짧은 머리 사이를 뚫고 백회혈의 '숲 속의 빈터'만이 주변머리와 대비되며 '불타는 칼의 검은 소나타'가 아니라 가슴 아픈 '회색의 백발가'가 만들어지고 만 것이다. 더욱이 왼쪽에서 오른쪽으로 투사된 영상을 머리로 받고 들어가며 '백발가' 효과는 더욱 증폭돼 '검은 소나타의 불타는 칼'의 에너지는 돌이킬 수 없는 내상을 입고 말았다. (다음날 공연은 손관중이 머리를 뒤로 조금 젖혀 얼굴 전면으로 조명을 받음으로써 애초에 의도했던 강렬한 '검은 소나타'의 짙은 흑백의 음영보다는 약했지만 빛나는 화이트로 '불타는 칼'의 에너지를 효과적으로 살려냈다.)

조금은 크다 싶은 두 가지 '옥의 티'에도 불구, 작품은 힘차게 전개됐다. 무대 앞에서 뒤로 65cm~2m 높이의 15도 경사무대에서 생명의 탄생과 사랑, 욕망, 부활 등의 역동적 이미지가 살아있는 입체적인 춤으로 형상화됐다. 난이도 높은 경사무대에도 불구, 젊은 무용수들은 제자리를 굳건히 지키며 안정된 스텝과 도약, 리프팅으로 높이와 힘의 강약, 속도의 완급을 잘 조절, 다이나믹한 에너지의 빛과 어둠의 입체적 구조물을 만드는 데 성공했다. 특히 김성용은 손관중의 힘찬 안무에 특유의 부드러움을 더해 '검은 소나타'의 윤택한 리듬을 완성했다.

영화 〈백야〉의 주인공으로 일반인에게도 잘 알려진 미하일 바리시니코프는 세계 최고의 무용수 가운데 한 명으로 꼽힌다. 5년 전쯤인가 50대를 훌쩍 넘긴 그의 공연을 본 적이 있다. 그는 그때 전성시대의 중력을 거부하는 도약과 비상의 화려한 춤 대신 안정된 호흡의 고요한 내면의 춤을 선택했다. 이와 관련, 그의 화려한 테크닉을 다시 보길 원했던 일부 관객들은 실망을 감추지 못했다. 그러나 그는 할 수 없는 것 대신 지금 자신이 가장 멋지게 그려낼 수 있는 전략을 선택, 최선의 작품으로 많은 관객들을 감동시켰다. 염색하는 대신 자신 있게 백발을 보여주는 것, 그것도 시간에 거역하지 않는 예술가의 현명한 전략 가운데 하나로 생각된다.

— 한팩 뷰 2010년 10월호

손인영

감각 2002년 8월 28～31일 토탈미술관

한국무용가 손인영이 예술감독으로 있는 NOW무용단이 연극연출가 손정우, 건축가 전인호, 설치미술가 전준호, 영상설치작가 최종범, 선무도 김무겸, 천연염색전문가 신순자와 함께 만들어 공연한 《감각》은 2002년 공연 가운데 가장 범위가 넓은 크로스오버 실험무대로 큰 관심을 모았다.

관객들은 평창동 토탈미술관 1층 3개의 방과 지하 1층의 2개의 방, 그리고 지하 2층의 3개의 방, 으로 이동하면서 모두 9편의 개별 작품을 즐겼다.

첫 번째 작품은 청각에 호소하는 작품이다. 눈을 감고 춤의 소리를 듣는 것이다. 앞, 뒤에서 옷이 스치는 소리, 손발이 움직이는 소리, 가쁜 호흡 등 소리로 듣는 춤은 색다른 맛이 있었다. 두 번째 방은 시각으로 보는 춤으로 영상물이었고 세 번째 방은 설치미술과 함께 하는 춤이었다. 커다란 투명 비닐 공 안에 들어있는 사람과 공 밖에서 공을 굴리는 사람은 존재의 불안을 SF적인 방법으로 강력하게 증폭시켰다.

네 번째 방은 수조였다. 물 속에서 춤을 추는 가운데 영상이 벽면에 투사돼 묘한 관능적인 느낌이 나게 했다. 다섯 번째 방은 연극과 무용, 미술, 인라인스케이팅 등이 혼합된 가장 다채로운 무대였다. 검은 옷의 여인이 고치 속에서 나오고 천장에서 웨딩드레스를 입은 여장 남자가 내려와 〈볼레로〉 음악에 맞춰 흥겹게 피겨스케이팅을 했다. 잔칫집 같이 와자지껄한 분위기였지만 무용과 스포츠, 미술과 서사적 연극이 만나는 재미있는 관극경험을 만들어냈다. 여섯 번째 방은 암실이었다. 손으로 벽을 더듬어 앉은자리 앞에서 서서히 조명이 들어오면서 느린 템포로 묘하게 엉겨붙는 춤이었다. 서로 다투다가 모두 쓰러지고 거친 호흡만 남아 있는 가운데 서서히 다시 암전됐다.

일곱 번째 작품은 선무도. 기의 부드러운 움직임이 특징인 선무도의 공연은 지하1층에서 2층으로 내려오는 층계에서 펼쳐졌다. 힘차고 엄격한 무술의 동작은 춤사위의 부드러움과 자유와 잘 어울려 또 하나의 춤으로 여겨졌다. 여덟 번째 작품은 동전을 던지고 그것을 쫓아가는 놀이를 중심으로 만든 춤이다. 휩쓸리고 쓰러지면서 만들어내는 즉흥을 통해 오늘을 사는 현대인의 모습이 느껴지기도 했다.

마지막 춤은 다양한 염색천을 천장에서부터 바닥까지 늘어놓은 방에서 추어졌다. 천으로 몸을 가린 채 손 움직임을 위주로 한 춤이었다.

"이번 공연은 인간의 원초적인 감각에 대해 재조명해보고, 실험을 통해 발견하지 못했던 혹은 잠자고 있던 감성들을 되살려 보는 것"이라는 손인영의 의도는 다양한 공간에서의 다채로운 크로스오버를 통해 어느 정도 성공을 거둔 것으로 생각된다.

그러나 다섯 번째 작품말고는 크로스오버가 화학적으로 달라붙지는 않았다는 느낌이다. 방에서 방으로 움직이면서 각각의 방에 대한 집중력이 분산됐는데 그것을 보충할 과감한 실험적 크로스오버가 의도한 대로 만들어지지 않은 것 같다. 여기에는 상상력의 확대를 상당 부분 한정지은 해설자의 서술적인 나레이션도 한 원인이 되지 않았을까 생각한다. 각 방의 연결이 일정한 논리가 없이 구성된 가운데 분절된 방을 이끌어가는 나레이터의 역할은 작품의 진행에 중요한 요소로 판단되기 때문이다. 이것 역시 크로스오버 실험의 영역으로 무용, 음악, 또는 연극처럼 진행됐으면 어땠을까. 그랬더라면 관객들이 방이 바뀔 때마다 좀 더 긴장된 채, 또는 새로움을 충분히 즐길 만큼 이완된 채 장르간 만남을 즐길 수 있지 않았을까 생각된다.
　　　　　　　　　　　　　　　　　　　　　　　　　　　　　　　— 춤 2002년 10월호

아바타 처용 2003년 2월 26~27일 문예회관 대극장

손인영의 춤은 감각이 참 빠르다. 시대의 흐름에 아주 민감하다. 예술가가 시대를 향해 열

려있다는 것은 큰 미덕이다. 그러나 내용으로 들어가면 뭔가 좀 허전한 느낌이 없지 않다. 《아바타 처용》은 특히 그랬다. 게임, 가상공간으로 상징되는 디지털시대와 지극히 한국적인 처용무의 결합이라는 시도는 참신했으나, 결합의 성공에는 의문이 남는다.

작품은 게임의 배경장면과 같은 3D 화면으로 시작했다. 공중에 떠있는 SF적인 도시의 모습이 날아가는 새의 눈을 통해 보듯 조감도의 형상으로 투사됐다.

무용수들은 그 가상의 공간 안에 존재하는 도깨비, 또는 정령들의 모습이었다. 이는 지극히 연극적이었는데 외부적 풍경은 극단 미추의 야외극 〈한여름 밤의 꿈〉의 정령들의 난장 장면 모습과 흡사했고, 느낌에 있어서 드라마투르그를 맡은 홍원기의 '애비대왕'의 이미지가 너무 짙었다. 신화를 다소 생경한 낯선 한국적 이미지로 그로테스크하게 서술적으로 풀어내는 홍원기식 연극 방법의 색깔이 저변에 강하게 깔려 있었다. 이번 작품의 성패는 손인영이 홍원기의 이 거친 연극적 무거움을 어떻게 털어내고, 그것을 무용적 에너지로 바꾸느냐에 달려있는 것 같았다.

그러나 손인영은 처음부터 그 무거움을 털어내는 데 실패한 것으로 보였다. 홍원기식 연극장면이 초반 20여분간 우왕좌왕 지리멸렬한 채 난장으로 진행되면서 작품은 미로 속으로 빠지고 만 것 같다. 결론부터 미리 말하면 아이디어가 무용을 앞선 것 같았다. 아날로그한 춤을 디지털시대와 결합하려는 그림의 틀은 좋았으나 그 틀이 너무 커서 그림은 선과 색깔을 찾지 못하고 그저 우왕좌왕하는 모습처럼 느껴졌다. 구체적으로 말하면 홍원기가 만든 거친 색감의 물감을 손인영의 붓에 제대로 녹아 붙지 못한 것이다.

그 지리멸렬한 정령들의 난장이 끝나면서 드디어 주인공 처용이 등장했다. 그러나 그 처용에는 '새벌 발기다래 밤드리 노니다가, 드러가 자리보곤 가라리 네히어라, 둘은 내해 엇고, 둘은 뉘헤런고, 본디 내해란 마는 아자날 어찌하리'라는 '처용가'의 그 유장한 풍류와 역신이 놀라 달아날 만한 기백이 없었다. 여유와 힘이 부족한 처용은 소심해 보이기조차 했으며 역신을 물리치기에는 힘에 겨워 보였다. 귀엽게 만들어진 가상공간의 아바타 처용의 이미지라는 생각이었다. 이 같은 처용은 오히려 역신에게 부인을 빼앗기고 쫓기는 인상을 주기도 했다.

다시 정령들의 축제가 시작됐다. 10명이 추는 군무가 흥겹게 진행되다가 갑자기 묵직한 종묘제례악 등 궁중 정악이 시작되며 춘앵무에서 차용한 듯한 춤사위가 진행됐다. 그러나 춤이 음악을 타지 못했다. 맺고 푸는 유장한 가락을 호흡이 없는 회화적인 춤사위로 따라간다는 것은 무리로 보였다.

음악이 뉴에이지 느낌의 가야금 연주로 바뀌면서 비로소 춤이 음악에 붙는다는 느낌이 들었다. 4명의 역신과 복제가 된 듯한 두 명의 처용 아내가 만들어내는 이미지가 좋았다. 디지털시대의 개념이 느껴지는 죄의 복제가 좋은 박자와 그림으로 이어졌다. 움직이는 커튼을 스크린으로 삼아 영상을 투사해 만들어낸 왜곡이미지는 훌륭했다. 역신과 가상공간의 바이러스의 이미지가 겹쳐서 좋은 효과를 나타냈다. 복제된 수많은 역신들이 결국 프로그램을 다운시켜, 작품은 로그오프되는 듯하다.

그리고 디지털시대의 불안을 털어내는 처용의 춤이 에필로그처럼 진행됐다. 그러나 그 춤은 이미 중간에 나왔던 춤처럼 처용의 풍류와 기백을 찾기 어려웠다. 그래서 낯설고 불안해 보였다. 짐짓 괜찮은 듯 젠체하지만 강력히 복제된 역신에게 아내를 빼앗기고 만 처용이 색소폰소리에 맞춰 추는 춤이 안타깝기 조차하다.

손인영은 기획 제작 배경에서 '아바타 처용'에 대해 다음과 같이 말했다.

"인터넷이란 새로운 코드 안에 천년 전에 사라진 처용을 새롭게 부활해 본다. 아바타로 변신한 신, 처용이 펼치는 가상의 세계. 신이기를 갈망하는 인간의 대변인으로서 태어나는 아바타 처용, 그는 우리 자신이며 나의 대변자다. 아바타 처용, 어디까지 진화할 것인가?"

손인영은 분명한 답은 하지 않은 채 처용의 '진화'에 대해 관심을 보였다. 소심하고 불안한 처용, 이것이 혹시 손인영이 보여주려 했던 디지털시대의 진화한 처용의 모습이었을까도 생각해 본다.

— 춤 2003년 4월호

안팎 2005년 8월 29~30일 예술의전당 자유소극장

할머니, 어머니, 딸 3대의 삶을 그린 NOW무용단의 《안팎》은 이강백의 희곡 〈결혼〉을 떠올린다. 이 희곡 여주인공의 이름은 '덤'이다. 어머니가 사기꾼에게 속아서 결혼, 자기 인생의 '덤'으로 태어났기 때문에 이름을 이렇게 붙였다. 이 딸이 또 사기꾼을 만나 사랑하게 되면서 여자의 일생을 세 단어로 요약하는데 바로 할머니, 어머니, 딸이다. 이렇게 세 단어를 줄 세워 놓으면 아련한 여성들의 애사(哀史)가 떠오른다. 지금 여성의 권익이 많이 신장됐

다고 하지만 아직 부족한 것이 사실이다.

《안팎》은 이 애사를 아름답고 정겨운 이미지로 풀어갔다. 색종이와 재봉틀, 버선 등 전통 여인의 상징적 그림이 흘러간 유행가 〈봄날은 간다〉에 실려 아련하게 지나갔다. LP레코드의 추억 버전에서 고급한 기타 피치카토 연주로 리메이크 되면서 아주 예쁜 그림을 만들었다. 여기에 영상과 웃음소리, 이름 부르기 등이 겹쳐져 의미를 부여했다. 깊은 주름 속에 빼곡히 들어있는 간난의 세월, 시원한 웃음이라기보다는 그냥 웃어넘길 수밖에 없는 실소, 애소, 광소, 그리고 결혼해서 누구의 부인이 됐다가 아이를 낳고는 누구의 어미, 엄마로 잃어버린 이름 등 단적으로 드러나는 여인의 고통이 예쁜 그림 속에 잘 짜여졌다.

무대도 골고루 잘 사용했다. 전면과 바닥, 그리고 2층의 양옆을 활용하며 재미있게 구성했다. 빨래를 널고 발재봉틀을 돌리며 〈목포의 눈물〉이 나온다. 거기에 독립운동을 연상시키는 물고문 장면도 들어있다.

하지만 전반부를 넘어서면서 지구력 부족이 느껴진다. 하는 사람이나, 보는 사람이나 힘이 들어 보인다. 더 이상의 추억, 또는 새로움으로 나아가지 못하면서 드러나는 현상이다. 소곤소곤 소문의 전달이나 다듬이질 소리가 지나치게 상투적으로 그려지고 무리한 관념이 더해져 오히려 애초의 건강한 이미지와 잘 어울리지 않았다. 단적인 예로 다듬이 자체 이미지로 충분했을 것을 거기에 어떤 구도적 느낌을 더해 너무 길게 끌고 갔다는 생각이다.

추억에서 출발한 전반부의 가벼운 상큼함이 후반부에 들어 무거운 관념에 다소 눌린 듯한 아쉬움이 남았다.

— 춤 2005년 10월호

지붕아래 2008년 9월 24~25일 아르코예술극장 대극장

NOW무용단과 아일랜드댄스시어터와 함께 만든 크로스오버 무대인 《지붕아래》는 양국의 무용수가 한 지붕아래에 들어가는 데는 성공했지만 한 식구로 녹아나지는 못했다. 만남이 물리적 만남에 그치고 새로운 화학적 탄생에는 이르지 못한 것이다. 아일랜드 무용수들의 한국 춤사위가 어딘지 어설퍼 흉내를 내고 있다는 느낌이 강했다. 따라서 한국 무용수들의 춤도 물과 기름처럼 잘 스며들지 않았다.

하지만 라이브 밴드의 연주와 소리, 구음은 인상적이었다. 이를 배경으로 청사초롱 신랑 신부 얼굴가리개를 확대, 병풍의 느낌까지도 들게 한 오브제를 이용한 춤사위는 뱃놀이, 텐트 등 다양한 상상으로 확산돼 재미있었다.   — 춤 2008년 10월호

삼일밤 삼일낮 2009년 5월 26~27일 서강대 메리홀

NOW무용단의 《삼일밤 삼일낮》은 전통 3일장을 호곡, 헌화, 폭음, 염, 화투놀이, 주변 사람들의 회상, 상여 등을 주요 축으로 해 왁짜한 놀이형식으로 풀어냈다. 무덤 사이를 거닐며 벌어지는 호곡이나 질펀한 술판과 화투판, 제웅을 이용한 염과 도깨비들의 장면이 슬프지만 결코 상처받지 않는 애이불비(哀而不悲)의 정서로 가지런히 정리했다. '호박 같은 세상사 둥글둥글 삽시다…'라는 노래도 잘 어울렸다. 산 자와 죽은 자의 이별을, 자연의 섭리로 이해, 한국적 감성이 깊이 밴 춤과 이성적 현실을 나눈 것이 특히 이채롭다.

하지만 춤의 감성과 현실의 서사의 만남에 문제가 있어 보였다. 장례를 정리하는 손인영의 춤을 제외하고 전체적으로 춤이 몸에 감성적으로 잘 붙지 않아 보였다. 이에 따라 의도한 에너지가 객석에 제대로 전달되지 않고 표면적 서사로 그친 느낌이다. 부분적으로 형(形)은 갖춰졌는데 기(氣)를 담아내지 못한 것이 아쉽다.   — 춤 2009년 7월호

신창호

플랫폼 2009년 4월 17~18일 서강대 메리홀

《플랫폼(Platform)》은 16명의 무용수가 무대에서 만들어내는 속도감 넘치는 춤의 역동성, 컴포지션, 리듬감, 그리고 유머까지 잘 어울린 무대였다. 젊은 안무가의 세상을 향한 플랫폼이라고 하기 충분해 보였다.

16개의 의자를 놓고 자연스럽게 교차하며 만들어내는 다양한 변화가 세련된 느낌을 줬다. 무리하지 않은 군더더기 없는 동작들은 깔끔함을 넘어 시원한 느낌까지 줬다. 느리게 시작해 빠르게 변화하며 속도감과 역동미가 일상적으로 보이지만 결코 쉽지 않은 동작으로 펼쳐졌다. 다리를 맞붙여 만든 일부 군무동작은 흥행성 있는 넌버벌 퍼포먼스의 한 장면으로도 손색이 없어 보였다.

관객과의 소통도 유쾌한 일탈이었다. 한 관객을 놓고 그를 흉내내는 무용수들의 모습으로 관객들은 도시적 춤의 긴장을 깨고 그 안에서 함께 호흡할 수 있는 틈을 만들어냈다. 자칫 어색하기 또는 불쾌하기 쉬운 상황을, 일상의 공간에서 흔히 자행되는 이지메가 아닌 악의 없는 농담으로 보여 더욱 유쾌했다.

떠나고, 돌아오고, 만나고, 헤어지고 그런 삶의 공간이 감정을 배제한 일상의 춤으로 속도감 있게, 힘있게, 그리고 멋지게 펼쳐졌다. 그래서 공연이 끝난 뒤 마치 만족한 여행을 하고 플랫폼에 내린 느낌이 들었다.

— 춤 2009년 5월호

안성수

시점 2001년 12월 7~8일 문예회관 대극장

안성수 픽업그룹의 《시점》은 안성수 특유의 깔끔한 춤선과 사변적인 철학이 잘 어울린 무대였다.

이 작품은 안성수가 최근 4년 동안 발표한 소품 6편과 새로 만든 소품 하나를 더해 모두 7개의 소품으로 구성됐다. 각 작품을 '악몽의 방' '무도회의 방' '유혹의 방' '휴식의 방' '결투의 방' 등 5개 씬으로 새로 편집, 재구성해 프랑스대혁명 직전 프랑스 귀족사회를 그렸다. 안성수는 프로그램에서 영화로도 만들어진 프랑스 소설 〈위험한 관계〉에서 영감을 얻어 "사치스럽고 부패한 사랑게임을 그렸다"고 말했으나 다소 퇴폐적으로는 느껴지었을지언정 결코 사치스럽거나 부패하게 보이지 않았다. 오히려 꺼지기 직전의 환한 촛불과 같은, 민중의 역사 속으로 사라져갈 귀족문화 최후의 우울, 내지는 그것을 마지막까지 즐기려는 우아한 당디즘으로 느껴졌다. 제목 '시점'은 역사 속에서 '앙시앙 레짐(구체제)'이라는 이름으로 매도당해온 절대왕정의 화려한 귀족문화를 새로운 시각에서 보려는 안무자의 의도를 우회해 표현한 것은 아닐까라는 생각도 든다.

작품은 전체적으로 그만큼 절박한 아름다움이 느껴졌다.

첫 장 '악몽의 방'은 도시적 감수성이 화려한 흰색의 방이었다. 좌우 포켓을 확 드러내놓은 시원한 무대에서 빠른 속도로 추는 격렬한 솔로는 자유와 함께 강한 욕망의 분출을 생생하게 전했다. 도발적으로 머리를 민 남성무용수와 단정한 단발의 여성무용수로 구성된 4쌍

의 2인무는 솔로춤의 분출을 편안하게 상쇄시키면서 데카당스하면서도 불안한 미래를 암시하고 있는 것으로 보였다.

두 번째 장 '무도회의 방'은 이번 작품을 위한 신작이다. 균형과 대칭이 잘 짜인 기하학적 춤이었다. 도시적 감수성을 곁들인 탄탄한 고전적 균형미가 빛이 났다. 흔히 무엇이 잘 안 될 때 '회의는 춤춘다'라고 말한다. 혁명을 지키다가 배신한 독재자 나폴레옹을 패퇴시킨 후 이후 세계질서 확립을 위해 열린 비엔나회의에 모인 유럽 각국 각료들이 춤만 추며 세월을 보낸 것을 비웃는 말이다. 혁명의 비극적 악몽이 귀족들이 춤추는 가운데 익어가고 있는 것을 보여주는 장면으로 생각됐다.

세 번째 '유혹의 방'은 2000년 발표한 '볼레로'. 라벨의 명징하면서도 퇴폐미가 물씬 느껴지는 라벨의 인상적인 선율에 맞춘 물흐르는 듯한 부드러운 춤선과 강렬한 색상은 유혹의 방이라 이름하기 적절했다. 물살에 실린 바다말들이 하늘거리듯 손발로 만들어내는 지체미의 파동은 관능미로 증폭돼 관객들을 어떤 명상의 세계로 이끄는 기분이었다.

'유혹의 방'을 넘어 '휴식의 방'으로 들어가면 고전적 형식미에 정적인 부드러움이 가득한 파란방이 나온다. 1998년 발표한 '제한', 2000년 발표한 '초현', 2001년 발표한 '휴식' 세편을 모은 것이다. '초현'은 국립발레단의 주역무용수 김지영·김주원이 초연했던 작품. 그 무대의 볼륨감이 기억에 강하게 남아있어 이번 작품의 다소 느낌이 떨어진다. 그러나 '휴식의 방'인 만큼 초연팀에 비해 관능미나 볼륨감이 다소 떨어져도 괜찮지 않나도 싶다.

마지막 '결투의 방'은 옷을 벗고 입는 등 전장과는 달리 다소 거친 결투의 모습이 그려진다. 그러나 현대무용 특유의 폭발하는 박력은 찾기 어렵다. 이는 외부와의 갈등이나 충격을 안으로 갈무리해 진주를 빚어내길 즐기는 듯한 안무자의 조용한 성격 탓일 것이다. 그래서 프랑스대혁명 전 귀족사회의 '위험한 관계'를 이같이 조용하게 바라봤는지 모르겠다. 그러나 이미 장르적 전형에 익숙해 있는 글쓴이 같은 관객에게는 전반부의 부드러움을 더욱 부드럽게 각인시킬 따른 짜릿하고 폭발적인 절정미를 느끼지 못해 아쉬움이 남는다.

— 춤 2002년 1월호

피아졸라 공부 II 2003년 11월 10~11일 예술의전당 토월극장

2002년 초연한 《피아졸라 공부 II》는 가장 음악적인 춤선을 만들어내는 안무가 가운데 한 사람인 안성수의 작품인 만큼 음악을 '본다', '맛본다'는 느낌이 날 정도로 고급한 감성이 빛났다. 키 큰 윤수연과 키 작은 이주희를 대비해 만들어낸 묘한 불균형의 이미지는 피아졸라의 음악만큼이나 애잔한 이그조티시즘이 넘쳤다. 스텝에서부터 무릎, 허리, 어깨, 팔, 손목으로 유기적으로 이어지며 만들어내는 독특한 무브먼트와 아름다운 이미지는 관객들에게 율동적인 편안한 긴장감을 느끼게 하기 충분했다. 음악에 그대로 몸이 실려 떠다니는 느낌이었다. 마지막 부분 카덴차가 좀 더 격렬했더라면 공연이 끝나고 남는 절정의 허전함이 더 크지 않았을까 생각해본다.

— 춤 2003년 12월호

이상한 나라 2 2003년 12월 28일 문예진흥원 예술극장 대극장

안성수의 《이상한 나라 2》는 구스타프 말러의 교향곡 9번에 맞춰 만든 환타지 동화 '이상한 나라의 앨리스'다. 한국에서 음악을 가장 잘 그려내는 무용가답게 이번 작품도 독특한 유머를 가진 춤으로 말러의 쉽지 않은 음악을 재미있는 단편으로 형상화했다.

이 작품은 세계무용센터(WDC) 한국본부가 마련한 「칼라 오브 댄스-레드(Colour of Dance RED)」의 마지막 작품이다. 안무자는 붉은색에서 받는 비정상 혹은 비현실적 느낌을 말러의 교향곡 9번 2악장에 대비시켰고, 그 느낌을 수학자가 쓴 팬터지 동화 〈이상한 나라의 앨리스〉에 이어 붙였다.

이 작품의 출연진은 머리를 박박 민 남자와 키 작은 여자 둘, 중키 여자 하나, 키 큰 여자하나 등 모두 다섯 명이었다. 무용수들은 붉은색 체스판과 같은 무늬에 바지의 길이가 다르고 한쪽 어깨에만 메게 되어 있는 언밸런스한 원피스를 입었다. 의상과 출연진만으로는 얼핏 '이상한 나라의 앨리스'에서 카드나라의 이야기 같았다.

말러의 묵직하면서도 단단한 음악을 다섯 명의 무용수의 몸으로 유머러스하게 연주한 것이 마치 장난감 놀이처럼 경쾌했다. 손, 발과 허리 등 온 몸을 독특하게 비틀어 만들어내는 동작은 빠르게 변주되며 막힘없이 흘러가는 에너지를 보여줬다. 음악적으로 단단한 구조에 걸 맞는 인상적인 신고전주의적 춤사위라는 느낌이었다.

조명도 음악과 춤, 의상과 잘 어울리는 단단한 구조를 형성했다. 춤을 따라가지 않고 카드가 펼쳐지듯 다양한 경계를 지닌 빛의 구조물을 세우고 그 사이로 춤이 놀게 함으로써 재미있는 느낌을 만들어냈다.

음악과 춤, 의상, 조명이 하나로 어우러져 숨 가쁜 환상을 만들어내다가 애교 있는 입맞춤으로 끝나는 서프라이징 엔딩은 절정에서 끝나는 듯한 인상적인 작품의 마침표였다.

— 춤 2004년 2월호

선택 2004년 11월 11~14일 예술의전당 자유소극장

안성수픽업그룹의 《선택》은 안성수 특유의 정제된 테크닉에 바탕한 명징한 이미지로 삶과 죽음을 그려냈다. 음악적으로 조형적으로 기술적으로 완벽을 추구하는 그의 작품은 이미 매니아층을 형성하고 있다. 때문에 소극장이지만 4일의 공연기획이 가능했고, 이 같은 기획에 부응 많은 관객들이 객석을 빼곡히 메웠다. 복고적 모던클래식으로 대중성을 확보한 케이스로 보인다.

과거와 마찬가지로 보체르니의 미뉴에트, 브람스 현악6중주, 모차르트 교향곡 40번 등 탄탄한 클래식 음악에 기대 작품을 만들었다. 완급의 조절이 뛰어났고, 조형적으로 우아했다. 하얀색과 검은색을 위주로 한 무대와 조명은 삶과 죽음을 극명하게 대비해 관객들을 엄숙한 명상으로 몰아갔다. 딱히 즐거울 것도 없는 삶을, 딱히 슬플 것도 없는 죽음을 이야기하려는 듯 전체적으로 도약 없이 발이 땅에 붙은 채 손과 발을 많이 썼다. 구조적으로 튼튼한 춤에 중성적 느낌을 담아내 관조적 분위기로 작품을 마감했다.

해체와 크로스오버가 난무하는 포스트모더니즘 시대에 아름다운 복고적 테크닉과 이미지가 안성수픽업그룹이 갖는 대중성의 핵심으로 보인다. 하지만 형식의 변화가 없다는 점에서 앞으로가 우려된다. 벌써 '캐논식'이라는 말이 심심치 않게 들린다. 피아노를 처음 배우는 학생들이 즐겨치는 캐논 변주곡에 그의 춤을 빗댄 말이다. 1990년대 후반 귀국한 이후 한결 같은 스타일로 그게 그것 아니냐는 비판이다. 대중은 변덕스럽다. 대중성을 생각한다면 변화의 모색이 필요한 시점으로 생각된다. — 춤 2004년 12월호

볼레로 2005 2005년 3월 12~13일 LG아트센터

인상주의 음악가 라벨의 〈볼레로〉에 맞춘 《볼레로》는 1997년 안성수픽업그룹이 초연해, 2000년 국립발레단에서 공연했고, 2001년 《시점》에서 '욕망의 방'이라는 제목으로 공연됐다. 과거의 작품들이 붉은색 톤으로 열정적 관능의 느낌이 강했는데 이번에는 백색 순수의 일렁이는 관능의 움직임으로 새로운 모습이었다. 전편이 이성애의 관능이라면 이번 작품에서는 오이디푸스 콤플렉스가 느껴지는 모성애에 기초한 관능이 느껴졌다.

바다 속에서 유영하는 물고기 떼, 또는 물결에 따라 흔들리는 수초 떼처럼 8명의 무용수들은 부딪히고 흩어지면서 움직일 때마다 변화하는 만화경의 한 장면을 만들어냈다. 원심력에 따라 몰리고, 구심력을 타고 흩어지고 동양적 정적미로 가득하다가 서구적 흥겨움으로 폭발했다. 라벨의 인상주의 음악을 몸으로 그대로 반복, 확대, 연주해낸 인상적 춤이었다. 과거의 것보다 더욱 절제, 응축돼 폭발하는 강력한 힘이 느껴지는 무대였다. — 춤 2005년 4월호

앵콜 볼레로 2005 2005년 11월 22~25일 예술의전당 자유소극장

안성수의 《볼레로》는 진화한다. 작품이 올라갈 때마다 달라진다. 공연예술의 특성상 본질적으로 같은 공연이 두 번 올라갈 수 없겠지만, 그의 작품은 질적인 변화를 거듭한다.

1997년 초연이후 3번의 재연이 모두 달랐다. 라벨의 〈볼레로〉 음악은 공통이지만 그 음악에 대한 해석이 관능을 기본으로 색깔의 변화에서 감정의 변화, 움직임의 변화로 변주하더니 이번 다섯 번째 공연에는 권력의 서사를 담았다. 같은 사람이 같은 작품을 이렇게 다양한 색으로 변주하며 새로운 느낌으로 커간다는 게 놀랍다. 특히 이번 무대에는 그 스스로

무대에 서 작품에 무게를 더해 큰 박수를 받았다. 그동안 기회가 없어 그가 직접 무대에 서는 것을 볼 수 없었는데 지적으로 잘 다듬어낸 몸에서 만들어낸 우아한 서정이 젊은 무용수들과 잘 어울렸다. 그의 묵직한 연기와 춤은 이번 작품의 중심에서 작품 전체를 아우르는 지휘자의 느낌도 났다.

그림 속의 용에 눈동자를 그려 넣었더니 용이 그림에서 뛰쳐나와 날아갔다는 화룡점정의 고사의 느낌이 이런 것일까. 이 작품의 주요 표현양식은 전편과 다름이 없었다. 나른한 권태와 함께 묘한 관능을 불러일으키고 이를 점차 확장해 나가는 라벨의 음악에 맞춰 도미노와 같이, 바다 속에서 유영하는 물고기 떼, 또는 물결에 따라 흔들리는 수초 떼처럼 8명의 무용수들은 이어지고, 부딪히고, 흩어지면서 움직일 때마다 변화하는 만화경의 움직임이었다. 원심력에 따라 몰리고, 구심력을 타고 흩어지고 동양적 정적미로 이어지다가 클라이맥스에서 서구적 흥겨움으로 폭발하는 같은 형식이다.

하지만 그 안에 빨간 손수건이 하나 떨어졌다. 권력의 상징인 이 수건이 춤 안에 떨어지면서 모든 것이 달라졌다. 음악을 그린 추상의 춤이 스토리를 갖으면서 새로운 관능과 생명력으로 새로 태어났다.

《앵콜 볼레로 2005》는 빨간 손수건으로 시작했다. 객석을 향해 가랑이를 벌리고 도발적으로 앉아있는 무용수의 등에서 빨간 손수건을 뜯어내고, 상의의 끈을 조이면서 작품이 시작됐다.

안성수는 이번 작품에 원시부족의 샤머니즘의 이미지를 도입했다. 8부족이 모여 제사를 드리는 형식으로 하고 8명의 무용수에게 각각의 캐릭터를 부여했다. 자신은 역대 제사장의 권위를 자랑하는 가문의 안씨 부족으로 설정하고, 작은 이씨(이주희)에게는 주술사 가문 역할을 줘 제사의 시작을 관장하게 했다. 하지만 여기에 교활한 박씨(박수인) 가문은 경제력으로, 현자인 큰 이씨(이은경) 가문은 지성으로, 전사가문인 김씨(김동현) 가문은 힘으로, 요리를 잘하는 함씨(함지혜) 가문은 음식으로 제사권력을 빼앗으려고 하게 했다. 한정미는 변방의 부족에서 새로 들어온 한씨 부족으로, 오민정은 교육을 맡은 오씨 부족으로 성격을 부여했다. 이들은 제사를 주재하는 권력을 상징하는 빨간 손수건을 갖기 위해 갈등하고 싸움하고 타협한다.

그렇게 설정하고 만들어진 이번 춤은 큰 동작이나 구성은 전작과 크게 다름이 없었으나 그 의미가 전혀 달랐다. 우선 손수건을 받아들이는 무용수들의 도발적인 자세에서 신라시대 색공(色功)으로 권력을 농단한 '미실'이 떠오른다. 미실은 〈화랑세기〉에 나오는 왕족 여인으로 진흥왕, 진지왕, 진평왕의 사랑을 받고, 화랑 사다함과 사랑을 나눈 한국 설화사상 관능의 화신이다.

이렇게 의미가 부여된 상황에서 라벨의 〈볼레로〉는 나른한 권태보다는 강한 관능으로 들렸다. 확장되는 음악의 강도는 관능의 확장과 함께 권력의 확장, 또는 권력의지, 욕망의 강화로 읽혔다. 도미노와 같이 이어지고 부딪히고 흩어지는 움직임은 헛된 권력을 좇는 부초로도 보였다. 원심력에 따라 몰리고, 구심력을 타고 흩어지며 이합집산, 꽃피고 지며 헛되이 윤회하다가 결국 권력만 남고 모두 사라져 버리는 그런 허무한 아름다움이다. 빨간 손수건만 남고 피었다가 사라지는 모습이 자못 장렬하다.

안성수의 '볼레로 2006'은 또 어떻게 '진화'할까. 벌써부터 기다려진다.

— 춤 2005년 12월호

고요한 견제 / 귀신이야기-볼레로 2006 2006년 12월 19~21일 예술의전당 자유소극장

이 무대는 안성수가 안무, 2005년 6월 창무국제예술제에 출품한《전야》와 같은 해 3월 안무한 국립무용단의《틀》을 합한《고요한 견제》와 안무자가 끊임없이 새로 만들고 있는 '볼레로' 연작시리즈 2006년 버전으로《귀신이야기-볼레로 2006》로 구성되어 있다.

먼저《귀신이야기-볼레로 2006》이다. '안성수의 볼레로'는 끊임없이 진화해 왔다. 1997년 초연 이후 잇따른 재연이 모두 달랐다. 라벨의 〈볼레로〉 음악은 공통이지만 그 음악에 대한 해석이 관능을 기본으로 색깔의 변화에서 감정의 변화, 움직임으로 변화하더니 2005년 공연에는 권력의 서사를 담아 큰 박수를 받았다. 하지만 이번 공연에서는 작품이 절정을 지나 불필요한 췌사가 더해지면서 음악은 물론 작품의 원기까지 크게 훼손됐다.

《귀신이야기-볼레로 2006》은 제목처럼 '귀신의 느낌'으로 시작했다. 머리를 늘어뜨린 귀기 도는 여자가 중국어로 뭐라고 한참을 지시하고 돈을 던졌다. 그 돈을 받고 한 남자가 나갔다. 이윽고 한 여인이 "잘 할게요, 아버지"라고 말하며 일어서는데 이 남자가 여자의 바지를 훌러덩 벗겨버렸다. 이 여인은 이 사실을 고통스러워하며 결국 자신의 손으로 자신의 목을 졸라 죽어 귀신이 된다. 이 남자는 중국 여자의 청으로 한국 여자의 정조를 유린한 듯했다.

팸플릿에 따르면 대륙에 사는 김씨의 사주로 훼절당한 이 여자가 8대가문의 부족장을 뽑는 행사에 참여하지 못한 것으로 되어 있다. 이 여인은 결국 행사에 참여하지 못하자 귀신이 되어서라도 나가기 위해 스스로 목숨을 끊은 것으로 되어 있다.

시사적으로 이를 확대해석하면 중국이 이른바 동북공정으로 한국의 역사를 빼앗으려는 의도를 표현한 것으로도 보인다. 하지만 동북공정을 그렇게 해석하는 게 참으로 단세포적 발상으로 보여 설마 하는 생각에 스스로도 지나친 해석으로 생각되기도 한다.

이 요염한 탱크탑과 삼각팬티를 입은 채 '억울하게 죽은 한국 처녀귀신'은 이 작품에 시종일관 등장한다. 귀신같이 배시시 웃다가, 깔깔대고, 눈을 위아래로 치켜뜨는 등 웃지도, 울지도 못할 춤과 연기, 대사를 작품 내내 던졌다. 한국 여인의 전통적인 아름다움이 '암탉의 가슴같이 톡 튀어나온 아랫배'라고 하지만 탱크탑과 삼각팬티 사이에 환상박피형으로 툭 삐져나온 모습은 미학적으로 썩 보기에 좋지 않았다. 이 같은 상황에서 귀신이 너무 작위적으로 예뻐 보이려고 애를 쓴 것 같고, 호흡이 실리지 않은 대사는 작품의 완성도를 크게 해쳤다.

특히 이 엉뚱한 서사의 도입은 라벨의 음악 〈볼레로〉의 흐름을 의미적으로, 또 음악적으로 완전히 토막내버린 것 같다. 관능적 유희가 유영하는 환상적 공간에서, 원시적 힘의 서사로 나아가던 '안성수 볼레로' 특유의 환상적인 축제공간을 완전히 분해해 버린 느낌이다.

귀신의 등장을 제외하고 이 작품의 주요 표현양식은 전편과 다름이 없었다. 나른한 권태와 함께 묘한 관능을 불러일으키고 이를 점차 확장해 나가는 라벨의 음악에 맞춰 8명의 무용수들은 이어지고 부딪히고 흩어지면서 움직일 때마다 변화하는 만화경의 움직임이었다. 원심력에 따라 몰리고, 구심력을 타고 흩어지고 동양적 정적미로 이어지다가 클라이맥스에서 서구적 흥겨움으로 폭발하는 같은 형식이다.

하지만 끊임없이 여기저기 끼어서 혓바닥을 날름거리며 눈을 힐끗거리는 환상박피형 몸매의 귀신은 춤의 의미는 물론 음악, 동작을 똑똑 끊어냈다. 붉은 손수건으로 만들어낸 권력의 의미는 귀신의 하얀 살풀이 수건의 힘에 저만치 밀려버렸다. 귀신을 덧보탬으로써 전작의 화룡점정 대신에 답답한 사족만 남은 것 같다. 2005년 공연에서 그림 속의 용에 눈동자를 그려 넣자 그림에서 뛰쳐나와 날아간 화룡점정의 용이 2006년 공연에서는 처녀 귀신에게 쓸데없이 길고 요염한 다리(蛇足)가 잡혀 추락해 버린 모양 같다.

《고요한 견제》의 경우 시작은 좋았다. 《전야》의 잘 조화된 관능적 몸짓의 유연한 속도감은 안성수픽업그룹 특유의 우아한 관능미를 한껏 자랑했다. 음악과 잘 녹은 반복적 움직임은 의미를 끊임없이 확대, 강화했다. 하지만《틀》의 부분에 들어서면서 국립무용단의 대극장 무대와 많은 비교가 됐다. 대극장에서 한국 최고의 지체미를 자랑하는 국립무용단의 우아한 관능미가 절묘한 컴포지션을 이뤘는데 소극장 무대로 축소돼 호흡이 강조되면서 스펙터클을 잃어버렸다. 유장한 장편을 단편의 미니멀리즘으로 바꾸면서 '틀'을 깨려는 안무자의 '고요한 견제'가 실패하지 않았나 싶다.

— 춤 2007년 1월호

그곳에 가다 / 볼레로 2007 2007년 11월 9∼10일 아르코예술극장 대극장

《그곳에 가다》는 몸으로 만든 꽃이라는 느낌이다. 숲과 수련, 습지, 이상적인 그곳이 라흐마니노프, 모차르트, 라벨 등의 피아노 콘체르토에 맞춰 몸으로 구체화됐다. 민들레처럼 흩어지는 모습이 인상적이다. 움직임은 깊은 정적을 담고 있었다. 보이지 않는 움직임으로 관객을 무대로 빨아들였다. 고운 클래식에 맞춰 풀어낸 꽃의 일생, 아름다움에 대한 추상이 인상적이었다. '안성수표' 춤의 정수라는 느낌이다.

매년 변화하는 '안성수의 볼레로'는 한 작가의 춤의 변화를 보는 즐거움을 준다. 안성수의 볼레로는 반복적으로 변주, 확장되는 라벨의 볼레로 음악처럼 매년 다른 모습으로 진화했다. 물 속에서 유영하는 추상에서 색에서, 율동으로 발전하더니 2005년 설화적 스토리를 담아내 절정에 이른 것 같다. 그러나 2006년 귀신과 소리를 집어넣고 민족주의적 경향의 스토리를 집어넣어 잔뜩 사족을 단 느낌이더니《볼레로 2007》은 완전히 초연의 순수추상으로 돌아갔다. 색상도 무채색으로 돌아갔다. 초연의 붉은색 뜨거운 관능이 아닌 무채색의 투명한 관능과 음악에 몸을 맡기는 미니멀리즘으로 복귀했다. 안성수 볼레로의 새로운 시작인지 궁금하다.

— 춤 2007년 12월호

장미 / Mating Dance 2009년 7월 17~19일 아르코예술극장 대극장

안성수픽업그룹의 작업은 언제나 '교육적'이다. '클래식음악'에 대한 그의 '클래식한' 해석이 아름답다. 스트라빈스키의 〈봄의 제전〉과 라벨의 〈볼레로〉를 주제로 한 이번 작품 역시 그랬다. 명증한 이미지를 아름다운 선으로 이어붙여 춤추는 몸의 아름다움을 잘 빚어냈다. 하지만 문제는 늘 그렇게 '아름답게만' 빚어내는 데 있는 것 같다.

스트라빈스키의 〈봄의 제전〉은 파괴적 아름다움이 일품인 춤곡이다. 때문에 세계의 클래식음악은 물론 예술은 이 음악을 기점으로 근대와 현대로 나뉜다. 그래서 1913년 니진스키의 초연 이후 피나 바우쉬, 프렐조카주 등 세계적 스타들에 의해 새로운 상상력으로 끝없이 무대에 오르고 있다. 그 때마다 충격적 해석으로 박수를 받아 〈봄의 제전〉은 가히 현대춤 상상력의 보고라 하기 충분해 보인다.

안성수는 〈봄의 제전〉을 연주곡으로 해석해 타로카드의 이미지로 해석했다. 물구나무를 서고, 동그라미에서 네모로 바뀌는 등 다양한 이미지가 안성수 특유의 단정한 움직임으로 다채롭게 펼쳐졌다. 하지만 〈봄의 제전〉이 새롭게 무대에 올라갈 때마다 기대되는 뭔가 다른, 폭발적인 새로움은 찾기 힘들었다.

라벨의 〈볼레로〉는 안성수가 10여 년에 걸쳐 8개의 버전을 내놓을 정도로 애착을 갖는 곡이다. 이번 작품《메이팅 댄스》는 과거 버전과 달리 유머러스한 점이 특이하다. 과거 작품이 선과 유동, 흐름으로 풀어냈다면 이번 작품은 '짝짓기 춤'이라는 제목이 암시하듯 젠 체하는 익살이 관심이 간다. 여기에는 2008년 자신이 안무한《볼레로》로 화제를 모은 김보람의 익살스런 이미지가 큰 역할을 한 것 같다. 비정형적이고 불가의 느낌도 나면서 살풀이의 춤사위가 섞여있는 듯한 다양한 배틀형식의 춤이 재미있다. 특히 시침 뚝 떼고 뒷걸음치는 넉살이 백미다. 언제 한번 '안성수의 볼레로 10선'을 한 무대에서 비교, 감상하고 싶다는 생각도 든다.

— 춤 2009년 8월호

음악그리기 2009년 10월 12일 서강대 메리홀

　안성수픽업그룹의《음악그리기》는 모차르트와 베토벤을 특유의 고급스러운 리듬 있는 움직임으로 미니멀하게 그려냈다. 항상 비슷한 템포와 움직임으로 그리는 음악이지만 최근 달라진 것이 느껴진다. 김보람으로부터 비롯되는 엇박자와 위트다. 조용한 침잠으로 일관, 자칫 지루하게도 느껴졌던 픽업그룹의 새로운 활력으로 생각된다.　　　　　　　　　— 춤 2009년 11월호

안신희

달빛 Ⅰ · Ⅱ 2001년 12월 15∼16일 예술의전당 토월극장

안신희레파토리댄스의《달빛 Ⅰ·Ⅱ》는 무용과 연극이 잘 어울린 지점에서 신과 인간, 또는 어머니와 자식 간의 사랑을 묘사한 작품으로 생각된다.

이 작품은 하늘에서 내려오는 달빛을, 인간을 굽어보는 자애로운 신의 눈빛, 또는 자식을 어루만지는 어머니의 따뜻한 눈빛으로 풀어낸《달빛 Ⅰ》과 인간이 신을 찬미하는 움직임, 어머니를 즐겁게 하기 위한 자식들의 잔치 등 아래에서 위로 향하는 기원을 담은《달빛 Ⅱ》로 구성됐다.

《달빛 Ⅰ》은 마른번개가 치는 가운데 독무로 시작해 자궁 속에 웅크린 태아가 서서히 움직이는 모습으로 시작했다. 진부한 핏빛 탯줄이 걸린다. 그러나 잘 훈련된 연극배우와 무용수들이 만들어낸 묵직한 대사와 경쾌한 춤사위가 시원한 타악 연주에 실려 원시적 탄생의 즐거움을 만들어냈다.

음악이 비트가 강한 록음악으로 바뀌면서 걸음마, 달리기 등 태어난 것들의 숙명 같은 삶의 치열한 경쟁이 강한 에너지의 흐름에 실려 전달된다. 여기에 아버지는 자식에게 "너는 내 희망"이라고 외치고, 아들은 아버지에게 "당신은 내 절망"이라고 받는다. 여기서 신과 인간과의 관계라고도 느낄 수 있겠지만, 인간적인 세대간의 갈등으로도 생각된다. 연극과 무용의 크로스오버에서 흔히 발견되는 서술적이라거나 갈라진 틈이 없어 좋았다.

기성세대에 대한 불만과 질곡이 속도감 넘치는 큰 동작으로 그려져 시원했고, 사랑의 듀

엣춤은 은혜로운 달빛 공간에서의 사랑이 높이를 갖춘 부드러운 춤으로 잘 만들어졌다. 그러나 신이나 기성세대에 대한 반발을 표현한 자기분열적인 발작적인 춤 뒤에 "보였느냐" "보았느냐" "보일 것이냐" 등 시제의 차이를 둔 다소 생경한 관념어의 잇따른 외침이 귀에 거슬렸다. 저항의 의미는 전달이 되지만 지나친 반복과 작위적인 어투가 춤의 흐름을 잘라내 아쉬웠다.

이어 갈등을 해소하는 살풀이춤 또는 씻김굿 춤사위 후 새로운 탄생을 축하하고 즐기는 춤이 큰 동작으로 편안하게 전개됐다.

《달빛 Ⅱ》는 묵직한 전편과는 달리 경쾌하게 펼쳐졌다.《달빛 Ⅰ》이 무대전체를 긴 호흡으로 사용하고 있는 반면,《달빛 Ⅱ》는 달을 상징하는 동그란 조명 안에서 짧은 호흡으로 재잘거리듯 전개됐다. 전편이 내면으로의 침잠이라면, 후편은 밖으로 향하는 즐거움의 잔치였다. 무대도 전편이 구상적인 풍경이미지와 달리 후편은 도시의 모던한 추상적 분위기였다.

풀벌레소리로 시작한 술마시기 놀이, 워크맨을 들으며 건들거리기, 줄넘기, 풍선놀이, 고무줄놀이, 땅따먹기, 가로막기 등 어린 시절의 놀이가 마치 유랑극단의 아코디언 소리와 같은 즐거우면서도 애조 띤 음악에 실려 그려졌다. 즐거움과 흥이 넘치지만 빛의 테두리를 넘지 않은 춤사위에서 짜인 삶의 한계가, 인간적 삶의 숙명이 느껴진다. 다시 풀벌레소리가 들리고 하나둘 잠이 들며 막이 내린다. 아코디언 소리에 맞춰 동그란 조명으로 만들어진 무대가 회전하면서 인간의 삶이라는 것이 어쩔 수 없는 회전목마 놀이처럼 조물주 또는 어떤 운명의 얽매여 반복되는 것이라는 생각이 든다.   — 춤 2002년 1월호

이기적 유전자 2003년 10월 4~5일 문예진흥원 예술극장 소극장

안신희컨템포러리댄스의 현대무용《이기적 유전자》는 춤으로 쓴 과학사다. 과학사이기는 하지만 몸으로 쓰는 만큼 실험과 추론으로 쓰는 과학사처럼 냉정하지는 않았다. 인간적인 숨결이 배있어 따뜻했다. 생명의 발생과 진화의 과정을 묵직하면서도 감각적인 몸언어로 천착해 나가면서 춤과 영상을 결합시킨 것이 재미있다. 무용의 소재영역을 넓혔다는 점에서 높이 살 만하다. 그러나 구성이 시간 순으로 평이하게 단순 나열로 전개돼 아쉬웠다. 현재를 강조

한다든지, 강조하려는 주제를 중심으로 중간부분을 앞세워 앞뒤로 왔다 갔다 한다든지 입체적으로 플롯을 구성했으며 주제를 조금 더 효과적으로 전달할 수 있지 않을까 생각된다.

가장 먼저 눈에 들어온 것은 컬트한 무대였다. 자궁을 연상시키는 무대에 커다란 물방울, 또는 혹 같은 모습이 매달려 있어 그로테스크하면서도 원시적인 느낌이 났다. 이 같은 원초적 무대 분위기는 관능을 묘하게 자극하기도 했다.

춤은 바다의 영상을 배경으로 한 안신희의 춤으로 시작됐다. 이 작품의 처음과 끝을 정리하는 내레이터 역으로 출연한 안신희는 아직도 무대에 서기 충분한 테크닉에 강력한 에너지와 힘이 느껴졌다.

생명의 기원에 대해서는 자연발생설이 대세이다. 하지만 창조론도 아직 무시하지는 못한다. 미국의 일부 주에서는 아직도 자연발생설은 물론 아무도 부인하지 않는 진화론조차도 가르치지 못하게 하고 있다. 자연발생설을 위주로 생명의 기원을 풀어 가는 것이 틀리지는 않지만 창조론도 가미하면 작품이 과학적 형평성(?)을 유지하며 재미있는 보완이 되지 않았을까도 생각해 본다.

자연발생설은 오파린의 가설에서 시작했다. 오파린은 모든 게 혼돈상태인 원시 수프에 번개와 같은 전기자극이 원시 생명체를 탄생시켰고, 이것이 점차 복잡하게 진화해 현재에 이르렀다는 가설이다. 오파린은 실제 원시생명 수프를 만들어 전기적 실험을 통해 생명을 창조하기도 했는데 이는 제대로 인정받지 못했다. 바이러스가 하나도 없는 원시수프를 만드는 것 자체가 쉽지 않기 때문이다. 이에 따라 원시생명 수프에 운석 등 외계에서 날아온 원시생물 포자가 생물의 기원이 됐다는 외계유입설도 나왔지만 현재는 다양한 화학적 진화연구 성과에 따라 자연발생설이 더 설득력을 얻고 있다. 생명창조에 대한 방법론은 다르지만 두 이론은 모두 원시수프에서 생명이 창조됐다는 공통점을 갖고 있다. 이 같은 이론에 바탕한 표현이 재미있다. 김이 서리고 모든 것이 녹아내리며 서로 붙고 떨어지는 친화성, 배타성을 끈끈한 유동성으로 형상화한 춤사위가 특히 인상적이었다.

이어 원시생명이 협력과 배신을 통해 자기증식하며 복제하는 과정이 관능적이면서도 힘 있게 그려졌다. 처음에는 배신이 이겼다. 각 생명체가 차별적 진화의 과정을 통해 적자생존의 냉정한 자연법칙이 적용되는 과정을 거친 감각으로 형상화됐다.

어떤 생물학자는 유전자 특유의 '이기적 기제'를 '유전자의 전쟁'으로 설명했다. 암컷이나 수컷이나 좀 더 능력이 뛰어난 파트너의 유전자를 얻어 후손을 번식시키기 위해 벌이는 경쟁은 목숨을 건 전쟁 이상으로 치열해 이 같은 이름을 붙였다.

안신희는 그러나 이 이기적 기제를 갈등과 투쟁뿐만 아니라 강력한 사랑의 에너지로 잡아내기도 했다. 또 사랑의 에너지에서 삶을 아름답게 만드는 '이타적 유전자'를 찾아냈다. 이 '이타적 유전자'를 통해 약육강식의 정글법칙이 지배하는 현대사회의 치열한 경쟁의 원인이 되는 '이기적 유전자'의 욕심을 비극적으로만 보지 않았다. 자기 종을 살리기 위한 이타적 유전자의 행위로 전체 사회가 인간적인 조화와 평화를 얻는다는 주장이다. 하지만 이 이타적 유전자는 어미를 잡아먹는 살모사처럼 도움 받는 존재에 의해 희생을 당하고, 이 모든 생명들은 결국 유전자풀, 다시 말하면 생명의 에너지를 얻는 샘에서 부활한다.

안신희는 적자생존, 자연도태의 냉정한 자연질서를 인정하면서도 모성애적 박애로 사회의 종다양성 확보와 인간만이 가능한 숭고한 희생정신으로 작품을 마무리한다. 유물론적인 염세주의적 과학사가 아니라, 종교적인 낙관이 가득한 희망의 과학사다.

단순해 보이지만 결코 쉽지 않은 안신희 특유의 감성적이면서도 힘있는 춤선이 매력적이었다. 몸으로 그린 유전자들의 발생과 진화는 무대에서 비교적 영상과도 잘 결합했다.

안신희는 "유전자에 대한 탐구를 통해 살아있음의 근원에 접근하고 싶었다"며 "생명의 발생에서부터 세포분열, 자기증식, 수정, 돌연변이, 생존 등 생명체의 원류를 찾아 그 신비함과 경이로움을 춤으로 그려보고 싶었다"고 안무의도를 설명했다.

안무자의 안무의도는 전체적으로 작품에 잘 표현됐다. 하지만 모두에서 지적한대로 작품이 처음부터 끝까지 시간 순으로 전개되면서 진부함과 함께 매너리즘이 느껴졌다. 이에 따라 다소 신파의 분위기로 흐른 점이 아쉽다. 특히 샘에서 물이 '쏟아지며' 생명의 부활되는 클라이맥스 장면이 수압이 약한 샤워에서 물이 떨어지는 느낌이 그대로 나 춤의 긴장된 분위기를 크게 훼손했다. 이 때문에 안신희의 정리 춤이 희생적인 사랑의 느낌으로 이어지지 못해 전체 작품이 깔끔하게 마무리되지 못한 것 같다. ─ 춤 2003년 11월호

선택, 공존의 이유 2010년 1월 22~23일 대학로예술극장 소극장

인생을 B와 D사이의 C라고 요약한 재치 있는 말이 있다. 태어나서(birth) 죽을(death)때

까지 해야 하는 수많은 선택(choice)의 연속이 인생이라는 것이다. 안신희컨템포러리댄스의 《선택, 공존의 이유》는 재미있는, 그리고 의미있는 많은 '선택'이 들어있어 관심을 모은다.

먼저 중년 이후다. 불혹(不惑)을 훌쩍 넘겨 지천명(知天命), 이순(耳順)에 이른 현대무용, 한국무용, 발레의 대표주자들을 골랐다. 또 춤 장르만 섞은 것이 아니라 춤과 연극도 섞었다. 잘 익은 고품위 하이브리드의 선택이라고 요약할 수 있을 것도 같다.

무대는 상의를 이어 붙인 왼쪽 벽과 가운데 움직이는 가림막 그리고 오른쪽에 홍등이 걸린 문이 있었고 중앙에 테이블과 의자 4개가 놓여 있었다. 'You never know…'로 시작하는 노래가 배경에 깔리면서 박명숙, 안신희, 김은희, 이고은이 등장, 몸을 풀기 시작했다. 안신희의 "시작할까요"라는 대사와 함께 전성기를 지난 중년 여성들의 사소한 또는 흐벅진 뒷담화가 펼쳐졌다.

문득 영화가 생각난다. 윤여정, 이미숙, 고현정, 최지우 등이 출연한 〈여배우들〉이다. 그들의 노골적인 뒷담화와 이미지가 몹시 닮았다는 생각이 든다. 하지만 대사의 수준에서 좀 차이가 있다. 영화의 대사가 노골적일 만큼 솔직하고 공격적이어서 위악적인 느낌 났다면, 이 공연의 대사는 아직 사춘기 소녀적 멋을 빼지 않은 '선생님' '공주님'들의 이야기여서 위선의 느낌이 난다. 이야기 중심으로 이루어진 장편 영화와 대사를 비교하는 것 자체가 무리하지만 전략적으로 좀 더 시적이고 상징적이며 날카롭게 깎은 언어로 서사적으로 대사를 쳤으면 어땠을까 싶다. 음악적이고 추상적인 춤의 움직임이 영화의 산문적인 사실적 움직임과 다르듯이 말이다. 이런 생각에서 프로그램에 쓰인 각자의 변이 무대에서 춤이나 마임 또는 움직임과 함께 사용했으면 꼭 맞춤이었을 것으로 보이기도 했다.

테이블 위에서 자리를 다투고, 테이블을 세우고 뒤집고 하는 장면에서 다정한 선후배지만 무대에서 어쩔 수 없이 경쟁자인 무용가들의 모습이 다툼보다는 정겹게 느껴진다.

바쁘게 움직이며 소통하고 싶지만 잘 되지 않는 서로간의 관계도 재미있다. 역시 무용가들인지라 말보다 몸이다. 바쁜 가운데 자기만의 외로움에 빠져있는 상황이 잘 전해진다.

홍등을 하나씩 들고 추는 춤에서 각자의 전성시대가 보인다. 홍등에서 초야의 신부가 연상되는데 그렇게 가슴 떨리고 빛났던 시절의 주인공으로 돌아가 뜨겁고 정열적인, 그리고 아름다운 각자의 춤을 췄다. 또 상처뿐인 영광, 부상의 역경도 아프게 그려졌다. 서로 다른 색이지만 이들의 춤은 두 가지씩 하나로, 또 네 가지가 하나로 잘 어울렸다.

대미는 '맏언니' 박명숙이 찍었다. 1960년대 수많은 사람이 스스로 목숨을 끊게 했던 노래

〈글루미 선데이〉에 맞춰 추는 그의 춤은 아름답고 처절했다. 누군가 한국의 인간문화재 춤을 보고 "몸은 사라지고 영혼만 남아 추는 춤을 처음 봤다"고 한 적이 있다. 하지만 박명숙의 춤은 현대무용가가 이순에 이르러서도 얼마나 아름다운 몸을 갖고 있으며, 어떻게 영혼으로 멋지게 몸을 움직일 수 있는지 보여줬다.

벌써 10년이 훌쩍 지난 일이다. 한국 최고의 여배우 중의 한 명인 김혜자가 1960대에 뮤지컬을 하겠다고 한 적이 있다. 그는 "할머니 역은 절대 싫다"며 당시 상영 중이던 두 남자를 동시에 사랑하는 팜므 파탈의 영화 〈글루미 선데이〉를 예로 들며 그런 주인공을 만들어 달라고 했다. 그 말을 듣고 속으로 웃었는데, 박명숙의 춤을 보니 그것도 한편의 뮤지컬로 가능했을 것 같다는 생각이 든다.

모든 예술이 그렇듯 깊이는 세월이 만들어낸다. 각자의 세월의 고민과 상처 속에서 키운 4색 진주를 비교해 볼 수 있는 맑고 깊은 무대였다. 특히 마지막에 모두가 즐겁게 풀어놓은 1970, 80년대 고고(?), 디스코(?)풍 뒷풀이 무대에서 페이드 아웃되는 조명 속에 잠깐 볼 수 있었던 김은희의 춤은 무대에서 볼 수 없었던 평안함, 즐거움이 느껴져 인상적이었다.

— 춤 2010년 2월호

안애순

굿-Play 2002년 4월 5~6일 호암아트홀

「2001 서울세계무용축제」에서 40분 분량의 작품으로 초연된 안애순무용단의 《굿-Play》은 2002년 1월 일본 「요코하마 댄스콜렉션 2002」에 초청돼 65분짜리 대작으로 새로 안무됐다. 이번 호암아트홀 공연은 요코하마 공연본이다.

이 작품은 굿으로 따지면 지신밟기로 시작했다. 느릿한 10박자의 발구르기는 한국적 탭댄스라고도 할 수 있을 듯했다. 흥이 넘치는 서양의 탭댄스와는 달리 가슴 한구석을 울리는 묵직한 느낌이 있었다. 부정형으로 시작해 한 사람을 가운데 두고 점대칭을 이루며 전체가 한 줄로 돌아가는 모습은 얼핏 요즘 세계적으로 유행하는 아이리쉬 탭댄스를 연상케도 했다.

이어 휘파람과 비명, 트림, 구음 등 입으로 내는 다양한 소리가 여기저기서 터져 나왔다. 발끝에서 오르기 시작한 신명이 머리끝에 오른 느낌이다. 마이크에 대고 소리를 지르다가 마이크로 바닥을 두드리기도 했다. 마이크가 갖고 있는 묘한 관능이 샤머니즘의 원초적 생명력이 넘치는 굿과 재미있는 대조를 이룬다.

목소리가 잦아들면 손바닥으로 온몸을 두드리는 소리가 났다. 서로의 등을 북으로 삼아 두드리고, 팔 다리로 목어를 두드리듯 했다. 사방의 생명들을 위로하는 인간 북소리가 몰아의 단계인 접신의 지경에 이르는 느낌이다.

접신의 단계에서 사지와 온몸을 이용해 벽과 바닥, 철판 등을 두드리는 난장이 자진모리, 휘모리로 절정에 올랐다. 서로의 동작이 방아쇠가 돼 무대의 모든 것을 두드리는 난장 춤이

펼쳐졌다. 굿으로 대비하면 접신 다음에 오는 작두타기, 쾌속의 부정거리 등이 될 것 같다.

그러다가 진양조로 잦아들면서 그윽한 성가곡에 맞춰 영혼의 나들이가 시작됐다. 환상적인 영혼의 유영과 같은 이윤경의 춤이 끝나면 테크노음악과 관능적 영상에 맞춰 탄트라의 춤으로 마무리됐다.

최근 나고야국제콩쿠르에서 금상을 수상한 이윤경과 2000년 프랑스국제콩쿠르에서 1등상을 탄 안영준의 고난도 테크닉의 춤, 중성적인 매력의 힘있는 박소정의 춤 등도 볼만했다.

그러나 각 장의 시간이 기계적으로 나뉘었다고 생각될 정도로 일정하게 나눠져 있어 전체적으로 지루한 느낌이 없지 않았다. 굿에서의 시간은 물리적으로 일정하지 않다. 신들림 즉 핵심에 많은 시간이 할애되기 마련이다. 전체적으로 5장쯤으로 십몇분씩 균일하게 나눠져 있는 것보다는 각 장의 액센트에 따라 길이의 완급을 주면서 절정의 장면에 힘을 집중하고 이후 짤막하게 확 풀어버렸으면 하는 개인적인 아쉬움이 남는다. 그렇게 하면 좋은 무용수들이 자신의 기량을 자랑하는데도 훨씬 효과적이지 아니었을까 하는 생각이 든다.

한편, 한 줄로 서서 가운데 중심을 두고 시계방향으로 돌아가는 부분과, 마지막 부분의 손바닥치기 장면은 얼핏 아이리쉬 탭댄스의 느낌이 나기도 했다.　　　　　　　　— 춤 2002년 5월호

하얀 나비의 비명-아이고 2002년 12월 21~22일 한전아츠풀센터

전통에 기댄 예술성과 테크닉을 바탕으로 작품을 즐겨 만드는 안애순이 안은미처럼 춤을 만들면 어떻게 될까. 그 대답은 바로《하얀 나비의 비명-아이고》에 있지 않을까 싶다.

안애순의 춤은 사실 대중과 좀 거리가 멀었다. 그는 가장 대중적인 춤인 뮤지컬 작품 안무도 많이 했지만, 그의 창작춤 무대는 오히려 그 같은 인식을 불식시키기라도 하려는듯 상당히 난해해 보이는 순수 추상에까지 나아갔다. 그러나 이번 작품은 달랐다. 안은미적인 도발에까지는 이르지 못했지만, 그로서는 과거에 보기 힘든 파격을 사용, 대중에게 다가가려 했다. 그것은 결과의 성공여부를 떠나 춤의 다양화와 대중화에 일단 긍정적인 시도로 평가된다.

작품의 시작은 실험적으로 묵직했다. 무용수들이 스캣 송을 부르며 마리오네트처럼 동작

을 툭툭 던지는 형식으로 시작한 춤이 태권도와 유도를 동반해 마치 싸움을 하듯 거칠게 확대돼 갔다. 그러면서도 동작들이 톱니바퀴처럼 맞아 돌아가는 절도가 있었다. 여기에 바지가 벗겨지고 슬로우 모션이 더해지면서 영화 〈매트릭스〉로 익숙해진 동작과 탱고 등 스포츠댄스를 패러디해 관객들의 웃음을 유발하는 등 액션과 유머가 더해진 재미있는 무대로 바뀌기 시작했다.

노래도 1980년대 세계를 휩쓴 그룹 아바의 〈댄싱 퀸〉으로 바뀌었다. 무용수들이 느린 변주로 시작한 이 노래는 점차 원래 빠르기로 돌아오고, 노래가 정점에 이르면서 무용수들이 제각기 제 나름대로 부르며 불협화음의 합창으로 바뀌었다. 이때부터 조용히 노래만 부르던 무용수들이 비명을 지르고, 막춤을 추며 자신을 돋보이기 위해 아귀다툼을 한다. 몸을 바닥에 내동댕이치듯 던지고, 치고받는 게 마치 슬랩스틱 코미디의 한 장면처럼 보인다. 흘러간 유행가에 광분하는 이들의 모습은 모두 제 잘난 맛에 자신의 목소리만 드높이는 요즘 시대상황을 풍자하는 것 같다.

무용수 배지선이 등장, 영화 〈금지된 장난〉의 주제가 〈로망스〉, 〈미션 임파서블〉의 테마음악을 피아노로 연주했다. 이에 맞춰 인도 또는 태국의 전통 춤사위, 택견 등을 응용한 듯한 춤이 다양하게 펼쳐졌다. 또 벨칸토식 스캣송과 손장단 등이 어우러져 재미를 더했다.

여기에 안애순무용단의 기둥 박소정이 오른발에 기브스를 하고 과감하게 상의를 벗어부친 채 무대에 섰다. 안은미처럼 과감하게 가슴을 노출하지는 않고, 팔로 가슴을 끌어올려 가렸지만 에로틱한 느낌이 났다. 중성적인 이미지의 박소정으로서는 생각하기 어려운 변신이었다. 이와 관련 박소정은 "춤을 추는 데 이렇게까지 벌거벗어야 하는가 하는 회의가 없지는 않았으나, 안무자의 예술성을 믿기에 과감하게 따랐다"고 말하기도 했다. 부러지고 벌거벗겨진 박소정의 모습은 학교라는 온실을 벗어나 어쩌면 황량한 사막 같은 현장에 내던져진 독립무용수들의 실제 삶을 상징하는 것도 같다.

이어 영화배우 황정민과 문소리가 무대에 올랐다. 황정민은 김민기의 록뮤지컬 〈지하철 1호선〉에서 인상적인 춤과 노래, 연기로 스크린에 발탁된 배우다. 〈와이키키 브라더스〉와 〈로드 무비〉 등 예술성있는 영화에서 진지하면서도 성실한 연기로 주목을 받았다. 문소리는 영화 〈오아시스〉로 2001년 베니스영화제에서 남녀를 통틀어 한 명에게 주는 신인배우상을 수상, 일약 세계적 스타로 떠오른 여배우다. 이들은 객석에서 무대로 뛰어 올라와 〈댄싱 퀸〉을 열창했다. 그러나 이들의 등장 과정이 좀 자연스럽지 않았다. 이런 대중적 스타를 무대 위에 끌어올릴 때는 그만한 배려가 있어야 했는데 그렇지 못했다. 관객들은 처음에 "재들이 누구야" 하는 식으로 뜨악하게 보다가 이들의 리드에 맞춰 마지못해 박수를 치면서 따라갔다. 이들을 끌어들인 것이 관객을 즐겁게 하기 위한 시도라면 다소 준비가 부족했다고 하지 않을 수 없다. 이들의 등장을 프로그램에 소개하거나, 깜짝쇼처럼 연출하려면 무대 배경의 자막에 키치하게라도 '영화배우 문소리, 황정민 등장'이라고 알리기라도 해야 환성도 나오고 박수도 절로 나와 흥겨운 이벤트가 됐을 텐데 하는 아쉬움이 있다. 시쳇말로 "하려면 화끈하게 하고, 안 하려면 말고"가 돼야 했는데, 이도 저도 아닌 어중간한 지점에서 이벤트가 펼쳐져 무대 위의 배우나 객석의 관객이나 제대로 그 효과를 즐기지 못했다는 느낌이다.

이 같은 느낌은 무용수들이 객석으로 내려와 관객이 앉아있는 의자 위에서 춤을 추는 데서도 느껴졌다. 어딘지 어색했다. 이는 안애순무용단원과 안은미무용단원들의 차이일 것이다. 물론 안은미무용단원이라고 처음부터 안은미무용단원이 아니었던 만큼 훈련과 반복이 필요했을 것이다.

1970년대 후반 영화로 기억된다. 아랑 들롱이 주연한 〈부메랑〉이라는 영화가 있다. 정신이상자를 가장해 탈옥한 아버지가 자신을 흉내내 감옥에 탈옥하려다 실패한 아들에게 "나는 내가 누구라는 것을 잊었기 때문에 성공했다"고 말하는 부분이 있다. 도전이나 실험은 그래야 할 것 같다. 자신이 누군지 모를 정도로 몰입을 해야 관객들에게 그 느낌을 전달할 수 있다. 작위적 느낌이 나서는 관객들을 설득하기가 결코 쉽지 않다.

부분적으로 다소 무리를 한다는 작위적인 느낌은 있었지만 부상자가 없이 공연이 끝났다는 게 다행일 정도로 춤사위는 격렬한 열정이 넘쳤다. 무용수들은 익숙한 음악의 박자를 잘 쪼개 서로의 동작이 뛰고, 날고, 구르며 몸을 던져 시종 박진감 넘치는 서커스 또는 액션영화의 한 장면을 보는 듯했다.

춤과 노래와 액션이 가득한 한바탕 전투와 같았던 공연을 무용수들은 밴드의 음악에 맞춰 "아이고 죽겠다"는 말로 매듭을 지었다. '하얀 나비'와 같이 곱게만 살아왔던 무용수들이 자신의 춤을 봐달라고 온몸을 던져 '비명'을 지른 뒤 탈진, '아이고'라고 푸념하는 것만 같다.

— 춤 2003년 2월호

피드백 2005년 1월 26~27일 국립극장 해오름극장

작품 자체가 대중성을 많이 고려했다고 하지만 안무자의 최근작만 못한 타성이 느껴졌다. '피드백(Feedback)'은 '되먹임'이라는 뜻의 제목처럼 안애순이 그동안 실험한 모든 것을 되먹이는 것처럼 무대에 올렸다. 유희성은 강화돼 재치는 많이 느껴졌지만 춤의 진정성이 주는 재미는 오히려 떨어졌다.

천장에서 마네킹이 느린 속도로 거꾸로 떨어지는데, 저게 바닥에 닿으면 끝이 나겠구나 하는 진부한 상상력을 관객들에게 제공, 마치 모래시계를 놓고 작품을 감상하는 기분이 났다. 그만큼 작품을 대하는 긴장미가 떨어진다는 이야기다.

'신발 한 짝 신기'도 이미 진부한 신데렐라 콤플렉스의 상징이다. 바이런의 시구로 기억되는데, '사랑이라는 말이 너무 남용돼, 당신을 사랑한다고 말하지 못하겠다'는 구절이 있다. 진부한 상징은 상징도, 은유도 아니며 오히려 웃음을 유발하는 키치한 서사다.

팬티를 두 장 입고 팬티 하나를 무대에서 던져 영화 〈원초적 본능〉의 샤론 스톤의 치마에 신경을 쓰게 하는 전략을 쓴 것이나, 전자오락 '스트리트 파이터'를 패러디한 것이나 재치는 느껴지지만 안애순 특유의 공격적 고민은 찾기 힘들어 아쉽다. 또 제대로 임팩트있게 정리되지 않은 채 너무 많이 '피드백'하려 한 '사이드 이펙트(side effect)'인지 모르겠다.

― 춤 2005년 3월호

백색소음 2007년 1월 6~7일 아르코예술극장 대극장

안애순의 춤은 한국적 춤사위를 현대춤에 도입한 다양한 무브먼트가 특징으로 꼽힌다. 그런데 어느 때부터인가 춤보다 영상, 이야기, 무대 등 다른 것이 더 눈에 띄었다. 그래서 특유의 한국적 무브먼트와 다양성도 빛이 바랜 느낌이었다. 움직임 개발이 한계에 이른 것이 아닌가 하는 의구심도 들었다. 그런데 《백색소음》은 그런 우려를 씻어낸 모처럼의 작품이다. 춤을 중심으로 무대와 영상, 스토리 구조가 잘 이어 붙어 좋은 하모니를 만들었다.

'백색소음'은 광장에서 마구 들리는 소음을 지칭한다. 부지불식간에 익숙해지며 본래의 소

리마저 잃어버리는 상징으로 읽힌다. 그가 이제 자신의 춤 주변을 둘러싸고 있던 '백색소음'을 뚫고 자신의 순백색 춤의 원형으로 다시 들어가는 것은 아닌지 모르겠다.

《백색소음》 역시 안애순의 최근작들처럼 영상, 미술 등 장르간 다양한 참여가 여전했다. 그러나 과거 영상, 미술, 또는 연극의 개성이 지나치게 강해 춤이 다양한 참여 가운데 하나쯤으로밖에 보이지 않았던 것과 달리 춤 중심으로 단단히 구축된 협업이 돋보였다.

무대 중앙 오른쪽 상단의 스크린, 중앙 왼쪽 유리창, 무대 왼쪽의 무빙 워크(moving walk)와 영상투사가 가능한 가림판 등 선 굵은 세련된 무대 미술이 우선 관심을 끌었다. 무빙 워크에서부터 시작한 속도감과 힘있는 춤은 다양한 영상과 조명, 무대장치와 잘 어울렸다. 안애순의 다채로운 표정의 춤은 하나하나 퍼즐을 맞춰가듯 춤의 공간을 다양한 무대로 이끌며 세련되고 안정된 다채로운 그림을 그렸다.

도로에서 시작, 광장으로 나와, 줄을 타고 허공을 날고, 천을 들어 몸을 가리며 절묘한 호기심을 불러 일으켰다. 또 붉은 빛의 홍등가 방을 연상시키는 공간을 무대 한가운데로 끌고 나와 공간의 안과 밖의 변화를 주며 지금 여기에 대해 의문을 제기했다.

광장의 소음에, 익명의 다수의 폭력에 순치되어 무감각해지는 현대인의 아픔을 인간적이면서도 따뜻한 몸짓으로 잘 그려냈다. 자칫 귀청을 자극하는 자기만족적인 소음성 음악이 아니라 고민이 느껴지는 수준의 날카로운 음향 편곡도 높은 점수를 주고 싶다. 또 막간의 애니메이션, 영상도 춤과 무대의 변화를 잘 이어줬다.

박소정, 최혜경, 황수현, 안영준, 한상률, 배지선 등 힘과 테크닉을 갖춘 무용수들의 역량을 충분히 발휘할 수 있도록 해 춤을 보는 맛을 높인 것이 무엇보다도 눈길을 끈다. 특히 충분히 군면제혜택이 가능한 실력이지만 기꺼이(?) 국방의 의무를 마치고 돌아온 안영준의 아크로바틱하고 속도감, 힘있는 춤은 무대를 확실히 장악, 박수를 받기 충분했다.

그러나 천을 이용한 군무에서 무용수들이 몸을 좀 지나치게 사리지 않았나 하는 아쉬움이 있다. 시원하게 몸을 던졌으면 더 박력이 있지 않았을까 싶다. 그래서 아마추어의 냄새가 좀 난 게 '옥의 티'라고 할 수 있을 것 같다.

한편 호사다마라고 할까. 6일 공연에서 공연사상 보기 드문 음향사고가 발생, 공연이 중지되기도 했다. 초반부에 작품이 이상하게 늘어지는가 싶더니 결국 무대감독이 나와 공연사고임을 알리고 작품을 15분쯤 중단했다가 다시 시작했다. 사고 자체도 작품을 새롭게 보는 해프닝으로 작용했다고 할 수 있을 것 같다. 별일이 다 있는 세상인데 이런 작품도 한번쯤 있어도 괜찮을 것 같다. 하지만 중단에도 불구, 작품은 전후로 잘 이어져 인상적이었다. 그래서 다음날 다시 한번 봤다. 즐거운 두 편의 공연이었다. 전편의 경우 다시 보기 힘든, 또 다시 봐서도 안 되는 그런 해프닝, 이벤트 공연이었다.

— 춤 2007년 2월호

갈라파고스-가상낙원 2008년 9월 28~29일 예술의전당 토월극장

안애순무용단의 《갈라파고스》는 좋은 구도와 춤을 갖고 있다. 그러나 그 안에 너무 많은 것을 담으려 하면서 이미지와 이미지가 충돌, 부조화가 빚어졌다. 그 부조화의 원인은 과도한 사회화, 메시지에 원인이 있지 않았나 싶다. 특히 일곱 색깔 가림막은 단색만 못해 보였다.

작품은 깊은 동굴의 소리, 바람소리로 작품이 시작했다. 모스부호의 느낌이 나는 깜박이는 등대 빛은 구조신호 SOS로도 들렸다. 소라고동소리와 같은 출발의 느낌의 음악에 맞춰 팔과 다리 등에 LED불빛을 단 무용수가 진화를 상징하는 춤을 췄다. 원형질의, 단세포의 느낌에서 차츰 고도의 유기적 기능을 갖춘 동물로 진화하는 불빛과 드러나는 몸이 좋은 느낌이었다. 고통의 흔적과 고민, 번뇌 등 생명이 겪어야 할 운명에서 탈피하기 위해 애쓰는 생물의 어리석음도 느껴졌다.

잡음과 함께 조명이 조금씩 들어오며 반투명 막으로 반쯤 가려놓은 무대 뒤에 의자로 쌓아놓은 산은 멋진 이미지였다. 권력 등 인간사의 욕심을 상징하는 듯한 의자가 쓰레기의 산처럼 쌓여있고 거기서 숨어 등장하는 무용수들의 모습은 각각의 개성을 잃지 않으면서 재미있는 조화를 만들어냈다. 원숭이 고릴라 같은 움직임에 서있고, 앉아있으며 존재감을 과시했다. 또 부드럽게 요가하고, 격하게 경련했다.

의자의 산에 조명이 들어오고 다양한 배경 영상을 뒤로하면서 게임을 즐기고, 뒹굴고, 낙서하고, 거꾸로 기고, 전화하고, 계산기 두드리는 등 4~10명의 무용수가 끊임없이 등·퇴장하며 펼쳐내는 다양한 진화의 모습이 마치 숨은 사람 찾기 그림책처럼 무대에 빼곡하게 들어서 있다. 기억을 붙잡아 매려는 듯 무엇인가를 잊지 않기 위해 애쓰는 모습이 있는가 하면 리벌버를 머리에 자살을 시도하는 이도 있다. 앉아 있고 뒹굴고 다리 떨고 휘파람불고 닭싸

움놀이에 온몸 떨기, 밀기, 서있기 등 사람의 모든 모습들을 그리려 하는 듯하다.

이 모든 과정을 불편한 자세로 지켜보며 고통스럽게 서있는 이도 있다. 진화의 길에서 탈락한 방관자의 느낌도 난다.

스튜어디스의 어나운스먼트와 로봇춤, 휴대폰 벨소리 등이 미래의 느낌이라면 탱고, 타자소리, 흘러간 팝송 등은 지나간 것에 대한 향수로 느껴진다.

볼링핀 영상, 화장실 등을 가리키는 이모티콘, 육지로 올라가는 개구리, 금지, 위기감을 느끼는 영상이 이어지며 붉은 조명이 쏟아지고 폭력적인 정신이상 강박증, 대인공포증의 느낌들이 범벅이 돼 한꺼번에 터져 나온다. 〈핀란디아〉나 〈짜라투스트라는 이렇게 말했다〉 또는 〈천지창조〉와 같은 웅장한 음악과 흘러간 영화 〈핑크 팬더〉 음악이 엇갈리는 가운데 거대한 도넛을 만드는 연기대포가 재미있다. 진화는 과연 공갈포인지, 진화가 헛된 꿈이라는 조소도 느껴진다.

— 춤 2008년 11월호

불쌍 2009년 6월 25~26일 LG아트센터

안애순무용단의 《불쌍》은 '하이브리드 댄스프로젝트'를 표방한 것처럼 우선 설치미술가 최정화의 무대 가득한 다양한 오브제가 눈길을 끌었다. 예술, 공자, 석가, 도교의 신선, 관운장 등 무속신앙에서부터 앞과 뒤가 다른 불상 등 다양한 '상'들이 혼합됐다. 책꽂이와 같은 진열장을 만들어 쌓아놓은 것은 얼핏 강익중의 조각그림을 연상케도 했다.

음악은 요즘 클럽에서 최고의 주가를 올리고 있는 힙합 DJ 소울스케이프가 맡았다.

춤은 두 사람의 다채로운 오브제와 음악에 맞춰 여러 불상, 조상들과의 가위바위보 놀이 등 유희와 함께 굿이나 카탁과 같은 동양무술에서 따온 춤사위의 분절 등 안무자 특유의 한국적 색채와 현대적 감각의 무브먼트가 펼쳐졌다. 특히 안영준-박소정의 2인무는 강한 힘과 함께 정확한 표현이 인상적이었다.

그러나 최정화의 작은 오브제들의 조합이 재미와 함께 여러 가지 생각은 줬지만 '일어서는 로봇'이나 '풍선꽃'과 같은 강렬한 아우라는 찾기 힘들어 아쉬웠다. 음악 역시 마찬가지였다. 자기의 음악세계는 분명 느껴졌으나 설치와 춤과 화학적 결합을 하고 있는지는 의문이었다. 설치와 춤, 음악이 물리적으로 화려하게는 만났지만 한 곳으로 응축돼 폭발하는 방향성 등 화학적 결합에는 이르지 못한 느낌이다.

— 춤 2009년 8월호

우현영

사하라시스 2003년 12월 4~7일 문예진흥원 예술극장 대극장

　포즈댄스시어터의 《사하라시스(Saharasis)》는 서양의 재즈댄스에 근원을 두고 즉흥성의 억제를 통해 조형적인 안정된 미학, 즉 형식미를 통한 정제된 고전적 예술미를 추구했다.

　재즈의 가장 큰 특징 중의 하나가 즉흥성이다. 그러나 우현영은 즉흥성을 최대한 계산된 에너지로 바꾸어 이 작품을 구성한 것으로 보인다. 음악도 리듬과 비트가 강조된 재즈가 아니라 물소리 같은 깊은 공명의 느낌이 나는 뉴에이지 음악을 썼다. 고주파와 현으로 귀를 자극하는 신디사이저음악이다.

　'사하라시스'는 '사하라'와 '오아시스'의 합성어다. 생명이 살 수 없는 사막에서 생명을 길러내는 유일한 원천인 오아시스의 결합이 묘한 이그조티시즘을 불러일으킨다.

　천지창조를 의미하는 듯한 붉은빛과 푸른빛이 교차하며 강렬한 붉은 태양이 무대의 상부 3분의1을 차지했다. 그 아래서 뉴에이지 피아노 음악에 맞춰 동양적인 느낌의 격렬한 꺾임이 섞인 고난도 춤이 속도감 넘치게 펼쳐졌다. 사막의 비개성적 원시성과 오아시스의 시원한 생명력을 잘 표현하는 색상과 이미지의 무대와 춤이었다.

　《사하라시스》는 상업적인 극장춤 또는 에어로빅과 같은 스포츠댄스로 치부되기도 하는 재즈댄스를 잘 깎아 보는 즐거움과 생각하는 기쁨을 함께 준 수작이다. 하지만 재즈댄스의 본질이라고도 할 수 있는 즉흥성, 유희성이 작위적인 예술성에 짓눌려 그 생명력의 상당부분을 잃은 것은 여간 아쉽지 않다.
　　　　　　　　　　　　　　　　　　　　　　　　　　　　　　　— 춤 2004년 1월호

육완순

鶴아, 학아 2001년 12월 29~30일 문예회관 대극장

무용극《鶴아, 학아》는 뮤지컬과 연극, 오페라, 대중가요 콘서트 등 화려한 볼거리로 무장한 다양한 연말 공연작품 가운데 유일한 무용작품이어서 눈길을 끌었다.

이 작품은 무용을 위한 창작대본이 아니라 기존의 희곡 대본을 시각적 이미지로 풀어내고, 이를 다시 연극적으로 재구성해 입체미를 부여하는 등 무용의 상징성과 연극의 설득력이 잘 만난 전범으로 평가된다.

이 무용극의 원작은 원로극작가 차범석의 희곡 〈학이여 사랑일레라〉. 한 젊은이와 사랑에 실패한 세 여인이 비극적 종말을 맞아 학으로 다시 태어났으나, 젊은이의 화살을 맞고 바다에 떨어져 섬이 됐다는 목포 앞바다 삼학도(三鶴島)의 전설이 뼈대다. 차범석은 학이 된 이 세 여인을 서양철학에서 인식하는 지(知), 정(情), 의(意) 또는 진(眞), 선(善), 미(美)로 해석, 이 작품을 썼다고 말했다. 인간이 추구하는 가장 완벽한 이상은 진, 선, 미가 고루 갖춰졌을 때 비로소 구현되지만 좀처럼 실현될 수 없는 그 비극성을 한 젊은이의 사랑에 기대어 그렸다는 것이다.

그러나 육완순의《鶴아, 학아》에서 지, 정, 의나 진, 선, 미 같은 심오한 철학을 찾기는 어렵다. 남성 위주의 가부장적 사회에서 벌어지는 사랑의 비극을 흥미롭게 형상화한 것으로 보인다. 이는 세 여주인공의 춤을 다채롭고 아름답게만 만들었을 뿐 각 인물의 성격을 춤으로 구체화하는 데 이르지 못한 결과로 보인다.

극은 무대 뒤쪽 깊숙이 진주(김혜숙 분), 을죽(장은정 분), 부용(이윤경 분) 등 세 여인이 등장, 점차 앞으로 나오면서 학이 됐다가 섬으로 굳어지는 프롤로그로 시작됐다. 세 여인의 춤은 휘적휘적 맺고 푸는 단순하면서도 낯익은 한국적 춤사위. 마사 그레이엄의 긴장과 이완의 무용이론을 한국현대무용에 처음 도입한 육완순은 이 작품에서 한국적 춤사위로 변용된 마사 그레이엄 이론의 적용을 시도하고 있지 않나 생각될 정도로 맺고 푸는 한국적 춤사위가 마사 그레이엄의 긴장과 이완의 춤이론에 딱 들어맞았다. 또 세 무용수는 위에서 아래로, 아래서 위로, 중간에서 위아래로 움직이는 등 서로 다른 춤사위가 비대칭으로 잘 가른 무대의 세 점에서 때론 풀어지고, 때론 맺으면서 잘 어울린 그림을 만들어냈다. 그러나 각각의 춤이 잘 조화를 이루고는 있지만 진주와 을죽, 부용 등 세 여인의 개성 표현에까지는 이르지 못했다.

원작과 달리 진주는 외향적이면서도 자기표현을 할 줄 아는 진보적 여자로 그려졌다. 신방을 차리고 신랑 지균(류석훈 분)과 벌이는 밀고 당기는 사랑놀이는 결코 수줍은 여자의 표현이 아니었다. 투기 끝에 자살까지 감행할 수 있는 가슴속에 숨어있는 뜨거운 불이 엿보이는 탄력이 넘치는 춤사위였다. 비록 남편이지만 자신을 힘으로 범하려는 지균에게 저항하는 여성의 강한 의지가 느껴졌다.

수줍기는 오히려 두 번째 여자로 등장하는 을죽이다. 결혼식에 참석했다가 신랑입장과 함께 돌아서는 모습에서 신분의 벽조차 느껴지는 이루어지지 않는 사랑의 피해자로도 생각된다. 파경에 빠진 지균과 뜨거운 사랑을 나누는 현장에 진주가 난입, 을죽은 상처를 입고 떠난다. 이와 관련 지균이 진주를 핍박하자 진주는 스스로 목숨을 끊어버리고 만다.

이 모든 과정이 무대 위의 사각 테이블 하나를 이용해 만들어지는 것이 재미있다. 처음에는 혼례상으로 이용된 이 테이블은 신방으로, 침대로, 나중에는 모든 것이 뒤집어지는 파경의 도구로, 또 뒤집어진 다리 위에서 각각 고독하게 존재하는 인간실존의 외로움과 희망을 표현하는 솟대 등으로 다양하게 이용되는데 전혀 어색하지 않았다. 오히려 삶의 윤회 같은 것마저도 느껴지는 다양한 상징을 가진 소품으로 생각됐다.

부용은 부인이 자살한 뒤 충격으로 실의에 빠진 지균을 유혹하는 활동적 여인. 이윤경은 아크로바틱하면서도 속도감 있는 춤사위로 부용을 활발하고 예쁜 아가씨로 묘사했다. 그러나 슬픔에 빠진 남자를 사랑하는 모성애적인 어떤 강한 열정은 드러나지 않아 아쉬웠다.

지균은 부용과 함께 새로운 삶을 시작하려 하지만 그녀를 사랑하는 동네 청년들에게 폭행을 당한 끝에 부용을 빼앗기고 만다.

작품의 절정은 잇따른 사랑에 실패한 지균이 빗속에서 벌이는 치열한 자기수련과 이를 방해하는 학으로 변한 세 여인의 군무다. 천정에서 떨어지는 수백 줄기의 실과 강한 바람이 만들어내는 폭풍우 치는 무대에서 학으로 변한 세 여인을 중심으로 격렬한 군무가 펼쳐졌다. 맺고 푸는 한국적 춤사위에 중국 무술 태극권의 학권(鶴拳)까지 가미한 장관의 군무가 대단원을 재촉했다. 결국 지균은 학을 향해 화살을 쏘고 화살에 맞은 학들이 비틀대며 쓰러지면서 세 여인으로 변하고 이들이 한테 엉겨 섬이 되는 과정이 몽환적으로 그려졌다.

자칫 신파조로 늘어지기 쉬운 무대를 잘 정리한 한태숙씨의 섬세하고 속도감 있는 무대연출과 오방색을 파스텔톤으로 적절하게 여과하고 한국적 선을 살린 송은주의 무대의상도 인상적이었다.

— 춤 2002년 2월호

슈퍼스타 예수 그리스도 2002년 12월 19~22일 문예진흥원 예술극장 대극장

앤드류 로이드 웨버의 록뮤지컬 〈지저스 크라이스트 슈퍼스타〉의 음악에 맞춰 1972년 초연한 육완순의 《슈퍼스타 예수 그리스도》는 30년 동안 매년 공연되어 온 우리나라 무용사상 최고의 흥행 레퍼토리로 평가된다.

이번 30주년 무대는 육완순의 안무 골격에 이 작품에 출연했던 김원, 안은미, 이윤경, 김성한 등 개성 있는 젊은 안무가들의 새로운 안무를 더했다. 이와 관련 육완순은 "1972년 고 김옥길 총장의 지시로 이화여대 부활절 예배에 올리기 위해 한 달간 밤을 새면서 이 작품을 완성했다"며 "당시 반응이 너무 좋아 일반 무대에 올려 매년 공연하게 됐다"고 말했다. 그는 "이 작품이 30년 한 세대를 넘었을 뿐 아니라, 세기를 넘은 만큼 우리 무용의 고정 레퍼토리로 살아남기 위해서는 새로운 안무가들의 힘이 필요하다고 생각, 이 같은 무대를 마련했다"고 설명했다.

김원은 등장인물의 성격을 소개하는 서막부분을, 이윤경은 오염된 성전에서 예수가 회초리를 휘두르고 기적을 일으키는 장면을 안무했다. 안은미는 헤롯왕의 엽기적인 장면과 빌라도의 심문, 괴로워하는 유다의 자살 장면 등을 안무했고, 김성한은 유다가 예수를 팔아넘기는 장면을 만들었다.

가장 두드러지는 부분은 역시 안은미의 안무였다. 헤롯이 핑크색 옷에 반짝이를 달고 나온 연출이나 검은 옷에 빨간 스카프를 매고 나온 빌라도의 재판 등은 도발적이었고 흥이 넘쳤다. (그러나 문제는 이 같은 도발이 도식화하면서 그 본래의 힘이 줄어든다는 데 있다. 최근 일련의 무대가 모두 같은 느낌의 파격이었다는 것은 안은미식 실험의 매너리즘이 느껴지기도 한다. 끝 간 데 모르는 안은미 특유의 도발적 상상력이 키치미를 너머 새로운 무엇을 찾아내야 할 시점으로 생각된다.)

김원의 안무부분은 단단했다. 등장인물들의 성격이 명확하게 드러나도록 하면서도 부드러운 움직임을 만들어냈다. 김성한의 안무도 힘이 있었다. 그러나 이윤경의 안무는 춤이 느껴지지 않았다. 특히 연기에 신경을 쓰느라 자신의 장기인 춤을 제대로 보여주지 못한 것 같아 아쉬웠다.

축제 성격의 이번 공연은 다섯 사람의 안무가 완전한 통일성을 갖지는 못했지만 전체적 맥락에서 크게 벗어나지 않으면서 새로운 세대로 넘어가는《슈퍼스타 예수 그리스도》의 가능성을 다양하게 보여주는 데 의미가 있지 않았나 생각된다. 스피디한 작품 전개와 상징적인 무대, 격렬한 액션과 힘이 넘치는 춤이 인상적이었다. 그러나 예수가 십자가에 매달리기 직전 겟세마네 동산에서 고민하는 장면을 데굴데굴 구르는 등 다소 감정의 과잉으로 표현한 부분과 예수의 재판이 지나치게 희화화돼 의미가 희석된 것에 대한 아쉬움이 없지 않았다.

— 춤 2003년 2월호

윤덕경

하얀 선인장 2010년 10월 16일 용산문예회관 대공연장

윤덕경무용단의《하얀 선인장》은 춤의 완성도 측면에서 분명 전문 비평의 대상은 아닐지 모른다. 그러나 춤에 대한 열정에서 분명 감동적인 무엇이 있었다.

《하얀 선인장》은 황석영의 소설 〈어둠의 자식들〉의 실제 주인공으로도 유명한 (사)장애인문화예술진흥개발원 이사장 이철용 전(前) 국회의원이 대본을 썼고, 윤덕경이 각색·안무했으며 우화숙, 조현식, 김예솔, 박수빈 등 윤덕경무용단에서 교육을 받은 장애우 무용수 8명과 원로무용가 김문숙을 비롯해 15명의 전문무용가가 함께 출연했다.

윤덕경무용단이 1997년《어 엄마, 우으섯다》이래 장애우를 주제로 꾸준히 작품을 발표해왔지만 장애우와 함께 작품을 만들기는 이번이 처음이다. 특히 장애우가 무대에서 휠체어에서 내려와 온 몸을 던져 만들어내는 춤사위는 비록 상반신 등 일부 신체만이 움직임이 가능했지만 뜨거운 감동을 주기 충분했다. 움직일 수 있는 모든 것, 그리고 움직이지 않는 것도 안무의도에 따라, 무용수의 움직임에 따라 얼마든지 감동의 무브먼트가 될 수 있다는 것을 실증했다.

마지막 모든 출연자를 격려하는 김문숙의 품위 있는 웨이브 춤도 장르를 떠나 따뜻한 감동으로 객석에 전해졌다.

— 춤 2010년 11월호

윤미라

물빛그늘 2002년 11월 2~3일 문예진흥원 예술극장 대극장

윤미라무용단의《물빛그늘》은 섬진강 시인 김용택의 시 〈섬진강〉을 전통과 현대 어느 쪽에도 치우치지 않은 우리 춤사위로 풀어낸 맑은 무용시라고 생각된다.

그러나 전통과 현대 어느 한 쪽에 치우치지 않음으로써 구상과 추상 사이의 애매모호한 스탠스에서 제대로 자신이 갖고 있는 춤의 색깔을 표현해내지 못하는 단점도 드러냈다. 특히 춤의 처음과 끝에 수미쌍관으로 막은 배경음악 '새타령'과 무대 오른쪽에 자리잡고 작품의 처음부터 끝까지 중요한 상징으로 작용한 그로테스크한 나무는 작품의 일관된 이해를 결정적으로 방해한 것으로 보인다.

윤미라는 "섬진강은 우리나라의 사계절을 가장 아름답게 표현하는 강"이라며 "섬진강의 사회성보다는 서정성에 초점을 맞춰 한국적 서정성을 형상화했다"고 작품에 대해 말했다. 그는 특히 "슬픈 것도 아름답게 그려내고, 심지어 더러운 것조차 아름답게 만드는 게 춤"이라며 "이번 작품에 섬진강의 4계절에서 중요 이미지를 뽑아내 한 폭의 담채 수채화처럼 그려냈다"고 설명했다.

그의 구상대로 겨울에서 시작, 봄, 여름, 가을을 거쳐 다시 겨울로 돌아가는 춤은 전체적으로 맑은 느낌을 줬다.

첫 장 겨울은 '새타령'으로 시작됐다. 변주는 됐지만 느리면서도 활기찬 민요의 느낌이 강하게 살아있었다. 춤은 마치 모던발레 같은 세련된 모습이었지만 민속적인 느낌이 강한 음

악과 쉽게 어울리지 못했다. 전통과 현대의 엉거주춤한 혼합이 좀처럼 정리된 느낌으로 객석에 전달되기 힘들어 보였다.

무대 오른쪽에 뿌리박고 서있는 나무는 차라리 천으로 가리고 있었던 처음의 모습이 더 상징적인 느낌으로 작품과 잘 어울렸을 것 같다. 마치 동상의 제막식처럼 가리고 있던 천이 떨어지면서 드러난 그로테스크한 나무의 모습은 전체적으로 맑은 느낌의 작품과는 어울리지 않았다. 지나치게 큰 양감은 동구 밖 버드나무처럼 포근하게 감싸안는 그런 나무가 아니라 세계의 중심에 서서 위압적으로 등장하는 신목, 신수의 느낌으로 다가왔다. 흐르는 강의 이미지와는 맞지 않는 깊은 계곡이나 언덕에 있는 상징의 공간으로 생각됐다. 특히 그 안에서 등장하는 남녀의 모습은 그런 신화 속 신수의 모습을 강화했다. 무용수들이 나무에 박혀있는 철근을 잡고 오르내릴 때는 괴기스럽기조차 했다.

끊임없이 움직이려 한 여름의 은어 모습도 그리 편안해 보이지 않았다. 흐르는 물살에 서있는 은어는 사실 물의 속도만큼이나 빠르게 움직이고 있다. 물이 내려가는 속도와 물을 거슬러 올라가는 은어의 속도가 같기에 정지해 보이는 것이다. 그 균형이 넉넉한 관조적 평안함을 만들어낸다. 그러나 이 작품의 은어는 끊임없이 작위적으로 움직이려 하기만 해 피곤해 보였다. 이로 인해 한낮에 서있듯이 움직이는 은어의 모습이 형상화해내는 여름철 뜨거운 햇볕의 권태, 여유로움, 일락 등의 이미지를 포착해내지 못했다. 그저 명랑한 은어는 어항 속의 다른 물고기의 이미지와 그리 다르지 않다. 그것은 은어라고 해도 좋고, 붕어라고 해도 좋았을 것이다. 반딧불 장면의 장구음악도 작품과 그렇게 어울려 보이지 않았다.

가을에 등장한 윤미라의 춤은 확실히 이 작품의 하이라이트였다. 물 흐르듯이 전개된 그의 춤은 확실히 전통과 현대 어디에도 매이지 않고 자신만이 만들어낼 수 있는 그런 춤사위였다. 그러나 특히 두드러진 이 춤사위 때문에 역으로 다른 춤들의 단점이 더 보인 것도 사실이었다. 가을에서 겨울로의 전환도 너무 급작스러워 아쉬웠다.

아름다운 춤으로 모든 것을 그려내겠다는 의도는 높이 살 만하지만, 음악과 무대와의 균형이 매끄럽지 않는 등 의도가 실제 무대에 구현되는 데는 다소 미흡해 보였다.

— 춤 2002년 12월호

저 꽃, 저 물빛 2007년 4월 27~28일 예술의전당 자유소극장

윤미라의 무대는 편안하다. 결을 거스르지 않는다. 전통의 결대로 춤을 춘다. 거기에 화려하면서도 품위 있게 옷을 입힌다. 핵심을 현대의 미학으로 더욱 강화한다. 굳이 작위를 가하지 않는다. 그저 흐름에 몸을 맡기고 그 안에서 자신의 호흡과 몸짓을 뿌린다. 거기서 이제 '화려한 자연스러움'을 특징으로 한 '윤미라流'가 만들어지고 있는 것 같다.

윤미라는 이날 공연에서 화성재인청 이동안류 태평무, 진쇠춤, 신칼대신무와 달성권번 박지홍제 최희선류 입춤과 정재의 한 종류인 향발무와 17분짜리 초연 산조춤을 선보였다.

그는 동서양의 전통을 춤의 소재로 삼았던 최승희 춤 계열의 신무용가답게 전통춤의 원형의 답습보다는 전통춤의 진화를 추구하면서도 일제 강점기를 거치면서 자칫 소홀하기 쉬웠던 의상 등을 문헌, 구술 등으로 철저히 고증, 복원했다. 하지만 대부분의 전통춤이 방안이나 화문석 위에서 추어지던 홀춤인데, 윤미라는 이를 현대적 극장의 구조에 맞춰 군무화해 큰 그림으로 그려냈다.

윤미라가 춘 '입춤'은 흩날리는 수건과 활기찬 소고놀이가 어울려 독특한 매력을 만들어냈으며, 김영재의 철금산조에 맞춘 '산조춤'은 '윤미라류'라고 할 만큼 우아하면서도 서늘한 자기만의 색깔이 엿보였다.

군무로 추어진 '향발무'와 악학궤범이 전하는 '신칼대신무'는 슬픈 가악에 한 서린 무속춤 사위가 잘 어울렸다. '진쇠춤'도 본래 홀춤 남성춤이었던 것을 중성적이면서도 관능적인 느낌의 여자군무로 재미있게 만들었다.

'태평무'는 원래 남성1인무이면서 복식은 사모관대에 목화 차림이었으나, 고려시대의 팔관회에서 유래된 만큼 고려시대 복식의 5인무 남성춤으로 구성됐다.

'신칼대신무'는 주릿대 차림의 흰 한복을 입은 여자 1인무를 '부왕의 임종을 지켜본 공주의 극락왕생을 비는 춤'이라는 구술에 따라 흰색 모시당의 차림의 3인무로 구성했으며 동해안 별신굿에서 나오는 넋을 인도하는 용선을 등장시켜 극적 구조를 다양화했다.

특히 피날레 인사는 백미였다. 출연자 전원이 조명이 명멸할 때마다 한 사람씩, 한 사람씩 자신의 가장 아름다운 몸짓으로 무대에 등장, 춤 박물관의 한 장면, 풍류 역사영화의 한 장면으로 대미를 지었다. 전통의 결대로 붓질을 하고 고운 색과 화려한 움직임을 더해 고급스럽게 소품을 표구했다는 느낌이다.

— 춤 2007년 6월호

화첩-공무도화 2008년 7월 5~6일 아르코예술극장 대극장

검은색, 푸른색, 노랑색, 빨간색, 흰색 등 한국의 전통 오방색을 꽃 이야기로 풀어냈다. 오방색의 상징은 전통에 기댔지만, 피어낸 꽃은 오늘에 생생하게 살아있는 빛깔이다. 과유불급한 전통의 춤선이 고스란히 살아있는 현대 한국춤의 그림에서 꿋꿋한 온고지신의 느낌이 난다. 고조선의 시가로 알려진 '공무도하가(公無渡河歌)'의 제목의 글자를 바꿔 텅 빈 춤(空舞)이 꽃(花)을 건너(渡), 다시 일체의 것이 사라진 무(無), 공(空)의 상태에 이르렀다는 제목이 재미있다.

검은 꽃은 세상에 존재하지 않는 꽃이기 때문에 종이로 만든 지화(紙花)이고 푸른색은 부레옥잠, 노란색은 유채꽃, 빨간색은 동백, 그리고 흰색은 안개꽃이다. 이 다섯 가지 꽃에 인간의 생로병사, 희로애락, 애오욕을 정갈하게 담아냈다.

작품은 달도 없는 깜깜한 그믐밤에서 시작했다. 천장에서 지름이 40cm쯤 돼 보이는 커다란 20개의 검은 종이꽃이 무대 위로 내려오고 검은 옷을 입은 20명의 무용수가 꽃 아래서 허리를 활처럼 위로 휘어 세우고 얼굴을 객석으로 향한 채 누워있다. 그로테스크한 이미지가 묘한 느낌을 불러일으킨다. 혼돈이 갖고 있는 특유의 생명 에너지다. 강지혜는 혼돈에서 생명의 잉태로 넘어가는 그믐밤의 춤을 힘차면서도 관능적으로 풀어냈다.

배경에 놓인 두 개의 스크린에서 물방울이 퉁겨지며 물 위에 사는 부레옥잠으로 넘어갔다. 지화는 군무위주로 안무됐는데 부레옥잠은 2인무 중심으로 짜여졌다. 혼돈의 거친 삶에서 다양한 생명의 꿈틀거림을 그리기에는 군무가 적절했을 것으로 생각된다. 그 혼돈에서 태어난 생명이 함께 하는 것은 역시 듀엣이 어울려 보인다. 2인무 3팀이 따로 또 같이 번갈아 가며 무대에 등장, 싱그러운 사랑의 춤, 사랑의 쟁취를 위한 거친 대결의 춤을 췄다. 청춘의 뜨거운 열정이 감미롭게, 때로 격하게 부딪쳤다.

유채꽃밭에서 노니는 노란 나비의 춤은 영상과 함께 펼쳐졌다. 두 개의 스크린에 나비 영상이 비치고 그 안에서 빠져나온 이홍재의 남성솔로가 단정하면서도 흥이 있었다. 퓨전국악 그룹 공명의 신나는 타악 연주에 맞춰 이홍재의 솔로춤을 중심으로 흥겨운 유채꽃 군무가 펼쳐졌는데 빠른 굿거리장단에 발디딤새가 절도있게 들어맞았다.

동백꽃은 임지애의 솔로춤으로 은은하면서도 강렬하게 그려졌다. 한국춤 특유의 맺고 푸는 강약과 우아함의 멋들어진 조화 속에 화려한 동백꽃이 피었다. 동백꽃은 목련처럼 꽃잎

이 하나 둘 떨어지며 지지 않고 목이 뚝 부러지며 진다더니, 임지애는 정말 절정의 순간에서 '뚝'하고 쓰러졌다. 홍정아 등 6인무가 임지애의 춤을 받아 변주한 뒤 이들 사이로 다시 살아나는 동백꽃에서 끈질긴 생명의 순환이 엿보인다.

안개꽃은 애조 띤 해금 음악에 맞춰 최지원이 추는 유장한 살풀이 춤사위에 홍정아와 임지희 등이 순결하면서도 청아한 춤을 덧입혔다. 춤 사이사이로 무대 가득 안개꽃이 피어나 꽃과 사람이 구분이 되지 않는 가운데 다시 하나 둘씩 무대가 비워지며 공(空), 무대는 어둠으로 돌아갔다.

모처럼 보는 깔끔한 한국춤 대작이었다. 그러나 춤이 단선율적이라는데서 제창과 같은 강렬한 힘이 느껴지지만, 균형, 대화, 간섭, 갈등 등이 어우러진 조화나 춤과 춤이 주고받으며 만들어내는 화성적인 춤 무브먼트가 아쉽다. 한국음악의 작곡방식이 단선율에서 화성으로 변한 지가 30년 한 세대가 지나가고 있는데 한국 전통춤도 단선율적 춤사위에서 다양한 화성의 춤으로의 변화가 필요한 때가 아닌가 싶다.　　　　　　　　　　　　　　　— 춤 2008년 8월호

여인, 흥에 젖다 2009년 12월 2~3일 세종M씨어터

윤미라는 최승희-김백봉으로 이어지는 한국 신무용의 정통맥을 잇고 있다. 그가 이번에 한국의 장구춤 19가지를 집대성해 새로 구성한 '윤미라의 전통춤 2009-여인, 흥에 젖다'는 최승희의 보살춤, 김백봉의 부채춤을 잇는 전통의 세련된 재창작이라고 하기에 부족함이 없어 보인다.

장구춤은 흔히 색동이나 오방색 등 원색의 화려한 옷에 상모춤 등을 결합, 마당놀이 형식에 더 어울려 보였다. 무대 위에 올려놨을 때 타악 위주의 흥겨운 민속음악 위에 펼쳐졌고, 비교적 가녀린 여성무용수에게 일반 장구는 좀 커서 부담스러워 보이기도 했다. 또 사실 장구는 연주용이라기보다는 춤을 추는 도구로 이용됐고, 실제 연주는 악사들이나 녹음 반주로 진행됐다.

윤미라는 장구춤의 이 같은 문제점을 극복, 가야금의 유장한 바탕 위에 민첩하고 활달한 장구춤을 올려놓았다. 장구도 기존의 장구가 아니라 좌우가 비대칭이면서도 좀 크기가 작은

동해안별신굿의 장구를 이용, 움직임에 균형과 함께 격조를 더했다. 의상도 강렬한 원색을 빼고 파스텔톤으로 바꿔 주술성을 배제하고 소매폭을 줄인 고구려 복식에서 모티브를 따와 현대적 미감을 더하는 등 한국춤의 세련된 정중동의 미학을 극대화했다.

윤미라의 장구춤은 여성적인 아름다움으로 무대를 경쾌하게 수놓았다. 월트디즈니의 애니메이션에 빼놓지 않고 등장하는 꽃씨의 춤, 촛불의 춤, 꽃의 춤 등과 같은 곡선과 원의 환상과 비슷하면서도 강력한 액센트와 격조 높은 동양적 관능이 남달랐다. 가야금과 장구가 주고받는 당김과 때림 속에 여인의 흥과 멋이 즐겁게 어울린 이 작품 뒤로 한 박자 쉬고 남성춤인 한량춤 한 자락이 기다려지기도 한다. 그리고 발레의 그랑파드되처럼 마지막에 '여인의 흥에 젖어' 멋진 한 쌍의 춤으로 마무리되면 어떨까도 생각해본다.　　— 춤 2010년 1월호

달굿 2011년 6월 3~4일 아르코예술극장 대극장

윤미라의 춤은 드물게 전통과 신무용의 아름다운 선과 호흡, 가락을 고수하고 있다. 모두가 저고리와 버선을 벗고 경계를 넘어 포스트모던의 해체의 바람으로 내달렸을 때 그는 고집스레 한국 전통의 가락과 호흡, 그리고 아름다운 신무용의 춤 선에 매달린 '강골'이다. 가녀려 보이지만 결코 꺾이지 않는 전통 한국 여인의 이미지 그대로다. 그러나 그는 전통과 신무용의 일점일획도 바꿀 수 없다는 고지식한 교조주의자는 아니다. 춤을 위해서라면 현대적 색감과 무대기법의 사용에 주저하지 않는다.

신작《달굿》역시 그렇다. 퓨전 국악으로 분류되지만 전통 90%에 현대적 느낌 10%에 가까운 국악그룹 '바람곶'의 타악 장단과 가야금 선율에 맞춰 한국 여인의 아련한 정서를 달의 차고 이지러짐에 실어 그렸다. 전통 국악이지만 현대적 느낌과 이미지로 세계적 경쟁력을 갖고 있는 바람곶의 음악에 전통의 춤 선과 가락, 신명이 살아있는 윤미라의 춤은 멋지게 어울렸다. 달에서 비롯되는 전통 세시풍속의 흥겨운 서사와 그 안에 깃든 한국 여성의 애잔한 감정이 유장한 가락과 춤선으로 아름답고 신명나게 그려졌다. 더욱이 미니멀한 무대에 전설과 유머를 담은 그림자놀이 영상은 춤과 음악의 이야기를 객석에 한껏 증폭시켰다.

특히 윤미라가 발굴, 이제 그의 전매특허가 된 동해안 별신굿의 비대칭 장구는 강강술래

와 어우러져 한국춤의 새로운 레퍼토리로 자리 잡은 느낌이다. 조금 더 연습을 통해 무대에서의 살아있는 연주가 가미된다면 세계무대에 내놓아도 손색이 없는 새로운 전통 한류 레퍼토리가 될 것으로 보인다.

또 거론하지 않고 넘어갈 수 없는 것은 한국예술종합학교 전통예술원 원일 교수가 이끈 바람곶의 라이브 연주다. 북, 징, 꽹과리 등 전통 타악기를 비롯해 다양한 세계의 타악기를 더해 만들어낸 타악에 대금, 신디사이저 등이 멜로디를 더했다. 특히 박순아의 가야금은 좀처럼 듣기 쉽지 않은 흥겹고 잘 정제된 고난도 연주로 춤과 잘 어우러져 한국 전통미의 아름다움을 제대로 보여줬다.

《달굿》은 '제의', '놀이', '신화', '신명', 그리고 '에필로그' 5부분으로 구성돼 신비롭고 유장한 분위기에서 흥겨운 놀이와 아름다운 사랑을 거쳐 잘 갈무리된 놀이와 흥으로 마무리됐다.

서장 '제의'는 승무를 바탕으로 됐다. 천체 일주운동 영상을 배경으로 유장한 타악 가락에 맞춰 내쳐지는 춤사위는 신비적, 주술적 느낌이 가득했다. 타악에서 현으로 바뀌었을 때는 천지창조 당시 태고의 고즈넉한 기쁨이 넘쳐났다.

끊어짐이 없이 이어지는 '놀이'는 가야금과 거문고 음악을 배경으로 다양하게 변주되는 소고춤이었다. 정중동의 우아한 대금과 가야금 등의 연주는 흥은 살아있으되 지나치지 않은 품격이 있었다. 확 터뜨리기보다는 꾹꾹 가슴에 눌러 두는 흥이 오히려 더 많은 느낌과 기쁨을 줬다.

'신화'는 사랑의 듀엣, 아다지오로 그려냈다. 하늘거리는 여인의 춤사위와 힘찬 남성무가 조화를 이루며 놀이에서 축적된 흥이 은근한 교태와 관능으로 살아나는 느낌이다. 하지만 리프팅에서는 좀 무리가 느껴졌다. 하체에 무게 중심을 두는 한국춤의 어쩔 수 없는 한계다. 좀 더 여유를 갖고 가락을 타면서 들어올려야 하는데, 힘으로만 하려 해 눈에 걸렸다.

'신명'은 보름달이다. 대보름, 추석 등 흥겨운 세시풍속이 한데 모였다. 특히 산대놀이에서 따온 컬러 그림자극은 달에 사는 옥토끼의 전설이 재미있게 풀어지면서 자칫 지루해지기 쉬운 무대의 흐름을 반전시켰다.

'놀이'에서처럼 '신명'에서도 감정을 폭발시키지 않았다. 가야금과 단소의 유장한 가락을 바닥에 깔고 8인무로 펼쳐지는 동해안 별신굿 장구춤은 잘 갈무리된 흥이 멋지게 펼쳐졌다. 경쾌하게 돌아가는 예쁜 장구와 다양한 음색의 타악은 흥이 넘쳤지만 결코 지나치지 않았다. 마치 안방의 시어머니가 깰까 무서워 소근대면서도 수다와 놀이를 멈추지 않는 며느리들의 모습도 떠올랐다.

장구춤으로 잘 갈무리된 '신명'은 에필로그의 '강강술래'로 이어졌다. 강렬한 핀라이트가 장구마다 꼽히면서 강강술래로 변주된 동해안 별신굿 장구춤은 반원형 원무로 꼬리에 꼬리를 물며 달빛 아래 사랑술래 놀이를 펼쳤다. 역시 바닥까지 터뜨리지 않고 에너지와 호흡을 일정 부분 남겨둔 춤사위는 막이 내릴 때까지 객석의 긴장을 풀지 못하게 했다.

한편 무대의 달의 변화는 옥의 티였다. 초승달에서 보름달을 지나 하현달이 돼야 하는데 하현달로 시작, 보름달을 거쳐 다시 하현달이 구현됐다. 뒷공간이 부족한 아르코극장 사정상 어쩔 수 없었다고 하는데 두 번에 걸쳐 잘못 변화되는 달의 모습이 목구멍의 가시처럼 못내 걸렸다.

— 춤 2011년 7월호

윤혜정

프로젝트 합 2008년 8월 26~27일 국립극장 하늘극장

윤혜정부리푸리무용단의《프로젝트 합》은 제주 본풀이를 가야금, 해금, 락과 새로 만든 전자 설장고 음악 등에 맞춰 춤과 함께 풀어냈다.

우선 영상이 전형적인 디지털 분위기로 진부해 보였다. 극장 공간과 잘 맞지 않았고 키치하다는 느낌도 났다. 또 단음으로 깊이를 추구하는 가야금이 락 등 다른 음악의 만남이 쉽지 않았다. 이를 바탕으로 한 춤 역시 속도감이나 형상으로 풀어내기 힘들었다. 호흡과 깊이로 풀어내는 것이 가야금 음악에 대한 정답이 아닐까 싶다. 장면의 연결도 호흡이 끊어질 정도로 길었다. 차라리 밝게 하고 빨리 전환하면서 서사적 느낌을 주는 게 오히려 낫지 않았을까 싶다.

전자 설장고는 의도만큼 첨단이지 않았다. 치는 순간과 스피커를 통해 나오는 음 사이에 래그도 존재하는 것 같았고, 음량도 기대에 미치지 못했다.

'새철드는날'의 탈놀이 굿은 흥과 재미가 잘 어울렸다. 가야금에 해금, 락밴드의 크로스오버 연주에 한국 춤 특유의 신명이 잘 살아났으며 모자가 달린 후드티를 이용한 변형 탈춤이 재미를 더했다. 의상에 완성미를 좀 갖춘다면 이 부분만을 강화한 단독 춤작품도 가능해보였다. 전체적으로 작품의 긴장미와 속도감을 살려 밀도를 높여야 '합(合)'의 의미가 더 살아날 것 같다. 현재로는 '합'보다는 '분(分)'의 느낌이 더 강했다.　　　　— 춤 2008년 10월호

이경옥

바보 온달과 평강공주의 시소게임 2006년 1월 11~12일 아르코예술극장 대극장

《바보 온달과 평강공주의 시소게임》은 평강공주와 온달설화를 그림책의 이야기로 풀어냈다. 회전목마와 어린이 놀이터 형식으로 꾸민 무대는 상징적으로 잘 꾸며졌다. 국악과 락이 어우러진 라이브 음악도 신났다. 하지만 여기에서 펼쳐지는 온달과 평강의 사랑은 '그림책대로' 전개되지 않았다.

평강공주는 머리 위에 크리스마스트리용 전구로 만들어진 하트를 뗐다 붙였다 하는 등 우화적이었다. 팸플릿의 설명이 없었다면 연극 〈에쿠우스〉에 등장하는 말처럼 분장한 말들의 움직임에서 온달의 모습을 찾기는 쉽지 않았다. 평강과 온달의 사랑을 무대에서 찾기 힘들었다.

패러디를 하는 가장 큰 미덕은 익숙한 스토리의 돌발적인 변화를 통해 상식의 허를 찌르며 반전의 쾌미를 통해 통쾌한 카타르시스를 맛보게 하는 것이다. 그런 상식의 허를 찌르는 반전의 의미가 전해지지 않는다면 패러디는 패러디가 아니라 황당한 썰렁함이 되고 만다.

이 작품이 그랬다. 작가의 의도가 어땠든 간에 울보공주 평강이 산야에 떠도는 건강한 말에서 온달을 발견하고 벌이는 시소게임의 의미가 객석에 잘 전해지지 않았다. 이 작품은 그림책을 펼치는 아이의 모습으로 시작해, 그림책을 덮는 아이의 장면으로 끝난다. 하지만 이 아이가 과연 자신이 읽은 '어른들의 동화, 평강과 온달의 시소게임'을 이해했는지 의문이 든다. (또 아이는 분명 이해하지 못한 듯 서먹하게 연기하기도 했다.) 표현보다 안무자의 의도가 서너 걸음 앞서갔기 때문이 아닌가 싶다. 더욱이 막이 내린 뒤 록음악 연주를 곁들여 쟁과리와 함께 신나게 펼쳐진 비나리가 생뚱맞아 작품이 끝나고도 박수를 칠 기회마저 잃어버린 것 같았다.

깔끔한 무대와 신나는 라이브음악, 그리고 잘 짜인 조명 속에서 춤만 보이지 않았다. 이는 소설가 최인훈이 쓴 희곡 〈어디서 무엇이 되어 다시 만나리〉와 같은 절묘한 패러디에 따른 운명적 서사가 없었기 때문은 아닐까 싶다. 그래서 결정적 춤의 모멘트를 찾지 못해 내용 전달에 실패, 춤이 음악의 삽화에 그치고 만 느낌이다. — 춤 2006년 2월호

눈물 2007년 11월 4일 예술의전당 토월극장

이경옥무용단의 《눈물》은 영화 〈왕의 남자〉에서 소재를 따온 것으로 보인다. 연산군과 광대 공길, 그리고 장녹수 3명의 애증을 그렸다. 영화의 원작이 된 연극 〈이(爾)〉, 영화의 영향을 받아 연극을 다시 뮤지컬로 만드는 시도가 두 차례 있었다. 뮤지컬 〈이〉와 이를 버전업한 〈공길전〉이 잇따라 무대에 올랐다. 자연히 서로 다른 장르의 네 작품이 비교가 된다.

연극 〈이〉는 존재에 대한 의문을 묻는 탁월한 서사가 빛난다. 특히 주인공 공길과 장생이 하는 장님놀이 가운데 '너 거기 있고, 나 여기 있고'는 이 작품의 의미를 상징적으로 압축한다.

영화는 이 대사를 중심으로 장생과 공길, 연산의 관계를 극적으로 확장했다. 그러나 뮤지컬은 그렇지 못했다. 이 대사를 놓고 저작권 논쟁이 벌어져 원작 대사를 빼고, '냄새'와 '맛'으로 바꿨다. 그래서 작품의 냄새와 맛이 달라져 실패했다.

무용 《눈물》의 주인공은 공길이나 연산이 아니라 녹수로 보였다. 이대건의 마임으로 표현된 공길은 인형처럼 서사적으로 그냥 존재할 뿐이고, 최진욱의 연산은 분노만 표출하는 데 그쳤다. 그리움과 애틋한 사랑의 갈등 같은 디테일이 보이지 않았다. 붉은 옷을 입고 강렬한 이미지의 김미애의 녹수만 보였다. 온 몸의 관절을 꺾는 최근의 춤 유행에 맞춰 고통스러운 녹수의 이미지를 잘 표현했다.

미니멀한 무대, 깔끔한 영상 활용, 깊은 토월극장 무대 활용도 좋았지만 춤의 질에서 문제가 있어 보인다. 녹수의 춤 이외에는 마임에 불과했고 전체적으로 감정도 다소 과잉이었다.

공길과 연산, 녹수의 삼각관계를 이해할 갈등을 찾을 수 없었다. 모양은 좋은데 먹을 것이 없는 국면이다.

— 춤 2007년 12월호

독 · 살 · 청 Ⅲ 2008년 12월 1~2일 예술의전당 자유소극장

이경옥무용단의《독 · 살 · 청 Ⅲ》은 독(毒)하고, 살(煞)이 넘치는 작품이었다. 그러나 청(淸)으로 시원하게 풀어지지 않아 아쉬움이 남는다.

작품은 구음과 철금, 영상으로 '독'하게 시작했다. 특히 무대 밑의 지옥도가 좋았다. 인간의 원죄로 인한 저승의 분위기, 발목을 잡고 늘어지는 물귀신의 느낌이 소름끼치게 살아났다. 음독(陰毒)이 가득했고, 살 중에서도 관능적인 도화살(桃花煞)의 느낌이 났다.

무대를 가득 채운 공은 프로이트식 무의식의 관능으로 느껴졌다. 부드러운 여성의 가슴 등 육감적인 몸매가 연상됐다. 또 메치고 떼어내야 할 업으로도 생각됐다. 하지만 떠날 수 없는 것이 인간의 한계이기도 하다.

첫 머리와 마지막의 솔로춤이 묵직했다. 힘이 좋았다. 그러나 군무는 힘이 약해 좀 아쉬웠다. 공놀이가 좀 더 박력 있고 관능적으로 전개되면서 시원한 비와 함께 독과 살을 풀었으면 청이 살았을 텐데, 뭔가 모르게 맥없이 풀린 것 같아 좀 아쉽다.

이는 음악의 영향으로도 보인다. 구음과 철금, 아쟁, 방울은 전체적으로 강했다. 특히 구음이 강해 독과 살은 극적으로 표현됐으나 청을 돕는 소리는 찾기 힘들었다. 군무가 약했고, 음악마저 도움이 없어 청을 찾기 힘든 것이 아쉽다. 독과 살처럼 충격적인 청의 보완이 필요해 보인다.

— 춤 2009년 1월호

분홍신 2009년 7월 10~11일 아르코예술극장 대극장

이경옥의 춤은 외곬수라는 느낌이다. 방향을 정하면 좌고우면(左雇右眄)이 없다. 작품 첫

머리부터 관객의 가슴을 곧바로 찌르고 나올 때는 등에 식은땀이 날 때도 있다.

이경옥의 이 같은 공격적 접근은 그의 대표작 '독·살·청' 연작에 잘 드러난다.《분홍신》역시 같은 맥락이다. 그러나 소극장 작품인 '독·살·청' 연작이 무용수에서 뿜어져 나오는 에너지에 중점을 둔다면 대극장 작품인《분홍신》은 전체적 균형과 대칭에 방점이 찍혀 있다. 하지만 무용수의 움직임은 상대적으로 부드럽지만 전체적 그림과 움직임이 더해 만들어내는《분홍신》의 스펙터클은 '독·살·청'의 춤 에너지보다 더욱 강력해 보인다.

이경옥 작품의 또 하나의 특징은 수준높은 스태프진이다. 극본·연출 조광화, 무대 이태섭, 멀티미디어 최종범, 음악 미하엘 슈타우허 등 이번 작품에 참가한 스태프진 역시 해당 분야에서 국내 최고 수준이다. 그러나 결론부터 말하자면 전체 역량의 화학적 합이 개인적 역량의 물리적 합보다는 작은 것 같은 아쉬움이 없지 않다.

《분홍신》은 안데르센의 동화 〈빨간구두〉에서 착안했다. 동화는 권선징악의 아름다운 이야기만 있을 것 같은데 안데르센이나 그림형제 등 서양 동화의 원전은 꼭 그렇지도 않다. 신데렐라의 유리구두를 신기 위해 도끼로 발뒤꿈치를 자르는 등 엽기적이고 잔혹한 묘사와 표현이 많다. 〈빨간구두〉 역시 그렇다. 아름다운 빨간 구두를 신으면 춤을 출 수밖에 없는데 그 유혹을 이기지 못하고 빨간 구두를 신었다가 결국 발목을 자르고 나서야 춤을 멈출 수 있었던, 어떻게 보면 '미성년자 관람불가'의 그로테스크한 내용이다. 이경옥은 이 '빨간 구두'에서 인간의 거부할 수 없는 원초적 욕망의 뿌리를 찾아냈다.

명품 구두 프레젠테이션 형식의 에필로그로 시작, 무대 전면을 평면으로 쓰고 그 뒤에 기하학적 착시의 공간을 만든 이태섭의 무대에 잘 골라 뿌린 최종범의 영상은 작품 초반에 눈길을 확 잡아끌기 충분했다. 음악도 잔잔하면서 표현적으로 초반 이미지와 잘 어울렸다. 분장도 컬트한 분위기에 디스토피아적인 의상이 잘 어울렸다.

착시의 공간에서 독특한 움직임으로 무대 흐름을 장악하던 마법사가 무대 전면으로 나서 비녀를 뽑아 마법의 지휘봉 삼아 무용수들을 지휘했다. 6명의 무용수들은 연극적인 다양한 동작을 바탕으로 티격태격 인간의 끝 모를 욕망을 변주하며 관객들의 관심을 집중시켰다.

하지만 거기서 더 나아가지 못했다. 연출은 지나치게 연극적이어서 움직임을 물 흐르듯 자연스럽게 끌어내지 못했다. 다분히 언어적 바탕을 매개로 짜인 틀을 움직임이 과감하게 탈피해 새로운 언어를 만들어내지 못했다. 특히 춤은 의상과 음악에 갇혀 '발을 자르고서야 멈추는 미친 춤'의 에너지를 밖으로 끌어내지 못했다. 허영의 치마를 좀 더 일찍 찢고 상체의 움직임도 좀 더 다채롭게, 생동감있게, 미친 듯한 욕망의 에너지를 쏟아내 무대와 음악, 연극적 연출을 뛰어넘어야 했다. 전반부의 독특함과 스태프의 명성에 안주, 후반부 안무자의 모든 것을 걸고 벽을 허물고 나아갈 기회를 놓친 것 같아 아쉽다.   — 춤 2009년 8월호

안데르센-그 몇 가지에 대한 대화 2010년 4월 23~24일 서강대 메리홀

무대의 3분의2에 2층 철제무대를 설치하고 그 위에 스크린 사막으로 책 모양의 무대를 만드는 등 무대의 평면은 물론 높이까지 고려한 무대구성이 우선 눈길을 잡았다.

사막에 좌우 양쪽과 정면 3방향에서 현대미술가 마리킴의 영상소스를 투사, 강렬한 환상의 이미지를 만들어냈다. 영상은 다양하게 움직이며 좌우가 대칭인 빛의 데칼코마니를 만들어 관객들을 무대에 집중시켰다.

참을 수 없는 욕망을 쫓다가 결국 발목을 잘라야 했던 안데르센의 동화 〈분홍신〉의 주인공 카렌과 안데르센의 갈등이 해상도 높은 느린 춤으로 잘 드러났다. 잘려진 다리를 표현한 발목의 붉은 이미지, 카렌의 치마를 벗겨 입어보는 등 카렌의 창조를 위해 고민하는 안데르센의 모습이 재미있게 대비됐다. 카렌이 다시 치마를 받아들고 발만 내놓고 움직여 커다란 조개를 연상케 하는 등 독특한 이미지가 관능적 신음과 허밍으로 구성된 음악과 강한 인상의 컬트한 영상과 잘 맞물렸다. 카렌의 발목을 붙들매 거꾸로 매어 놓은 장면도 강렬했다. 거세된 욕망을 상징하는 직설적 이미지가 관능적 신음, 컬트한 영상, 전위적 음악, 고전에서 추출한 쫀득쫀득한 움직임이 잘 어울렸다. 환상적 사도마조히즘마저 느껴지는 좌절된 욕망이 설득력 있게 그려졌다.

움직임도 의미를 전달하는 단속적 마임에서 마법사의 느낌도 등장과 함께 속도감 있게 변화했다. 영상도 좌우 사막 뒤, 그리고 전면에서 쏘는 3방향의 영상으로 깊이와 넓이를 더하면서 움직임의 질도 크게 바뀌었다.

허공에서 내려온 다섯 개의 자루는 생명의 자루, 자궁의 느낌이 났다. 거기에 인어공주, 성냥팔이소녀, 야생백조, 미운 오리새끼, 눈의 여왕 등의 영상이 투사됐다. 좋은 시도인데 영상의 해상도가 좀 더 좋았더라면 하는 아쉬움이 없지 않다.

그 안에서 하나씩 얼굴, 다리, 손으로 뚫고 나오는 장면은 생명탄생의 지난함이, 경건함이, 경이가 고스란히 객석에 전해졌다. 태어나서 천을 이용해 움직이는 동작은 무용수로서는 결코 쉽지 않은 아크로바틱한 동작으로 세계 최대의 블록버스터 쇼를 자랑하는 캐나다 태양서커스의 묘기를 보는 듯 했다. 한국무용의 새로운 상상, 새로운 표현이라고 하기에 지나침이 없었다.

마침내 탯줄을 끊고 무대 위에 떨어져 물구나무서서 역전된 도착적 이미지로 안데르센에게 고난의 의미를 물었다. 공간의 분할, 이미지, 움직임의 유기적 구성 등 어느 것 하나 놓치지 않고 삶의 의미, 고통의 의미에 대해 강렬하게 문제를 제기했다. 안데르센 주인공들의 한을 올올이 풀어내는 한판의 씻김이요, 살풀이라는 생각이다. 또 주워 담기 힘들 정도로 확대된 이미지와 움직임들이 흥겨운 굿거리로 한데 녹아들어 한판 멋진 해원굿판으로 정리됐다.

아쉬운 점이 있다면 속도가 좀 더 강화되고, 캐릭터들의 신세 한탄과 갈등의 씻김굿과 살풀이가 서로 간에 보다 분명한 차별성을 가졌으면 싶다.　　　　　　　　　　　　　 — 춤 2010년 5월호

헨젤과 그레텔-비밀의 숲 2011년 8월 19~20일 아르코예술극장 대극장

그림형제의 동화는 아이들을 위한 동화가 아니다. 결코 해피엔딩이 아니다. 작은 구두에 큰 발을 집어넣기 위해 도끼로 뒤꿈치를 자르고 불에 달군 쇠신발을 신고 죽을 때까지 춤을 추게 한다. 전처의 자식을 버리는 것은 다반사이며 머리핀으로 사람을 찔러 죽이고 마녀를 화로에 집어넣기도 한다. 예부터 전해 내려오는 민담에 바탕한 잔혹한 컬트다. 민담은 오래된 시대의 그림자다. 압축된 민초의 삶이다. 할아버지와 할머니, 아버지와 어머니의 입에서 입으로 전해지며 껍질과 살은 썩어 사라지고 골수만 남아 시대의 핵심 가치를 증언한다. 억강부약, 권선징악 등 민초의 해피엔딩의 비원을 담고 있지만 그 과정은 결코 현재 윤색된 동화처럼 우아하게, 아름답게 전개되지 않는다. 피가 튀고 뼈가 부러지는 야만의 카니발이 펼쳐진다. 어른들을 위한 동화 만들기 작업에 주력해온 이경옥에게는 꼭 맞는 소재다.

이경옥은 행복한 동화의 원전에 자리 잡고 있는 음습한 기운에서 현대의 비정을 읽어내는

데 탁월하다. 그는 그림형제의 〈헨젤과 그레텔〉에서 현실의 버려진 아이들의 모습을 발견하고 냉혹한 반전을 끌어냈다. 한국춤의 기본 호흡과 사위를 압축하고 뒤집어 펼쳐내 깎고 풀어낸 헨젤과 그레텔의 희생과 보복은 시종 섬뜩한 에너지를 객석에 뿌려 충격을 줬다. 하지만 무대를 시원하게 분할, 장식한 설치 오브제와 화려한 조명, 그리고 곳곳에 배치한 재치 있는 패러디는 강렬한 메시지를 편하게 소화할 수 있게 했다. 그러나 막이 내린 뒤에도 가슴에 오래 남는 자통이 정했다. 어른들의 현실적인 동화 만들기에 몰두해온 한국춤 최고의 스타일리스트 이경옥의 춤세계가 이제 형식과 내용에서 완성점을 향해 치닫고 있다는 느낌이다.

무대는 밤하늘의 아름다운 별자리에서 시작됐다. 푸른 숲에서 바람도 시원했다. 그러나 거미가 등장하고, 검은 숲이 얹히는 등 결코 생명이 편안하게 숨쉬는 안락한 숲은 아니었다. 무언가 함정이, 어두운 기운이 느껴졌다. 동화 〈헨젤과 그레텔〉의 숲은 그랬다. 아버지가 남매를 버리기 위해 끌고 가는 비정의 숲이었다. 남매는 조각돌을 흩뿌려 달빛에 비치게 함으로서 밤하늘 별자리와 같이 길을 찾아 돌아가기도 하지만 결국 숲에 유기된다. 조각돌 대신 뿌려놓은 빵조각을 새들이 먹어치웠기 때문이다.

이경옥의《헨젤과 그레텔》첫 장에서 헨젤은 원작과 달리 '비밀의 숲'에서 희생되었다. 동화에서는 헨젤이 마녀에게 붙잡히고 그레텔이 마녀를 화덕에 밀어 죽여 오빠를 구했지만 이경옥의 동화는 달랐다. 먼저 헨젤의 희생을 곡(哭)했다. 헨젤의 힘겨운 방황과 고통스러운 출구 찾기가 그레고리안 성가풍의 음악에 맞춰 객석에 사실적으로 전해졌다.

첼로 또는 그보다 더 낮은 콘트라베이스와 피아노 연주음악으로 바뀌며 원색을 바탕에 깔고 비닐옷을 겹쳐 입은 아이들이 등장했다. 짧은 비닐옷의 허리를 묶어 풍성하게 부풀린 것이 마치 '한복 뛰뛰'처럼 보이기도 했다. 또 금박지, 은박지에 싸서 투명한 비닐로 포장한 사탕도 연상됐다. 발레《호두까기인형》에서 사탕요정의 춤에 등장한 즐거운 어린이들이 떠올랐다. 무대 위를 가득채운 거대한 수정덩어리, 또는 얼음덩어리 같은 오브제는 달콤한 사탕으로 가득 찬 아이들의 공간을 상징하는 것도 같았다. 그 안에서 경쾌하게 펼치는 군무는《백조의 호수》가운데 '파 드 캬트르'를 한국춤사위로 패러디한 것처럼도 느껴졌다.

아이들의 축제가 끝나고 나무를 상징하는 커다란 하얀 천이 내려왔다. 이 천은 회전하며 공간의 변화를 주며 미로를 만들기도 하고 스크린으로 기능하는 등 비밀의 숲의 천변만화를 표현하는 데 적절했다. 그 자체로 설치작품이었으며 춤과 영상과 어울려 살아있는 만화경 역할을 충분히 했다.

흰 천으로 만들어진 미니멀한 비밀의 숲에서 아이들의 움직임은 조명과 음악, 그리고 스토리의 변화에 따라 힘차고 유기적으로 움직였다. 군무에 특히 강한 한국춤의 특징을 유감없이 발휘하면서도 각 춤 구성요소의 다양성을 잃지 않았다. 똑같은 음의 제창이 아니라 조화로운 화음의 합창으로 만든 군무가 마법에 걸린 아이들의 신들린 즐거움을 한껏 그려냈다. 무용수의 얼굴에 칠한 흰 분은 삶과 죽음의 경계의 서사성을 상징적으로 드러냈다.

빗소리와 함께 진홍색 조명을 배경으로 그랜드 피아노의 비장한 카덴자가 라이브로 펼쳐졌다. 이에 맞춰 마녀의 솔로춤이 음습한 에너지를 한껏 응축, 폭발시켰다. 아이들을 자기의 것으로 만들었다는 자신감이 넘쳤다. 비밀의 숲에 자기만의 왕국을 건설했다는 기쁨의 춤이었다. 핏빛 조명이 쏟아지는 가운데 붉은 마녀의 춤은 주술성마저 느껴질 정도로 귀기가 어렸다.

하지만 버려진 아이들은 만만치 않았다. 윗물이 아랫물을 밀어낸다고 오히려 마녀를 사냥했다. 그레텔이 그랬던 것처럼. 아이들은 마치 체스놀이 하듯 미로의 비밀의 숲에서 마녀를 몰아세웠다. 전편에서 강인한 마녀의 인상에 비해 너무 쉽게 아이들에게 쫓겨나는 것 같아 좀 더 강렬한 전투장면이 펼쳐졌으며 하는 아쉬움이 남았다.

이어 목에 줄을 매단 남성이 등장했다. 아이들을 버린 것을 후회하는 아버지의 느낌이다. 동화에서는 계모에게 속아서 그랬지만 여기에서는 경제적, 사회적, 문화적, 심지어 정치적인 어떤 다른 이유까지 느껴지는 고통스런 반성의 춤사위였다.

하지만 비밀의 숲의 아이들은 더 이상 시작 때의 아름답고 즐거운 백조가 아니었다. 검은 옷으로 바꿔 입은 그들은 관능적이고, 공격적인, 치명적 위험을 갖고 있는 흑조였다. 그들은 마녀는 물론 어른들 모두를 쫓아내 자신들의 왕국으로 만들어 버린 비밀의 숲을 불사르고 새로운 숲을 향해 움직였다. 자신들을 버린 세상 모두에게 복수하려는 듯이.

— 춤 2011년 9월호

슬픈 빨강-헨젤과 그레텔에게 2012년 3월 16~17일 서강대 메리홀

그림형제의 동화를 원작으로 한《슬픈 빨강-헨젤과 그레텔에게》은 2011년 공연한《헨젤과 그레텔-비밀의 숲》의 시즌2다. 전편이 악마처럼 변해 버린 버려진 아이들이 숲 자체를 파괴하는 반역을 그렸는데 이번 작품은 이들이 어떻게 버려져 악마처럼 변해가는지에 초점을 맞췄다. 후속편이지만 사실상 시점은 앞서있는 프리퀄(prequel) 형식의 작품이다.

이경옥은 행복한 동화의 원전에 자리 잡고 있는 음습한 기운에서 현대사회의 부조리를 해부, 풍자하는데 탁월한 무용가. 낮은 무게 중심에서 끌어내는 한국무용 특유의 깊은 에너지로 동화의 밑바탕에 깔려있는 인간의 원초적인 본성을 그만의 이미지로 잡아낸다. 이경옥은 계모의 학대로 버려진 남매의 이야기를 그린 그림형제의 동화 〈헨델과 그레텔〉에서 가정의 해체로 버려지는 현대사회의 아이들의 모습을 발견, 신랄하게 파헤쳤다.

아르코예술극장 대극장에서 서강대 메리홀로 옮겨오며 상대적으로 낮아지고 집약적인 무대를 효과적으로 이용, 배정완의 설치와 최종범의 영상을 집중시켰다. 숲 속 미로를 연상시키는 설치작업에 투사된 입체적 공간영상아트를 배경으로 한국춤의 기본 호흡과 사위를 압축하고 뒤집어 펼쳐내 깎고 풀어낸 '작은 악마들'의 탄생은 시종 섬뜩한 에너지를 객석에 뿌려 충격을 줬다. 중편의 대칭과 균제를 단편의 루비 같은 집약으로 강렬하게 응축시키는 데 성공했다.

— 춤 2012년 4월호

이경은

The Two 2005년 9월 24~25일 문예진흥원 예술극장 소극장

《The Two》는 이경은의 출세작《오프 데스티니(Off Destiny)》, 키프로스 작곡가 에비스 사무티즈와 함께 한《투(Two)》, 일본 사이토 에이지와 공동안무한《사이(Between)》등 세 작품으로 구성됐다.

《오프 데스티니》는 무대를 절반으로 잘라 몸으로 먼저 춤을 추고, 폭발적인 음악을 나중에 들려주며 나머지 공간을 보여주며 인간의 소통을 절실하게 그렸다.《투》도 독특한 라이브 퍼큐션 연주에 맞춰 독특한 움직임을 만들어냈다. 두 작품의 공통점은 끝날 때 관객들을 압도하며 뭔가 강한 것을 남기며 확실하게 끝낸다는 것이다.

이날 가장 많은 박수를 받은 것은《사이》. 사이토 에이지와 그림자 같은 이중성으로 자아 분열, 나아가 원래의 반쪽과의 끝없는 경쟁과 따르기 등 수줍은 사람살이의 일상을 아름답고 재미있게 표현했다. 한 면은 하얗고, 다른 한 면은 주홍색인 판 하나를 이용해 이렇게 많은 서로 다른 이미지를 만들어낸 것이 놀랍다. 이경은과 사이토 에이지는 이 판자를 마치 마법의 양탄자처럼 이용하면서 가슴 따뜻한 즐거움을 만들어냈다.   — 춤 2005년 10월호

춘몽 2006년 12월 14~16일 예술의전당 자유소극장

리케이댄스(Lee K. Dance)의 《춘몽》은 '이 순간이 제발 꿈이기를' 바라는 '이상하고' '나쁜' 악몽으로 시작한다. 하지만 무대에서 악몽을 찾기 어려웠다. 텔레비전 드라마를 보며 지극히 일상적인 삶의 반복이 울음과 웃음 속에 섞여 전개됐다. 전혀 악몽으로 보이지 않는다. 오히려 깨지 말았으면 하는 지극히 편안한 일상으로 보였다.

그래서 '나쁜 꿈은 깨어나야 한다'는 2부가 설득력 있게 다가오지 않았다. 무용수들이 얽혀서 올라가는 모습은 재미있었다. 하지만 지루한 반복으로 '깨어나야 하는 악몽'의 진행과 큰 차이를 찾기 힘들었다.

허공에서 쌀과자가 잔뜩 떨어졌다. 나른한 봄잠에 허망한 봄꿈인가, 아니면 광야에서 방랑하는 선택된 인간에게 주는 하늘의 '만나'인가. 정확한 해석이 쉽지 않았다.

이를 밟고 지나며 만드는 강강술래, 찜질방 풍경에 원피스 차림 등은 '내가 만들어 가는 꿈', 같은 꿈을 꾸는 사람들의 이미지로는 잘 연결되지 않았다.

사춘기소녀의 일장춘몽을 그린 것이기에 의미와 이미지, 움직임의 표현과 경계가 모호할 수밖에 없었는지도 모르겠다. 하지만 깔끔한 동작에 명랑한 유머, 강렬한 메시지를 담아내는 데 장기를 보였던 이경은의 작품이라기에는 표피적인 인상에 치우쳐 많은 아쉬움이 남는다.　　 — 춤 2007년 1월호

이것은 꿈이 아니다 2010년 3월 19~21일 아르코예술극장 대극장

초현실주의 화가 르네 마그리트가 그린 〈Ceci n'est pas une pipe.〉라는 작품이 있다. 큼직하게 담배 파이프를 그린 뒤, 그 밑에다 'Ceci n'est pas une pipe(이것은 파이프가 아니다)'라는 문장을 쓴 작품이다. 파이프를 보면서 동시에 파이프가 아니라는 말을 듣는 이율배반적인 그림이다.

사실 맞다. 이 작품은 엄밀히 말해서 '파이프를 그린 그림'이지 '파이프가 아니다.' 파이프를 보면서 파이프가 아니라는 말을 이해하는 이 그림은 말조차 그림의 설명이나 제목이 아

니라 작품의 일부라는 것을 일깨워준다. 사물은 우리 눈에 보이는 대로가 아닌 그 자체로 존재하는 것이다. 이미지는 이미지일 분이지 그것이 꾸며내려는 어떤 것이 아니다. 하나의 그림은 실제적인 기능을 하는 그림일 뿐이며, 그 나머지는 모두 환영일 뿐이다.

그렇다면 마치 실제로 존재하는 것처럼 우리가 믿고 찬사를 보내고 경의를 표하는 또 다른 환영들은 무엇일까. 바로 '이미지의 배반'이다.

마그리트는 이 그림을 통해 우리 주변에 가득한 전광판, 화면, 간판, 광고물 등의 '이미지의 배반'을 질타한다. 우리가 기꺼이 실재로 믿고 몸을 던지는 이런 허상들의 가리개를 들어 올려 실체를 폭로한다. 지금 보고 있는 것은 종이 위에 발라진 잉크에 불과하다, 이 표시들이 다른 어떤 것이라면 우리가 암묵적으로 그렇게 보기로 동의한 것에 불과하다. 마그리트는 이 율배반의 모순을 통해 '벌거벗은 임금님'의 실체를 알린 천진한 소년인 것이다.

그러나 리케이댄스의《이것은 꿈이 아니다》는 〈이것은 파이프가 아니다〉가 아니었다. '꿈을 그리기 위해' 무던히 노력한 '꿈꾸던 작품'이었다. 물론 안무자가 마그리트의 작품을 생각하고 작품을 구상한 것이 아닐 수 있다. 하지만 마그리트의 작품이 현대예술사에서 워낙 기념비적인 작품이라 비슷한 구조의 제목에서 그의 작품이 자동연상되는 것은 어쩔 수 없다. 그런 점에서 이 작품은 손해를 보고 들어갈 수밖에 없다. 비슷한 구조의 제목에서 유사한 목표를 겨냥했다면 효과가 배가 됐을 가능성도 없지 않았지만 현실은 그렇지 못했다.

작품은 제목과 반대로 몽상적으로 펼쳐졌다. 노트북 컴퓨터와 스피커를 연상케 하는 세련된 무대에서 중독적이고 반복적인 리듬에 맞춰 네 개의 손에 두 개의 머리를 가진 샴쌍둥이 이미지 등 그로테스크하면서도 다양한 몽환적 이미지를 만들어냈다. 움직임도 다채롭고 명랑하게 펼쳐졌다. 꿈이어서 그런지 중력감이 없이 경쾌하게 짜인 것도 재미있었다.

하지만 좋은 그림과 구상만으로는 관객들을 30분 이상 무대에 집중시키기 힘들다. 역시 춤에는 춤이 있어야 한다. 걷고 서고 뛰고 나는 모든 것이 춤이라고 할 수 있다. 하지만 이 모든 것이 자유롭게 쓸 수 있는 몸에서 나오는 움직임이다. 억지로 걷고 서고 뛰고 나는 것은 서툰 춤이라고밖에 할 수 없다.

《이것이 꿈이 아니다》는 좋은 아이디어에 영상과 조명, 무대, 음악 가능한 최상의 스태프들이 가세해 만든 화려한 블록버스터임이 분명하다. 하지만 가장 중요한 것은 춤이다. 무용수들이 안무자의 의도를 효과적으로 그려내지 못하면서 무대와 조명에 짓눌리고 말았다. 마지막에 전라의 무용수가 등장, 안간힘을 써보기도 했지만, 〈이것은 파이프가 아니다〉처럼 '

이미지의 배반'을 폭로하는 혁명적 작품이 되지 못했다. 오히려 이미지에 함몰돼 춤을 잃어 버린 모양이 되고 말았다. 　　　　　　　　　　　　　　　　　　　— 춤 2010년 4월호

이고은

카드게임 2009년 5월 8~9일 아르코시티극장 대극장

　이고은발레단의《카드게임》은 무대와 객석의 경계를 허물고 발레에 연극과 마임, 마법을 더하는 등 관객과의 소통욕구가 적극적이었다.

　《늑대와 빨간 두건》,《미스터 심학규 VS 미스 뺑덕》등의 발레 본연의 기품을 잃지 않으면서도 일반인이 쉽게 다가설 수 있는 작품을 추구해 온 이고은발레단은 오페라를 대중화한 오페레타와 같은 발레를 추구해왔다. 신작《카드게임》역시 〈이상한 나라의 앨리스〉, 〈80일간의 세계일주〉, 〈웨스턴 영화〉등 널리 알려진 동화와 소설, 영화에서 모티브를 가져와 카드게임에 접목, 인간 삶의 영원한 숙제인 은밀한 사랑을 풀어냈다. 주인공이 토끼를 따라 이상한 나라에 들어가듯 카드여왕과 병졸이 미국 서부의 총잡이들이 모여 있는 선술집에 들어갔다가 갑자기 영국 신사들의 클럽으로 이동하는 등 쫓고 쫓기며 좌충우돌하는 스토리 라인이 재미있다. '원숭이 똥구멍은 빨개, 빨가면 사과, 사과는 맛있어, 맛있으면 바나나, 바나나는 길어, 길으면 기차, 기차는 빨라, 빠르면 비행기, 비행기는 높아, 높은 건 백두산' 등 원숭이 똥구멍이 백두산으로 이어지는 어이없고 재미있는 자유연상처럼 작품의 전개는 거침이 없었다.

　포악한 카드여왕과 어설픈 병졸의 우여곡절 사랑이야기를 현실과 환상의 경계가 불분명한 구성으로 꾸미며 무대와 객석의 경계를 허물어 천변만화하는 상상의 세계가 흥미롭게 펼쳐졌다. 마임과 마술로 재미를 더하고, 평면을 위에서 내려다보는 것처럼 착시현상을 일으키는

부감효과 등 화려한 무대미술에 광대의 안내와 스토리보드로 이해를 도왔다.

복고풍 댄스뮤지컬로서의 흥미로운 가능성을 보였지만 이 작품역시 공들인 장면을 버리지 못한 아쉬움이 있다. 특히 카드게임을 하는 서부영화의 장면을 부감효과와 자석카드를 사용, 잘 표현했다. 그러나 아무리 공을 들이고 재미있어도 절약을 해야 한다. 좋다고 늘여버리면 이내 관객들은 곧 식상, 전체 흐름에 대한 흥미마저 잃게 마련이다. 3분 이내에 깔끔하게 마무리, 인상을 강화했으면 더욱 효과적이었을 것으로 보인다.

특히 지나치게 작위적이어서 자연스러움을 놓친 것도 아쉬운 부분이다. 매튜 본을 참조, 좀 더 적극적이고 과감한, 자연스러운 카드여왕과 병사의 사랑을 구성했다면 어땠을까 싶다. 또 '베니힐 쇼'처럼 좀 더 공격적인 풍자도 필요해 보였다. 음악도 좀 밋밋했다. 가능성 있는 무대와 춤, 공들인 의상과 소품을 목표 관객 타겟에 맞춰 과감하게 다듬어낸다면 '한국의 매튜 본'이 결코 불가능할 것도 없어 보인다.   — 춤 2009년 6월호

이미희

순환 속으로 2011년 6월 24일 서강대 메리홀

서정춤세상의 《순환 속으로》는 강렬한 한국춤 호흡과 현란한 디지털 테크닉이 만나 만들어낸 차세대 '디지로그(digilog · digital+analog)' 한국춤으로 평가된다.

무대는 디지털 기술의 효과적 적용이 가능하게 구성됐다. 무대 중앙 바닥에 스크린이 마련된 가운데 이를 둘러싸고 뒤쪽에 단이 세워져 있고 단의 양쪽 끝에서 무대 앞쪽으로 'ㄷ'형으로 경사무대가 만들어졌다. 춤의 공간은 중앙과 ㄷ자형 경사무대 두 곳에서 전략적으로 마련됐고 디지털 영상은 바닥과 사막 등에서 다양하게 투영됐다. 음악은 '디지로그' 춤에 걸맞게 신디사이저 등 다양한 전자음악과 국악악기가 협연, 환상적 분위기를 만들어냈다. 그안에서 한국춤 특유의 강렬한 호흡과 맺고 끊는 춤사위가 형의 경계를 넘어 펼쳐졌다. 하지만 한 작품에 너무 무리하게 많은 것을 담아놓아 소화불량의 느낌이 없지 않았다. 최소 2~3개의 작품으로 나누었으면 어땠을까 싶다.

작품은 '낚시꾼과 물고기' '절벽 위의 여자, 그 순간' '탐욕과 위선' '위험한 관계' '추락' '무(無)' '흔적, 윤회의 바퀴' '그 자리' 등 모두 8개의 장으로 구성됐다. 그러나 장의 단락이 단절되지 않고 유기적으로 잘 흘러갔다.

낚시꾼인지 스스로 낚시에 걸린 물고기인지 모르는 남자가 등장, 바닥에 투영된 푸른 물의 영상 주위에서 유영했다. 금붕어도 잡아 올리면서 인터액티브 영상으로 영상에 투영되면 이미지가 증폭됐다. 이내 남자가 객석에 등을 보인 채 드러눕고 광섬유에 묶인 여성이 등장,

고통스러운 몸짓을 토해냈다. 귀청을 파고들며 가슴을 후비는 격한 전자음이 여인의 고통을 직설적으로 전했고 움직임은 그대로 반응했다.

무음악으로 배경 사막에 3D 디지털 영상이 투영되고 여기에 침팬지를 연상시키는 동자승의 순진한 장난기 어린 무브먼트가 인터랙티브하게 더해졌다. 배경 사막의 영상이 사라지고 동자승의 움직임에 스포트라이트가 비춰진 가운데 동자승은 놋그릇을 들고 우스꽝스런, 그러나 밉지 않은 몸짓의 춤을 췄다. 스포트라이트는 좁혀져 놋그릇에만 집중된 가운데 상반신을 벗은 남성무용수가 어둠 속에서 등장하고 이를 실루엣으로 촬영, 레이저로 분해한 듯한 인터랙티브 영상이 무대에 쏟아지며 놋그릇에서 떠오르는 홀로그램의 느낌이 나기도 했다. 밥으로 상징되는 물질에 대한 탐욕의 이미지가 느껴졌다.

인터랙티브 영상이 사라진 뒤 남성무용수는 객석을 등에 지고 격렬한 움직임을 펼쳐냈고, 강한 조명이 그에게 쏟아지며 사막에 용틀임치는 그림자를 만들어냈다. 또 사막 뒤에서 춤을 추는 동자승의 큰 그림자가 어울려 인간의 욕망과 해탈의 갈등이 격하게 전개됐다.

음악도 퍼큐션이 더해지면서 사막의 그림자가 사라지면 아크로바틱한 춤만 무대에 남았다. 놋그릇을 손에 들고 어깨에, 등에, 배에 얹어내며 만들어내는 이미지는 독특했다. 황석영의 소설에 등장, 끝없이 실패하면서도 등에 그릇을 올려놓으며 보통사람을 깨우치는 척추장애자의 고통스러운 밥그릇 수련이 떠오르기도 했다.

흰 옷과 검은 옷을 입은 여성 무용수들이 긴장감 넘치는 철금의 연주를 배경으로 요강으로 연상되는 그릇을 들고 나와 관능적인 거친 움직임을 펼쳐냈다. 위험한 긴장감이 계속되며 요강을 든 여자만 남은 가운데 놋그릇을 든 동자승이 등장, 탐욕과 관능의 변주가 펼쳐지는 듯했다. 이어 각자의 그릇을 든 네 명의 여성무용수가 등장, 미래주의적 독특한 퍼큐션에 맞춰 격렬한 동작을 빠르게 펼쳐냈다. 제의적 무브먼트가 더해져 움직임을 더욱 격해졌다. 다양한 조명 속에서 리듬과 비트는 더욱 강렬해졌으며 이에 맞춰 춤은 더욱 빨라져 신들린 무당춤의 몸짓으로 느껴지기도 했다. 아프리카 음색의 구음과 퍼큐션을 배경으로 제의적 춤으로 변하면서도 밥그릇의 상징은 이어졌고 접신한 듯 무용수들은 하나둘씩 쓰러져갔다.

머리를 깎고 상체를 드러낸 남성무용수가 등장, 밥그릇을 모두 빼앗고 쓰러진 여성들을 무대 뒤 단으로 몰아 올렸다. 이들의 오른쪽에 장구 등 사물 연주자가 등장했고 이미희가 무대에 올라 모든 그릇을 업보처럼 힘겹게 들고 굿거리 중모리 장단에 맞춰 느릿느릿 춤을 췄다. 점차로 움직임이 빨라지며 중중모리, 자진모리장단으로 넘어가며 객석은 흥겨우면서도 신명이 넘치는 굿판으로 변했다. 굿판이 느리게 마무리되면서 그릇을 하나씩 들고 마치 살풀이의 한삼자락처럼 풀어놓으며 격렬한 휘모리로 펼쳐지다가 한데 모아 머리에 인 채 고달픈 현실의 한국의 어머니로 돌아왔다.

살아난 여성무용수들이 무대 한가운데 영상이 투사된 가운데에서 춤추는 이미희를 둘러쌌았다. 신들린 사물의 연주가 난타하는 가운데 음악을 그대로 살린 영상이 푸른빛으로 바닥을 수놓았다. 애잔한 해금연주에 맞춰 무용수들이 다시 등장, 느릿하게 감정을 다스리다가 다시 온 몸을 던져 한 판 삶의 행복을 춤춘 뒤 신비한 느낌의 잔잔한 디지털 음악으로 마무리됐다.

한 편 한 편 노력한 흔적이 역연한 무대였지만 종합적으로는 너무 많은 이야기를 담으려해 구성이 좀 산만했다는 느낌이다.　　　　　　　　　　　　　　— 춤 2011년 8월호

이애덕

바람인가, 마음인가 2004년 10월 13일 예술의전당 자유소극장

'장자'를 소재로 한 창작 한국춤《바람인가, 마음인가》는 춤의 형태보다는 속도 변화를 통해 주제에 접근했다는 점에서 참신했다. 느림을 통해 장자의 내면을 해석한 이 작품은 안무자의 전작《호접몽》의 연장선상에 있다. 안무자는 2002년 설치미술가 김영진과 함께 '나비가 장주의 꿈을 꾸는가, 장주가 나비꿈을 꾸는가'라는 동양적 인식론의 묘체를 갈파한 장자의 '호접몽'을 단편으로 풀어냈었다.

이 작품은 단편 속에 장자의 정수를 무리하게 담아내려 했던 전작의 무거움을 털고 장자를 자기 삶의 경험으로 편하게 해석하려 한 점이 특히 돋보인다. '좌망(坐忘)'에서 시작, '잎의 소리, 나무의 노래', '바람인가 마음인가'를 거쳐, '나무, 흐르듯 걷다'로 마무리한 논리적 전개가 편안해 보인다. 아침에 일어서 명상으로 시작해, 생명을 느끼고 갈등을 거쳐 해탈하는 장자의 하루, 또는 봄에 탄생한 생명이 여름의 성장과 가을의 성숙을 거쳐, 새로운 삶을 준비하는 겨울로 이어지는 무욕의 순환이 느껴진다.

1장 '좌망'은 다섯 개의 서로 다른 좌대에 앉아 아주 느리게 움직이는 춤으로 시작했다. 비움으로 채우고, 고요함으로 움직임을 느끼는 장자의 상대성이 생각난다.

2장 '잎의 소리, 나무의 노래'는 좌대를 벗어나 관능적인 춤이 부드럽게 이어지다가 때로 속도감과 힘을 갖추고 변주됐다. 점층과 점강이 부드럽게 이어졌다. 하지만 1장과 2장 사이의 암전이 좀 길었다.

3장 '바람인가 마음인가'는 날카로운 철금과 명상적인 오카리나, 첼로 등으로 편집한 음악에 맞춰 큰 동작으로 느리게 췄다. 느리면서도 처지지 않은 것이 끊임없는 갈등과 이것에 지지 않으려는 강한 의지의 투쟁이 느껴진다.

4장 '나무, 흐르듯 걷다'에서 체념의 미학을 건조하면서도 단호하게 표현했다. 윤정민의 단정한 움직임과 김율희의 묵직한 무브먼트, 박경은의 화려한 춤사위가 이애덕의 단순한 춤선을 중심으로 잘 자리를 잡았다.

장자 외편의 '추수'에 다리가 하나인 '기'의 이야기가 나온다. 다리가 하나인 '기'는 다리가 많은 노리개 '현'을 부러워하고, 현은 다리 없이도 가는 뱀을 부러워하고, 뱀은 형체 없이도 가는 바람을 부러워한다. 바람은 바라보는 대로 가는 눈을 부러워하고, 눈은 보기도 전에 이미 가있는 마음을 부러워한다.

마음은 더 이상 움직이지 않는 부동을 꿈꾸지 않을까. 장자의 사유는 꿈이 꿈으로 이뤄져 어디까지가 꿈인지, 모든 게 꿈만 같다. 부질없으면서도 꾸어야 하는 꿈, '바람인가 마음인가'는 이 기의 마음, 눈의 마음을 넘어선 장자의 초월을 달콤, 깔끔하게 맛보게 했다.

— 춤 2004년 11월호

이애주

영가무도(詠歌舞蹈) 2003년 12월 10일 과천시민회관 대극장

이애주가 고대로부터 전승된 춤에서 음악(詠)과 노래(歌), 춤(舞蹈)이 한데 어우러진 새로운 춤형식으로 찾아낸《영가무도(詠歌舞蹈)》는 세미나와 사찰 등의 공연에서 간간이 소개되기는 했지만 정식 극장에서는 이번이 첫 공연으로 생각된다.

1980년대 군부독재 치하의 민주화투쟁시절 '바람맞이 춤'으로 한 시대를 풍미했던 이애주가 1997년 중요무형문화재 제27호 승무 예능보유자로 지정됐을 때 그에게 "한국춤에서 창작이란 무엇이냐"고 물은 적이 있었다. 전통춤의 보존기능에 주력해야 하는 '인간문화재'가 된 그가 과연 창작춤이라고 할 수 있는 '바람맞이 춤'에 대해 어떻게 생각하는지 알고 싶어 한 질문이다. 그때 그는 웃으며 "한국춤에서 창작은 없다"고 말했었다. '승무'와 '살풀이'를 그저 반복하고 따라하다 보면 한국춤의 길이 열리는데 이 과정에서 자신도 모르게 추는 '입춤'이 창작춤일 것이라고 말했다. 그는 '영가무도'에 대해서도 창작이라는 말은 쓰지 않는다. 그러나 야사에 근거를 두고, 말로 전해지는 '영가무도'에 뼈를 세우고 살을 입히는 것은 분명 하나의 창작이요, 실험에 다름 아니라고 생각된다.

이날 공연은 '영가무도'의 교육으로부터 시작했다. 이애주는 '음, 아, 어, 이, 우'라는 다섯 음절을 짧게, 점점 길게, 아주 길게 반복하며 손바닥으로 바닥을 치다가 몸을 치기 시작했다. 박수도 치고, 배도 치고 허리를 치다가 어깨, 가슴 등 온 몸을 치며 서서히 일어난다. 점차 신명이 들어 자기를 잊는 입신으로 들어가는 것 같다. '막춤'이라고도 할 수 있는 자연스러운

손짓과 발짓, 몸짓으로 정신없이 확대된다. 그리고는 이내 혼절한 듯 쓰러진다. 쓰러져서도 계속 노래하던 이애주는 서서히 일어나 어깨짓에서 발짓으로 득도한 보살처럼 춤을 춘다.

제의적이거나 신들린 무의식의 춤처럼 보이기도 하지만 기승전결이 분명하고, 명백하게 계산된 틀에서 애드립, 임프로비제이션 하는 것으로 미루어 굿의 전통춤, 토속춤과는 분명 구분된다. 춤과 노래에서 밀교나 샤머니즘의 제의성, 주술성이 강하게 느껴지지만 의식적인 절도와 구조가 분명히 느껴진다는 점에서 원시적 진정성이 우러나는 생명력이 있는 창작춤, 명상춤, 전위춤의 하나라고 하기에 부족하지 않아 보인다.

이애주의 《영가무도》는 엄격한 형식미의 한국춤에서 신화적이고 주술적인 방법으로 즉흥성을 통해 초자연적인 원시적 생명력을 심화시켰다.   — 춤 2004년 1월호

이은영

결혼 2003년 12월 30일 씨어터제로

《결혼》은 러시아의 대륙적인 음악을 바탕으로 묵직한 한국춤으로 뼈대를 세우고, 그 위에 생기 있는 현대무용으로 옷을 해입힌 감각적인 작품으로 생각된다.

특히 천정에서 바닥으로 길게 늘여진 천의 활용이 인상적이었다. 붉은색 천은 우선 결혼을 주재하는 적승도인의 붉은 줄(赤繩)을 연상시켰다. 이어 머리에 둘러쓰고 늘어뜨린 천은 얼핏 순결한 처녀성을 상징하는 수녀복처럼도 느껴졌다. 또 부케를 들고 구멍을 뚫어 드레스처럼 입었을 때는 웨딩드레스로도 보였다. 안무자는 소극장 무대에서 무대의 절반이상을 차지하는 간단한 대도구의 다양하고 효과적인 이용을 통해 자신의 의도를 객석에 인상적으로 전달하는 데 성공했다.

이 같은 배경에서 추어진 춤은 천처럼 탄력이 넘쳤고 많은 생각의 단서를 제공했다. 이은영의 춤은 한국춤 특유의 안정된 기반 위에 부드러운 손놀림과 어깨짓이 곡선으로 이어졌고, 그 주위로 현대무용가 김남식 특유의 힘있는 춤사위가 직선적으로 전개돼 부드러움과 굳셈이 천을 매개로 훌륭한 조화를 이뤘다.

춤은 신성한 의식으로 시작해, 엉키고 꼬이는 놀이와 갈등이 건강한 관능으로 앞뒤가 잘 맞아 풀어졌다. 러시아적 정열과 한국적 정한의 움직임이 잘 어울려 '전쟁 같은 결혼'이 힘차고 부드러운 춤으로 형상화된 느낌이다. 소극장 무대에 어울리는 땀이 가득한 정성스런 젊은 무대였다.

— 춤 2004년 2월호

이은주

무어화(舞於畵) 2010년 9월 8일 국립국악원 우면당

이은주의 춤《무어화(舞於畵)》는 단정한 한영숙류 살풀이춤, 승무의 진면목과 함께 이를 새롭게 해석한 '춤 그림'을 볼 수 있는 무대였다.

한영숙류 살풀이춤은 1938년 한영숙의 할아버지 한성준의 제1회 발표회에서 '살푸리춤'이라는 이름으로 한영숙에 의해 처음 추어졌다. 수건을 들고 춘다고 해서 '수건춤', 서서 추는 춤이라 '입춤', 짜이지 않고 음악에 맞춰 몸이 가는 대로 추어서 '즉흥무' 등으로 불리다가 살풀이장단에 맞추어 춘다고 해서 '살풀이춤'으로 굳어졌다.

이매방류, 김숙자류 살풀이춤이 각각 무형문화재로 지정됐지만 한영숙류 살풀이춤은 무형문화재로 지정되지 않았다. 이은주는 이에 대해 무언의 시위라도 하는 듯 다른 살풀이춤과 비슷하면서도 전혀 다른 한영숙류 살풀이춤을 부족하지도 넘치지도 않는 자연미와 절제미로 서늘하게 그려냈다.

이은주는 또 한영숙류 살풀이와 승무를 바탕으로 만든 창작춤《금선무(琴扇舞)》와《무어화》를 선보였다. 신윤복의 미인도를 춤으로 그려낸《금선무》는 뜨거운 열정이 잘 갈무리된 절제미가 빛났고, 춤 자체가 그림이 되고 또 그림이 춤이 되는 과정을 그린《무어화》는 단아한 절제미 속에 꼿꼿한 기품과 품격을 담아내 '이은주류 입춤'의 탄생을 기대하게 했다.

— 춤 2010년 10월호

이 정 연

그림자 왈츠 2007년 2월 23~24일 서강대 메리홀

이정연의《그림자 왈츠》는 2002년 고전적인 고난도 테크닉을 바탕으로 구축한 젠가 놀이를 통해 삶의 긴장과 허무를 상징적으로 표현한 15분짜리 실연을 모태로 만들어졌다. 이 실연은 심사위원 전원 일치로 서울문화재단의 「젊은 예술가 지원 프로그램」에 선정됐을 정도로 작품성이 인정됐다. 실연심사에서 암담한 청춘의 현실과 그에 따른 불안을 젠가 놀이에 담아 흥겨우면서도 깔끔하게 풀어냈다. 작품이 가지고 있는 상징성과 테크닉의 외연과 내포가 상당히 압축적이고 인상적이어서 실제 작품이 더 기대됐다.

하지만 그렇지 못했다. 정작 1시간 이상의 본 작품에서는 무거운 주제에 가위눌려 본래 갖고 있던 상징과 상상력, 테크닉도 다 풀어내지 못했다. 15분이 표현주의적인 편집증적 집착에 매몰돼, 거북한 직설적 표현이 작품 전편을 짓누르며 1시간 넘게 확대, 산화한 느낌이다. 어두운 '그림자'에 묻혀 '왈츠'는 추지도 못하고 세상을 향해, 자신을 향해 '손가락질'만 하다가 끝나고 만 느낌이다.

이 작품은 붉은 젠가 놀이 기둥 가운데 투명한 기둥이 세로로 서있고 그 위에 이정연이 앉아 있는 모습으로 시작됐다. 조명이 켜지고, 꺼지고 반복하며 정적인 무대가 스틸사진처럼 변주됐다. 고전적 피아노 음악이 레코드판 긁히는 소리와 함께 섞여 만들어내는 회상조의 느낌과 잘 어울렸다. 그러나 총 쏘는 모습처럼 보이기도 하고, 이 편과 저 편을 가르는 주홍 글씨를 찍어대는 손가락질 같기도 한 또는 책임을 전가하는 공격적인 손가락질이 무겁게 등

장하면서 작품이 무거워졌고, 그 손가락질은 작품 끝까지 무대를 지배했다. 어떤 편집증적 피해의식으로도 읽히는 이 동작은 나르시스트적인 붓으로, 자살용 총으로 사용됐던 손관중의 작품 '적(跡)' 시리즈에서 많이 나타나기도 했다.

이 '손가락질'이 작품의 초반부부터 끝까지 중심 무브먼트로 등장하며 '무궁화 꽃이 피었습니다' '젠가' 놀이를 모두 싸움과 갈등으로 색을 입혔다. 무용수들의 동작은 거칠었으며 신경질적으로 채색됐다. 이 손가락에 걸려 이정연의 왈츠는 어두운 신파의 그림자로 넘어져 일어서지 못한 것 같다. 본래 가지고 있던 단단한 상징이 물타기 되면서 탄탄한 테크닉도 신파로 맥없이 풀어지고 만 느낌이다.

— 춤 2007년 3월호

검은 사막의 시(詩) 2 2007년 7월 21일 동덕여대 공연예술센터

이정연은 좋은 무용수다. 깔끔하고 건조한 춤선은 참 지적으로 보인다. 안무자의 의도를 참 잘 그려낸다. 그러나 안무가로서는 그렇지 못한 것 같다. 그래서 그의 안무작품을 보면 늘 아쉽다. 하고 싶은 말이 더 있고, 본래 저렇게 이야기하지 않는데 하는 생각이 든다. 걸리는 게 많아서일까. 내성적인 성격 탓일까. 자신의 무대에서 자신있게 움직이지 못한다.

이번 작품《검은 사막의 시 2》에서 끈이 주요 소도구로 나온다. 무용수를 묶은 고무밴드다. 고무밴드를 이용, 묶여있는, 조종되는 이미지를 연출했다. 두 번째 연작이어서인지 첫 번째 《검은 사막의 시 1》보다 형식과 내용 면에서 절제됐고, 안정감이 있는 것 같다. 아직 만족스럽진 않지만 최근 일련의 작품 속에서 자신의 길을 조심스럽게 모색하고 있는 것 같다.

— 춤 2007년 8월호

Triad(트라이어드) 2009년 9월 10~11일 예술의전당 자유소극장

춤이 음악에 잘 붙었다. 좋은 대칭과 균형으로 무대 전체에 음악적 하모니가 입체적으로 그려졌다. 단아하게, 때론 육감적으로, 그리고 가끔 격렬하게 몰아쳤다. 춤의 그림도 솔로에서 듀엣, 3인무, 5인무, 11인 군무까지 다양하게 바닥에서부터 높이까지 잘 구축했다.

특히 에너지의 변화와 흐름이 좋았다. 솔로의 깊은 에너지에 듀엣의 활발함이 더해져 3인무 이상으로 넓이와 깊이로 확대됐고, 여기에 하나가 더해져 4인무로 변주되고, 7인무가 더해져 다시 11인무로 확대되는 등 차근차근 쌓아 가는 움직임이 삼각파도처럼 점층 · 점강으로 객석을 압박했다.

단정한 움직임으로 무대를 잘 나눠 효과적으로 배치하고 속도감을 높여 감정의 농담을 잘 조절했다. 서른에 입지(立志)요, 사십에 불혹(不惑)이라더니 이제 이정연춤의 본색이 드러나기 시작한 것 같다.

힘을 필요로 할 때 좀 더 빠르고, 날카로웠으면, 그리고 힘을 뺄 때는 좀 더 정적으로 끌어당겼으면 하는 느낌이다. 또 변화의 악센트를 주기 위해 신긴 녹색, 분홍색 양말이 무채색 톤의 작품 흐름에서 좀 어울리지 않아 보였다.　　　　　　　　　　　　　　　　　　　— 춤 2009년 10월호

이주희

남이환상 2008년 9월 7~8일 예술의전당 자유소극장

'白頭山石磨刀盡 豆萬江水飮馬無 南兒二十未平國 後世誰稱大丈夫(백두산은 칼 갈아 다 하고, 두만강은 말 먹여 없애고, 남아 이십에 나라를 평안하게 못하면, 후세에 누가 대장부라 부를까)' 남이의 호연지기를 보여주는 시다. 이 시로 인해 모함을 당해 죽은 남이는 최영 장군과 함께 신이 돼 한국무속에서 가장 떠받드는 장군이 됐다.

일본의 노(能)와 한국의 굿을 결합, 독특한 형식미와 흥을 만들어냈다. 일반인이 보기에 좀 과도한 굿의 신기가 역시 좀 지루할 정도로 부담스러운 형식미의 노와 만나 서로의 장단점을 보완하며 흥과 멋이 잘 어울렸다.

특히 검은 옷을 입은 무용수들이 북을 들고 움직이는 것이 마치 분라쿠(文樂)의 인형조종 사들처럼 보였다. 북을 살아있게 움직이며 다양한 형태미를 만들어내면서 북춤을 더욱 풍성하게 했다. 북의 움직임과 춤이 잘 어울려 고저, 완급, 강약이 잘 조절됐다.

영화〈매트릭스〉의 한 장면처럼 북과 무용수가 어울려 한판 무중력의 싸움을 벌이는 형식으로 남이의 못다 푼 한이 제대로 어우러진 느낌이다. 북이 진을 형성하고 춤이 이를 돌파하는 모습은 장관이었다. 오고무의 형태를 띤 장면에서는 노와 분라쿠의 형식미와 절제미가 북춤의 원시적 흥과 잘 어울렸다. 굿과 노, 분라쿠를 새롭게 조합한 작품으로 앞으로가 더욱 기대된다.
— 춤 2008년 10월호

이희자

귀신이야기 2008년 6월 21~22일 예술의전당 토월극장

리을무용단의 《귀신이야기》 처음 시작무대는 착시 조명으로 비틀린 층위를 잘 만들어냈다. 귀신이야기이니 만큼 이승과 저승의 공간이겠다. 무대에 익숙해지며 2개의 공간이 드러났고 왼쪽은 영상의 공간, 오른쪽은 창문을 통한 또 다른 공간이다. 창문에서 한 여인이 투신하면서 작품이 본격 전개된다. 여성의 투신이 영상으로 확대되는 투신자의 얼굴에서 머리가 자라나고 그것이 나무가 된다. 전형적인 귀신이야기의 이미지인데 좀 신파조의 느낌이 난다.

그래도 여기까지는 좋았다. 작품은 이후 지리멸렬한 느낌이다. 좀비라고 말할 수 있는 발작적 귀신들의 움직임에서 중국 강시영화에 나오는 듯한 움직임도 등장했다. 영화 〈여고괴담〉 수준의 지루한 귀신놀이가 반복됐다. 하혈을 하고 죽은 여자귀신도 있었는데 공연 중간에 죽는 바람에 온 몸으로 피를 닦는 안무를 더해 죽음이 안타까운 것이 아니라 다음 장면을 위해 온 몸으로 바닥을 닦는 것 같아 안쓰럽기도 했다.

귀신은 존재하는데 그들이 왜 귀신이 됐는지, 귀신이 된 것이 무엇이 문제인지, 그들의 한을 어떻게 풀어야 할지에 대한 전개는 찾기 힘들었다.

마지막 대미에서 황희연이 하얀 소복을 입고 홀로 고고하게 살풀이를 한참을 쳤는데 한 사람을 위한 춤으로 전체 춤 스타일의 전개와 전혀 어울리지 않았다. 공포물 창작 중편에 고전 단편이 한편 붙어 있는 듯한 어색한 구성이었다.

안무의도가 폭력에 의한 여성의 희생이라고 했는데 결과에 대한 감정적인, 엄밀하게 말해 신경질적인 발작적 표현만 있었을 뿐 그 원인과 대책에 대해서는 이야기가 없어 상상력과 논리의 빈곤을 말하지 않을 수 없다.　　　　　　　　　　　　　　　　　　　　— 춤 2008년 7월호

장선희

수묵 2005년 1월 21～23일 예술의전당 토월극장

　장선희발레단의《수묵(水墨)》은 한국 전통음악, 현대음악, 일본 브라질 등 월드음악에 맞춰 발레로 그린 수묵화다.

　서양음악에 동양 전통음악을 도입, 현대음악에 새로운 장을 연 윤이상의 〈피리〉를 비롯해 헨리 고레츠키, 필립 그라스 등의 현대음악에 가야금, 거문고, 정가 등 전통음악과 일본 가야금인 고토, 브라질 우아크티 앙상블의 음악을 배경으로 했다. 동서양 클래식을 한데 혼합해 한국적인 발레와 현대춤으로 꾸민 퓨전무대인 셈이다.

　프롤로그는 윤이상의 〈피리〉로 시작했다. 고요하면서도 자극적이고 명상적이면서도 공격적인 것이 정중동으로 표현되는 동양예술의 극치가 느껴지는 음악이다. 하지만 시작의 영상이 좋지 않았다. '한 일'자를 썼는데 그 힘이 느껴지지 않았으며 좀 졸렬한 느낌마저 들었다. 그러나 일정한 크기로 줄어드는 여러 개의 검은 사막을 이용해 표현한 깊이 있는 농담(濃淡)의 변화가 단아하고 힘이 있었다.

　조명의 변화와 함께 먹의 농담을 표현하는 듯한 정중동의 음악을 마치 몸을 붓 삼아 그려낸 안무가 재치있었다. 특히 여자무용수의 긴 머리를 붓의 끝으로 삼아 만들어내는 파드되(2인무)는 표현력이 강했다.

　첫 장 '봄'은 물소리로 시작됐다. 음악을 맡은 원일이 일본음악인 이가 게하시와 함께 마림바, 자이로폰, 양금 같이 쳐서 연주하는 헝가리 악기 벌심머, 스틸 드럼 등으로 명상적인

폴리포닉 모노톤(polyphonic monotone, 여러 가지 음향을 섞은 단순음색의) 음악을 연주했다. 윤이상의 자극적 농담이 명상적 태동으로 변주된다. 도입부에서의 강한 기(氣)의 농담이 하나로 뭉쳐 물(物)을 만들어내는 느낌이다. 물을 점으로 찍어내 연결하는 생명의 태동 안무가 경쾌하고 명랑했다.

이 작품에서 가장 개성있는 부분이 계절과 계절을 잇는 '브릿지'가 아닌가 싶다. 봄에서 여름, 여름에서 가을, 가을에서 겨울로 이어지는 브릿지는 가야금, 거문고, 정가로 이루어졌다. 이 음악에 맞춰 임혜경-이영철, 허인정-김경신 두 커플이 파드되를 췄다.

봄-여름 브릿지에서 임혜경-이영철 커플은 잘 가꾸어진 몸매에 난이도 높은 클래식발레 테크닉으로 고감도의 느낌을 표현했다. 여름을 부르는 가야금 소리에 맞춰 중심축을 고정시키고 좌우로 45도 이상 흔들리는 몸짓은 마치 꽃이 피어나는 모습처럼 상큼했다. 하지만 왼 다리를 고정시키고 오른다리의 떨림으로 표현한 가야금의 농현(弄絃)이 음악에 맞지 않았다. 음악과 떨림이 따로 놀면서 안무자의 의도가 제대로 무대에 구현되지 못했다.

현대춤의 기법으로 풀어낸 허인정-김경신 커플의 표현은 음악의 강약, 떨림과 잘 맞아떨어졌다. 무대 깊숙이 가야금 연주자를 위치하고 오른쪽에서 사이드조명으로 깊게 쳐서 왼쪽 벽면에 장지문에 비친 그림자를 연상케 하는 조명이미지는 그윽한 울림이 있었다.

'여름'은 스테판 미쿠스의 플루트 연주로 시작해 헨리 고레츠키의 경쾌하고 빠른, 그리고 강한 비트의 음악으로 이어졌다. 놀이의 즐거움과 경쾌함이 폭염과 찐득한 습기로 상징되는 여름이 느껴졌다. 활기찬 권태, 명랑과 폭력적인 힘이 혼재하는 느낌이었다. 특히 포인트를 찍는 발레가 아니라, 포인트로 미끄러지는 동작은 붓의 획과 어울리는 독특한 선이었다. 그러나 그 선이 과감하게 이어지지 못한 채 툭툭 끊겨 아쉬움이 남는다. 넘어질 때 넘어지더라도 과감하게 미끄러지는 선이 필요했다. 무용수들의 몸이 좀 굳은 느낌이다. (이와 관련 나중에 확인한 결과 조명이 사이드로 강하게 쳐 무용수들이 앞이 보이지 않았다고 한다. 관객들이 보기에 화려한 조명이었지만 그 안에서 춤추기는 어려웠다는 이야기다. 결국 안무와 조명의 호흡이 맞지 않는 치명적 결함이 있었다는 이야기다.)

여름-가을 브릿지에서 가을을 익히는 거문고에 맞춘 느린 춤사위는 막 사라지려는 눈썹 같은 하현달의 느낌으로 관객들을 침잠시켰다. 하지만 임혜경의 다소 감정이 부족한 표현이 아쉬웠고, 김경신도 허인정의 머리채를 잡기보다는 몸을 잡고 흔들었어야 하지 않았을까 싶다. 머리채를 잡은 것이 좀 야만적으로 보였다. 붓이 아니라 여자로 느껴졌기 때문이다. 허리를 잡고 돌렸더라면 붓과 여체가 좀 더 조화를 이루지 않았을까 생각된다.

'가을'은 면(面)이고 여백이었다. 필립 그라스의 사색적인 미니멀한 음악에 맞춰 잔잔하게 녹여냈다. 자칫 기(氣)춤으로 흐르기 쉬운 동양음악에 대한 전략적 타성을 절묘하게 풀어낸 안무가 빛났다. 여름의 작열하는 조명이 가을의 낙엽의 느낌으로 짙게 음영이 진 가을에 이르러서야 무용수들의 몸이 풀린 듯했다. (나중에야 알았지만 무용수들이 이제야 서로의 위치를 확인할 수 있었다는 이야기가 된다. 사이드조명에 꺼진 뒤 비로소 연습한 대로 움직일 수 있었을 것이다.)

가을 지나 겨울을 부르는 브릿지에서 한 많은 정가의 다양한 농현을 좌우의 느린 스텝과 떨림, 상하로 꺾어 올리는 춤사위는 독특했다. 한국 전통음악에 맞춰 발레를 할 때 가장 어려운 부분 중의 하나인 농현에 대한 표현이 작품 전체와 잘 어울렸다. 임혜경이 좀 더 감정을 이입해 클래식과 다른 악센트와 싱코페이션을 춤사위에 두었으면 좋았을 뻔했다.

'겨울'은 브라질 앙상블 우아크티의 음악이었다. 찬 느낌과 밝은 느낌이 혼합된 경쾌한 음악에 맞춰 얼음이 얼고 눈이 쌓여 눈부신 햇살의 춤이 경쾌하게 펼쳐졌다. 겨울이 불모의 겨울이 아니라 생명을 잉태한 휴식, 휴식에 앞선 유희의 즐거움으로 풀어낸 것이 재미있다.

에필로그의 베이스 클라리넷의 따뜻한 느낌과 일본 가야금 고토의 날카로운 느낌도 좋았다. 부드러운 클라리넷은 프롤로그 윤이상의 자극적인 〈피리〉와 좋은 수미쌍관을 보여줬으며, 고드름이 뚝뚝 떨어지는 느낌의 고토는 겨울에서 다시 봄으로 이어지는 순환을 상징하는 것 같다.

작품은 전체적으로 빛과 소리의 성찬이었다. 하지만 그 안에서 춤은 자유롭지 못했다는 느낌이다. 이는 단순히 무용수의 문제라기보다는 안무와 조명의 호흡부족이었다는 게 나중에 확인됐다. 최고 수준(일본 조명디자이너 요시코 기타타니)의 조명이 오히려 춤의 눈을 가린 셈이 됐다. 최고의 스태프보다 호흡이 더 중요하다는 것은 설명의 여지가 없다. 송은주의 미니멀하면서도 강한 표현력의 무대에 어울리지 않는 타성적인 영상이미지가 투사돼 아쉬움을 더했다.

— 춤 2005년 2월호

사랑에 관한 일곱 개의 변주 2006년 1월 19~20일 예술의전당 토월극장

장선희발레단의《사랑에 관한 일곱 개의 변주》는 셰익스피어의 희곡 〈로미오와 줄리엣〉, 오페라 〈사랑의 묘약〉과 〈카르멘〉, 영화 〈러브스토리〉 등 스토리가 있는 사랑에 쇼팽의 〈야상곡〉, 슈베르트의 〈아베마리아〉, 가요 〈가시나무〉 등에서 얻어진 단상을 막간의 개그로 이어 붙였다.

각각의 단편은 고전적인 드라마와 명곡에서 힘을 얻어 단단한 발레 기본으로 모던하게 풀어갔다. 하나 하나 단편이 투명 수채화 크로키처럼 맑고 편안했다. 하지만 전체로 묶었을 때 전자와 마찬가지로 '왜'라는 의문이 떠나지 않는다.

크로키는 특징만 잡아 빨리 그린 그림이다. 단번에 눈길을 휘어잡는 경쾌한 인상이 매력적이다. 그러나 그것이 계속되면 좀 허하다. 크로키는 그 자체로 작품이 되기도 하지만 기본적으로 밑그림이다. 그 위로 세밀하게 깎아내고, 덧붙여져야 오래 남는 유화가 될 수 있다. 일부 단편에서 부분적으로 완결성이 미흡한 가운데 이들 단편을 이어 붙인 개그가 전체적인 선의 완성을 결정적으로 방해한 것 같다. 이번 공연의 의도와 과정은 이해하지만 너무 성급하게 '무대를 때웠다'는 느낌이 난다.   — 춤 2006년 2월호

시 읽는 시간-발레가 시를 만났을 때 2006년 4월 21~22일 예술의전당 토월극장

전작(前作)《사랑에 관한 일곱 개의 변주》와 무엇이 달라졌을까. 사랑을 주제로 한 노래, 영화, 유행가 대신에 시가 그 자리를 차지했고, 그 시를 연극배우 손숙이 낭송했다는 것 외에는 별다른 차이를 못 느끼겠다. 무대 뒤에 큰 거울 같은 무대를 만들어 놓은 것도 달라진 것이라면 달라진 것이다. 굳이 다를 필요는 없겠지만 세 달이 채 안 되는 사이에 같은 극장에서 거의 같은 컨셉의 무대를 올려놓고 관객을 기다린 것은 좀 무책임해 보인다. 물론 지난번 공연이 이번 무대를 위한 준비무대였다고 하면 할 말은 없겠다.

《사랑에 관한 일곱 개의 변주》처럼 속스럽지는 않았지만 개그도 그대로였다. 한용운의 〈님의 침묵〉 뒤에 왜 꾸어준 돈도 갚지 않고 떠난 애인을 대비시키는지, 김춘수의 〈꽃〉 다

음에 여러 젊은 무용가들의 이름을 부르는 것은 재치라고 할 수 있을지 모르겠지만 장관까지 지낸 원로급 배우에게 빡빡머리 청년 무용수가 '숙아'라고 부른 것은 물색모른 치기로밖에 보이지 않는다.

하루가 다르게 바뀌는 세상에서 변신은 무죄다. 이유도 없다. 하지만 이유 없는 예술가의 변신은 유죄라고 생각한다. 장선희발레단은 콩트보다 짧은 소설이 유행하고, 개그가 주류 코드로 떠오른 가벼운 세태에 맞춰 시에다 발레를 작위적으로 이어 붙여 너무 구체적인 그림을 만들어낸 것 같다. 한두 개는 편안하게 볼 수 있지만 계속되면서 '싸구려 신파, 또는 개그'라는 느낌이 좀처럼 가시지 않았다.

너무 구체적이면 상징이나 상상이 숨어들 여지가 없고, 이른바 상징이라고 배치해 놓은 것이 천박한 화장처럼 진부해 춤특유의 상상력을 잃게 된다. 그래서 유행가에 몸을 맡긴 후반부는 발랄한 포스트모더니즘의 키치미가 아니라 유행가에 몸을 맡긴 익숙한 스포츠댄스, 패션쇼 워킹 등 사전적 의미의 키치라는 생각도 들었다. 장선희발레단 특유의 가벼우면서도 즐거운 실험적 하이브리드 작품경향의 미덕은 좀처럼 찾기 어려웠다. 특히 '카르멘'으로 마무리된 마지막 장면은 세 달이 채 못 된《사랑에 관한 일곱 개의 변주》에서 '카르멘'과 꼭 같은 느낌이었다.

도전적으로 도입한 시와 춤, 개그, 유희가 잘 이어 붙지 않고 그냥 뿌려놓은 것처럼 겉돌았다. 이것저것 잔뜩 차려 놓은 상은 받았는데 화학조미료를 너무 뿌려 재료 본래의 맛을 느낄 수 없는 것 같은 느낌이다. 그나마 막판에 모아주는 힘도 없어 작품이 손가락 사이로 흘러내리는 모래와 같은 느낌으로 허전했다.

세태의 흐름에 맞춰 대중성과 유희성을 강조하려다가 안무자 특유의 순발력 넘치는 감각적인 예술적 창의성마저 의심받게 하는 국면이 돼버린 것 같다.　　　　　— 춤 2006년 5월호

장은정

육식주의자들 / 몇 개의 질문 2009년 2월 6~7일 아르코예술극장 대극장

장은정무용단의《육식주의자들》은 세련된 무대에 화려한 테크닉으로 인간과 그 관계들을 후각, 육식, 사물, 흔적 4부문으로 나눠 춤으로 깔끔하게 풀어냈다.

첫 눈에 보기에도 공이 많이 들어간 세련된 무대였다. 긴 식탁과 세로로 서있는 직육면체가 좋은 구도를 만들었다. 수평과 수직이 날카로운 대칭을 보이면서도 테이블의 양쪽 끝에 남녀 무용수를 배치하고, 직육면체 안에 라이브 연주자를 놓는 등 효과적으로 오브제를 이용했다. 특히 식탁을 돌아가게 만들어 공간성에 시간성을 담아낸 아이디어는 높이 평가받을 만했다.

영상도 세련됐다. 처음에 붉은색 네가 형식으로 몸의 부분만을 부각시켜 집중도를 높였으며 춤의 내용과도 잘 어울렸다. 춤도 경쾌함과 무거움이 잘 조화를 이뤘다. 높이와 속도감도 잘 갖춰져 있었으며 안정된 균형감으로 좋은 무브먼트를 만들어냈다.

후각과 사물, 흔적의 느낌은 좋았다. 그러나 전체적인 아름다운 그림에 집중한 나머지, 작품의 핵심이라고 할 수 있는 육식이 살지 못하는 아쉬움이 있다. '카니발리즘', 다시 말해 '식인주의'는 '고기맛'을 즐기는 게 아니다. 뛰어난 적의 심장에 깃들어있는 용기를 먹는다고 한다. 작품의 표현이 고기에 집중, 야만성과 공격성에 매몰돼 고기가 상징하는 카니발리즘의 본령을 잡아내지 못한 채 그저 1차원적인 야만의 상황으로 풀어낸 것 같아 아쉽다. 또 카니발리즘에 걸맞게 거친 에너지가 핵심에서 폭발했더라면 깨끗하고 아름다운 균형 잡힌 춤

이 한층 더 살아났을 것 같았다.

한편, 이날 재공연한 《몇 개의 질문》은 안무자 장은정의 춤 스타일을 가장 잘 볼 수 있는 작품이다. 쉬워 보이지만 결코 쉽지 않은, 춤 이론에 바탕 한 고난도 테크닉이 그려내는 깔끔한 그림, 그리고 전체적으로 조화를 이룬 모던한 스타일이 매력적이다.

클래식한 피아노 음악에 맞춰 무동타기, 흔들기, 좌우로 절하기 등 일상의 동작을 통해 먼저 관객들에게 편안하게 다가갔다. 이어 기타 연주에 맞춰 단속적인 움직임으로 날카로운 질문을 던지기 시작했다. 개구리처럼 올라타고 사람처럼 손을 잡고 예쁜 그림으로 관객을 유혹했다. 신디사이저와 색소폰 소리에 맞춰 정(靜)과 동(動)을 몸으로 멋지게 변주했다. 정과 동의 조용한 간섭과 힘찬 충돌이 재미있다.

기타의 싱코페이션에 맞춰 절하고, 도망가는 모습이 낯설게 느껴지면서도, 묘하게 어울리는 지점이 있다. 수채화처럼 맑은 음악이 만들어내는 모순의 해결로도 생각된다.

고독함이 선연하게 느껴지는 선의 1, 3, 5 홀수로의 확대는 일곱 가지 색의 무지개를 기대하게도 한다. 하지만 이내 가로지르는 긴 선 하나는 꼬리를 물고 떨어지는 유성의 추락, 또는 끝내 무지개로 끝나고 마는 헛된 기대로 여겨진다. 빛을 프리즘으로 나눈 일곱 빛깔의 환상보다는 동서남북, 생명의 분할로 남는 오방색이 현실임을 강조하는 것도 같다.

장은정이 던지는 '몇 개의 질문'은 깔끔한 경쾌, 다정한 유쾌함이 세련되게 펼쳐지는 춤맛이 그만이다. 시간마저 감미롭게 녹여내는 춤과 음악의 미니멀한 만남이 투명하게 객석에 전해졌다.

— 춤 2009년 4월호

장해숙

넋이야 있고 없고 2010년 6월 24일 남산국악당

혜원 신윤복의 풍속화를 춤으로 옮겨놓은 《넋이야 있고 없고》는 1984년 스티븐 손드하임이 조르주 피에르 쇠라의 〈그랑드 자트 섬의 일요일 오후〉를 음악과 함께 무대에 올린 기념비적인 뮤지컬 〈조지와 공원에서의 일요일〉을 떠올리게 한다.

'단오풍정(端午風情)' '월하정인(月下情人)' '상춘야흥(賞春夜興)' 등 혜원 작품의 이면을 잘 그려 이어 붙였다. 아름다운 의상으로 감정을 잘 살려 그림 속 인물들의 애환, 흥과 멋을 멋지게 드러냈다. 특히 '단오풍정' '월하정인'은 모처럼 한국춤의 관능과 미학이 잘 담긴 단편으로 꼽기에 부족함이 없어 보인다. 한량춤, 장구춤, 칼춤 등으로 그려낸 '상춘야흥'은 전막발레의 디베르티스망에 비교될 만큼 멋진 한국춤 레퍼토리를 흥취를 잃지 않으면서도 유장하게 잘 그려냈다. 하지만 무당춤의 경우는 좀 어울리지 않는 요소로 보였다.

또 혜원의 예술적 고민과 삶이 그림과 제대로 이어 붙지 못한 느낌이어서 아쉽다. 춤이 감성적이며 여유로운데 혜원의 삶이 지나치게 고민하는 예술가 일변도로만 그려진 것 같다. 그리고 마지막 살풀이춤 장면이 혜원의 삶과 좀 더 유기적 관계 속에서 드러났으면 싶다. 또한 목욕하는 장면 등에 쓰인 수조의 활용도 좀 더 고민이 필요해 보인다. 작품에서 적극적으로 사용할 것이 아니라면 무대의 넓이만 줄여놓은 모양이 됐는데, 영상으로 대치하는 것이 더 효과적이지 않을까 싶다.

— 춤 2010년 7월호

장현수

검은 꽃-사이코패스 증후군 2008년 3월 21~22일 아르코예술극장 대극장

최근 실제 일어났던 사이코패스를 소재로 한 영화 〈추격자〉의 성공과 영구 미제로 빠져버린 유명 프로야구 선수의 연쇄 살인극, 또 안양 어린이 살인사건 등 실제 사이코패스 사건이 충격을 주고 있는 가운데 무대에 오른 국립무용단의 수석무용수 장현수의 작품은 시의적절해 보인다.

무대는 비닐로 X자 벽을 쳐 4등분 했다. 비닐로 만든 무대, 역시 비닐로 앞치마를 입은 강인한 인상의 남자가 불안한 느낌을 준다. 피 냄새가 느껴진다. 핏물 처리가 쉽도록 비닐을 이용하는 장면을 〈친절한 금자씨〉, 〈달콤한 인생〉 등 하드보일드 영화에서 흔히 봤기 때문이다. 희뿌옇게 뒷배경이 보이는 삼각형의 무대는 불안을 증폭시켰으며, 뿌연 배경 뒤로 각각 사람 몸체만한 크기로 매달려 있는 검은 비닐주머니는 섬뜩한 긴장감을 주기 충분했다.

카세트 라디오가 천장으로 매달려 올라가고 바닥에서 천장으로 쏘는 조명이 독특한 느낌을 준다. 스테인리스 의자와 테이블은 뭔가 피가 튀는 고문을 상상케 한다. 그러나 역설적으로 경쾌한 뮤직박스 오르골 음악에 맞춰 하정오가 기계적인, 그리고 코믹한 춤을 췄다. 그는 또 쇼스타코비치의 왈츠를 생각나게 하는 경쾌하면서도 애조 띤 피아노 소리에 맞춰 닭을 잡는 등 요리를 하기도 했다.

왼쪽 커튼이 걷히면서 오른쪽 무대 상수에서 왼쪽 무대 하수까지 사선으로 갈라진 커다란 직각 삼각형 무대가 만들어졌고 허공에 매달린 비닐 부대가 찢어지며 얼음이 어항으로 쏟아졌다. 보조 요리사쯤으로 보이는 사이코패스들이 어항의 얼음을 밟았다. 얼핏 시체의 부패를 막는 얼음이라는 생각이 들며 영화 〈추격자〉의 섬뜩한 어항도 겹쳐진다.

그러나 이 작품은 영화와 에너지의 차이가 있었다. 영화는 개인의 이기심을 위해, 타인의 생명을 위해 격렬하게 달리는 에너지가 느껴지는데, 이 작품에는 잘 훈련된 깔끔한 움직임이 대부분을 차지, 관객의 무대 몰입을 쉽지 않게 했다.

오른쪽 절반의 비닐막이 치워지며 무대에서 객석으로 찌르고 나오는 삼각형의 비닐막만이 남아 X자 무대의 4분의 3이 드러났다. 오른쪽 비닐막에서는 류장현이 나왔다. 극단 미추의 배우 출신인 류장현은 연극적인 고난도 춤으로 주목받은 무용가다. 머리부터 등까지 말의 갈기처럼 털을 붙인 류장현은 한바탕 격렬한 춤으로 무대를 휘젓고 객석까지 내려가 관객들을 섬뜩하게 했다.

하종오와 두 명의 보조요리사가 다이아몬드 스텝을 밟으며 익숙한 일상의 춤으로 관객의 웃음을 자아내게 하고 세련되고 멋진 동작의 군무가 얽히고설킨다. 다시 커튼이 쳐지며 한 무용수가 비닐 속에 갇히고 9대의 무빙 라이트가 현란한 빛의 구조물을 구축했다.

잘 꾸며진 큰 그림에 최문석, 전혁진, 이재준, 박재원, 김재승 등 뛰어난 현대무용수들과 장윤나 등 명실공히 국내 최고의 실력을 자랑하는 국립무용단 출신의 무용수들은 매력적인 앙상블을 만들어냈다. 무엇을 생각할 필요가 없다. 그냥 보는 것만으로 충분히 감탄할 만하다. 인간의 몸이 만들어내는 그 자체의 아름다움에 곡예 같은 동작에 비현실적인 속도감이 멋지다.

그러나 아쉽다. 뉴스만 보고도 몸서리쳐지는 사이코패스가 흉내에 그치고 있다는 느낌 때문이다. 그래서 어두운 현실에 대비돼 비정한 지적인 냉소주의를 만들어내야 할 경쾌하고 세련된 춤은, 감상과 치기에 그치고 만 것 같다. 만약 음악이 달랐다면 어땠을까. 어디선가 들은 듯한 감미로운 음악이 아니라 좀 더 거칠고, 비인간적인, 피가 튀고 뼈가 부러지는 사이코패스를 연상케 하는 검은 컬트 음악이었다면 안무가가 본래 의도했던 인간과 사회의 어두움을 거칠게 드러내고, 한판 해원(解冤) 굿으로 멋지게 치유와 화해를 끌어낼 수 있지 않았을까 생각해 본다.

— 춤 2008년 4월호

전은자

풍경 2005년 9월 21일 국립국악원 예악당

'전투에서는 이겼지만 전쟁에서는 졌다'는 말이 있다. 부분적으로는 잘한 것에 비해 전체 국면에서는 얻은 것이 많지 않을 때 하는 말이다. 전은자무용단의 《풍경》이 꼭 그랬다.

이 작품은 '단오' '백중' '한가위' '제석'으로 봄, 여름, 가을, 겨울 4계를 그렸다. 계절의 모든 것을 그리려 하지 않고 하나의 테마에 집중해 계절의 엑기스를 그리려 한 것은 좋은 시도로 보인다.

민요 도라지와 아리랑을 섞어 풀어놓고 검은 선으로 둘러친 사실적이면서도 우화적인 화사한 배경그림에서 단오춤이 펼쳐졌다. 유화라기보다는 불투명 수채화와 같은 가벼움이 깃든 사실적 그림과 꼭 어울리는 춤이었다.

한가위도 그랬다. 같은 형식의 그림에 풍성한 한가위 달이 떠있고 풍년가, 농부가, 옹헤야가 흥겹게 울리는 가운데 끊어지지 않고 이어지는 원무와 군무는 원만구족한 보름달을 닮아 아름답고, 흥겨웠다.

하지만 이 사이를 잇고 있는 하용부의 '백중춤'은 봄과 가을의 연결을 끊어 놓고 있다. '단오' '한가위'의 춤은 형은 다르지만 내용은 같은 계열의 흥과 멋을 잇고 있다. 그런데 백중춤은 전혀 다르다. 단오춤과 한가위춤이 형과 아름다움을 중시한다면 백중춤은 분명 흥을 중요시한다. 정형적인 단아한 흐름이 아니라 내부에서 터져 나오는 활기찬 기운으로부터 우러나오는 춤이다. 휘적휘적, 허청허청 맺고 푸는 것이 자유자재다. 7월 보름 잠깐 허리를 편다는 한국고유의 세시풍속 백중날은 '머슴의 날'이다. 잠깐 쉬면서 머슴들을 위해 온갖 잔치를 마련하는 백중이니 만큼 그 건강미가 여타춤과 다르다. 최승희에 뿌리를 둔 귀족적인 신무용의 틀을 그대로 간직하고 있는 단오춤과 한가위춤이 민속 중의 민속 무형문화재 백중춤과 멋과 흥에서 그 격과 맛이 다름은 극적으로 다르다.

물론 극과 극은 통할 수 있을지도 모른다. 하지만 여기서는 아니었다. 음악부터 녹음 음악과 라이브 음악으로 차이가 났고, 배경도 푸른 바탕에 하용부의 춤과 사물의 연주만이 부각됐다. 더욱이 춤의 맛에서 아직 형에 매달리는 아카데미춤과 형을 떠난 인간문화재의 춤맛은 비교가 불가능하다. 그래서 하용부의 백중춤 앞뒤에 놓인 단오춤과 한가위춤이 본래 이상으로 맥이 풀려버렸다. 백중춤에도 배경그림을 하나 얹어 주고, 음악도 같은 수준으로 했다면(이 경우 하용부의 춤은 라이브연주가 필수불가결일 테니, 나머지 춤도 라이브로 했다면) 전체적으로 춤의 질이 섞일 수도 있었을 것 같다.

마지막 제석춤의 경우 하늘에 둥근 달이 둥실 떠있는데 배경에서 자칫 한가위와 혼동됐다. 차라리 실반지와 같은 그믐달이었으면 어땠을까 싶기도 하다. 또 지전춤으로 겨울을 맞는 게 너무 스테레오타입하다는 생각도 들었다. 하지만 한국 창작춤의 고질인 엄숙주의나 신파에 빠지지 않고 경쾌하고 명랑하게 사계를 풀어나간 것은 높이 사고 싶다.

— 춤 2005년 10월호

정귀인

흙으로 빚은 인형 2004년 1월 18일 문예진흥원 예술극장 대극장

정귀인과 부산현대무용단의 20주년 기념공연《흙으로 빚은 인형》은 단조로운 춤선에 감정이 과잉된 '사랑' '토우(생명)' '저녁노래' 등 3편의 단편으로 구성되어 있다. 전체 제목 '흙으로 빚은 인형'은 두 번째 단편 '토우'에서 따온 것으로 생각된다.

안무자는 "흙은 어머니와 같은, 고향과 같은 의미로 우리의 생명력을 대변하며 흙을 빚은 형태를 지닌 우리의 모습 속에서 희로애락의 교감을 느낀다. 인간의 가장 순수한 감성의 장을 강조하며 춤의 본질적인 움직임의 미를 표현한다"고 전체 안무의도를 밝히고 있다.

그러나 전체의 주제가 각 작품들과 유기적으로 연결돼 있지는 않아 보인다. 이는 창작 단계에서 각 작품이 연결성을 갖고 있지 않기 때문이기도 했겠지만 전체적으로 부족한 춤언어 탓이 아닌가 생각된다.

안무자는 한국적 춤사위를 강조하는 현대무용가다. 그러나 한국적 춤사위에 중심을 둔 나머지 현대무용의 장점인 자유롭고 풍성한 춤언어를 잃어버리지 않았나 생각된다. 양손으로 치마를 붙들고 좌우로 상체를 비틀어 흔들고, 수건 또는 한삼을 변형한 한국춤 사위가 각 작품의 주요 춤사위로 등장한 것 외에는 별달리 눈길을 끄는 춤언어가 없었다. 한국춤의 형태를 추구하다가 한국춤의 단점으로 지적되는 부족한 춤언어를 닮아 버리지 않았나 싶다. 작품을 보고 나서 안무자가 혹시 한국무용가가 아닌가 다시 한번 프로그램을 뒤적여볼 정도였다. 또 부족한 춤사위에 많은 내용을 담으려다 보니 자연히 감정이 과잉돼 객석에 억지 느낌을 강요하는 듯했다. 특히 각 작품마다 강풍기를 사용해 낙엽을 흩뿌리고 장미꽃잎을 떨어뜨리는 등 진부한 이미지로 지나간 시대의 상투적인 신파극을 떠올리게 했다.

한편 음악과 조명, 무대는 공들인 흔적이 역연했다. 특히 허윤정의 거문고, 유경화의 철현금과 타악, 강은일의 해금, 강권순의 소리가 어울린 첫 번째 작품 '사랑'의 라이브 연주는 느낌이 좋았다. 하지만 춤이 음악을 제대로 타지 못해 아쉬움을 더했다.

'사랑'은 안무자가 직접 춤춘 솔로작품. 무대는 보통 사람의 허리 아래 높이로 야트막하게 상징적으로 만들어진 동양화풍 산을 겹쳐서 만들었다. 왼쪽 뒤에 악단이 자리 잡았고, 두 산 사이에 무용수가 서있는 상태에서 작품이 시작됐다. 길게 여운이 남는 명상음악 풍으로 시작한 라이브 연주를 배경으로 무용수는 아주 느리게 조금씩 움직였다. 걷고, 뛰고, 도약하고, 서있는 모든 것이 춤이라지만 그것은 어떤 의미를 가질 때만이다. 의미를 찾기 어려운 모든 움직임 또는 비움직임마저 춤은 아닐 것이다. 거의 움직이지 않는 비움직임의 걸음에서 상투적인 사춘기 소녀의 감수성 이상을 찾기 어려웠다.

무대를 비스듬히 걸어나와 무대 왼쪽 뒤에 있는 악사들 앞에서 춤을 추며 커다란 망사베일을 휘두른 것은 처음에는 인상적이었지만 같은 이미지가 반복, 지속되면서 지루해졌다. 대부분의 춤이 악사들 앞에서 집중돼 무대를 제대로 활용하지 못한 것도 아쉬움으로 지적된다. 오른쪽에서 강풍기로 바람이 불면서 낙엽이 무대로 날아 들어오고, 그 바람을 맞으며 망사천을 휘두른 것은 흘러간 영화에서 한 여인이 달아나며 "나 잡아봐요" 하는 것 같은 느낌도 들었다. 또 이 강풍기를 계속 이용하느라 다음 작품에서도 오른쪽에서만 바람이 들어온 것은 무대장치의 효율적인 사용이라는 점에서는 평가할 수 있겠지만, 작품의 예술성은 떨어지고 상투적인 진부함은 더욱 높아지는 결과를 나타냈다.

'토우'는 한 사람이 아니라 여러 사람이 등장, 조금은 동작이 많았지만 역시 치마를 잡고 상체를 비트는 동작과 수건을 이용하는 등 움직임 면에서는 차이가 없었고, 낙엽대신 쌀을 흩뿌렸고 음악이 라이브에서 녹음으로 달라졌다고 할 수 있겠다. 작품의 말미에 '토우'를 연상케 하는 토플리스 차림의 무용수가 온몸에 진흙을 바르고 핀라이트 조명을 받으며 등장했는데 이미 익숙한 이미지로 더 이상 새로울 것이 없었다.

마지막 작품 '저녁노래'는 머리에 나뭇가지를 꽂은 무용수가 등장해 지나간 뒤 여러 가지 크고 작은 액자를 사용, 추억의 그림을 만들려고 했으나 본질적으로 변화가 없는 춤언어에 영화 〈아메리칸 뷰티〉를 통해 이미 익숙해질 대로 익숙한 식상한 장미꽃잎 이미지가 등장,

상투성이 극대화한 느낌이다. 과감하게 옷을 벗어던지기는 했는데 살색 타이즈를 입고 있어 퍼포먼스의 효과도 얻지 못했다. 국악가수 김용우의 노래가 피아노 등과 잘 어우러진 퓨전을 만들어냈지만 춤은 현대춤과 한국춤 사이의 어간에서 방향을 상실, 지리멸렬했다는 생각이다.

— 춤 2004년 2월호

정승희

Images-비천사신무 2003년 12월 9~10일 문예진흥원 예술극장 대극장

정승희의 《이미지스(Images)-비천사신무(飛天四神舞)》는 윤이상의 음악 〈이미지스〉를 '배경'으로 하고 있다.

윤이상은 서양음악에 동양의 철학과 한국의 음악을 가미해 현대음악에 새로운 장을 연 거장이다. 그가 강서고분의 고구려벽화에서 이미지를 얻어 작곡한 음악이 1968년작 〈이미지스〉다. 윤이상은 백호를 첼로, 현무를 플루트, 청룡을 오보에, 주작을 바이올린의 선율로 만들어 서로 충돌하고, 빗겨 가는 등 익숙함과 낯섦으로 격한 음의 격랑을 만들어냈다. 고구려 고분의 '사신도'를 소재로 한 춤을 몇 년째 연구해온 정승희로서는 맞춤한 음악이었다.

조국의 분단으로 인해 '상처입은 용'으로 표현되는 이 위대한 작곡가의 음악을 한국춤으로 형상화하려는 시도만으로도 충분히 칭찬받을 만하다. 그러나 아쉽게도 춤과 음악의 연관이 제대로 보이지 않았다. 음악을 놓고 춤이 만들어진 것이 아니라, 춤을 짜놓고 음악을 틀어놓은 것처럼 보였다. 그래서 글 첫머리에 굳이 음악을 '배경'으로 하고 있다고 표현했다.

2002년 3월 통영국제음악제에 독일출신의 세계적인 오보에 연주자 하인츠 홀리거가 왔었다. 홀리거는 오보에의 아이콘이다. 플루트의 피에르 랑팔, 트럼펫의 모리스 앙드레, 클라리넷의 칼 라이스터처럼 오보에 음반에서 그의 이름을 비켜 가는 것이 불가능하다. 그는 또 윤이상의 벗으로서 많은 곡을 헌정 받고 초연하기도 했다.

홀리거는 그때 인터뷰에서 "(서구인에게) 완전히 생소하고 이국적인 것이지만 거기에서

나오는 힘을 제대로 이끌어낼 수 있는 길이 있다"고 윤이상 음악에 확신을 갖고 말했다. 그는 특히 "한국의 피리나 대금 특유의 농현(弄絃)이 살아나야 할 윤이상 곡을 한국 연주가들은 오히려 서구 낭만주의 음악처럼 연주한다"고 윤이상을 제대로 이해하지 못하는 한국음악계에 일침을 놓기도 했다.

떨림을 통해 음을 뭉뚱그리는 이 '농현'을 두고 서울대 음대 서우석 교수는 한국음악의 핵심이라고 말하기도 했었다. 하지만 음악을 생각하지 않고 그림에서 영감을 얻은 '비천사신무'는 이 '농현'을 전혀 염두에 두지 못한 것 같다. 어쩌면 몸보다 더 섬세한 서양악기로도 제대로 표현하기 어려운 '농현'을 중력에 지배를 받는 몸으로 표현하는 것은 불가능할지도 모른다. 하지만 역으로 정확한 음을 짚어내는 서양악기로는 표현하기 어렵기 때문에 한국적인 가락이 배인 몸으로 표현하는 것이 더 쉬울지도 모른다. 중국 문화의 정수인 서예를 태극권과 결합해 독창적인 춤으로 풀어낸 대만의 현대무용가 클라우드 게이트처럼 분명 '농현'도 한국적인 춤선과 가락으로 풀어낼 방법이 있을 것이다.

이 같은 '농현'에 대한 아무런 전략 없이 '상처입은 용'의 음악을 그냥 '배경'으로 흘려버린 것은 음악과 춤의 긴밀한 관계를 간과한 너무나 안이한 발상으로 보인다.

《이미지스-비천사신무》는 희미한 등불을 들고 옛 무덤을 찾아가는 여인으로 시작한다. 어두움에서 켜켜이 잠겨있던 비밀의 문이 열리는 장면은 마치 뮤지컬 〈아이다〉의 한 장면을 보는 듯 장대한 스펙터클이 넘쳤다. 윤이상의 음악과 잘 어울리는 프롤로그였다.

이어 1장 '그때, 그곳 고구려에서'가 시작됐다. 이 춤은 9명의 남성 무용수들이 삼각진, 방진, 원진 등 다양한 진법의 형태로 움직이며 뛰고 날다가 뒹굴며 눈부신 테크닉을 선보였다. 공연의 첫머리부터 '한국춤의 테크닉의 다양성에서 발레와 현대무용에 미치지 못한다'라는 편견을 갖고 있는 관객들에게 한국춤도 이렇게 '화끈할' 수 있다고 보여주는 듯했다. 하지만 여기에서 이 작품의 본원적인 함정이 있는 것 같다.

작품의 구조는 기운찬 남성 군무와 대비되는 여인들의 그리움을 다룬 2장 '흔적', 음과 양 또 사신의 형태적 특징에서 이미지와 동작을 따온 3장 '네 별, 네 신', 네 신이 어우러져 함께 춤을 추는 4장 '비천사신무'로 구성되어 있다. 그리고 사신은 별이 돼 하늘로 올라가고 새로운 생명을 만들어내는 5장 '다시…'와 6장 '이제 이곳에서'가 작품을 짤막하게 마무리한다. 작품의 논리적 구조가 양과 음, 남성과 여성으로 분명하게 나뉘어져 있는데다가 특히 남성춤의 힘찬 테크닉을 위주로 하기 때문에 춤이 전체적으로 양에 치우쳐 있다. 이런 춤사

위로는 곧게 뻗어 나가는 양의 소리와 흔들려 움직이는 음의 소리가 합쳐진 '농현'을 핵심
으로 양과 음, 정과 동을 아우르는 윤이상의 음악을 도저히 표현할 길이 없는 것이다. 더욱
이 무용수들의 명확하고 깔끔한 춤은 질 좋은 서양악기처럼 윤이상의 음악을 마치 칼로 자
르는 듯이 토막냈다.

양과 음의 변증법적 논리형식으로 구성된 작품의 구조와 명료한 춤선은 복합적인 음악이
나 신화와는 어울리지 않아 보인다. 지극히 연극적인 서사에 얹어진 명료한 춤의 뒤로 음악
은 그냥 흘러가고, 신화적 상상력은 증발될 수밖에 없을 것이다.

게다가 주작, 현무, 청룡, 백호 등 상상의 동물을 현실의 동물로 느끼게 한 구체적인 분장
과 동작은 신화적 상상력을 구체적 형태로 옭아맸다. 주작은 공작새, 현무는 거북이, 청룡은
용, 백호는 호랑이의 모습이었고, 이들의 춤은 곰, 호랑이, 학, 뱀 등 다섯 가지 동물의 동작
을 본딴 '오금지희(五禽之戲)'와 유사했다. 그러나 이들 사신은 구체적인 현실의 동물이 아
니다. 주작은 공작이 아니고, 특히 현무는 거북이가 아니다. 현실적인 동물의 형태와 이들
을 연상시키는 단순한 동작의 반복은 신화적 상상력을 만화적 상상력으로 전환시키고 말
아버렸다.

또 단순 형식논리적 단락이 아니라 의미에 따라 차별을 둔 단락의 형식도 끝부분에서 맺
힌 데 없이 흐지부지되는 바람에 춤이 마침내 힘을 잃어 중간에 그만둔 모양이 돼버렸다.

— 춤 2004년 1월호

정신혜

춤, 사계 2010년 4월 25일 부산국립국악원 대극장

전통춤의 창작 전략은 무엇일까. 태평무, 살풀이춤 등 이미 중요무형문화재로 지정된 춤들은 구체적 형태와 특징, 호흡이 이어 내려오며 정통성이 강조되기 때문에 창작의 여지가 많지 않다. 그러나 개인의 즉흥 창작을 기본요소로 하는 '입춤'은 분명 다르다. 얼마든지 자신의 창작을 개입시킬 수 있다.

또 최승희, 조택원, 김백봉, 최현 등 신무용 계열의 춤은 전통이라고 하기에는 좀 억지스러운 측면이 없지 않다. 최승희를 기원으로 하는《초립동》, 조택원의《사랑가》가 대표적이다. 형태와 내용에 있어서 새로움을 더한 정신혜의 '초립동'과 '사랑가'는 최소한 개정 안무, 최승희·조택원의 춤소스에 기초한 창작이라고 하기에 부족함이 없어 보였다.

정신혜가 전통춤으로 인생의 4계절을 그린 이번《춤, 사계》에서 봄은 '초립동'과 '즉흥무', 여름은 '한량무'와 '사랑가', 가을은 '강강술래'와 '태평무', 겨울은 '검무'와 '살풀이춤', 그리고 다시 봄에 '소고춤' '장구춤' '삼고무'를 배치해 흐드러진 한판 꽃놀이 전통춤 무대를 마련했다. 그는 윤회의 한 살이를 돌아 다시 시작하는 탄탄한 스토리와 레퍼토리로 전통춤을 추면서 과거의 정통성을 지키는 데 그치지 않고 스토리를 더하고, 의상을 새롭게 하는 등 자칭 '호작질'을, 전통에 파격을 더했다.

'초립동'은 최승희의 그것보다 경쾌했다. 특히 〈구운몽〉과 같은 꿈속의 설화를 더해 스토리를 풍부하게 했다. 초립동의 경쾌한 춤과 꿈속의 별유천지 미인들의 우아한 춤이 곁들여져 전통의 상상력을 확대했다.

'즉흥무'는 단아하면서도 여성답지 않게 드물게 힘이 좋은 춤사위로 춤의 정곡을 찔러 들어간 느낌이다. 군더더기 없는 무브먼트가 매력적이었다.

'사랑가'는 좀 아쉬웠다. 사랑가의 진면목은 역시 '남녀상열지사'로도 표현되는 해학미 가득한 사랑놀이 대목인데 그 부분을 건너 뛰어 다소 딱딱하게 처리했다. 좀 더 적극적으로 놀면서 과감한 표현이 가능한 여지가 많은 작품인데, 아직 좀 더 시간이 필요한 작품으로 생각됐다.

한편 마지막 '삼고무'에서 한 출연자가 북채를 놓치는 실수를 범했다. 이를 대비, 북 밑에 여분의 북채를 꽂아둬야 하는데 그렇지 못했다. 이에 따라 이 무용수가 한 손으로 북을 치는 시늉만 냈는데 단순호치(丹脣皓齒)의 미녀가 앞니가 빠진 채 웃고 있는 모습으로 춤의 질감을 크게 떨어뜨렸다. 특히 빈손으로 북을 치는 데도 소리가 들려 전체 북소리가 립싱크가 아닌가 하는 진정성마저 의심받게도 했다. 역시 원칙적인 준비만이 큰 사고를 작게 치르고 나갈 수 있다는 것을 새삼 보여줬다.

— 춤 2010년 5월호

찰나 2010년 7월 13일 국립부산국악원 대극장

황순원의 단편소설 〈소나기〉를 감각적 춤을 붓 삼아 한 폭의 멋진 투명 수채화로 그려냈다. 주제를 빗소리, 대금, 가야금, 첼로 등 다양한 음악과 흰색, 녹색, 보라색 등 단순, 강렬한 색감으로 입체적으로 잘 잘라냈고, 여기에 강한 상징성의 영상을 배치, 각 장의 의미를 분명하게 했다. 특히 한국춤 창작의 관성적 구조와 전통이라는 미명아래 전개되는 안이한 춤사위 등 고질적 단점을 극복, 과감한 생략과 비약의 상징적 구조 속에 다양한 춤사위를 다채로운 형식과 내용으로 추상화한 것이 인상적이다.

물의 영상이 클로즈업, 점차 확대되며 한바탕 소나기가 시원하게 내린 뒤 맑게 갠 개울에 송사리, 은어 등 흰색 물고기 떼가 뛰논다. 비가 내린 뒤 냇가에 앉아 즐기는 순수한 동심이 눈에 잡힐 듯하다. 등을 이용해 관능적인 움직임으로 형상화한 물고기들의 모습에서 물이 뚝뚝 떨어지는 듯 음악적이었다. 중앙무대가 내려가면서 물고기들의 움직임이 잦아져 자연스럽게 만들어지는 징검다리의 이미지도 멋진 그림이었다. 윤초시댁 딸과 소년의 순수한 만남이 아련한 향수 속에 꿈속처럼 그려졌다. 마치 디즈니 뮤지컬 〈라이온 킹〉에서 사람과 소품을 이용해 아프리카 초원이 강이 되고, 숲이 되고, 나무가 되는 장면이 연상될 정도로 잘 짜인 움직임이었다.

녹음의 부분 영상에는 좀 문제가 있어 보였다. 나무의 영상이 지나치게 사실적이며 과장되어 있어 무대의 전체 흐름과 잘 맞지 않은 것이 옥의 티였다.

보라색톤의 무대는 제비꽃을 연상시키며 슬프지만 아름다운 이별을 잘 그려냈다. 죽음을 은유하기에는 승무 이상의 것이 없어 보인다. 승무에 바탕한 저승사자와 소녀의 춤은 유려하고 강렬했다. 부드러움 속에 강함, 굳셈 속에 애잔함이 잘 드러난 2인무에 통일된 군무는 힘이 좋았다.

결론 부분에서 소나기구름 중심의 무대를 블랙&화이트, 흑백 무대로 상징화한 것도 인상적이었다. 앙상한 검은 나무의 이미지도 잘 세련됐다.

한편 사랑의 아다지오가 부족한 느낌이다. 소년과 소녀의 순수한 사랑의 교류가 '찰라'에 번득이는 물리적 순간이었겠지만 심리적으로 얼마든지 늘일 수 있어 보인다. 소나기 맞는 장면, 원두막에서 비를 피하는 장면의 이심전심이 클라이맥스가 될 만한데 좀 밋밋하게 지나지 않았나 싶다. '찰라'의 사랑을 통해 '영원한 추억의 사랑'을 각인시키려면 원작이 행간에 숨겨놓은 '찰라'의 사랑을 강렬한 사랑의 아다지오로 증폭시킬 필요가 있어 보인다.

장성한 소년이 소녀에 대한 절절한 사랑을 가슴을 쥐어 뜯어가는 신파로 그린 것은 사족으로 생각된다. 순수한 첫사랑의 찰나의 추억에 슬그머니 웃고 지나가면 족해 보인다. 차 한 잔의 여유가 가져다주는 아스라한 침잠 속에 억수같이 쏟아지는 소나기 속에서 펼쳐지는 애잔한 사랑의 아다지오를 리바이벌하는 회상 신으로 마무리하는 것이 깔끔하지 않았을까 생각해본다.

— 춤 2010년 8월호

불온한 윤회 2010년 9월 10일 남산국악당

살풀이춤, 승무 등을 이용, 윤회를 거부하는 독한 몸짓을 형상화했다. 한국춤으로 표현하기 쉽지 않은 퇴폐적, 허무주의적 냄새가 좁은 공간의 작은 소품에서 강렬하게 응축된 것이 인상적이다.

털이 길은 붉은 카펫 위에서 파스텔톤의 노랗고 하얀 옷을 입은 솔로춤이 시작됐다. 카펫의 크기는 꼭 '춘앵전'의 화문석만 했고, 노란색은 노란 꾀꼬리를 연상케 해 '춘앵전'과의 연관성을 분명히 했다. 하지만 '춘앵전'이 행복한 노란 꾀꼬리에서 영감을 얻어 사람이 추는 축하 춤이라면, 이 작품은 새가 된 인간, 좀 더 구체적으로 표현하자면 노란 꾀꼬리로 태어난 인간이 윤회의 고리를 스스로 끊으려는 고통스런 몸짓으로 직유와 은유의 차이를 감각적으로 깨닫게 했다. 또 '춘앵전'이 화문석 위에서 기꺼이 돌며 행복을 노래하는 희극이라면, 이 작품의 새는 카펫을 벗어나 자유롭게 비상하려 하지만 그것이 허용되지 않는 현실에, 운명에 온 몸을 던져 저항하다 쓰러지는 비극으로 추상화하는 데 성공했다. 그 비극을 조상하기 위해 첼로에 맞춘 풀어낸 살풀이와 승무가 인상적이다. 마지막에 윤회를 거슬러 무로 돌아가려는 듯 붉은 색 무덤으로 변하고 그 속으로 숨어 들어간 새의 이미지가 처절하다.

그러나 '불온한 윤회'라는 무거운 제목이 춤의 전개에 앞서 너무 많은 것을 주문하고 있어 작품의 깊은 몰입을 방해하는 측면이 없지 않았다. 좀 더 평이한 제목이었다면 서프라이징 엔딩도 가능해 작품의 서사미가 보다 증폭될 수 있을 것 같다.　　　　　　　　— 춤 2010년 10월호

정연수

노란 원숭이 2009년 10월 15~16일 예술의전당 자유소극장

《노란 원숭이》는 정연수가 이끄는 포스트에고무용단이 공동창작을 위해 다분야에서 활동하는 예술가들의 네트워크인 컬렉티브 메이헴과 함께 2009년 초 싱가포르 에스플레네이드 극장에서 초연한 작품이다. 데스몬드 모리스의 동물행동학 고전 〈털 없는 원숭이〉가 연상되는 작품의 제목은 아시아인을 시니컬하게 풍자하며 인간의 허위의식을 비판하는 듯하다.

무대는 담배 또는 대마초, 마리화나를 피우는 남자의 마임으로 시작했다. 4조각씩 2층 8조각으로 구성된 스크린은 그 자체가 하나의 주거공간으로도 연상되며 커다란 픽셀의 스크린으로도 기능했다. 디지털시계가 작동, 불안을 조성했다. 남자는 긴장을 풀기 위해 쉐도우복싱을 했고 남녀 무용수들이 끊임없이 등장, 힘차게 교차했다. 브레이크댄스, 보자기를 이용한 텀블링 등 젊은 힘이 넘치는 다채로운 현대적 춤사위는 역동미가 넘쳤고, 두 개의 칸막이를 열어 실루엣에서 이어지는 군무는 뜨거운 관능미를 선보였다. "행복하다"고 말하지만 행복해 보이지 않았으며, 나훈아의 대중가요 〈무시로〉에 맞춘 춤은 흥겨운 풍자미가 느껴졌다.

힘과 속도감이 넘치는 춤으로 굴복을 강요하는 현대물질문명에 대한 힘겨운 저항이 온 몸으로 그려졌다. 마지막 장면에서 스크린을 무대 앞으로 밀어내는 무용수들의 힘은 끝내 진정한 삶을 쟁취하는 '노란 원숭이'들의 승리로 보였다. 싱가포르 초연에서는 스크린이 무너졌다고 하는데, 이 경우 더욱 강력한 느낌으로 다가왔을 것 같다. — 춤 2009년 11월호

죽음의 조건 2010년 3월 26~27일 아르코예술극장 소극장

포스트에고무용단의 《죽음의 조건》은 매력적인 초현실적 무대였다. 소극장 입구를 무대로 꾸며 '이상한 나라'로 들어가는 앨리스의 느낌을 만들어냈으며, 나무로 만든 벽에 옷걸이 캐비닛, 냉장고, 전자레인지, 대형TV화면, 보조탁자, 의자, 비디오, 창문들이 왜곡된 형태거나 비스듬하거나 뒤집히는 등 제멋대로 박혀있었다. 이를 이용해 올라가고 내려가고 다양한 이미지를 만들어냈으며 캐비닛에서 등장하고 벽을 넘어 나타난 데 이어 TV속에서도 등장, 관객들을 놀라게 했다. 충분히 혼동된 세상, 많은 것을 잃어버린 지금과 다른 세상을 떠올리게 하는 기발하고 재미있는 무대였다.

하지만 이것이 물이 가장 귀한 디스토피아적 세계로 연상되지는 않았다. 그저 물이 권력화된 재미있는 무대에 그치고 말았다. 재치 있는 상상력이 톡톡 튀는 무대이지만 뭔가 하나의 주제, 특히 '죽음의 조건'과 같이 무거운 주제로 이어지기에는 힘에 부쳐 보였다.

춤도 그랬다. 무대에 어울리는 재기발랄한 춤이었다. 컵을 주요 소재로 해 마치 칵테일쇼를 하듯 시침 뚝 떼고 능청스럽게 자유자재로 컵을 갖고 노는 류장현의 춤은 매력적이었다. 속도감도 좋았고, 표현도 좋았다. 움직임도 유머가 있으면서도 기술적으로 쉽지 않은 무브먼트였다. 솔로도 좋았고 이영찬, 안수영, 최병훈 등과 함께 한 2인무, 3인무, 4인무도 잘 구성이 됐다. 벽에 다양한 돌출장치들이 부착돼 자칫 부상의 우려도 있는 무대였는데 이를 효과적으로 활용하며 춤과 잘 어울린 장면을 만들어냈다. 주전자를 벽에 박는 장면이나 중앙에 있던 테이블이 벽을 뚫고 들어가는 모습, 창틀에서 숨겨놓은 담배를 꺼내 맛있게 피는 모습, 그리고 그 담배연기를 옆에서 들이마시는 모습이나 컵을 가지고 만들어내는 관능미는 안무자의 치밀한 관찰력을 잘 보여준다. 특히 바닥에 컵을 바둑판처럼 깔아놓고 각각에 핀 조명을 쏟아 부은 것은 소극장서 근래 보기 힘든 아름다운 스펙터클이었으며, 마지막 정연수의 솔로에 쏟아진 모래는 멋진 마무리였다.

하지만 그것이 '죽음의 조건'이라는 거대 주제로 이어지기에는 좀 무리가 있어 보였다. 작품 내내 관객의 관심을 무대에 집중시켜 다양한 춤과 내용으로 관객을 만족시켰다. 보는 재미도 있었고, 생각할 단서도 많이 줬다. 음악적으로도 유쾌하면서도 향수가 있는 그리고 실험적인 해금음악 라이브 연주까지 곁들이는 등 어느 하나 빠지지 않는 무대였다. '죽음의 조건'이라는 무거운 주제에 대한 염두만 뺀다면.

안무자는 숨가쁘게 달려온 대한민국의 근현대사 속에서 제동력을 잃은 기관차처럼 달리는 우리의 모습을 단테의 신곡에 나타난 인간의 7가지 죄악-탐식, 탐욕, 교만, 성욕, 분노, 나태, 시기를 주요 모티브로 풀어냈다고 밝혔다. 두 개의 에피소드로 나눠, 하나는 물이 없는 세상을 상정해서 물을 중심으로 죽음이라는 무거운 주제를 게임의 성격을 내포해 풀어내려 했으며 또 하나는 고립을 주제로 삶과 죽음의 연속성을 끌어내려고 했다고 말했다.

하지만 작품이 너무 기발하고 재미있었다. '죽음의 조건'이 원래 그렇게 재미있고 달콤한 것인지 모르겠지만 작품의 전개와 좀 언밸런스해보였다. 차라리 '생존의 조건'이 더 어울리지 않았나 싶다. 그런 주제였더라면 관객들이 작품에 더 효과적으로 몰입, 안무자가 본래 의도했던 '허무한 생존' '품위 있는 죽음' 등으로 이어질지도 모를 일이었다.

또 하나 굳이 지적하고 싶은 것은 어딘지 2% 부족한 마무리다. 각 장면의 연결이 관객의 기대를 배반하는 역설의 재미가 있었다. 그러나 그것이 작품의 주제와 이어져 의미를 집중시키기보다는 역설을 위한 역설, 반전을 위한 반전에 그쳤다는 느낌이다. 그래서 무릎을 치는, 가슴을 치는 감동보다는 씁쓸한 헛웃음이 나올 때도 없지 않았다.

그러나 모든 지적에도 불구하고《죽음의 조건》은 최근 무대에 오른 젊은(이제 더 이상 젊지 않을지 모르지만) 안무가의 작품 가운데 드물게 구조적이고, 입체적인 작품으로 평가된다.

— 춤 2010년 4월호

정영두

걷다 · 서다 · 팔을 뻗다 2006년 9월 28~30일 LIG아트홀

정영두의 신작 4편을 모은 공연《걷다 · 서다 · 팔을 뻗다》는 그의 안무철학이 한층 집요하고 명료하게 드러났다.《텅 · 빈 · 흰 · 몸》과《This Side of Blue》는 상반기에 만든 작품이고,《긴 침묵》과《걷다 · 서다 · 팔을 뻗다》는 최근작이다. 그런데 작품이 점점 더 움직임의 근원으로 향하고 있음이 느껴진다. 앞의 두 작품은 반복적이지만 그래도 다양한 몸짓을 담고 있는데, 뒤의 두 작품은 정말 '침묵'과 '걷고' '서고' '팔을 뻗는' 동작으로만 구성됐다.《긴 침묵》은 침묵과 침묵을 견디는 몸짓, 또는 그러지 못한 몸짓으로 지루하게 교직, 반복됐다. 또《걷다 · 서다 · 팔을 뻗다》는 '걷고' '서고' '팔을 뻗어' 움직이는 모습을 집단의 크기와 에너지의 형태를 달리해 지루할 정도로 변주했다.

정영두는 공연이 끝난 뒤 관객들과 가진 대화에서 "내용과 형식의 변화를 통해 새로운 안무법을 실험하고 있다"며 이렇게 말했다. "춤의 근원, 움직임의 근원은 무엇일까 생각해본다. 화려하고 색색깔의 반찬이 가득 담긴 밥상도 중요하지만 각 그릇에 담긴 하나 하나의 재료에 대해서 파고 들어갈 것이다. 처음에는 동치미, 그 다음에는 쌀밥, 그 다음에는 된장국… 이렇게 하나 하나의 재료에 정성을 들이다 보면 언젠가는 풍성하면서도 깊이있는 밥상을 차릴 수 있을 것이다. 교향곡을 쓰려면 음 하나 하나의 의미를 알아야 한다. 음 하나, 두 개로 놀 수 있다면, 한 두 개의 음식으로 진수성찬을 만들 수 있지 않을까 생각한다."

몸의 움직임에 대해 근원부터 다시 생각하는 사색의 힘이 신선하게 다가온다.

《텅·빈·흰·몸》은 전작(前作)《내가 가진 하늘》과 달리 음악이 있었다. 클래식했다. 움직임도 리듬감이 있었다. 움직임은 근원을 찾아가는 단순함에서 큰 차이가 없었지만 방향성에서 다름이 느껴진다. 전작이 앞으로 걷는 움직임이 주라면, 이 작품은 상대적으로 뒤로 뛰는 움직임이 많았다. 또 그가 직접 췄을 때보다 김원이 추었을 때 부드러움과 리듬감이 훨씬 많이 느껴졌다. 일상적인 반복에서 오는 감정과 움직임들에 현미경을 들이대고, 녹화된 장면을 앞으로, 뒤로 돌리면서 투명하게 들여다보는 느낌이었다.

《This Side of Blue》는 음악과 무음악을, '들리는 데 들리지 않는' 방식으로 재미있게 엮었다. 무용수 나탈리 커시오는 포터블 CD플레이어로 조안나 뉴섬의 음악을 듣는데 그것을 가끔씩 입으로 따라 부르며 자신의 움직임 속에 있는 음악을 관객들에게 시사했고, 때로 CD플레이어를 스피커에 연결해 관객들에게 들려주기도 했다.

이 작품은 사람들이 혼자 있을 때 무엇을 하는지 엿보고 있다. 동요와 컨추리의 중간쯤에 있는 음악에 맞춰 팔을 꺾고, 옷을 잡아 늘려보고, 뒹굴고 하는 모습이 재미있다. 심각한, 가벼운, 우울한, 웃긴 힘든, 즐거운, 갑자기 떠오르는 다양한 생각들, 또는 오래 전부터 해오던 생각들, 다시 떠오르는 생각 등 혼자 지루하게 있을 때 생각하거나 함직한 여러 가지 잡생각들을 돋보기를 들이대고 세밀하게 주워 모았다.

《긴 침묵》은《This Side of Blue》앞에 잠깐 맛을 보여줬다. 메인 디쉬인《걷다 · 서다 · 팔을 뻗다》뒤에 전체 작품의 앙코르처럼 다시 붙어 '긴 침묵'의 의미를 그렸다. 기본적인 단순한 동작이 어떻게 확대되는지, 현미경을 들이 댄 오늘 작업 전체가 앞으로 어떻게 나타날지 망원경의 의미도 상징적으로 보여주는 것 같았다.

이 작품에서 그의 '침묵'은 근원적인 언어다. 불가 또는 도가적 발상이겠지만 가장 깊은 대화는 침묵이다. 이심전심, 염화시중미소처럼 불립문자가 그것을 잘 설명한다. 아무 말도 들리지 않지만 그가 온 몸으로 그려내고 있는 침묵은 소란스러운 수다이며, 곡굉이침지(曲肱而枕之)의 평안한 격양가 흥얼거림처럼 들린다.

《걷다 · 서다 · 팔을 뻗다》는 걷고 서고 팔을 뻗는 동작들을 때로 모으고, 흩고, 속도와 힘을 주고 빼면서 재미있게 대비시켰다. 장식들을 배제하고 최소한의 행위로 구성된 작품이 때때로 지루하게도 느껴지지만 에너지와 호흡의 미세한 변화가 만들어내는 움직임들의 조합이 많은 생각을 준다.

이와 관련 정영두는 다음과 같이 말했는데, 최근 현대무용에 있어서 몸의 한계가 거론되고 있는 상황에서 의미있는 방법론으로 고개가 끄덕여진다.

"여러 장식들을 배제하고 최소한의 행위들을 가지고 작품을 구성함으로써 이 행위들이 어떻게 춤을 이루는 요소들이 되는지 거꾸로 되짚어 보고 그 안에서 어떤 다양한 가능성이 있는지 고민했다. 지금껏 화려한 조명과 무대세트, 소품 그리고 언어의 사용을 자제해 온 이유는 내가 쓸데없는 치장을 싫어하기도 하지만 그것들에 의존해 게을러질 것을 염려해서였다. 또 그것들과 더 대등하게 만나고 싶어서였다. 더 이상 나올게 없다고 생각될 때마다 더 깊고 고요하게 만나고자 하면 몸은 언제나 내게 그동안 한번도 보여주지 않았던 새로운 몸을 보여주었다. 이젠 음악이 없어도 조명과 무대가 두렵지 않게 됐다. 내게 몸은 끊임없이 진화는 그 무엇이다. 시대의 흐름을 파악하는 것은 중요한 일이지만 내가 예술가로 산다는 것은 그런 것은 아니다. 그것들에 저항하며 긴 호흡으로 정진하는 것이다. 무용은, 몸은 도덕책이 아니다. 수학공식처럼 답이 무엇일까 고민하고, 답을 몰라 답답해할 필요도 없다."

애초에 춤으로 시작하지 않은 안무가의 작업이기에 더욱 분석적이고 철학적이 된 것 같다.

— 춤 2006년 11월호

정은혜

봄의 단상 2007년 3월 31일~4월 1일 대전문화예술의전당 아트홀

정은혜무용단의《봄의 단상》은 한국 전통춤의 형식과 내용을 해체해 재구성, 뿌리는 같지만 전혀 새로운 작품을 만들었다. 특히 한국인의 원초적 본능이라고 할 수 있는 샤머니즘에 서구적 무대기법과 팬터지를 결합해 상당히 익숙하면서도 독특한 새로움을 만들어냈다.

첫 장은 단정하고 정적인 홑춤 '춘앵전'을 관능의 군무로 풀었다. '춘앵전'은 조선 순조 때 소명세자가 어느 봄 아침 버들가지에 지저귀는 꾀꼬리 소리를 듣고 정감을 풀어낸 춤이다. 정은혜는 스물둘에 요절한 비운의 소명세자를 이 춤을 통해 불러내 한판 흐드러지면서도 아스라하게 죽음의 냄새가 나는 춤을 만들었다. 봄의 생명력을 죽음과 연관시킨 것이 스트라빈스키의 〈봄의 제전〉과 맥이 닿는 것도 같다. 정적인 '춘앵전'의 해체와 재종합을 통해 만들어낸 관능의 무브먼트는 생명과 죽음이 한 몸에 있는 봄의 나른하면서도 묵직한 권태를 담아냈다.

탈춤, 민속춤으로 만든 두 번째 장 남성군무는 민초들의 춤 특유의 활기와 건강함이 넘쳤다. 김일륜의 가야금과 소리에 맞춘 정은혜의 입춤은 음악과 춤이 하나가 돼 서로 주고받으며 흔쾌히 맺고 애틋하게 풀어내는 것이 마치 봉황이 대나무 밭을 넘나드는 듯한 봄밤의 아스라한 사랑놀이처럼도 보였다.

마지막 4장은 무거운 죽음의 에너지가 가득했다. 하지만 〈봄의 제전〉과 같은 격렬한 원시적 무브먼트는 없었다. 환상적 서사가 강해 셰익스피어의 〈한여름밤의 꿈〉과 같았다. 그

래서 충격이 가슴으로 직접 다가오기보다는 설명적이어서 관객을 무대로 빨아들이는 데는 실패한 것 같다.

하지만 분명 익숙한 낯섦이 있는 한국 춤사위였다. 대미의 화려한 꽃비는 열매맺음, 탄생을 기다리는 희생과 같은 찬란한 슬픔의 봄이 느껴졌다.   — 춤 2007년 5월호

서울 굿, 점지 2008년 12월 11일 남산국악당

정은혜무용단의 《서울 굿, 점지》는 서구의 퓨전 클래식 음악을 굿 음악으로 차용, 전통을 대중적으로 해석해 내려는 시도가 돋보였다.

바네사 메이의 전자 바이올린 연주를 굿음악으로 접목하는 등 세계적 크로스오버 뮤직과 전통굿의 빠른 장단을 잘 연결, 한국 전통 여성의 애환, 특히 아들선호사상으로 인한 비극을 날카롭게 포착해냈다. 드라마의 서사가 춤과 알기 쉽게 결합, 관객과 가까이 가려한 점이 특히 높이 평가된다. 전통춤사위를 완전히 해체, 즐거운 대중적 춤사위로 풀어낸 것도 의미있는 시도로 보인다.

하지만 소리의 조절이 잘 안됐고, 판소리 공연장의 3면무대 활용이 부족했다. 프로시니엄 극장으로 구성됐겠지만 공간이 달라지면 안무, 연출전략도 달라져야 했는데 잘 되지 않았다.   — 춤 2009년 1월호

미얄 2010년 4월 16~17일 대전예술의전당 대극장

《미얄》은 정은혜의 고정 레퍼토리다. 2001년 초연, 정은혜무용단을 비롯해 국립무용단에 의해 공연되는 등 국내외에서 10여 차례 공연되며 형식과 내용이 수정, 보완된 정은혜의 필생의 대표작으로 꼽기 충분해 보인다.

봉산탈춤과 살풀이춤 등 한국전통 춤사위와 해학과 우아미를 골격으로 가부키, 분라쿠,

그리스 서사극 등 동서양 각 국의 전통공연기법을 포용한 종합예술적 방법론이 눈길을 끈다. 한국춤에서 보기 힘든 춤의 보편적 다양성이 넘쳤다. 특히 월트 디즈니의 뮤지컬 〈라이온 킹〉 이후 지금까지 세계를 휩쓸고 있는 다양한 인형극, 가면극 기법을 창작춤에 접목한 것은 높이 평가받기 부족함이 없다.

《미얄》은 객석에서부터 등장한 함팔이 등 흥겨운 전통 결혼잔치로 시작했다. 첫날밤 비로소 얼굴을 본 부부간의 기대와 다소 실망한 남편을 적극적으로 공략하는 사랑의 장면은 건강한 민초들의 성을 풍자적으로 보여줬다. 아이를 낳는 장면도 슬랩스틱 코미디 못지않은 과장된 소극으로 잘 그려졌다.

환란과 세월의 흐름을 표현한 분라쿠 기법을 이용한 군무가 인상적이었다. 탈춤 본연의 해학과 풍자를 잘 살린 안무전략도 좋았고, 신명으로만 흐르지 않고 묵직한 살풀이를 통해 작품의 분위기를 잡으며 완급을 조절한 것도 좋은 호흡이었다. 환란을 표현한 날카로운 죽창춤은 뮤지컬 〈미스 사이공〉의 한 장면을 보는 듯 과감했으며 그림자극을 이용해 상황을 표현한 것도 재미있었다.

미얄의 죽음을 극대화한 대미의 정은혜의 춤이 화룡점정이었다. 자칫 장난기로 흐를 수 있는 탈춤 위주의 작품에 묵직한 감동을 얹었다. 할 말은 다하면서도 속도감과 재미, 실험성을 가미해 예술적 완성도를 한껏 높인 고정 레퍼토리라고 하기에 부족함이 없다.

― 춤 2010년 5월호

처용 2010년 11월 14일 대학로예술극장 대극장

정은혜무용단은 중요무형문화재 제39호인 '처용무'가 2009년 9월 유네스코 세계무형문화유산으로 등재된 것을 기념해 작품을 만들었다.

'처용무'는 〈처용설화〉에서 유래한 가면무용으로 음력 섣달 그믐날 밤에 민가와 궁중에서 마귀와 사신(邪神)을 쫓아내는 '나례(儺禮)' 의식으로 추어졌다. 5명의 무용수가 동·서·남·북·중 5방위를 나타내는 청·백·홍·흑·황색의 옷을 각각 입고 처용의 탈을 쓴 다음 한 사람씩 무대에 나가 한 줄로 선 채 '처용가'를 일제히 부르고, 노래가 끝나면 선 자리

에서 춤을 춘다.

정은혜무용단의《처용》은 이미 익히 알려져 있는 처용의 이 같은 전설과 설화를 지루한 서사로 풀어내지 않고 처용의 야회(夜會), 처용 아내의 외로움, 역신의 침입 등 삼각관계로 압축했다. 특히 각각의 갈등을 한 무대에 풀어놓고 마침내 처용이 깨달음에 이르는 과정을 '처용무'를 절묘하게 해체, 종합, 확대해 장쾌하게 풀어냈다.

처용의 얼굴이 현대적으로 스타일라이징된 환상적 영상과 장중한 수제천의 음악은 도입부로 좋은 시작이었다. 영상이 나오기까지 암전이 너무 길지 않았나 하는 생각도 없지 않았지만 충분히 음악을 즐기며 처용의 스토리를 생각할 수 있는 여유를 준 것도 같다.

극장의 깊이와 높이를 잘 살리고 드라마를 퍼뜨리지 않고 집중, 처용과 처용의 부인, 그리고 역신 세 인물의 심리를 집중 분석한 점은 고전 해석에 대한 현대적 접근으로 높이 평가받을 만했다. 고전을 미시적 접근으로 풀어냄으로써 전체 서사구조를 나열, 흔히 빠지기 쉬운 지루함을 건너 뛴 것은 훌륭한 선택으로 생각된다. 특히 각각의 심리를 현대인의 시각에서 공략한 것이 인상적이었다.

어떤 의미에서 돈과 명예, 아름다운 부인 등 모든 것을 다 갖춘 처용의 권태, 나른함이 밝은 달 아래 퇴폐적인 춤에서 잘 드러났다. 다양하게 펼쳐진 군무의 관능미도 이를 충분히 뒷받침했다. 한국무용에서 흔히 풍성한 치마선 속에 감춰두기 일쑤인 미끈한 다리를 쑥 뽑아 허공을 휘저으며 만들어낸 다양한 관능적 춤사위는 처용의 권태를 더욱 입체화시켰다.

여기에 대비시켜 무대 뒤에 흔들침대를 활용, 표현한 처용부인의 외로움은 바깥일에 빠져, 남편의 바람에 외로운 현대 여인들의 내면과 겹쳐져 실감났다. 역시 여인의 고독, 외로움, 애욕 등을 멋지게 구조화 시킨 군무와 흔들침대를 비롯해 무대 전체를 잘 이용하며 펼친 처용부인의 갈등이 잘 어울려 역신의 유혹을 설득력있게 만들었다.

문을 뚫고 들어와 군무진을 차례로 농락한 뒤 처용부인에게 접근한 역신의 춤은 처용과 처용 아내와 또 다른 강렬한 역동미와 에너지, 관능미로 삼각관계의 비극성을 극대화했다.

특히 역신의 춤은 처용의 또 다른 내면으로도 읽혀 위선의 세상에 대한 안무가의 풍자로도 읽혔다. 처용과 역신이 다른 인물이 아니라 하나의 인물의 또 다른 내면으로 사랑에 대한 인간의 이중적 감정, 지킬과 하이드의 양면성을 보여주는 것도 같아 흥미로웠다.

마침내 '밤 들이 노닐다가 들어와 자리를 본' 처용의 절망, 갈등과 처용 아내의 어쩔 줄 모르는 수치와 후회, 그리고 역신의 도발적 저항과 도전이 어울린 장면은 이 작품의 클라이맥스라고 하기 충분했다.

처용이 흔들침대를 이고 가는 장면은 아내의 불륜과 역신의 침입을 자신의 잘못으로 인정하는 체념, 관용의 미학의 절정이었다. 마치 예수의 십자가 연상케 했으며 침대에 매달려 끌려가는 역신의 모습도 전설의 부연이기도 하면서 처용의 또 다른 야수적 내면에 대한 자기반성으로 읽혔다.

'천부경'에 맞춰 깨달음에 이르는 처용의 관용, 체념의 미학은 장엄했다. 하지만 '육생칠팔구운(六生七八九運) 삼사성환오칠일(三四成環五七一)'이라는 천부경의 내용에 맞춰 솔로와 군무의 의미를 강화했으면 천부경의 비의에 대한 안무가의 독창적인 철학과 해석, 그리고 관객들의 상상력의 확대에 도움을 주지 않았을까 싶다.

또 이왕 천부경을 작곡해 음악으로 썼으면 초반부만 3번 반복하고 '묘연(妙然)'에서 끝낼 것이 아니라 '만왕만래(萬往萬來) 용변부동본(用變不動本) 본심본(本心本)'에 이어 결구 '인중천지일(人中天地一) 일종무종일(一終無終一)'까지 이어지며 처용과 역신, 처용 아내 모두의 깨달음으로 이어졌으면 어땠을까 싶다.

'처용무'를 형식적으로, 또 내용적으로 해체, 종합, 확대해 풀어낸 처용의 깨달음의 완성, 그리고 아내에 대한 화해와 용서는 멋진 마무리였다.

작품의 전개에 따른 뚜렷한 춤의 색깔 변화는 춤사위 부족으로 고민하는 한국무용에 대해 얼마든지 속도와 힘, 형태의 변화, 의상과 무대의 활용 등을 통해 한국춤도 현대무용 못지않은 다양한 표현 가능하다는 것을 보여준 좋은 전범으로 생각된다.　　　ー 춤 2010년 12월호

정혜진

돌의 거울 2002년 12월 5~6일 문예진흥원 예술극장 대극장

'허무 개그'라는 말이 있다. 뭔가 엄청난 것, 엄청나지는 않더라도 조금은 고아한 것을 기대했는데 '책상은 책상이다'라는 식의 '허무한' 답이 나오는 우스개를 말한다. 정혜진무용단의《돌의 거울》이 끝났을 때 꼭 어이없는 결말의 허무개그를 한편 본 느낌이었다고 말하면 조금 지나칠지도 모르겠다.

정혜진은 병자호란을 소재로 한 서사무용극으로 이 작품을 구상했다. 이 작품에서 돌은 성을 의미한다고 했다. 청나라의 침입에 대항해 민초들이 돌을 하나 하나 쌓아올려 지은 산성의 축조과정을 태극권을 응용한 힘찬 춤사위와 우리 춤의 유연한 호흡으로 그리겠다고 했다.

그는 "성을 쌓는 것은 바로 신뢰를 쌓아 가는 미래의 이미지"라며 "산성 축조과정을 통해 역사의 진실을 미시적으로 보여주고, 그 안에서 오늘날 우리의 모습을 비추어 보면서 어떻게 건강한 사회를 만들 것인가를 되돌아보는 작품"이라고 안무의도를 설명했다.

춤 동작은 그의 구상대로 만들어졌다. 성을 쌓는 과정을 표현한 여성춤은 발을 땅에 탄탄하게 붙인 채 상체의 움직임을 위주로 한 맺고 푸는 동작으로 안정되게 구성했다. 성을 공격하는 청군은 검술과 무술의 동작이 그대로 드러나는 다소 거친 남성춤으로 만들어졌다.

그러나 나머지는 그의 의도대로 객석에 전달되지는 않은 것 같다. 이는 작품에 너무 많은 것을 집어넣으려 하다가 소화불량을 일으킨 나머지 제대로 결말을 내지 못한 때문으로

보인다.

작품은 연극배우 고인배가 화자로 등장, 산성의 역사를 현재에서 거꾸로 거슬러 올라가며 전개된다. 그러나 고인배가 작품을 이끌어가기보다는 춤의 진에 갇혀 갈피를 잡지 못했다는 느낌이다.

신축성 있는 밴드로 버티컬을 만들어 등장인물과 영상이 교묘하게 연결되는 장면은 좋았다. 과거 영상과 무용이 작품에서 유리되는 것을 잘 개선한 실감나는 무대였다. 그러나 이것이 너무 자주 사용되면서 지루한 느낌과 함께 무대예술 특유의 사실성이 훼손된 듯하다. 한두 번만 이용했으면 충분했을 것 같다.

또 이 같은 밴드 버티컬 무대는 유진규의 마임극 〈두 문 사이〉에 사용됐고, 사람은 없어지고 옷만 허공으로 날아가는 등 유사한 기법이 있었다.

한편 롤러블레이드 운동화를 이용해 미끄러지는 듯한 효과는 환상적인 느낌이 나 좋았다. 그러나 검술을 하는 탤런트를 청군으로 기용, 사실성을 살리려 한 것은 좋았으나 일본 사무라이의 느낌이 강해 청군으로는 어색했다.

가장 이해하기 어려운 것은 갑자기 등장, 무대를 좌, 우, 대각선으로 가로지르며 관객들에게 웃음을 자아내게 하는 할머니의 등장이다. 오랜 역사를 상징하는 듯한 이 할머니는 살아 있는 역사와 미래의 화합을 의미하는 것 같다. 여성무용수들이 성을 쌓는 돌이라고 했을 때 이 할머니는 성의 가장 오래된 주춧돌이며 미래를 비추는 거울이라고 할 수도 있을 것이다. 그런 식으로 작품을 이해를 하는데, 갑자기 맨 마지막 장면에 이 할머니가 온 옷에 거울을 붙이고 등장했다. '돌의 거울'이 정말 '돌로 만든 거울'이라는 안무자의 설명처럼 보였다.

신화는 신화다. 단군왕검이 웅녀의 아들이라고 해서 진짜 곰의 아들이라고 주장하면 곤란하다. 신화를 자구에 매달려 실제로 해석해버리면 신비와 상징이 사라지고 실현불가능한 황당한 현실만이 남게 된다. 이와 함께 무릎을 꿇은 채 두 손을 들어 절규하며 대미를 짓는 고인배의 몸짓은 마치 영화 〈플래툰〉의 마지막 장면을 보는 듯했다.

《돌의 거울》은 영상과 소품, 이야기와 감정, 다양한 아이디어와 해석이 가해졌으나 결국 소화불량으로 체해 단체관람용 교훈극, 또는 목적극에 그치고 만 것 같다.

— 춤 2003년 1월호

아가(雅歌)-메밀꽃 필 무렵 2010년 9월 25~26일 아르코예술극장 대극장

핏줄에 대한 진한 한국적 정서를 절묘하게 녹아낸 이효석의 대표작을 한국무용의 풍성한 감성과 다양한 표현의 현대무용의 장점을 제대로 접목해 완성했다.

장돌뱅이 허생원과 동이의 내력을 충주댁, 나귀, 동네 각다귀들의 움직임을 한국춤사위를 기본 골격으로 해 현대무용으로 풍성하게 살을 입혀 멋지게 대비시켰다. 충주댁과 물레방아 간 처녀를 1인2역 한 정혜진의 감성적인 한국 춤사위와 허생원 역을 맡은 현대무용가 손관중의 역동적 춤사위는 멋진 앙상블을 만들어냈으며 담장 오브제는 다양한 이미지를 만들어 얽히고설킨 인연을 잘 그려냈다. 특히 대미에 무대를 가득 채운 메밀밭은 피나 바우쉬의 카네이션 가득한 무대를 연상케 하는 장관이었다.

그러나 상징적으로, 우화적으로 처리된 나귀는 전체적으로 사실적인 무대 흐름과 부조화를 이뤄 아쉽다. 특히 서막에서 실루엣으로 등장한 나귀는 우화적 이미지가 강해 자칫 전체 맥락을 오해하게 할 소지도 없지 않았다.　　　　　　　　　　　　　　　— 춤 2010년 10월호

조기숙

몸놀이 2005년 4월 8~9일 호암아트홀

조기숙뉴발레의《몸놀이(The body play)》는 마치 미로의 무대그림, 몬드리안의 색면추상, 마티스의 재즈시리즈를 보는 듯 명랑하고 깔끔한 춤색이었다. 특히 컴포지션을 중시한 쾌활한 춤 배치가 인상적이었다. 라이브 음악과 조명, 다채로운 춤이 서로 잘 붙은 작품으로 안무자의 지금보다 앞으로가 더 기대되는 작품이었다.

《몸놀이》는 발레 기본에서 시작했다. 청명한 드럼소리에 맞춰 솔리스트의 턴아웃, 포인트 등 발동작에서 팔동작으로, 팔에서 온 몸으로 발레기본 몸풀기 동작이 점점 커졌다. 기존의 발레 안무가들로부터는 찾기 어려운 신선한 감각이었다. 물론 이와 관련 프로 공연이 수업 워크숍을 그대로 옮겨놨다는 비판도 가능하다. 하지만 국내 발레안무가로는 드물게 엄숙주의 신파를 벗어나 춤의 추상성, 유희성을 무대에서 날 것으로 시험한다는 점에서 높이 평가받을 만하다. 안성수 이후 자신의 춤철학이 두드러지는 모처럼의 발레무대다. 각 장에서 음악과 조명의 잔향, 잔상에 몸을 맡긴 동작의 여유도 많은 생각을 줬다.

하지만 무용수들이 조금 더 자신있게 동작을 펼쳤으면 좋았을 것 같았다. 아직 안무자의 춤에 익숙하지 않은 듯 몸이 좀 무거웠으며 특히 자신의 동작 마지막 부분에서 멈칫거리는 느낌이 났다.

후반부에 들어 곡예성과 유희성이 강한 춤사위로 에스컬레이트 됐다. 드럼과 피아노가 임프로비제이션을 통해 본격적으로 자신을 드러내는 재즈로 들어갔으며 음악과 춤이 부르면

(call) 받는(response) 전형적인 '콜 앤 레스펀스(call & response)' 형식으로 흥이 있는 무대를 만들었다. 공놀이, 가위바위보, 소금장수, 그림자놀이 등 지금은 도시에서 사라진 어린이들의 추억의 놀이를 이용한 것도 흥에 추억을 더했다. 처음의 이미지로 작품을 마무리해 애틋한 그리움을 남긴 것도 좋은 끝으로 생각된다.

지리 킬리언이 그랬다. "한번 성공하니 좋은 무용수가 몰려왔다. 그들은 나보다 먼저 동작을 찾아냈다. 나는 운이 좋았다." 물론 자신을 낮춘 겸손한 말이다. 이번 작품으로 조기숙은 충분히 더 많은 무용수를 만날 준비가 돼있음을 보여줬다. 문제는 다음 작품이다. 11년 만에 국내에 선보인 작품으로는 욕심을 내지 않고 아주 기초적인 것만을 보여줬다는 점에서 분명히 지금보다 앞으로가 기대되는 안무가다. 그러나 이를 위해 좀 더 냉정할 필요가 있을 것으로 생각된다.

이 작품 막바지 55분쯤에 3명의 관객이 일어나서 나갔다. 6명이 군무를 할 때다. 이 관객은 상당히 중요한 인사다. 좀처럼 작품을 보다가 일어서는 그런 관객이 아니다. 한 명으로 백 명의 관객 역할을 하는 거물이다. 따라서 관객 300여명이 작품이 미처 끝나기 전에 일어섰다고 생각해도 될 것이었다. 분명 6명의 군무는 아마추어였다. 몸도 아직 무대에 서기에는 준비가 되지 않았다. '교수' 안무가로서 제자들을 배려해야 한다는 점도 어쩔 수 없겠지만 프로의 세계는 이것을 결코 아량으로 봐주지 않는다.   — 춤 2005년 5월호

솔로-센스1 2005년 6월 28일 포스트극장

《솔로-센스1》은 안무자가 한국에 자리잡은 뒤 처음 갖는 솔로무대다. 전작《몸놀이》는 귀국 후 첫 작품으로 관심을 모았지만 본인이 출연하지 않았다. 더욱이《몸놀이》는 출연자들에 문제가 있어 안무를 제대로 구체화하지 못해 아쉬웠던 작품이다. 그런 점에서《솔로-센스1》은 안무자의 본격적인 첫 한국춤판이라고도 할 수 있다.

이 작품은 얼핏 홍신자의 묵직한 무브먼트의 느낌이 났다. 그러나 홍신자보다는 동작을 잘게 잘라 다양하게 배치했다. 의자 위에서 조그만 정방형 무대로 무대 중간 발코니로 피아노 주변, 연주하는 퍼큐션 뒤까지 가능한 무대 공간을 모두 사용했다. 의상을 걷어 부치고,

레이스 천을 다양하게 활용하는 등 소품의 재미있는 사용도 돋보였다. 라이브 음악과 잘 어울린 안무에 즉흥성까지 더해져 고급스런 생동감이 넘쳤다.

경건한 등·퇴장에 액센트가 있는 춤, 다양한 움직임이 조화돼 잘 깎여진 세련된 모더니티를 만들어 냈다. 그러면서도 한국적인 선과 색을 가미, 온갖 정성을 다한 음식상을 받은 느낌이다. 하지만 좀 더 바란다면, 개인적 기호겠지만 절정의 순간이 아쉽다. 반찬은 참 예쁘게 많이 차렸는데 관객들의 가슴을 콕 찌르는 메인 디쉬의 독특한 상쾌함, 또는 포만감과 같은 그런 에너지를 기다렸는데 불이 꺼지고 말았다.

첫 술에 배부를 수 없겠지만 '1'이라는 숫자가 붙어있는 만큼 더욱 다양하고 독특한 후속 작품들이 기대된다.

— 춤 2005년 8월호

조은미

조소 / 비탄 2002년 4월 9~10일 문예회관 대극장

  1997년 서울 여의도 KBS홀에서 초연된 현대무용단탐의《조소》는 우리사회에 만연한 독선과 속물주의 경향을 신랄하게 비판한 작품이다. 이 작품은 당시 안무경력 20여 년 동안 춤의 순수예술성을 고집하며 현실 참여적이거나 사실적인 작품을 거의 발표하지 않은 조은미의 이례적 작품으로 꼽힌다. 1999년 멕시코 세르반티노페스티벌에 초청됐던 이 작품은 초연 당시 젊음의 공격성이 세월에 의해 부드러우면서도 차갑게 단련된 곡선미와 절제미로 묵직하게 표현된 작품이라는 느낌을 받았다.

  그러나 이번 공연은 초연과 많이 달라졌다. 가장 두드러진 점은 영상의 가미. 마치 긴박한 위기감이 나는 다큐멘터리를 찍듯 카메라를 어깨에 들어 메고 흔들리는 화면으로 영상을 포착했다. 만원버스에 밀리는 시민, 군사훈련, 제식훈련, 일방통행 표지판 등 뭔가 전체주의적인 냄새가 나는 이미지들이다. 이 같은 이미지가 그레고리안 성가풍의 노래를 배경으로 실려 느낌이 더욱 처연하다. 전체주의적 이미지 사이사이에 들어간 화산의 폭발과 함께 용암이 흘러내리는 장면은 전체주의의 폭압으로는 결코 막을 수 없는 자유에의 의지를 상징하는 것으로 보인다. 영상은 웃음과 함께 파편으로 가득 깨지는 화면으로 끝났다.

  이 영상은 무대 왼쪽 부정 사각형 형태의 대형 깨어진 거울의 이미지로 그대로 이어졌다. 거울 앞에 한 여자(성미연 역)가 있고 그 주위로 하나 둘씩 사람들이 지나간다. 거울 앞의 여자 모습에서 전체에 어울리지 못하는 자유인의 고통이랄까, 군중 속의 고독이랄까, 그런 것

이 느껴진다. 여자는 비트가 강하고 자극적인 소리가 들어있는 음악을 배경으로 독무를 마치 세상에 대한 절규처럼 추어댄다.

이어지는 군무에서 붙잡고, 딴지를 거는 등 만인에 대한 만인의 어떤 괴롭힘의 모습은 전체주의 사회에서 타인의 관심과 사랑, 자신에 대한 이해를 갈구하는 처절한 몸짓처럼도 보인다.

무용수들이 입은 검은색과 회색의 재킷은 이 같이 이지러진 폭압적인 세상을 조상(弔喪)하는 상복처럼도 느껴진다. 신데렐라의 유리구두와 같은 꿈을 간직한 신발을 벗어 소중하게 가슴에 들고, 상복을 하나씩 벗어버린다. 왜곡된 세상의 껍질을 털어내고 소중한 꿈을 찾아 다부지게 일어서는 각오가 느껴진다. 세상에 대해 소리 없이 웃는 냉소적인 '조소'가 아니라 시원한 '폭소'와 함께 대미를 짓는다.

《조소》는 유기적으로 잘 분할된 무대 위에서 속도감이 넘치고 높이를 갖춘 고난도 테크닉의 역동적인 춤이 빛났다. 작품의 논리적 뼈대와 상징의 구조도 잘 짜여진데다 기술적으로도 잘 어울린 작품으로 생각된다.

그러나 대미의 '폭소'는 전체적 흐름과 잘 맞아떨어지지 않는 것 같다. 이와 관련 안무자는 "마지막에 한번 풀어줘야 한다"고 말했다. 하지만 '조소'는 분명 소리 없는 웃음이다. '소리 없는' 웃음이 '소리가 큰' 웃음보다 결코 울림이 적은 것은 아니다. 때로는 '소리 없이' 씹는 웃음이 '대성통곡'보다 더 아프게 와 닿는 경우가 많다. 안소니 퀸이 주연한 나온 영화 〈25시〉의 대미가 꼭 그런 웃음이다. 이 영화에서 주인공은 생긴 것이 아리안인 순종과 비슷하다고 해 독일군의 영웅으로 뽑히고 호강을 하지만, 패전 후 전범으로 몰려 온갖 고생을 겪는다. 자기가 전혀 개입하지 못한 그런 운명의 굴레에서 온갖 풍상을 겪다가 노년에야 겨우 집으로 돌아오니 아내가 여럿의 아이를 낳아 키우고 있다. 그 아이들과 아내를 안고 웃음도 울음도 아닌 묘한 표정의 안소니 퀸의 모습이 아직 잊히지 않는다. 전체주의로 미친 역사의 광풍에 휘말려 모든 것을 잃어버린 천진한 남자의 '억지웃음'이 '조소'와 맥이 닿아 있는 것도 같다. 만약 이 영화에서 안소니 퀸이 세상의 허무에 대해 배꼽을 잡고 웃었다면 어땠을까. 또는 자신이 주연을 한 또 다른 영화 〈길〉에서처럼 바닷가에서 통곡을 했으면 어땠을까. 물론 그래도 한편의 영화가 됐을 것이다. 그러나 30년 전쯤 본 그 영상이 아직도 머리에 남아있을 만큼 인상적이지는 않았을 것이다.

《조소》의 연작으로 안무된 《비탄》은 2001년 「제1회 서울공연예술제」에서 초연돼 대상을 수상한 작품이다. 안타까운 삶의 모습이 조명을 이용해 기하학적으로 분할된 화려한 무대에서 유기적이면서도 역동적으로 잘 표현됐다. 특히 조양희는 이 작품에서 도시적 감수성이 뛰어난 시원한 은유적 춤사위를 선보여 서울공연예술제 연기상을 수상했다.

서울공연예술제에서 이 작품은 단연 백미였다. 그러나 거기에는 다른 작품과 수준 차이가 커 상대적으로 더 좋게 보인 부분도 없지 않다. 이번에 같은 안무자의 작품인《조소》와 비교됨으로써 보다 더욱 명료하게 작품을 감상할 수 있는 기회가 되었다.

이 작품 역시 전작과 마찬가지로 '탐' 특유의 힘이 넘쳤다. 막 물에서 떠올린 잉어같이 탄력 있는 힘찬 도약과 턴 등 속도감이 넘치는 춤사위는 춤이 갖고 있는 의미를 떠나, 춤 자체로 관객들을 즐겁게 하기 충분했다. 이는 여성무용수를 위주로 구성된 '탐'이 여성적이라는 관객들의 선입관을 불식시키기 위해 오히려 힘과 스피드를 강조했기 때문으로 생각된다. 그래서 탐의 무용은 마치 트로이 전쟁에서 그리스 군을 괴롭혔던 여성용사들인 아마조네스가 연상되기도 한다. 여성적인 섬세함보다는 넘치는 힘으로 인해 중성적인 느낌이 나기도 하는《비탄》의 춤은《조소》보다 훨씬 복잡하고 현란하게 빛으로 분할된 무대 위에서 몰개성적으로 몰아쳤다. 군무의 공간과 솔로 또는 2인무의 공간으로 나뉘어 감정과 표현의 과잉이라고 느낄 정도까지 끊임없이 격한 춤사위로 관객들을 몰아갔다.

《비탄》의 몰아치는 힘과 속도감은 눈이 오는 하얀 영상으로 비로소 멈췄다. 산사에 내리는 듯한 하얀 눈의 영상 앞에서 역시 흑백으로 맞춰 입은 무용수들이 하나 둘 쓰러지고 그 사이에서 빨간 드레스를 입은 조양희가 우뚝 서 춤을 춘다. 빨간 원피스를 입은 조그만 소녀만 컬러고 나머지는 모두 흑백인 스티븐 스필버그의 영화 〈쉰들러 리스트〉의 한 장면 같다. 이 빨간 이미지는 영상으로 옮겨져 하얀 눈 위에 박생광의 그림으로 작품 전체에 대미를 찍는다. 어찌할 수 없는 세상에 대한 비탄의 감정이 핏빛 춤으로 응어리지고, 그것이 우리 한의 정서의 원형인 샤머니즘을 통해 풀어질 수 있다는 안무자의 의도가 느껴진다. 여기서 샤머니즘은 굳이 현실의 샤머니즘은 아닐 것이다. 고향과 같은 마음, 원초적인 예술만이 '비탄'을 녹여낼 수 있다는 메시지일 것이다.

《비탄》역시 논리적으로 잘 짜인 상징이 '탐' 특유의 춤사위로 잘 녹여낸 작품으로 생각된다. 그러나 전체적으로 너무 급하게만 몰아친 결과 '비탄'의 외형적 몸부림이 지나치게 강화되지 않았나 하는 생각이 든다. 힘과 스피드가 울컥 터져 나오는 '비탄'의 외형적 양상을 감정적으로 잘 묘사했지만, 울컥 터져 나오게 만드는 동력, 다시 말하면 '비탄'을 있게 만든 내적 에너지를 표현하기 위한 아다지오가 부족하지 않았냐는 생각이다. 힘과 스피드가 진짜 강하고, 빠르게 느껴지려면 부드러움 또는 연약함과 느림과 대비돼야 하는 것과 마찬가지다. 또 '비탄'의 의미를 더욱 '비탄스럽게' 하기 위해 좀 더 냉정한 시선처리가 필요한 것 같다. 무용수들이 '비탄'을 '비탄스럽게' 표현하기 위해 시선에 조금 힘이 많이 들어가지 않았나 싶다.

— 춤 2002년 5월호

포칼 포인트(focal point) 2008년 12월 8~9일 서강대 메리홀

현대무용단탐은 순수 클래식 음악을 바탕으로 추상적인 움직임 자체의 탐구를 즐긴다. 이번 작품《포칼 포인트(focal point · 끌리는 힘)》역시 차이코프스키 등의 음악에 맞춰 탐 특유의 늘씬한 지체미에 빠른 속도감과 강력한 힘을 바탕으로 한 펄떡이는 생명력으로 관객의 눈길을 끌었다.

탐의 작품에는 표현이 가능한 모든 춤의 움직임이 있어 학구적이라는 느낌이 든다. 클래식에 춤을 맞춰 더 그렇다. 직선과 뻗음, 교차 등이 교과서를 보는 듯하다. 그러나 차이코프스키의《백조의 호수》에 맞춘 2인무는 좀 쉽지 않았다. 관객에게 이미 완벽한 형식미로 익숙해 있는 작품으로 강력한 패러디가 아니면 좀처럼 관객에게 어필할 수 없다. 과감한 도전은 높이 사야겠지만 결과는 그리 성공적으로 보이지 않는다.

옷 한 벌을 두고 2명이 펼치는 춤은 마사 그레이엄의《라멘테이션(Lamentation)》의 발전적 이미지가 연상되는 재미있는 부분이었다. 서로 간에 끌리는 힘, 경쟁, 쟁취가 탄성이 큰 하나의 원피스를 두고 두 명의 무용수가 강렬한 이미지를 만들어냈다. 샴쌍둥이 같은 느낌도 나고, 격렬한 경쟁 또는 그만큼 뜨거운 사랑이 느껴지지도 했다.

하지만 천으로 만든 꽃다발이 지나치게 많이, 자주 사용되면서 오브제에 대한 강박관념이 느껴지기도 했다. 한두 개로 정리됐다면 조화(造花)의 느낌, 생명력을 잃는 키치한 무엇, 겉모습을 좇는 허망의 느낌이 뾰족하게 객석을 전해졌을 것 같다. 상징이 너무 과용됨으로써 오히려 의미를 약화시킨 면이 없지 않아 보였다.

— 춤 2009년 1월호

조현상·조슈아 퓨

Connect the Dots 2011년 7월 22~23일 아르코예술극장 소극장

아르코예술극장이 차세대 공연예술가 시리즈로 초청한 다크 서클즈 컨템포러리 댄스의
《Connect the Dots》는 고전발레의 테크닉을 바탕으로 현대춤의 자유와 다양성, 그리고 재미
를 담아내는 데 성공했다. 특히 물 흐르듯이 유기적이고 재미있는 동작 속에 현대인의 고독
과 우울, 페이소스를 담아낸 문학성이 돋보였다. 점을 연결하면 그림이 완성되는 '커넥트 도
츠(Connect dots)'처럼 하나, 하나의 동작과 에피소드를 따라가다 만나게 되는 예상치 못한
다양한 그림들이 만들어내는 서프라이징 엔딩이 인상적이었다.

《Connect the Dots》는 다크 서클즈 컨템포러리 댄스를 공동으로 만든 조현상과 조슈아 L.
퓨가 각각 안무한 두 개의 작품 《Jokers {in the deck}》(안무 조슈아 L. 퓨)와 《Do you near
me?》(안무 조현상)로 구성돼 있다.

《Jokers {in the deck}》는 광대놀이가 유쾌한 작품이다. 대부분 피에로의 광대놀이가 그렇
듯 왁자지껄한 과장과 슬랩스틱에 살짝 끼워 넣은 날카로운 페이소스가 맵다. 공연시작 전
부터 무대에 등장해 관객과 장난을 치며 교감하는 두 명의 광대(퓨, 김동형)은 눈물 별과 하
트를 각각 얼굴에 그려 넣고 붉은 장미, 보라색 장미를 들고 나왔다. 붉은 장미는 일상의 장
미이지만 보라색 장미는 상상의 장미, 가공의 장미다. 현실과 이상, 꿈속에서 방황하는 우리
네 일상을 상징하는 것도 같다.

본격 작품은 천정에서 책이 떨어지는 깜짝 쇼로 시작됐다. 스포트라이트가 책에 비추어

진 가운데 전형적인 유랑극단의 약간 늘어진 듯한 음악에 맞춰 경쾌한, 그리고 재미있고 아름다운 커플댄스가 펼쳐졌다. 춤의 재미가 무엇인지, 춤의 맛이 무엇인지를 알게 하는 유쾌하면서도 우수가 느껴지는 춤으로 좁은 소극장은 금방 열기로 가득 찼다. 가끔씩 기합을 넣으며 춤에 몰입해 있는 관객들을 각성시키는 서사적 기법을 도입, 큰 박수를 끌어내며 춤에 에너지를 불어넣기도 했다.

관객을 무대에 끌어들여 자연스러운 마임과 유머를 통해 무대의 분위기를 바꾸더니 절묘한 호흡으로 마치 찰리 채플린 영화의 한 장면처럼 볼룸댄스 형식에 발레를 비롯해 브레이크 댄스, 한국춤의 앉은반과 선반, 프레디 아스테어의 스텝 등을 섞어 춤의 재미를 극대화했다. 그러나 광대놀이 특유의 페이소스를 놓치지 않아 마냥 즐겁지만은 않은 생각을 주는 무대였다. 막이 바뀌며 다른 에피소드가 펼쳐질 때마다 슬로 비디오의 달리기, 엉거주춤, 장구춤, 막춤 등 다양한 속도와 힘, 테크닉의 무브먼트가 펼쳐졌지만 끊임없이 강조되는 책의 스포트라이트는 관객들로 하여금 무대의 긴장을 놓치지 않게 했다. 춤의 재미가, 흥이, 멋이, 감성이 무엇인지를 생각해보게 하는 춤맛이 풍성한 작품이었다.

《Do you near me?》는 유기적이면서도 편안한 움직임 속에 바늘로 쿡 찌르듯이 번득이는 상징을 담아내는 이 단체의 특징을 잘 보여주는 작품이었다.

조명이 들어오면서 한 남자(김성민)가 무대에 등장, 폭 쓰러져 모로 눕는다. 이어 화사한 원피스의 여성 5명(전유진, 이경진, 이명은, 김혜주, 손지민)이 차례로 무대로 들어와 쓰러진다. 영문은 모르겠지만 재미있다. 그리고 쓰러진 몸이 만들어내는 구도가 꼬리에 꼬리를 물며 마술같은 '커넥트 도트' 그림을 그려냈다. 자연스러운 몸짓과 크고 신나는 율동감이 점점 빛났다. 자연스러운 몸이 살아있는 점의 춤이었다. 그리고 그 점들이 이어져 만들어지는 큰 그림은 묘한 울림을 쳤다. 《Jokers》가 광대의 다양한 에피소드로 만들어진 유쾌한 페이소스의 작품이었다면 《Do you near me?》는 하나, 하나 살아있는 점으로 그려낸 유기적인 3D 영화로 보였다.

4명의 여성이 앉아 있고 마지막에 등장한 파란티를 입은 조현상이 쓰러져 있는 가운데 김성민과 한 여성이 추는 2인무는 균형과 긴장미가 넘쳤다. 유머와 스토리도 재미있었다. 벽을 걷고 서로의 목을 감아 도는 유기적인 동작은 첼로의 묵직한 선율에 맞춰 물 흐르듯이 전개됐다. 이어 여성 4명이 차례로 등장하고, 김성민이 한 쪽 구석에 지친 듯 쓰러진 가운데 살아있는 점의 기하학적인 무대는 소극장 무대를 꽉 채우는 무브먼트였다.

하이라이트는 조현상의 솔로였다. 소극장 무대가 좁은 시원한 큰 동작으로 6명의 쓸쓸한 군상들을 배경으로 아슬아슬한 춤을 췄다. 절묘하게 비틀어대며 앉아서, 누워서 조는 군상들의 꿈속의 영상마냥 무중력의 춤을 유영했다. 여성들은 몽유병 환자처럼 그의 춤을 따라 흐느적거리다가 퍼뜩 악몽에서 깬 듯 경직됐다가는 이내 다시 꿈에 빠졌다. 클래식발레《백조의 호수》의 춤에 한국춤의 장단도 들어간 아크로바틱한 테크닉의 춤은 이들을 더욱 깊은 잠으로 몰아넣는 것 같았다. 춤을 추며 이들을 발로 차 깨워도 아무도 일어나지 않았다. 이어 중국무술, 새도우 복싱 등 다양한 몸짓으로 변주되며 즐거운 이미지를 만들어냈다. 하지만 좀 지루한 느낌도 없지 않았다. 너무 장황해지는 가운데 전하려는 메시지가 허공을 떠돌면서 "그래서?"라는 질문이 퍼뜩 들기도 했다.

이내 찍고 돌며 쓰러져 솔로가 마무리되면 4명의 여성이 일어나 기타와 신디사이저 음악에 맞춰《백조의 호수》3인무를 연상시키는 흥거운 4인무를 췄다. 한계효용체감의 법칙에 따라 맛있는 음식에 질리는 다소 지루한 전개로 인해 전편《Jokers (in the deck)》와 같은 긴장된 페이소스가 부족해 보였다. 그러나 구성미는 대극장 무대에 올라도 손색없는 스펙터클한 맛이 넘쳤다.

마지막에 7명의 남녀 무용수 모두 함께 하는 뮤지컬 무대와 같은 흥거운 춤의 향연이 펼쳐지다가 조명이 페이드 아웃됐다. 조현상만 홀로 남은 가운데 "당신이 내 옆에 있나(Do you near me)?"라는 자문이 섬뜩하게 다가왔다. 화려하고 풍족한 물질문명을 구가하고 있지만 본질적으로 고독한 인간의 모습이 허허로워 보였다.

— 춤 2011년 8월호

조흥동

조흥동 춤인생 50년 기념공연 2002년 3월 15~16일 문예회관 대극장

한국 무용가 중에서 가장 많은 춤사위를 갖고 있는 남성무용가로 꼽히는 조흥동 한국무용협회 이사장 겸 경기도립무용단장. 그가 '춤인생 50년'을 기념하는 무대를 마련했다.

1941년 경기도 이천 부농의 막내아들로 태어난 조흥동은 9살때 무용에 입문, 김천흥, 한영숙, 강선영, 송범, 김진걸, 이매방 등 각각 일가를 이룬 많은 스승들로부터 직접 춤을 전수받았다. 이로 인해 그는 남성으로서는 처음으로 태평무이수자가 되는 등 한국 춤사위의 거의 모든 형식을 몸에 익힐 수 있었다. 조흥동은 전통 춤사위를 보존하는 데 그치지 않고 이를 바탕으로 다양한 창작춤을 시도, 국립무용단장을 역임하는 등 한국무용을 대표하는 남성무용가로 확고히 자리매김했다. 특히 한국춤에서 힘과 기품을 겸비한 남성춤의 진수를 재발견해낸 주인공으로 평가받고 있다.

이런 그가 모처럼 마련한 이 개인무대는 세상의 나이로는 '이순(耳順)', 춤 나이로는 '지천명(知天命)' 답게 오랜 시간을 두고 갈무리한 듬직한 내공의 힘에서 우러나오는 유장한 여유와 단아한 흥취가 빛났다.

조흥동의 이번 공연작품은 직접 자신이 춤을 추고 안무한 작품과 안무작으로 나뉜다. 직접 춤을 추고 안무한 작품은 '남무3대(男舞三代)'와 '진쇠춤' '초립동' '한량무' 등 4작품이고, '태평무' '잔영' '승무' '장구춤' 그리고 '화담시정'은 안무만 했다.

'남무3대'는 농악의 장구춤, 북춤, 소고춤의 발디딤새와 손사위를 집대성해 조흥동이 안무

한 '호적시나위춤'을 1대 제자 김정학, 2대 제자 정명훈, 김성욱 등 조흥동춤 3대가 함께 추었다. 신나는 호적(胡笛 · 날라리)시나위에 맞추어 흥겹게 추는 춤인데도 춤이 결코 가볍지 않다. 조흥동춤 특유의 안으로 갈무리한 흥이 터질 듯한 긴장과 힘을 전한다. 특히 50년 내공이 깃든 그의 춤사위는 제자들의 강하기만 한 춤사위와는 다른 단단한 위엄과 엄격한 절도가 느껴졌다.

조흥동의 '진쇠춤'은 원형에 가장 가깝게 고증된 춤으로 꼽힌다. 조흥동은 이 춤을 1대제자 김정학과 함께 2인무로 췄는데 역시 힘의 느낌이 달랐다. 한국춤은 연륜을 더할수록 맛이 난다는 것을 실감하는 장면이다. 힘에서는 확실히 김정학의 우세가 느껴졌다. 그러나 파르르 떨릴 정도로 긴장미가 넘치는 정지동작이나, 흥과 속도감, 표현의 자유로움은 결코 김정학이 조흥동을 따라가기 어려웠다. 쓸데없이 힘을 낭비하지 않고 힘을 한곳에 모을 줄 아는 조흥동의 춤사위는 압권이었다. 힘과 기(氣)가 절묘하게 균형을 이룬 지점에서 사제간의 도타운 정이 오가는 따뜻한 무대였다.

'초립동'은 9살 조흥동의 춤무대 데뷔작품. 춤인생의 '초심(初心)'을 생각하며 레퍼토리에 넣었다고 하는 이 작품은 우리나라 신무용의 개척자 최승희, 조택원도 추었다고 한다. 그러나 그들이 이 춤을 '이순(耳順)'의 나이에 춘 것은 아니다. '이순'의 나이를 잊고 '깜찍'하게 춘 조흥동의 이 춤을 두고 무용계 일부 인사들은 좀 지나치지 않느냐고 지적했다. 무용계의 어른으로서 좀 '체신'을 잃지 않았느냐는 것이다. 그러나 첫 무대의 설렘을 초립동 소년의 수줍으면서도 흥겨운 모습으로 그려낸 이 작품은 한 시간 반 가까운 1부 무대에서의 약간의 지루함을 털어내는 신나는 소품이었다. 또 자신이 갖고 있는 모든 춤사위를 아낌없이 보여주려는 큰 춤꾼의 솔직한 모습이 단적으로 드러난 인상적인 무대로 생각한다.

'한량무'는 조흥동이 가장 자랑하는 춤. 시작은 역시 좋았다. 시원한 박력과 깔끔한 춤선, 조흥동만의 멋을 한껏 내는 춤이었다. 그러나 16일 공연에서 작품 초반에 합죽선이 찢어지면서 시선을 빼앗겨 안타깝다. 박력 있게 촥 소리가 나며 펴지는 합죽선의 모습과 함께 정지된 춤선이 한량무의 백미인데 그만 소품의 불량으로 종이가 찢어지면서 부채가 갈라지고 만 것이다. 때문에 아무리 합죽선에 시선을 두지 않고 춤을 보려해도 그것이 쉽지 않았다. 지조 있는 선비의 깔끔한 느낌보다는 자꾸만 춘향전의 이몽룡이 폐포파립으로 위장한 낙향선비의 모습이 겹쳐졌다. 공연에 있어서 소품의 중요성을 다시 한번 일깨우는 대목이었다.

— 춤 2002년 4월호

2004 조흥동 춤의 세계 2004년 2월 21~22일 문예진흥원 예술극장 대극장

조흥동 한국무용협회 이사장이 예술원 회원 선정을 기념해 마련한 '2004 조흥동 춤의 세계'는 한국 춤사위를 가장 많이 갖고 있는 무용가로 평가받고 있는 그의 진면목을 볼 수 있는 모처럼의 무대였다. 하지만 당초 예술원 회원 선정 1주년을 기념, 5~6월쯤 가질 예정이던 공연이 극장사정 때문에 갑작스레 당겨진데다가 본인이 공연을 앞두고 지독한 감기몸살로 인해 최상의 컨디션이 아닌 채 무대에 올라 아쉬움을 남겼다. 더욱이 화려한 태평무 다음에 호적시나위, 입춤 군무 다음에 진쇠춤, 중부 살풀이춤 다음에 비슷한 장단의 한량무를 배치하는 등 연출상 문제로 흥과 멋의 박력 있는 조화가 일품인 조흥동 춤의 제 맛을 객석에 효과적으로 전달하지 못했다는 지적이다.

조흥동 춤을 계승한 김정학을 비롯한 경기도립무용단원들의 화려한 태평무에 이어 조흥동의 독무 '호적시나위' 춤이 이어졌다. 호적(胡笛), 즉 날라리에 맞춰 신명나게 지신(地神)을 달래고 위로하는 이 춤은 발재간이 특히 어려운 춤이다. 조흥동은 특유의 발놀림으로 경쾌하게 잔가락을 몰아쳐 갔다. 다채로운 발놀림과는 대조적으로 여유 있는 손짓과 단아한 표정이 잘 어울렸다. 하지만 막을 여는 태평무가 워낙 연극적으로 스펙터클하게 연출돼 독무인 호적시나위가 상대적으로 왜소해 보였다. 조흥동 춤이 중심이 되는 만큼 차라리 호적시나위로 무대를 열고 화려한 태평무로 받쳤다면 좋았을 법했다.

진쇠춤도 마찬가지다. 선녀같이 단아한 자태로 너울너울 춤 경기도립무용단의 입춤 군무 다음에 조흥동과 김정학의 진쇠춤 2인무가 이어져 상대적으로 흥이 감소됐다. 더욱이 컨디션이 좋은 젊은 제자가 두 작품을 쉬고 나오고, 정상 컨디션이 아닌 스승이 한 작품만 쉬고 바삐 무대에 선 탓인지 다소 호흡이 맞지 않았다. 이에 따라 조흥동은 평소의 그다운 멋과 신명을 보이지 못한 것 같다. 물론 리허설 때 최악의 컨디션으로 탈진하다시피 해 링거까지 맞아가며 무대에 선 것을 고려한다면 정말 투혼을 발휘하며 선 무대로 박수를 보낼 만하다.

김정학과 윤성철, 이영진 3인의 승무 다음에 조흥동이 최승희의 작품을 재안무한 '노사공'이 무대에 올랐다. 당초 원로 무용가 전황의 고증을 바탕으로 재연될 예정이었으나 최승희춤의 진위여부 등과 관련한 논란 끝에 조흥동이 영상자료 등을 참조, 재안무해 무대에 올렸다. 사막에 영상을 투사, 연평 바다에 조기잡이를 떠났다가 돌아오는 길에 폭풍우를 만나 파도와 싸우며 구사일생으로 귀환한 노사공의 모습을 진양조에서 중모리, 자진모리를 거쳐 비곡, 중중모리, 뱃노래로 이어진 가락 위에 흥과 유머, 긴장감을 고루 섞어 구수하게 풀어냈다. 특히 가면무가 묘한 서사적 효과를 내 춤맛을 더했다. 하지만 갈매기가 강조된 영상이 상황과 잘 맞지 않는 등 다소 영상이 남용된 점이 춤의 구수한 맛을 감소시켜 아쉽다.

중부살풀이 춤 3인무에 이어 조흥동의 장기인 '한량무'가 공연됐다. 1982년 '회상'이라는 이름으로 선보인 이 춤은 이제 조흥동류로 양식화해 일가를 이룬 것으로 평가된다. 힘차게 부채를 펼쳐 쏟아지는 햇빛을 가리며 과거의 회상으로 시작하는 이 춤은 선비의 고고한 기개와 유유자적한 풍류, 안타까운 회한을 멋들어지게 그려내며 차고 오르는 춤사위가 조흥동 춤의 정수라고 하기에 부족함이 없다. 하지만 조흥동의 '한량무'를 볼 때마다 느끼는 것인데 춤의 내용과 제목이 좀 어울리지 않는 것 같다. '한량무'는 '한량(閑良)의 춤'이다. 뭔가 할 일이 없는 한량이나 처사가 흥에 겨워 추는 춤의 이미지가 느껴진다. 하지만 조흥동의 '한량무'에는 그런 흥보다는 고고한 선비의 담백한 결기가 우선이다. 단아한 힘의 정조가 전편을 관류하면서 멋과 흥은 부수적이다. 그래서 제목을 '선비의 춤' 등으로 좀 더 지사적이거나 탈속한 무엇으로 바꿨으면 싶다.

한편 '한량무'에서 10여명의 '어린 한량'들이 사막 뒤에 인간 배경으로 등장한 것은 좀 아쉬운 연출로 생각된다. 힘과 멋에서 어린 한량들과 조흥동의 격은 큰 차이를 보였다. 이에 따라 독무의 선창에 이은 군무의 복창이 호랑이 같은 장수의 호령 아래 전군이 일사불란하게 뒤따르는 통일감보다는 주제의 물타기 또는 확대 복사로 오히려 '한량무'의 제 맛을 흐린 것 같아 아쉬웠다. 특히 '한량무'에 앞서 거의 같은 리듬의 중부 살풀이춤이 공연돼 '한량무'의 리듬감을 지루하게 만든 것은 이번 공연에서 가장 치명적인 연출의 결함으로 생각된다.

그러나 모든 결함에도 불구하고 서있기조차 힘든 몸 상태에서 링거까지 맞아가며 묵직한 공력이 실린 무대를 만들어낸 조흥동의 무혼(舞魂)은 아무리 칭찬해도 부족해 보이지 않는다.

— 춤 2004년 3월호

최 데 레 사

움직임과 소리 2005년 6월 6∼7일 예술의전당 토월극장

최데레사무용단의 《움직임과 소리》는 안무자가 진행 중인 '움직임 시리즈' 다섯 번째 작품이다. 신호, 기호, 인터액팅, 접촉에 이어 이번에는 움직임과 소리를 이었다. 한 가지의 주제를 다양한 각도와 방법으로 천착하면서 작품이 점점 더 안정화하고 있는 느낌이다. 과거 작품이 움직임보다는 신호, 기호, 인터액팅 등에 집중된 느낌이었다.

그러나 작품의 중심은 역시 움직임이다. 군더더기를 떼어내 움직임 중심으로 소리가 모이면서 작품의 집중력과 문제의식이 한층 돋보인다. 특히 미니멀한 구도에 끊임없이 움직이는 속도와 힘이 인상적이었다. 영상도 튀지 않게 잘 달라붙었다.

단지 아쉬운 점은 역시 강렬하게 어필하는 무엇이 좀 부족하다는 것이다. 결론에서 좀 더 격렬하게 마침표를 찍는 방안을 모색해야 하지 않았나 싶다.

다듬이 소리, 발구르는 소리 등 전통과 현대에서 들을 수 있는 다양한 소리에 맞춰 검은색, 빨간색 등 다양한 색상의 대비와 아이리쉬 탭댄스를 연상케 하는 속도 있는 춤이 흥겨웠다. 맺고 끊는 힘이 특히 좋았다. 샌드백을 모티브로 하는 다양한 음향 편집과 이를 이용한 움직임도 재미있었다. 체조 안마대도 끌어들였는데, 이를 효과적으로 사용하지는 못한 것 같다. 체조선수와 같은 동작은 필요 없겠지만 안마대를 무대에 끌어들인 만큼 마술(馬術)의 형태를 보여줘야 했을 것 같다.

— 춤 2005년 7월호

최상철

빨간 백조 2002년 9월 27~29일 예술의 전당 토월극장

《빨간 백조》는 자유로운 파격의 움직임 속에 신랄한 익살을 즐겨 배치, 현대무용가로서 드물게 예술성과 실험성, 대중성까지 확보한 최상철이 요즘 세계적으로 유행하는 영상과의 만남을 시도한 작품이다. 영상은 홍익대 영상예술학부 교수인 올리버 그림이 맡았다.

이 작품은 동화 〈미운 오리새끼〉와 클래식발레《백조의 호수》를 패러디했다. 미운 오리새끼가 마침내 아름다운 백조로 새로 태어났으나 자신이 오리라는 생각을 끝내 벗어던지지 못한다. 그래서 백조가 아닌 오리와 사랑을 나눈다. 여기서 백조는 아름다움, 예술, 돈 등 성공 등을 의미한다. 오리는 건강한 진실을 상징한다. 그런 착각, 착시의 공간에서의 사랑을 최상철은 현대무용의 자유와 고전무용의 엄격함을 적절히 섞어 표현했다. 그러나 영상에서 현실로, 현실에서 영상으로 이어지면서 몽환적, 또는 충격적으로 만들어져야 할 착각, 착시의 공간이 제대로 형상화되지 못했다. 처음 시작 장면에서 출연자의 등에다가 쏜 영상만이 춤과 녹아들었을 뿐 나머지 장면은 도대체 왜 영상이 나오는지 의문이 들 정도로 따로 따로였다. 차라리 영상을 생략하고 춤만 보여줬다면 훨씬 나았을 것이라는 생각이 들었다. 춤의 에너지가 영상과의 부조화로 만들어진 틈 속으로 모두 빠져 나가버려 형해화하고 만 것 같다.

작품은 비트가 강한 타악의 음악에 맞춰 약간은 퇴폐적인 도시적 이미지의 부자연스런 몸짓으로 시작했다. 여기에 한 출연자의 등에다가 쏜 영상은 묘한 도착적 이미지를 만들어냈다. 그러나 움직임에 문제가 있었다. 연습장에서 가까운 거리에서 봤을 때는 강한 에너지가

전달됐는데 무대에 올라가니 그것을 찾기 쉽지 않았다. 토월극장의 깊이에 매몰돼 버리는지 어쨌는지 모르겠다. 왠지 부자연스럽고 어색해 보인다. 연습장에서 만들어냈던 그 힘을 살리는 방안에 대해 종합적인 연구가 필요해 보인다.

검은 정장 슈트를 입고 한껏 무게를 잡았던 춤사위는 이내 코믹으로 바뀌었다. 백조를 흉내내보지만 이들은 본질적으로 오리이기 때문일 것이다. 오리소리로 리믹스된 음악에 맞춘 오리걸음춤이 유쾌한 웃음을 자아내게 한다. 최상철다운 유머가 빛난다.

여기에 미운 오리새끼에서 일순 스타로 떠오른 빨간 백조가 등장한다. 하얀 오리들과 빨간 백조의 대비는 흑백의 화면 속에서 어린 소녀만 빨갛게 색을 입혀 비극적 상황에서의 희망을 강조한 영화 〈쉰들러 리스트〉의 한 장면이 떠오른다.

'빨간 백조'는 한 오리에게 큐피드의 화살을 쏜다. 백조는 사로잡은 오리와 사랑의 파드되를 춘다. 마치《백조의 호수》의 파드되처럼. 현대무용에서 클래식 발레로 넘어갔던 춤은 이내 다시 영상과 몽타주되면서 익살을 거쳐 스펙터클로 바뀌었다. 발레리나 전선영, 한국무용가 이영일이 빨간 백조와 오리의 역을 재미있게 만들어냈다. 이는 한국무용의 고질적인 3분법이 어떻게 해체, 만나야 하는지 한 단서를 제공하는 것도 같다.

전체적으로 춤사위는 상식의 허를 찌르는 경쾌한 골계미와 우아한 관능미가 구체적 춤사위로 적절히 조화를 이뤘다. 그러나 작품에서 춤 외에 가장 중요한 요소였던 영상과의 부조화가 작품의 논리적 완성도를 떨어뜨려 아쉽다.　　　　　　　　　　　　　　— 춤 2002년 11월호

기억의 방 2008년 11월 15일 성남아트센터 오페라하우스

최상철댄스프로젝트의《기억의 방》은 설치미술가 김승영의 작품 〈기억의 방〉을 무대로 시인 김수경의 시, 박종화의 피아노연주에 맞춰 최상철이 자신의 기억을 무대에 입체적으로 풀어낸 작품이다.

대중적이면서도 세련된 형식과 독특한 테크닉의 에너지가 장기인 안무자의 특성이 잘 드러났다. 특히 설치미술을 단순히 전시성 무대의 배경이 아니라 미니멀한 음악에 맞춰 해체, 재구성하면서 무용수들을 안팎으로 배치, 강력한 이미지를 만들어낸 것은 높은 평가를 받

을 만하다.

그러나 대미의 박종화의 피아노연주가 작품의 큰 줄기와 유리돼 아쉬움을 남기고, 영상도 부분적으로 재구성이 필요해 보인다. — 춤 2008년 12월호

빨간 말 2009년 6월 3일 아르코예술극장 대극장

《빨간 말》은 말(言)과 말(馬)의 혼동 등 현대사회의 오해와 오독을 비판한 작품으로 최상철 특유의 세상에 대한 어깃장이 신랄하다. 이 작품에서 '빨간 말'은 '다크호스' 또는 '새빨간 거짓말' 등 중의적으로 들린다.

비스듬히 누워있는 사람의 머리를 면추상화한 구조물이 (어디서 본 듯한 현대조각품 같은데 최상철은 자신의 머리를 상징적으로 확대한 오브제라고 했다) 회전무대에서 돌아가며 다양한 이미지를 만들어냈다. 그 안에서 들락날락하는 무용수들의 모습은 이 이미지에 새로운 상상을 더하게 한다. 인간의 머릿속에서 끌어당김, 밀어내기의 동작들이 관능적이어서 재미있다. 오리처럼 엉덩이를 쑥 빼고 어깨에 힘을 주면서, 허리와 목쯤에 나사를 한두 개 빼놓고 퉁기는 움직임은 그럴듯한 주류의 '새빨간 거짓말'을 시니컬하게 바라보는 '다크호스'의 독설처럼 보인다. 특히 '보슬비가 소리도 없이…'로 시작하는 뽕짝 〈부산정거장〉에 맞춰 추는 춤은 퇴폐적 관능미마저 느끼게 하는 자조미(自嘲味)가 짙다. — 춤 2009년 7월호

섬 2009년 9월 3~4일 성남아트센터 앙상블시어터

최상철을 젊은 안무가로 생각하기에는 좀 무리가 있다. 하지만 그가 30대일 때부터 만난 데다 여전히 도전적인 젊은 감각을 유지하고 있어 젊은 무용가로 착각한다. 그의 춤은 대충 신뢰가 간다. 괜히 왔다는 후회는 남기지 않는다. 적어도 비판할 거리와 이유 있는 항변을 들을 기회는 남겨둔다. 최근 그의 작품은 날카로운 예각이 깎이면서 새로운 명상의 국면

으로 들어가는 느낌이다. 안에서 밖으로의 분출보다 밖에서 안으로의 침잠이 더 강하게 느껴진다.

이 작품《섬》도 그렇다. '섬'이라는 주제도 그렇고, 속도나 형태보다는 이미지로 균형있게 풀어간 방식도 그렇다. 전처럼 재미있게 튀던 도발이 안으로 녹아 들어갔다는 느낌이다.

동그란 달의 이미지를 중심으로 바닥을 훑고 들어가는 깊은 절규를 넘어서는 침잠이 빛난다. 신화 속의 섬을 움직임의 피라미드로 정교하게 쌓아 원시적 생명력과 치명적 유혹을 잘 조각해 냈다. 특히 아라비안나이트와 같이 다양한 삶의 이야기를 들뜨지 않은 몸짓으로 꾹꾹 눌러 그려낸 게 좋았다.

전체적으로 잘 짜인 안정된 그림이었지만 움직임에서 애써 외운 흔적이 남아 아쉽다. 무용수들이 안무자의 호흡을 몸으로 익혀 본능적으로 튀어나오는 최상철춤 특유의 악센트를 표현하기에는 아직 좀 더 시간이 필요한 것 같다.　　　　　　　　　　　　　　— 춤 2009년 10월호

최 청 자

겨울이야기 2002년 12월 24~26일 문예진흥원 예술극장 대극장

셰익스피어의 희곡을 댄스뮤지컬로 만든 툇마루무용단의 《겨울이야기》는 애초부터 대중성을 겨냥한 춤의 블록버스터라고 할 만하다. 이태주 서울시립극단 단장이 대본을 새로 번역했고, 이종훈 전(前) 서울시립뮤지컬단 단장이 연출을 맡았다. 여기에 이미 여러 뮤지컬 작품으로 높은 평가를 받은 최청자 세종대 교수가 안무하고, 김형남, 안주경, 김혜정, 안병순, 오병애, 조진희, 정명지, 김태훈, 허현주, 노정식, 한임숙, 이영찬, 김경신 등 자신의 아끼는 제자들이 모두 출연했다. 또 영국에서 온 배리 이튼도 가세했으며, 톱클래스의 뮤지컬스타 조승룡, 강효성도 특별출연했다. 그야말로 이보다 더 화려한 스태프진을 구성하기 어려울 정도다.

최청자는 댄스뮤지컬에 대해 "음악과 춤이 극의 구성, 전개에 긴밀하게 짜 맞춰진 연극이 뮤지컬이라면, 댄스뮤지컬은 몸을 통해 감정과 의지를 표현하는 춤의 순수한 특성에 음악, 노래, 연극성을 가미한 미래지향적 새로운 형태의 종합무대예술"이라고 말했다.

《겨울이야기》는 질투로 인해 파경이 난 왕가에서 버려진 공주가 성장, 왕자와 만나 행복한 결혼식을 올린다는 이야기로, 〈오셀로〉와 해피엔딩의 〈로미오와 줄리엣〉을 섞어 놓은 듯한 작품이다.

블록버스터답게 춤과 의상은 물론 무대장치도 화려하다. 그러나 대부분 블록버스터가 그렇듯 이 작품도 기대에 미치지 못했다. 물론 이 같은 느낌은 이 정도 인력이라면 더 나은 작품이 나와야 하지 않았는가 하는 지나친 기대 때문일 수도 있을 것이다.

　이 작품의 가장 큰 문제는 셰익스피어의 〈겨울이야기〉의 복잡한 서사구조를 춤에 맞게 간추리지 못한 데 있는 것으로 보인다. 이에 따라 작품의 전개는 상황만이 존재하고, 필연은 찾기 힘들었다. 이 같은 상황에서 희곡에 등장하는 모든 배역을 무대에 등장시킴으로써 모두가 조연이 되는 상황이 빚어지고 말았다. 더욱이 주역과 솔리스트의 춤이 배역의 개성을 표현해내지 못한 채 노골적으로 대중성을 지향하면서 작품의 밀도가 크게 떨어져 출연자 모두가 코러스 수준으로 격하되기까지 이르렀다. 이와 관련해 어떤 관객은 "뒤풀이 때 출 춤을 무대에서 추면, 뒤풀이 때는 무슨 춤을 추지"라고 곁말을 할 정도였다. 이에 따라 목욕탕 신이나, 노란색 벤츠 장면 등도 무대의 흥을 돋우기보다는 격을 떨어뜨리는 쪽으로 작용했다.

　이 작품에서 가장 박수를 받은 것은 조승룡과 강효성의 노래였다. 이들은 복잡한 셰익스피어극을 춤으로 표현하면서 생기는 애매함을 보충하기 위한 내레이터의 역할이었다. 그러나 춤이 코러스 수준으로 떨어지면서 이들은 자연 주인공이 되고 말았다.

　어문 구조상 댄스뮤지컬은 춤으로 만들어진 뮤지컬이다. 댄스보다는 뮤지컬에 의미의 방점이 찍혀있다. 뮤지컬댄스는 뮤지컬을 도입한 댄스로 댄스에 의미의 무게가 있다고 할 수 있다. 조승룡과 강효성이 주연이 된 것은 댄스뮤지컬이었기 때문에 뮤지컬 스타들이 주인공이 된 게 당연한 것 아닌가 하는 생각도 든다. 춤의 개성화, 조직화를 통해 댄스의 성격을 좀 더 분명히 해야 할 필요가 있어 보인다.　　　　　　　　　　　　　　— 춤 2003년 2월호

한명옥

조율 2009년 8월 20일 아르코예술극장 대극장

한명옥 전 인천시립무용단장은 현대 한국창작춤의 큰 줄기인 창무회 출신으로 가장 전통적인 춤을 구사하는 무용가로 평가된다. 한명옥드림무용단이 전통춤과 이를 바탕으로 한 창작춤을 대비한《조율》은 한국 창작춤의 가능성과 문제점을 동시에 드러냈다는 점에서 의미가 있어 보인다.

《조율》이 보여준 전통의 춤선과 내용은 깊었다. 흥과 멋은 어깨와 엉덩이를 덩실거리게 했고, 쭉 빠져 맺고 푸는 선은 절로 '얼쑤'가 나오게 했다. 또 애조 띤 선율에 담아내는 한국춤 특유의 한은 애간장을 녹이고 남음이 있었다. 전통춤에서 꺼낸 아이디어도 긍정적이었다. 그러나 영상과 조명 등 그것을 담아낸 형식은 조악했다. 1997년 당시 프랑스 아비뇽연극제 예술감독 베르나르 페브르 다르시에가 방한, "한국 전통춤은 세계예술의 영감이 되기 충분한 원천을 잘 간직하고 있다"면서 "그러나 그것을 담아낸 무대형식은 너무 진부해 말라버린 꽃장식 같았다"고 비판했는데, 아직도 그 지점에서 한 발자국도 더 나아가지 못한 느낌이었다.

한명옥은 이번 무대에서 궁중검무, 경기도 당굿 부정놀이, 살풀이춤, 진주교방 굿거리, 한량무, 경남 삼천포 농악 벅구놀이(채상소고춤) 등 6가지 전통춤을 보여주고 이를 바탕으로 창작한 춤 6편을 선보였다.

궁중검무를 바탕으로 창작한 '비(飛)'는 찌르는 동작은 있는데 베는 동작을 찾기 어려웠

다. 칼에 검기가 느껴지지 않고 사진을 찍기 위한 듯 형의 유지에 그쳐 마치 손, 발이 칼에 잡혀있는 듯한 답답한 느낌이었다. 차라리 칼을 놓고 부채를 들거나 맨손으로 검무를 펼쳤다면 오히려 자유스러웠을 것 같다는 생각이 들었다. 검무라고 해서 꼭 칼을 들고 춤을 출 필요는 없을 것 같다. 무협지에 보면 무림의 고수는 칼을 버리고 칼의 묘리를 터득한다고 하지 않던가.

'당골의 춤'은 경기도 당굿 부정놀이로 만든 춤으로 부정놀이를 굿과정의 독무형식으로 재구성, 터벌림 형식으로 풀어냈다. 이 작품은 영상의 질이 너무 조악해 고품질 아날로그 전통춤의 느낌이 싸구려로 전락한 느낌이다. 페브르 다르시에가 주장한 포푸리의 전형이 바로 이것이라는 생각이 들었다. 원판 영상의 화소가 너무 적었는지, 아니면 프로젝터의 기능이 떨어져 그랬는지 모르겠다. 재정상 어쩔 수 없는 형편이었는지 모르겠는데 이 경우 영상을 포기하는 것도 좋은 방법 중의 하나다. 프로페셔널의 세계에서 과정이 이해는 되지만 결과가 용납되지 않기 때문이다. 또 굿거리 음악에 맞춰 그림 속의 인물, 신상들이 튀어나와 커지고 작아졌는데 발상이 너무 1차원적으로 생각됐다. 표현이 너무 직접적이고 소박해 즐거운 웃음이 나오기도 하지만, 계속되는 작품에서 어머니가 고목으로 비유되고 꽃잎이 뚝뚝 떨어지는 등 주제를 너무 직접적으로 드러내 유치하다는 생각도 들었다. 또 무용수의 얼굴에 빗살이 드리우는 등 빗살무늬 조명과 지나치게 생생한 오방색은 생경하다는 느낌도 줬다. 춤 자체는 굿거리 특유의 생동감이 잘 살아났지만 주변여건이 너무 받쳐주지 않아 아쉬웠다.

'엄니의 한'은 살풀이를 어머니에 대한 그리움으로 풀어낸 작품이다. '한(恨)'이라면 어둡기 마련인데 이 작품은 밝고 단아한 꿈, 희망이 더 보였다. 꿈을 못 이뤄 한이 되는 것이니 안무자가 어머니의 꿈과 희망 속에서 이루지 못한 어머니의 한을 발견했는지도 모르겠다. 배경으로 병풍처럼 면을 나눠 나무 그림자, 수묵화 영상으로 가지 많은 여인, 어머니의 아픔을 그렸는데 이미 지적한 대로 표현이 지나치게 1차원적 상상에 그친 것으로 보인다.

'꽃잎의 춤'은 진주교방굿거리춤 명인 고 김수악의 삶을 꽃으로 비유해 그려냈다. 춤 자체의 화사함을 잘 살려 그려냈다.

'바람의 화경(花鏡)'은 한국 남성춤의 대표인 한량무를 여인의 나들이 춤으로 화사하게 옮겨냈다. 힘찬 남성춤이 어떻게 이렇게 아름답고 우아하게 변할 수 있는지 놀랍다. 하지만 이 작품 역시 1차원적인 신윤복의 조악한 그림 이미지가 작품 감상을 방해했다. 그림의 사람이 살아나 춤과 연결되는 안무자의 의도는 훌륭했지만 이미지의 사실성과 상상력이 도저히 춤을 따라오지 못했다.

대미를 지은 '소고춤'은 벅구놀이에 소고춤을 더한 작품으로 전통에 바탕한 한국춤 창작이 어느 방향으로 가야하는지 제시했을 정도로 무대와 객석이 소통하는 흥과 멋이 뛰어났다.

포크(folk)는 순박이 매력이다. 직접적 비유, 1차원적 상상력이 다층척 상징과 난해한 은유에 지친 현대인에게 신선한 순수의 감동과 놀라운 영감을 주기도 한다. 전통 역시 오랜 시간을 극복하고 살아온 경험으로 인간의 본원적 감동을 자극한다. 포크와 전통은 보존 그 자체로 훌륭한 감동을 줄 수 있다. 그러나 이를 이용한 창작은 상징과 은유가 필수다. 그리고 그 상징과 은유는 새로워야 한다. 이전에 시도된 적이 거의 없는 해체와 재창조의 과정을 거쳐야 생명력을 얻을 수 있다. 이미 너무 많이 이용되고 표현돼 이제 진부한 재창작, 패러디 아이디어는 아무리 훌륭하게 재현해도 모방의 모방이라는 생명력 없는 시들어 마른 꽃이라는 비판을 피할 길이 없다. 새로운 아이디어가 나올 수 없다면 허울뿐인 무대 등에 없는 돈을 들이지 말고 몸을 중심으로 한, 전통의 생명인 춤선의 변용에 집중해야 한다는 것을 《조율》은 가르쳐주고 있다.

— 춤 2009년 9월호

허용순

천사의 숨결 2008년 9월 21~22일 예술의전당 토월극장

유니버설발레Ⅱ가 공연한 허용순 안무의《천사의 숨결》은 말로 다시 설명하기는 어려운 멋진 속도감과 호흡, 균형미를 갖췄다. 빠르지도 느리지도 않은 적정한 속도감으로 '천사의 숨결'을 뿜어냈다. 잘 갖춰진 발레리나 특유의 지체미를 한껏 살려내 관객들을 무대로 빨아들였다. 군더더기를 모두 털어내고 춤 자체의 움직임만으로 관객의 시선을 무대에 고정시켜 모던발레의 진미를 제대로 보여줬다. 슬픔, 고독, 죽음 등 자칫 신파조에 빠지기 쉬운 무거운 주제를 있는 그대로 응시, 드라이하게 펼쳐냄으로써 관객들의 경험을 작품에 이입시켜 관객들의 가슴속에서 작품이 새롭게 태어날 수 있게 했다. 강요하지 않은 세련되고 명쾌한 춤 언어가 관객들의 마음에 살아있는 즐거움을 각인시킨 것 같다.   — 춤 2008년 10월호

침묵의 소리 2008년 11월 7~8일 아르코예술극장 대극장

허용순 안무의《침묵의 소리(Sound of Silence)》는 제목처럼 수화로 시작했다. 안무자 특유의 탄탄한 춤 구조 속에 남녀의 만남과 사랑, 이별과 기억의 흔적이라는 인간 내면의 상념들을 잔잔하게 그려냈다. 세련된 구도와 깔끔한 무브먼트 속에 드물게 유머와 재치를 담아 천착한 사랑이 객석에 잘 전달됐다.   — 춤 2008년 12월호

홍승엽

빨간 부처 2001년 6월 15~16일 LG아트센터

홍승엽의 《빨간 부처》는 전체적으로 모던발레의 깔끔한 동작을 바탕으로 하고, 구도의 과정에 조금씩 변화를 준 반복적인 동작으로 재미있게 표현해 관객들의 큰 갈채를 받았다. 특히 찰흙을 이용, 똥에서 부처로, 작은부처에서 큰부처로 변화하는 불교의 철학을 익살스럽게 표현, 관객들에게 웃음과 함께 생각하는 재미를 더했다. 그리고 알루미늄 틀을 이용해 각질에 갇힌 현대인의 아픔과 고민을 상징적으로 표현해낸 것은 인상적이었다.

특정 종교의 경배대상이 아닌 인간정신의 이상적 도달점으로 부처를 상정하고 그 위에 도발적이고 세속적 건강함이 강한 빨간 이미지를 입히려 한 안무가의 의도가 가지런히 자리를 차지하고 있는 등 2000년 4월부터 1년 넘게 고민, 숙성시킨 노력의 흔적이 작품 곳곳에 배어있는 노작으로 평가된다.

그러나 높이가 없이 평면에서 오랜 시간 반복되는 기본 춤사위가 부분적으로 단조로움을 자아낸 것과 대미인 3장 '만다라와 바람'에서 영상과 춤이 구조적으로 어울리지 않아 수정이 필요한 것으로 생각된다.

《빨간 부처》의 가장 큰 미덕은 종교적 엄숙함과 일상의 일탈 사이의 경계선에서 작품의 선을 유지해 무겁지도 가볍지도 않은 춤사위에 있지 않나 싶다.

공연을 시작하는 암전이 되기 전부터 왼쪽에서 오른쪽으로, 오른쪽에서 왼쪽으로, 또 대각선으로 등장하면서 엉덩이를 쭉 뒤로 뺀 채 체머리를 흔들면서 지나가는 꼭두각시 춤사위는 작품의 전편에 흐르는 장난기 어린 수련의 즐거움, 깨달음의 행복을 애피타이저처럼 상큼하게 맛보인다.

1장 '명상'은 고개를 끄덕이고, 앉은 채로 온 몸을 떨고, 방석을 중심으로 이리 저리 뛰는 등 일상적인 동작들이 한여름밤 개구리울음처럼 활기있게 뒤섞여 있다. 고통의 수행이 아니라 즐거운 도닦기가 객석으로 생생하게 전달된다. 풍경소리와 스크래치 소리는 위선의 반복에 대한 조소처럼 들리기도 한다. 경쟁적인 도닦기가 세속의 경쟁처럼 느껴져 웃음을 자아내게도 한다. 그러나 도를 닦으며 만들어지는 찰흙방석의 음영을 안무가가 의도한 대로 객석에서 좀처럼 느낄 수가 없어 아쉬웠다.

한바탕 소란스런 도닦기가 끝난 뒤 그리고 각자의 깨달음의 결과, 피어낸 한 송이 꽃을 빨간 찰흙방석 위에 꼽으면 바람이 불어온다. 스승의 바람이다. 이광석이 추는 스승의 춤은 부처의 모습을 닮았다. 마치 싱크로나이즈를 하듯 부드럽고 유장하다. 그러나 얼굴모습은 장난스럽고 코믹해 사이비 선각자 같은 느낌이 난다. 진실에서 거짓이, 거짓 속에 진실이 숨어 끊임없이 변화하는 생각의 조각들이 재미있다.

이어지는 2장은 '똥부처'다. 똥이 부처가 되고, 부처가 다시 똥이 된다. 가장 천한 것에서 가장 귀한 것으로의 순환이 어쩌면 만유불성(萬有佛性)이라는 불법의 요체를 담고 있는지도 모르겠다.

김용화의 깨달음을 찾는 어린 영혼의 춤은 아름답고 맑았다. 아직 오염되지 않은 이상에 대한 꿈이 소중하게 느껴졌다. 특히 주머니에서 손수건을 꺼내놓고 그 위에 금불상을 놓은 것과 이어 오른쪽에 만들어질 80개의 똥부처가 좋은 대조와 연상을 이뤘다.

금부처와 똥부처는 분명 차이가 있다. 불가에서 깨달음의 과정은 보통 3단계라고 한다. 첫 번째가 '산은 산이요, 물은 물이다'다. 한참을 수련하면 '산은 산이 아니고, 물은 물이 아니다'라는 경지에 오르게 된다고 한다. 그러고도 또 수련을 거듭하면 비로소 '산은 산이고, 물은 물이다'라는 깨달음을 얻게 된다고 한다. 똑같이 '산은 산이고, 물은 물이다'이지만 그 깨달음의 깊이가 처음의 것과 나중의 것은 비교될 수 없는 것이다.

그런 소녀의 가벼운 깨달음을 비웃듯 무심한 사람은 손수건을 주워 코를 풀고는 버린다. 이어 80개의 방석이 놓이고 8명의 무용수들은 찰흙으로 그 위에 똥을 만든다. 똥이 부처가 된다는 발상은 좋았다. 타이프라이터소리 효과음은 긴박감을 더했다. 특히 80개의 부처 위로 연달아 쏟아지는 핀 조명은 일품이었다. 그러나 똥을 누는 시간이 너무 길어 극장의 분위기가 지나치게 이완되는 바람에 부처를 만드는 감동이 다소 풀어졌다는 생각이 든다.

똥부처가 완성된 뒤 각자의 엉덩이에 무언가를 매달은 6명의 무용수가 이것이 똥인지 부처인지를 묻는 즐거운 춤판이 흐드러지게 벌어진다. 불가 참선공안에 있는 '이뭐꼬' 화두의 모습이다. 결국 무용수들의 엉덩이에 매달린 주머니에서 금부처가 하나씩 나온다. 즐거운 사람살이를 낙관적으로 바라본 해석인 셈이다.

이때 누군가 부처를 밟는다. 80개의 조그만 찰흙부처들이 모두 뭉개진다. 부처를 밟은 왼발이 피로 물든 김선이 · 남도욱의 고통스러운 2인무가 펼쳐진다. 누군가의 꿈을 짓밟은 업보일 터이다. 부자연스러운 이들의 회개의 춤이 끝날 즈음, 뭉개진 부처들은 커다란 부처로 다시 태어나는 장면도 인상적이었다.

그러나 마지막 3장 '만다라와 바람'은 극장구조를 고려하지 못하고, 눈이 두 개이지만 초점은 하나뿐이라는 사실을 간과한 채 의욕만 넘쳐 지금까지의 감동을 갈무리하지 못한 채 산산이 흩트려버렸다는 생각이 든다.

당초 안무가의 의도는 무용수들이 모래로 바닥에 화엄경을 쓴 뒤, 배경 스크린에서 김대환이 초서로 쓴 반야심경이 한 글자 한 글자 투사되는 가운데 바닥의 글자를 지워가며 추는 기춤으로 우주법계의 온갖 덕을 망라한 바람 같은 만다라를 구현한다는 게 목적이었던 것 같은데 그렇게 되지 못했다.

글씨를 쓰는 시간이 너무 길어 인터미션도 아닌 인터미션 시간이 됐고, 대형스크린에 투사된 글씨는 무용수를 상대적으로 왜소하게 보이게 만들었고, 글자를 보려하면 춤이 안 보였고, 춤을 보려하면 글자가 안 보였다. 다시 말해 서예와 춤이 어울린 것이 아니라 서로가 서로를 방해하고 있었다. 돌을 파는 음향도 관객들을 피곤하게 만들었다.

1장, 2장에서 빛났던 선종의 자유스러운 깨달음이 교종의 딱딱한 계율에 갇혀 사그라지는 느낌이었다. 한편의 깔끔한 선화(禪畵)가 금석문에 고착돼 석화하면서 부스러지는 것 같아 아쉬웠다.

— 춤 2001년 7월호

쉐도우 카페 / 두 개보다 많은 그림자 2003년 6월 6~7일 LG아트센터

그림자극에서 모티브를 얻은 홍승엽의《두 개보다 많은 그림자》는 공학도 출신 무용가가 만든 작품답게 비인간적일 정도로 명쾌하고 깔끔하며, 즐거운 무대였다. 이 작품은 1부 '쉐도우 카페(Shadow Café)'와 2부 '두 개보다 많은 그림자'로 구성되어 있다. (당초에는 1부가 '두 개보다 많은 그림자', 2부가 '쉐도우 카페'였는데 순서가 바뀌었다.)

1부 '쉐도우 카페'는 그림자와 인간이 만들어내는 고독한 관능으로 보였다. 탄산음료 병을 따는 소리와 싸하고 올라오는 기포소리에 맞춰 흑과 백이 대조를 이룬 체스판과 같은 바닥에서 무용수들은 자신의 그림자와 춤을 췄다. 그림자와 추는 탱고, 브레이크, 힙합 등은 고독감과 함께 묘한 관능적인 느낌을 줬다. 고릴라들의 춤은 즐거운 익살을 선사했다. 그러나 그 익살도 기계적인 무대와 너무 달콤한 음악으로 인해 그로테스크한 고독감으로 이어졌다.

카페에서 벌어지는 인간들의 다양한 생각, 한 인간 속에 겹겹이 싸여져 있는 다중인격 등을 그림자를 통해 미학적으로 벗겨 내려한 홍승엽의 시도는 깔끔했다. 특히 그림자극처럼 몸통을 중심으로 춤을 '통'으로 만들어내며 손과 발을 장식적으로 사용한 춤구성은 특이했다. 프랑스 태양극단의 아리안느 므뉘스킨은 〈제방의 북소리〉에서 일본 전통극 '분라쿠' 방식을 차용, 사람이 인형을 대신하는 무대기법을 사용해서 큰 박수를 받았었다. 홍승엽의 그림자극 춤은 〈제방의 북소리〉의 방법론을 연상시키는 상큼한 시도로 생각된다.

2부는 실제 그림자극을 한 편 상영하고, 그림자가 무대로 나와 춤을 추는 형식으로 구성됐다. 1부 '쉐도우 카페'가 다양한 영혼의 색깔이라면, 2부 '두 개보다 많은 그림자'는 다양한 껍질을 벗긴다. 자신과 똑같은 모습을 한 쌍둥이를 처음 발견한 신기함으로 그림자와 인간의 관계를 그린 이광석과 이진우의 서커스와 같은 고난도 테크닉은 인상적이었다. 김선이의 솔로는 영혼의 유영과 같은 부드러운 흔들림을 보여줬다. 고릴라들과 해바라기 등 인간의 실존적 업보들을 싱코페이션에 실어 당기는 맛은 소다수 거품처럼 시원, 쌉쌀했다. 정확한 계산에 의한 잘 짜인 도시적 감수성은 홍승엽 특유의 우아한 댄디즘이 나름의 세계로 굳어졌음을 보여준다. 결코 지나치지 않은 것도 홍승엽 춤의 미덕이다.

그러나 만화적 상징과 다소 너무 쉬운 듯한 이미지가 키치한 느낌을 주기도 한다. 베르디는 19세기에 이미 "아름다운 벨칸토는 싫다"고 했다. "현대극은 정열과 표정이 숨쉬는 그런 가수를 원한다"며 〈아이다〉와 〈라 트라비아타〉를 만들었다. 현대춤은 예쁘고 아름다운 것만으로는 부족하다. 물론 그것도 쉽지 않은 일이지만 가볍고 재미있는 메시지만이 아닌 강력한 메시지가 필요하다. 이 때문에 객석으로 전달돼야 할 많은 에너지가 오케스트라 피트를 건너지 못하고 무대 속에서 흩어져 버리지 않았나 하는 생각도 든다. 마지막장에서 너무 많은 이미지를 보여줘 결론이 주는 임팩트를 약화시킨 것 같다. 커튼콜에 인사를 하러 나와 우수에 젖은 휘파람소리에 맞춰 쑥스러움이 묻어나는 어깨춤을 추며 무대 옆으로 사라지는 홍승엽의 수줍음은 그의 작품의 아름다운 장점인 동시에 뭔가가 조금 허전한 그런 모습을 상징적으로 보여주는 것 같다.

— 춤 2003년 7월호

말들의 눈에는 피가 2003년 12월 27일 호암아트홀

댄스시어터온의 《말들의 눈에는 피가》는 1970년대 말 극단 실험극장이 공연, 한국연극에 충격을 준 피터 쉐퍼의 연극 〈에쿠우스〉를 현대춤의 이미지와 움직임으로 마치 그림을 그리듯 풀어낸 작품이다.

이 작품은 말들의 눈을 잔인하게 찌른 소년 앨런에 대한 이야기다. 앨런은 어릴 때 말을 본 후로 그의 무의식에서는 말이 전지전능한 상으로 자리잡는다. 그는 종교와 사랑의 대상으로 우상화된 말이 자신과 하나라는 생각까지 하게 되고, 그래서 그 말에 대한 배반으로 인한 양심의 가책 때문에 말들의 눈을 찌르게 된다. 그것이 앨런에게는 죄의식과 강박관념에서 탈출하는 한 방편이었던 것이다.

무용극 형식을 띤 이 작품은 연극의 시간적, 공간적 개념이 모두 해체되고 자폐적인 앨런의 내면이 상징화되면서 무용적인 리듬으로 전개됐다. 무대는 녹슨 철판 같은 느낌의 벽으로 된 마구간에서 시작됐다. 중앙 벽에는 거울의 문이 하나 뚫려 있어 주인공 앨런이 세상을 바라보는 창인 동시에 앨런의 내면을 들여다보는 거울이기도 했다.

작품은 앨런의 내면을 표현하는 프롤로그로 시작됐다. 이어 이 작품의 해설자인 정신과 의사 다이사트가 등장했다. 다이사트 역은 안무자의 친형이며 배우와 CF모델로도 활동하는 홍승기 변호사가 맡았다. 아마추어적인 대사와 연기가 오히려 친숙한 느낌을 줬으며, 어떻게 보면 법정드라마이기도 한 이 작품에 그의 연기와 대사는 맞춤한 배역으로 생각된다. 다른 장르와 교류는 춤의 외연의 확대이기도 하며, 특히 화제의 인물을 끌어들이는 것은 무용 대중화의 좋은 방향이 아닌가 생각된다.

여성무용수들을 중심으로 이루어진 말들의 춤은 관능적이었으며 다채롭게 변주되면서 많은 이야기를 전했다. 서사적이기도 했고, 생명력이 넘쳤으며, 스펙터클하기도 했다. 또 벽 위에 앨런을 놓음으로써 위기의 느낌, 불안 속에서 경계를 넘나드는 폐쇄적인 소년의 정서가 상징적으로 잘 드러난 것 같다. 앨런과 질의 사랑도 감각적으로 잘 그려졌으며, 말들의 눈을 찌르는 장면은 무대 뒤에서 밖으로 철봉을 눌러 뽑음으로서 끼긱거리는 소리와 함께 충격적으로 표현됐다.

껍질을 깨고 나온 앨런이 거울 속에서 고통스럽게 그려진 에필로그는 이 작품의 백미로 생각된다. 정신적인 혼돈을 극복하고 사회에 적응하게 된, 다시 말하면 치료된 상태의 앨런이 과연 행복할까에 대한 반문으로 이성 중심의 합리주의, 차가운 과학만능의 사회에 대한 안무자의 날카로운 비판의 시각이 느껴진다.

한편, 객석에서 무대의 뒤편이 보이면 안 된다. 일부러 보여 서사적 효과를 줄 수도 있겠지만 그렇지 않을 경우 무대 뒤쪽의 한가한 모습들이 그대로 드러나 작품에 대한 신비감은 물론 긴장감이 떨어질 수밖에 없기 때문이다. 이 작품은 2층에서 무대 뒤가 훤히 보였다. 무용수들이 무대 뒤로 나와 분장을 하고 소곤대는 모습이며, 스태프들이 벽을 잡고 있는 등 객석에 보이지 말아야 할 모습들이 그대로 노출됐다. 서사적 효과를 의도한 것이 아닌 것이 분명한 만큼 이 경우 차라리 2층 관람을 막는 게 옳지 않았나 하는 생각이 든다.

― 춤 2004년 2월호

阿Q(아큐) 2006년 6월 9~10일 LG아트센터

공연시작 전 로비와 극장 내의 퍼포먼스로 시작하는 등 공들인 흔적이 역연했다. 긴장한 모습이다. 자신으로 인해 발생한 '2004년 올해의 예술상 무용부문 파문'을 의식하지 않을 수 없었던 것으로 보인다. 공연장 내에 오염을 제거하는 퍼포먼스는 어쩌면 자신을 그런 상황으로 내몬 상황을 소독하려는 풍자는 아닌지 모르겠다. 무대와 객석 사이에 쓰러져 있는 사람을 일으켜 세워 무대 위에 올려놓으면서 본격 공연이 시작됐다. 어쩌면 이 사람은 홍승엽을 상징하는 것도 같다.

무대는 한껏 맑은 하늘과 구름으로 시작됐다. 청명한 무대와는 달리 도살자가 마치 소나개, 돼지를 도살하듯 쓰러진 인형(사람모형)들을 마구 절단했다. 의미를 떠나 서사미가 독특했다. 원작인 루쉰의 소설 주인공 '아큐'가 처했던 질풍노도의 혁명시대의 상황인 것 같기도 하고 비인간적인 물질문명이, 신자유주의가 지배하는 지금 우리의 상황 같기도 하다. 홍승엽이 시체들 사이로 춤을 춘다. 그냥 주절주절 알듯 말듯한 춤이다. 신세한탄 같기도 하고, 취한 모습 같기도 하다.

두 편으로 어우러진 프롤로그가 총소리와 함께 끝나고 허수아비 같은 5인무로 본격 작품이 시작됐다. 다시 총소리가 나며 한 사람이 눈을 가리고 무대 벽면 사형대 위에 오른다. 서커스 무대처럼 벽에 묶여있고 칼이 날아가며 장미로 변해 꽂히는데, 타이밍이 절묘하다. 일본 가부키(歌舞伎) 무대에서 자주 사용되는 화살쏘기가 연상됐다. 화살을 쏘는 이는 쏘는 시늉만 하고 재빠르게 화살을 숨기면 맞는 이가 어느새 준비된 화살을 가슴에 갖다 붙이는 방식인데, 그 타이밍이 절묘해 보는 재미가 있다.

세대를 뛰어넘는 인기가수 나훈아의 노래 〈갈무리〉에 맞춰 등에 칼이 꽂힌 허수아비를 들고 작품이 펼쳐지는데 분라쿠(文樂)의 서사적 느낌처럼 좋다. 등에 칼이 꽂힌 무용수 5명이 마치 사육당하고 있는 듯한 모습의 춤을 췄다. 이어 사람크기의 인형을 안고 업고 춤을 추다가 패대기치며 칼로 찌르고, 자르고 해체해 버렸다. 냉정한 현대 물질문명에서 피폐해 소모되는 인간성의 모습을 말이 필요 없이 상징적으로 보여줬다. 하지만 너무 직접적이지 않았나 싶기도 하다.

머리에 스타킹을 쓰고, 손발을 검은 장갑과 양말을 신어 무대 위에서 목이 잘리고, 신체가 절단된 도발적 장면이 즐거운 비트가 넘치는 음악을 바탕으로 펼쳐졌다. 그러나 조명이 제대로 맞지 않아 섬뜩한 서사적 장면이 제대로 연출되지 못했다.

얼굴에 고깔을 쓴 새의 형상을 한 10여명의 군무도 재미있다. 한쪽 방향으로만 보며 주변의 누가 죽어나가는지 모른다. 죽으면서도 가는 그 우둔함에서 '새대가리' '닭대가리' 같은 비속어의 느낌이 생생하게 살아난다. 군중심리에 중독돼 쓰러져가는 삶의 허무가 마약처럼 전염병처럼 배어난다. 그 허무를 부수는 경쾌한 스포츠댄스 자이브가 재미있다. 하지만 무대의 열정적 흥이 객석으로 전달되지는 못했다. 무대의 무게가 원래 무거워서 그런지 그저 즐겁지만은 않아서인 것 같다.

처절한 허무의 잔치 마지막에 주인공 아큐가 숨졌다. 유랑극단의 아코디언 연주가 삶의 비애를 결코 어둡지 않게 변주하며 막이 내렸다. 유희와 슬픔, 삶과 죽음, 밝음과 어두움이 묘하게 공존하는 재미있으면서도 묵직했다. 과거의 작품보다 훨씬 단순해졌으며 관객들을 배려한 흔적이 많았다.

하지만 객석에 열기가 전해지지 않았다. 연습을 봤을 때는 열기가 넘쳤다. 왜일까. 연습은 미완성이다. 40%가 잘되고 60%가 불만일 때 40%를 본다. 60%는 상상으로 본다. 그래서 연습은 대체적으로 좋다. 또 완성하고자 하는 열기가 불만인 60%를 상상을 통해 아름답게 만들기도 한다. 그런데 완성된 작품은 90%를 만족하고 10%가 불만일 때 10%를 보기 마련이다. 또 소극장에서는 열기와 호흡이 중요하지만 대극장에서는 상대적으로 컴포지션이 중요하다. 홍승엽이 마련한 다양한 장치가 객석에서 제대로 보이지 않았다. 여기에는 칼이 등에 꼽히는 등 극한적 이미지가 너무 많아 세밀하게 계산한 반응이 제대로 나오지 않은 것도 같다.

하나의 같은 무대로 끝까지 갔는데, 이를 변주하는 다양한 조명이 필요했지만 조명이 춤과 무대를 적극적으로 돕는 데 실패했다. 그래서 모노톤의 심플한 무대가 모노토너스하고 말았던 것이다.

— 춤 2006년 7월호

※홍승엽의《阿Q(아큐)》는 2008년 9월 5~6일 아르코예술극장 대극장에서 '아큐 1.5'라는 타이틀로 공연되었다.

"2006년 초연보다 많이 부드러워졌고 단순해졌으며 관객들을 배려한 흔적이 많았다. 전체적으로 복고취미의 우아함이 즐거운 위트와 유머로 잘 버무려졌다. 장미와 칼이 독특한 대조를 통해 집단의 아름다움이 얼마든지 개인에게 흉기로 작용하는지 원작의 의미를 잘 포착해냈다. 홍승엽 특유의 명징한 이미지와 잘 짜인 움직임도 좋은 조화를 이뤘다. 루신의 대표작 〈아큐정전〉을 좋은 그림에 어렵지 않으면서도 의미가 있는 음악에 담아 객석에 잘 전달했다. 하지만 부분적으로 춤맛이 초연 때보다 날카롭지 않아 아쉬움이 남는다."

— 한팩 뷰 2008년 9/10월호

깔끔한 이미지와 고전적 춤 선에 현대적 유머와 감수성을 담아내는 데 탁월한 댄스씨어터 온의 작업은 항상 기대를 모은다. 그러나 이번은 좀 이상하다. 무브먼트가 약하고 움직임이 턱턱 걸리는 등 특유의 깔끔한 춤선을 찾기가 힘들었다. 특유의 부드러우면서도 강한 에너지의 무브먼트는 찾을 수 없이 기초적인 움직임으로 춤이 짜였고, 그마저도 자신있게 이어지지 못했다. 그래서 필요이상으로 감상적이 된 것도 같고 안무자가 의도한 자기정체성, 안으로의 성찰 등을 찾기 힘들었다.

— 춤 2008년 7월호

벽오금학 2010년 7월 9~10일 극장 용

요즘 방송은 물론 광고모델로 나오며 전성시대를 구가하는 소설가 이외수의 초기작 〈벽오금학도〉가 원전이다. 원작에서 '도(圖)'를 빼 '푸른 오동과 금빛 학'을 멋지게 그렸다. 하지만 그림은 좋은데 움직임은 작의만큼 나오지 못해 아쉬웠다.

붉은 실로 굴비두름처럼 하나로 엮여져 움직이는 무용수들의 몸은 적승도인, 삼신할미에 의해 옴짝달싹 못하게 엮어 놓은 인연의 빽빽한 그물망이 연상됐다.

객석으로 풀어놓은 끈을 정리, 무대와 객석마저도 붉은 인연의 끈으로 이으려는 시도는 참신했고, 몸을 통을 써 관객과 교감하려는 움직임도 좋았다. 그러나 첫날 공연에서 무용수들이 긴장된 호흡으로 강렬한 인연의 실을 짜나가는 데 백스테이지 스태프들의 큰 소리가 객석까지 들려 작품의 긴장도를 크게 훼손시켰다.

객석과 무대에 흩어진 붉은 인연의 실타래를 정리하고, 시계소리가 긴장을 끌어올리는 가운데 미니멀한 나무가 서며 몸의 기운을 생동케 하는 단학, 선도의 느낌의 건강한 몸통 진동 춤이 흥이 났다. 요즘 익숙한 잔움직임을 거부, 한국의 소박한 해학적 표현으로 힘의 중심으로 달려드는 것 같아 좋았다.

그러나 나무를 세우는 데 너무 오랜 시간이 걸려 긴장도를 다소 떨어뜨린 것 같아 아쉽다. 미니멀한 무대를 만드는 이유는 빠른 시간에 무대를 세워 강렬한 인상을 표현하기 위해서인데 엄숙한 형식미, 제례미까지 갖춰 억지로 의미를 부연, 강조하는 느낌이 들었다.

또 상체의 움직임은 좋은데 검은 옷을 입어서인지 하반신이 보이지 않았다. 학의 상체는 잘 만들어졌는데 검은 무대에 빠져 학의 검은 다리는 보이지 않았다. 혹시 하체의 움직임이 좋지 않아 의도적으로 숨기려 한 것은 아닌지 하는 의심도 들었다.

이와 함께 기본동작의 반복이 계속되며 중반이후 지루함도 없지 않았다. 특히 비행기 이코노미석 의자 같은 용극장 객석의 '치명적 편안함'은 많은 관객들을 서서히 잠으로 밀어 넣기도 했다.

― 춤 2010년 8월호

홍혜전

팜므 파탈 2005년 10월 17~18일 호암아트홀

엄숙주의가 강하다 못해 자폐적인 한국 춤의 현실에서 처음부터 희극성을 무기로 한 홍혜전의 등장은 기쁜 일이다.

뚜렷한 제목 없이 '팜므 파탈(femme fatale)', 즉 '치명적 아름다움을 가진 여인'이라는 주제로 접근한 이 작품은 다양한 형식과 이미지, 그리고 입체적이면서도 상상력이 가득한 주제 분석과 전개가 돋보였다. 화장실을 이용하는 다양한 사람들의 모습을 개그적 마임으로 풀어가며 시작해 객석에 낚싯대를 드리우고 파트너를 찾는 이벤트로 이어졌다. 그냥 이벤트로 웃어넘길 수도 있지만 여성을 성적 배설의 도구로 생각하는 남성들의 저질스러운 욕구를 풍자한 에피소드로도 읽힌다.

가방과 물양동이를 이용해 만들어낸 '팜므 파탈'의 이미지도 재미있다. 흔히 부정한 돈가방 또는 음습한 권력으로 인식되는 007가방을 든 남자들이 등장하고 이 가방을 빼앗아 골격을 세우는데, 팔다리 가슴은 사람의 모습이고 그 위에 물양동이를 올려놓으며 구현된 '팜므 파탈'의 형상은 많은 생각을 남긴다. 돈밖에 모르는 빈 머리의 '치명적 아름다움'에 중독된 남성들에 대한 신랄한 야유로도 보인다. 떠나버린 애인을 회상하는 군인을 노래한 배경음악 바비 빈튼의 〈미스터 론리〉도 이런 느낌을 더욱 강화하고 있는 것 같다. 하지만 동작이 제대로 부드럽게 이어지지 않은 것이 조금 아쉽다.

홍혜전의 이 작품은 현재보다 앞으로가 더 기대를 갖게 한다. — 춤 2005년 11월호

황미숙

장미에게도 비밀은 있다 2004년 10월 21~23일 국립극장 별오름극장

황미숙 파사무용단의《장미에게도 비밀은 있다》는 연극적이면서 시사에 민감한 안무자의 특성을 그대로 지키고 있다. 과감하게 대사를 도입하고, 자연스러운 무브먼트를 사용하며 캐릭터를 강조하는 안무자의 춤색이 그대로 드러난다. 사실적이면서도 상징적인 무대도 좋았고, 라이브 첼로 연주를 도입한 것도 좋은 효과를 가져왔다. 이현수, 유희주, 최아름, 황환희, 설의현, 이호연의 자연스러우면서도 자기색을 분명히 한 난이도 있는 표현도 좋았다. 그러나 문제는 플롯의 논리적 완결성이다.

장미꽃 테라피를 해야만 하는 정신과 의사, 장미를 개량하다가 죽은 아버지가 있는 테라피 보조원, 그와 동성애 관계인 여자, 이 여자의 친구인 파라핀 공예가라는 설정이 춤으로 표현하기에는 너무 복잡하고, 서로의 관계설정도 필연성이 없다. 필연이 느껴지지 않으면 당연히 작위적일 수밖에 없다. 차라리 스토리를 지워버리고 그냥 추상화하거나 놀이화했다면 더 편안하고 재미있었을 것으로 보인다. 연극적 춤에서 논리적 필연이 결여되면 현대춤이 아무리 열려있다고 하더라도 정체성을 잃고 말 수밖에 없다.   — 춤 2004년 11월호

변하지 않는… / 목련, 아홉 번째 계단으로 2007년 1월 7일 세종문화회관 대극장

《변하지 않는…》은 2006년 모다페(Modafe, 국제현대무용제) 개막초청작으로 아르코예술극장 대극장에서 초연됐다. 말이 대극장이지 중극장의 작품이 한국 최대의 극장무대에서 올라 과연 같은 긴장감을 유지할 수 있을지 우려됐었는데, 역시 (2006년으로 마지막이 된) 한국문화예술위원회 선정 올해의 예술상 작품 가운데 한 편으로 뽑힐 만했다. 대극장에서 조금도 기죽지 않고 탄탄한 조형을 구축, 묵직한 에너지로 무대는 물론 객석을 압도했다.

온 몸으로 짜내 손끝으로 모은 에너지는 일곱 명의 무용수들에게 차례로 전달, 증폭됐고 다양한 몸짓의 끝에 떨어진 핀 조명은 좋은 그림을 만들었다. 마치 번뇌가 가득한 차안에서 서방정토의 피안으로 들어가는 문을 지키는 사천왕상, 온 몸을 던져 번뇌를 태운 등신불의 모습도 떠올랐다.

전체적으로 춤선은 시원하게 컸음에도 불구, 잘 절제됐다. 또 회화적이었지만 결코 긴장미를 잃지 않았다. 미니멀한 느린 움직임은 음악을 충분히 갈무리, 힘과 에너지가 넘쳐 무용수와 무용수 사이를 무형의 기로 팽팽하게 했다. 이렇게 가로로 세로로 잘 배치된 선은 현악과 타악의 좋은 조합 속에 높이로도 안정된 형태를 구축, 일곱 명으로도 세종문화회관 대극장 무대를 충분히 채울 수 있음을 보여줬다. 모든 것이 그렇지만 춤 역시 질이 문제지, 양이 문제가 아님을 새삼 가르쳐줬다.

이어 무대에 오른 2005년 서울무용제 대상 수상작《목련, 아홉 번째 계단으로》는 현재 황미숙의 춤 변화를 극적으로 보여주는 중간단계로 생각된다. 아직 서사적인 연극적 색채가 남아있지만 현재의 군더더기를 털어내고 자신의 몸으로 들어가고 있음이 느껴진다.

— 춤 2007년 2월호

노란달팽이 2008년 5월 27~28일 아르코예술극장 대극장

2008년 모다페 해외초청작 중《드로모스 I 》(안무 필립 콩브)은 영상과 이미지가 환상적으로 교감, 절묘한 의미의, 이미지의 왜곡을 만들어냈다. 파사무용단의《노란달팽이》는 암수한몸의 신화를 모티브로 했다는 점에서《드로모스 I 》과 비슷한 느낌을 준다. 그러나《드로모스 I 》이 무의식의 껍질까지 깨고 들어가며 존재의 환상을 끄집어내려 했다면,《노란달팽이》는 고전적 우아한 춤사위로 멋지게 치마를 흔들며 스스로를 아름답게 내비치는 데 그치고 말았다. 탱고리듬의 변형은 편안하고 경쾌했지만 맺힌 데가 없었다. 치마와 바지를 바꿔입으며 자웅동체를 표현한 것은 작위적으로 보였고, 춤보다 의식이 앞섰다는 느낌이 났다. '움직임의 파괴, 표현의 해방'이라는 이번 모다페의 슬로건과 상당한 거리가 느껴지는 개막작이었다.

— 춤 2008년 7월호

옷깃 2010년 2월 5~7일 아르코예술극장 대극장

무대는 뭔가 노스텔지어가 느껴지는 잘 꾸며진 야외 카페였다. 골목을 나와서 열린 광장, 그 안에 차려진 카페에 모여 있는 사람들은 뭔가 아름다운 추억을 만들어낼 것 같았다. '옷깃만 스쳐도 인연'이라는데 그 아스라한 인연의 끈을 이어 멋진 '추억의 책가방'을 열 것만 같은 기대를 품게 했다. 하지만 결론부터 말하자면 그게 다였다. 앰버조명이 가득한 따뜻한 추억의 열린 공간 그 안에서 비보이의 건조한 브레이크와 아크로바틱 농구의 재치 있는 드리블만 있을 뿐 정작 기다렸던 아름답고 즐거운 추억의 춤은 옷깃도 스치지 못했다는 생각이다.

조명이 들어오며 오른쪽 테이블에 한 여성이 '옷깃'을 여미며 추억에 잠겨있다. 왼쪽으로 넓게 펴진 무대에 야외카페가 차려져 있고 10여명의 무용수들이 즐거운 젊음의 한때를 보내고 있다. 팔씨름을 하고, 서로 장난을 치는 등 즐거운 한때를 연출해냈다. 풋풋한 청춘의 시작이고 아름다운 인생이 막 펼쳐지려는 순간이다.

바이올린 연주가 고즈넉한 풍경을 도왔다. 하지만 문제는 마치 장르영화처럼 너무 전형적이라는 것이다. 쿵하면 뒷마당에 호박 떨어지는 소리라던가, 추억의 낭만이 준비된 바이올린 연주에 슬로비디오 패션워킹 등 반복적인 움직임과 소리가 계속되면서 바이올린 연주와 움직임은 신파가 돼버린 느낌이다. 익숙한 상징은 더 이상 의미를 확장하지 못하는 관례인 것과 마찬가지다. 밥 포시의 뮤지컬 〈시카고〉를 연상케 하는 철지난 스포츠댄스의 움직임에 몸에 붙지 않은 복고의 이미지와 소리는 상승작용보다는 요즘 젊은 세대들 표현으로 '손끝이 오그라드는' 느낌을 만들어낼 뿐이었다.

물론 그것이 안무의도였을 수 있다. '옷깃만 스쳐도 인연'이라는 젊은 날의 우연하고도 소중한 인연에서 출발해 기억 속의 고리를 돌아, 첫사랑의 서툰 단추를 열고 그 순수하고 뜨거웠던 속살을 열어 아팠던 틈을 헤집고, 켜켜이 쌓인 인연의 모양을 다시 돌아보며 그 때의 문제를 오늘에 되새겨보려는 '순수한 의도'는 충분히 이해되지만 실제 전개는 그렇지 못했다.

추억의 책가방은 시건 장치가 고장난 듯 잘 열리지 않았고, 움직임은 고장난 테이프처럼 반복됐다. 특히 비밀병기로 더해진 비보이와 아크로바틱 농구는 춤과 유리된 채 질주하면서 주객이 전도되고 말았다. 길거리 브레이크 댄스와 묘기 농구가 무대를 점령, 춤을 찾기가 힘들어졌다. 이미 '비보이와 발레리나' 등에서 충분히 보인 철지난 브레이크댄스만이 무대를 가득 메우고 있었다. 반복적이고 관성적인 스포츠댄스 춤사위로는 브레이크댄스와 길거리 농구의 역동성과 조화를 만들어내기 힘들었다. 결국 악화가 양화를 구축한 모양이 돼버렸다. 일부 관객들은 비보이와 길거리농구단의 별로 새로울 것도 없는 묘기에 억지로 환호하며 분위기를 띄워 보려했지만 역부족이었다.

의도는 좋았다. 옷깃을 스친 아름다운 인연의 줄을 비보이와 길거리 농구를 더해 역동적으로 재미있게 풀어내려 했지만 거기에 빠져 나오지 못해 춤을 잃어버린 형국이 됐다.

— 한팩 뷰 2010년 4월호

2. 직업무용단

국립무용단

국립발레단

국립현대무용단

경기도립무용단

제주도립무용단

대전시립무용단

인천시립무용단

서울발레시어터

유니버설발레단

국립무용단

춘향전-춘당춘색고금동 2001년 4월 20~25일 국립극장 해오름극장

국립무용단이 4명의 춘향을 통해 다양한 빛깔의 춘향의 사랑을 속도감있게 그린 무용극 《춘향전-춘당춘색고금동》(안무 배정혜)은 실험적 안무와 연출로 이름난 배정혜와 오태석이 만났다는 점에서부터 범상치 않게 생각됐다. 그러나 구조와 형식만 독특할 뿐 설명이 필요 없이 몸으로 느껴지는 전통춤의 쉬운 언어를 써 관객의 편하고 즐거운 접근을 허용했다.

극은 크게 두 부분으로 나뉘어졌다. 전반부는 옥중에서 춘향이 과거를 회상하는 장면이고, 후반부는 이도령이 장원급제해 변학도 등 탐관오리를 척결하고 춘향을 구하는 내용이다.

프롤로그 형식으로 월매가 춘향을 얻기까지의 정성을 그린 회화적인 춤이 끝나고 구성진 '쑥대머리' 가락이 나오면 무대 위에 4명의 춘향이 등장, 과거를 회상한다. 배경막 중앙 한 가운데 칼을 쓰고 앉은 이문옥이 옥중의 춘향이고, 앞에 있는 장현수, 김미애, 옹경일 등 세 명이 각각 색이 다른 사랑을 상징하는 춘향이다.

회상장면은 춘향이 이도령을 만난 단오날 동네 처녀총각들의 흥겨운 춤판으로 시작된다. 총각들의 춤은 탈춤에 바탕을 둔 역동미가 넘치는 강한 춤사위이고, 처녀들의 꽃바구니춤은 최승희식 회화적 춤에 배정혜 특유의 맺고 푸는 힘이 더해졌다.

이어 장현수가 수줍지만 화사한 봄같은 춘향의 사랑을 여름의 빗소리가 지나갈 때까지 추고 이어 김미애가 농익은 춘향의 가을사랑을 그린다. 그리고 옹경일이 볕이 들면 곧 녹아버릴 눈송이 같은 애절한 겨울사랑을 차례로 춤춘다. 이에 맞춰 이도령도 윤상진, 우재현, 김윤수 세 명이 맡아 각각 성격이 다른 춤으로 짝을 맞춘다.

가을 풍요의 여신의 부채춤, 겨울 눈꽃송이 춤 군무는 이들의 색다른 사랑을 돋보이게 하기 충분했다. 또 춘향의 춤이 변할 때마다 옥중의 춘향의 모습이 무대 중간에 비춰진 것도 극의 이해를 쉽게 했다.

후반부는 압축과 생략을 통해 속도감있게 구성됐다.

과거시험 장면은 한량무 입춤에 바탕한 춤사위로 마치 무술을 하듯 절도가 있고 힘이 넘쳤으며, 변학도의 기생점고 장면은 뱃놀이 모습으로 풀어내 재치있는 익살이 가득했다. 또 춘향이를 고문하는 장면은 무용수들이 천을 들고 이리 뛰고 저리 뛰면서 저절로 묶이고 풀어지게 하면서 독특한 집체미를 만들어냈다. 특히 어사또 출도장면은 장쾌한 스펙터클과 골계미를 더해 시원한 카타르시스를 제공한다.

에필로그로 춘향과 이도령이 행복하게 사는 장면이 광한루의 사랑춤으로 표현되며 막이 내린다.

전체적으로 춘향전의 내용 중 춤으로 표현할 수 없는 부분은 과감히 생략하고, 이미 알려진 부분은 상투적 표현을 지양해 새로운 형식으로 전달하려 한 점이 높이 평가된다. 또 국립단체의 무대인 만큼 독창적이고 실험적이기보다는 대중적 춤언어를 주로 사용한 점도 관심을 모은다.

그러나 춘향의 다양한 사랑을 노래한 전반부의 색채가 다소 차별성을 잃어 아쉽다. '쑥대머리'의 애절하고 애틋한 사랑의 묘사에는 성공했으나, '사랑가'의 흐드러진 사랑, '십장가'의 독한 사랑에는 접근하지 못한 채 상투적인 사랑과 이별의 묘사에 그치지 않았나 싶다. 무용수가 달라졌으나 2인무의 전체적 톤이 바뀌지 않은 가운데 군무와 조명만으로 본질적인 사랑의 차이를 표현하는 데는 힘에 부쳐 보였다.

그리고 또 이번 무대의 주요장면들, 즉 광한루에 구름다리가 나오고 버드나무가 늘어진 장면, 과거시험 장면, 어사 축하장면 등은 꼭 극단 에이콤의 뮤지컬 〈명성황후〉를 빼다 박은 느낌이었다. 이것은 특히 두 작품의 무대미술을 동일인이 맡았다는 데서 상당한 불쾌함이 느껴진다. 거의 같은 컨셉의 무대가 다른 장르에 나온 것이 무대미술가의 상투적 상상력이 원인인지, 아니면 다작을 하는 작가의 무책임한 게으름 탓인지, 또는 장르가 다르니 똑같아도 모르겠지 하는 심산인지 알고 싶다. ― 춤 2001년 5월호

바다 2003년 4월 24~27일 국립극장 해오름극장

국립무용단의 《바다》(안무 김현자)는 새로운 한국 춤으로의 국립무용단의 가능성과 문제점을 동시에 드러낸 공연이었다. 김현자 단장은 취임 직후 "과거 전통춤에 발을 딛고 오늘의 춤을 추면서 눈은 미래를 본다"며 국립무용단의 전통처럼 되어 있는 극무용의 해체를 선언했다. 그는 "국립무용단의 전통이 어떻게 극무용이 되느냐"고 반문하면서 "국립무용단이 극무용을 처음 시작할 때 무용계에서는 이 춤형태를 두고 전통성과 관련해 말이 많았다"고 지적했다. 또 "당시 극무용은 가장 현대적인 한국무용이었다. 단지 그것이 40여 년 동안 계속되면서 전통 아닌 전통으로 자리잡은 것 뿐"이라고 주장했다. 특히 "전통을 보존하는 무용단체는 전통예술원 등이 따로 있는 만큼 국립무용단은 전통을 바탕으로 한 창작에 힘을 기울여야 한다"고 역설했다.

극무용의 뿌리인 신무용은 최승희가 한국전통무용과 발레 등 서양무용을 접목시켜 만든 춤이다. 그것이 김백봉으로 이어져 우리나라에 퍼졌고, 극무용의 형태로 유행해 국립무용단의 레퍼토리로 자리잡은 것이 사실이다. 극무용이 처음 시작할 당시에는 전통민속무용과 차별화해 가장 앞서가는 장르였던 것도 맞는 말이다. 그러나 최근 극무용이 타성화하면서 그 창조력을 잃고 매너리즘에 빠졌다는 것도 틀린 지적은 아니다.

이 같은 측면에서 스토리가 중심을 이루는 극무용에서 움직임과 이미지 위주의 표현주의적 경향의 춤으로의 이동은 적절해 보인다. 연극, 영화, 음악을 비롯해 문학, 미술 등 다양한 장르와의 경쟁에서 춤이 이길 수 있는 방법은 당연히 춤만이 보여줄 수 있는 것을 보여줘야 하기 때문이다. 프랑스의 시인 폴 발레리는 "시는 무용이고, 소설은 산보"라고 갈파했다. 시와 같이 리듬과 운율, 이미지를 중심으로 하는 무용이 소설과 같이 스토리 중심의 무거운 산보가 될 필요도 없고, 되어서도 안 되는 것이다. 물론 서사시와 같이 감동적인 스토리에 훌륭한 리듬과 운율을 얹은 시도 있다. 그러나 시정신과 산문정신이 분화된 18세기 이후 시문학의 본류는 서사시가 아니라 서정시임은 주지의 사실이다.

김현자는 《바다》에서 과감하게 스토리를 없애고, 바다의 이미지를 다양하게 천착했다. '먼 바다'에서 '앞 바다'로 공간적으로 이동하며 시간을 포함시켰다. 줄지어 파도가 밀리듯 무용수들이 끊임없이 밀려나오는 물흐름으로 잔잔한 바다를 표현한 것은 신선했다. 새벽, 먼 바다에서 동이 터오며 밀려오는 파도는 아침이 돼 바로 발치에서 부서지는 파도로 가까

이 다가선다. '먼 바다'의 잔잔한 새벽이, 아침에 '앞 바다'에서 부대끼는 현실로 점점 강하게 표현된 것이 인상적이었다. 그것을 물고기가 꼬리를 치듯 낚아채는 맛으로 그려낸 것도 감칠맛이 있었다.

'하오의 노래'는 판소리와 양악을 섞은 음악에 택견에서 따온 움직임으로 힘찬 남성춤으로 만들어졌다. '석양'은 오렌지 빛 무대에서 피아졸라의 음악을 배경으로 장윤나가 좋은 솔로춤을 보여줬다. 해지고 어두운 바다를 그린 '파랑'은 스펙터클한 군무가 백미였다.

그러나 이후 전개된 '깊은 바다'와 '별은 내리고', '너의 울음은', '상념의 바다' 등 4개 부분은 전반부와 제대로 녹아 붙지 않은 것처럼 보였다. 단편소설을 확대해 장편 영화나 연극을 만들었을 때 흔히 드러나는 문제가 그대로 나타난 것 같다. 새벽에서 밤으로 정리됐던 춤이 밤에 다시 요동치며 새벽으로 이어지는 것이 논리적으로는 틀리지 않지만, 사족이라는 느낌이다. 특히 김현자의 춤이 아직 익숙하지 않은 단원들로서는 이것이 더욱 부각될 수밖에 없었을 것이다.

그래도 '깊은 바다'에서 조각 같은 몸매를 보여준 남성무용수들의 춤은 에너지가 넘친 신선한 시도라고 평가하고 싶다. 그러나 '별은 내리고'와 '너의 울음은'에서는 진부한 상투성이 엿보이는 내용에 시간 늘리기라는 느낌을 지울 수 없었다. 클라이맥스인 '상념의 바다'에서는 의도했던 폭발적인 감동을 만들어내지 못해 아쉬웠다.

단장 취임 4개월여 만에 자기 스타일로 훈련이 안 된 단원들과 함께 신작을 무대에 올린다는 것은 애초부터 무리였는지 모른다. 더욱이 단장이 과거 스타일과 전혀 다른 춤의 경향을 보일 때 이는 불가능한 작업이었을 것이다. 때문에 미처 준비가 되지 않은 상황에서 과거 좋았던 작품을 올릴 수밖에 없었을 것이고, 또 단장 취임이후 첫 작품이라는 의미에서 새 작품을 선보여야 하니 부분적으로 변형을 가할 수밖에 없었을 것이다.

당초 예상에 없었던 작품을 급조하다 보니 이만한 게 다행인지도 모른다. 그러나 관객들은 그런 것을 알 리도 없고, 알 필요도 없다.

여명의 바다에서부터 아침, 한낮, 석양을 지나 치열한 밤을 지나 다시 새벽에 이르기까지 바다의 하루 풍경을 통해 꿈과 현실이 미학적으로 균형을 이룬 삶의 의미를 그려내려는 김현자의 의도는 신선했지만 작품의 숙성과 완성에는 의문이 남는다. 부분적으로 안무자의 의도를 소화해내지 못하는 느슨한 타성적인 춤사위가 관객과의 이미지 교류를 깨뜨렸으며, 후반부의 느슨한 구성과 움직임은 관객들을 지루하게 했다.

한편 피아졸라 등 새로운 음악의 시도도 이채로웠다. 그러나 사춘기 소녀의 치기 어린 감정 같은 유치함도 없지 않았다. 새로운 춤스타일에 따른 이국적인 남국의 음악과 전수천의 설치미술의 퓨전은 좋은 의도였지만, 그것이 무대에서 제대로 구현된 것 같지는 않은 낯설음이 느껴진다. 이는 국립극장 해오름극장의 구조적 문제인지, 안무자와 음악, 무대 등 스태프진의 호흡이 맞지 않아서인지, 아니면 단원들이 안무자의 춤스타일에 아직 익숙하지 않아서인지는 잘 모르겠다. 하지만 급조한 첫 무대에서 좋은 점과 함께 확연히 드러난 문제점은 본격적인 가을 무대의 성공을 위한 좋은 약이 될 것임은 분명하다.　　　－춤 2003년 6월호

비어있는 들 2003년 10월 16~19일 국립극장 해오름극장

국립무용단의《비어있는 들》(안무 김현자)은 김현자의 안무능력을 시험받는 실질적인 첫 무대다. 2003년 4월 공연한《바다》는 자신의 취임 이전에 잡혀있는 공연일정에 쫓겨 과거 안무한 단편을 장편으로 개정 안무했기 때문이다.

결론부터 말하면 김현자는 상징적인 미니멀한 무대를 앞세운 형식파괴 전략으로 국립무용단의 기존 관행을 부수고 아름다운 새로운 '들'을 펼쳐내는 데는 성공한 것으로 보인다. 하지만 그것을 새로운 내용으로 채우지는 못한 채 '빈' 상태에서 끝나지 않았는가 싶다. 형식의 개혁은 성공했지만, 그 형식에 걸맞는 춤은 찾기 쉽지 않았다.

무대의 양쪽 폭을 좁히고, 깊이를 최대한 살린 김현자의 무대 전략은 훌륭했다. 국립극장 해오름극장은 무대가 한 눈에 들어오지 않을 정도로 비정상적으로 큰 극장이다. 그래서 이 무대에 오른 작품치고 웬만한 스케일이 아니면 '본때'가 나기 쉽지 않다. 영국 웨스트엔드의 대형 뮤지컬〈시카고〉공연의 경우 무대의 오른쪽과 왼쪽을 잘라내 액자형으로 줄여서 공연했다. 줄인 공간에는 양쪽에 세로로 자막을 썼다.

단아한 상징적인 무대로 정평있는 무대미술가 박동우는 객석 4줄을 뜯어내고 무대를 앞으로 끌어당겨 관객과의 접촉을 최대한 가깝게 했다. 양쪽 사이드도 실제 갈대밭으로 꾸며 펼퍼짐한 시각의 분산을 좁혔다. 또 바닥에 갈대밭 사진을 전사(全寫)해 경사무대로 만들고, 해오름극장의 깊은 무대를 최대한 활용해 창문과 산을 상징적으로 만들어내 김현자의

의도에 부응했다. 국립극장에서 좀처럼 보기 힘든 시원한 파격의 무대였다. 이상봉의 조명도 잡다해 보이기조차 했던 기존의 화려함 대신 상징적이고 강인한 표현으로 인상적인 무대를 만들었다.

1장 '저물 무렵, 창'은 국립무용단의 간판 김미애가 무대 뒤에서부터 앞으로 전속력으로 질주, 무대 왼쪽 끝에서 쓰러질 듯 멈춰 서며 시작됐다. 관객들을 놀라게 하는 좋은 시작이었다. 이어 김미애는 뒤돌아 갈대밭을 왼손으로 애무하듯 스치며 뒤돌아 걸어갔는데, 영화 〈글래디에이터〉에서 러셀 크로우의 모습이었다. 이 장면은 모 햄버거 CF에도 차용돼 더욱 익숙한 장면이다. 해 아래 새 것은 없다. 하지만 아무리 아름답더라도 너무 익숙한 이미지는 더 이상 시심(詩心)을 불러일으키지 않는다.

'저물 무렵, 창'은 이별의 아픔이다. 제목에서 '저물'은 맞춤법상 '저물'이 맞지만 무용이 '몸으로 쓰는 시(詩)'인 만큼 시적 파격이 허용될 수 있다. 원순음 'ㅜ'보다는 평순음 'ㅡ'가 더욱 슬프게 들린다.

김미애는 깊이 들이마신 호흡을 단속적으로 풀어내며 이별의 정한을 관객의 면전에서 뿜어낸 다음 멀리 창문 앞에서 펼쳐지는 과거 아름다운 사랑의 듀엣을 아스라하게 바라봤다. 김미애의 춤선은 충분히 아름다웠지만 표정이 지나치게 경직됐고, 호흡이 불안하면서 춤선이 좀 거칠어졌다. 이에 따라 이별의 아픔이 지나치게 과장돼 보여 신파의 느낌이 나기도 했다.

무대 오른쪽 뒤 창문 앞에서 펼쳐진 김윤수와 이현경의 '사랑의 듀엣'은 관능적이었다. 김윤수의 어깨와 허리를 발로 감싸 타고 올라 춘 이현경의 춤은 한국춤으로는 드물게 높이를 갖춘 빼어난 춤이었다.

2장 '숲'은 이 작품에서 가장 아름다운 부분이었다. 무대 뒤에서 서서히 나타나 앞으로 전진하는 '인간 숲'의 군무는 잔잔한 생명력과 함께 균형미가 빛났다. 조명과 무대가 한껏 어우러져 가을의 '비어있는 들'을 아름다운 생명의 갈대, 생명의 나무들로 채웠다. 전체적으로 잔잔히 움직이며 이소정에서 장현수로, 장현수에서 장윤나로, 장윤나에서 여미도로 무대의 무게중심이 옮겨지며 만들어지는 그림은 한 폭의 그림 같았다. 무게중심이 중앙에 고정된 기존의 한국 춤경향과 달리 무게중심이 무대 여기저기로 변화하며 만들어내는 긴장과 이완은 조용한 역동미로 고조되는 가을의 서정을 잘 만들어냈다.

3장 '가는 비 오다'는 실패였다. '가는 비'가 아니라 '굵은 비'가 주책없이 쏟아졌기 때문이다. 반도네온으로 연주된 피아졸라의 모던 탱고에 진도 씻김굿의 구음을 결합시킨 음악에 맞춰 김지원, 최진욱의 듀엣춤은 당기고, 밀고, 정지했다가 잘 폭발했다. 그러나 듀엣 춤이 끝난 뒤 김미애 등이 4인무를 추는데 안개비 같은 가는 비에 잠자리 날개 같은 의상이 촉촉이 젖으며 분위기를 살려야 하는데 두두둑 소리를 내며 목욕탕 샤워에서 물이 쏟아지듯 떨어져 3장까지 잘 익혀온 가을 분위기를 일순에 깨버리고 말았다. 안무의도와 기술적인 실제 무대가 같지 않으므로 본래의 맛이 살아나지 않는 표현은 아깝지만 아예 빼버렸어야 하지 않았는가 싶다.

아름다운 전통 한국춤으로 만들어진 4장 '거울 앞의 누님'이 이 같은 실패를 수습, 분위기를 다시 다잡아야 했는데, 이 역시 미스블로우(miss-blow)였다는 생각이다. 어쩌면 4장은 김현자 단장 체제의 국립무용단의 문제점을 가장 심각하게 노출하고 있는 부분이 아닌가 생각된다.

'거울 앞의 누님'은 이 작품에서 전통 한국춤의 맛을 가장 많이 낸 '눈대목' 장면으로 국립무용단 이문옥 지도위원이 중심을 잡고 5인무가 국화꽃 같이 흐드러지게 펼쳐져야 했다 아픈 이별의 가을이 전통의 부드러움에 녹아 결실의 계절 가을로 바뀌는 장면이다. 화려한 모시한복을 입은 이문옥 지도위원은 객석에서 오른쪽으로 잘 들어왔다. 고급스런 보자기에서 거울을 꺼내놓고 서정주의 시 〈국화 옆에서〉와 같은 제법 그윽한 분위기를 잘 만들어냈다. 그러나 하얀 옷을 차려 입은 5인무는 정체불명이었다. 머리모양과 의상은 월트디즈니의 만화영화 〈백설공주〉였다. 백설공주의 파랗고 빨간 원피스 윗부분이 하얀색으로 바뀐 것뿐이었다. 거기에서 나오는 손동작, 어깨동작은 유장하게 어르고, 툭 치며 뻗는 한국 춤 본래의 맛이 하나도 나지 않아 그로테스크하기조차 했다.

10여 년 전이다. 커피에 인삼차를 타서 먹어 본 적이 있다. 실수로 그렇게 됐지만 "동서양 미(味)의 화합"이라고 말장난을 하며 마셨었다. 그러나 이것은 어울리지 않는 맛의 조합이었다. 커피맛도 인삼차맛도 나지 않았다. 그래서 설탕을 듬뿍 넣어 설탕맛으로 먹었다.

국립무용단원 개개인의 춤사위는 전체적으로 굳어있다. 개인적인 춤보다는 전체의 앙상블을 보여주는 데 익숙해져 있기 때문으로 생각된다. 말하자면 개인의 자연스런 춤이 어우러져 전체의 앙상블을 만들어내는 것이 아니라, 전체의 그림에 개인의 춤을 맞추는 데 익숙하다. 조금 지나친 비유일지 모르지만 사진으로 보면 더 아름다운 정지된 스펙터클 위주의 회화적 춤이라고 할 수 있다.

하지만 김현자의 춤은 다르다. 그는 개개인의 춤이 살아 움직이며 전체적으로 호흡과 기가 조화를 이루는 살아있는 이미지를 포착하려 한다. 아직까지 서로에 대해 적응과 조화가 이뤄지지 않은 상황이 4장에서 첨예하게 드러난 것 같다.

5장 '추상(秋像)'은 흐드러진 즉흥무로 풍성한 가을축제를 그렸다. 익살과 애조를 동시에 간직한 해금음악을 배경으로 마임 요소를 도입하는 등 흐드러진 즉흥춤 군무를 펼쳤지만 '가는 비'에서 깨금, '국화꽃'으로 져버린 이미지를 회복하기에는 역부족이었다. 지나치게 작위적인 사슴과 여우 등의 즐거움은 오히려 역효과를 불러일으킨 것이 아닌가 싶다.

마지막장 '비어있는 들'에서 갈대를 들고 춘 구도자의 춤은 경건한 느낌보다는 작위성이 더 강했던 것 같다. 모든 것을 비워버린 경건한 구도자와 같은 느낌이 아니라 비워져 있음을 애써 보이려 한 허세가 느껴졌다. 이에 따라 대미를 장식한 나뭇가지에 매달린 풍경소리도 명징한 경건보다는 상투적인 지루함으로 다가왔다.

김현자 단장은 공연에 앞서 "춤이란 개념을 '움직임'이라는 차원으로 확대해 그동안의 극무용 공연방식에서 탈피, 살아있는 이미지의 가을을 무대에 구현하려 했다"며 "상황과 장면의 전개에 따라 무대의 집중 포인트를 다양하게 이동시키는 동적인 무대의 배열을 이용해 생동감있게 춤을 만들었다"고 안무배경을 설명했다.

김현자의 안무의도는 대부분 무대에서 느낄 수 있었다. 그러나 그 의도의 완성은 다음 무대로 미뤄야 하겠다는 생각이다.

— 춤 2003년 11월호

코리아 환타지 2004년 11월 11~13일 국립극장 해오름극장

국립무용단의 《코리아 환타지》는 국립극장 재개관 축제 프로그램의 일부다. 송범, 최현, 조흥동, 국수호, 배정혜 등 전 단장들의 작품과 김현자 현 단장의 작품의 하이라이트를 골라 모은 갈라쇼다. 재개관 축제 프로그램인 만큼 역대 단장, 예술감독의 대표작들을 모은 의미는 충분히 있어 보인다.

특히 국립무용단이 해외에 즐겨 소개해온 민속춤 위주의 작품으로 국내에서는 보기 힘들다는 점에서 의미가 있다. 그리고 각 시·도 관립 무용단체의 주요 레퍼토리인 만큼 국내 최고 수준의 무용단은 이들 한국춤 고정 레퍼토리를 어떻게 소화해내느냐를 볼 수 있는 의미 있는 공연이다.

하지만 재개관 축제에서 신작을 통해 새로운 모습을 보여야 한다는 지적도 일리는 있다. 그러나 자금 사정과 주변 여건을 고려할 때 최선의 창작을 내놓을 수 없는 상황에서 과거 명품을 다시 갈고 닦아 보여주는 것도 틀린 방향은 아니다. 더욱이 재개관 프로그램을 일관하는 큰 줄기 중의 하나가 대중성이라는 점에서 완전히 잘못됐다고 비판만 하기는 좀 매정해 보인다.

한국을 대표하는 세계적인 바리톤 가운데 한 명인 최현수가 그랬다. 성악가도 대중가요를 얼마든지 부를 수 있는데 단지 창법이 다르다고. 같은 사람이 작곡한 노래지만 부르는 창법과 감정의 깊이가 얼마든지 달라질 수 있다는 말이다. 김현자 단장이 새로 다듬은 국립무용단의 고정 레퍼토리에는 절제와 기품을 특징으로 한 그의 특색이 잘 묻어났다.

태평무, 강강술래, 학춤, 장구춤으로 흥이 점차 고조되게 짜낸 프로그램에서 흥이 잘 갈무리되고, 긴장과 이완이 적절히 배치됐다. 특히 화려함과 흥이 특징인 부채춤에서 절제미와 긴장미를 엮어내 다른 부채춤과 느낌을 달리했다. 오고무에서도 독특한 엇박자 싱코페이션이 속도감과 흥을 더했다.

하지만 '신라의 기상' 검무는 검기가 없고, 검이 몸에 매어 있는 듯 장식적 효과에 그치고 말았다. 이에 따라 쓸데없이 손이 길어진 느낌으로 맺고 끊지를 못했다. 또 마지막 '북의 대합주'에서도 재치는 있는데 기를 느끼기 어려웠다. 북채에 손이 붙잡혀 있는 느낌으로 북채를 갖고 노는 것이 보이지 않았다. '북의 대합주'는 건강한 민초들의 생명력이 느껴지는 작품인데 전부 원색의 비단옷 일색이어서 어색했다. 파스텔톤의 무명 한복이었으면 북춤의 느낌이 좀 더 생명력이 있었을 것 같다.

— 춤 2004년 12월호

춤 · 춘향 2007년 9월 8~12일 국립극장 해오름극장

국립무용단이 배정혜와 함께 만든 '춘향전'은 2001년과 2002년에 이어 이번 작품까지 세 번째인데, 왜 삼세번이라는 말이 나왔는지 이유를 알 것 같다. 2001년 봄, 여름, 가을, 겨울 4

명의 춘향에서 2002년 하나로 모아졌고, 이번 작품에서는 거기에 감동까지 더해졌다.

감동의 원천은 가야금의 명인 황병기 국립국악관현악단 예술감독이 서정주의 시 〈추천사(鞦韆詞)-춘향의 말〉에 붙여 만든 성악과 가야금을 위한 듀오곡 〈추천사〉에 있다.

'향단아, 그넷줄을 밀어라. / 머언 바다로 / 배를 내어 밀듯이, 향단아. // 이 다수굿이 흔들리는 수양버들 나무와 / 베갯모에 뇌이듯한 풀꽃더미로부터, / 자잘한 나비 새끼, 꾀꼬리들로부터, / 아주 내어 밀듯이, 향단아. // 산호도 섬도 없는 저 하늘로 / 나를 밀어 올려다오./ 채색한 구름같이 나를 밀어 올려 다오! / 이 울렁이는 가슴을 밀어 올려 다오! // 서(西)로 가는 달같이는 / 나는 아무래도 갈 수가 없다. // 바람이 파도를 밀어 올리듯이, / 그렇게 나를 밀어 올려 다오. / 향단아.'(서정주의 시 〈추천사-춘향의 말〉 전문)

이 시는 의지의 상징이다. 차안에서 피안으로, 감정에서 의지로, 침묵에서 행동으로 움직이는 초월의지의 상징이다. 춘향과 이도령은 소녀에서 여인으로, 소년에서 사내로, 현실에서 꿈으로, 육체에서 정신으로, 지상에서 천국으로, 향단이가 그네를 밀어, 산호도 섬도 없는 저 하늘로 밀어 올리듯이, 채색한 구름같이, 울렁이는 가슴을 밀어 올린다.

《춤·춘향》에서 황병기의 〈추천사〉 곡은 두 번에 걸쳐 변주된다. 춘향과 이도령이 사랑을 나누는 장면과 대미의 어사출도 후 해피엔딩의 아디지오에서다. 배정혜는 이 곡에서 춘향과 이도령의 절정의 사랑을 발견했다. 벗고 놀고, 업고 노는 질펀한 완판본 춘향과 이도령의 사랑에 현실을 초월한 아름다운 이상의 세계로 들어가는 의지와 초월의 길을 발견했다.

이번 작품은 장현수-이정윤, 김미애-조재혁 두 커플에 의해 추어졌다. 전체적 춤선은 배정혜가 잡았지만, 디테일은 많은 부분 무용수들에게 맡겼다. 그래서 두 커플의 아다지오는 상당히 다르다.

장현수-이정윤 커플의 '추천사'는 감성적이었다. 가슴 떨리는 눈부심이 힘으로 다가와 진하게 휘둘러 감았다. 좌우 대칭으로 스치고 잡고 당기고 어르고 푸는데, 마치 '만첩청산 늙은 범이 살찐 암캐를 물어다 놓고 이가 없어 먹지는 못하고 흐르름흐르름 아웅 어루는 듯, 북해의 흑룡(黑龍)이 여의주를 입에 물고 색구름 사이를 넘노는 듯, 단산(丹山)의 봉황이 대열매를 물고 벽오동 속으로 넘나드는 듯, 연못 깊은 곳에 청학이 난초를 물고서 오송간(梧松間)에 넘노는 듯…' 황석영의 소설 〈장길산〉에서 길산과 묘옥의 첫사랑 장면만큼이나 관능적이다. 다이내믹한 춤사위가 거친 호흡으로 얽히면서 든든한 이정윤을 장현수가 거침없이 타고 날아오른다.

반면 김미애-조재혁 커플은 서늘한 환상이 배인 지적인 아름다운 춤선이 일품이다. 장현수-이정윤 커플이 3차원의 뜨거운 실감 에로티즘 미학을 만들었다면 김미애-조재혁 커플은 2차원 평면이다. 움직임보다는 정지에 초점이 더 맞춰져 있다. 정지된 면에서 점과 선이 만들어내는 팽팽한 여백의 긴장감이 보는 이의 숨을 멈추게 하는 것 같다. 이들이 만들어내는 고난도 테크닉 관능은 입술이 닿지 않는데, 가슴이 만나지 않는데, 몸이 부딪히지 않는데, 닿은 것보다, 만난 것보다, 부딪힌 것보다 더 뜨거운 에너지와 가쁜 호흡을 뿜어냈다.

《춤·춘향》은 '추천사'를 정점으로 앞 뒤 장면들이 잘 어울렸다. 옥중가로 막을 열어 달 속에서 옥중의 춘향이 회고하는 장면으로 시작해 단오날 머리감기, 답교놀이, 그네타기 등이 화려한 스펙터클로 무대를 수놓았다. 특히 무대 앞까지 바짝 나와 징검다리 위에 앉고 서서, 물장난을 치며 만드는 무대는 한국을 대표하는 최고의 무용수들을 제대로 자랑할 수 있는 스펙터클이었다. 객석 앞까지 훌쩍 날아오는 시원한 그네의 스펙터클도 일품이었다. 무대, 음악, 춤 어디 하나 흠잡을 데 없이 정중동 한국춤과 음악의 아름다움을 한데 잘 엮어 놓았으며 흥겨운 농악, 씨름연기 등 다양한 표현기법을 잘 더했다.

특히 춘향을 고문하는 장면에서 오랏줄을 이용해 얽어내는 장면은 상징성이 가미된 일품의 그림이었고, 판소리로 처리된 어사출도 장면에서 현대무용을 이용한 다양한 익살스런 표현도 인상적이었다.

그러나 춘향과 몽룡의 만남이 좀 진부했고, 붉은 달이 마치 해처럼 느껴져 무대그림이 좀 맞지 않아 보였다. 또 춘향과 몽룡의 4계절 사랑도 좀 길다는 느낌이다. 평생을 다 산 것 같은 사랑이어서 아쉬운 느낌이 없기 때문이다. 로미오와 줄리엣은 하룻밤밖에 사랑을 못했지 않은가. 또 편지도 너무 과장된 느낌이다. 너무 길고 그것으로 도살풀이춤을 추는데 좀 어울리지 않아 보인다. 과거시험도 너무 스테레오 타입하다. 모두가 전전긍긍하지는 않을 것이고, 자신있게 쓰는 사람이 이도령밖에 없지는 않을 것이다. 커닝 등의 공부 안한 모습도 맛보기로 넣는 것은 좋지만 코미디가 아닌데 진지한 모습도 몇 번 나와 다른 느낌을 줘야 할 것 같다. 특히 글자의 느낌이 살지 않는 게 아쉽다. 한자춤은 이미 클라우드 게이트에게 선점됐지만 차별적인 개발의 여지는 얼마든지 있기 때문이다.

또 어사출도와 함께 〈춘향전〉 풍자장면의 가장 핵심인 기생점고가 빠져 아쉬움이 남는다. 끝부분에 생일날 기생파티로 대신되기는 하지만 춘향이 비극의 나락으로 빠지는 단초가 생략돼 아쉽다. 차라리 하나를 생략하려면 기생파티가 생략돼야 할 것 같다. ― 춤 2007년 10월호

밀레니엄 로드 2008년 5월 17~21일 국립극장 해오름극장

국립무용단의《밀레니엄 로드》(안무 배정혜·국수호·류장현 외)는 모처럼 보는 한국춤의 장르의 특성을 살린 고정레퍼토리 무대였다.

《밀레니엄 로드》는 대통령 취임식이나 외국 원수의 국빈방문 또는 대통령의 해외순방과 같은 국내외 중요 행사에 소개되는 국립무용단의 대표 레퍼토리《코리아 환타지》의 새 버전이다. 그동안 세계 60여 개국에서 공연, 한국 문화의 전령사 역할을 톡톡히 한 작품이다.《밀레니엄 로드》는 그 세 번째 버전이다. 국가를 대표하는 한국춤 작품답게 더할 나위 없이 화려했다. 그러나 부분적으로 규모의 함정을 건너뛰지 못한 아쉬움이 있다. 규모는 특화되지 않으면 황금으로 치장한 졸부의 호화빌라처럼 허황하기 마련이다.

《밀레니엄 로드》는 '군실록(君實錄)'과 '민실록(民實錄)' 두 부분으로 구성됐다.

1막 '군실록'은 궁에서 펼쳐지는 태평성대와 고고한 기품을 표현했다. 왕실의 일상을 표현한 '궁(宮)'(안무 배정혜), 한스러운 후궁의 마음을 나타낸 '여(女)'(안무 배정혜), 남자무용수만으로 왕을 받드는 대신들의 사상을 보여주는 '품(品)'(안무 배정혜), 궁중정재를 통해 지적문화의 힘 등을 읽게 하는 '화(華)'(안무 국수호) 등 4개 작품으로 만들어졌다.

2막 '민실록'은 타악기의 울림을 형상화한 '맥(脈)'(안무 박재순)으로 시작해 선비의 정신과 풍류사상 등을 나타낸 '색(色)'(안무 국수호)으로 이어졌다. 그리고 탈춤과 사자춤 등으로 서민들의 삶을 해학적으로 보여주는 '유(遊)'(안무 류장현)와 한(恨)의 정서를 승화한 승무를 바탕으로 해탈의 경지를 표현한 '천(天)'(안무 김충환)으로 마무리됐다.

궁중의 생활을 그린 '군실록'은 화려했다. 한국을 대표하는 무용단인 만큼 최고의 의상과 무대로 꾸며져 화려하기는 했지만 어딘지 허했다. 특히 장대한 궁중음악이 화려한 의상과 무대 속으로 춤을 눌러 쫓아낸 것 같았다. 춤은 보이지 않고 다양한 의상과 묵직한 음악만 보였다. 이 때문에 한국 춤의 화려한 군무는 스펙터클한 매스게임에 그치고 만 느낌이다. '여'에서 후궁의 한을 멋진 관능으로 풀어낸 장현수의 춤이 없었던들 '군실록'은 완전히 규모의 함정에 빠진 패션쇼라는 비판을 피할 길이 없어 보이기도 한다.

반면 '민실록'은 기대이상이었다. '맥'은 다듬이에서 시작, 소고, 중고, 대고, 드럼, 심벌즈 등으로 확대돼 마치 진법을 펼치듯 다채롭게 치고 빠지고 뭉치며 만들어내는 소리와 몸짓의 스펙터클은 보는 이를 소름이 돋게 할 만큼 장대했다. 돌소리와 쇳소리, 가죽소리와 나무를 부딪치는 소리가 절묘하게 어울렸다. 중고와 대고를 두드리는 선 굵은 남성미와 소고를 치며 펼치는 경쾌하고 관능적인 여성미는 멋진 대조를 이뤘다.

'색'은 '맥'의 남성미와 여성미를 그대로 이어받아 한량무와 교방무로 풍류선비와 기생의 사랑을 3인3색으로 그렸다. '맥'에서 폭발한 힘과 관능을 차분히 정리하며 여유 있는 풍류와 짜릿한 관능으로 남성춤과 여성춤을 대비했다. 어르고 푸는, 쫓고 쫓기는 남녀의 사랑을 결코 터뜨리지 않고 끌어가며 한껏 증폭시키다가 기생들이 모두 도망가고 털썩 주저앉는 한량들의 모습에서는 웃음이 터진다. 끈적끈적한 관능을 힘찬 생명의 기쁨으로 풀어내면서 절정에 이르지 않고 여유 있는 웃음으로 갈무리해낸 안무자의 간단치 않은 내공이 그대로 느껴진다.

'유'는 봉산탈춤, 사자놀음 등을 차용, 건강한 민중성과 해학이 돋보이는 가장 창작적인 작품이었다. 현대무용 안무를 도입, 자유롭게 들어가 유쾌하고 독특한 움직임으로 민중의 건강한 생명력을 그려냈다. 그러나 사설로 통일 등 이데올로기 문제로 영역을 넓힌 것은 전체의 작품 흐름과는 좀 동떨어져 보인다.

승무를 소재로 군무로 만든 '천'은 의상이며, 춤사위며, 작품 구도가 좀 가벼웠다. '얇은 사 하이얀 고깔 고이 접어' 그려낸 승무 자체의 찬란한 정한과 기품을 찾기 힘들었다. 승무가 규모의 함정에 빠져버린 느낌이다.

—— 춤 2008년 6월호

Soul, 해바라기 2009년 5월 20~23일 국립극장 해오름극장

국립무용단의 《Soul, 해바라기》(안무 배정혜)는 이 무용단의 레퍼토리 가운데 전통과 현대, 동양과 서양, 삶과 죽음 등 다양한 극단을 충돌시켜 관객과 멋지게 소통한 현대적 작품이 아닌가 싶다.

제목을 '영혼(Soul)의 해바라기' 또는 '해바라기의 영혼' 등 어떻게 해석하건 이 작품은 강렬한 해바라기로 각인된 고흐가 먼저 떠오른다. 그리고 가난과 고통을 예술혼으로 승화시킨 고흐의 해바라기와, 멋과 흥에서 한국춤의 절정으로 꼽히는 살풀이춤과 한국적 생사관을 온전히 드러낸 씻김굿은 일맥상통하는 뭔가가 있어 보인다. 죽은 자에 대한 산 자의 그리움, 또는 이생의 살(煞)을 풀어내는 씻김과 살풀이는 도달할 수 없는 안타까운 예술혼을 위한 적절한 형식과 내용으로 보인다.

《Soul, 해바라기》는 이렇게 서로 다른, 아니 아무런 관련도 찾기 힘든 양극단의 것들을 다양하게 병렬, 혼합, 충돌시켜 전혀 다른 새로운 생명력을 만들어내는 데 성공했다. 빛과 어둠, 제사와 축제, 삶과 죽음, 한국 전통춤과 퓨전 재즈, 토속 민요와 유럽 재즈 등 좀처럼 만나기 어려운 극단의 크로스오버는 그 거리만큼 강렬한 인상과 감동을 끌어냈다.

도입부에서 바이올린으로 부른 새타령은 이 작품의 전개를 단적으로 요약했다. 어두운 무대에서 강렬한 핀 조명 아래 연주하는 바이올리니스트는 쓸쓸한 집시를 연상시키는 가운데 흘러나오는 음악은 '애잔한 새타령'이었다. 당겨진 고무줄 같이 팽팽한 긴장의 무대를 옆구리를 쿡 찔러 간질이듯이 이완시키는 가락이었다.

점점 밝아지는 무대도 양면적이었다. 왼편 앞부분에 마치 박제된 듯이 서있는 5명의 무용수와 중앙을 비워두고 거꾸로 놓은 우산살처럼 삐쳐 올라간 무대는 마치 난파선의 용골 같이 쓸쓸했다. 그러나 조명이 조금 밝아지면서 객석 4분의1만큼 치고 들어온 화도(花道)의 존재가 드러나면서 무대의 느낌은 변신했다. 단아한 처마선으로 이루어진 거대한 해바라기의 모습이고 해바라기 꽃잎으로 둘러싼 원형 무대가 마련된 것 같다. 폐허의 쓸쓸함과 미니멀한 삶의 단정함이 공존하는 느낌이다.

박제된 듯 옷에 붙어있던 5명의 무용수가 옷에서 벗어나면서 시작된 1막1장 '여성살풀이'는 소름이 돋는 듯했다. 한지로 만든 커다란 옷에서 미끄러지듯이 벗어나는 무용수들은 끊임없는 고통과 번민에서의 마침내 해탈의 느낌이었다. 왼쪽에 콘트라베이스, 가운데 첼로, 오른쪽 바이올린과 그 뒤로 위치한 피아노, 색소폰, 퍼큐션 등은 완급을 더한 애잔한, 또는 흥겨운 음악으로 번뇌의 탈출을 노래했고 그 안에서 살풀이는 우아한 힘을 더했다. 공연을 하기에는 지나치게 큰 해오름극장이 모처럼 입체적으로 나뉜 기하학적 무대와 음악 속에서 객석을 넘나들며 추는 춤과 잘 어울렸다. 다크블루 배경이 붉은 여명으로 변하며 무대는 연꽃의 느낌도 나 수미산 위의 연화장 세계도 연상됐다. 하나 하나 치고 올라간 '해바라기 잎'은 새로운 세상을 향한 도약대라는 느낌도 드는 등 무대는 조명과 음악, 춤의 변화에 따라 만화경처럼 바뀌었다.

1막2장 '남성살풀이'는 '여성살풀이'와 달리 흥겨운 퍼큐션으로 시작했다. 진도아리랑에 이런 맛도 있었나 싶다. 이에 실린 춤이 탈춤, 꼭두각시춤을 연상케 하는 유쾌미와 절도미가 있다. 또 주고받는 모양이 꼭 재즈의 '콜 앤 레스펀스(Call&Response)' 형식으로 흥겹다. 9명이 반월진을 형성, 묵직한 군무를 펼치고 그 안에서 2명이 힘찬 2인무로 추는 가운데 밖에서 2명이 호응, 마치 진의 움직임 속에 장수의 전투가 벌어지는 듯 스펙터클했다. '여성살풀이'가 개인의 살을 풀어내는 우아함이 주조라면 '남성살풀이'는 형식미가 잘 다져진 제의적 느낌이 강했다.

1막3장 '남녀 듀엣'은 색소폰의 구성진 가락이 만들어낸 달콤한 나른함을 현악과 비트가 끌어내는 흥겨운 관능으로 발전시켰다. 15명이 무대에서 춤을 추며 12명만이 짝이 맞은 것도 재미있는 느낌을 줬다. 짝이 맞지 않는 3명의 솔로 또는 2인무 변주는 균형과 파격의 묘한 관능미를 선사했다.

살풀이춤을 주요 표현수단으로 한 1막이 '죽은 자를 그리워하는 산 자들의 무대'라면 씻김굿을 중심으로 풀어낸 2막은 '죽은 자들의 흥겨운 무대'라고 할 만하다. 산 자들의 무대가 무겁고, 죽은 자들의 무대가 흥겨운 것은 역시 삶의 고통과 번민은 산 자들의 몫이기 때문일 것 같다.

2막은 혼을 불러 깨우는 강한 퍼큐션으로 시작했다. 초혼제에 이어 방상시 느낌의 옷들 이미지가 인상적이었다. 1막에서 박제된 옷들이 살아있는 자들을 감싸고 있는 죽음의 느낌이었다면 2막의 옷은 죽음을 물리치는 살아있는 벽사(辟邪)의 이미지였다.

손뼉춤, 아박춤 등은 검고 붉고 흰색으로 꾸며진 그로테스크한 분장과 의상과는 달리 뮤지컬 군무와 같은 박력이 넘치는 흥겨운 춤으로 한국인 특유의 낙천적 생사관을 그려냈다. 또 북어춤, 방울춤은 한국적 굿의 흥취를 잘 잡아냈다. 부채춤은 부채춤 특유의 부드러움과 화려한 축제성 대신 직선적이고 열정적인 에너지만을 추출, 강렬한 생명력으로 정화했다. 대미의 '씻김'에 이은 '천도, 피날레'는 무대와 객석에 눈이 쏟아지듯 한 장관의 흥겨운 잔치로 마감했다.

그러나 2부를 이끌어간 무당의 모습이 지나치게 희화적이고 서사적 느낌이어서 아쉬웠다. 너무 엄숙한 것도 작품을 효율적으로 설명하는 데 무리가 있지만, 너무 서사적인 것도 작품의 감상을 방해하기 마련이다. 무당이 혼을 부르는데 체머리를 흔드는 등 지나치게 활달해 신기가 좀 빠져 작품의 밀고가는 힘이 좀 떨어졌다는 생각이 들었다.   ─춤 2009년 6월호

국립발레단

왕자 호동 2009년 11월 18~22일 예술의전당 오페라극장

국립발레단의 《왕자 호동》(안무 문병남)은 모처럼의 창작 발레였다. 사랑의 장면이 특히 아름다웠으며, 전체적으로 좋은 속도감과 균형을 이끌어냈다. 화려한 무대와 의상이 국립발레단이 아니면 할 수 없는 무대였다. 사랑의 그랑 파드되가 궁정과 침대 위에서 감미롭게 펼쳐졌고, 결혼식의 디베르티스망도 훌륭했다.

그러나 호동과 계모의 관계가 필요없이 페드라를 연상케 했고, 호동과 낙랑과 삼각관계를 이루는 필대의 성격구축에 실패하는 등 스토리에 좀 문제가 있었다. 또 전투신이 유리 그리고로비치의 《스파르타쿠스》의 그것을 닮았는데 음악이 그것만 못해서인지 강력한 스펙터클로 다가오지 못했다. 이와 함께 애니메이션의 장면이 좀 작위적이고, 구체적이었다. 삼족오나 주작, 현무의 영상이 생경한 3D의 효과가 그대로 느껴져 작품에 제대로 녹아들지 못했다.

가장 큰 문제가 화성을 중심으로 한 단선적인 음악으로 보인다. 너무 장르적이어서 초연임에도 불구, 앞부분을 들으면 뒷부분 음악이 연상될 정도였다. 리듬과 비트를 보강, 음악의 구성을 수정하고, 안무와 영상을 부분적으로 힘있게 변주하면 국립발레단의 창작 고정레퍼토리로 부족함이 없어 보인다.　　　　　　　　　　　　　　　　　　　— 춤 2009년 12월호

국립현대무용단

수상한 파라다이스 2011년 8월 5~7일 예술의전당 토월극장

국립현대무용단의《수상한 파라다이스》(안무 홍승엽)는 분단 한국의 비극을 상징하는 비무장지대(DMZ)에서 갈등과 반목을 넘어 평화와 희망의 파라다이스를 장대하게 펼쳐냈다. 그는 잘 짜인 구조에 상징과 비유가 강렬한 무대에서 그동안 자신이 꿈꿔왔던 가능했던 모든 춤사위를 조각해냈다. 고전음악과 현대음악, 그리고 라이브 연주에 실어낸 다채로운 움직임으로 명쾌하게 객석에 메시지를 전달했다. 특히 인터미션도 없이 1시간 30분이라는 짧지 않은 시간 동안 다양한 무대 변화에 간간이 유머를 섞어 가며 긴장을 유지, 관객의 시각을 무대에 붙잡아 두는 데 성공했다.

막이 열리며 다양한 비치가운을 입은 18명의 무용수들이 한 줄로 옆으로 나란히 서 있었다. 원색의 화려한 젊은이들의 모습은 얼핏 여행지의 흥겨운 증명사진의 한 장처럼도 보인다. 그러나 어두운 배경이 뭔가 수상쩍다. 잠깐 동안 계속된 부조화스러운 포즈의 긴장이 끝난 뒤 흥겨운 라틴음악에 맞춰 각각의 흥을 표현하는 가벼운 움직임이 일렁이기 시작됐다. 이들의 움직임은 무대는 물론 객석까지 전염성을 갖고 점차 커지며 '유쾌한 파라다이스'가 펼쳐질 것 같은 느낌을 줬다. 그러나 거기까지다. 한가운데 꼼짝 않고 서 있는 무용수가《수상한 파라다이스》의 시작을 예고했다. 음악이 차츰 잦아지며 제풀에 지친 듯 하나 둘 무용수가 퇴장하고 꼼짝 않고 있던 무용수만 남으면서 수상한 파라다이스의 비밀의 문이 열리기 시작했다. 즐겁고 행복한 파라다이스의 두터운 각질 아래 깔려있는 처절한 비극이 머리

를 들고 나선 것이다.

웅장한 헨릭 구레츠키의 교향곡 제3번 〈슬픔의 노래〉를 배경으로 한 '진혼'을 시작으로 '업보' '순응' '불편한 조화' '전쟁' '연민' '기록' 등 《수상한 파라다이스》의 비밀이 차례로 펼쳐졌다.

혼자 남은 무용수는 비극의 원혼을 달래는 묵직한 살풀이로 진혼곡을 부르다가 고통스러운 몸짓으로 정지, 비목(碑木)이 됐다. 이어 남성무용수 4명이 잇따라 들어와 각각의 고통스러운 역사를 그려내다가 정지, 또 비목을 이뤘다. 이들 비목의 숲에 여성무용수들이 들어와 부드러운 몸짓으로 원혼을 달래는 씻김춤을 췄다. 무겁고 거친 남성무용수들의 춤이 갈등과 반목의 비극의 증언이라면, 부드러운 여성무용수들의 춤은 이들의 억울한 영혼을 달래는 진혼굿으로 느껴졌다.

음악이 멈추고 남성무용수들이 하나 둘 들어와 바닥에 분필로 그림 자신의 기억, 또 남겨진 사람들에 대한 유언을 쓰기 시작하며 무대 가득 등장한 무용수들은 백묵으로 빼곡히 무대에 뭔가를 남겼다. 비목의 숲에 원통하게 숨져간 영혼들의 묘비명처럼 보였다.

일순 음악이 멈추고 무용수들이 무대앞쪽으로 나와 백묵을 놓고 물러서면서 빠르지도 느리지도 않은 규칙적인 퍼큐션에 맞춰 빠른 움직임이 펼쳐졌다. 지금까지의 춤이 다양한 표정의 움직임을 모아낸 화음 합창이었다면 이 춤은 모든 무용수들이 하나의 동작을 똑같이 힘차게 풀어내는 제창이었다.

퍼큐션이 멈추고 무음악 속에서 한 무더기의 무용수들이 하나로 움직이다 쓰러졌다. 오른쪽에 쓰러져 시체처럼 엎드려 있는 무용수 위에 여성무용수 두 명이 등장, 꽃 한 송이가 앙증맞게 피어 있는 바위 돌을 올려놓고 구름, 사슴, 토끼, 새, 귀뚜라미 등 단순화된 상징물을 꽂아놓으며 하나 하나 이름을 불렀다. 이들이 이름을 부를 때마다 쓰러져 있던 무용수들은 각각 이미지의 특징을 잡아 재미있게 표현해냈다. 전쟁의 비극의 현장에서 생태천국으로 거듭난 비무장지대를 우화적으로 포착, 이미지를 잘 그려냈다.

바위 밑에 깔린 무용수를 제외하고 모두 퇴장하자 시체처럼 엎드려 있던 그는 서서히, 고통스럽게 기어가기 시작했다. 그의 움직임에 맞춰 무대 양쪽에서 여성무용수들이 마치 서핑하듯 기어가는 남자무용수 위에 서서 무대로 등장했다. 이들은 이내 서핑에서 각각 불안하게 무동을 탄 자세로 바뀌어 무대 중심에 일렬로 서 바위 밑에 깔린 무용수가 무대를 횡단해 기어가는 동안 시계방향으로 맴돌았다. 냉정한 시간의 흐름이 비인간적으로 보였다. 모두가 쓰러져 멈춘 뒤 그 사이로 붉은 옷을 입은 무용수가 거미 같은 몸짓으로 헤집고 지나갔다. 무채색의 냉정함에 무심한 핏빛 우아함은 비극의 아이러니를 더욱 강조했다. 영화〈쉰들러 리스트〉에서 흑백화면에 유일하게 붉은 옷을 입은 소녀의 모습이 연상되기도 했다. 〈쉰들러 리스트〉의 소녀가 순수한 희생의 상징이라면《수상한 파라다이스》에서 여인은 진혼의 샤먼처럼 보였다.

우아한 바로크풍 바이올린 연주가 시작되면 무대 뒤편 오른쪽 구석에 쏠린 무용수들은 다양한 몸짓으로 무대의 균형을 깨며 폭풍전야처럼 긴장감을 고조시켰다. 결국 오른쪽 벽이 무너져 내렸고 무용수들은 그 아래서 불편한 춤을 계속했다.

장면이 바뀌어 무대 왼쪽의 문이 열리면서 첼리스트가 등장, 묵직한 연주를 펼치는 가운데 여성 솔로춤이 우아하게 펼쳐졌다. 그 아래서 여성무용수의 발길에 따라 4명의 남성무용수가 엎드려 타일을 움직였다. 편안한 연주에 아름다움 춤, 그 아래서 움직이는 무용수들은 마치 '백조의 발'처럼 느껴졌다. 우아한 백조의 유영은 이를 지탱하기 위한 부지런한 자맥질에 의해 가능하기 때문이다. 아름다우면서도 재미있는 아슬아슬한 조화는 장이 끝나고 퇴장하는 첼리스트의 엉덩이에 붙어있는 의자로 웃음과 함께 정리됐다. 한국 현대사의 불편한 조화를 극적으로 상징하는 듯했다.

가슴을 진탕시키는 총탄의 작열과 함께 '전쟁'이 시작됐음을 알 수 있었다. 한국전쟁 당시의 모습이기도 하며 현재까지 이어지는 이데올로기, 빈부, 발전과 보전 등 다양한 갈등의 전쟁의 현장처럼 느껴졌다. 무대의 총탄자국도 무대 뒤에서 쏟아진 조명으로 더욱 분명히 드러나고 천정에 매달린 16개의 콘크리트 조각들에 백색 조명이 쏟아지며 전쟁의 참화는 절정으로 치달았다. 음악과 무대가 극단적으로 변했지만 무용수들의 움직임은 여전한 템포로 진행돼 전쟁의 비인간적 비극성이 더욱 부각되는 듯했다. 격렬한 총성과 가슴을 헤집는 저주파음악, 비행기소리, 기차소리, 사이렌소리가 교차하는 가운데 일정한 템포의 춤은 고통스럽게 변주, 객석을 울렸다.

'전쟁'이 끝난 뒤 쓰러진 시체들을 떠메고 나간 뒤 부드러운 피아노와 바이올린 음악이 울려 퍼지면서 무용수들이 두 명씩 서로 기대 '사람 인(人)'자 형상을 만들며 등장했다. 이들은 무대에서 서로의 상처를 부드럽게 달래고 애무했다. 불안과 고통의 무대는 비로소 편안함 이해와 연민이 가득해졌다. 큰 대가를 치르고 나서야 비로소 얻은 평화의 느낌이다.

날카로운 음악에서 부드러운 음악으로 바뀌며 평화에 대한 기도를 무용수들은 온 몸으로 무대에 쓰며 하나 둘씩 벽이 무너져 내렸던 오른쪽 무대 끝에 모였다. 그리고 시종 무대에 긴장을 고조시켰던 천정의 콘크리트 더미가 무너져 내려와 쌓이며 비무장지대의 비극은 역사의 지층 아래 묻혔다. 하지만 콘크리트 더미에 깔린 무용수들이 고통스럽게 꿈틀거릴 때 비치가운을 걸친 첫 장면의 라틴댄스 솔로가 무심하게 펼쳐지며 막이 내렸다. 첫 장면의 라틴댄스가 음악이 있고 그림이 없었다면, 마지막 춤은 그림은 있는데 음악이 없었다. 흥겨운 춤에서 뭔가 하나씩 빼놓는 낯섦을 통해 비극의 현장에서 지상 최대의 생태보고로 태어난 '수상한 파라다이스'의 역설을 극대화한 멋진 대미였다.　　　　　　　　　　　　— 춤 2011년 9월호

경기도립무용단

꿈, 꿈이었으니 2004년 11월 17~20일 경기도 문화의 전당 대공연장

경기도립무용단의 《꿈, 꿈이었으니》(안무 조흥동, 객원안무 마웨이)는 영상과 춤이 잘 조화된 스펙터클이 일품이었다. 조흥동은 경쾌하면서도 단정한 춤을 영상과 잘 붙여 이야기와 느낌을 객석에 정확하게 전달했다. 객원안무 마웨이의 중국춤 부분은 다소 신파조이고 가끔 주제와 동떨어지게 아크로바틱한 점도 없지 않았지만 전체적으로 작품의 흥과 스펙터클을 살리는 데 큰 도움을 줬다. 보는 재미를 한껏 살린 잘 짜인 대중 무용극이라고 하기에 충분했다.

마당청소로 시작하는 사찰생활의 일상이 영상과 잘 붙었다. 이중 사막을 사용해 앞의 사막에 영상을 치고 그 뒤에서 춤과 연기를 하는 장면에 강한 조명을 치는 등 영상 속에 춤이 잘 살아 녹게 했다. 물지개춤, 수도춤, 명상춤, 기공춤 등은 한국춤의 흥과 중국춤의 기가 잘 엮어 들어갔다. 관능적이면서도 기품을 잃지 않은 보살춤 장면도 좋았고, 이어지는 아박춤은 깔끔한 절제미를 보여줬다. 칼춤은 중국 무협영화의 한 장면을 보는 듯 기가 넘쳤다.

그러나 전체적으로 흥이 넘치고 보는 재미가 있었지만 초반에 지나치게 몰아가지 않았나 싶다. 정지와 이완이 섞여 있어야 활력과 긴장이 돋보일 텐데 너무 박력 위주로 빠르게 작품을 몰아가 관객들을 스펙터클에 지치지 않게 했나 하는 아쉬움도 남는다.

스토리상에서 추격장면이 너무 과했고, 축제 장면에서 중국춤의 아크로바틱이 너무 길어 주제를 효과적으로 전달하는 것을 방해한 것 같다. 특히 꿈속에서 온갖 풍상을 겪고 비로소 깨침을 얻은 조신을 꽤 길고 애절한 통곡으로 표현한 것이 아쉽다. 마치 꿈속에서 모든 것을 잃은 것이 너무 슬퍼 통곡하는 느낌을 주기 때문이다. 깨달음의 깨침은 좀 더 뒤가 무겁게 남도록 진중하고 깔끔해야 하지 않았을까 싶다. 통곡보다는 맑은 목탁과 염불, 산사의 종소리나 풍경소리 또는 바람소리로 가부좌한 채, 또는 108배로 마무리하는 가운데 페이드아웃 해야 하지 않았을까 싶다.

— 춤 2004년 12월호

태권무무(跆拳武舞)-달하 2009년 10월 16~18일 국립극장 해오름극장

경기도립무용단(예술감독 조흥동)의《태권무무-달하》(총감독 조흥동, 안무 김정학)는 태권도를 소재로 한 논버벌 퍼포먼스(Non-verbal performance · 비언어극)로, '삼세번'만에 성공했다는 느낌이다. 이 공연은 〈스노우쇼〉로 국내에 잘 알려진 러시아 연출가 빅토르 크라메르가 2005년 태권도를 소재로 만든 논버벌 퍼포먼스 〈더 문(The Moon)〉이 시초이다. 이것을 뮤지컬 〈오페라의 유령〉 제작자로 유명한 설도윤이 볼거리를 강화해 〈더 문 2〉를 만들었다. 그러나 크라메르는 태권의 진미(珍味)를 살리지 못했고, 설도윤은 볼거리 지나치게 강화, 볼거리 없게 만들어 실패했다. 이를 다시 한국무용가 조흥동 경기도립무용단 예술감독이 예술성을 더해 전면 개작한 것이 이번 작품이다.

서막 영상은 완성도가 높았다. 만화영화처럼 좀 과장된 측면이 없지 않았지만 대중적인 퍼포먼스를 지향했다는 점에서 틀린 방향은 아니라고 본다. CF영상 같았던 전작들에 비해 확실히 완성도가 높아진 영상 도입부였다.

이어 펼쳐진 청룡과 황룡의 춤은 스케일 컸다. 중국영화에 흔히 나오는 사자춤보다 훨씬 스케일이 크고 복잡한 춤으로 열명 쯤이 조종하는 두 마리의 용이 한데 어우러지며 만들어내는 스펙터클은 대단했다. 그러나 머리 부분은 상하의 율동이 살아있지만 꼬리로 갈수록 변화가 없이 삐죽한 모습으로 '용두사미'가 생각나 좀 더 섬세하게 디테일을 잡아낼 필요가 있어 보인다.

백호를 비롯해 주작, 현무 등 사신의 춤은 무대의 양쪽 끝과 뒤에서 시원스레 펼쳐졌다. 하지만 형태에 대한 집중이 과도해 완급조절을 통해 기의 확보가 필요해 보였다.

이어지는 군무는 한국의 다른 어떤 춤에서도 찾기 힘든 스펙터클이 넘쳤다. 자칫 매스게임으로 비치기 쉬운 군무를 과연 가장 많은 한국춤사위를 갖고 있다는 조흥동 예술감독의 작품답게 품격 있는 다채로운 춤사위로 변주, 해오름극장 무대를 역동미로 가득 채웠다. 또 씨름에서부터 매미, 사마귀, 독수리 등 특징을 잡아낸 다양한 우화적인 움직임이 돋보였으며 2부 시작을 알리는 사랑의 2인무는 태권도의 아크로바틱과 중화돼 예술과 아크로바틱 양 극단의 균형을 적절히 잡아냈다. 특히 직선의 태권도를 춤의 곡선으로 잘 깎아냈다.

전체적으로 강인한 힘의 느낌이 꼭 '태양서커스'의 〈카〉를 닮았다. 무대 두 개가 20m이상 떠올라 180도, 360도 회전하는 전용극장 등 1600억 원이 투입된 〈카〉의 규모는 따라갈 수 없겠지만 작품의 패기나 전개에서는 결코 뒤지지 않아 보였다. 하지만 작품의 흐름보다 과장된 스토리의 설정은 좀 더 경쾌하게 가다듬을 필요가 있고 부분적으로 좀 거친 디테일을 잡아내 정리하고, 음악을 보완한다면 새로운 한국형 버라이어티 넌버벌 퍼포먼스 레퍼토리의 탄생으로 부족함이 없어 보인다. ― 춤 2009년 11월호

제주도립무용단

Soul of Jeju-우리 춤의 서정과 그 빛깔 2010년 9월 16~17일 제주자치도 문화예술회관

제주도립무용단의《Soul of Jeju-우리 춤의 서정과 그 빛깔》(안무 배상복)은 초야-영상-
얼-동래학춤-강강술래-살풀이춤-북춤-부채춤-풍속도-연가-천지의 소리 등 다양한 형식
과 내용의 소품이 하나의 주제로 묶여 진행됐다. '초야'와 '얼'은 창작, 동래학춤과 강강술래
는 민속, 살풀이는 전통, 북춤과 부채춤은 신무용 개정안무, 풍속도와 연가, 천지의 소리는
전통춤의 재해석 · 응용으로 분석된다.

서막 '초야'는 제주도립무용단에서 안무가로서의 활동을 본격화한 배상복의 결의가 느껴
진다. 신랑의 거친 호흡과 에너지에서 춤에 대한 배상복의 의지를 엿볼 수 있고, 다소곳하
면서도 뜨거운 열정을 감추지 않는 신부의 몸짓에서 새로운 도약을 꿈꾸는 제주도립무용단
의 열망이 전해진다. 한국춤에서는 보기 힘든 안정된 도약과 리프팅은 좋은 입체감을 만들
어냈고, 탱고 등 라틴댄스에서 도입한 관능적 몸짓은 한국춤 표현의 다양성 확보를 위한 좋
은 시도로 평가된다.

가야금 산조 위에 실린 연꽃춤 '얼'은 제주의 아름다운 영상과 잘 어울려 멋진 기하학적,
회화적, 음악적 이미지를 만들어냈다.

동래학춤-강강술래는 영남과 호남을 대표하는 민속춤으로 편벽되지 않은 이 무용단의 뿌
리와 지향을 짐작케 했으며, 이매방류에 뿌리를 두고 있으면서도 최현류의 담백함에 배상복
특유의 화려함을 더한 살풀이는 이 무용단 춤의 향후 행보를 예측케 했다.

진도북춤의 뼈대를 갖고 있으면서도 마치 장구를 치듯 양손을 사용하는 등 장구춤과 검무, 택견을 장점을 취한 듯한 '북춤'은 박진감과 활력이 넘쳐 창조적인 전통춤 레퍼토리를 기대해도 좋아보였다.

'풍속도'와 '연가'는 한량무와 교방무를 잘 깎고 다듬어 이어 붙인 창작춤으로 봐도 무방한 좋은 그림을 만들어냈다.

부채춤은 김백봉의 원류에 비해 부드러움과 화려함이 좀 부족해 보였지만 힘과 단정함에 있어서는 결코 뒤지지 않았다.

가능한 모든 내용을 담으려는 백화점식 축제무대로서 드물게 일관된 스토리를 갖고 창작과 민속, 전통의 다양하면서도 세련된 재해석이 돋보였다.　　　　　　　　　　― 춤 2010년 10월호

대전시립무용단

이곳⋯ 2010년 11월 5~6일 대전문화예술의전당 아트홀

대전시립무용단의 《이곳⋯》(안무 김매자)은 한국춤이 칼 오르프의 대작 〈카르미나 부라나〉와 만나 멋진 앙상블을 보여줬다. 독일 현대음악 작곡가 칼 오르프의 〈카르미나 부라나〉는 영화와 CF에 삽입돼 일반에게 잘 알려진 웅장한 음악으로 오케스트라, 발레, 합창단 등 대단위 종합편성이 아니면 쉽게 무대에 올리기 힘든 대곡이다. 〈카르미나 부라나〉는 1994년 4월 국립극장 대극장에서 국립발레단이 국내 초연일 뿐 아니라 아시아 초연했다.

〈카르미나 부라나〉는 음악과 연극적 요소, 무용이 함께 펼쳐지는 스펙터클 대작으로 좀처럼 무대에 올리기 쉽지 않다. '카르미나 부라나'는 '보이렌의 시가집'이라는 뜻의 라틴어로 독일 바이에른 지방 베네딕트 보이렌 수도원에서 발견된 시가집의 이름이다. 13~14세기 익명의 유랑승이나 음유시인이 종교적인 내용은 물론 도덕적 풍자와 연애, 유희에 대해 쓴 250여 편의 극시를 모았다.

1936년 이 시가집에서 영감을 얻은 오르프가 중세의 분위기를 독자적인 현대음악 선율로 옮겨 〈카르미나 부라나〉를 발표했다. 이 작품의 대표곡인 '오! 운명의 여신이여'는 영화 〈기사 윌리엄〉, 〈엑스칼리버〉 등 중세를 배경으로 한 영화는 물론 유명 감기약 CF에 사용돼 일반에 널리 알려져 있다.

김매자는 〈카르미나 부라나〉 속에 내포되어 있는 희망과 슬픔의 이중성을 잘 포착해냈다. 미니멀한 움직임과 일사분란한 군무로 타악이 강한 음악의 역동성을 최대한 살려냈다. 또

중세 그레고리안 성가 분위기에 맞춰 한국춤의 정적미를 잘 다듬어냈다. 그러나 〈카르미나 부라나〉의 백미로 꼽히는 '구운 백조의 노래' 등에 맞춘 강렬한 인상의 솔로, 또는 2~3인무 를 찾기 힘든 아쉬움이 남는다.

— 춤 2010년 12월호

인천시립무용단

물의 성, 물의 노래 2010년 9월 14~15일 인천종합문화예술회관 대공연장

인천상륙작전 60주년을 기념하는 인천시립무용단의 '뉴 인천 판타지'가 묵직한 서사로 형상화됐다. 2009년 초연한《물의 성(城), 물의 노래》(안무 홍경희)는 홍경희가 인천시립무용단의 예술감독으로 부임하며 구상한 '인천의 이야기'로, 6·25전쟁과 인천상륙작전 60주년을 맞는 2010년, 물의 이미지를 중심으로 새롭게 재구성해 무대에 올랐다. 근대화의 관문으로서 제물포항으로 시작해 이데올로기 갈등의 해결점은 물론 산업화, 민주화의 현대사를 거쳐 대륙 개발문명의 한계를 극복, 열린 해양도시도로서 환경친화 에코도시의 미래 비전까지 논리적으로 제시했다.

그러나 격동의 우리 근현대 역사의 무거운 서사를 좀 더 유동적이고 투명한 물의 이미지로 녹여냈더라면 좀 더 효과적인 축제 무대가 됐을 것이라는 아쉬움이 남는다. 과거보다 현재와 미래의 의미와 전망을 좀 더 강화했으면 회화적 이미지의 탄탄한 무대에서 전개된 역동적 춤사위가 더욱 힘을 얻어 무대와 객석이 하나된 대미의 흥겨운 피날레가 희망을 담보하는 신명으로 마감할 수 있을 것 같다.

— 춤 2010년 10월호

서울발레시어터(SBT)

사계 2001년 3월 27~29일 LG아트센터

서울발레시어터(SBT)가 공연한《사계》(안무 제임스 전)는 윤회에 바탕한 동양적 삶의 철학이 파스텔톤의 수채화같은 담박한 춤으로 명징하게 그려진 작품으로 평가된다.

1996년《가을-바람의 노래》로 시작해 1998년《여름-초우》, 1999년《봄-생명의 선》에 이어 2001년《겨울-기다리는 마음》으로 대미를 지은 이 작품은 그동안 부분적으로 공연되면서 안무자의 독특한 계절에 대한 감각이 일반의 인식과 다소 맞지 않아 평가가 엇갈렸던 게 사실이다. 그러나 봄, 여름, 가을, 겨울로 순서를 잡아 1시간15분짜리 대작으로 완성된 이번 공연은 오랜 기간 사계절을 통해 삶의 윤회를 천착해온 안무자의 철학이 관객들에게 설득력 있게 전달되는 데 성공했다는 느낌이다.

봄의 무대의 주조는 브라운 색으로 원시의 느낌이 강했다. 막 태어난 생명을 상투적 신록으로 표현하는 대신 문명이전의 원시의 분위기로 조명한 것은 신선했다. 날카롭고 단속적이며 다소 우화적인 춤사위로 아픈 탄생의 몸짓과 새 생명이 만나는 낯선 세상에 대한 두려움을 표현한 봄은 '4월은 잔인한 달'이라고 노래한 엘리어트의 미학과 같은 맥으로 보인다.

여름은 권태로 시작했다. 푸른 초원에 비 내린 후의 풍경에서 모티브를 얻었다는 이 부분은 오렌지색을 중심 색조로 해 파랑과 빨강, 노랑 등 원색의 색조를 흩뿌려 놔 초원이라기보다는 해변의 이미지가 강했다. 뜨거운 태양 빛이 작열하는 해변에서 11명의 댄서들이 다양한 색을 뿜내며, 부드럽고 느리게 추어낸 춤은 태양 빛 때문에 살인을 했다는 카뮈의 소설 〈

이방인〉의 주인공 뫼르소의 권태처럼 느껴졌다.

짙은 코발트색으로 배경이 바뀌며 전개된 우산의 춤은 권태를 넘어 나른한 일탈마저 꿈꾸게 했다. 배경이 다시 오렌지색으로 바뀌면서 시작된 빠른 춤은 3부 가을로 넘어갈 때까지 손이 거의 어깨 아래로 내려가지 않는 등 태양에 대한, 젊음에 대한 눈부신 갈채로 여겨졌다. 뫼르소는 바다(mer)와 태양(soleil)의 합성어. 오렌지색 태양과 짙은 코발트빛의 뫼르소의 이미지가 이 작품의 여름부분에 딱 들어맞는 듯 싶다. 그러나 나른한 권태로 일관했던 뫼르소의 삶과는 달리 여름의 후반부에 나타난 즐거움은 죽음이후에 비로소 세상의 부조리를 벗어난 그를 위한 찬가쯤으로 해석하면 지나친 억지일까.

따뜻한 호박색 조명이 결실의 가을을 상징하는 가운데 진행된 가을부분은 결실을 위한 아픔, 방황 등이 빠르고 큰 동작으로 그려졌다. 전체적으로 손을 많이 사용하면서 들판의 익은 곡식들이 바람에 흔들리는 듯한 분위기를 연출해내는 등 묵직한 가을의 감동을 만들어 내는 데 성공하고 있다. 특히 무용수들이 한 줄로 서서 손을 한껏 펴서 만든 가지 많은 나목(裸木)의 이미지는 아픈 자들의 친구, 천수관음처럼 보이기도 했다.

겨울은 새로운 탄생을 위한 즐거운 침잠을 동화의 분위기로 표현했다. 오른쪽에 커다란 대나무는 무용수들을 상대적으로 작게 보이게 해 요정들의 춤 같은 느낌이 났으며 장대와 커다란 천을 이용한 춤은 썰매타기 등 흥겨운 눈 장난을 연상케 했다. 도약하기 직전의 긴장된 모습으로 새로운 윤회의 바퀴를 기다리는 듯한 라스트 신은 작품의 전체적 메시지를 함축하는 인상적인 장면이었다.

그러나 대나무의 이미지를 이용해 쓴 '윤회'라는 글씨를 무대 왼쪽에 내려 걸은 것은 사족으로 생각됐다. 또 성악가들을 무대에 올린 클래식 퓨전 또는 크로스오버의 시도도 춤과 조화를 이루는 데 실패한 것으로 보여 새로운 연구가 필요하다. ─ 춤 2001년 5월호

피가로의 결혼 2006년 9월 8~9일 충무아트홀

《피가로의 결혼》(안무 제임스 전)은 서울발레시어터가 모차르트 탄생 250주년을 맞아 모차르트의 걸작 오페라 〈피가로의 결혼〉을 발레로 만든 작품이다. 오페라의 내용을 그냥 발

레로 만든 것이 아니라 요절한 천재, 모차르트가 이 작품을 만들며 죽어 가는 내용을 극중극의 형식으로 구성했다.

오페라와 발레 두 가지 다 유명한 베르디의 오페라 〈라 트라비아타〉와 비교된다. 존 크랑코가 슈투트가르트발레단과 함께 《레이디 카멜리아》로, 존 노이마이어가 파리오페라발레단과 함께 《라 담므 오 카멜리아》로 안무했다. 비교하기에는 작품의 규모의 차이가 너무 크지만 오페라를 발레로 만들었다는 자체만을 놓고 비교해 볼 수는 있을 것이다.

우선 스토리다. 제임스 전은 복잡한 극중극으로 원작의 개작했다. 크랑코와 노이마이어는 원작의 힘을 그대로 이용했다. 따라서 크랑코와 노이마이어는 원작의 드라마와 꼭 달라붙은 음악의 힘을 그대로 활용할 수 있었다. 반면 제임스 전은 드라마의 다양성은 얻을 수 있었지만 음악의 힘을 그대로 빌려 쓰지는 못했다. 또 극중극으로 삽입한 모차르트의 삶이 다분히 표현주의적이었다는 측면에서 바흐를 그린 나초 두아토의 작품이 연상되기도 한다.

원작을 그대로 따르는 대신 현대적 각색과 패러디를 통해 새롭게 보여주려는 안무자의 도전적 의도에는 충분히 공감한다. 하지만 그럼으로써 오히려 드라마를 복잡하게 했고, 음악의 흐름을 잃어버렸다. 이는 의미의 전달력에 한계가 있을 수밖에 없는 춤에는 넘어야 할 또 하나의 큰 짐이 돼 그만 스텝을 꼬이게 하는 원인이 돼버렸다. 모차르트와 피가로가 서로 넘나들기 위해 음악은 잘라져 번안, 과장됐다. 거기에 맞춰 동작도 달라졌다. 이에 따라 익숙한 음악이 나올 때, 관객들이 춤을 보게 하기보다는 오히려 눈을 감게 하지 않았나 싶다. 베르디의 '축배의 노래'는 힘차게 무대를 응시하게 하지만, 모차르트의 '편지 이중창'의 아름답고 명랑한 선율은 관객들이 눈을 감고 영화 〈쇼생크 탈출〉의 감옥에서 주인공의 일탈을 생각하게 했다.

관객들을 지나치게 배려, 재치가 승했던 것도 아쉬움으로 남는다. 피가로의 날카로운 풍자와 위트가 개그적 마임으로, 피가로와 수잔나, 알마비바 백작과 백작부인의 얽히고설킨 사랑이 과장이 지나쳐 객석에 신파로 전달되지는 않았을까 하는 우려도 든다.

또 이런 결과에는 비극의 힘과 희극의 힘의 차이도 있을 것 같다. 대사를 빼고 몸으로 말해야 하는 춤의 경우 비극이 옮기기 쉽다. 감정이 몰입된 비극의 표현이 훨씬 단순하고, 강한 반면, 수다스러운 희극의 표현은 좀처럼 머릿속에 떠오르지 않는다. 이 같은 원천적 한계 때문에 그동안 〈피가로의 결혼〉이 발레로 시도되지 않은 것 같다. 드라마를 완전히 부수어 음악을 새로 해석하거나, 아니면 드라마를 온전히 살리는 게 관객을 감동시키는 효과적인 전략이 아니었나 싶다.

— 춤 2006년 10월호

마스크 2007년 10월 3~4일 아르코예술극장 대극장

서울발레시어터는 한국 발레의 양대축을 형성하고 있는 국립발레단과 유니버설발레단 사이에서 모던발레라는 제3의 길을 선택, 모던 발레단으로 어렵게 자리를 잡았다. 단장 김 인희-상임안무가 제임스 전 두 콤비가 사비를 털어 어렵게, 어렵게 꾸려가고 있는 민간발레 단으로 최근 정부와 지자체의 지원으로 조금씩 안정을 찾아가고 있다. 시작부터 단장-예술 감독-발레단원-아카데미 등 전통 발레단의 형식을 갖추고 시작했다.

제임스 전 안무의 《마스크》는 전통 소리와 가야금 산조, 구음에 맞춰 발레와 전통 탈춤을 결합한 실험적 작품이다. 힘차고 거칠면서도 소탈한 탈춤의 해학, 풍자, 관능을 발레의 우아한 선, 귀족적 정서와 결합하기가 결코 쉽지 않은데, 제임스 전은 특유의 몸짓을 바탕으로 탈춤의 동작을 잡아내 다양한 서사를 만들어냈다. 사람의 한 살이를 사춘기에서부터 시작, 사랑과 욕망, 질투와 이별, 죽음의 모습을 담았는데 좋은 드라마였다. 조금 낯설지만 새로운 몸짓을 만들어내려 했던 의욕에도 박수를 보내고 싶다. 하지만 남근석(男根石) 등의 표현이 너무 직설적이고, 부분적으로 감정과잉이 드러나 아쉬운 부분도 없지 않다.

— 춤 2007년 11월호

유니버설발레단(UBC)

로미오와 줄리엣 2002년 6월 14~17일 예술의전당 오페라극장

2002한일월드컵으로 인해 공연계가 예상치 못한 고전을 겪었다. 우리 축구팀의 선전으로 우리 팀의 경기가 있는 날 전국이 흥분의 도가니가 돼, 각본 없는 장대한 스펙터클이 시청 앞과 광화문, 대학로의 거리에서 펼쳐져 공연장이 텅텅 비었기 때문이다. 이에 따라 비교적 상연일이 긴 연극의 경우 우리 팀의 경기가 있는 날 공연을 취소하면 됐지만, 공연 일이 하루나 이틀, 길어야 일주일에 불과한 음악이나 무용의 경우 그 피해를 고스란히 감수한 채 눈물을 머금고 막을 올릴 수밖에 없었다.

우리나라 팀의 16강 진출 여부가 걸린 한국과 포르투갈의 경기가 열리던 6월 14일 서울 예술의전당 오페라극장에서 세계 초연한 유니버설발레단의 발레《로미오와 줄리엣》이 안타깝게도 여기에 포함되고 말았다. 보통 단체 같았으면 이 같은 날 공연은 관객들이 없어 그냥 무산됐을지도 모른다. 실제로 대학로에서는 관객은 고사하고 배우가 도착하지 못해 공연이 막이 오르지 않은 경우도 있다. 그러나 많은 고정팬을 확보하고 있는 유니버설발레단은 다행히 1층 관객은 거의 채운 채 공연을 시작했다. (물론 축구경기 결과가 궁금해 막이 내리자마자 피날레 박수도 치지 않은 채 자리를 떠난 관객들도 많았다.)

이 작품은 키로프의 거장 올레그 비노그라프가 유니버설발레단의 예술감독으로 부임한 1998년도부터 구상해온 역작. 비노그라프와 함께 작업을 해온 무대 디자이너 시몬 파스투크와 의상디자이너 갈리나 솔로비예바는 3년 전부터 이 작품의 무대와 의상 작업을 해왔다.

세계적 거장이 오랫동안 구상해왔던 작품이니 만큼 무대와 의상에서부터 범상치 않았다. 베로나의 광장을 사실적으로 재현한 무대는 관객을 압도하기 충분했다. 또 창문의 배경을 바꿈으로써 침실로, 성당으로 재치있게 화려하게 변화하는 무대는 우리 발레무대 사상 가장 화려한 무대라고 하기에 지나침이 없어 보였다. 또 영화보다 더 실감나는 가면무도회 등 화려한 의상도 일품이었다. 르네상스 시대의 화려한 생활을 엿볼 수 있는 의상들은 우아하면서도 웅장하게 펼쳐진 군무와 어울려 보기드문 스펙터클을 만들어 냈다.

이를 배경으로 러시아적인 대륙적 선이 굵은 네오클래식풍의 춤이 무대를 장식했다. 특히 러시아적인 선 굵은 정서는 중세의 묵직한 분위기의 시대배경과 아주 잘 어울려 셰익스피어의 경쾌한 즐거움과 비장미가 잘 드러났다. 웅장한 집단 결투장면, 가면무도회 등의 군무신은 장대한 다이나미즘으로 관객들의 가슴을 뛰게 했다. 또 솔리스트들의 결투와 사랑, 질투 등은 군무와 잘 어우러져 묘한 형태미를 만들어냈다. 이와 함께 가슴 뛰는 로미오와 줄리엣의 만남과 첫날밤, 그리고 함께 죽는 대미의 부분에서 리듬보다는 형태미를 강조한 회화성 짙은 춤이 빛났다. 결혼을 거부하는 줄리엣에 대해 폭력을 가하는 줄리엣 아버지의 모습 등에서는 진한 러시아 사실주의 예술의 전통을 느낄 수도 있었다.

이밖에 머큐소의 죽음의 춤을 일본의 전통극 분라쿠 형식으로 한 점이나, 무대를 객석까지 연결시킨 것은 클래식발레에서는 드문 파격적인 시도로 관객들의 감정을 최고조로 끌어들이는 데 큰 효과를 나타냈다. 또 이야기를 풀어가는 광대처럼, 또는 비극적 상황을 암시하는 카메오로 처음부터 끝까지 무대에 한 구석에 숨어서 불현 듯 나타나는 죽음의 사자 '해골'은 발레의 긴장감을 유지하는 데 상당한 역할을 했다.

그러나 러시아적 과도한 정열이 다소 신파조로 느껴지는 부분도 없지 않았으며, 2막의 탬버린과 박수소리 녹음이 다소 어색했고, 베로나 축제 장면에서 무대에 드리운 리본이 너무 길어 춤추는 것을 어렵게 한 것은 옥의 티로 생각된다. ― 춤 2002년 7월호

발레 춘향 2007년 5월 4~6일 아람누리 아람극장

유니버설발레단의《발레 춘향》(안무 유병헌, 연출 배정혜)은 딱히 꼬집어 나쁘다고 할 데

는 없지만 아쉽다는 느낌이 먼저 든다. 이 만큼 공들인 무대에 칭찬이 먼저 생각나지 않는다면 분명 실패라고 할 수 있다. 가장 큰 이유는 비우지 못했기 때문이라는 생각이다. 새로움을 채우려면 비워야 하는 것은 당연한 일이다. 그러나 버리지 못한 과거의 것을 먼저 무대에 배치했기 때문에 새로움이 들어갈 데를 찾기가 만만치 않다. 단적으로 이 발레단의 대표작 가운데 하나 《심청》에서 전혀 나아가지 못했다는 느낌이다. 《심청》의 기본 골격에 화려하게 색칠을 더했지만 오히려 그것이 덫이 된 것 같다.

클래식, 다시 말해 고전미학의 근본은 리토트(litote), 즉 축약이다. 불필요한 것의 제거를 통해 더 이상 뺄 것이 없는 근본의 형태를 추구하는 것이다. 반면 낭만시대는 폭발하는 감성이다. 고전의 직전인 바로크시대의 변화와 현시와 유사하다. 《심청》이 고전 정신에 철저했다고 하면 《춘향》은 격한 낭만이나 바로크적이라는 생각이다. 신무용적이라는 생각도 든다. 그네 타는 장면이나, 기생점고, 과거 장면은 은유나 완서, 축약은 찾기 힘들고 그냥 감정을 있는 그대로 풀어내 좋은 말로 낭만적, 좀 비판적인 말로 신파적이라고 할 수도 있을 것 같다.

다음으로 새로운 무브먼트의 부재다. 군무보다는 솔로, 파드되, 파드트루와 등 개인춤 중심으로 이뤄진 무대는 경연장을 연상케 해 신선함을 주지 못했다. 군무가 받쳐주는 힘이 부족한 가운데 국내 최고를 자랑하는 유니버설발레단의 화려한 기량이 펼쳐졌는데 그게 모두 교과서적이었다는 생각이다. 달리 말하면 어디서 본 듯한 움직임들이었다. 그래서 '으음'이라는 감탄사는 나와도, '와우'라는 탄성은 나오지 않았다. 그 익숙함들이 이내 관객들을 졸음과의 싸움으로 몰아넣지 않았나 싶기도 하다.

《심청》보다 이 작품이 먼저 나왔다면 아무리 칭찬을 해도 지나치지 않은 작품이 될 것이다. 그러나 《심청》을 만들어낸 지 10년이 넘는 클래식 발레단이 이 작품을 만들어냈다면 믿기 힘든 타작이라는 지적도 어쩔 수 없어 보인다.

클래식, 고전주의라는 것은 맹목적인 과거로의 회귀가 아니다. 인간의 자리를 대신한 신비주의의 영역을 걷어내고 인간의 아름다움, 이성중심의 것을 온전히 살려냈던 가장 인간적인 시대의 것을 모범으로 했던 예술이다. 이전의 모범을 현재의 이성으로 새롭게 조각, 구현, 아무리 퍼도 마르지 않은 현대 예술영감의 원천이 되고 있는 것이다.

유니버설발레단의 창작클래식 《발레 춘향》은 비우지 못했기 때문에 채울 수 없지 않았나하는 생각이다.

— 춤 2007년 6월호

발레뮤지컬 심청 2007년 8월 16~26일 유니버설아트센터

한국에서 매튜 본의 댄스뮤지컬이 화제를 이뤘다. 세 번째 들어온 그의《백조의 호수》는 속칭 '대박'을 기록했다. 유니버설발레단의《발레뮤지컬 심청》(안무 김경영, 마임 조주환, 대본·연출 양정웅)은 그 성공을 벤치마킹해 만든 작품으로 보인다. 국립발레단과 함께 한국 클래식발레의 양대 기둥인 유니버설발레단의 과감한 대중발레 시도는 우선 높이 평가한다. 하지만 결과에 있어서는 만족과 상당한 거리가 있다.

먼저 1차적 상상력의 문제다. '예술춤'을 주로 해온 안무가 자체가 '대중춤'인 이 작품을 할 것이냐 말 것이냐를 먼저 고민했다는 데서 문제의 근원이 단적으로 느껴진다. '예술적'의 상대어는 '대중적'이 아니다. 현대예술에서는 오히려 예술의 필요조건 가운데 하나가 바로 대중이다. 예술이 예술이기 위해서는 이제 대중의 힘이 어쩌면 이제 필요불가결한 상황이 됐다. 창조적 '예술'의 상대 개념은 소비적인 '저급'이다. 이 작품은 소비적 저급이라고 할 수는 없지만 대중의 일반적 수준에 크게 미치지 못하는 1차원적 상상력이 문제로 생각된다. '사람의 다리를 모방해 바퀴를 만들었다'는 아폴리네르의 초현실주의 선언에서 배울 것이 많아 보인다.

두 번째는 노래다. 먼저 가사를 자막으로 무대 위에 붙여 놓은 게 영 맘에 들지 않는다. 가수의 기본적인 자질은 정확한 가사전달, '딕션'이다. 그런데 노래 가사를 읽기도 힘들게 무대 위에 붙여 놓았다. 무대가 꼭 말풍선을 달아놓은 만화의 장면 같은 느낌도 든다. 또 노래 가사 내용도 '뮤지컬'이라는 경쾌한 이름이 붙기에 진부해 보인다. 곡도 흘러간 가곡 풍이어서 거슬린다. 무거운 고투가 발레 뮤지컬이라는 흥겨움과 전혀 어울리지 않았다.

다음은 캐릭터의 부조화다. 작품을 시작하는 간호원의 모습이 매튜 본의《백조의 호수》에 나오는 비인간적이면서도 관능적인 간호원을 연상케 한다. 심봉사의 캐릭터도 동정을 살만한 인품이나 환경이 보이지 않는다. 왜 그가 눈을 떠야 하는지 당위성조차 의심받는다. 2부에서 심청과 왕자가 추는 아다지오말고는 국내 최고의 테크니션 발레무용수를 보유하고 있는 유니버설발레단의 장점을 살리지 못했다.

카메오 등장은 재미있었다. 하지만 너무 길었다. 특히 사탕을 주는 것은 잘못된 일이다. 아이들은 참지 못한다. 그것 바로 바스락대며 까서 먹는데 공연질서는 곧 무너지고 만다. 흥겨운 가족극 공연에서 많이 사용되는 방법인데 무용 공연에서는 자제해야 한다.

요즘 대중은 과거의 우중(愚衆)이 아니다. 모든 것을 알고 실천하는 큰 '대'자 대중(大衆)이다. 대량소비사회의 주인이다. 그들은 많이 앞선 것을 원하지 않지만 뒤진 것도 원하지 않는다. 딱 반보 앞선 것을 좋아하는 것 같다. 그러나 조금이라도 뒤진 것은 뒤돌아보지 않는다. 하물며 몇 발자국 뒤의 것이야 말할 필요가 없다.　　　　　　　　　　　　— 춤 2007년 9월호

3. 기획공연 & 축제

내일을 여는 춤 | 대한민국무용대상 | 민족춤제전

바놀레 국제 안무 서울페스티벌 | 바리바리 촘촘 디딤새

서울 국제 즉흥춤 축제 | 서울댄스컬렉션 | 서울무용제 | 아트 프론티어

안무가 집중육성지원사업 안무발표회 | 오늘의 무용가 초대전

우리시대의 무용가 | 우리춤 빛깔찾기 | 젊은 안무자 창작공연

주목−흐름을 눈여겨보다 | 창작발레신인안무가전

평론가가 뽑은 젊은 무용가 초청공연 | 퓨전앙상블 | 한국무용제전

한국을 빛내는 해외무용스타 초청공연 | 한국 현대춤작가 12인전

한팩 솔로이스트 | CJ영페스티벌 | 가족/어린이를 위한 공연

동문무용단 정기공연 | 외국무용단 내한공연

내일을 여는 춤

2008 내일을 여는 춤 2008년 1월 19~20일 / 26~27일 창무포스트극장

　창무예술원이 주최하는 「내일을 여는 춤」은 전통 명무와 여기에서 영감을 받아 창작한 춤을 한 무대에서 볼 수 있는 창무예술원의 춤공부 시리즈 무대다. 19~20일 불교 작법무 '나비춤'과 이를 바탕으로 한 《내 나이 한 시간 나비가 날아와 말했다》(안무 손미정)와 《귀천》(안무 박은정), 26~27일 '처용무'를 소재로 한 《처용, 만나다》(정란 안무)와 《홀딩 마이 그라운드(Holding My Ground)》(안무 신창호)가 공연됐다.

　신창호의 《홀딩 마이 그라운드》는 드라이아이스로 인공 안개를 쏟은 뒤 무대와 객석을 구분하는 곳에 조명선을 쳐 시작했다. 무대 전면에서 삼각형 4개로 만들어진 화이트 조명면(바닥에는 조명선)에 포그가 그린 우연의 마블링 효과는 멋진 환타지를 만들어냈다.

　여기에 불쑥불쑥 5명의 처용이 등장했다. 처용들이 등장하며 마블링이 깨지고 무너지듯 주저앉는 처용들의 느낌이 묘했다. 5명의 처용은 처용무의 5명에서 따왔고, 화이트 조명으로 만든 금단의 선은 남이 들어와서는 안 되는 자신의 금단의 선으로 보인다. (마지막 장면에서는 무대 안쪽 끝에 붉은 조명으로 만든 선이 나오는 데 이것은 자신이 넘어서는 안 되는 금단의 선으로 보인다.)

　또 무너지듯 주저앉는 느낌에서 '서라벌 밝은 달 아래 밤늦게 노닐다가 들어와 자리보곤 다리가 넷이어라, 둘은 내해 엇고 둘은 뉘해 언고'라고 되뇌이며 풀썩 쓰러지는 절망의 모습이 연상된다. 다시 일어서는 부분에서 '본디 내 것이었지만 빼앗긴 것을 어찌하리'라는 체

넘의 달관이 떠오른다.

이어 바퀴가 달린 청소용 만능의자를 배에 깔고 기어서 돌아다니는 모습이 재미있다. 음악도 비트가 깔린 바이올린에서 기타에 경쾌한 비트가 실린 라틴풍으로 바뀌었다. 한껏 즐기는 행복한 두 간부의 모습도 연상되고, 처용이 체념하고 즐기는 놀이로도 이해된다. 엎드려 있는 모습에서 제목 '홀딩 마이 그라운드'의 의미와도 맥이 닿는다.

아프리카 풍의 단순하고 강렬한 비트가 강한 음악에 맞춰 발을 구르는데 지신밟기와 같은 처용무의 벽사(辟邪)의 의미가 연상된다. 또 발을 붙잡고 다리를 절며 추는 춤이 재미도 있고 여러 의미도 떠오른다. 불륜의 발을 발견한 것, 또는 아내를 잃고 절름발이가 된 상황도 암시하는 것도 같다.

발을 구르며 핸드스프링은 기본이고 손 안대고 공중재주를 돌며, 다리 하나를 붙들고 허공에서 한 바퀴 거꾸로 도는 아크로바틱 묘기가 볼만하다.

배를 깔고 엎드렸던 것과 반대로 등을 바닥에 붙이지 않고 네발로 움직이는 모습도 재미있는 관능적 표현으로도 읽힌다. 굳이 의미를 더한다면 의미를 더할 수도 있겠지만, 동작 자체로 깔끔하고 재미있다. 설명이 사족으로 느껴질 만큼 아름다운 동작선이 경탄을 자아내게 한다.

마지막 웃통을 벗고 붉은 선으로 돌진, 꿈틀거리는 등 근육을 보여주는 것이 처용의 관능적 폭발을 상징하는 것처럼 보인다. 그런 의미를 차치하고라도 그냥 건강한 리비도의 만끽만으로도 충분히 즐거운 춤이다.

정란의 《처용, 만나다》는 처용이 중심인지, 처용의 아내가 중심인지 중심이 흔들렸다. 또 5명의 처용 가운데 한 명이 중심이고 나머지 4명을 엑스트라로 만들어 시점이 분산됐다. 정략결혼으로 풀었다고 했는데 처용에 대한 분석과 전개가 좀 모호해 보인다. 좀 더 과감한 삭제를 통해 핵심을 추상, 새롭게 변형하는 것이 필요해 보인다. 드라마와 표현의 어정쩡한 스탠스가 관객과의 보다 직접적인 대면을 어렵게 하고 있다.

손미정의 《내 나이 한 시간 나비가 날아와 말했다》와 박은정의 《귀천》은 '나비'의 이미지에 착안, 스토리를 더한 연극적 작품이다. 《내 나이 한 시간 나비가 날아와 말했다》는 애벌레가 나비가 되기 위해 번데기가 돼야 하는 순간을 재미있게 만들었으며 삶을 질곡하는 '인연의 끈'에 대한 표현이 좋았다. 《귀천》은 천상병의 시를 즐거운 놀이로 풀어내 나비의 부화가 재미있다. 하지만 두 작품 다 관객의 상상을 넘어서는 재미와 맛은 만들어내지 못했다.

— 춤 2008년 2월호

대한민국무용대상

2009 대한민국무용대상 2009년 11월 29~30일 아르코예술극장 대극장

한국무용가 정혜진·김은희, 발레리나 조윤라, 현대무용가 전미숙·이윤경 등 빛나는 아이디어와 화려한 테크닉으로 현재 한국 춤계에서 가장 많은 팬을 갖고 있는 중견 무용가들이 모처럼 한 무대에 만났다. 현재 무용계에서 이들의 위치를 생각하면 경연이라는 부담스러운 형식에 결코 한 무대에 서기 쉽지 않음에도 불구, 기꺼이 참가해 자신의 최고의 레퍼토리로 관객들을 즐겁게 했다. 이들은 한두 사람으로 채우기 힘든 대극장 공간을 치열한 작가정신과 단아한 춤선으로 뜨겁게 달궜다.

한국무용협회가 주최한 「2009 대한민국무용대상」의 '솔로&듀엣 경연부문' 무대는 작품의 수준만큼 많은 관객이 모여 박수를 쳤다. 춤을 처음 보는 일반 관객도 한 번 관람하면 한국 춤에 대한 생각이 달라질 만큼 재미있고 아름다운 감동이 있는 무대였다. 춤대중화를 위해서 한 사람이 아니라 여럿이 자신을 버리고 함께 힘을 모아야 한다는 전범을 보여줬다.

이윤경·류석훈 커플의 《이중주》는 전성기의 속도감 넘치면서 세련되고 깔끔한 몸짓의 현대적 호흡이 빛났다. 미니멀하면서도 서로가 서로를 느끼며 돌아가는 끈끈한 호흡이 사랑의 이중주가 무엇인지를 웅변하는 듯했다. 공연 내내 집중조명을 받은 무한진동 오브제처럼 두 사람은 팽팽한 긴장과 균형미로 관객의 시선을 집중시켰다.

김은희의 《못》은 김은희 특유의 빠르고, 날카로운 춤 선에 가득히 귀기가 넘쳐나는 서늘한 이미지가 빛났다. 그 여린 몸에 어디 그리 한이 많은지 풀어도, 풀어도 끝이 없을 깊은 한을

퍼내 뿌리고, 또 뿌렸다. 이번 무대는 여러 사람이 같이 사용하는 무대여서 못이 마련되지 않았는데 오히려 무대 전체가 못이 된 듯 느껴질 정도로 김은희의 춤 에너지는 남달랐다. 못이 고여 있지만 썩지 않는 이유는 바로 이 같은 자체의 정화 에너지 때문으로도 보인다.

전미숙의 《아듀, 마이 러브》는 강렬한 붉은 바탕 위에서 얼핏 평범해 보이는 이미지에 깊은 감정을 숨겼다. 비스듬한 무대에서 위태롭게 움직이며 온 몸에 에너지를 뽑아 뿌려내는 전교수의 춤은 정중동(靜中動)의 리듬이 있다. 정(靜)의 여유와 침잠에서 느리게 스케치를 하고 그 안을 거칠게 채워 나가는 강렬한 동(動)의 에너지다. 단순한 선이 아니라 면으로, 입체로 다채롭게 차원을 넘어서며 관객에게 이심전심으로 다가섰다. 그리고 직설적 서사의 대중가요 〈댄서의 순정〉에 몸을 맡기면서 관객들에게 여유와 웃음을 주다가 마지막에 무대의 천을 확 빼버리는 서프라이징 엔딩은 미적 충격과 함께 많은 생각을 주는 전미숙의 전매특허가 된 듯하다.

정혜진의 《新맞이05》는 할머니의 이야기다. 보통 기존의 레퍼토리로 공연을 하면 자신이 가장 돋보이는, 전성기의 아름다움을 떠올리게 하는 작품을 고르기 마련인데 정혜진은 할머니를 골랐다. 물론 젊은 시절 회상이 없는 것은 아니지만 쉽지 않은 결정으로 생각된다. 그러나 오히려 이 전략이 맞아 떨어져 작품의 우열을 가리기 어려운 경연에서 플러스알파가 돼 수상에 유리하게 작용했을 것 같다.

정혜진은 이날 공연이 끝난 뒤 관객들로부터 "왜 벌써 할머니가 됐느냐"는 소리를 많이 들었을 정도로 무대에서 할머니역을 넉살좋게 풀어냈다. 우쭐우쭐 상체와 하체의 나사를 좀 달리 풀어놓고 엇갈려 돌아가며 몸빼바지에 저고리를 가슴까지 올리고 재미있는 장면을 연출하다가 일순 바지를 뒤집으며 젊어지는 등 향수를 일으키는 슬레이트무대 등 다양한 장치와 라이브 연주를 더해 보는 재미, 듣는 재미를 높였다.

조윤라의 《왈츠#4》는 고요하고 정갈했다. 내면의 침잠 속에서 펼쳐내는 부드러운 왈츠는 편안한 마음의 산책, 정신의 여유를 만들어냈다. 춤은 그 자체로 아름답다. 그 안에 멋진 무엇을 담는 것도 의미가 있지만 그 자체로도 얼마나 아름다울 수 있는지 보여주는 작품이다. 그냥 리듬에 따라 마음을 움직이면서 눈을 감아도 보이는 그런 춤이었다. — 춤 2010년 1월호

민족춤제전

2002 민족춤제전 2002년 6월 18~19일 리틀엔젤스예술회관

프랑스 파리 북·동쪽 16개 위성도시가 공동으로 주최하는 '방리외 블뢰'라는 재즈페스티벌이 있다. 2002년이면 19회가 되는 페스티벌이다. 지금은 파리 주변에서 가장 성공한 페스티벌 중의 하나다. 그러나 이 페스티벌이 이 만큼의 위치에 오르기까지 수많은 난관이 있었다. 지금은 파리 음악의 중심인 라 빌레트의 음악감독으로 갔지만 처음부터 2001년까지 이 페스티벌의 예술감독이었던 작크 포르농은 "10회 째쯤부터는 다음 페스티벌이 열릴 수 있을지 의심스러웠다"고 고백할 정도로 어려움을 겪었다.

이 페스티벌의 행정담당관인 앤-마리 티노는 "하나의 축제가 성공하기 위해서는 한두 개의 기적 갖고는 안 된다"면서 "수많은 기적이 쌓여야 겨우 하나의 축제가 자리잡을 수 있다"고 했다. 하나의 축제가 지역사회에 자리잡기가 얼마나 힘든지 상징적으로 알려주는 말들이다. 또 "통상 하나의 축제가 생겨났을 때 5년 정도까지는 크게 발전한다"며 "그러나 이후 10년까지 정체 내지는 퇴보현상을 보이며 10년쯤 후부터 이 축제가 계속 살아날지 또는 숨질지가 결정된다"고 말했다.

민족춤위원회(위원장 김채현)의 「2002 민족춤제전」을 보면서 이들의 말이 불현듯 떠오른 것은 이 축제의 위기상황이 이번 공연에 그대로 드러났기 때문이다. 민족춤제전의 초기 발전은 주목할 만했다. 하나의 주제아래 발레, 현대무용, 한국무용 등의 분야를 가리지 않고 젊은 무용가들이 대거 참여, 한국 춤발전의 새로운 원동력으로 작용하는 듯 싶었다. 강력한 주

제의식 아래 민족춤의 정체성과 진보적 현대성을 추구하고 있었다. 9회 째를 맞은 민족춤제전은 앤-마리 티노의 일반적인 축제분석에 꼭 부합되는 위기국면을 맞고 있는 것 같다.

2002 민족춤제전은 한·일 월드컵을 기념, '축구공은 둥글다, 춤과 함께 하는 지구촌 순례'라는 주제 아래 환타지아, 갈등과 성찰, 관용과 페어플레이, 평화의 길 등 모두 4부로 이뤄졌다. 1부 환타지아를 시작할 때 도저히 '환타지아'를 느낄 수 없었다. 음악은 베토벤의 〈환희의 송가〉였다. 그러나 어떤 머리 짧은 중년의 아저씨가 무대 위에서 축구공 묘기를 보이며 나왔을 때 일부러 키치미를 보이려는 것은 아니라고 생각됐다. 이 축구공 묘기를 부각시키려 막 뒤에서 그림자로도 쏘아 보고, 무대 위에서 스포트라이트도 쏴보고 애를 쓴 흔적이 역력하다. 그러나 그 모든 시도가 안타까울 뿐이었다. 마치 물질문명에 의해 역사의 뒤로 밀려가는 유랑극단이 사라지지 않기 위해 몸부림을 치는 그런 느낌이었다. 거기에 배경음악으로 나온 환희의 송가는 무슨 의미인지 모르겠다. 전혀 어울리지 않는 음악과 이벤트의 조합이었다.

이어지는 영상이미지도 그랬다. TV개그프로에 나오는 '나 잡아 봐라' 하는 식의 영상이었다. 이것은 전편과는 달리 의도적인 키치미였을까 하는 생각도 든다. 탱고도 정열은 사라진 채 기술만 남았다. 덩그러니 큰 무대에서 영혼도 없이 스텝만 밟는 탱고춤은 기괴하기조차 했다. 몽골말춤, 태국황실춤, 터키수피춤 등의 민속무용에 이르기까지 '환타지아'라는 주제아래 무대에 오른 춤과 이벤트는 '키치미'에서 '미'자를 떼고, '키치'하다고 하면 딱 적합한 표현일 것 같다.

2부는 '갈등과 성찰'이었다. '세 남성의 문명목격담'이라는 제목으로 이순, 이시데 타쿠야 등이 춘 춤은 힘이 있었다. 포즈댄스시어터의 춤도 아크로바틱하면서 건강한 대중적인 춤맛이 있었다. 또 웨스턴 정장의 태평소 소리에 맞춰 춘 박영순의 살풀이도 그런 대로 재미있었다. 그러나 전체적으로 '갈등'은 보여줬지만 '성찰'에는 이르지 못한 느낌이었다. 그래도 이번 민족춤제전에서 가장 의미있는 부분이 있었다고 하면 이 부분이었다.

3부 관용과 페어플레이에서 결국 몇몇 관객들이 더 이상 '관용'하지 못하고 일어서서 나가기 시작했다. 아마 인터미션이 있었다면 더 많은 관객들이 나갔을 것이라는 생각도 들었다. 4부 평화의 길은 프로무대의 춤이라고는 볼 수 없는 초·중·고교의 학예회 수준이라고 밖에 할 수 없었다. 월계관을 쓰고 춤을 추는 동작이 너무 진부해 도저히 상상력이나 창조력은 찾아 볼 수조차 없었다.

마지막 환희의 송가와 함께 나온 영상은 민족춤제전을 더욱 초라하고 슬프게 만들었다. 수미가 상응하는 것은 안정된 느낌을 주는 가장 편안한 구성이지만 출연작품에 비해 너무 거대한 이미지의 음악이 앞뒤를 에워쌈으로써 가뜩이나 초라한 작품들을 한없이 초라하게 만들었다. 특히 다양한 형식의 수준있는 춤을 담은 엔딩신의 영상은 출연작들을 더욱 안쓰럽게 만들었다. 마치 사실은 이런 춤제전을 만들고 싶었지만, 재정적, 기술적, 창조적, 미학적 능력의 부족으로 이만큼밖에 만들지 못했다는 부연설명 같았다. 도대체 민족춤 제전이 왜 이렇게 됐나 하는 안타까움에 화가 나기도 한다. 다음 10번째 페스티벌에서는 기적적으로 일어서는 건강한 민족춤제전을 보고 싶다.　　　　　　　　　　　　　　— 춤 2002년 7월호

바뇰레 국제 안무
서울페스티벌

2007 바뇰레 국제 안무 서울페스티벌 2007년 11월 16~18일 아르코예술극장 대극장

한국현대무용진흥회가 주최한 「2007 바뇰레 국제 안무 서울페스티벌」에는 박영준, 김남진, 김성한, 김판선, 윤푸름, 정연수 등 이제 한국 춤의 중심으로 뛰어든 절정의 새 물들이 모였다. 그런데 일부 부분적으로 벌써 고인 물이 되는 일부 경향이 보여 우려된다. 누구든 언젠가 고인 물이 된다. 그 고인 물은 천지처럼 커다란 못이 돼야 한다. 자체적으로 자정, 쇄신 능력도 갖춰야 한다. 그 고인 물은 어쩌면 바다일 수도 있다. 그렇게 되기 위해 늘 새 물이 돼야 한다.

박영준 안무의 《꿈꾸는 몸(Dreaming Bodies)》은 모두들 뒤로 가는 가운데 주인공들만 앞으로 가는 재미있는 영상을 썼다. 그러나 음악이 근래 공연한 김윤정의 《베케트의 방》과 아주 흡사한 느낌이어서 아쉽다. 유연한 몸짓에 아크로바틱한 물구나무 서기 등 힘과 테크닉을 갖춘 움직임이 좋았다. 간결한 조형미도 젊은 안무가로서 쉽게 얻기 힘든 인내의 결과로 평가된다. 아크로바틱한 춤, 격렬한 군무는 춤 보는 재미를 제대로 살렸다. 마무리 엔카도 요즘 세태를 풍자하는 좋은 액센트로 생각된다.

김남진 안무의 《햄릿》은 김남진 특유의 춤색깔이 여지없이 드러난 작품이다. 새도매저키즘(sadomasochism)적 격렬한 몸짓, 강렬한 인상, 몸을 내던지는 고난도 테크닉, 일상적 인

간의 고뇌 등이다. 김창완의 장송곡풍 히트곡 '청춘'의 활용이 작품의 내용을 상징적으로 설명한다. 전후 피난민촌의 가난한 포장마차에서 벌어지는 상황을 '죽느냐, 사느냐, 그것이 문제로다'라는 햄릿적 고민으로 풀었다. 신장을 팔아 술을 마시고, '굳세어라 금순아'에 맞춰 춤을 추고 붕대로 살풀이를 하고 부모은중경 독경에 맞춰 굿거리를 하는 등 난장의 춤이 힘이 넘쳤다. 슈퍼맨과 스파이더맨을 블랙유머로 패러디한 것도 재미있었다. 제의적 살풀이에 만가, 포장마차를 상여로 쓴 것이 작품의 의미를 객석에 효과적으로 전했다. 그러나 대사가 좀 과하다는 느낌이다. 지나쳐서 좋을 것은 없다.

김성한 안무의 《스캔-디 엠프티(Scan-the Empty)》는 공(空)을 스캔한다는 느낌이 재미있다. 의식에서 무의식으로 들어가 무의식을 추적해나간 추상적 무브먼트가 힘차고 정갈하게 전개됐다. 발목, 손 등 신체 일부분에 조명을 비추어 만들어낸 독특한 이미지가 특히 감각적이었다. 균형미에 속도감 뛰어난 잘 계산된 움직임이 무의식을 환상적으로 그려냈다. 강한 힘과 좋은 선, 완급을 조절한 속도감이 잘 어울렸다.

김판선 안무의 《크러쉬(Crush)》는 최근 김판선이 왜 각광을 받는지 알게 하는 작품이다. 작품의 소재, 착상, 구성, 표현, 전개 어느 하나 모자란 것이 없어 보였다. 경쾌한 리듬의 톱질 소리와 첼로 연주가 잘 어울렸다.(나중에 알고 보니 영상은 실제 무대 뒤에서 진행된 작업 과정이었다. 나중에 벽에 몸을 부딪히는 것이 실존으로 들어가려는 강렬한 몸짓으로 뒤늦게 이해됐다.) 소리의 변화에 맞춘 독특한 몸의 사용은 그로테스크하게도 보였다. 꿈틀거리는 에너지가 잘 느껴졌다. 스피커와 전선, 전자기타를 이용한 불협화음, 우연의 소리는 폭발적인 록음악의 느낌으로 다가왔다. 억제할 수 없는 에너지로 충돌, 폭발(crush)하는 젊음의 부조화가 그대로 전해진다. 영상 속의 인물을 확대, 실제 인간을 왜소하게 보이는 효과도 많은 생각거리를 줬다. 온 몸을 배경 막에 던지는 것은 얼핏 아르헨티나의 넌버벌 퍼포먼스 〈델라 구아르다〉의 한 장면을 떠오르게 한다. 〈델 라 구아르다〉가 로프를 이용해 천에 온 몸을 던져 그림 자체를 만들어내는데 집중했다면 《크러쉬》에서는 막 뒤에 있는 실존을 향한, 무언가를 만드는 조물주에 대해 온 몸을 내던지는 투기(投棄)로 이해된다.

윤푸름 안무의 《사일런트 워(Silent War)》는 지나치게 개념적으로 보인다. '사과하라'고 요구했더니 '사과', '말하라' 했더니 '말', '대답하라' 했더니 '대답'이라고 하는 것 같다. 틀리지는 않지만 맞지도 않는다. 권력에 대한 표현이 좀 진부했다. 조용한 전쟁, 살기위한 전쟁이라고 하는 데 표현이 스테레오 타입한 관념으로 좀 진부해 보였다. 갇혀있지 말고 좀 더 윤기 나고 푸르게 풀어냈으면 싶다.

　정연수 안무의《공기의 길》은 서사적인 느낌의 좋은 춤이었다. 그러나 전개가 좀 지루했다. 마지막 솔로는 반복적이고 길었다. 　　　　　　　　　　　　　　　　　— 춤 2007년 12월호

바리바리 촘촘 디딤새

바리바리 촘촘 디딤새 2007 2007년 7월 25일~8월 16일 국립극장 별오름극장

외국의 유명음악가들은 한국의 어린 연주자들이 그렇게 어려운 곡을 그렇게 잘 연주하는데 놀란다고 한다. 그런데 그렇게 어려운 곡을 잘 연주하는 친구가 아주 기본적인 곡을 제대로 소화해내지 못하는 것을 보고 또 놀란다고 한다.

춤도 그런 것 같다. 국립무용단의 이론과 실제, 그리고 창작능력을 모두 볼 수 있는 신예 등용문 「바리바리 촘촘 디딤새」를 보면, 1부에서 고전의 재연을 그렇게 잘하는 무용수가 없다. 감동적이기도 하다. 그런데 2부 창작에 들어가면 전작과의 괴리감이 놀라울 정도여서 실망감을 감출 수 없는 경우가 많다.

물론 전부 그런 것은 아니다. 전통의 테크닉을 놀라운 상상력으로, 뼈를 깎는 성실한 노력으로 무대화한 경우를 보면 그래도 희망이 있다는 생각이 든다. 전부가 미래를 책임질 수는 없을 것이다. 특별한 소수, 그들이 깊이 뿌리를 내려 많은 열매를 맺을 수 있도록 격려와 지원이 필요하다. 그들을 결코 질투로 고사시켜서는 안 된다. 그들 한 사람이 열 사람, 백 사람을 먹여 살릴 수 있는 한국 춤의 미래이기 때문이다.

국립무용단 기획의 「바리바리 촘촘 디딤새」는 국립무용단이 신예들의 전통과 창작, 그리고 해설이 있는 춤무대로 교육과 창작의 핵심을 잡아내는 중요한 한국 춤 신인 등용문으로 자리잡았다.

'바리바리 촘촘 디딤새'는 '촘촘하게 내딛는 잦은 발동작'을 뜻하는 말로 예쁘게 솟은 버

선발이 잦게 앞뒤로 움직이며 춤추는, 한국 전통춤의 가장 아리따운 순간을 포착한 말 중의 하나다. 지난 2001년부터 시작된 이 무대는 젊은 한국춤 무용가들이 한국 무용계, 나아가 세계 무용계에 내딛는 '바리바리 촘촘 디딤새'라고 해도 무방해 보인다. 공연 내내 외국인 관객이 한 자리수 이상 차지했다는 게 이를 뒷받침한다.

이 무대는 출연자가 살풀이, 태평무 등 전통한국춤 작품을 하나 추고, 그 의미와 방식, 철학 등을 설명한 뒤 이를 응용한 창작춤을 발표한다. 온고지신(溫故知新)의 이론과 실제가 살아있는 젊은 무대로 꼽히고 있다. 특히 한국춤의 대중화에 큰 역할을 하고 있다. 지난해부터 참여자를 국립무용단 소속 무용가들 뿐 아니라 전체 한국춤 무용가로 영역을 넓히는 등 치열한 경쟁을 유도, 작품 수준이 한층 높아졌다.

하지만 대체적으로 아직 춤 솜씨에 비해 만들어진 춤의 거리가 상당해 아쉬움이 크다.

《화려한 비상》(안무 여미도, 7월 25~26일)은 고 최현의 춤《비상》을 제대로 재현해냈다. 오히려 최현 당신의 춤보다 오히려 힘도 있고, 정제된 느낌마저 난다. 오래된 기억에 젊음의 에너지가 더해져 그런가 보다. 그러나《비상》을 바탕으로 한《화려한 비상》은 '화려해' 보이지 않았다. 사춘기 소녀적 1차원적 감수성이 강했다. 순수하고 발랄한 점은 높이 평가해야겠지만 좌절의 느낌이 컸다. 붓과 종이, 먹은 좋은데 그림이 안 그려지는 모습이다. 영상이 요즘 공연의 추세이기는 하지만 조악할 경우 오히려 안 쓰느니만 못하다. 마지막에 종이눈도 과유불급이라는 생각이다.

《그래도 세상은…》(안무 문창숙, 8월 1~2일) 역시 그렇다. 이매방 살풀이를 이렇게 기품 있게 재현한 무대는 모처럼 이다. 깔끔한 춤사위로 이매방의 서늘한 관능미를 객석에 제대로 전달했다. 뿌리치고 메어, 맺고 푸는 모습이 기품이 넘쳤다. 아쟁, 장구, 징, 대금, 피리 등 라이브 연주와 잘 어울린 1급 무대였다.

하지만 창작은 전혀 달랐다. 부모은중경과 첼로 연주를 배경으로 펼쳐지는 그림은 자폐적으로 느껴졌다. 작품과 관객의 소통접점을 찾기 어려웠다. '앉아, 일어서'하는 모습이 군대의 훈련, 또는 전체주의 국가에서 폭압적인 권력에 끌려간 것 같은 느낌이 들며 어항속의 물고기는 이런 느낌을 강화한다. 군대가서 의문사한 이야기 아닌가라는 생각도 든다.

하지만 안무자는 안무노트에서 여자가 소녀에서 어머니가 되고 할머니가 돼 숨지는 여성의 한 살이라고 설명했다. 남성관객이기 때문에 이를 그렇게 오해했나 보다 느꼈다. 그런데 공연 후에 있는 질의응답시간에 안무자는 우느라고 답을 제대로 못했다. 최근 생을 달리한 어머니 생각이 났기 때문이라고 한다. 슬픔 감정이 복받쳐 절제가 안됐을 것이다. 그런 감정이 작품에 그대로 드러난 것은 아닌가 싶다. 감정이 과잉되고 이미지를 잘 정리 못했다. 1부의 좋은 춤이 대체 어디로 갔는지 자신의 춤 능력을 10%도 발휘하지 못한 창작무대였다.

《무(巫)》(안무 김선영, 8월 8~9일)는 김숙자의 도살풀이를 바탕으로 하고 있다. 동서남북 중앙 등 오방의 형태로 시작했다. 그런데 칼을 잡게 되는 계기가 불분명하다. 칼은 권력이다. 신명이다. 칼을 잡게 되는 어떤 계기나 의식이 필요해 보이는 데 그냥 가져감으로써 작품의 중요한 상징 하나를 잃어버리고 가는 격이 됐다. 도살풀이의 수건은 힘이 넘친다. 그런데 이 작품에서는 너무 낭비되면서 힘을 잃어 버렸다. 그래서 리듬체조의 리본이 돼 버리고 만 느낌이다. 안무 전략이 보이지 않았다.

《풍객(風客)의 몽환(夢幻)》(안무 유영수, 8월 15~16일) 역시 춤보다 기분이, 분위기가 앞서갔다는 느낌이다. 춘향가 노래와 아쟁, 대금 연주가 좋았다. 아쟁에 금파 한량춤을 실은 남성춤, 대금에 맞춘 여성춤의 의도는 좋았다. 하지만 노래와 음악을 차고 나가지 못했다. 노래와 음악에 치어 따라가는 느낌이었다. 무대가 작아 어쩔 수 없었겠지만 구조적인 안무전략에 문제점이 있어 보인다. 춤무대인 만큼 음악이 춤을 밀어줘야 하는데 춤이 음악을 따라가고 만 모습이었다.

그러나 《보듬어 가세!》(안무 류장현, 7월 28~29일)와 《99일》(안무 박기환, 8월 4~5일)은 이번 「바리바리촘촘디딤새」의 의의라 할 만큼 성실한 땀과 미학이 돋보였다.

요즘 영국의 '얼꽝' 오페라 가수가 화제다. 류장현을 보며 문득 이 '얼꽝' 가수가 생각난다. 본인이 들으면 어쩔지 모르겠지만 그는 좀 코믹하게 연극적으로 생겼다. 그의 장점은 여기에 있다. 현실적인 안무의도와 연출이 달라붙어 생생한 힘을 갖는다. 공옥진의 병신춤을 주제로 한 공옥진의 춤세계에 대한 설명과 시연, 그리고 이를 응용한 창작이 한편의 무용극처럼 잘 이어졌다. 관객들을 편안한 감동으로 몰아간 이 무대는 그가 왜 주목받는지 알게 한다. 재치가 넘치는 편안함, 쉬운 듯하지만 결코 쉽지 않은 춤사위, 성실한 땀이 밴 가슴이 따듯해지는 무대였다.

《99일》(안무 박기환, 8월 4~5일)은 봉산탈춤을 바탕으로 하고 있다. 황해도의 의적 장길산이 완성했다는 봉산탈춤을 제대로 재연했다. 소리가 립싱크인 것이 옥에 작은 티였다.

하지만 이를 바탕으로 창작한 《99일》은 형식적으로, 테크닉적으로, 철학적으로, 내용적으로 신인이라기에는 믿기 힘든, 최근 보기 드문 탄탄한 구조와 미학을 보여줬다.

회전문 무대에서 시간을 재는 나레이터 등장의 느낌이 도시적이었다. 나레이터가 무대를 가로질러 층계위로 올라가 일력(日曆)을 찢으며 시간을 재기 시작했다. 이어 주인공이 나오고, 흰옷, 붉은 옷, 회색옷, 검은옷의 여성 4명이 잇따라 나와 주인공과 사랑을 나눴다. 취발이와 소무를 중심으로 한 봉산탈춤의 해학적 관능을 끈끈한 미학적 관능으로 잘 표현했다. 정적미와 힘을 갖춘 춤에서부터 장면, 무대 구성 등 어느 하나 나무랄 데 없었다. 시간도 기계적으로 끊지 않고 1, 28, 51, 68, 85로 바꾼 것도 재미있다. 마침내 99일 풍선 터지고 죽음을 맞이했다. 사랑의 유통기간이 900일이라는 한 연구에 바탕, 봉산탈춤을 4계절의 서로 다른 길이와 색으로 재미있게 변주했다.

— 춤 2007년 9월호

바리바리 촘촘 디딤새 2008 2008년 7월 23일~8월 14일 국립극장 별오름극장

현대 춤의 가장 큰 미덕은 새로움에 있다. 기본이 완벽하면 금상첨화이겠지만 타성에 젖은 기본보다, 기본이 좀 부족하더라도 과감한 새로운 실험, 파격적 도전에 더 눈이 간다. 새내기일 경우 더욱 그렇다. 국립무용단이 기획한, 전통과 창작, 해설이 있는 춤무대인 「바리바리 촘촘 디딤새」는 '옛 것을 익혀 새 것을 안다'는 '온고지신(溫故知新)'에 부합하는 무대로, 교육과 창작의 핵심을 잡아내는 중요한 한국춤 신인 등용문으로 자리잡은 지 이미 오래다. 그러나 이번 공연은 대체적으로 관성에서 벗어나지 못했다. 전반적으로 기본에서 벗어나지 못하고 테크닉과 형식에 매여있다는 느낌이다. 관성과 타성을 벗어 던지고 더욱 촘촘한 새로운 디딤새가 요구된다.

'이동안류 신칼대신무'를 이용한 창작《서울에서 이(異)서(庶)방(訪)찾기》(안무 정현숙, 8월 9~10일)가 가장 눈길을 잡았다.

분홍빛 4면과 검은빛 양면을 가진 직육면체 박스 4개를 이용해 감각적 무대를 구성, 이동안류 신칼대신무 춤사위를 경쾌하게 흩뿌렸다. 조명을 잘 풀어 좋은 경계를 나눴고, 박스의 검은 양면에 분필을 이용, 재미있는 메시지를 전했다. '나는 누구인가'라는 비교적 심각한 철학적 질문을 가볍게 터치하면서도 깊은 느낌을 놓치지 않았다. '서울발(發) 분홍빛 꿈' 같은 시사적 느낌도 났다. 4개의 박스를 풀었다, 모았다, 쌓았다 하면서 다양한 동선을 채워 넣어 응어리진 생각과 비어있는 마음을 잘 대비했다. 분홍색은 흩어져 있을 때 의자나 기댈 무엇과 같은 따뜻한 느낌으로 다가왔다가, 모여 있을 때는 뜨거운 적의로 밀어내는 힘이 대단했다. 검은색은 채워져 있으면서도 비어있는 묘한 느낌이다가 거기에 백묵으로 의미가 더해졌을 때 비로소 따뜻한 이미지로 다가왔다. 색과 선, 의미와 생각을 전통의 철학 속에 현대적으로 흥겹게 풀어 넣었다.

《독수공방》(안무 장윤나, 8월 2~3일)은 진주교방굿거리춤이 갖고 있는 '교방'의 관능성과 '굿'의 제의성, '거리'의 유희성을 엮어 외로운 한 여인의 일상으로 풀어냈다. 자칫 설익은 관능에 치우쳐 싸구려가 될 가능성이 적지 않은 주제였으나 귀티 나는 춤사위와 춤태에 익살과 해학을 잘 녹여내 건강한 관능을 만들어내는 데 성공했다. 베개를 껴안고 자다가 깬 거울을 보고 스스로 나르시시즘에 빠지기도 하고, 걸레질을 하며 게으른 모습이 시어머니가 보면 여간 밉지 않겠지만 과부나 청상보다는 공부하러 나간 서방 또는 바람 난 남편을 그리는 결코 밉지 않은 시집살이 여인의 모습으로 다가온다. 구음으로 분위기를 돋우고, 그림자극으로 자유로운 욕구를 분출하는 유쾌한 모습이다. 베개를 껴안고 부감(俯瞰)효과를 살려내는 아이디어도 독특했고, 베개를 소고 삼아 교방무를 추는 것도 흥겹다. 각시탈춤에 창을 어울려 내 전통의 틀 속에 자연스런 인간의 욕구를 맛깔 난 춤으로 버무려 냈다.

'진도 씻김굿'에 바탕한 《사이다》(안무 엄은진, 7월 26~27일)는 고무줄을 이용한 좋은 착상과 춤사위로 입체적인 무대를 만들어냈지만 별오름의 좁은 실험극장공간에서 풀어내기에는 지나치게 여유가 없었다. 사이다를 마실 때처럼 톡 쏘는 느낌, 광고 카피처럼 가슴이 탁 트이는 무엇을 만들어내지는 못했다. 좁은 무대에 지나치게 많은 것을 큰 춤사위에 담으려 했던 것이 무리가 아니었나 싶다.

'승무'의 춤사위를 기본으로 한 《점점(漸漸)》(안무 박종현, 7월 23~24일)은 '승무'의 기원 중의 하나로 여겨지는 물고기의 유영 모습을 현대무용으로 잘 풀어냈다. 현대무용 특유의 표현력을 전통의 핵심에 접목시키려는 의지가 연못 속의 물감처럼 맑고 자연스럽게 풀어졌다.

《공부하기》(안무 황재섭, 8월 13~14일)는 이동안류 진쇠춤의 장단과 동작을 잘 분석, 정갈하고, 탄력 있는 춤사위로 긴장미와 활력이 넘치는 좋은 무대를 만들었다.

— 춤 2008년 9월호

서울 국제 즉흥춤 축제

제1회 서울 국제 즉흥춤 축제 2001년 5월 18~19일 문예회관 소극장

이정희, 안신희, 손인영, 최상철, 이윤경, 김윤정 등 국내외에서 활발하게 활동하는 중견 및 소장 무용가들이 참가한 가운데 「1회 서울 국제 즉흥춤 축제」가 열렸다.

즉흥성은 스윙(Swing)과 재즈적 프레이즈(phrase · 樂句)와 함께 20세기 음악의 최대 성과로 꼽히는 재즈의 3요소다. 즉흥은 음악뿐 아니라 연극과 무용 등 공연예술은 물론 문학, 미술 등 현대예술 장르의 가장 중요한 특징 중의 하나다. 특히 테크닉의 화려함보다 주제의 독창성에 더욱 가치를 두는 현대예술의 경향에 있어 즉흥성은 인간의 자유와 본능을 최대한 발현시켜 독창적인 창작에 이르는 중요한 방법론으로 평가된다. 이에 따라 이미 구미에서 즉흥춤 공연은 창작연습 뿐 아니라 주요 공연장르의 하나로 자리 잡은 지 오래다. 그러나 예술적 엄숙주의가 주조인 국내에서 즉흥춤이 무용교실 밖을 떠나기는 아직 어려운 게 사실이다. 또 즉흥춤은 완전히 무방비로 자신의 내면을 내보인다는 점에서 아름다운 선을 중시하는 강단무용이 주류인 우리 춤계에서는 무용가들에게 상당한 모험이기도 하다.

이 같은 현실에서 우선 즉흥춤 축제의 취지에 공감, 무대에 오른 무용가들의 용기는 높이 평가되기 충분하다. 또 출연자들은 모험을 감행한 만큼 과감하게 내면의 흐름과 객석의 호흡 및 주어진 음악에 몸과 마음을 내맡겨 관객들로부터 갈채를 받았다. 특히 전혀 손발을 맞추지 않은 상태에서 만들어진 안신희-최상철의 곡예같은 2인무, 티셔츠를 반쯤 벗어 뒤집어 쓴 채 깔끔하면서도 도발적인 그림을 만들어낸 김효정-최상철의 듀엣 앙상블과 이정희

의 긴 머리카락을 출연자 5명이 잡아당겨 만든 컬트한 이미지 등은 관객의 상상력을 한껏 자극, 절찬을 받았다.

특히 영상을 이용해 정적인 이미지만을 즐겨 보여주던 이정희교수가 최근 몇 년간 있었던 어떤 공연보다 많이 몸을 움직이는 춤을 춰 관객들로부터 큰 박수를 받았다.

그러나 김영태 시인이 출연, 시를 낭송한 뒤 이를 단서로 춤판이 이어졌을 때 언어에 의해 무의식적인 상투성이 살아나 그동안 즉흥춤들 사이에서 만들어졌던 팽팽한 긴장이 깨지는 느낌이었다. 김영태가 두 번에 걸쳐 무대에 나왔던 18일 공연은 분절적인 일반언어가 메타언어인 신체언어를 완전히 제압하고, 우리 무용계 특유의 서열의식이 살아나는 등 '억눌린 즉흥'이어서 답답함을 감출 수 없었다. 19일 공연에서 김영태는 한번만 무대에 나왔지만 '왔다갔다'라는 서술적인 제목의 시의 영향으로 무용수들이 기계적으로 왔다갔다하는 장면이 연출돼 잘 익었던 즉흥에 식기도 했다. 시가 문학에서는 최고의 메타언어이지만 역시 공연예술의 최고 메타언어인 무용에 비해서는 분석적이었다. 폴 발레리가 "시는 무용이요, 소설은 산보"라고 했던 것은 무용에 견주어 시의 메타언어성을 강조한 것이지 시와 무용이 등가라는 개념은 아닐 것이다. 그러나 우리 무용계에서는 그동안 '시=무용'이라는 등식 하에 시가 무용 대본이 될 정도로 지나치게 시에 집착하는 경향을 보여왔고, 그런 무의식이 즉흥춤 무대에서도 그대로 작용한 것으로 생각된다.

또 훌륭한 테크닉도 내면에서 터져나오는 즉흥의 폭발을 막는 벽이라는 생각도 들었다. 이윤경의 즉흥춤은 아름다운 선과 훌륭한 테크닉으로 다른 출연자들에 비해 확실히 두드러져 보였지만 오히려 그 선과 테크닉이 이윤경의 자유로움을 막고 있다는 생각이 들었다.

즉흥춤페스티벌이 끝난 뒤 최상철 예술감독은 "마음을 열고, 머리를 깨고 나야 비로소 춤출 수 있다"고 즉흥의 역할에 대해 말했다. 이 언급은 우리 춤의 현실에 대해 많은 것을 시사한다. 오늘 날 우리 춤의 문제를 풀기 위해 모두가 마음을 열고, 스스로의 고정관념을 씻어낸 뒤, 춤을 만들고, 추고, 봐야 할 것으로 생각된다. 그런 화두를 던졌다는 점만으로도 즉흥춤페스티벌은 충분히 훌륭한 무대였다고 생각된다. ─ 춤 2001년 6월호

서울댄스컬렉션 /
뉴 탤런트

제1회 서울댄스컬렉션 2007년 10월 10~11일 아르코예술극장 소극장

2007년 한국 춤의 10월은 참 풍성했다. 국내 최대 규모의 종합공연예술제인「서울국제공연예술제」, 개인의 희생으로 시작해 10회 째를 맞은「서울세계무용축제(SIDance)」, 28년 전통의「서울무용제」등에 각종 개인공연도 이어졌다. 모처럼 시원한 무용의 양적 확대를 보는 기분이었다. 일부에서 말하는 너무 많아서 걱정보다는 양적 축적이 질적 변화를 가져온다는 말을 믿고 싶다.

특히 연극 중심의 서울국제공연예술축제가 무용에 문을 활짝 열고 좋은 작품을 격려, 수용한 점을 높이 평가하고 싶다. 무용과 연극은 몸의 예술의 양대 축으로, 공연형태에 있어서는 사실상 세계적으로는 더 이상 장르의 구분이 필요 없을 정도이다. 세계적 추세에 맞춰 두 장르의 건강한 경쟁과 협력이 무용계의 불필요한 소모적인 갈등과 반목을 해소, 각각의 단점의 비난이 아니라 장점의 비교를 통해 발전하는 계기가 됐으면 싶다.

이 같은 점에서 주목되는 것이 서울국제공연예술제(SPAF)가 처음 마련한「1회 서울댄스컬렉션」이다. 첫 회임에도 불구하고 많은 젊은 무용가들이 참여했고, 이를 신선한 감각의 젊은 전문가들이 서류와 비디오, DVD 등의 자료를 바탕으로 1차 고르고, 2차 실연심사를 벌였다. 실연심사는 글쓴이를 비롯한 국내 평론가 3명과 서울국제공연예술제에 참가한 해외의 유명 무용제 예술감독과 무용가 2명이 참여했다. 공연이 끝나고 한 명, 한 명에 대해 열띤 토론을 벌인 참 유익한 심사였다. 어쩔 수 없는 서로의 다름을 놓고 토론하는 과정에서 스스로 공부도 많이 됐다. 특히 안과 밖의 시각의 차이에서 많은 것을 경험하고 배울 수 있었다.

예술에 있어서 가장 중요한 것은 무엇인가. 내용도 중요하지만 공간적, 지리적 환경을 뛰어넘기 위해서는 독창적 형식이 중요하지 않은가 싶다. 언어의 차이는 내용에 대한 정확한 전달의 장애가 되기 때문에 형식을 통해 관심을 끌고, 이어 내적인 관심을 유도해 깨닫게 하는 것이 무용을 포함, 한국 창작예술이 세계로 나갈 수 있는 전략이 아닐까 싶다. 형식의 완성도와 독창성, 그리고 그 다음에 담긴 내용의 완결성과 독창성, 그것이 이번 외국인 전문가와 함께 심사하며 토론 끝에 다시 한번 확인한 결론이다.

임혜리, 정훈묵, 석수정, 김주희, 최진한, 박수진, 류재미, 김설리, 박영준·인정주, 김수정 등 10명의 작품이 무대에 올랐다. 이 중 최종 각축을 벌인 작품은 박영준·인정주와 김수정이었다.

박영준·인정주 안무의 《Transforming View》는 조명과 춤의 전개와 구성이 형식적으로 완결성을 갖고 전개됐다. 몸으로 전하고자 하는 바가 분명했고, 자기 색을 가지고 분명하게 춤을 펼쳤다. 두 사람의 춤의 호흡도 좋았다. 하지만 움직임의 질에 있어서도 관객을 매혹시키지는 못했으며, 움직임 의 의미를 구체적으로 객석에 전달하지 못해 지루한 감이 없지 않았다.

김수정 안무의 《Dawn Chorus》는 20세기 한국 현대사에서 모티브를 가져왔다. 〈선창〉 같은 추억의 가요를 활용해 식민지, 전쟁, 분단 등을 서사적으로 그렸다. 두벌의 의상을 한 벌로 붙여 샴쌍둥이 같은 이미지를 만들어 분단을 형상화하는 등 의상과 소품의 활용이 좋았다. 움직임도 감각적으로 기술적으로 잘 정제됐다. 희극적인 부분도 높이 평가됐다. 그러나 감정이 직설적으로 드러나고, 소품의 완성도가 떨어지는 등 형식적인 부분에서 완결성이 미흡했다.

형식미에서는 《Transforming View》가 앞섰고, 내용과 무브먼트의 질의 측면에서는 《Dawn Chorus》가 인정을 받았다. 그러나 한국의 언어와 역사, 음악에 대한 이해를 필요로 하는 《Dawn Chorus》보다는 형식적으로 보다 더 정교한 《Transforming View》가 외국 심사자들의 눈길을 더 잡았다. 열띤 토론 끝에 박빙의 차이로 《Transforming View》에게 1등 상이 돌아갔다.

세 번째 작품을 고를 때도 임혜리 안무의 《Reflections》과 최진한 안무의 《夢精(몽정)》으로 의견이 갈렸다. 하지만 첫 번째 작품을 고를 때처럼 치열하지는 않았다. 두 작품 다 문제가 있었기 때문이다.

《Reflections》은 거울을 사용 다양한 모습에서 비춰 현대인의 분열된 자아, 나르시시즘 등을 잘 표현했다. 움직임의 선과 속도감 등도 좋은 평가를 받았다. 그러나 관객을 끌어내는 드라마가 부족했다. 특히 최근 유행하는 분절적인 손의 동작과 거울에 립스틱으로 글자를 쓰는 진부한 이미지가 감점요인이 됐다. 또 작품의 배경이 된 영시(英詩)가 한국 관객들에게는 의미 없는 멋진 음향으로 들렸겠지만 영어권 외국무용가들에게는 작품과 좀 동떨어져 뜬금없이 들리기도 한 모양이다.

《夢精》은 희극적인 독창적인 무브먼트라는 점에서 점수를 얻었다. 하지만 전체적으로 좀 산만한 것이 문제로 지적됐다.

두 작품 가운데 《Reflections》이 상대적으로 좋은 평가를 얻어 3위로, 2008년 서울국제공연예술제에서 두 작품과 다시 겨룰 수 있는 자격을 얻었다.

제1회 서울댄스컬렉션의 경향을 전체적으로 평가한다면 젊은 무용들이 자기색을 찾지 못한다는 점을 들을 수 있을 것 같다.

먼저 형식의 측면에서 대부분 어디서 본 듯한 무엇이다. 인간이 만든 것 가운데 해 아래 새것이 있겠느냐마는 과거의 것을 응용해, 과거가 씨앗이 돼 새로운 것을 만들어내야 하는데, 지금 유행하는 것에서 모티브를 가져온다면 자연히 전체가 의심을 받을 수밖에 없다는 것이다. 이번 컬렉션에서 최근 세계적으로 유행하고 있는 분절적인 손동작이 많았는데 이 부분은 집중적인 비난의 대상이 됐다. 좋은 작품을 만들고서도 이 동작의 사용이 작품의 평가에 결정적 영향을 미친 것이다.

배경으로의 영상사용이다. 현대무용에서 이제 무대와 영상은 이제 뗄 수 없는 관계다. 하지만 영상을 더 이상 배경으로는 쓰지 않는다. 사람의 몸에 투사하는 방식도 낡은 방식이다. 영상이 실체이고, 사람이 허상 같은 영상기법이 개발돼 무대에서 실험한 지도 몇 년 됐다. 이 같은 상황에서 배경이 되는 영상을 따라가 춤을 춘다는 것은 춤의 영역을 스스로 좁히고, 작품을 진부하게 보이게 하는 감점 요인밖에 될 수 없을 것이다.

또 하나가 콩쿠르 형식이다. 다시 말하면 교과서적이라는 것이라는 것이다. 스스로 움츠려 도전의식을 버리고, 기존의 형식을 쫓아가게 만드는 것 같다. 컬렉션은 배운 것을 보여주는 아마추어의 무대가 아니다. 배운 것을 바탕으로 전혀 새로운 것을 만들어 세상에 자신만의 모습을 보여줘야 하는 것이다. 그런데 콩 심은 데 콩 나는 모습으로는 아무리 잘해도 모방밖에 되지 않는다. 그래서 춤을 잘 추고 좋은 평가를 못 받는 경우가 많은데, 이는 남의 춤을 췄기 때문이다.

이밖에 쓸데없이 감정을 낭비하는 신파, 해도 그만 안 해도 그만인 뻔한 이야기, 소통불가능한 사적 감정을 독창성으로 오해하는 경우 등도 문제로 생각된다.　　　－ 춤 2007년 11월호

제2회 서울댄스컬렉션 2008년 9월 30일~10월 1일 아르코예술극장 소극장

이동원 · 김준희 안무의《다 잃어버리도록》은 '사람 인(人)'자처럼 서로 의지해 살아야 하는 사람살이 따듯함을 깔끔하게 그려냈다. 자꾸 쓰러지는 여자, 지루해 하지도 않으며 계속일으켜 세우는 남자의 모습이 시시포스의 신화처럼 아름답다. 동선 잘 짜여 있고 구성도 재미있다. 기능적으로도 쉽지 않은 무브먼트 잘 조화시켰다. 그러나 2부에서 남자가 쓰러지고 여자가 일으켜 세우며 뻔한 스토리가 예상돼 지루해진 것이 단점이다. 몸을 던진 테크닉이 좋고 호흡과 앙상블 뛰어났다. 전 · 후반부를 같은 비율로 하기보다는 전반부는 길게 후반부는 그 반쯤으로 해 표현의 밀도를 높이고 질을 강화했으면 훨씬 구성이 탄탄하지 않았을까싶다.

권령은 안무의《코코(COCO)》는 뒷모습으로 시작, 독특한 춤어법으로 전달하려는 내용이 독특해 재미있었다. 뒷모습으로 시작하는 것이 지난해부터 유행하는 한 조류로도 느껴지지만 전체적으로 연극적 요소가 강한 편안하고 재미있는 무브먼트는 객석으로부터 열렬한 반응을 이끌어냈다.

이문석 · 최기섭 안무의《아임 쏘리(I'm sorry)》는 프로레슬링, K1, UFC 등 이종격투기를 응용한 격렬한 작품으로 슬랩스틱 개그, 사도마조히즘마저 느끼게 하는 독특한 작품이었다. 젊은 춤 특유의 힘과 개성, 발칙한 도전의식이 느껴진다.

전혁진 안무의《더 심포니 오브 덤니스(The Symphony of Dumbness)》는 무브먼트는 물 흐르듯이 매끄럽고 조형미가 뛰어났지만 리듬감이 부족해 장면의 단절이 생겼고 고정관념

에 매어있어 생명력이 약해 보이는 것이 아쉽다.

이지은 안무의 《산너머》는 끝없이 반복되는 도전을 소녀적 감수성으로 앙증맞게 예쁘게 표현했다. 손가락으로 미니어처 오르는 등 마임적 요소로 표현 재치는 뛰어났다. 그러나 현대춤 특히 젊은 현대춤에 요구되는 힘이 부족하고 주관적 나르시시즘이 강해 설득력이 좀 약해진 것이 흠으로 보인다.

오민정 안무의 《어쩌면 매우 사소한》은 지나치게 사소한 부분에 기운 것이, 김희선 안무의 《팔로우(Follow)》는 좀 형식적인 주제와 표현에 따른 것이, 그리고 이윤정 안무의 《원 투 원(One to one)》은 자기중심으로 분열, 자폐적인 느낌이어서 관객과의 소통에서 문제가 있어 보였다.

― 춤 2008년 11월호

2009 서울국제공연예술제 '뉴 탤런트' 2009년 11월 10~11일 대학로예술극장 소극장

서울국제공연예술제(SAPF)가 기획 · 주최하는 「서울댄스컬렉션」 수상자들의 무대인 「SPAF NEW TALENT」. 2009년 서울국제공연예술제에서 열린 '2008 댄스컬렉션 수상자 무대'는 새로운 재능, '뉴 탤런트'답게 몸으로 벌이는 도전적인 승부가 높이 평가를 받기 충분했다.

특히 《저, 밖으로》(안무 이선아)는 많은 생각과 해석의 여지를 남겨둔 작품이다. 작품을 보면서 제목 《저, 밖으로》에서 '저'는 저것을 지적하는 지시형용사로 읽히다가, 밖으로 나가고자 하는 주어로도 생각되며, 말하면서 주저하는 간투사로도 여겨질 정도로 다양한 해석의 여지를 줬고 춤은 그 다양한 느낌을 충분히 풀어냈다.

영상의 사용이 독특했다. 하얀 문에 마치 문이 숨을 쉬는 듯한 영상을 쏴 들어가고 싶은 문, 나가고 싶은 문, 경계를 넘어 탈출하고 싶은 문으로서의 욕구를 강력히 불러일으켰다.

강렬한 관능적 나르시시즘도 매혹적이었다. 문안에 조명으로 만들어진 공간에서 라이브 연주로 펼쳐지는 고양이를 소재로 한 클래식 음악, 영화음악 '핑크팬더'에 록까지 다양한 음악에 맞춰 온 몸으로 만들어내는 관능과 권태가 고혹적이었다. 얼굴을 잘 안 보여줘 관객들의 궁금증을 불러일으키는 전략 또한 독특했다. 작품 내내 만들어내는 독특한 긴장과 이완이 마치 마사 그레이엄의 작품 '비탄(lamentation)'을 보는 느낌이었다.

무용수의 움직임보다 그림자를 더 감성적으로 이용하는 등 무대를 캔버스 삼아 그려내는 다양한 감각과 색채가 인상적이었다. 갇혀있는 몸의 탈출의지를 팽팽한 긴장으로 압축시켜 고독한 현대인의 뜨거운 내면을 처절하게 그려냈다. 마지막에 곧 열릴 듯한, 터질 듯한 숨 쉬는 문은 구원에 대한 기도와 열망, 폭발하려는 희열로 소름처럼 생생하게 전해졌다.

《어떤 소리를 원하는가》(안무 이동원 · 김준희)는 경쾌하고 속도감이 넘쳤다. 비디오를 활용, 현장에서 상호 작용하는 실험성도 나쁘지 않았다. 그림도 기하학적으로 잘 만들어졌다. 세련된 도시적 감수성을 뛰어났다. 하지만 터져 주는 무엇이 없어 아쉬운 느낌이 든다. 물론 꼭 터져 줘야 좋은 것은 아니다..

《눈 감는 여우》(안무 권령은)는 소리와 움직임, 영상이 좋은 조화를 이뤘다. 박스를 이용해 만들어내는 소리, 그림이 재미있다. 몸으로만 승부하려 한 것도 좋았다. 방향성을 상실한 채 움직이는 현대인의 아픔을, 특히 젊음의 고뇌를 재치있게 풀어냈다.   ― 춤 2009년 12월호

서울무용제

2001 서울무용제 2001년 11월 8~13일 문예회관 대극장

한국무용협회가 주최하는 「서울무용제」와 한국연극협회가 주최하는 「서울연극제」가 하나로 통합되어 「서울공연예술제」가 탄생했다. '서울무용제'라고 할 수 있는 '서울공연예술제 무용경연부문'에 발레블랑, 정진한무용단, 춤다솜무용단, 현대무용단탐 등 네 팀이 참가했다. 경연이라고 하기에는 참가규모가 다소 적었다.

이와 관련 조직위 무용부문 관련자는 "페스티벌 형식을 강화하느냐, 경연형식을 고수하느냐 등 논란 끝에 페스티벌 형식을 강화하다보니 이렇게 됐다"고 말했다. 조직위에서 형식에 대한 명확한 합의가 없었음을 보여주는 언급이다. 이에 따라 이번 공연예술제에서 경연의 성격이 강했던 무용부문은 축제위주로 돌아섰고, 오히려 최근 3년 동안 축제형식으로 전환했던 연극부문이 경연위주로 돌아서는 촌극이 빚어졌다.

이는 공연예술제로의 통합 논의와 결정과정에서 연극협회 집행부의 변화 때문이다. 무용협회는 집행부의 변화가 없어 당초 연극협회 전(前) 집행부와 논의한 대로 축제형식을 강화했으나, 연극협회의 새 집행부가 갑자기 경연중심으로 돌아선 것이다. 연극협회 내부에서도 이와 관련한 상당한 잡음이 있기도 했다.

이에 따라 당초 병역특혜 혜택 등을 이유로 경연을 강력히 주장하던 무용협회는 오히려 경연이 크게 약화됐고, 연극협회는 해외공연 초청규모를 크게 줄이는 등 축제성격을 줄여 경연 상금액수를 총액 1억원 규모로 대폭 확대했다. 그러나 급작스러운 변화가 두 단체 모두의 경연부문 참가작의 작품수준 저하를 가져오지 않았나 싶다. 무용은 참가작이 너무 적어, 연극은 준비없는 참가작이 너무 많았기 때문이다.

"몇몇 수상작을 뽑기는 했지만, 상당수는 프로극단의 작품이라고 하기에는 부끄러웠다"면서 "끝까지 보기 힘든 작품도 없지 않았다"고 시상식장에서 불편한 소회를 숨기지 않은 연극부문 오현경 심사위원장의 말은 이번 공연예술제의 연극수준을 단적으로 말해준다. 또 무용부분도 구체적 언급은 없었으나 크게 다르지 않았다.

한편 양측 모두 대상을 뽑는 데는 거의 만장일치로 결정되는 등 별다른 이견이 없었던 것으로 확인됐다. 이는 두 가지로 해석할 수 있다. 수상 작품이 너무 뛰어나 아무 이견이 없는 경우와 전체적으로 출품작들의 수준이 너무 낮아 굳이 엄격한 심미안을 갖춘 심사위원들의 심사가 필요 없는 경우다. 이번 예술제 경연부문에서 연극과 무용 두 경우 모두 후자였다는 지적이 많다.

발레블랑의 《방랑》(안무 이고은)은 무용 특유의 언어인 은유가 없었다. 상황을 과장해 전달하는 진부한 직설법으로 일관했다. 이는 주제에 대한 구체적이고도 명확한 인식의 결여에서 온 것이 아닌가 싶다. 또 스페인 무용 등 발레와 다른 장르 춤 접목 시도는 긍정적으로 평가할 만했으나 서로가 녹아들지 않고 교차하는데 그쳤다는 생각이다. 그러나 그리스 신전 기둥의 완성된 형태와 부서진 형태 등으로 잘 활용, 스펙터클한 맛을 준 무대미술은 관객들에게 좋은 느낌을 줬다.

김유신을 사랑한 여인의 이야기를 그린, 정진한무용단의 《여랑염곡》(안무 정진한)은 스토리가 있는 무용극으로 관객들에게 접근하기 쉬워졌지만 너무 안이하지 않았나 싶다. 말이 없는 무용언어를 보다 정확하게 전달하겠다는 의도가 너무 강했기 때문에 절제되지 않은 생경한 감정표현이 그대로 드러나 아쉬웠다.

춤다솜무용단의 《외침》(안무 장선미)은 참가작 가운데 이미 지적한 문제점이 가장 분명하게 드러난 작품으로 생각된다. 로댕을 사랑했던 여성조각가 카미유 클로델의 삶에 대한 새로운 천착과 고민이 드러나지 않았다. 이미 부분, 부분 알려진 진부한 스토리의 표피를 따라간 이 작품은 뭉크의 그림 '외침'처럼 처절하게 절규할 수밖에 없는 클로델의 절망에는 전혀 접근하지 못했다. 이 작품 도입부에 실제 '외침'이 있었는데 그것은 어둡고, 광기어린 카미유 클로델의 '외침'이라고 보다는 연습되지 않은 부끄러움이 가득 배어있는 '갈라진 목소리'에 불과했다. 고독과 한, 절망, 그리움 등이 응축된 공력이 실린 '뱃소리'가 되지 못했다.

작품 도입부에서부터 어긋나기 시작한 직설적인 군무는 표정과 호흡이 실리지 않아 무용이라기보다는 생경한 매스게임을 연상시켰다.

이런 가운데 마지막 작품 현대무용단탐의《비탄》(안무 조은미)은 이번 서울공연예술제 무용경연 부문의 수준을 지켜준 수작으로 평가된다. 조명을 이용한 기하적인 다양한 무대분할과 거기에서 벌어지는 안타까운 삶의 모습들이 유기적이고 역동적인 고난도 테크닉에 실려 잘 표현됐다. 특히 조양희의 시원한 춤을 중심으로 펼쳐진 도시적 감수성의 은유적 춤사위는 테크닉과 호흡이 결합된 에너지의 조화로운 폭발로 생각된다.

《비탄》을 제외하고 전체적으로 사춘기적 소녀취향의 과장된 비장미와 효과음향 수준의 음악 등 우리 무용계의 개선해야 할 고질적인 안무경향에서 벗어나지 못했다.

2002년 5월초 한일월드컵 개막을 축하하며 벌어질 제2회 공연예술제에는 조직위와 참가단체 모두가 지금부터 철저히 준비, 부끄럽지 않은 수준의 경연이 되기를 기대한다.

— 춤 2001년 12월호

제25회 서울무용제 2004년 6월 9~27일 문예진흥원 예술극장 대극장

「서울무용제」가 다시 열렸다. 「서울무용제」는 2001년 「서울연극제」와 함께 「서울공연예술제」로 통합됐다가 2003년 파행을 겪으면서 2004년 다시 각각 분리, 독립해 경연체제로 복귀했다.

이번에 운영위원, 경연심사위원으로 참가해 처음부터 끝까지 비교적 꼼꼼하게 지켜볼 기회를 갖게 됐다. 그 과정의 기록이 한국무용발전에 참조가 될 것 같아 전체의 결정에 개인적 의견을 붙여봤다. 물론 전체의 결정과 개인의 의견이 일치될 수도 있고, 다를 수 있다. 같을 경우는 다행이지만 다를 경우 자칫 개인적인 책임회피나 구차한 변명으로 보일 수 있다. 그러나 개인적으로는 의견이 달랐더라도 전체의 결정에 동의했다면 결국 개인은 전체의 결정과 의견을 같이 한 것인 만큼 전체의 결정에 대해 참여위원으로 충분한 책임을 져야 하는 것은 당연하다. 이 글은 개인적 책임회피나 변명이 아니라 합의심 재판에서 소수의견을 붙이듯, 전체의 의견을 존중해 따랐지만 이런 생각도 있었다는 기록이 필요하겠다는 생각에 시간적 순서에 따라 코멘트를 붙였다.

「25회 서울무용제」에는 8팀이 참가했다. 한국무용 6개 단체, 현대무용 6개 단체, 발레 2개 단체가 참가를 신청해 운영위원들이 비디오, 대본, 서류심사 등을 거쳐 토론 끝에 조남규·송정은 무용단 등 4개 한국무용단, 최데레사무용단 등 2개 현대무용단, 문영철발레뿌에마 등 2개 발레단이 선발됐다. 운영위원 가운데 신청단체와 관련이 있는 경우 이날 선정회의에서 관련 장르의 다른 전문가가 참여했다.

이날 참가단체 선정회의에서 무용인구의 숫자 비율에 따라 참가자를 배분하자는 등 다양한 의견이 나왔으나 이 같은 장르간 안배보다는 작품성 수준에 따라 뽑기로 했다. 또 경연의 작품을 미완의 상태에서 대본으로 밖에 볼 수 없는 만큼 과거의 경력도 주요 참고요소가 됐다. 이에 따라 신인들이 다소 불이익을 보게 된 점도 없지 않을 것으로 생각된다. 그러나 이는 어쩔 수 없는 상황으로 생각된다. 어차피 아직 구현되지 않은 작품들인 만큼 과거의 경력을 참조할 수밖에 없는 측면이 강하기 때문이다. 이 같은 복잡한 토론 끝에 운영위원들의 투표를 거쳐 다수표를 얻은 8개 단체가 선정됐다.

이번 무용제 참가단체선정에서 가장 의미 있는 부분은 장르별 안배의 포기가 아닌가 생각된다. 다른 장르에 비해 창작 작품이 부족했던 발레의 경우 통상 작품성이 떨어지더라도 장르 안배 차원에서 한 작품씩 무용제에 포함시켰는데 이번 경우 발레 신청작 2작품이 모두 우수해 2작품 모두 들어갔다. 결과적으로 가장 큰 피해(?)를 입은 현대무용 측에서 "이를 계기로 다음 무용제에서도 작품의 수준이 떨어질 경우 장르를 안배하지 않고 한 편도 뽑지 않아도 된다"고 제안, 발레부분 위원들을 포함, 전체가 이에 동의했다. 이는 결국 한국 춤의 고질적 문제인 장르 안배를 탈피하는 첫걸음으로 보인다.

경연심사규정에 대해서도 합리적인 의견도출을 위해 상당한 토론이 오갔다.

조흥동 무용협회이사장이 당연직으로 들어가고 한국무용 김숙자, 정승희, 이은주, 발레 이운철, 김성일, 신은경, 현대무용 박명숙, 남정호, 김기인 등 장르별로 3명씩, 기타분야로 김문환, 김채현, 김승현이 들어가 경연심사위원은 모두 13명이었다.

지난 무용제에는 당연직 이사장이 투표권이 없고, 동수였을 때 캐스팅 보트를 행사했다. 이번에는 이사장뿐만 아니라 위원장도 투표권이 없게 됐다. 위원장이 포함되면 6대6 동수가 나올 가능성이 있는 데 이 경우 이사장에게 너무 부담감을 주기 때문에 위원장이 주요 진행을 보면서 결정하고 11명 심사위원의 표결로 결과를 결정키로 했다. 만약 1명이 전체 작품을 보지 못하면 5대5 동수가 나올 가능성도 있는데 이때 다시 한번 투표하고 그래도 결정이 나지 않으면 위원장에게 캐스팅 보트를 행사토록 결론을 모았다. 이 방식은 당연직 심사위원으로 들어온 이사장이 아무런 권한을 행사할 수 없어 문제로 생각된다.

대상(1팀)과 우수상(1팀), 안무상(1인), 연기상(남녀 각 3명씩 6명) 문제도 토론이 오래 이어졌다. 여기도 역시 안배는 없는 것으로 결정났다. 최대 한 팀이 대상, 안무상, 연기상 여섯을 모두 휩쓸어 갈 가능성도 있게 됐다.

대상과 우수상 결정에서 투표를 각각 하는 것과 따로 하는 것과 관련, 논란이 빚어졌다. 대상 수상자를 모르는 상태에서 투표하기 때문에 한 번 투표로 대상과 우수상을 가르는 것은 최악의 경우 10대1로 대상을 수상했는데 1표를 얻은 팀이 우수상을 탈 수 있는 부담이 있기 때문이다. 그런데 우수상 투표를 한번 더 한다고 하더라도 대상 수상자를 모르는 상황에서 우수상 수상자는 여전히 소수의 표를 얻어 선정될 수 있기 때문이다. 이에 따라 격론 끝에 심사위원 1인이 순위구분 없이 우수작품 2편씩을 선정, 종다수로 1위부터 3위까지를 결정하고 이를 놓고 다시 투표해 대상과 우수상을 가리기로 했다. 대상이 5대5대1, 4대4대3, 우수상이 9대1대1, 7대2대2, 5대3대3 등 동수가 나올 경우 심사위원들이 다시 한번 투표하고 그래도 결정이 나지 않을 경우 위원장이 캐스팅 보트를 행사키로 했다. 이 방식에도 물론 문제가 있다. 하지만 대상수상작을 모르는 상태에서 어떤 방식으로 투표를 해도 우수상 부분은 모순이 생길 수밖에 없는 형국이기 때문에 이 방법이 가장 우수한 2등상을 뽑는 합리적인 방법으로 의견이 모아졌다.

경연참가작의 공연순서는 참가자들의 제비뽑기로 결정했다.

심사위원회에서 결정된 심사기준은 '새로운 소재와 표현기법으로 독창성과 예술성이 높은 작품'이다.

이 같은 심사기준에 의거, 개인적으로 전체 작품을 독창성과 보편성을 기준으로 평가했다. 예술성은 조금 애매하지만 테크닉, 완성도, 관객들의 공감 등 보편성으로 해석했다. 이에 따라 글쓴이의 경우 독창성은 주제, 표현, 음악, 무대, 조명 등을 중심으로 봤고, 보편성은 내용의 완결성, 형식의 완결성, 내용과 형식의 조화, 관객과의 교감 등을 주요 체크 포인트로 봤다. 심사는 모두 첫날 첫 공연을 대상으로 했다.

첫 작품 백정희무용단의《길-다시 추는 춤》(안무 백정희 · 16~17일)은 '잘 만들어진 범작(凡作)'이라는 생각이 들었다. 삶에서 갑자기 느끼는 외로움 같은 단상으로 시작해 일상, 결혼, 그리고 윤회 등 상투적이라고 할 수 있는 평범한 전개구조였다. 춤도 묵직하게 중심 춤 선을 잡아 단아하고 깔끔하게 끌고 갔지만 개성을 찾기 힘들었다. 부분적으로 지나치게 힘을 중심으로 나가 속도감이 떨어지는 느낌도 줬다. 이는 진부한 주제에서 오는 부작용도 크지 않았나 싶다. 음악은 너무나 많은 것을 보여주기 위해 국악과 양악을 오가며 이어 붙여 단락의 연결이 쉽지 않았다. 피아노, 또는 기타와 해금의 협연, 민요 아리랑을 벨칸토 창법으로 부른 것 등 다양한 크로스 오버 시도는 평가할 수 있지만 작자의 의도가 제대로 전달됐는지는 의문이었다. 대미에서 쌀이 떨어지는 듯한 잡음이 이어져 주제의 감상에 집중하지 못하게 했다. 이 때문에 전체적으로 공들인 흔적이 역연한 무대였지만 '우수한 범작'에 그치고 만 느낌이다.

두 번째 작품 김선희발레앙상블의 《아테네의 밤》(안무 김선희 · 16~17일)은 그리스 신화를 대중적인 요소와 예술적인 요소를 비교적 잘 결합한 작품으로 평가된다. 그러나 예술성을 중시하는 경연에서 대중적인 요소가 감점요소가 되지나 않았나 모르겠다. 주제나 표현의 독창성, 구조의 완성이나 내용과 형식이 비교적 탄탄하게 조화를 이룬 작품이라는 느낌이다.

이 작품의 줄거리는 군중 속의 외로움을 겪는 조각가가 자기가 만든 조각과 사랑에 빠진 피그말리온의 이야기가 중심이고 그것이 포세이돈과 갈라테이아 설화 등과 섞여 비교적 잘 설명됐다. 디오니소스 축제와 같이 즐거운 상황을 록음악으로 풀어내고, 베토벤 피아노소나타 파테티크와 월광을 편곡한 음악을 이용해 주인공의 고민을 그리는 등 대중음악과 클래식을 잘 사용했다. 단단한 도시적 모던으로 정평있는 미술가 안규철이 만든 그리스 신전의 스펙터클한 무대와 디오니소스 축제의 현란한 조명도 좋은 조화를 만들어냈다. 그 안에서 발레 특유의 난이도 높은 아크로바틱한 춤들이 좋은 장면을 만들어냈다. 특히 창작발레의 단점으로 꼽히는 구성의 부자연스러움이나 엄숙주의도 잘 극복된 듯하다. 하지만 여자 조각상(갈라테이아)이 포세이돈에 의해 사람으로 환생하는 장면은 상투적으로 보였다. 포세이돈의 경우 안무자의 전작 '인어공주'의 캐릭터와 유사해 옥의 티로 지적된다. 피날레 춤도 예쁘게 정리됐다.

세 번째로 무대에 오른 장유경무용단의 《그 언덕, 바람은 불고…》(안무 장유경 · 19~20일)는 무대의 짙은 원색의 색조와 중국의 강시영화를 연상케 하는 춤의 선이 안무의도와 잘 연결되지 않는 등 주제의 전달에 좀 문제가 있어 보였다. 또 춤에서 한국춤에서 보기 힘든 등을 많이 이용했는데 등에 안무의도와 춤 색깔이 묻어나지 않아 아쉬웠다. 등을 보이려면 등을 위한 안무전략이 있어야 하는데 그런 것 없이 등을 보임으로써 발레나 현대무용의 등 사용과 대비돼 그 효과가 떨어졌다. '대지', '메말라 가는 여인의 몸뚱이와', '버섯구름에 가린' 등 3부분으로 구성된 작품내용과 춤이 단락과 의미로 다가오지 않았다. 춤도 한쪽으로 모여지지 않은 채 산만했다. 무대와 조명 등 애쓴 흔적은 역연했으나 작품의 구조적인 내적 문제로 인해 작품의 각 요소들이 유기적으로 연결되는데 실패하지 않았나 싶다.

네 번째 작품 현대무용단탐의 《유배된 밤》(안무 김혜림 · 19~20일)은 여성으로 만 구성된 현대무용단의 장단점을 고려하지 않은 채 아직 익지 않은 상투적인 주제를 기존의 방식으로 밀어붙여 아무런 결과를 얻지 못한 것으로 생각된다.

이 작품은 여성성을 주제로 한 듯하다. 무대의 시작은 몸을 파는 여인들이 있는 술집의 냄새가 난다. 이어 새장이 걸려있고 의자가 있고, 찜질방에서 붉은 꽃을 머리에 꽂은 여자들이 등장하는 등 키치미를 생각하는 듯한 진부한 이미지의 주제로 춤이 전개됐다. 첼로연주에 에디트 피아프의 샹송 등을 오가며 팔다리를 한껏 움직이며 춤을 췄는데 대체 왜 다리를 저렇게 올려야 하나, 팔을 저렇게 휘둘러야 하나에 대한 의도가 느껴지지 않았다. 특히 각 부분에서 왜 짧은 치마를 걷어올리는 것도 아니고 아래로 내려서 가리는 것도 아니고 붙들고 위아래로 그렇게 어색하게 펄럭이는지 그 의미를 찾기 힘들었다. 감정을 절제하지 못한 동작들이 마치 힘과 기교를 제일로 하는 체조의 마루운동을 연상케 했다. 오케스트라 피트의 사용도 상투적이었다. 모래알 같은 무브먼트에 액센트를 찾기 힘들었다.

후반부 검은 옷을 입고 춘 춤은 탐 특유의 힘과 스피드에 바탕해 좋은 느낌을 줬다. 의미를 부여하지 않고 추상성으로 나갔더라면 더 좋은 결과를 얻지 않았을까 싶기도 했다. 마지막에 하얀 옷을 입은 성처녀 같은 이미지가 다시 등장했는데 상투적이고 진부한 느낌으로 애써 복원한 아마조네스의 이미지에 상처를 입혔다. 왜 무대 뒤로 검은 옷의 무용수들이 올라가 앉고 성처녀가 나와 고통하는지 공감이 힘들었다.

다섯 번째 작품 춤타래무용단의 《거꾸로 걷는 새》(안무 이은영 · 22~23일)는 주제에 대한 다양한 표현의 시도를 했지만 해석적인 접근이 평면적이어서 아쉬웠다. 난해시의 경우 객관적 해석이 사실상 불가능하므로 각자의 코드로 새롭게 해석해 내는 것이 중요하다. 난해시를 그냥 표피적으로 옮기는 것은 의문에 의문을 더하는 것이기 때문이다. 예를 들어 난해시의 해석은 바퀴와 발의 관계와 같다고 할 수 있다. 바퀴는 발의 역할을 한다. 하지만 바퀴와 발은 전혀 다르다. 프랑스의 시인 아폴리네르는 발과 바퀴의 비유를 들어 초현실주의의 이론을 펼쳤다. 이상 역시 한국의 초현실주의 시인으로 평가된다. 소설가이며 시인인 건축가 이상의 해석은 이 같은 측면에서 접근했어야 하지 않을까 싶다.

그런데 '거꾸로 걷는 새'는 타이프라이터 소리에 맞춰 제목이 사막에 투사됐고, 관속에서 거꾸로 걷는 장면으로 작품이 시작했다. 또 해석되지 않은 난해시를 생경하게 투사함으로써 의미의 혼란을 가중시켰다. 이상에 대한 포스트모던적 해석은 고사하고 초현실주의적 해석 에도 접근하지 못한 관념의 생경함이 느껴진다. 원고지를 무대로 쓴 것 역시 재치는 느껴지 지만 평면적 상상력으로 생각된다. 원고지에서 빠져 나온 한 칸들의 춤으로 형상된 춤도 역 시 1차원적 해석에 머물고 있다. 관념이 정제되지 않은 채 마구 뿌려지는 모습이다. 이에 따 라 이 작품은 이상하면 떠오르는 소설 '날개'의 느낌이 났을 뿐, 작품의 주제라고 할 수 있는 이상의 난해시의 요체에 접근하지는 못한 것으로 보인다.

여기에 장마다 배치된 군무의 주제 동작도 굳어 있고 활용이 낮아 답답했다. 원고지 칸의 춤에서 오른팔을 뒤로 올려 꼬아 붙인 동작이 오래되며 부담이 느껴졌다. 주인공이 퇴폐적 환락에 빠진 부분에서의 엉덩이 흔들기도 그랬다. 너무 많은 이야기를 짧은 작품에 집어넣 으려 한 것 같다.

또 원고지 구멍 뒤로 움직이는 무용수들과 스탭들의 모습이 객석에 수차례 그대로 노출돼 작품의 긴장도도 크게 떨어졌다. 마지막 부분에서 원고지 무대가 모두 올라갔을 때 오른쪽 에서 한 스태프가 무대 깊숙이까지 걸어나오는 것이 포착되기도 했다.

여섯 번째 작품 최데레사현대무용단의 《여자이야기》(안무 최데레사 · 22~23일)는 비교 적 탄탄한 구조를 바탕으로 여성의 삶을 문제의식을 갖고 파들어 갔다는 느낌이다. 여성문 제를 푸는 데 있어서 어쩔 수 없이 건드려야할 성문제를 토플리스 등으로 과감히 표현한 것 이 과연 다소 보수적이라고 할 수 있는 경연 평가에 어떤 도움이 됐을지는 모르겠다. 하지만 안무가도 이 부분을 신경 쓴 듯 암전에서 등만 보이면서 또 마지막에 옷을 입으며 잠깐 보여 주는 등 최대한 자제를 했으나 스탠스가 분명하지 않은 것이 오히려 주제를 약화시킨 것 같 다. 과감하게 시도하든지, 아니면 다른 방법의 표현을 선택했어야 하지 않았을까 싶다.

이야기가 있는 마임과 속도감 있는 춤을 무대에 함께 놓음으로써 서사성과 추상성을 잘 대비시켰다. 왼쪽에 탱고, 가운데 풍자적인 마임, 오른쪽에 빠르고 큰 춤사위의 대조가 재미 있었다. 이어 액자를 이용해 동성애, 트랜스젠더, 섹스 등을 표현한 것은 같은 주제로 자기 몸의 변형을 통해 '내 몸은 전쟁터'라고 선언한 사진작가 신디 셔먼의 예술적 실험이 떠오른다. 바퀴가 달린 테이블을 이용해 움직인 것이 스펙터클했고(이 장면에서 최데레사는 하마터면 넘어져 굴러 떨어질 뻔했다. 떨어질 뻔해서 그런지 잠시 몸이 굳어 동작이 매끄럽게 연결되지 않았다), 마지막 물귀신이 돼 떠오르는 한 많은 여인들의 삶은 재미있는 표현으로 생각된다. 하지만 마지막에 머리를 자르고 옷을 갈아입은 것은 사족이 아니었나도 생각된다. 이 작품 역시 너무 많은 이야기를 집어넣으려 해 조금 지루해지지 않았나 싶다.

일곱 번째 무대는 문영철발레뿌에마의《불의 시》(안무 문영철 · 25~26일)는 탄탄한 스토리 구조를 스펙터클하면서도 우아한 춤으로 잘 표현했다. 터키 민중시인의 시에 기댄 구조였는데 러시아 농민혁명 지도자 스텐카라친의 이야기를 연상케 했다. 유리 그리고로비치의《스파르타쿠스》, 보리스 에이프만의《카라마조프가의 형제들》등을 연상케 하는 서사적이면서도 모던한 춤도 춤의 재미를 잘 살렸다.

혁명전사의 탄생과 귀족적인 남녀의 사랑을 그린 도입부에 이어 러시아 가곡 로망스에 맞춘 춤은 스텐카라친 스토리를 예측케 했으며 봉과 모던한 무대를 잘 활용해 훌륭한 스펙터클을 만들어냈다. 물론 여기에 이미 지적한《스파르타쿠스》와《카라마조프가의 형제들》이 연상되기는 했지만 작품의 전체적 구조에 잘 녹아 있어 그리 불편하지 않았다.

서사적 효과의 가면무, 스펙터클한 봉과 무대 철봉을 이용한 군무가 힘이 넘쳤으며 주인공의 사랑과 갈등을 그린 2인무, 3인무도 잘 짜여졌다. 결국 헤어지는 운명을 암시하는 듯한 슬픈 결혼의 파 드 되는 극적으로 잘 완성된 춤으로 보였다. 그러나 결국 헤어진 뒤 농민혁명과 이로 인한 애인의 죽음도 잘 형상화됐다.

여덟 번째 마지막 공연 조남규 · 송정은무용단의《불망(不忘)의 강(江)》(안무 조남규 · 25~26일)은 진시황의 사랑을 주제로 했다.

이번에 공연된 4개의 한국무용 작품 가운데 전통적인 춤사위를 가장 많이 사용했다. 토용춤과 전투신의 스펙터클은 훌륭했다. 여성춤의 우아함과 남성춤의 다이나미즘이 잘 결합된 매끄러운 흐름이었다. 그러나 진시황에 대한 표현이 내면화하지 못한 것과 진시황의 죽음 부분이 너무 길게 짜여 아쉬움이 남았다.

이미 확정된 규칙에 따라 26일 최종심사를 거쳐, 27일 공개된 최종심사 결과 대상은 문영철발레뿌에마의《불의 시》, 우수상과 안무상은 김선희발레앙상블의《아테네의 밤》이 각각 수상했다.

이번 무용제의 가장 큰 성과는 공정성을 확보하기 위한 다양한 제도의 시행과 나눠먹기식 장르별 안배를 탈피했다는 데 있는 것으로 보인다. 그러나 작품의 경향이 관행적 엄숙주의로 인한 난해성과 안무의도, 작품 내용, 표현이 일치하지 않는 것이 문제로 지적됐다. 또 무분별한 크로스오버, 퓨전의 시도로 오히려 정체성의 상실이 우려됐다. 한편 남자 연기상 수상자의 병역특례 혜택과 관련, 작품들이 전체의 내용보다는 주인공만을 부각시키기 위해 만들어지는 경우도 많은 것도 문제로 지적됐다. 이에 따라 연기상 후보를 주역뿐만 아니라 솔리스트들까지 넓히자는 의견도 제기됐다.

— 춤 2004년 7월호

아트 프론티어

아트 프론티어 2005 - 김용걸의 'The Mover' 2005년 7월 23~24일 정동극장

　정동극장이 개관 10주년을 기념해 마련한 기획프로그램 「아트 프론티어」 시리즈, 그 첫
주자는 파리오페라발레단의 김용걸. 이 공연은 2000년 파리오페라발레단에 진출한 발레리
노 김용걸이 처음 마련한 개인무대다. 'The Mover'(움직이는 자 혹은 감동을 주는 이)라는
타이틀의 이번 공연은 예술적 감동의 가장 중요한 원천중의 하나가 진정성이라는 것을 새삼
깨닫게 했다. 파리생활 5년의 여정을 담은 다큐멘터리 〈Step by step〉(사무엘 뮈레스 작)과
《지젤》 2막 파드되,《베스트리스》,《In the middle somewhat elevated》(안무 윌리엄 포사이
드),《아레포(AREPO)》(OPERA 철자를 거꾸로 해서 파리오페라발레단을 찬양한 작품, 안무
모리스 베자르) 등 네 편으로 구성됐다.　김용걸은 이 무대에서 파리오페라발레단의 솔리
스트 로랑스 라퐁과 함께《지젤》과《In the middle somewhat elevated》를 추고, 솔로로《베
스트리스》와《아레포》를 공연했다.

　춤도 춤이지만 다큐멘터리가 가슴을 울렸다. 그의 파리생활 처음을 보고 가끔씩 파리에서,
서울에서 가끔씩 만나며 단편적으로 나눴던 이야기들이 하나 둘 실에 꿰어 전해지는 진정이
가슴을 때렸다. 그 스토리가 춤의 배경이 되면서 형상화된 감동은 두 배가 됐다.

　1996년쯤인가 보다. 김용걸을 처음 만났을 때 그는 어떤 평론가가 "힘만 세다"고 비판할
정도로 참 잘 뛰는 내성적 성격의 발레리노였다. 모스크바콩쿠르에서 동상을 타고도 무덤
덤했다. 1998년 파리콩쿠르에서 만날 때는 휴가 온 모습이었다(정말 그는 휴가를 내서 왔

다). 파드되 부문에서 1등상을 타고 샹젤리제극장에서 갈라쇼 리허설을 할 때 지휘자에게 큰소리치기도 했다. "내 춤에 음악을 맞추지 않으면 녹음곡으로 춤을 추겠다"고. 결국 지휘자가 그의 춤을 따랐다.

2001년 국립발레단의《스파르타쿠스》출연을 위해 귀국했을 때 그는 힘이 많이 빠져있었다. 그에게 물었다. 1998년 그때 그 용기가 기억나느냐고. 김용걸은 웃으며 말했다. 언제 그런 일이 있었느냐고. 그때 그것을 겸손으로 알았다. 외국생활이 만들어내는 당연한 겸손으로 이해했다. 하지만 다큐멘터리를 보니 그게 아니었다. 그는 정말 잊으려 했고, 잊었던 것 같다. 유학 또는 초보 외국생활의 가장 큰 교훈은 '바보 경험'이라고 생각한다. 바보는 다른 게 바보가 아니다. 말 못하면 바보다. (나도 그런 경험이 있다.)

다큐멘터리에서 김용걸은 자신의 머리를 정말 아프게 때렸다. 한국에서의 모든 것을 잊어버리려는 듯 딱딱 소리가 나게 쥐어박았다. 한국에서 그는 스타였다. 국립발레단의 주역무용수였고, 모스크바콩쿠르에서 개인 3등, 파리콩쿠르에서 1등상을 탄 국민 무용수였다. 그러나 파리오페라발레단에서는 연수단원에 불과했다. 코르뒤(군무단원)도 아니었다. 더욱이 눈에 잘 띄는 동양인이었다. 잘 못하는. "왜 나냐, 왜 나만 가지고 그러냐"고 외치고 싶었다는 김용걸의 말이 보는 이의 가슴을 후벼 판다. 그러나 그는 파리의 현실을 잊지 않고, 한국의 과거를 잊었다. 그 결과가 지금 드미솔리스트에 오른 것이다. 2002년, 2003년 파리를 들렀을 때 김용걸을 만났었다. 그는 여전히 조용했다. 짬을 내서 공부를 좀 해보라고 하자 웃었다. 다큐멘터리에서 불어를 곤잘 했다. 5년쯤 살았으니 그 정도는 할 만도 하다고 말할지 모른다. 하지만 그는 누구에게도 배우지 않았다. 배울 시간도 없었을 것이다. 직업을 갖은 사람이 불어를 배울 시간은 분명 없다. 지하철 타는 시간 50분이 그의 불어시간이었다고 그는 다큐멘터리에서 고백했다.

2005년 초 만났을 때 그는 비교적 명랑했다. 언어에 대한 에피소드를 전했다. 프랑스에서 전화를 받는 것은 고역이다. 만나면 그래도 손짓 발짓을 하고 바디랭귀지도 하련만 전화는 온전히 언어에 의존해야 해 속수무책이다. (나도 파리에서 전화를 받으며 "아이들 시켜 통역하게 하라"는 굴욕적인 말을 들은 적도 했다.)

어느 날 연습 중이었다고 했다. 마침 자신의 앞에 전화기가 놓여 있었다. 전화벨이 울리는데 받지 않았다. 그는 이전에 한번도 연습실에서 전화를 받은 적이 없었다. 하지만 이날 전화기 주변에는 자신밖에 없었고, 벨이 두어번 울리자 일순 연습실 단원들의 시선이 자신에게 쏠렸다. 그래서 받을 수밖에 없었는데 바로 자신을 찾는 전화였다고 했다.《로미오와 줄리엣》에서 로미오의 친구 세 명 중 한 명이 부상했는데 역을 해보라는 것이었다고 한다. 처음 받은 전화가 그에게 주요 역을 준 것이다. 물론 전화를 받아서 된 것이 아니라 혼자 꾸준히 연습하는 것을 예술감독이 눈여겨본 결과일 것이다.

다큐멘터리는 인간 김용걸을 솔직하게 까발리고 있다. 수줍음, 그 안에 숨어있는 열정, 처절한 노력, 좌절 등을 고스란히 담아낸다. 이번 공연을 위한 연습과정, 레슨과정도 들어있어 영상은 그대로 무대로 연결됐다. 영상을 통한 솔직, 담백한 자기 고백이 무대에서 조각 같은 몸을 통해 천 가지 표정과 동작으로 표출됐다.

프랑스 발레의 신으로 꼽히는 가에타노 베스트리스에게 헌정하는 작품《베스트리스》는 다양한 테크닉과 표정연기, 마임 등 캐릭터 발레의 진수를 보여줬다. 라퐁과 함께 춘《In the middle somewhat elevated》는 경쟁과 화합을 통해 상승하는 예술적 고양을 군더더기 하나 없이 적절한 속도로 깔끔하게 콕콕 찍으면서, 그렸다. 국내에서 두 번째 선보이는《아레포》에는 김용걸 특유의 뜨거운 관능과 마력이 느껴졌다.

춤은 몸이 하는 것이다. 몸을 움직이게 하는 안무도 중요하지만 그 움직임을 소화할 수 있는 몸도 그 이상 중요하다. 그 몸을 인간적으로, 철학적으로, 지적으로 다듬어 감동적인 드라마를 만들어낸 김용걸에게 뜨거운 박수를 보낸다.   ― 춤 2005년 8월호

아트 프론티어 2006 - 김미애의 '몸짓에 날개를 달다' 2006년 8월 19~20일 정동극장

파리오페라발레단의 솔리스트 김용걸. 국립발레단의 주역이었던 그는 처음 파리오페라발레단에서는 '연수단원밖에' 되지 않았다. 파리에서 한국의 국립발레단은 의미가 없었고, 파리콩쿠르 파드되 2인무 1등상은 연수단원 자격증에 불과했다. 그는 그런 '모욕'을 참아내고, 연수단원으로 시작, 군무, 드미 솔리스트를 거쳐 지금에 이르렀다. 파리오페라발레단은 현재(2006년) 에투왈 6팀, 프리미에 8팀, 남성 솔리스트 19명, 여성 솔리스트 20여명으로 구성돼 있다. 솔리스트 안에도 역에 따라 차별이 많지만 김용걸은 대략 공동 15위쯤, 최소 33등은 되는 실력이다. 거기까지 오르기 위해 그가 흘린 땀과 눈물을 2005년 정동극장의 아트

프론티어 시리즈 무대에서 봤다.

그는 2005년에 예고했던 대로 그의 '공인 애인' 김미애와 함께 무대에 섰다. 그가 예술과 사랑을 위해 고통스럽게 지고 있는 파리의 그 무거운 하늘, '회색빛 하늘'을 김미애와 함께 했다.

김미애는 국립무용단 솔리스트. 한국 전통춤과 관련 국립무용단의 솔리스트는 당연히 세계최고다. 그의 늘씬한 지체미와 도시적 세련미, 그리고 독창적인 테크닉은 전통무용을 넘어 한국적 컨템포러리의 세계적 가능성을 충분히 보장한다.

김미애는 1부 《중간단계》에서 현재 중간단계에 있는 자신의 춤을 연극적으로 정리했다. 국립무용단과 동료들에 의지해 만들었음이 역연해 자신의 단계가 아직 '중간단계'임을 그대로 노출했다.

작품은 못 박는 소리로 시작했다. 작업준비 과정으로도 보이지만 예술이라는 십자가에 못 박힌 영혼이라는 느낌도 난다. 가수 박은옥의 대중가요를 배경으로 춤을 만들어 가는 과정을 벽을 부수는 퍼포먼스로, 베토벤의 〈비창〉 연주, 연극 〈한여름 밤의 꿈〉을 연상케 하는 기괴한 분장의 악사들의 라이브 연주 등에 맞춰 군무와 솔로로 '중간단계'를 열심히 설명했지만, 너무 많은 것을 담으려 하지 않았나 싶다. 친구들에게 의지해 '중간단계'를 꾸미려 하지 말고 '아직 움직이고 있는 중간단계' 그대로를 춤으로 편안하게 그렸으면 오히려 더 좋지 않았을까 싶다. 후반부의 요염한 굿거리가 갖고 있던 에너지에서 더 그렇게 느껴진다. 자신의 좋은 것이 복잡한 구성과 분장으로 오히려 조명을 덜 받지 않았나 싶다.

2부 《회색빛 하늘》은 각각 서울과 파리에서 떨어져 살며 예술과 사랑을 따로 또 같이 엮어 가는 두 사람의 애달픈 사랑의 과정을 그렸다. 안타까운 헤어짐과 그래서 더 뜨겁고 아쉬운 사랑을 격정적으로 그렸다. 춤에서 테크닉이, 몸 자체가 얼마나 중요한지 여실히 보여준다. 김용걸의 잘 깎아낸 몸과 정제된 테크닉이 가볍게 날았고, 김미애는 단전에 무게 중심을 놓고 늘씬한 지체를 한껏 자랑하며, 안정되게 뻗고 돌았다. 한국 전통춤과 클래식 발레가 모던의 공간에서 만나 불꽃이 튀기는 것 같았다. '이빨 빠진 늙은 범이 살진 토끼를 잡아, 먹지도 뱉지도 못하는 형국, 봉황이 대나무 숲에 들고나는' 그런 옛 문장이 떠오르는 국면이다. 서로가 서로에 대한 사랑을 있는 그대로 화려한 테크닉에 담아 그려 관객들의 관심을 한껏 빨아들였다. 테이블 하나에 장미 수십 송이였지만 장미보다 아름다운, 철제 테이블보다 모던한 도시적 감수성이 빛났다.

하지만 부분적으로 감정이 과한 부분이 옥에 티였다. 움직임 그 자체만으로도 충분히 감정을 전할 수 있는데 격한 표정연기는 사족으로 보였다. 또 리프팅이 좀 더 편안하고 여유로웠다면 앙상블이 더 빛날 수 있을 것 같았다. 무게 중심이 다른 전통춤과 발레의 크로스오버를 위해 풀어야 할 숙제이기도 하다. 다소 감정 표현이 넘친 점이 없지 않았지만 최고 수준의 춤 테크닉 앙상블은 충분히 이것을 보상하고 남음이 있었다.

폭발하는 젊음은 아름답다. 형식과 내용을 갖췄을 때 과연 전율이라는 것이 무엇인가를 알게 해준다. 하지만 강렬한 자극이 지나치게 길었을 때, 감정이 필요이상 폭발했을 때 젊음은 부담스럽다. 만들기보다 자르기가 더 어렵다. 공들여 만든 것일수록 더 그렇다. 물론 그것을 알기 위해서는 세월이 필요하다. 그래서 시간이 들어가지 않은 것에 대해 열광은 할 수 있지만, 존경을 표하기는 어렵다.
　　　　　　　　　　　　　　　　　　　　　　　　　　　　　　— 춤 2006년 9월호

아트 프론티어 2007 – 김주원의 '몸짓으로 그리는 수채화' 2007년 3월 2~4일 정동극장

국립발레단 수석무용수 김주원, 그는 지금 절정의 순간에 있다. 기량의 측면에서는 절정을 이미 지났는지 모르지만 감정 표현의 측면에서는 최정상에 있음이 틀림없다.

김주원은 김지영과 함께 1990년대 한국 발레 대중화를 이끌었던 발레스타다. 김지영 등 동료와 라이벌들이 한국 무대를 벗어나 세계무대 진출이 붐을 이뤘던 상황에서 고독하게 자리를 지켰다. 그런 그의 노력에 대한 보답이 지난해 '브누아 드 라 당스' 최고 여성무용수상이 아닌가 싶다.

정동극장의 2007 아트프론티어 시리즈로 마련된 「김주원의 '몸짓으로 그리는 수채화'」는 그의 무대 데뷔 10주년을 기념하는 공연이기도 하다. 그는 이번 무대와 관련, "거창하게 무슨 각오나 이념을 갖고 마련한 무대가 아니다"면서 "분에 넘치는 무용수 생활을 할 수 있도록 주위에서 베풀어준 사랑에 보답하기 위해 최선을 다해 만들었다"고 했다. 주위의 '사랑'에 대한 보답이기 때문에 작품 전체를 관통하는 주제도 '사랑'으로 했다.

공연 작품은 클래식발레 갈라 1편을 비롯해 모던발레 2편, 한국무용(좀 우스운 장르구분이겠지만 한국무용가가 안무했으니 한국무용이라고 하는 게 옳지 않을까 싶다) 1편 등 모두 네 편이다.

무대는 브누아 드 라 당스 상 최고여성무용수상을 안긴 작품《해적》으로 열었다. 파트너는 이 상의 남성무용수상 후보로 함께 올랐던 김현웅이었다. 작은 무대에서 한껏 기량을 펼쳤다. 이어 국립발레단의 솔리스트 장운규와 함께 장 크리스토 마이요가 안무한《달은 어디에》에서 삶과 죽음의 의미를 달빛과 몸짓으로 표현한 부분을 췄다. 또 유니버설발레단 엄재용과 함께《사랑의 침묵》(안무 허용순)을 춤췄다. 끝으로 국립무용단 이정윤과 함께《더 원(The One)》(안무 이정윤)을 공연했다. 사이에 국립발레단의 동료 전효정과 정주영이《나의 첫사랑 발레》(안무 장운규)를 귀엽게 춤췄다.

김주원에게 우선 안무에 욕심을 내지 않은 것을 높이 평가하고 싶다. 무용가는 훌륭한 표현능력만으로도 충분히 존경받을 가치가 있다. 꼭 안무를 해야 만이 진짜 무용가는 아니다. 무용가들의 안무에 대한 집착은 어떤 콤플렉스로도 느껴진다. 미하일 바리시니코프가 안무를 하지 않고 나이에 맞는 춤에 전념하는 모습은 엄숙하게도 느껴진다.

또 다양한 파트너와의 무대 시도도 인상적이다. 함께 무대에 설 기회가 거의 없는 국립발레단과 유니버설발레단 단원들과 함께 선 것이나 한국무용가의 안무에 몸을 맡긴 것도 용기 있는 시도다. 물론 첫 번째 시도여서 호흡이 잘 맞지 않는 부분이 있었다. 한국춤의 기가 담긴 무브먼트보다는 깔끔한 선을 중시하는 발레가 부분적으로 화합하지 못한 경우가 있었다. 하지만 이런 시도가 벽을 넘는 미래지향적 한국 춤의 좋은 모범으로 평가하고 싶다. 특히 이들이 각 부분과 장르를 대표, 한국 춤의 미래를 약속하는 스타들이어서 더 의미가 깊어 보인다.

— 춤 2007년 4월호

안무가 집중육성지원 사업 안무발표회

2007 안무가 집중육성지원사업 안무발표회 2008년 1월 4/7일 아르코예술극장 대극장

「안무가 집중육성 지원사업」은 한국문화예술위원회 출범 후 1기 위원회가 무용을 비롯해 연극, 음악, 전통예술 등 4개 공연예술분야의 창작력을 높이기 위해 의욕적으로 마련한 '공연예술프로그램 특성화 사업'의 일환으로 2007년 시작됐다. 이에 2007년 공연예술프로그램 특성화사업 추진단(단장 양정수)은 2008년 1월 4일 김남진, 한창호, 신은주, 7일 이순주, 김지원, 박재현 등 6명의 작품을 우수작으로 선정해 안무발표회를 가졌다.

《브라더(Brother)》(안무 김남진)는 가야금과 구음으로 연주한 구전민요 '진주난봉가'를 배경으로 정상인과 장애인 두 형제의 애증이 가슴 아프게 풀어졌다. 장애인 동생이 도망가지 못하게 묶어 놓은 끈은 끊을 수 없는 인연의 끈으로도 읽혔다. 동생은 토끼인형을 들고 놀았고, 형은 캠코더를 들고 동생 등을 찍었다. 영상은 곧바로 무대 위 스크린으로 투영됐는데 관객들이 앞에서 보는 모습과 카메라가 찍은 뒷모습이 스크린에 비쳐 과연 무엇이 진실인가를 묻게 했다. 보이지 않는 이면을 투사하면서 일반인이 놓치기 쉬운 사회적 진실에 대해 날카로우면서도 따뜻한 시선을 보냈다.

하지만 가위로 인연의 끈을 끊자 카메라도 끊긴다. 이제 남은 것은 눈에 보이는 잔혹한 가학적 본능뿐이다. 토끼인형은 갈가리 찢기고 형제는 두꺼비에게 '헌 집을 줄 테니 새집을 달

라'고 노래한다. 피곤한 현실에 대한 도피가 느껴진다. 하지만 현실의 도피는 불가능하다. 형제가 함께 고전적 의미에서는 춤이라고 할 수 없는 괴로운 거친 몸짓으로 갈등과 화해를 그려냈다. 그 교류가 너무도 감동적이어서 눈물이 날 것도 같다.

마지막 상의와 하의의 색을 서로 달리한 이들이 한 몸이 되면서 둘의 의상은 비로소 완벽해진다. 워크숍은 거친 욕설과 폭력이 있는 비극 버전이었는데 정작 무대에서는 거친 에너지가 많이 순화돼 가슴 뭉클한 감동을 만들어냈다. 개인적으로 대중성과 예술성을 갖춰 고정레퍼토리로 순회공연도 가능해 이번 사업의 가장 큰 성과가 아닌가 생각된다.

《들꽃》(안무 한창호)은 테크닉적으로 빠르고 정확하고 비인간적 느낌이 좋았다. 그러나 전쟁과 민초 등 상투적 내용이 연상돼 아쉬웠다.

말레비치의 절대추상에서 안무의 단서를 포착한 《이도공간(異圖空間)》(안무 신은주)은 객석과 무대와의 커뮤니케이션에 문제가 좀 있었다. 몸의 반쪽은 가고 있는데 나머지 반쪽이 생각대로 따라주지 않는 국면이다.

《키스》(안무 이순주)는 관능적 작품이었는데 좀 더 공격적이었으면 싶었다.

《러시(RUSH)》(안무 김지원)는 재미있는 착상의 무대구성이었는데, 이 역시 반짝이 의상을 입힌 것이 사족(蛇足)이 아니었나 싶다. 방향을 잡아 한 쪽으로 집중하는 젊은 과감함이 요구된다.

《그 녀석=크라잉(Crying)》(안무 박재현)은 다양한 도구를 사용, 정체성의 혼란을 재미있게 그렸다. 그러나 충격과 재미가 반복돼 지루한 느낌도 없지 않았다.　　　― 춤 2008년 2월호

2008 안무가 집중육성지원사업 안무발표회 2009년 1월 8～9일 아르코예술극장 소극장

한국문화예술위원회는 '2008년 안무가 집중육성지원사업'의 결실을 관객 및 관계자들에게 선보였다. 2008년 2기로 11명의 젊은 안무가를 선정, 8개월 간 집중 교육과정을 통해 가장 우수한 안무가로 선택된 정미영, 김주성, 진윤희, 김성훈 등 4명의 작품이 무대에 올랐다.

결론부터 말해 '안무발표회(Demonstration)'의 결과는 썩 신통치 않다. 전체적으로 소재주의에 빠져 춤의 본질보다는 외형에 집중한 결과 춤의 본질에서 좀 멀어져 있는 듯한 느낌

이다. 물론 결과야 어쨌든 간에 신인들이었던 만큼 온 몸을 던진 다양하고도 과감한 도전은 높이 사기 충분하다.

한편 이 사업의 전망은 그리 밝아 보이지 않는다. 성과가 별로 두드러지지 않은 가운데 거액의 사업비가 들어가는 만큼 2기 예술위에서는 조정이 불가피해 보이기 때문이다. 그러나 경비절감을 위해 사업을 축소 또는 폐지한다고 하면 어쩔 수 없으나, 성과를 이유로 사업을 폐지하는 것은 결코 옳은 방향으로 보이지 않는다. 이제 2회로 아직 삼세번도 끝나지 않은 시행착오 과정인 사업이기 때문이다. 한 사업을 만들기는 어렵다. 그러나 없애기는 쉽다. 그리고 이를 다시 살리기는 불가능에 가깝다. 선의를 가지고 어렵게 만든 사업이니 만큼 가능한 좋은 방향으로 본래의 의도를 잘 살려서 운용하는 지혜가 필요해 보인다.

「2008 안무가 집중육성지원사업 안무발표회」에서 가장 주목됐던 작품은 김성훈 안무작 《훔친관계》였다. 우선 국내에서 가장 권위 있는 젊은 안무가 경연무대로 평가되는 「평론가가 뽑은 젊은 무용가 초청공연」 2007년, 2008년에서 각각 최우수 안무자로 선정된 김판선, 신창호 등의 출연이 눈길을 끌었다. 김성훈은 인간을 옥죄이다 못해 급기야 인간을 무의식 상태로 만들어 지배하는 탐욕을 생고기를 오브제로 해 풀어냈다.

그러나 원래 안무의도가 제대로 펼치지 못해서인지 의미가 반감돼 아쉽다. 안무자는 당초 피가 뚝뚝 떨어지는 날고기를 오브제로 쓸 예정이었다. 그러나 극장측에서 피가 벽에 튀면 500만원, 바닥에 떨어지면 50만원의 벌금을 부여한다고 경고, 피가 떨어지는 고기를 쓰지 못했다. 극장측 입장도 이해해야 할 것이 피가 떨어지면 지하 소극장에서 냄새가 좀처럼 없어지지 않아 다음 공연은 물론 다른 공연에도 큰 영향을 미쳐 부득이한 조치로 이해된다.

이에 따라 출연진은 밤새 고기를 물로 '빨아' 핏물을 말끔히 제거한 좀 '물이 간' 정육을 사용, 작품은 시작부터 본래의 안무의도를 제대로 살리지 못하고 작품에 들어간 것으로 알려졌다.

세 명이 무용수는 각각 가로 20cm, 세로 80cm, 두께 10cm쯤 되는 생고기를 마치 파라오처럼 머리에 쓰고, 바닥에 놓고 물구나무를 서고, 심지어 씹어 뱉기도 했다. 음악은 카를 오르프의 '카르미나 브라나'의 '구운 백조의 노래'였다. 음악과 생고기의 연결 패러디가 재미있었으며 생고기의 과감한 사용은 물신주의, 전체주의의 느낌도 났다. 장엄한 음악, 키치한 날고기, 속도감과 힘이 넘치는 춤은 인간의 탐욕을 감정적 측면에서, 그리고 육체의 측면에서 격렬하게 풀어냈다. 하지만 '물이 간 고기'는 본래의 강렬한 안무의도를 표현하지 못했다. 그로테스크 미학에 이르지 못하고 부분적으로 역겨움으로 다가오기도 해 아쉬움이 남았다.

김주성의 안무작《삼형제(Three brothers)》는 희망을 잃은 채 살아가는 이 시대 젊은이들의 자화상을 개그버전으로 경쾌하게 그렸다. 그러나 안정된 호흡에 고난도 테크닉을 사용, 작품의 품위와 완성도를 높였다. 모범생 큰 형, 투덜이 둘째, 그리고 착한 셋째의 춤을 의자를 사용해 좋은 속도감으로 그려냈다. 가벼우면서도 쉽지 않은 테크닉으로 다양하게 그려낸 그림이 앞으로가 더욱 기대를 모은다.

진윤희의 안무작《바디 심포니(Body Symphony)》는 전자 첼로 연주자를 무대에 끌어들여 움직임과 소리의 조화로 하나의 교향곡과 같은 무대를 시도했다. 전자 첼로 연주자의 관능적 연주모습과 낯선 미래주의 경향이 재미있는 구도를 만들어냈다. 책상 위에서 물구나무 선 자세로 첼로 연주를 하고, 이와 대칭인 상태에서 무브먼트를 만들어내는 등 고난도 앙상블이 눈길을 끌었다. 그러나 춤이 무대를 장악하지 못하고, 전자 첼로가 무대의 중심을 차지, 주객이 전도된 느낌이 없지 않았다. 첼로 연주가 너무 강해 춤이 백댄스로 전락, 춤 맛을 잃어버려 아쉬움이 남는다. 많은 고민을 하며 열심히 담아냈는데 너무 많이 담지 않았나 싶다.

정미영의 안무작《누구시죠?》는 기억이 다시 만들어내는 의식에 대한 탐구 과정을 그렸는데 안무의도와 표현이 제대로 어울리지 못해 좀 더 정리가 필요해 보였다. — 춤 2009년 2월호

오늘의 무용가 초대전

오늘의 무용가 초대전 2006 2006년 3월 3~4일 아르코예술극장 대극장

무용가 하면 전문가들은 안무가를 먼저 떠올린다. 그러나 일반인들은 무용수가 먼저 떠오른다. 일반인들은 안무라는 말 자체도 생소하다. 영어 단어도 무용가 하면 코레오그라퍼(choreographer)보다 댄서(dancer)가 먼저 떠오른다. 그만큼 일반에게는 무용수가 더 대중적인데 그들이 상대적으로 전문가들로부터 평가받지 못하는 것은 분명 아쉬운 대목이다. 그런 점에서 무용수 4명의 작품과 이들 4개의 작품을 이어 붙인 새로운 작품을 만들어낸 이번 공연 「오늘의 무용가 초대전 2006 - 춤, 우리들의 생존방식」은 무용수 중심의 춤 영역의 아름다움과 함께 안무자의 역할을 분명히 보여주는 재미있는 공연이었다.

《5분의 긴장》(안무 박소정)은 인체를 그로테스크하게 왜곡한 데칼코마니 영상과 속도감 넘치는 춤이 잘 이어 붙었다. 영상은 이제 확실히 '춤의 꿈'이 됐다. 영상이 없는 춤무대는 심심해 보이기도 한다. 영상이 너무 강해 춤이 잘 보이지 않는 아쉬움이 없지 않았지만 한국 현대무용 최고 수준의 테크니션으로 꼽히는 박소정은 자신의 속도감 넘치는 기량을 유감없이 보여줬다. 중성적 에너지로 공연을 앞 둔 '5분의 긴장' 속에 벌어질 수 있는 댄서의 다양한 심리적 빛깔을 속도감, 긴장감 넘치게 보여줬다.

《철근 꽃》(안무 장현수)은 구음과 파두 음악을 배경으로 양쪽이 터진 투명 상자를 이용해 입체적인 춤을 만들었다. 파두 음악이 갖고 있는 아스라한 이국취미를 한국춤 특유의 긴장과 관능으로 잘 묶어 냈다.

《예기치 못한 풍경은 설레임》(안무 김선이)은 물방울 소리와 빨간 사과의 이미지가 강렬하게 다가왔다. 거기에 얹어낸 김선이의 몸짓은 깔끔했고 추상적이었다. 끊임없이 변화하려는 모습이 인상적이었다.

《몸이 보내는 서신》(안무 조정희)은 발레의 기본을 이용해 몸을 아름답게, 그리고 재미있고 보여주는 작품이다. 한 번 본 작품이지만 다시 봐도 역시 아름답고 재미있다. 무용수의 몸의 아름다움이 춤의 아름다움과 얼마나 밀접한지를 여실히 보여주는 작품이다.

이 네 작품을 한 무대에 올려놓아 만든《춤4중주-테이블》(안무 홍승엽)은 원소들의 어떻게 화학적으로 결합해 새로운 물질을 만들어내는지 보여준다. '수소'와 '산소'가 결합해 전혀 다른 '물'을 만들어내는 그런 신기함이다.

홍승엽은 4개의 춤의 요소를 테이블 위에 올려놓았다.《철근 꽃》의 힘과 속도감,《예기치 못한 풍경은 설레임》의 강렬한 표현력, 그리고《5분의 긴장》과《몸이 보내는 서신》의 테크닉을 테이블 위에 불안하게 올려놨다. 이것이 장미꽃의 전달을 통해 수건돌리기처럼 무대의 중심으로 관객들의 눈길을 잡아가며 변주된다. 전혀 다른 4개의 작품을 테이블과 장미, 날카로운 조명선을 이용해 오케스트레이션한 홍승엽의 재주가 비상하다.

만약 이 작품에서 무용수들이 이만한 능력과 안무요소를 보여주지 못했으면 과연 이런 근사한 춤의 4중주가 가능했을까? 당연히 불가능했을 것이다. 무용수는 분명 안무를 변화시킬 수 있다. 극작가가 배우를 보고 희곡을 쓰듯, 안무가는 무용수를 보고 안무가 떠오르기도 할 것이다. 그러나 역시 구슬이 서 말이라도 꿰어야 보배다. 전혀 개성이 다른 소품 4개를 한 무대에 올려 연주해낸 홍승엽의 재주에 놀라지 않을 수 없다.

인간사회 어디나 그렇듯 춤에도 각자의 생존방식이 있다는 것을 잘 보여준 기획무대라는 생각이다. 각자의 생존방식을 존중, 누가 누구에게 종속된 것이 아니라 각자의 필요성으로 인해 서로가 존재할 수 있다. 그것이 깨지면? 만인에 대한 만인의 투쟁이라는 야만적 상황에서 발전을 기약할 수 없는 무모한 소모전 양상이 악순환되지 않을까.　— 춤 2006년 4월호

우리시대의 무용가

우리시대의 무용가 2002 2002년 11월 18~19일 LG아트센터

무용기획사 MCT가 주최한 「우리 시대의 무용가 2002 – 몸의 만유인력, 2인무」는 한국무용, 발레, 현대무용 등 우리 춤의 각 영역에서 내로라하는 독특한 개성을 갖춘 무용가들을 짝지은 재미있는 기획이었다. 그러나 전체적으로 의욕이 앞선 채 연습이 부족해 보여 완성도가 높아 보이지는 않았다. 한 무대에서 어울리기 힘든 이들을 한 무대에서 봤다는 사실 자체에 만족해야 할 것으로 생각됐다.

프랑스 유학파인 현대무용가 김원&김성한이 함께 한 첫 무대《망각의 터널》은 조명으로 다양한 공간을 만들어가며 비장미 넘치는 음악, 전자파 펄스음과 앰뷸런스 경광등 소리 등을 변주한 음향으로 인간 소통의 어려움을 그려냈다. 무대의 논리적 구성과 속도감은 깔끔한 이미지를 만들어냈다.

한국무용가 김은희와 현대무용가 박호빈의《달에 묻은 섬》도 남녀의 사랑을 비행기 위에 서있음직한 위기의 상황으로 묘사, 관심을 끌었다. 프로펠러 돌아가는 소리, 비행기 이륙하는 소리, 거센 바람에 균형을 잡지 못하고 날려 뒹굴면서도 여자를 향해 기어가는 몸짓이 재미있었다. 그러나 바람이 또는 비행기가 멈추고 난 뒤부터는 평범한 추상으로 돌아온 듯해 아쉬움이 남았다.

안은미&임혜경의《Please close your eyes》는 안은미가 2002년 5월 김지영을 상대로 안무한 작품《Paper lady》와 유사한 느낌이었으나 이미지는 훨씬 컬트했다. 유두에 은빛 칠을

한 채 토플리스 차림으로 등장한 안은미나 중성적인 느낌의 임혜경의 모습은 독특했다. 특히 목을 자르고, 칼로 자해하는 등 무용무대에서는 좀처럼 보기 힘든 엽기적 장면도 나왔다. 임혜경이 천사로 부활해 안은미를 죽이는 장면은 헐리우드식 사족처럼 보였다. 키치, 그로테스크, 컬트를 결합한 안은미 특유의 재기가 가득한 무대였다. 그러나 안은미가 등장했을 때부터 이미 예상하고 있던 일들이 그대로 무대에 드러나 다소 허탈한 감은 있다. 이미 예견된 충격적 이미지는 더 이상 충격적이지 않기 때문이다.

발레리나 박인자와 화가 이만익이 함께 한《눈물》은 만난 것에 의미를 둬야 할 작품이라고 생각한다. '가슴 절절한 무엇이 있는 것으로 유명한 이만익의 시낭송'은 아직 대형무대에 올리기에는 다소 약했다. 또 박인자의 춤도 이 모든 것을 감싸안는 중년의 농익은 관능과 여유를 보여주지 못하고 사춘기적 감정의 표출에 그친 느낌이다.

한편 한국무용가 강미선과 발레리노 제임스 전이 함께 춘《백수광부의 노래》는 서로의 몸을 생각하지 않은 채 욕심이 앞선 무대로 생각됐다. 이 작품에서 제임스 전이 강미선을 4번쯤 들었는데 너무 무거워 보여 위태로울 정도였다. 2001년 바리시니코프가 내한해 아주 평이한 춤사위로 춤을 췄다. 이와 관련 평범한 그의 춤사위에 대한 비판도 없지 않았다. 그러나 '자신이 지금 할 수 있는 최선의 아름다움'을 보여준 그의 춤은 현재의 춤 자체를 즐기는 대가로서의 품위와 여유가 넘쳤다. 또 강미선이 공연한《데미안》에서 사용한 움직이는 벽들이 다시 사용됐는데 그 의미가 분명히 전달되지 않았다. 의미가 분명치 않은 가운데 다른 작품에서 사용한 소품을 그냥 사용하는 게 왠지 성의가 없어 보이기도 했다.

— 춤 2002년 12월호

우리시대의 무용가 2004 2004년 11월 12~13일 호암아트홀

「우리시대의 무용가 2004 - 몸의 만유인력, 2인무」는 대중성 아니 정확히 흥행성에의 집착이 공연을 어떻게 망칠 수 있는가를 보여준 무대가 아닌가 싶다. 이 공연의 출연자 하나하나는 혼자로서 무대 하나를 너끈히 지고 갈 능력을 가진 현재 한국 무용의 스타들이다. 그러나 둘이, 또 전체가 모였을 때 방향성 없이 지리멸렬, 관객들을 실망시켰다. 과거의 명작을 보여준다는 점에서 다시 보기 힘든 이들 스타들의 명편을 감상할 수 있는 기쁨을 줬다. 때문에 이들의 명성에 매혹된, 혹은 관련된 관객들로 객석은 연일 만원을 이뤘다. 그러나 당시의 감동을 기억하는 관객들에게는 크게 떨어진 작품의 긴장과 밀도가 훤히 보였다.

이번 공연에서 유일한 창작인 강미선-박호빈 커플의《뺑덕어멈이 심봉사를…》(안무 제임스 전)은 박호빈이 뺑덕어멈역을, 강미선이 심봉사역을 맡아 성을 도치한 것이 재미있었다. 한국 춤 각 분야를 대표할 만한 스타 무용가들이 자신을 이 만큼 과감하게 망가트릴 수 있는 용기에 대해서는 칭찬하고 싶다. 하지만 거기서 끝이 아닌가 싶다. 고전의 패러디는 풍자성이 생명이다. 역을 바꾸고 설정을 새롭게 했으면 좀 더 공격적으로 나가야 하지 않았을까 싶다. 배경음악으로 판소리 '심청가'를 버린 이상 '심청가'를 압도하는 음악이 필요했다. 그러나 단정한 클래식 음악에 그쳤다. 단정한 클래식 음악이라 하더라도 도발적인 안무가 필요했다. 그러나 얌전했다. 발레 안무가가 한국무용가와 현대무용가를 대상으로 장난스런 실험에 그치지 않았나 하는 아쉬움이 남는다. 바닥을 긁어내는 풍자와 해학의 패러디로 작품을 끌어가야 했다. 희극성으로 강미선과 박호빈을 좀 더 망가트려야(?) 했는데 역할 도치의 단순한 서사에 그쳐 차라리 안하느니만 못했다는 생각도 든다.

김선이-남도욱의《빨간 부처》(안무 홍승엽)는 전체적으로 단아한 무브먼트에 명징한 상징성이 돋보이는 작품이다. 그러나 인간의 본원적 결함, 혹은 원죄를 상징하는 붉은 색 절름발이 갈라는 단정하고 빠른 속도감에 좋은 구도를 만들어 냈지만 작품 전체의 느낌을 제대로 전달하지 못해 답답했다.

이윤경-손관중의《검은 호흡, 두 번째 이야기》(안무 손관중)에서 손관중 특유의 무거운 호흡은 여전했다. 그러나 이윤경과 춤의 칼라가 잘 맞지 않았다. 이윤경의 춤은 나이를 이긴 놀라운 테크닉과 깔끔한 이미지가 특징이다. 즐겁고 신나는 투명한 속도감에서 제일 빛이 난다. 반면 손관중의 춤은 에너지를 안으로 응축, 둔탁하게 뽑아내는 무브먼트가 일품이다. 야구용어를 빌면 이윤경은 빠르지만 가벼운 속구(速球)이고 손관중은 느리지만 무거운 강구(剛球)다. 회전이 있고 없고의 차이다. 초연에서 전체적으로 무겁고 폭력적인 가학적 이미지의 생명력을 찾기 힘들었다.

김순정-조정희의《외침과 속삭임》(안무 홍승엽)은 홍승엽 특유의 깔끔한 춤경향과 두 발레리나의 정갈한 테크닉이 잘 어울렸다. 피아노-첼로-피아노를 따라 편안한 속삭임은 있었지만 강한 외침이나 울림이 없었다. — 춤 2004년 12월호

우리시대의 무용가 2008 2008년 11월 21~22일 아르코예술극장 대극장

김은희, 박호빈, 김윤정, 이용인, 이경은, 차진엽 등 독창성과 테크닉으로 한국을 대표하기 충분한 30~40대 젊은 우리시대의 무용가 6명이 한 무대에 섰다는 것만 해도 충분히 의미가 있다. 한국 춤의 과거를 모으고, 현재를 평가하며 미래를 내다볼 수 있는 창(窓)이기 때문이다.

《너를 만나다》(안무 김윤정)는 2008년 10월 LIG아트홀 제작지원으로 초연한 작품으로 연극성이 강한 두 춤꾼이 재미있게 만난 작품이다. 잘 정리된 드라마에 많은 생각과 느낌을 담고 있으면서도 결코 불편하지 않은 김윤정의 춤스타일이 독특한 개성의 대중성을 무기로 떠오르는 기대주 류장현과 잘 어울렸다. 작품은 루이스 캐럴의 〈이상한 나라의 앨리스〉와 생텍쥐베리의 〈어린왕자〉가 만나 벌이는 즐거운 유희다.

'무궁화 꽃이 피었습니다' 놀이처럼 시작해 올이 풀려가면서 입은 옷이 사라지는 장면은 작품 초반부터 관객의 시선을 사로잡았다. 앨리스와 어린왕자의 꿈의 통신으로도 이해되는 재미있는 상상이다. 이 풀어진 핑크빛 실을 뒤집어쓰고 나타난 어린왕자 류장현의 우주여행과 졸지에 벌거벗겨져 토끼굴에 빠진 앨리스의 쫓고 쫓기는 만남이 편안하지만 쉽지 않은 동작으로 재치있게 구성됐다. 조그만 별 모양의 텐트 안에서 벌어지는 일이 궁금증을 자아내고, 순식간에 서로의 옷을 바꿔 입는 매직기법도 재미있다. 독특한 상상력의 즐거운 사랑을 아기자기하게 입체적으로 그려냈다.

《바빌론의 공중정원》(안무 박호빈)은 박호빈의 폭발적인 안무력과 춤솜씨를 확인할 수 있는 작품이었다. 시원하고 빠른 동작은 안무가로서의 재능도 재능이지만 무용수로서의 박호빈의 가치가 아직 여전함을 보여줬다. 알기 쉬운 무대구성과 재미있는 표현, 빠른 속도감과 시원한 동작이 안무자의 대표작 가운데 하나로 하기에 부족함이 없어 보인다. 초연때 한국춤의 스타일리스트 김은희와 함께 했는데 새로운 파트너 김윤아와도 우아하면서도 속도감이 뛰어난 멋진 앙상블을 보여줬다. 사랑의 갈등, 고통, 그리고 행복감을 군더더기 없이 깔끔하게 그려내면서도 깊은 내면을 잘 담아냈다.

《못》(안무 김은희)은 섬뜩한 귀기와 요염한 관능을 깊은 호흡의 동작으로 풀어냈다. 빛으로 구성된 연못 속에서 조용히 살아 움직이는 영혼을 하나 하나 점을 찍어내는 신기(神氣)로 잘 살려냈다.

《네 개의 시선-겨울》(안무 이용인)은 3인무가 만들어낼 수 있는 모든 동작을 무대에서 엮어낸 것 같다. 속도감을 달리 표현했더라면 다채로운 구도의 춤이 좀 더 살았을 것으로 생각된다.

《비(飛)나비》(안무 차진엽)는 의미를 벗어나 좋은 움직임과 리듬으로 멋진 그림을 만들었다.

두 개의 바를 이용한 솔로춤《커넥트, 디스커넥트(connect, disconnect)》(안무 이경은)는 재치와 위트가 경쾌한 움직임 속에 잘 표현됐다. ― 춤 2008년 12월호

우리춤 빛깔찾기

우리춤 빛깔찾기 9 2004년 10월 5~6일 예술의전당 토월극장

　2004년 9번째를 맞는「우리춤 빛깔찾기」는 한국 춤의 정체성 확인과 세계무대 진출을 도모하기 위해 기획된 프로그램으로, 한국 춤 각 분야에서 자리잡은 안무가들의 무대다. 이번에는 《幻(환)-가을산조》(안무 박인자), 《바람의 집》(안무 박명숙), 《진리의 길》(안무 임학선) 등 세 작품이 무대에 올랐다.

　《幻(환)-가을산조》는 가야금의 명인 황병기의 음악 '밤의 소리' '비단길' '하림성' 등에 맞춘 발레작품이다. 가장 아름다운 한국 전통음악 가운데 하나인 산조에 발레 춤사위를 얹은 시도는 참신했다. 고요한 정적미로 시작해 때로 강하고, 빠르게 변주하는 산조 발레는 가을의 우수, 환상을 느끼게 하는 아름답고 우아한 이미지를 만들어냈다. 특히 교과서적인 발레 춤사위를 쉽지 않은 음악에 실어 다양한 형태로 속도감 있게 밀어붙인 것은 아무리 칭찬해도 지나치지 않아 보인다.

　그러나 산조를 발레로 풀어내는 전략이 좀 평이하지 않았나 싶다. 산조음악 특유의 미학이나 가야금과 대금의 악기적 특징에 따라 안무를 달리하는 전략이 필요해 보인다.

　산조뿐만 아니라 한국음악의 특징 중의 하나가 농현(弄絃)이다. 중간, 중간 꺾어 음을 풀어주고, 높은 쪽으로 올라갈 때도 그냥 올라가지 않고 한번 쉬어 가며 편안하게 올라가게 하는 한편 음의 경직성을 풀어주는 즐거운 울림이 있는 것이 농현이다. 한국 전통춤은 이 농현을 손짓과 발짓, 어깨짓, 몸짓으로 풀어내는 노하우를 갖고 있다.

하지만 서양음악에는 농현이 없다. 꾸밈음이나 트레몰로가 있지만 국악에서 농현처럼 광범위하게 쓰이지 않는다. 서양음악에서 이런 음들은 기본적으로 불완전한 음으로 간주하기 때문이다. 발레는 정확한 화성과 엄격한 대위법을 바탕으로 만들어진 서양음악을 바탕으로 만들어졌기 때문에 한국음악에서 느껴지는 여유와 즉흥적인 흥과 신명을 표현하기가 쉽지 않다. 단적으로 비약해서 말한다면 발레는 통상 길게 끄는 호흡의 음악으로 춤을 춘다. 짧은 호흡으로 떨려 뜯는 음악에 맞춰 춤을 추기가 여간 어려운 것이 아니다. 뜯는 음악에 끄는 춤을 추려면 교과서적인 정통성이 아니라 변칙의 융통성과 다양성이 요구될 수밖에 없다. 이 작품이 가야금 산조에서는 춤과 음악의 불협화음이 느껴졌지만, 대금 산조에서는 독특한 느낌으로 어울렸던 것이 이를 잘 보여준다.

《바람의 집》(안무 박명숙)은 박명숙류 현대무용 특유의 연극적 느낌이 그대로 살아있는 작품이다. 바람소리, 비행기 소리 등 현대의 다양한 소음과 결합된 뉴에이지 음악에 마네킹과 유령 등을 이용한 놀이를 이용한 춤사위를 통해 현대의 지루하고 부조리한 상황을 아기자기하게 그려냈다. 하지만 갈등과 경쟁이 지나치게 반복된 감이 없지 않다. 지루하게 반복된 일상을 지루하게 반복하며 표현하는 것도 논리적 설득력은 있다. 그러나 속도나 표현의 변화, 강약을 통해 폭발적인 탄력을 보여줬다면 풀밭 위의 식사나 폭풍주의보, 바람의 집, 그리고 꿈꾸는 도시의 이미지가 훨씬 생명력 있게 객석으로 다가오지 않았을까 싶다.

《진리의 길》(안무 임학선)은 공자를 소재로 한 한국춤이다. 제자들이 공자에게 예를 올리는 일무와 거문고를 형상화한 거문고춤, 죽간을 주요 소재로 사용한 학문, 그리고 마지막에 일무가 다시 한번 반복되는 수미쌍관의 형식으로 구성됐다. 한국춤에서 보기 드문 스펙터클을 시도한 것은 높이 평가할 만하다. 또 거문고의 이미지를 형상과 소리로 잘 연결한 재치는 재미있었다.

그러나 전체적 통일성이 부족해 스펙터클 특유의 힘이 빠져 아쉽다. 두 번째 날 공연 마지막 장 일무에서 왼쪽 끝줄에서 출연자 한 명은 등장 순서를 잊었는지 함께 나오지 못하고 뒤늦게 나와 새로 줄을 맞추는 촌극을 빚기도 했다. 잘 쌓여진 탑을 일거에 허무는 실수다.

또 중국춤 이미지의 특징 중의 하나인 아크로바틱한 기교를 찾기 힘들었다. 이것이 스펙터클에 힘을 주지 못한 결정적 이유 중의 하나가 될 것이다. 세계 영화계를 강타한 〈와호장룡〉이나 〈영웅〉, 그리고 〈연인〉(원제 十面埋伏)에서 아크로바틱이 빠졌다면 과연 성공할 수 있었을까. 아크로바틱 없이 중국의 스펙터클을 시도한 것은 좀 무모하다 싶다. 예를 들어 학문

부분에서 죽간을 이용해 글을 쓰는데, 대만의 현대무용단 '클라우드 게이트 댄스시어터(雲門舞集)'가 떠올랐다. 몸을 붓으로 해 글을 쓴 클라우드 게이트와 털 빠진 몽당붓과 같은 죽간을 이용한 1차원적 상상에 따른 서체 모방이 주는 감동의 차이는 하늘과 땅 차이였다.

마지막으로 재치를 남용, 진부함을 만들어냈다는 느낌도 든다. 각 장마다 주제를 표현하는 대표적인 이미지는 독특하고 전달력이 좋다. 꿩털이 그렇고 거문고가 그렇고, 죽간이 그렇다. 그러나 하나의 소재로 전부를 이끌고 가기에는 힘이 좀 부쳐 보인다. 스펙터클도 테크닉도 부족한 단순한 재치 한 가지로 변덕스런 관객들의 눈길을 오랫동안 무대에 잡기는 어렵다.

한국정신의 상당부분은 중국의 도움을 받은 것이 사실이다. 따라서 중국에 대한 천착을 통해 한국적인 정체성 모색이 결코 무의미한 일은 아니다. 중국춤의 정신과 방법을 통해 우리춤의 빛깔을 찾으려 한 이 작품의 시도 역시 충분히 의미를 갖고 있다. 그러나 이 작품은 중국춤 빛깔의 모방에 그치지 않았나 싶다. 장이모우의 영화 〈연인〉이 전작과 다른 실패를 기록한 것은 무협지 특유의 중국적 서사와 감성을 버리고 할리우드적 블록버스터의 복잡한 크기의 유혹에 빠짐으로써 자가당착의 십면매복에 빠진 것으로 생각된다.《진리의 길》도 같은 매복에 걸린 것으로 보인다.　　　　　　　　　　　　　　　　　　　　　　— 춤 2004년 11월호

우리춤 빛깔찾기 10 2005년 10월 8~9일 호암아트홀

1996년 국제무용협회(CID-UNESCO) 한국본부가 우리춤의 정체성 확인과 세계무대 진출을 도모하기 위하여 기획한 프로그램인 「우리춤 빛깔찾기」가 벌써 10회나 됐다. 10회가 되면서 재미있는 현상이 보이는 것 같다. 안무가들이 모두 남성이다. 초기에는 주로 여성이었는데 이제 남성 위주로 바뀌었다. 여기만 그런 것이 아니다. 최근 마감한 「2006년 평론가가 뽑은 젊은 무용가 초청공연」에도 남성이 주를 이뤘다. 여성 위주 무용계의 개편을 예상케 하는 조짐인지도 모르겠다. 이와 관련한 여러 가지 분석과 생각이 없을 수 없겠지만 긍정이건, 부정이건 간에 균형이 무너지는 것은 결코 바람직하지 않은 것으로 생각된다. 새로운 여성안무가들의 약진과 분발이 요구된다.

트러스트무용단의《랜드스케이프(Landscape)》(안무 김윤규)는 좋은 풍경을 만들어냈다. 무대를 모두 벗겨내고 이곳 저곳에 이미지를 오밀조밀 엮어 놓으면서 마치 현대미술의 비조 마르셀 뒤샹의 작품 〈상자〉를 보는 듯하다. 뒤샹은 상자 속에 변기를 이용해 만든 레디메이드 작품 〈샘〉을 비롯해 파리의 공기, 의자, 안경 등 다양한 것을 담아냈다. 뒤샹의 상자처럼 따뜻한 정경과 에피소드가 잘 들어가 있었다.

이런 배경에 바닷물소리, 꿈, 해변에 파도가 쳤다가 빠지면서 나는 자갈의 명랑한 소리 등의 소리에 맞춰 편안하게 펼쳐진 의자를 이용한 부감(俯瞰)효과의 춤은 도가적 편안한 느낌이 묻어났다. 또 방울 빼앗기 놀이에서는 샤머니즘적 토속성이, 화선지에 그림을 그리는 장면에서는 편안한 동양적 예도의 정서도 느껴졌다. 반벙어리를 표현한 단편에서는 방향성을 잃은 현대인의 혼란의 느낌도 났다.

도가적인 무위가 해변 고향의 햇살 가득한 나른한 향수에 젖어 만들어내는 편안함이 돋보이는 풍경이었다.

세컨드네이처댄스컴퍼니의《결정적 순간》(안무 김성한)은 김성한 춤 특유의 속도감과 추상성이 중심이 되어 만들어진 작품이다. 한국 춤의 키워드는 확실히 불안, 혼돈, 방황 등 자폐적 느낌이다. 이런 상황이 반복적으로 전개되는 가운데 그 안에서 '결정적 순간'을 찾아내려는 작가의 집요함이 느껴졌다. 불안과 혼돈 등 극복돼야 할 반복적인 현실과 일상을 뛰어넘는 날카로운 시각을 대비시킨 것은 좋은 착상으로 보인다. 하지만 단순한 반복과 소음이 관객들에게 좀 버겁지 않았나 하는 생각도 든다.

김윤수무용단의《만찬 1.5》(안무 김윤수)는 한국 춤 작품으로서는 드물게 희극적 극성을 띠어 이채로웠다. 하지만 유럽식 만찬과 한국적 한정식이 섞여 있는 듯해 아쉬움이 남는다. 희극적 성격을 강화해 좀 더 즐겁게 놀면서, 컬트하게 작품을 풀어갔으면 추구하는 주제와 잘 어울렸을 것 같다. 그러나 중간적 입장에서 타협해, 사춘기적 동화 같은 만찬이 되고 만 듯한 느낌이다. 블랙유머를 바탕으로 한 진지한 희극으로 들어가든지, 아니면 왕창 부서지는 개그버전으로 갔으면 좀 더 작품의 느낌이 강하지 않았을까 싶다.　　— 춤 2005년 11월호

젊은 안무자 창작공연

2002 젊은 안무자 창작공연 2002년 7월 2~9일 문예진흥원 예술극장 소극장

한국무용협회가 주최하는 「젊은 안무자 창작공연」은 엄정한 심사를 걸쳐 출연자가 결정되는 만큼, 젊은 기대주를 만날 수 있는 무용계의 권위있는 무대 중 하나다. 가혹하게 평가하기에는 미안한, 아직 가능성이 많은 젊은 안무가들의 무대지만 이들이 우리 춤의 미래를 이끌어갈 한 젊은 대표주자군이라는 점에서 조금 엄격하게 바라봤다. 2002년 무대에는 전국에서 40여명이 출연을 신청해 9명이 선정됐다. 선정자는 ▲2~3일 우혜영, 김진완, 신종철 ▲5~6일 정유라, 좌유경, 김진미 ▲8~9일 이태상, 차진엽, 윤혜정 등이었다. 심사결과 차진엽이 최우수안무자로, 신종철이 우수안무자로 뽑혔다.

《상황설정Ⅰ-시계》(안무 우혜영)의 안무자는 "시계를 보며, 정확히 시계의 순환을 보며 살아가는 과정과 몹시 흡사함을 느낀다. 시계의 초침, 분침과 시침의 만남과 어긋남이 반복되는 과정과 가끔은 느리게 가끔은 빠르게 지나가며, 다시 원래의 점 그대로 돌아오게 되는 그리고 시작되는 미묘함을 묘사하였다"고 안무의도를 적고 있다.

전체적으로 말의 느낌은 멋있을지 모르지만 의미가 전달되지 않는다. 비문법적이다. 시계를 보며 살아가는 주체야 일반주어, 또는 자신으로 생략할 수 있다고 치자. 그러나 살아가는 과정이 무엇과 흡사한지 비교대상이 나와 있지 않다. 시계의 초침, 분침, 시침의 만남과 어긋남이 반복되는 과정이라고 했는데, 만남은 가능하지만 어긋남은 의미가 와 닿지 않는다. 가끔은 느리게 가끔은 빠르게 지나가며, 다시 원래의 점 그대로 돌아오게 되는 그리고 시작되는 미묘함을 묘사하였다고 했는데 여기에도 역시 주어가 없다. 자신인지, 시계인지, 또 과연 묘사와 설명의 차이를 알고 안무의도를 썼는지 모르겠다. 안무의도가 비논리적이고 불분명 하니 춤이 선명할 수 없다. 쓰인 안무의도처럼 의욕만 과잉된 채 사춘기 소녀적 진부한 감상 의 나열에 그치고 말았다는 느낌이다.

시계가 나오고, 숫자가 나오고, 돈이 뿌려지고, 삶은 권태롭고, 시계는 돌아가면서 삶의 불안한 균형이 유지되는 내용은 너무나 뻔하다. 시계하면 떠오르는 스테레오타입한 상상 력, 아니 관념들이 병렬식으로 나열돼있다. 진부한 관념이니 표현도 진부하다. 템포감도 없 다. 고난도 테크닉도 보이지 않는다. 신인으로서 무언가 뛰어넘으려는 의지가 보이지 않는 다. 그저 여기까지 온 것이 만족해하는 듯하다. 작품은 시간이 남아 어쩔 줄 모르는 모습으 로 끝을 맺었다.

《新. 처용의 눈물》(안무 김진완)도 전작과 크게 다름이 없었다. 처용설화를 삼각관계로 해 석해 침대위에서의 다툼을 위주로 그렸다. 그러나 이 작품은 작품 자체도 문제였지만 그보다 소속 무용단원들의 지나친 이기주의, 또는 과열된 경쟁의식이 더 큰 문제로 생각됐다.

이 작품의 두 번째 공연인 3일 극장 문을 열기 전부터 문 앞에 서있던 이 무용단원들은 문 이 열리자마자 심사위원석 주변자리를 차지하고도 모자라 빈자리에 가방과 소지품을 놓고 관람하기 좋은 자리를 독점했다. 늦게 온 다른 친구들을 위한 배려다. 그렇게 해서라도 작품 을 잘 관람했으면 문제가 없었을 것이다. 일찍 일어난 새가 벌레를 잡는 법이니까. 그러나 이 들 가운데 일부가 다른 팀의 작품에 대해서 최소한의 예의도 갖추지 않는 몰염치함을 보이 는 등 공연을 방해하는 행위까지 서슴지 않은 데 문제가 있었다.

하루에 세 편씩 공연되는 일정에서 이 작품은 두 번째 공연이었는데 미리 자리를 차지 한 무용단 관련 학생은 첫 번째 작품이 시작되자마자 핸드폰을 켜놓고 문자메시지를 열심 히 받아 보고 있었다. 공연에는 아무관심도 없었다. 참다못해 "핸드폰 좀 끕시다"하고 지적 했는데도 몸을 옆으로 돌려 계속해서 문자메시지를 보다가는 이내 고개를 뒤로 젖히고 편 안한 자세로 잠을 청했다. 춤추는 사람의 표정은 물론, 호흡까지 들리는 좁은 소극장의 객 석 한가운데서 이런 자세로 잠을 자는 것은 분명 출연자에 대한 모독이며, 공연에 대한 명 백한 방해였다.

이 학생은 두 번째 공연이 시작되자 자세를 고쳐 바르게 앉았다. 그래서 이 학생이 이 무 용단 소속이라는 것을 알았다. 이 학생을 포함, 미리 자리를 독점했던 학생들은 미리 약속된

대로 공연 중 붉은색 레이저 빔을 무용수에게 쏴 춤의 진행을 돕고, 공연이 끝난 뒤 극장이 떠나갈 듯한 환호와 함께 발을 구르며 박수를 쳤다.

그러나 이미 지적한 대로 이 작품은 수준 미달이었다. 헤어질 때는 비가 오고, 위기의 순간에는 천둥이 치는 등 틀에 박힌 진부한 상상력에 감정과잉의 오버액션이 버무려진 졸작이었다. 그는 본인이 갖고 있는 좋은 춤 재주도 제대로 보여주지 못한 것으로 생각됐다. 이 작품에 대한 소속 무용단원들의 비명에 가까운 비정상적인 환호는 어이가 없었다. 물론 이는 이 무용단만의 문제가 아니다. 다른 무용단도 이와 같은 행태를 흔히 보인다.

이는 결국 남을 인정하지 않은 '근친교배'가 가져오는 열성인자의 발현과 같은 필연적인 결과가 아닌가 싶다. 남의 작품을 인정하지 않으니, 자신의 춤을 객관적으로 볼 수가 없을 것이다. 그러니 당연히 자신이 속한 동아리의 맹목적인 보호와 찬사에 의존할 수밖에 없다. 여기서는 '벌거숭이 임금'과 같은 어리석은 독선과 위선이 만연할 수밖에 없을 것이다.

《기브온에서 꿈을 꾸다》(안무 신종철)는 이날 앞의 두 공연 관람의 불편한 마음을 씻어준 상큼한 무대였다. 러닝머신을 이용, 역동적이고 아크로바틱하게 만든 춤이 신선했다. 러닝머신을 이용해 마치 LP레코드판을 가지고 랩음악의 스크래치와 같은 효과를 만들어 냈고, 러닝머신을 뒤집고 세우는 등 다양한 이미지를 만들어 냈다. 이는 자연을 호흡할 수 없는 도시인들이 생존을 위해 러닝머신 같은 운동기구를 만들어 낼 수밖에 없는 상황을 표현한다. 이는 현대인의 고독이나, 질곡, 강박관념 등을 잘 전달하고 있는 듯하다. 여기에 더해진 개목걸이 이미지는 이 같은 현대인의 아픔을 한층 더 짙게 색칠하고 있다. 그러나 역시 제목이 춤 내용보다 어렵다. '기브온'은 솔로몬이 다스렸던 도시인지, 또 그 어떤 뜻이 있는지 궁금증을 자아내게 한다. 춤 내용은 도둑들의 이야기를 소재로 한 춤은 가볍고 현대적인데 제목이 난해해 관객들이 이에 집착하게 되기 때문에 작품이 주는 맛을 충분히 즐기지 못하고 있는 것 같다.

《윌슨자매의 전락》(안무 정유라)은 전락의 모습이 안 보인다. 윌슨자매가 어떻게 전락했는지 그 전락의 이미지가 보이지 않는다. 뿐만 아니라 윌슨자매의 전락의 이유와 과정이 관객들에게 전달되지 않는다. 소품과 조명 등 무대에 대한 전략도 보이지 않는 아쉬운 무대였다.

《시선》(안무 좌유경)은 한국춤으로는 드물게 높이를 만들었다는 점에서 관심을 갖게 한다. 기타연주에 굿거리장단, 바이올린, 아라비아스타일의 중성적인 구음에 맞춰 드레스를 춤춘 것도 한국춤의 대한 고정관념을 넘으려는 젊은 시도로 보인다. 그러나 한복을 입고 춤을 출 때와 한복을 입고 춤을 출 때 분명 전략이 달라야 한다. 한삼을 들고 살풀이를 출 때와 맨손으로 추는 살풀이의 춤사위가 같다면 자연적으로 드레스를 입었을 때의 춤사위가 약하다. 상황에 맞게 좀 더 강한 춤사위가 필요하지 않을까 싶다. 또 높이를 시도한 외에 2인무의 전략이 보이지 않아 춤의 '시선'이 삶에 있어서 가장 역동적인 순간으로 보이지 않는다. 그저 그렇고 그런 사랑놀이나 사랑싸움으로 보인다. 이와 함께 춤사위가 다소 마임적이어서 다이나믹한 힘이 없는 것이 아쉽다.

《본능의 수작》(안무 김진미)은 춤집이 좋았다. 음과 양을 포함한 소품의 이용도 재미있었다. 무술 같은 춤사위는 힘이 잘 들어갔고 역동적이었다. 그러나 분장과 의상이 춤을 받쳐 주지 못했다. 소품과 무술동작 비슷한 춤사위 때문에 그랬는지 1980~90년대 홍콩의 영화감독 서극의 작품에서 나오는 의상과 분장이 느껴졌다. 또 제목이 너무 직설적인 것이 아쉽다. 다른 작품들은 제목이 너무 추상적이어서 작품의 감상에 방해가 됐는데, 이 작품은 제목이 너무 구체적이어서 작품의 감상을 제한하고 있었다. 그러나 이 모든 것이 이 춤이 잘 못 만들어지고, 잘 못 추어졌다는 설명은 되지 못한다. 전체적으로 힘이 있고, 신선하면서도 세련된 작품이었던 것은 분명하다. 단지 몇 가지 아쉬운 점이 보인다는 뜻이다.

《개구리가 새를…》(안무 이태상)은 조명을 이용해 마치 개구리가 연꽃잎을 건너뛰는 듯한 재미있는 이미지로 시작했다. 그러나 이후의 진행은 진부했다. 제목에서부터 예측가능한 영상은 다소 지루했고, 깃털을 붙인 개구리의 이미지는 좀 어이가 없었다. 좋은 춤을 갖고 있지만 그 안에 생각을 집어넣는데 주변의 환경을 뛰어넘지 못하고 있는 듯한 느낌이었다.

《너에게 묻는다》(안무 차진엽)는 잘 만들어진 춤집에 다양한 아이디어와 생각을 담아 춤맛을 제대로 보여준 젊은 춤꾼의 무대로 생각된다. 싱크대 자리 뺏기, 하이힐 빼앗기, 의자뺏기 등을 통해 남자와 여자, 여자와 여자, 남자와 남자, 나아가 사람과 사람들 사이의 격렬한 경쟁의 삶을 잘 포착해냈다. 특히 '하이힐'을 한 짝씩 신고 다투는 장면에서는 '낭패(狼狽)'라는 한자단어가 생각난다. 앞다리가 긴 이리가 '낭(狼)'이고, 뒷다리가 긴 이리가 '패(狽)'다. '낭'과 '이'는 혼자서는 다닐 수가 없어 꼭 둘이 다닌다. 그러다가 가끔 떨어져 서로 꼼짝 못하는 경우가 있다. 이 경우가 바로 '낭패'다. 또 '나는 오른 쪽 다리를 절고, 안해는 왼쪽 다리를 전다. 우리는 도울 수 없는 부부'라는 이상의 짧은 시 〈지비(紙碑)〉를 생각나게도 한다. 산산이 부서져 고립된 개인이 강박관념에 빠져 가는 장면을 끊임없이 반복되는 신발뺏기,

또 빼앗은 신발을 벗고 신기, 절름발이로 걷기 등으로 드라이하게 그려내면서도, '낭패'의 고사와 이상의 시 '지비'가 연상돼 춤에 짙은 문학적 향기도 보태졌다.

또 '누가, 왜, 어떻게, 언제, 어디서, 무엇을' 등 존재의 의미를 묻는 의문사 '5W1H'를 방언의 형식으로 잘 삽입한 것 같다. 통상 무용에서 언어가 들어가면 생경하기 마련인데 출연자들이 자신있게 소리를 낸 것이 효과적이었던 것 같다.

이와 함께 삼각형, 사각형, 원으로 구성한 무대는 후기 인상주의 화가 세잔을 생각나게 한다. 세잔은 삼각뿔, 육면체, 원 또는 원기둥으로 모든 것을 표현할 수 있다며 현대 추상미술의 시대를 열었다. 차진엽은 구상의 형태를 띤 이 추상의 무대에서 다양한 아이디어로 채색된 펄펄 뛰는 생선과 같은 탄력 있는 춤사위를 잘 그려냈다.

《목잠》(안무 윤혜정)은 좀 엉뚱하다 싶은 의상과 부잡스러운 슬라이드 영상, 잡다한 조명과 포그가 좋은 춤을 가려버렸다.

이미 하나하나 살펴봤지만 「2002 젊은 안무자 창작공연」을 전체적으로 정리하면 출연자 전원이 춤의 하드웨어는 모두 잘 갖춰졌다는 생각이다. 그러나 그 춤의 내용에 들어가서는 문제가 있었다. 진부한 상상력, 타성적인 관념에 빠져 '젊은 안무자다운' 스승의 작품세계를 탈피하고, 무용계의 타성을 깨는 도전적인 신선한 시도를 찾기 힘들었다. — 춤 2002년 8월호

주목-흐름을 눈여겨보다

2004 주목-흐름을 눈여겨보다 2004년 3월 13~16일 국립극장 달오름극장

　김현자 예술감독 체제의 국립무용단이 외부의 중견 안무가 3인을 초빙, 눈길을 끄는 무대 「주목(注目)-흐름을 눈여겨보다」를 마련했다. 《잎새에 이는 바람》(안무 김장우), 《태허(太虛)》(안무 정혜진), 《다산(多産)의 땅》(안무 최데레사) 등 세 작품이 무대에 올랐다.

　국립무용단은 김현자 예술감독 취임이후 극무용 전통에서 이미지 중심의 현대적인 창작 춤으로의 변환을 꾀했다. 하지만 30년이 넘는 극무용 전통에서 단번에 발을 빼기는 쉽지 않은 것 같다. 이번 객원안무가 초빙도 극무용 계열 쪽에 가까운 김장우, 정혜진과 아예 현대무용가인 최데레사를 선택, 아직도 뚜렷한 좌표를 찾지 못한 채 방향을 모색중인 국립무용단의 고민을 여실히 보여줬다.

　《잎새에 이는 바람》은 제목만을 보면 "잎새에 이는 바람에도 괴로워했던" 윤동주의 〈서시(序詩)〉를 생각나게 했다. 하지만 실제 작품은 전혀 달랐다. 투구를 쓰고 갑옷을 입은 마네킹에 화살이 날아와 꽂히고 피가 옷에 번지는 스펙터클한 드라마로 작품이 시작됐다. 다소 어리둥절한 느낌이었는데 안무자는 "한 젊은이의 비장하고 순수한 열정, 조국을 위해 목숨을 던진 노장군의 고귀한 역사적 의미를 무대에 올려, 암울하고 탁한 이 시대에 새로운 의지의 표출로 승화하였다"고 안무의도를 밝혔다. 하지만 올곧은 선비의 지조를 지키려는 섬세한 식민지 시대 시인의 절규와 영웅주의의 결합이 쉬워 보이지는 않았고, 실제 무대에서 그 결합을 찾기 어려웠다. 시인의 섬세한 열정은 실종된 채 과장된 영웅주의와 애정주의가 감정

의 신파로 흐른 느낌이다. 다양한 장치와 조명, 큰 춤사위를 통해 춤의 스펙터클과 긴장미는 잘 살렸지만 '잎새에 이는 바람'이 빠진 듯 뭔가가 좀 허전했다. 새로운 흐름을 눈 여겨 볼만한 뭔가를 찾기 어려운 외화내빈(外華內貧)의 무대가 아니었나 생각된다.

'크게(太) 비어있는(虛) 하늘'을 뜻하는 《태허》 역시 공허해 보였다. 《백조의 호수》 느낌이 나는 춤과 의상에 태극권을 이용한 큰 동작이 시원해 보이기는 했지만 춤과 음악, 안무자의 의도가 잘 맞아 돌아가며 객석에 전달되는 것 같지는 않았다. 흰머리에 보풀바지가 매튜 본의 《백조의 호수》와 비슷한 이미지를 줬으며 춤사위도 '태허'라는 제목에 걸맞는 내적 엄밀성을 찾기 힘들었다.

이번 기획공연에서 가장 눈길을 끈 작품은 《다산의 땅》으로 평가된다. 수백 개의 계란을 오브제로 사용함으로써 작품의 메시지와 에로티즘을 중의적으로 잘 연결했다. 춤사위도 한국춤에 현대무용의 속도와 다양성을 가미해 여러 가지 의미를 만들어냈다. 특히 계란을 밟아 깨며 만들어내는 장면은 생명의 의미를 복합적으로 전달하는 데 성공했다.

극무용의 공허함을 깨고 한국무용의 정체성을 확보하면서도 표현의 다양성을 얻을 수 있는 방향 모색이 절실함을 새삼 깨우친 무대였다. ― 춤 2004년 4월호

2005 주목-흐름을 눈여겨보다 2005년 3월 24~26일 국립극장 해오름극장

국립무용단 기획의, 중견 안무가 초대전 「주목-흐름을 눈여겨보다」는 《틀》(안무 안성수), 《어디만치 왔니》(안무 김영희), 《미얄…》(안무 정은혜) 등 세 작품으로 구성되었다.

《틀》은 안성수 춤의 '틀'이 얼마나 넓은지를 보여주는 무대였다. 무용수에 따라서, 음악에 따라서 표현이 얼마나 달라질 수 있는지, 또 달라져야 하는지를 명증하게 보여줬다.

안성수는 이 작품의 전반부를 장구에 맞춰 안무했다. 그가 화성이 아닌 장구와 같은 퍼큐션에 맞춰 춤을 만든 것은 드문 일이다. 한국춤의 어깨깃과 손사위를 마치 태극의 모습처럼 흔들어 맞춘 움직임은 아주 독특했다. 특히 아름다운 등선을 활용한 춤 구성은 한국 춤은 물론 국내 발레에서도 좀처럼 보기 힘든 시도였다.

국내에서 가장 표준적인 지체미를 갖고 있는 무용단은 아마 단전에 무게 중심을 두고 안

정적인 한국적인 움직임에 기본을 둔 국립무용단일 것이다. 발레의 경우 서구적 미를 지향, 무게 중심이 하늘을 지향해 아름답기는 하지만 다소 비인간적 느낌이 나고, 현대무용은 보편을 뛰어넘는 개성과 표현이 목표다.

안성수는 그 중에서도 가장 지체미가 돋보이는 무용수들을 선택한 것 같다. 하나같이 팔등신인 늘씬한 지체미에 복근의 음영이 두드러질 정도로 강인한 중성적 모습이었다.

양옆에서 상체를 가로지르는 조명을 쏘고 그 조명 안으로 들어왔다 나갔다 하면서 전혀 새로운 이미지들을 만들어냈다. 신체의 부분이 보이기도 하고, 전체가 보이기도 하면서 만들어지는 모던한 분절 또는 절단의 이미지가 인상적이었다. 허리를 중심으로 상체를 튕겨 주고, 그 힘이 등, 어깨, 팔, 손으로 전해지는 느낌이 강인했다. 이 움직임들이 모여 대칭과 균형으로 대극장 무대를 정교하게 채웠다. 특히 김미애의 솔로춤은 단연 압권이었다.

후반부는 안성수 특유의 현악기와 관악기가 어우러진 투명한 화성에 맞춰 맺고 푸는 한국춤의 또 다른 맛을 보여줬다. 그러나 빠른 부분에서의 기의 흐름이 느린 부분에서처럼 고르게 퍼져 나가지 못해 아직 새로운 움직임에 완전히 익숙해지지 못한 단점을 노출하기도 했다.

천하를 놓고 결전을 벌인 항우와 유방의 초한전이 끝나고 유방과 한신이 지휘할 수 있는 병사의 수를 두고 토론한 적이 있다. 한신이 한고조 유방은 만 명 정도의 군사밖에 지휘하지 못하지만, 자신은 많으면 많을수록 좋다고 말한 것이 다다익선(多多益善)의 고사다. 안성수는 어떤 무용수건 간에 그 무용수의 특징에 맞춰 움직임을 만들어내는 데 놀라운 재능이 있는 것 같다. 그에게 좀 더 많은 다양한 무용수를 만나게 하면 한국 춤의 언어가 좀 더 많이 넓어질 것 같다.

《어디만치 왔니》는 살(煞)이 느껴지는 안무자의 특이한 호흡과 거기에 맞는 독특한 춤사위가 만들어내는 방향성과 귀기(鬼氣) 어린 전율이 일품인 작품이다. 안무자는 그 전율을 남자 무용수들을 통해 힘차게 번역해내려 했다. 그러나 형(形)은 만들어냈지만 기(氣)는 따라 잡지 못했다. 호흡을 놓쳤기 때문이다. 그래서 김영희 특유의 살이 느껴지지 않았다. 안무자의 방식으로 훈련되지 않은 무용수를 통해 주제를 표현하려면 무용수에 따라 작품을 번안해 낼 수밖에 없을 것이다. 안무자의 의도를 일정부분 양보하는 것이 작품 전체를 살리는 방안이 될 때도 있는 것이다. 훈련이 부족한 상태에서 안무자의 의지를 강요한 결과, 형만 남고 내용은 잃어버린 결과가 됐다. 안성수가 국립무용단을 만나 변신한 것과 좋은 대조를 이룬다.

《미얄》은 편협하지 않은 다양한 형태적 실험이 돋보이는 무대였다. 이 작품은 봉산탈춤과 살풀이 등 한국전통 춤사위와 가락을 바탕으로 가부키, 분라쿠, 그리스 서사극 등 동서양 각국의 전통공연기법을 이용해 안무했다. 특히 월트디즈니의 뮤지컬 〈라이온 킹〉 이후 지금까지 세계를 휩쓸고 있는 다양한 인형극, 가면극 기법을 창작춤에 접목하려는 시도는 높이 평가받을 만하다. 미국 뉴욕 브로드웨이는 〈라이온 킹〉이 아직도 매진사례를 기록하고 있으며 지난해 성인용 인형극 뮤지컬 〈애브뉴 큐〉가 토니상을 받는 등 화제를 모으고 있다. 최근 막이 오른 연극 〈이피게니아〉도 분라쿠 방법을 이용해 큰 박수를 받고 있다.

《미얄》의 도입부는 〈라이온 킹〉을 연상시켰다. 주홍빛 조명과 그림자로 이뤄진 인상적인 배경에 이스터섬의 거상처럼 만들어 놓은 신랑신부 인형은 그로테스크함으로 객석을 압도했다. 시작도 〈라이온 킹〉이나 가부키처럼 객석에서 무대로 뛰어 들어왔는데 춤공연에서는 좀처럼 보기 힘든 시도였다. 하지만 이왕 흥으로 시작한 것인데 좀 더 놀았어야 하지 않았을까 싶다. 또 인형도 몸통에 비해 손이 다소 약해 의미의 전달이 손상된 느낌이다.

열림과 혼인이 끝나고 환란과 세월의 흐름을 표현할 때 분라쿠의 인형조종사들처럼 분장한 군무가 인상적이었으며 해산장면에서 끈으로 이어낸 것은 생명의 끈, 태와 인연의 끈을 연상시켜 좋았다. 탈춤 본연의 해학과 풍자를 잘 살린 안무전략도 좋았고, 신명으로만 흐르지 않고 진중한 살풀이를 통해 작품의 분위기를 잡아나간 것도 높이 평가할 만하다. 환란을 날카로운 죽창춤으로 풀어낸 것도 과감했으며 그림자극을 이용해 상황을 표현한 것도 재미있었다. 미얄의 죽음을 극대화한 대미도 뛰어났다. 도리스 험프리던가, 마지막이 작품의 40%라고. 탈을 벗어 던지고 땀에 젖은 맨 얼굴로 살풀이를 춘 장현수의 춤은 자칫 장난기로 흐를 수 있는 작품에 묵직한 감동을 얹었다. 할 말은 다하면서도 속도감과 재미, 예술적 완성도도 느껴지는 실험적 무대였다.　　　　　　　　　　　　　　　　　— 춤 2005년 4월호

창작발레신인안무가전

제9회 창작발레 신인안무가전 2006년 3월 5일 국립극장 달오름극장

한국 춤의 여러 가지 편견 가운데 하나가 발레 부분에서 창작력이 떨어진다는 것이다. 진지한 고민 없이 형태미에 너무 신경을 써 창작이 나오지 않는다는 주장이다. 하지만 발레가 일정 수준에 오르기까지 상대적으로 기본 난이도가 높아 창작춤이 잘 나오지 않는다는 것이 더 설득력이 있지 않을까 싶다. 하지만 한국발레협회가 주최한 「9회 창작발레 신인안무가전-서울시민을 위한 발레의 초대」에 나온 작품들은 비록 소품이기는 하지만 주제와 표현 면에서 완성도가 높아 이런 주장들이 근거 없는 편견에 불과하다는 것을 잘 보여주는 것도 같다. 특히 고난도 테크닉을 바탕으로 충분히 시사적인 현실적인 주제를 대중적으로 접근, 춤 대중화의 한 방향을 제시했다는 생각도 든다.

《164cm》(안무 김경영)는 키 큰 여학생을 좋아하는 키 작은 남학생의 상황을 통해 왕따와 같은 청소년 문제를 재미있게 풀었다. 영화 〈죽은 시인의 사회〉에서 차용한 책상 위에 올라가는 모습에서 시작한 이 작품은 소품과 영상, 대자보 낙서 등을 활용해서 학교생활의 아기자기한 모습을 잘 그려냈다. 그로테스크한 빛의 활용과 의자와 책상을 이용한 격렬한 이미지도 좋았다. 하지만 영화와 작품의 이미지의 혼란이 약간 있다. 〈죽은 시인의 사회〉에서 책상 위에 올라간 학생들은 기존의 질서를 깨는 저항 또는 자유에 대한 의사 표시로 이 학교 문제교사에 대한 존경의 표시다. 그런데 이 작품에서 책상 위에 올라가는 모습은 그런 누구에 대한 존경의 표시가 아니고 그냥 반항, 또는 왕따 당한 164cm 학생에 대한 반성, 추모의 모습 같은 데 공통의 의미가 좀 이어지지 않아 어색해 보였다.

《마스크》(안무 송성호) 역시 영화 〈마스크〉의 느낌이 났다. 하지만 영화의 슈퍼 파워가 아니라 인간의 이중성에 집중해 작품을 재미있게 풀어갔다. 아이디어가 좋았고, 크고 인상적인 동작으로 관객들의 관심도 집중시켰다. 그러나 빨갛고 하얀 마스크가 너무 강해 보였다. 하얀 마스크만으로도 표현이 충분히 가능해 보였다. 결론을 좀 더 극적으로 부각시킬 필요도 있어 보인다.

《지금 나는 …이고 싶다》(안무 김은주)는 요즘 문제가 되고 있는 기러기 아빠를 소재로 했다. 기본적인 춤과 마임으로 치맛바람과 아이의 허영을 재미있게 그렸다. 이를 위해 기계적으로 반복되는 직장생활을 고통스럽게 이어가고 있는 아버지의 모습이 잘 대비됐다. 좀 더 희화적으로 냉정하게 그려갔다면, 작품이 원하는 효과가 배가되지 않았을까 생각된다.

《이면(other side)》(안무 신무섭)은 무용수의 수준이 춤의 완성도에 얼마나 영향을 미치는가를 단적으로 보여주고 있다. 노보연, 전효정, 김혜원, 박창모, 유회웅, 박기현 등 국립발레단원들이 등장, 아크로바틱한 생동감 넘치는 춤을 보여줬다. 물 흘러가듯, 바람불어 넘어가듯 부드럽게 스쳐 돌아가는 춤의 연결 속에서 삶의 안팎을 감각적으로 그려냈다.

— 춤 2006년 4월호

평론가가 뽑은 젊은 무용가 초청공연

평론가가 뽑은 제8회 젊은 무용가 초청공연 2005년 5월 2~5일 문예회관 대극장

「평론가가 뽑은 제8회 젊은 무용가 초청공연 2005」에서는 박나훈, 박인주, 이해준, 김정아, 윤정민, 이태상, 김정은, 정영두 등 8명의 젊은 무용가가 각각 최선의 작품을 선보였다.

박나훈 안무의《세 개의 공기》는 독창적인 소재와 안무로 현대인의 보편적 고민을 담아 관객으로 하여금 여러 가지 생각을 갖게 하는 재미있는 무대였다. 2004년 그가 최우수안무가로 뽑힌 이유를 충분히 짐작케 한다.

이 작품은 아주 낯선 독특함으로 시작했다. 세 명의 무용수는 하얀 고치 속에 위 아래로 얼굴과 다리만 쑥 나와 있는 우스운 모습이었다. 얼굴은 입을 한껏 벌리고 잔뜩 찌푸린 표정으로 욕구불만에 가득 차 뭔가를 갈구하는 형상이었다. 전체적으로 둔한 모습에 빠르게 움직이는 발이 언밸런스해 절로 웃음을 자아내게 한다. 물 위에 우아하게 떠있지만 수면 아래서 끝없이 움직이는 백조의 발처럼 현대사회의 비인간적인 경쟁의 모습도 연상케 한다.

하얀 포대에 바람이 들어와 고치가 나비 같은 모습으로 변하는 것은 신선한 경험이었다. 설치작가 최정화의 작품 느낌이 났는데, 함께 고안해 만든 무대라는 것을 나중에 확인했다. 바람을 이용한 최정화의 독특한 설치작품을, 놀이에서 따온 재미있는 연기와 춤으로 절묘하게 엮어, 살려냈다. 꽃이 활짝 핀다는 느낌, 애벌레가 고치를 뚫고 날아오른다는 느낌, 또는

관능적인 발기의 느낌도 났다. 이것을 경쟁에서 이긴 자에게 주는 상으로 풀어낸 것도 재미 있는 착상이었다. 활짝 피기 위해, 비상하기 위해, 짝을 얻기 위해 벌이는 치열한 경쟁의 다양한 양태 묘사도 절로 웃음을 머금게 한다. 우둔하게 사는 자, 요령으로 사는 자, 능력이 뛰어난 자 등 다양한 승자를 연출해내며 모두에게 의미를 둔 안무자의 따뜻한 시각도 느껴진다. 껍질을 벗어버리는 자유, 본능으로의 도피, 혓바닥을 빼물고 견디어야 하는 삶의 신고도 느껴진다. 단편을 장편으로 만드는 것은 사족일 위험이 많다. 하지만 이 작품은 원래 장편으로 구성돼 있는 것을 이번 무대를 위해 단편으로 압축해 놓은 것 같다. 이 작품에 등장하는 애드벌룬 설치작업처럼 제대로 바람을 넣어 본래의 의도로 늘일 필요도 있을 것 같다.

정영두의 《내가 가진 하늘》은 엉덩이를 쭉 뒤로 뽑고 팔을 옆구리에 걸친 묘한 자세가 중심 움직임이다. 얼핏 태권도의 기마자세 비슷하지만 움직이는 것이 꼭 엉덩이를 들어올린 오리걸음 같기도, 바지에 실례를 해 어쩔 줄 모르는 자세 같기도 한 희극적인 몸짓이다.

자기가 지고 있는 하늘이 무거워서일까. 그 내리누르는 하늘을 피해 도망다니는 몸짓이 처음에는 웃으면서 보다가 계속 반복되는 움직임에 이내 웃음을 잃어버리게 된다. 시종 무음악으로 진행된 춤은 관객들을 시간이 갈수록 더욱 압박했다. 그 압박을 깨는 무용수끼리의 격한 충돌은 관객을 움찔하게 만든다. 무대 뒤 극장 밖에서 들리는 작은 소음들이 마치 음악처럼 조용하게 객석에 깔리는 가운데 전개되는 엉거주춤한 자세의 단순한 반복 행진은 각자가 가진 무거운 하늘을, 이상을, 꿈을 느끼게 했다. 어린 시절의 여러 가지 놀이를 이용한 몸짓들은 지금 각자가 지고 있는 오염된 현재 하늘의 무게를 더욱 무겁게 했다.

단숨에 벗어부친 몸은 아름답고 용감했다. 하지만 이를 두고 말이 많았다. 이미 1960년대 서구에서 지나간 헤어누드라느니, 국내 무대에서 보기 힘든 과감한 무대라느니 찬반이 엇갈렸다. 다음날 공연에서 극장 측은 공연의 중지를 심각하게 요구, 차질이 빚어지기도 했다.

어쨌든 누드는 작품의 흐름에서 벗어나지는 않았다. 사금파리 긁어 벗기고픈 현재의 고통을 잘 드러낸 것 같다. 벗은 옷으로 묶은 다리라든지, 바닥에 머리를 들이받는 석고대죄라든지 치열한 자기 학대를 통한 참회와 구도의 몸짓이 느껴졌다. 고개 들어 하늘을 볼 수 없는 진지한 자기반성이 느껴진다. 이 모두가 부족한 현대인이 타협하며 살 수밖에 없는 부끄러움이 객석에 고스란히 전해졌다.

이태상의 《각속도》는 특별하게 나무랄 데가 없었다. 조명의 이용이나 무대의 분할이나 그 안에서의 움직임 모두가 편안하게 잘 짜여졌다. 강물에 빠지면 물귀신이 잡아 다니는 착각에 빠진다고 한다. 과학적으로 이는 강물을 수직으로 파고 들어갈 대 물 속의 속도가 물 속의 높이에 따라 각기 다르기 때문이라고 한다. 이태상의 주제 '각속도'는 그런 의미로 이해됐다. 이는 각자 자유스럽게 움직이며 전체적으로 한 쪽으로 흘러갈 수밖에 없는 세태를 그린 것으로 생각된다. 이태상은 이런 각속도를 춤에 마임, 연기 등을 섞어 다양한 몸짓으로 풀어냈다. 사뮈엘 베케트의 〈고도를 기다리며〉가 느껴지기도 한다. 그러나 나무랄 데가 없는 것은 좋은데 크게 박수할 것도 찾지 못해 아쉬움이 남는다. 젊은 춤 특유의 신선한 독창적 힘이, 풍자가, 도전이 더해졌으면 더 좋았을 것 같다.

김정아의 《그림자의 시선》은 좋은 몸에 좋은 무대구도를 갖고 있는 인상적인 작품이었다. 하지만 음악과 작품의 연결이 쉽지 않아 아쉬웠다. 춤공연에서 음악은 춤의 대사다. 또는 춤은 음악의 그림이기도 하다. 음악이 있거나 없거나 춤은 음악에 맞아야 한다. 무음악이어도 춤을 통해 나름의 리듬이 표현되기 마련이다. 음악은 결코 춤을 도와주는 음향효과는 아니다.

다음으로 너무나 큰 스승의 그림자다. 바둑에서 최고의 보은은 스승에게 이기는 것이다. 이창호가 조훈현의 내제자로 들어가 조훈현을 꺾은 뒤에야 비로소 스승의 격려 속에 집을 떠날 수 있었다. 스승 김영희의 작품 그림자가 너무 커 보였다. 강한, 날씬한, 세련된 김영희의 느낌이 났다. 그것이 실제 김정아의 느낌일 수도 있겠지만 그것은 결코 김정아의 그림자가 될 수 없다. '돌부처' 이창호는 '제비' 조훈현의 수로 조훈현을 이기지 못했다. 날렵한 제비에서 꺼낸 '돌부처'같이 뭉툭한 천라지망의 부동의 수로 '제비' 조훈현을 잡은 것이다.

무트는 분명 좋은 방법론을 개발해냈다. 하지만 너무 오래, 많이 고여 있다. 제자들이 스승의 방법론을 자양분 삼아 더 강한 새로움을 개발해내야 한다. 뿌리는 같지만 전혀 다른 자신의 움직임들을 만들어야 한다. 그렇지 않다면 전통이나, 신무용으로 돌아가는 것보다 못한 결과가 나올 우려가 있어 보인다. 시장은 냉정하다. 선두 진입자는 단순한 시도 이상의 효과를 거둘 수 있다. 어떤 역사학자가 말했다. 동기가 선한 자가 복이 있다고. 그러나 선수를 친 자가 이에 세 배에 해당하는 복이 있다고. 먼저 시작한 사람은 똑같이 하지만 나중에 시작한 사람의 세 배 이상의 이익, 성과를 거둔다. 물방울 화가 김창렬의 물방울은 미술관에 전시되지만 다른 화가가 그린 물방울은 공예점에서 팔릴 수밖에 없는 이치와 같다. 이는 표현과 주제가 예외적으로 강렬할 경우 더 그렇다.

윤정민의 《스킨십》은 이번 공연 가운데 춤과 음악이 가장 풍성한 고전적 작품으로 생각된다. 한국춤의 전통에 바탕한 춤사위로 음악성을 잘 살려냈다. 설치작업도 작품의 배경이상으로 잘 녹아들었다. 무용수들을 비춰 무대를 확장할 뿐 아니라, 무용수의 등·퇴장 수단으로도 이용, 다차원 공간의 느낌을 만들어냈다.

하지만 작품의 골격이 지나치게 감성적인 것이 단점으로 보인다. 무거운 것도 문제지만, 가벼운 것도 문제다. 표현은 가볍더라도 주제는 정곡을 찔러야 한다. 목줄기를 겨누는 섬뜩한 무엇이 있어야 한다. 참을 수 없는 가벼움으로 힘겨운 세상을, 두터운 위선의 벽을 허무는 촌철의 칼을 벼릴 수 있어야 한다. 춤의 맛과 그림은 깔끔하고 즐거웠지만 그 내용이 사춘기적 감수성에 그치고 만 것 같아 아쉽다. 이를 보완해 줄 영상은 출력이 약해 보조조명의 효과밖에 거두지 못했다.

김정은의 《다른 신을 섬기지 말라》는 전체적으로 무대의 컴포지션이 잘 맞지 않았다. 무용수들이 열심히 하는 모습은 역연했지만 전략적 혼선이 엿보였다. 의미와 추상 사이에서 어정쩡하게 왔다 갔다 하면서 안무의도가 흔들린 것 같다. 특히 영상이 춤과 경쟁을 하면서 춤으로부터 시선을 빼앗는 역효과가 나기도 했다.

이해준의 《누가 혹시 작살잡는 것을 두려워하나》는 허먼 멜빌의 소설 〈백경〉 속에 1980년 광주의 모습을 담아낸 것 같아 시쳇말로 좀 '생뚱맞아' 보였다. 좋은 몸에 좋은 구도와 아이디어로 작품을 짜 나갔으나 너무 큰 거대 서사 두 가지를 하나로 엮으려 한 것이 무리가 아니었나 싶다. 동해바다에서 송창식의 〈고래사냥〉을 들으면서 에이허브 선장의 흰 고래를 잡으려 작살을 던진 것이, 화염병으로 변해 광주에 떨어진 것 같은 지리멸렬한 느낌이다.

박인주의 《온고이지신(溫故而知新)》은 제목을 '무제'라고 했으면 더 좋았을 것 같다. 과거를 통해 새 것을 안다는 뜻의 '온고이지신'을 중심으로 작품을 해석하려니 좀처럼 실마리를 잡기 어려웠다. 무대를 이것저것 많이 사용한 것은 좋았지만 좀 산만했다. 옷에 글씨를 쓴 것이나 회전목마와 장난감목마 속에 숨겨진 무엇 등이 좀 설득력 있게 논리적으로 이어지지 못했다. 그러나 무용수들이 몸을 던져 열심히 춤춘 것은 높이 평가할 만하다.

— 춤 2005년 6월호

평론가가 뽑은 제9회 젊은 무용가 초청공연 2006년 6월 16∼21일 아르코예술극장 대극장

붕어빵에는 붕어가 없다. 젊은 춤에 젊음이 없다. 젊은 춤이 어른들과 붕어빵이다. 형식과 내용에서 대체로 그렇다. 춤이 전체적으로 겉모습에 치우친다. 춤 본래의 몸보다는 영상, 음악 등 무대에 치중한다. 영상과 음악, 무대가 춤의 완성에 결정적 영향을 미치지만 역시 몸을 보여주기 위한 충분조건이지 필요조건은 아니다. 그런데 이런 것들이 주가 되어 춤이 보이지 않는다.

이런 춤에는 유행이 있다. 한때는 이러저러한 영상이 유행이었다. 영상과 춤이 아무 이유 없이 겹치고 병렬, 오히려 춤 감상에 방해가 되는 경우가 많았다. 영상에 가려 춤이 보이지 않는 경우도 허다했다. 그런데 요즘은 소리인가 보다. 어두운 조명에 귀청이 떨어져 나갈 듯한 소음을 사용해 귀가 여린 사람은 춤을 보기가 어려울 정도다. 눈이야 감으면 되지만, 이런 소리는 귀를 막아도 들린다. '시각 장애'에서 '청각 방해'를 더해 '시청각 고문'이 자행되고 있다는 자조적 느낌조차 든다. 감정과 관념의 낭비, 과장도 여전하다. 진부한 감상에, 공감할 수 없는 주제에 심각하게 인상쓰고 달려드는 모습이 좀 그렇다. 모기보고 칼을 뽑는 견문발검(見蚊拔劍), 또는 파리를 잡겠다며 소 잡는 칼을 휘두르는 느낌이다.

자연과학에서는 콩 심은 데 콩 나고, 팥 심은 데 팥 나지만 예술에서, 특히 현대예술에서는 그렇지 않다. 그것은 오히려 넘어야 할 벽이며, 타파해야 할 문화식민주의다. 예술을 비롯한 모든 영역에서 스승의 영향을 받지 않을 수 없다. 하지만 탈주와 충격을 최고의 미덕으로 치는 포스트모더니즘 시대에서, 더욱이 그 포스트모더니즘에서 가장 전위에 서있는 창작 춤 영역에서 콩을 심어 절대 콩이 나오면 안 된다. 감이 나오고, 포도가 나와야 한다. 수박이 나와야 한다. 호랑이와 사자가 나와야 한다. 큰 콩이 나와도 불만인데 조금 색깔이 다르고 작은 콩이 나오면 콩이 아니라 농부가 욕먹을 일이다. '미학의 독재자' '교실의 살해자'라는 말이 그래서 나왔다. 스승을 닮는 게 스승을 공경하는 게 아니라 오히려 스승에게 누를 끼치고, 해를 입히는 경우가 되는 것이다.

춤 본래를 생각하고, 과감한 탈주와 충격으로 기성 춤판을 강타하는 젊은 춤을 기다린다. 「평론가가 뽑은 제9회 젊은 무용가 초청공연 2006」에는 이태상, 강지혜, 홍혜전, 신종철, 박순호, 안정연, 정진용, 한창호, 서원호 등 9명의 작품이 선보였다.

2005년 《각속도》라는 작품으로 최우수안무자로 선정된 이태상의 작품 《제비》는, 작년의 교과서적인 안무에 비해 상당히 유행을 많이 탄 느낌이다. 아직 육화(肉化)하지는 못했지만 한 해 동안 세계를 돌아다니며 많은 것을 보고 고민한 모범생의 일탈이 엿보여 즐겁기도 하다.

공연이 시작되기 전 스크린을 겸하는 대형박스가 3면으로 무대를 가렸다. 마치 클래식 콘서트에서 음향반사판을 설치한 모양이다. 헬리콥터 소리가 귓전을 때리는데, 정말 견디기 쉽지 않았다. 난청이 된 '제비'가 방향감각을 잃고 스크린에 부딪히기 충분한 격렬한 '소음'이었다. 관객들도 무대 위의 제비가 되어 전전긍긍하는 듯했다. 파도가 쳐대는 해안 바위에 '제비'로 추정되는 무용수들이 엉거주춤한 기마자세로 머리를, 몸을 부딪쳤다. 얼핏 2005년 같은 무대에 섰던 정영두의 《내가 가진 하늘》이 연상되는 포즈였다.

이 작품은 약자에 무자비한 자본주의 사회에 대한 비판이 주요 주제 가운데 하나인 것 같다. 대사로 나온 '곱창집에서 일하는 연변 아주머니의 일당 2만5000원'이 그런 느낌을 확인케 한다. 시사성이 있는 좋은 주제이기는 하지만 좀 진부한 느낌이다.

이 작품에서 제비는 처음에 생물학적으로 시작해 이내 '희망'의 상징이 됐고 나중에는 '나이트클럽 제비'로까지 변한 것 같았다. 이런 사회의 비인간성을 폭로하기 위해 헬리콥터 소리에 견디기 힘든 저주파 소리까지 배경으로 쓴 것 같다. 그러나 의도도 좋고 실험도 좋지만 일반 관객에 대한 배려가 필요해 보인다. 격렬한 소음이 계속된 작품이 20분이 넘어 막판으로 접어들 때 자제력을 잃고 자리에서 일어서는 관객들도 일부 있었다. 나중에 들은 이야기이지만, 이날 함께 무대에 섰던 다른 팀 무용수들도 자신들의 공연에 영향을 미쳤다고 술회하기도 했다. 사람들에게는 부분적으로 마조히즘의 본능이 있다고 한다. 그래도 사람들은 굳이 고통받길 원하지 않는다.

강지혜 안무 《골목길 로맨스》는 검은색의 단정한 무대에 6개의 판넬을 다양한 방식으로 움직여 골목길에서 큰 길, 광장까지를 입체적으로 잘 추상화했다. 편안한 베이스 음악에 묵직한 춤을 가볍게 잘 얹었다. 자연스럽게 잘 이어진 다양한 춤선에 현대적 느낌을 얹어 관능과 향수를 맛깔나게 버무린 모던한 무대였다.

어둠 내린 골목길에서 무용수들은 검은 고양이처럼 소리 없이 움직이며 숨을, 세월을, 열정을, 호기심 가득히 단아하게 그려냈다. 마지막 부분에서 배우 황정민이 부른 영화 〈달콤한 인생〉의 삽입곡 'Honeyed Question'에 맞춘 즉흥춤은 이 작품 의미의 외연을 크게 확대했다. 달콤한 '골목길 로맨스'를 피냄새 가득한 결전의 광장으로까지 끌어냈다. '검은 풍선을 입술에 대고…'로 시작하는 이 노래는 '유혈이 낭자한 밤에 타버린 살의 내음새' '벚꽃이 흩날릴 때에 모든 게 멈추면 좋겠네' '달콤한 인생 빛이 바랜 망자의 하루, 당신은 기어이 아무런 대답 없군요' 등 무거운 감각의 가사를 보사노바에 블루스를 섞은 듯한 라틴풍의 경쾌한 리듬에 얹어 퇴폐미가 물씬 난다. 현실과 꿈의 어름에서 '조신의 꿈' 또는 '구운몽'을 연상케 하는 피냄새 자욱한 헤모글로빈 영화와 잘 어울리는 노래다.

특히 이 노래를 부른 황정민이 주는 느낌도 골목길 로망스에 새로운 의미를 더해주는 것 같다. 황정민은 바닥부터 시작해 정상에 오른 뮤지컬 배우 출신 스타다. 혼자 남아 노래연습, 춤연습을 한 연습벌레다. 경상도 사투리를 지우기 위해 연필을 입에 물고 밤늦게 혼자 연습할 정도로 '독종'이다. 그의 노래와 연기에는 그런 투혼이 살아있다. 2005년 어떤 영화제에서 수상한 뒤 '스탭들이 차려놓은 밥상을 받기만 했다'는 멋진 말로 더욱 박수를 받았다. 바닥시절 그를 도운 친구가 발레리나 출신의 뮤지컬 배우 김미혜다. 어려운 시절 가꿔온 오랜 사랑을 화려한 스포트라이트를 받는 지금 결실을 이뤄 주변의 많은 축하를 받았다.

이 노래에 맞춘 《골목길 로망스》의 마지막 즉흥춤은 영화의 비장한 검은 이미지와 배우 황정민의 성실한 이미지가 겹쳐진다. '골목길 로망스'를 떠나 '유혈이 낭자한 거리'로 나서는 젊은 춤꾼의 결의가 읽힌다. 그런 이미지의 즉흥 솔로가 끝난 뒤 이어진 여섯 명의 군무는 또 다른 '골목길 로망스'의 재생산 구조, 즉 인생은 반복된다는 잔잔한 느낌으로 정리됐다.

부드러운 춤이 편안한 음악에 실려 잔향으로 남는 가운데 검은 풍선이 쏟아지며 막이 내렸다. '검은 풍선을 입술에 대고 고개를 떨군 채 스텝을 밟으며' 결전의 광장으로 나서는 무중력의 느낌이 애잔하다. 자칫 신파로 흐르기 쉬운 주제인데 감정을 잘 추슬러 깔끔하게 마무리했다. 그러나 작품을 전체적으로 예쁘게만 만들려고 한 것은 좀 아쉽다. 영화의 이미지처럼, 노래의 가사처럼 좀 거칠게, 도전적으로 작품에 액센트를 줬으면 어땠을까 싶다.

홍혜전 안무 《Time Warp(시간왜곡)》는 권투선수와 애완견을 다른 공간의 동일한 존재로 놓고 풀어낸 작품이다. 소설과 영화, 만화 등 공상과학물에서 'Warp'는 자주 나오는 개념이다. 3차원에서 점과 점을 잇는 최단거리는 직선이다. 그런데 4차원은 다르다. 점과 점 사이를 끌어당겨 붙일 수 있는데 이를 '워프'라고 한다. 공간에 주름을 잡아 점과 점을 붙여 여행하는 것이 워프여행이다. 시간을 붙이는 것이 '타임 워프'이고 이것이 타임머신의 원리라고 설명한다. 워프가 가능하기 위해서는 광속을 넘어가는 속도가 필요하다. 그런데 현실적으로 광속을 극복하지 못해 워프는 불가능하다.

작품을 보다 설득력 있게 풀어가려면 워프를 가능케 하는 이 속도에 대한 접근이 필요했는데, 그것이 보이지 않았다. 그냥 사선으로 금을 그어놓고 이 선을 넘어가면 애완견, 다시 넘어가면 권투선수로 변하는 워프공간으로 풀어냈다. 체중조절을 위해 물을 먹지 말아야 하는 권투선수와 물을 싫어하는 개의 성질을 이용해 공간의 차이를 설명했다. 끊임없이 물을 쫓아가는 권투선수와 물을 피해 도망가는 개로써 공간의 차이와 특성을 표현했다.

이런 작품에는 탄탄한 스토리구조가 필요한데, 그것이 좀 약했다. 그래서 홍혜전 특유의 유머가 좀 뜬금없이 보였다. 허전한 부분을 메운 연기가 실감이 나지 않았고 사설이 긴 서사구조가 작품을 좀 늘어지게 했다. 사춘기 소녀적 맹목적 감성이 생경하게 드러나 아쉬웠다. 권투선수에서 개로 워프하다가, 개와 유인원으로 워프하는 것 같은데, 그 의미가 잘 이해되지 않았다. 속도의 개념을 가미해서 좀 더 드라이하게 풀어냈으면 싶다. 배경음악 'Somewhere over the rainbow'처럼 무지개 넘어 뭔가가 있을 것 같은 데 그게 'What a wonderful world' 같지는 않다.

신종철 안무《노ㅇ피》는 깔끔했다. 피아노 연주에 맞춰 잘 짜인 동작을 펴내 한편의 고전적 현대무용 마스터클래스를 보는 느낌이었다. 검은색 흰색 건반의 움직임을 잘 포착, 좋은 그림을 만들어 냈다. 그러나 피아노를 통해 동서양의 차이, 한국의 멋과 정서를 표현하겠다는 안무의도는 잘 읽혀지지 않았다.

박순호 안무《무엇이 되고 싶니?》는 강태공의 곧은 낚시가 생각났다. 춤의 힘은 좋았는데 관념이 좀 무거웠다. 감정의 낭비, 지나치게 큰 배경음향, 소화되지 않은 관념이 생경했다.

안정연 안무《각(覺)》역시 귓속으로 음향을 쾅쾅 들이부었다. 실험실의 동물처럼 갇혀있는 그림은 좋았다. 강한 조명에 강한 인상의 무브먼트. 순치되는 사하로프의 개의 이미지가 나며, 그것을 깨닫고(覺) 거부하는 인간의 강인한 의지가 느껴진다. 하지만 엉거주춤한 기마자세에 앙가슴하고 팔을 뒤로 빼고 머리를 젖히는 기본동작은 어디서 본 듯해 아쉽다.

정진용 안무《맞춤형》은 로커 전인권의〈돌고 돌고〉로 시작했다. 노래처럼 꼭두각시 춤으로 조명으로 만들어 놓은 사방형의 길을 돌고 돌았다. 시계소리, 마네킹 등을 통해 빡빡한 기계문명을 표현했고 그 위에 꼭두각시처럼 돌아가는 현대인의 기계적인 모습을 풍자한 듯하다.

한창호 안무《춤곡(哭)》은 열띤 라이브 피아노 연주에 맞춰 격렬한 새도우 복싱과 같은 에너지로 운명과, 죽음과 같은 힘에 맞서는 투지가 돋보였다. 순수한 의지의 열기와 강도는 돋보였지만 때때로 감정의 낭비가 보였고, 새로움을 찾기 힘들어 아쉽다.

서원호 안무《반가사유(半跏思惟)》는 균형감각과 춤 본래 바탕은 좋아 보였다. 하지만 '반가사유'가 보이지 않았다. 백제의 고졸의 미소, 일본이 침몰하면 이것 하나만은 구하겠다는 앙드레 말로의 그 반가사유상은 무대에서 찾기 힘들었다. 손을 볼에 놓고, 다리 하나를 다른 다리의 무릎 위로 놓는다고 최승희의 보살이 반가사유가 되지 않는다. 보살은 보살이다. '반가'와 '사유', '반'과 '가', '사'와 '유' 각각에서 다시 하나 하나의 관념의 끝을 분석한 그런 치열함을 통해 새로운 현대의 '반가사유상'을 끄집어내야 했는데, 그저 '반가사유'의 진부한 인상만을 대중 드라마 같은 구조에 얹어놓은 것 같다.　　　　　— 춤 2006년 7월호

평론가가 뽑은 제10회 젊은 무용가 초청공연 2007년 7월 15~20일 아르코예술극장 대극장

건강한 조직, 공동체, 사회, 국가, 더 나아가 세계를 이루기 위해 가장 필요한 것이 무엇일까. 두말할 것 없이 건강한 젊은이들의 재생산, 재사회화하는 시스템이다. 건강한 젊은이를 통해 조직과 공동체, 사회가 새 생명을 얻기 때문이다. 그러면 건강한 젊은이는 누구일까. 항상 갖고 있는 숙제 중의 하나다.

그런데 요즘 문득 주제 넘는다는 생각도 든다. '제 몸 하나 건사하지 못하는 놈이 무슨 남의 생각'이냐는 느낌이다. 그래서 제 몸을 잘 닦아야 가정을 잘 꾸려갈 수 있고, 가정을 잘 꾸려야 나라를 잘 다스릴 수 있다. 그리고 나서야 천하를 평안하게 할 수 있다는 수신제가치국평천하(修身齊家治國平天下)라는 말이 새록새록 새롭다. 또 군자는 스스로를 구하려하지만(君子求諸己) 소인은 남을 먼저 구하려 한다(小人求諸人)는 공자의 말씀도 곱씹고 있다.

하지만 지금보다 어렸을 때는 그렇게 생각하지 않았다. 자신의 해탈에 먼저 힘쓰는 소승(小乘)이 있고, 중생의 구제를 통해 스스로의 해탈을 꿈꾸는 대승(大乘)이 있다. 평생을 매달려도 불가능해 보이는 소승에 매달리기보다 대승을 통해 스스로를 구원하고 싶다는 생각을 갖기도 했다. 그런 생각의 연장선상에서 모든 사람이 극락에 간 뒤 자신은 마지막에 가겠다며 보살행을 실천한 유마힐을 존경했다. 지금 유마힐이 멋없다는 것은 아니지만 그만큼 절실하지 않다. 물론 내가 그렇다고 생각한들 유마힐의 본질이 바뀌는 것도 아니다.

지금보다 젊었을 때가 조금 더 바깥의 세상에 대한 관심이 컸다면, 지금은 스스로에 대한 반성과 깨달음을 더 요구하고 있다. 그러나 그때가 옳은 것도 아니고, 지금이 맞는 것도 아닐 것이다.

가급적 개인적 변화의 과정과 지금의 성향을 떠난, 스스로의 현 상황에 대한 반성을 전제로 해 젊은 춤의 지향점을 생각해보면 그래도 역시 '넘침'이 가장 중요한 것 아닐까 싶다. 결코 넘치지도 모자라지도 않은 축적과 채움이 이상적이겠지만 역시 젊은 춤에는 스스로의 한계를 넘는, 기성 춤계 전체를 놀라게 하는 무엇이 어울리는 것 같다. 그것은 생각이나 철학, 아이디어일 수도 있고, 테크닉과 형식일 수도 있다. 그 모든 것에 우선 대승이요, 그 대승이 공허하지 않도록 소승이 받쳐줘야 할 것이다. 이 같은 둘의 조화, 양립이 불가능할 경우 대승에게 더 점수를 주고 싶다.

넘치지 않고 어떻게 알맞음을 알 수 있을 것인가. 또 젊을 때 넘치지 않고 언제 넘칠 수 있을 것인가. 그게 젊음의 패기, 호연지기일 것이다. 성공적인 실패, 젊음에 가장 어울리는 경력이기도 하다. 물론 남의 깃털로 가득 장식한 까마귀의 넘침이나, 호랑이의 권세를 빈 여우의 넘침은 결코 넘침이 아니다. 그것은 사기요, 폭력일 뿐이다.

현대를 디지털의 시대를 넘어 강렬함의 시대라고도 한다. 이제 때가 되면 내려오는 동아줄은 없어졌다. 어른들의 것을 그대로 답습하며 그들의 비운 자리를 차지하려는 생각은 아예 버려야 한다. 그들의 자리 자체도 위협받고 있는 상황이다. 자기의 자리를 찾아야 한다. 스스로의 자리는 스스로 만들어야 한다. 권력은 절대 누가 주지 않는다. 스스로 만들어 가져야 한다. 이를 위해 어쩔 수 없이 내면의 소리를, 움직임을 따라갈 수밖에 없다.

「평론가가 뽑은 제10회 젊은 무용가 초청공연」을 보면서 문득 이 강렬한 시대에 필요한 젊은 춤의 조건은 역시 '내면의 넘침'이라는 생각이 들었다.

그러나 이번 공연 작품에서 내면이 넘쳐 폭발하는 작품은 찾기 어려웠다. 대체로 상당히 안정됐다. 완성도의 차이는 있었지만 주제 면에서, 형식적 측면에서, 테크닉 면에서 튀는 작품을 찾기 힘들었다. 이것은 참가 무용가들의 문제일수도 있지만 이 무대 자체의 문제는 없는지도 고려해봐야 한다. 혹시 무용가의 선정과 평가에서 혹시 안정을 강조하는 것은 아닌지 반성해 볼 필요가 있다.

이 무대는 올해로 10회 째다. 10년이면 강산도 변한다는데 정말 변했다. 10년 전 춤 예술이 이렇게 위축되지는 않았다. 경제적으로야 그때나 지금이나 다를 것이 없겠지만 지금처럼 스스로의 선택을 두려워하지는 않았던 것 같다. 하지만 지금은 현재를 힘들어하고, 미래를 불안해하고 있는 것 같다. 더욱이 한 살 많은 만큼 전체 수준이 한 살 올라가지 못하는 것 같다. 외부적으로 축소된 상태에서 안으로 더 위축되는 느낌은 상당한 위기의식을 느끼게 한다. 이런 수세적 입장을 탈피하기 위해 공격적인 유머, 무용계를 넘어 전체 예술계에 충격을 주는 그런 아이디어와 테크닉, 춤꾼이 필요하다.

또 평론도 결코 무용계 밖에 있지 않다. 평론가들이 무용가를 선정, 평가하는 이 무대가 젊은 무용가들이 가장 선호하는 무대 가운데 하나라는 점이 이를 반증한다. 10회를 맞아 한 고비를 넘어서는 이 무대를 계기로 무용수, 안무가, 이론가, 교육자, 평론가 등 무용계 구성원 모두가 스스로의 자리에서 한 단계 뛰어넘기를 기대한다. 그것이 이 무대를 지원, 후원하는 이들을 위한 일이며 스스로 사는 길이 아니냐가 생각된다.

「평론가가 뽑은 제10회 젊은 무용가 초청공연」에는 김판선, 김봉순, 이용인, 신종철, 윤수미, 노진환, 윤민석, 정연수, 박주영 등의 작품이 무대에 올랐다. 이번 무대에서 특히 김판선, 김봉순, 이용인의 작품이 눈길을 끌었다.

김판선 안무 《모먼트(moment)》는 시냇물처럼 경쾌하고, 강물처럼 유유자적한 춤사위로 종교적 엄숙함과 인간적 고뇌를 잘 배치했다.

허공에서 아래로 말벌의 집 형태로 자루가 늘어진 끝에 바닥으로 뉘어진 형태의 십자가가 달려있는데 고행의 연자방아처럼 보이기도 한다. 십자가 각각의 끝에 비닐봉지에 담긴 무엇이 그로테스크한 느낌도 준다. 식당에서 파리를 쫓기 위해 물을 담아둔 비닐봉지의 느낌도 나고, 신체의 부위를 절단해 담아됐다는 망령된 생각도 든다. 구체적으로 표현하기는 어렵지만 고통과 질투, 갈등과 희생 속에서 생명이 태어나는 장치, 또는 과정 같다. 그 옆으로 실타래같이 뒤엉킨 광목이 고통스러운 과정을 거쳐 태어난 생명의 복잡한 운명처럼도 보인다. 그 광목이 카펫 형식으로 물통으로 이어진다. 탄생, 성장, 세례의 느낌이 나는 무대 배치다.

이런 무대에서 천주교나 밀교 등 엄숙한 형식미의 종교적 냄새가 났다. 십자가를 돌리는 인간의 고뇌, 신을 상징하는 듯한 권위적으로 보이는, 나중에는 폭력적으로도 보이는 사제가 앞 서 갔다. 뒤로 구부정하고 촛불을 받쳐 들고 아크로바틱하게 돌리며 가는 모습이 얼핏 '노틀담의 꼽추' 생각이 난다. 겉으로는 성스럽지만 속으로는 본능에 끓고 있는 위선적인 프롤로와 겉모습은 기괴하지만 내면은 순수하기 이를 데 없는 콰지모도의 느낌이다. 위선적인 군림과 제의적인 고행이 전체 배경과 좋은 그림을 만들었다.

속도감과 함께 다이나믹한 움직임도 좋았다. 깔끔하면서도 적지 않은 훈련량이 필요한 고난도 테크닉도 작품 완성에 크게 기여했다.

마지막 부분에서 십자가 위 말벌의 집 같은 자루에서 한 무용수가 찢고 나온다. 오랜 고통과 희생, 기다림 속의 생명의 탄생으로 읽힌다. 그가 시계를 물통 속에 던지는데 세상에 던져진, 시간에 의해 조종되는 인간의 운명을 암시하는 것도 같다. 마지막에 물통 속에서 또 한 명의 인물이 나오는데 이 부분은 중복으로 생각된다. 서프라이징 엔딩이 두 번 돼서는 놀라지도 않을 뿐더러 첫 번째의 놀라움도 진부해지게 마련이다. 물론 물에 던진 시계를 다시 꺼내는 방법은 있어야 되는데 먼지 가득 뒤집어쓴 무용수가 한바탕 춤을 춘 뒤 스스로 물속으로 뛰어들어 시원하게 물탕을 치며 꺼내는 것이 카타르시스가 넘치지 않았을까도 생각해 본다.

한편 이 작품이 외국 작품 카피라는 주장이 제기됐다. 그러나 구체적인 근거는 제시되지 않았다. 이는 이 작품이 아직 20대의 어린 나이의 안무가가 만든 작품으로는 믿기 어려울 만큼 훌륭하다는 또 다른 평가가 아닌가도 싶다.

김봉순 안무《하얀문》은 어린 시절의 추억과 유희를 군더더기 없는 춤사위로 잘 버무렸다. 여러 개의 그림자를 무대에 투사, 추억을 증폭시킨 점, 시원한 영상에 걸 맞는 깔끔한 동작이 인상적이었다. 편안한 움직임과 경쾌, 활발한 동작을 번갈아 놓으며 시종 긴장을 놓지 않은 다양한 연극적 아이디어도 재미있었다.

이 작품의 미덕은 경쾌한 유머에 있는 것으로 보인다. 한국 춤은 대체적으로 좀 무거운 경향이 있다. 물동이, 놀이, 호루라기 등을 이용해 때때로 폭소가 터지는 재미있는 놀이형식으로 무대를 꾸몄다. 호루라기로 장면을 끊어내며, 자칫 늘어지기 쉬운 긴장을 잡아낸 것도 좋았다. 하지만 작품의 초점을 하나로 잡아내는 중심 움직임과 이미지를 찾기 힘들어 아쉽다.

이용인 안무《소녀와 죽음》은 무채색과 붉은 색으로 삶과 죽음의 이미지를 표현했다. 주인공만 빨간 원피스를 입고 나머지가 검은색인 것이 마치 영화 〈쉰들러 리스트〉가 연상된다. 영화에서 붉은 옷을 입은 소녀는 죽음이었고, 흑백의 장면들이 살아있는 사람들의 모습이다. 살아있는 것이 살아있는 것이 아니고, 죽은 것이 죽은 것이 아니라는 역설의 상징이 재미있다.

물 흐르듯이 동작이 잘 이어져 흘러갔다. 정갈한 춤 맛에 좋은 속도감, 다양한 형태미, 쉽지 않은 테크닉이 주는 몸의 느낌이 좋았다. 무대의 분할도 적절해 보였다. 음악과도 잘 붙었다.

죽음과 소녀라는 가슴 아린 역설의 이미지와 잘 어울리는 감상적인 소녀적 무대다.

하지만 너무 편안하다는 점이 불편해 보이는 것 같다. 그러나 이 역시 편견 아닐까 싶다. 세상에 대해 고민하고, 자신을 학대하며 무언가 깊은 느낌의 것을 엄숙하게 형상화해야만 이 창작성이 있는 것은 아닐 것 같다. 온 세계의 고민과 인간의 절망을 이고 지고 신음하며 인간을 해석하고 새로운 세계의 지표를 세우는 것도 분명 필요한 일이지만, 신나게 웃는 것도, 유쾌하고 즐겁게 노는 것도, 그냥 미끈한 몸, 독특한 몸의 형태를 보여주는 것도 좋은 창작의 포인트가 아닐까 싶다.

신종철 안무 《아이즈(Eyes)》는 빛을 이용해 좋은 구도와 다양한 이미지를 만들어냈다. 레오나르도 다빈치의 걸작 〈모나리자〉를 패러디한 영상도 재미있었다. 그러나 그 사이를 메웠어야 할 정열이 좀 아쉬웠다. 마지막에 전라(全裸)까지 시도했으나 좀 늦은 감이 있다. 좀 더 과감한 '눈'으로 세상을 봤으면 싶다. 또 형식면에서도 지난해 최우수상을 탄 형식을 벗어나지 못한 점도 아쉽다. 놓아야 새 것을 잡을 수 있는데, 계속 잡고 있으면 잡은 것이 아니라 붙잡힌 것이 된다.

윤수미 안무 《깃》은 무대의 무거움이 작품을 눌렀다. 제목은 작품의 말 그대로 작품의 이름이다. 얼굴이다. 상징이다. 이 제목은 가벼움이 먼저 느껴진다. 역으로 무거움 속에서 가벼움의 추구도 가능하다. 공상 과학 영화의 무중력, 묵직한 퍼즐 장치의 느낌을 주는 대형 무대가 작품의 전체 기조를 강하게 압박했다. 그 밑에서, 사이에서 무게 중심이 아래로 잡힌 묵직한 춤이 펼쳐졌는데 자신의 장점을 제대로 발휘하지 못한 것 같다.

노진환 안무 《눈먼 사람들의 여행》은 서로 다투고, 물구나무서는 움직임을 중심으로 만들어졌다. 무거운 주제를 그대로 그려냈을 뿐 소화는 시키지 못한 느낌이다. 잘못된 세상에 대한 안무자의 비판의지가 생경한 이미지로 그대로 드러났다. 제목에서처럼 눈먼 사람이 등장하는데, 그가 들고 있는 긴 지팡이는 지팡이가 아니라 균형을 잡으려는 장대처럼 보인다. 길을 찾지 못하고 엉거주춤 균형을 잡기 위해 애쓰는 모습이 연상돼 안타깝다.

윤민석 안무 《그것은(moment, humm…, movement)》은 도구에 잡힌 대표적인 작품으로 생각된다. 6개의 바로 만들어낸 그로테스크한 작품 시작의 이미지는 좋았다. 미래의 디스토피아 느낌, 노동의 고통, 왜곡된 인간이 모습 등이 연상돼 작품의 진행을 기대하게 했다. 그러나 거기서 끝이었다. 이미지와 표현의 변화, 발전 없이 오히려 이미지를 퇴행적으로 분해, 해체해 바 하나에 무용수 하나씩을 붙잡아 놓으면서 연습실이 돼버린 느낌이다. 바를 이용해 멋진 그림의 아이디어는 만들었는데, 그만 바에 묶여 지리멸렬하고 만 것 같다.

정연수 안무《봄의 제전(Turbulence)》은 움직임의 전개와 몸의 활용은 활발하고 좋았다. 하지만 주제와의 연결에서 어떤 생동감이나 연관성이 쉽게 들어오지 못했다.

박주영 안무《마중물》은 형식과 이미지, 스토리 라인, 움직임이 관성적 나열에 그친 것 같다. 창작의 원천(源泉)에서 물을 끌어올리기에는 '마중물'이 좀 부족하지 않았나 싶다.

— 춤 2007년 8월호

평론가가 뽑은 제11회 젊은 무용가 초청공연 2008년 7월 16〜20일 한전아트센터

「평론가가 뽑은 제11회 젊은 무용가 초청공연 2008」에서는 윤푸름, 신창호, 이혜경, 김판선, 김영재, 박소정, 홍은주, 최문석, 김수정 등이 공연했다. 10회까지 치러진 서울 대학로 아르코예술극장 대극장을 떠나 한전아트센터로 처음 넘어왔는데 신인들에게는 '가혹한' 무대로 생각된다. 깊이는 부족했고, 폭은 넓었다. 이 무대에서 30분 이상을 버틴 것만 해도 용한 것 같다.

윤푸름 안무《길 위의 여자》는 전라의 과감한 시도로 관심을 끌었다. 관객의 시선을 무용수에 집중시키는 관능적 안무로 넓은 무대를 압축해 사용했다. 3명이 옷을 입고, 한 명은 벗은 채 나가고, 3명은 정상적인 자세로 춤을 추고 한 명은 물구나무서서 발을 손 삼아 춤을 추는 등 독특한 차이와 변화의 무브먼트가 신선했다.

빠르지도 느리지도 않은 잔잔한 속도감도 좋았다. 처음 끌어들인 시선을 놓치지 않고 물구나무서기, 엎드린 상태에서 몸을 엉덩이를 올리고 다리 사이로 손을 집어넣어 만든 독특한 이미지, 그 주위로 물고기처럼 모여들고, 빠지고, 교성인지 탄식인지 구분이 잘 안가는 구음 속에 삼각뿔의 모습, 어렸을 때 즐겨했던 연탄 찍기 놀이, 가마타기 등 관능과 유희의 느낌이 다양하게 잘 이어졌다.

어떤 시인이 '꽃은 식물의 성기'라고 직설적으로 적었는데 이 작품에 맞춤 한 표현일 것 같다. 관능으로 풀어낸 꽃의 이미지 같은 느낌이었다. 또 얼핏 10년 전 프랑스 파리 오페라 가르니에 극장에서 봤던 마사 그라함의 작품《라멘테이션(Lamentation)》도 생각났다. 무용수 한 명이 발목에서 목까지 올라오는 탄성 있는 원통형 천을 입고 온 몸으로 그려낸 고독의 '탄식'은 그 큰 극장을 단 한 명의 에너지로도 채울 수 있다는 것을 잘 보여줬다. 유기적인 동작 속에 관능적 에너지와 경쾌한 유희의 즐거움을 유기적인 동작 속에 차곡차곡 잘 구축한 작품이었다.

신창호 안무《이츠 마이 라이프(It's my Life)》는 심장의 고동소리에 맞춘 듯한 경쾌한 비트에 조금씩 엇갈리는 싱코페이션을 더해 춤맛이 특히 좋은 즐거운 무대였다. 끊임없이 움직이면서 손과 발로 박자를 맞추는 등 서로가 서로에게 어떤 존재인지를 소리로, 표정으로, 몸짓으로 쿨하게 그려냈다. 세련된 도시적 느낌이 잘 살아있는 쉬워 보이지만 결코 쉽지 않은 무브먼트가 인상적이었다.

이혜경 안무《다툼》은 판소리 '수궁가'의 상좌다툼 대목을 해체, 재구성한 음악이 독특했고 거기에 맞게 춤도 독특하게 잘라 붙였다. 상좌다툼 대목을 쪼개 파편화해 강조한 소리에 맞춘 동작은 서사적 느낌이 독특했다. 또 허망한 인간사의 자리다툼 양상에 대한 날카로운 풍자와 해학도 힘차게 객석에 전해졌다.

2007년 공연에서 최우수 안무가로 선정된 김판선의《이머전시(Emergency)》는 김판선 특유의 역동적이고 빠른 춤을 그레고리안 성가 풍의 엄숙함과 모차르트의 경쾌한 음악에 잘 실어냈다. 특히 견갑골이 날개처럼 솟아오르는 고통의 이미지는 강렬했다. 그러나 감정표현이 좀 과도했다는 느낌이고, 몸에 적은 '헬프 미(Help me)' 등은 너무 직설적이어서 좀 어울리지 않았다. 무대의 공간과 시간을 지배하지 못하고 끌려다닌 듯해 열심히 뛰었지만 수확이 별로 없어 보였다.

김영재 안무《더 데이(THE DAY)》와 박소정 안무《더 하우스(THE HOUSE)》는 깔끔한 테크닉 중심의 안무가들의 특성이 잘 드러난 무대였다. 춤의 속도감과 형태미는 나무랄 데 없었지만 '가혹한' 무대를 장악하기에는 좀 더 독창적이고, 효과적인 전략이 필요해 보였다.

홍은주 안무《눈물부처》는 라이브 음악으로 무대를 채웠지만 춤이 음악을 제대로 타지 못한 느낌이었고, 최문석 안무《릴레이션(Relation)》은 무용수들이 공간활용에 힘겨워 하는 것처럼 보였다. 김수정 안무《행복한 눈물》은 무대는 물론 무용수를 장악하지 못해 안무자의 의도가 객석에 제대로 전달되지 못한 것 같다. ― 춤 2008년 8월호

평론가가 뽑은 제13회 젊은 무용가 초청공연 2010년 7월 6~13일 아르코예술극장 대극장

「평론가가 뽑은 제13회 젊은 무용가 초청공연」에서는 길진영, 류장현, 윤석태, 김보람, 조주현, 김경영, 정향숙, 이윤정, 손영민 등의 작품이 선보였다. 전체적으로 치열한 실험, 도전 정신이 아쉬웠다. 모두들 어깨에 힘이 들어가 기존에 보여줬던 자신의 역량을 제대로 펼쳐 내지 못한 느낌이다.

LDP무용단원다운 아크로바틱한 테크닉으로 현대인의 다양한 모습을 그린, 길진영 안무 《상대적이면서도 절대적인》은 서프라이징 엔딩을 해야 한다는 압박감에 억지로 매듭을 지은 흔적이 역연해 부자연스러웠다. 더욱이 LDP무용단의 전매특허가 된 익숙한 몸짓들이 지나치게 활용돼 식상한 느낌도 없지 않았다.

접속돼 있지만 소통이 없고, 대화는 있지만 마주봄이 없는 현대인의 정보통신 문화를 비판한 《블랙독(Black Dog)》(안무 류장현)은 안무자의 작품 경향이 그대로 드러났다. 조그만 의자들, 책상들, 왕따, 이지메 등 유머와 익살, 강한 표현력이 좋았다. 하지만 안무자의 기존의 작품을 넘어서는 인식의 변화나 테크닉의 확장은 보이지 않아 아쉬웠다.

무한경쟁의 생존공간에서 진정한 행복의 의미를 묻고 있는 《시크릿 하우스(secret house)》(안무 윤석태)는 중심이 잡힌 다양한 춤사위로 삶의 여러 단면을 표현했음에도 불구, 장르적 소재와 표현의 진부함을 넘어서는 데는 실패했다.

힙합에서 클래식까지 9곡의 다양한 노래에 맞춰 펼쳐낸 《바디콘서트(BODY CONCERT)》(안무 김보람)는 작품 제목처럼 화끈한 '몸의 콘서트'였다. 극장을 모처럼 춤의 에너지로 가득 채운 뜨거운 무대였다. 힙합, 브레이크 댄스 등 스트리트 댄스에서부터 탈춤, 발레, 현대무용까지 모든 춤을 섭렵하며 춤 자체의 흥과 멋, 풍자를 더했다. 춤의 백화점이라 할 만했다. 하지만 '갈라쇼' '버라이어티쇼'가 대부분 그렇듯 하나로 모아 가는 포인트의 부족은 어쩔 수 없어 보였다. 잔 펀치는 많이 날렸지만 정타가 없었다. 화끈한 액션영화를 보고 시원한 기분으로 극장 문을 나서면서 같이 본 친구한테 "그런데 내용이 뭐지?"라고 묻는 것과 비슷하다. 이날 이종격투기의 메이저무대인 미국 UFC 헤비급 경기에서 브룩 레스너와 쉐인 카윈의 경기가 있었다. 1라운드에서 카윈은 레스너를 시종일관 몰아쳐 그로기상태까지 몰았으나 결정적 한 방이 부족했다. 결국 때리다가 지친 그는 2라운드에서 레스너의 목조르기에 걸려 기권패하고 말았다.

심령의 미묘한 작용으로 얻어지는 감정, 예술창조 직전의 열정의 상태를 표현한《인스피레이션(Inspiration)》(안무 조주현)은 세계 콩쿠르를 휩쓰는 박세은 등 최고의 테크니션들이 출연했음에도 불구, '인스피레이션'을 찾기 쉽지 않았다. 발레의 아름다운 선은 있었지만 '인스피레이션'을 부각시키기 위한 구체적인 안무전략 보이지 않았다. 또 라벨의 〈볼레로〉 선곡도 실패로 보였다. 수많은 천재 안무가들, 국내에서 이미 안성수에 의해 매년 시리즈로 버전업된 음악을 현대발레에서 많이 보던 익숙한 움직임과 선들로 이들을 넘어서는 작품, 아니 이들과 차별화한 작품을 만들어내기는 불가능해 보인다. 구슬이 서말인데 하나도 꿰지 못한 느낌이다.

한편 첫 무대로 2009년 최우수안무가로 선정된 김경영의《27/백조/구로동》은 차이코프스키의 음악 〈백조의 호수〉에 '청년백수' 문제를 얹어 패러디한 작품으로 탄탄한 클래식 발레 기본에 신랄한 연극적 풍자가 돋보였다. 출구가 없이 갇힌 청년 백수의 현실을 아름다운 '백조의 호수' 음악에 역설적으로 대비, 절망이 보이는 풍경을 잘 다듬어냈다. 현실에 잘 닿아있는 발레작품을 만들어내는 데 탁월한 면모를 보이고 있는데 지나친 집착은 그리 좋은 결과를 얻지 못한다. 발레는 애초부터 현실 초월을 꿈꾼다. 부자연스럽게 발끝으로 서며 화려한 비상을 통해 무중력을 상상한다. 그것을 무리하게 잡아당기면 부자연스러울 수밖에 없다. 야구 해설자들이 흔히 하는 조언, 결대로 쳐내면 더 멋진 안타가, 장타가, 홈런이 생기게 마련이다.

― 춤 2010년 8월호

평론가가 뽑은 제14회 젊은 무용가 초청공연 2011년 7월 7~14일 아르코예술극장 대극장

10회를 넘어서며 다소 타성에 젖었던 작가 선정에서 탈피, 신선한 '젊은 피'의 수혈로 「평론가가 뽑은 젊은 무용가 초청공연」, 일명 '크리틱스 초이스' 무대가 다시 초기의 활기를 찾았다. 다양하게 선정된 젊은 무용가들의 과감한 도전과 실험은 역시 국내 최고 권위의 젊은 무용가의 등용문(登龍門)이라는 평가에 부족함이 없는 한판 축제였다. 「평론가가 뽑은 제14회 젊은 무용가 초청공연 2011」에서는 정보경, 김동규, 박재현, 유희주, 김동호, 배유리, 노정식, 김설리, 김보람 등이 공연했다.

정보경 안무의《고맙습니다》는 전통 한국춤의 정중동의 미학을 현대적으로 일신했다. 기다림, 동경, 감사, 즐거움을 표현하는 일상의 동작을 해체, 재구성해서 뽑아낸 춤사위가 부드러우면서도 날카로웠다. 극적인 정적미 속에서 터져나오는 에너지를 멋지게 갈무리했다. 김현식의 노래 〈이별의 종착역〉을 배경으로 마이클 잭슨의 메가 히트곡 〈빌리 진〉의 백스텝 댄스를 한국춤의 호흡으로 풀어내면서 춘 자전적 춤은 기막힌 조화를 만들어냈다. 고급하면서도 대중적인 관심을 놓치지 않은 이 작품은 세계무대에서도 충분히 경쟁력을 갖춘 근래에 보기 드문 역작이라고 해도 지나치지 않아 보인다.

작품은 기다림으로 시작됐다. 비스듬히 기울어져 거의 움직임이 느껴지지 않았다. 마치 해시계의 그림자처럼 움직이지 않은 듯이 보이지만 운명처럼 압박해오는 무브먼트는 무언가를 바라는, 동경하는 기다림 또는 그리움을 강렬하게 드러냈다. 이들이 오랜 긴장미 끝에 중모리에 맞춰 한 발 한 발 힘과 속도를 더해 만들어내는 군무의 그림은 신명과 흥을 고조시켰다. 꼬리에 꼬리를 이으며 박자를 쪼개 다채롭게 변주해 만들어내는 전체 그림은 기다림과 갈망에서 자신의 길을 찾아가는 즐거움이 쾌활하게 그려졌다.

이어 지금까지 살아온 서른의 삶을 돌아보는 자전적 고백으로 보이는 정보경의 솔로춤은 김현식의 노래 〈이별의 종착역〉을 배경으로 펼쳐졌다. 노래는 소리꾼이 전통소리 특유의 배에서부터 터져나오는 샤우팅으로 애절하게 '불러제꼈다.' 정보경은 자신에게 처음 춤추는 기쁨을 알려준 마이클 잭슨의 〈빌리 진〉 무중력 백스텝 춤을 한국적 호흡과 가락으로 절묘하게 풀어내며 시작했다. 이와 관련 그를 아끼는 일부 무용가는 "고급한 품격을 갖춘 정보경의 춤이 조금 속되진 것 같아 아쉽다"고 지적하기도 했다.

하지만 그는 안정된 호흡과 유려한 몸짓으로 '이별의 종착역'까지 춤을 줄 것을 절절하게 노래했다. 대중가요를 국악으로 리메이크, 브레이크댄스의 단서까지 끌어들이며 만들어낸 전통의 호흡과 박자는 긴장과 이완의 놀라운 생명력을 만들어냈다. 정적인 한국 전통춤에서 어떻게 저렇게 분절적이면서도 힘찬 현대적 그림을 뽑아내는지 놀랍다. 그의 춤이 세계적 경쟁력을 갖고 있는 것은 아마 전통의 춤선에 현대적 힘과 속도, 표현을 더한 이 지점에 있지 않나 하는 생각이다. 특히 이번 작품은 창작 한국춤이 빠져있는 고질적인 난해성을 탈피하는 데 중요한 시사점을 던지고 있는 것으로 평가된다. 그는 자칫 신파조로 가기 쉬운 자전적 고백을 감성적으로 접근하면서도 군더더기 없는 명쾌한 춤선으로 세련된 감동으로 정리했다. 자신의 삶과 관객의 추억에 공감대를 끌어내며 삶의 의미, 춤의 진미를 느끼게 하는 근래에 보기 힘든 명무였다는 생각이다.

정보경의 솔로에 이어 서장에 등장했던 군무진이 모두 등장, 화려한 축제의 대미를 지었다. 사선의 구도 속에서 마치 날카로운 진세(陣勢)를 펼치듯 다채롭게 펼쳐진 힘찬 군무는 한국춤 특유의 치고받는 힘을 유감없이 발휘했다. 무대 앞에 도열, 허리를 90도 이상 꺾는 감사의 인사를 다양한 리듬감은 파도치는 형식으로 표현해낸 춤은 관객들을 즐겁게 했다. 그리고 절정의 순간에서 다양한 포즈로 정지한 대미는 멋진 엔딩신이었다. 지나치기 쉬운 젊음의 열기를 깔끔하게 정리한 상쾌한 감동의 대미였다. 오랜 기다림과 동경으로 시작, 시련과 고통, 절망을 넘어 희망으로 마침표를 찍은 그의 춤 속에서 한국춤의 듬직한 미래를 발견했다.

김동규 안무의 《sinful thought》는 당장 어디다 내놓아도 더 이상 손볼 데가 없는 멋진 구도의 장쾌한 그림이었다. 그 안에 담아낸 메시지도 현대인 가슴 깊이 잠재해 있는 죄의식을 잘 깨우쳤다. 특히 모든 것을 가능케 하는 '장인의 손'을 형상화한 이미지는 잘 다듬어진 테크닉에 풍성한 상징이 무대에서 눈을 떼지 못하게 했다. 하지만 신창호, 김재덕 등 이미 한국 현대무용에서 자신의 컬러를 분명히 구축한 이들이 등장, 작품의 색깔이 의도한 대로 객석에 전해지지 못한 것 같다. 페스티벌이나 재연 무대라면 작품의 성격을 더욱 빛나게 할 수 있는 캐스팅이었지만, 젊은 안무가들의 경연무대에서는 오히려 감점요인으로 작용할 가능성이 높아 보였다. 안무자의 춤색깔이 이들의 강력한 개성으로 희석되기 쉽기 때문이다.

무대 좌우 막을 드러내고 천정과 벽의 라이트를 그대로 드러낸 시원한 무대배경에 2층 골조를 설치, 모던한 감각이 빛났다. 마네킹과 같은 움직임을 만들어내는 몸짓은 책임 회피적, 피투적(彼投的) 존재인 인간의 본질을 신랄하게 풍자하는 것 같다. 건조한 완벽성이 하나의 경향이 돼버린 LDP류(流)의 무브먼트를 벗어나는 다소 감성적인 풍자도 좋았다. 편하고 쉽고 재미있는 자유로운 현대춤 맛이 제대로 살아있었다. 하지만 피그말리온을 연상시키는 김재덕의 춤에서 그의 장난기 있는 애드립이 너무 튀어 안무자의 의도가 손해를 입었다. 또 안무자 김동규와 신창호가 함께 춘 듀엣 아다지오는 멋지고 깔끔한 호흡으로 각고의 훈련과 노력이 엿보였다. 그러나 여기서도 이미 한국 현대춤 스타 가운데 한 명인 신창호의 진지하고 깊은 느낌의 춤이 두드러져 상대적으로 안무의도가 일정 부분 상처를 입었다.

박재현 안무의 《노년의 기록》은 온 몸을 던져 만들어낸 투박한 '부산 갈매기'의 정서가 그대로 노출된 독특한 작품이었다. 탈춤과 아크로바틱 댄스로 부산 영도다리의 포장마차와 완월동의 애절한 정서를 직설적으로 거칠게 풀어냈다. 라이브 연주자들을 포장마차 주인과 손님으로 키치미 넘치게 분장하며 작품에 서사적으로 드나들게 한 것이나, 포장마차를 스크린으로 사용해 노스탤지어 가득한 추억의 책가방을 연 것은 유쾌한 발상이었다. 밑바닥 인생들의 거친 삶을 고무줄놀이, 품바타령, 엉덩이로 이름쓰기 등 이제는 찾아보기 힘든 유년의 기억을 노년의 삶에 투영, 삶의 허무를 깨닫게 했다. 빨간 포디엄에서 애절한 구음에 맞춰 춘 마지막 춤은 벼랑 끝에서 싸우고 있는 가난한 젊은 예술가의 혼이 느껴진다. 이와 함께 요즘 유튜브에서 인기를 끌고 있는 '옹알이 랩'을 활용하고 신발을 고무줄로 발목에 묶고 객석으로 던졌다가 되돌아오게 하는 깜짝 쇼도 즐거웠다. 하지만 시간을 줄이고 한두 번에 그치는 등 조금 절제했더라면 더욱 좋은 효과를 봤을 것도 같다.

유희주 안무의 《프로크루스테스의 침대》는 회화적인 무대가 돋보이는 탄탄한 구조의 작품이었다. 비스듬한 마름모무대가 긴장과 불안을 조성한 가운데 폭력과 굴종에 대한 경쾌하면서도 집중력 있는 해부가 높이 평가할 만하다. 색감 좋고, 잘 짜인 구도에서 펼쳐진 다채로운 목소리로 소통부재에 시달리는 현대의 메시지가 분명히 드러났다.

프로크루스테스는 그리스신화에 나오는 강도다. 그는 쇠로 만든 침대를 들고 다니며 키가 큰 사람은 침대에 맞게 잘라 죽이고, 작은 사람은 늘여 죽인다. 물론 적당한 사람은 적당하게 죽인다. 그래서 자기 맘대로 세상사를 왜곡하는 경우를 '프로크루스테스의 침대'라고 부른다. 프로크루스테스는 결국 이아손, 헤라클레스, 페르세우스 등과 함께 그리스 신화의 4대 영웅으로 꼽히는 테세우스에게 같은 방법으로 죽임을 당한다. 프로크루스테스의 이미지에서 뽑아낸 알기 쉬운 상징을 강렬한 색상의 무대에서 다소 과장된 짙은 감성으로 풀어낸 회화적 제의미가 인상적이었다.

김동호 안무의 《여기가 로두스이다 여기서 뛰어라》는 교훈적인 우화를 댄스배틀의 형식으로 재미있게 풀어냈다. '여기가 로두스이다, 여기서 뛰어라'는 이솝우화에 등장하는 우화로 알맹이 없는 허풍선이를 풍자하는 금언이다. 그리스 로두스 지방에서는 잘 뛰었다는 허풍선이에게 "여기가 로두스이니 뛰어봐라"하며 꼼짝 못하게 만들었다는 이야기다.

안무자가 심판자의 느낌이 나는 청소부로 등장, 비닐 속에 조각품 또는 마네킹과 같이 놓여있는 무용수에게 생명을 불어넣으며 시작했다. 이어 모두 4명의 무용수가 등장, 경쟁을 벌였다. 재미있는 아이디어를 종이박스와 영상을 통해 때로 좋은 구도아래 진지하게, 때로 그로테스크하게 풀어냈다. 하지만 4명의 무용수가 하나씩 경쟁에서 도태되며 도식적으로 전개되고 4가지 에피소드에게 담겨진 춤들이 서로 차별적이지 못해 아쉬웠다.

배유리 안무의《청춘엘레지》는 잘 훈련된 독특한 개성의 몸짓으로 침묵을 통해 무대의 긴장을 효과적으로 지배했다. 한국춤의 정중동(靜中動)을 효과적으로 표현, 힘의 강약과 속도의 조절도 뛰어났다. 특히 마지막 춤은 춤의 맛을 제대로 느끼게 했다. 하지만 전체 작품 구성에 다소 문제가 있어 보인다. 우수에 찬 대중가요 〈서울야곡〉이 왜 나와야 하는지 설득력이 부족한 가운데 갈등, 폭발, 눈물 등 장르화된 청춘의 묘사로 처음의 긴장이 끝까지 유지되지 못해 아쉬웠다. 작품을 거꾸로 풀어가면서 중간의 상투적인 청춘의 감성을 다르게 표현했더라면 어떤 작품이 됐을까 싶다.

노정식 안무의《마력의 눈동자》는 다양한 에피소드를 좋은 움직임으로 그려낸 사랑스런 안무가 매력적이었다. 하지만 다소 춤의 외형에 집중된 경향이 보이는데다가 암전이 많아 작품의 이해를 어렵게 했다. 하고 싶은 이야기를 조금 줄여 선택과 집중했더라면 어떤 효과를 나타냈을까 궁금하다.

김설리 안무의《무수막》은 세련되고 날카로운 춤선이 빛났다. 하지만 그 좋은 움직임이 조명의 폭포에 갇혀 빠져나오지 못한 것 같아 안타깝다. 좀 더 자신있게 구축한 자신의 춤 구조에 자신의 장점을 살린 춤선을 집어넣고, 좀 더 자유롭게 마음을 실어 움직이면 더 좋은 무대가 됐을 것 같다.

2010년 13회 공연 최우수안무가로 선정된 김보람이 안무한《TOUCH Season2-리얼리티》는 김보람 특유의 독특한 힙합풍의 카리스마가 빛났다. 김보람을 비롯해 한문으로 '十八', 'Kill', '눈' 모양의 이집트 상형문자 '라', 토끼 얼굴 등 다양한 문자와 그림이 그려진 검은 티에 선글라스를 쓰고 객석에서부터 등장한 무용수들은 등장부터 범상치 않았다. 베토벤의 피아노 소나타 〈비창〉, 강렬한 리듬의 퍼큐션, 바이올린과 기타, 신디사이저 등의 협연, 하드락의 폭발적 비트, 컨츄리 음악 그리고 라벨의 〈볼레로〉 등 다양한 음악에 맞춘 자유로운 힙합 브레이크 댄스풍의 무브먼트는 즐겁고 시원했다.　　　　　　　　— 춤 2011년 8월호

퓨전앙상블

퓨전앙상블 2001년 7월 17일~8월 12일 국립극장 별오름극장

　하한기가 끝났다. 이제 8월말부터 본격적인 춤공연 러쉬가 시작될 것이다. 무용가 각자가 필요했던 하한기가 그렇게 지나갔지만, 관객으로서 아쉬움이 남는다. 외국의 경우 7~8월 휴가철이 축제의 계절로 많은 무대가 있지만, 우리의 경우 그렇지 못하기 때문이다. 많은 무용가들이 이 기간을 이용, 외국의 무대에서 새로운 활력과 아이디어를 얻어 돌아와 더욱 풍성한 무대로 관객들을 즐겁게 하겠지만, 생일을 기다려 사흘 굶을 수는 없는 노릇이다. 춤뿐만이 아니라 공연예술 전체의 문제이지만 관객개발을 위해서라도, 무리겠지만 쉬지 않고 열리는 무대가 필요하다는 생각이다.

　이 같은 측면에서 '별난 무대 별난 만찬'을 슬로건으로 내세워 국립극장, 독립예술제, 공연예술기획 이일공이 주최한 「퓨전앙상블(Fusion Ensemble)」은 작품의 완성도를 떠나 많은 것을 생각게 하는 의미있는 저예산 무대였다.

　「퓨전앙상블」은 7월 17일부터 8월 12일까지 한 달 가까이 국립극장의 실험무대 공간 별오름극장에서 열렸다. 토·일요일은 '게릴라 댄스파티'(7/21~22), '펑키&록 잼콘서트'(7/28~29), '무용콘서트'(8/4~5), '국악을 위한 4인의 퍼포먼스'(8/11~13) 등 음악 위주에 춤, 퍼포먼스를 결합한 공연이었다. 화, 수, 목요일은 춤에 마임, 영상, 음악 등을 붙인 무대였다. 음악 위주의 토, 일요일 공연을 제외하고, 춤이 중심에 서 있는 화요일부터 목요일까지 공연을 위주로 살펴본다.

첫 무대는 '변방, 독립예술 무대의 감초'로 꼽히는 다작의 젊은 무용가 김민정과 바디페인터 채송화가 열었다. 납량특선이라는 다소 선정적으로도 느껴지는 《암~ 피는 물보다 진하지…》(7/17~19)라는 제목의 이 작품은 70, 80년대 유행한 팝송을 배경으로 편안하게 풀어갔다. 예술적으로 완벽성은 떨어졌지만 젊음의 흥이 살아있는 무대였다는 평가다.

무용과 마임이 어우러진 《바다와 나비》(7/31~8/2)는 한국 창작춤 단체인 댄스루트와 파리에서 마임을 공부하고 온 이태건이 꾸몄다. 춤과 마임 모두가 음악을 배경으로 동작으로 표현한다는 점은 같다. 그러나 춤은 박자를 쪼개는 무브먼트를 중시하고, 마임은 회화성과 풍자성에 방점을 둔다. 이 작품은 두 장르가 적절히 만나는 지점에서 서로의 장기가 빛났을 텐데, 아쉽게도 힘의 중심이 마임에 너무 쏠렸다. 이는 춤을 만든 사람들이 자기색을 주장하지 못하고 지나치게 마임의 색을 배려한 결과로 보인다. 춤이 살았더라면 긴장감이 살아 후반부에 다소 지루했던 흐름을 바꿀 수 있었는데 하는 아쉬움이 남는다.

마지막 무대는 춤과 음악, 비디오가 결합된 《여인의 돈돌 이야기》와 《구라 구라》(8/7~9)가 장식했다. 특히 유경아가 안무한 《여인의 돈돌 이야기》는 춤에다가 영상을 이어붙인 솜씨가 예사롭지 않았다. 특히 탈춤, 아라비아풍의 춤, 인도 느낌의 춤 등 유경아의 절도 있으면서도 힘있는 다양한 춤사위는 흑백의 논밭 영상 등과 한 폭으로 어우러져 빛났다. 그러나 노정식 안무의 《구라 구라》는 영상과 서로 어울리지 못했다. 영상이 춤을 방해하고, 춤이 영상을 방해하는 국면이었다.

한편, 이날 공연에서 정신없이 사진을 찍어대는 사람들이 있었다. 전혀 관객을 배려하지 않은 안하무인의 자세였다. 참다못해 쉬지 않고 열심히 셔터를 눌러대는 한 아가씨에게 "고만 좀 찍읍시다"라고 넌지시 이야기했더니, 이 아가씨는 되레 흥분하며 작지 않은 목소리로 "자료 안 줘도 돼요? 찍어 달래서 찍는 거예요"라고 협박조로 나왔다. 어이가 없었다. 같이 받아치면 공연을 망치겠다 싶어 가만히 있고 말았지만, 정상적으로 공연을 감상하기에는 이미 불가능한 상황이 되고 말았다.

퓨전의 시작은 상대 예술에 대한 존중이 우선이다. 다양성의 가치를 존중하면서 이질의 예술이 만나 예상치 못한 새로움으로 관객의 탄성을 자아내게 하면서 스스로도 달라지는 것이다. 다시 말하면 1 더하기 1은 2 이상이 되는 것이다. 그러나 상대를 존중하지 않을 때 1 더하기 1은 1 이하가 되고 만다.

사진 찍는 아가씨의 안하무인적 태도는 과연 그가 예술을 하려는 사람인지 의심하게 된다. 다른 예술에 대한 배려는 물론 관객을 무시하고 자기만을 주장하는 시쳇말로 '곤조'만 먼저 배우고 실행하는 천둥벌거숭이 같다는 생각이 든다. 이런 촬영을 허용한 주최측과 공연자들도 문제다. 기록을 남겨 자신의 작품을 보존하겠다는 욕구는 어쩔 수 없는 것이지만 관객을 무시한 이 같은 촬영은 여행보다는 쇼핑과 사진찍기에 열중하는 우리의 고질적인 관광풍조를 생각나게도 했다.

어찌 보면 해프닝에 불과할 수도 있겠지만, 이 에피소드는 우리 공연계의 문제점을 그대로 보여주고 있는지도 모른다. 남이 하면 스캔들 내가 하면 로맨스식의, 다른 장르는 물론 남을 인정하지 않는 독불장군, 관객을 위한 공연보다는 기록을 남기기 위한 업적주의, 또 자기만의 이익을 위한 쓸데없는 '곤조'를 예술의 본질로 아는 착각 등이 느껴진다고 하면 지나친 비약일까.

「퓨전앙상블」은 작품의 완성도를 떠나 하한기 관객의 개발, 실험무대를 통한 젊은 무용가들의 다양한 창의력의 발현, 다양한 장르의 실험적인 만남, 관객을 위주로 한 즐거운 무대 등 전체적으로 부정적인 점보다 긍정적인 시도가 돋보였다. 그러나 마지막 공연에서 마구 사진을 찍어댄 '천둥벌거숭이'의 작태 속에 우리 공연계의 고질적 문제의 단편들이 드러난 것 같아 아쉽다.

— 춤 2001년 9월호

한국무용제전

제24회 한국무용제전 2010년 5월 22~23일 국립국악원 예악당

「제24회 한국무용제전」은 양적으로 한국 춤의 '절반'이 넘는 한국무용이 왜 자신의 '세'에 걸맞는 위치와 영역을 확보하지 못하는지 그 이유를 짐작케 했다. 일부를 제외하고 참가작 대부분은 어디서 본 듯한 무대와 조명, 맺힌 데 없는 일상적 움직임으로 가득했다. 공연이 끝나고 서로의 작품이 엇갈려 기억에 남는 것이 거의 없을 정도였다.

또 22일 첫날 공연에서 객석을 입추의 여지없이 가득 채운 관객들이 자신과 관련이 있는 작품이 끝나면 썰물처럼 빠져나가는 추태를 연출했다. 일부는 컴컴한 계단을 서둘러 나가다가 넘어지기도 하는 등 공연감상에 영향을 미치자, 23일에는 공연시작 전 방송으로 협조를 부탁하는 씁쓸한 촌극이 빚어지기도 했다. 관습과 타성 속에서 습관적으로 전통을 반복하며 흉내에 그치는 매너리즘과 자신밖에 모르는 지나친 자기중심주의 속에 그 어떤 것도 창조적 미래는 없을 것이다.

이 같은 상황에서 가장 돋보인 작품은 《신화상생》(안무 김운미)으로 보인다. 오케스트라 피트를 포함, 무대앞쪽으로 사물놀이 타악 연주자 18명을 활처럼 둥글게 배치했고, 무대 뒤쪽에 그랜드 피아노를 놓아 프로시니엄 극장에서 동서양 음악의 만남의 장을 재미있게 만들었다. 그 안에서 상생, 상극하는 동양신화의 긴장과 조화를 높이와 깊이, 힘과 속도의 완급이 조화를 이룬 스펙터클을 만들어냈다. 음악적으로, 형식적으로, 내용적으로 한국무용 창작이 지향해야 할 방향의 하나를 분명히 제시했다.

《궤적2010》(안무 김지영)은 강한 힘과 속도로 개인적 삶의, 역사의 궤적을 추적해 나갔다. 기하학적 구상도 인상적이었지만 마지막 장면에서의 노란 고무줄의 사용은 상징성을 상실한 진부한 이미지로 사족으로 생각된다.

《석담》(안무 남수정)은 용인지역 돌무더기 전설을 안무자 특유의 경쾌하고 날카로운 움직임으로 풀었는데 주제의 해석과 좀 어울리지 않는 느낌이었다.

《경운궁의 봄》(안무 김장우)은 국수호 안무작 《명성황후》의 갈라공연 한 장면으로 보이기도 했다.

《블랙 로즈》(안무 정선혜)는 무용수가 너무 튀어 안무자가 프로그램에 적시한 안무 의도가 제대로 객석에 전달되지 않은 느낌이었다.　　　　　　　　　— 춤 2010년 6월호

한국을 빛내는 해외
무용스타 초청공연

제1회 한국을 빛내는 해외무용스타 초청공연 2001년 7월 14~15일 LG아트센터

7~8월은 모든 사람들의 하한기(夏閑期)다. 당연히 춤공연도 하한기다. 더위에 지쳐 무엇을 하기도 어려울뿐더러 햇살이 좋아 놀기에도 좋다. 학생들은 여름방학이고, 대부분의 직장인들은 가족 또는 연인들과 함께 휴가를 떠난다. 스님들도 하안거에 들어간다.

유럽의 경우는 여름휴가를 위해 산다고 할 정도다. 학생들은 겨울방학이 없다. 대신 여름방학이 6월말에서 시작해 9월초까지 거의 3개월에 가깝다. 직장인들의 여름휴가도 평균 3주고 한 달이 넘는 경우도 허다하다. 1년 내내 저축해 여름휴가를 가는 것이다. 여름휴가는 결코 소비적인 것이 아니다. 쌓인 스트레스와 피로를 털어내고 새로운 활기와 아이디어를 얻는 생산적인 축적의 기간이다. 이 같은 축적의 기간을 더욱 뜻있게 하는 여름축제가 도시 곳곳에서 열리기도 한다.

하지만 우리의 경우는 그렇지 않다. 그저 하한기다. 자본이 열악한 상황에서 그나마 조금 있는 시장성마저 없으니 기획을 하기도 만만치 않은 것이 사실이어서 가만히 있는 게 손해를 보지 않는 길이기도 하다. 그래서 무용가나 학생들이 쉬기도 하고, 축제 등 공연 관람을 위해 해외로 나가는 경우도 있다. 그러나 관습의 허를 찌르는 시의적절한 기획이 오히려 위기를 기회로 바꿀 수 있다. 상대적으로 공연이 적기 때문에 언론의 주목을 받기도 유리하고, 아직 휴가를 떠나지 못한 채 공연을 기다리는 관객도 물론 있다. 또 휴가지에서 예상외의 즐거운 공연을 보는 기쁨을 느낄 수도 있을 것이다. 아직 우리나라에는 여름축제가 활성화되지 않았지만, 결국은 그 방향으로 갈 수밖에 없을 것이다. 앞선 나라들이 모두가 간 길이기 때문이다.

이 같은 점에서 「한국을 빛내는 해외무용스타 초청공연」은 앞서가는 좋은 기획이었다고 생각한다. 휴가를 맞아 고국에 들러 몸과 마음을 쉬면서, 그동안의 성과도 소개할 수 있으니 무용가로서는 돌 하나로 두 마리 새를 잡는 기회다. 또 춤공연에 목말라하는 팬들도 이미 세계시장에서 가치가 확인된 우리 무용가들의 잘 익은 독특한 맛의 공연에 관심이 끌린다. 출연자와 관객 모두가 만족할 수 있는 틈새시장이 분명히 있는 만큼 이제 적당한 기획 및 제작자만 나서면 되는 것이다. 물론 이것이 말처럼 쉬운 것은 아니다. 세계 곳곳에서 활동하며 긴장을 풀지 못하다가 모처럼 고국에 와서 편한 마음가짐에 있는 무용가들이 자칫 긴장이 풀어진 상태에서 전막공연도 아닌 갈라공연에서 자신의 기량을 제대로 발휘하지 못한 관객들을 실망시킬 가능성도 적지 않아 출연진들이 저어할 수도 있을 것이다.

그러나 이번 공연에 여러 '스타'들이 기꺼이 참가, 좋은 무대를 마련한 점이 우선 높이 살 만하다. 시간관계상 14일 공연밖에 보지 못해 15일 무대에 오른 키로프발레단 유지연의 《여자에 관한 에튀드》, 네바다발레단 곽규동의 《무제》, 뒤셀도르프발레단 허용순의 《두 명을 위한 솔로》를 기록으로 남기지 못해 아쉽다. 특히 유지연의 경우 14일 공연이 썩 만족스럽지 않은 상황이어서 더욱 그렇다.

이번 '스타'들의 귀국 페스티벌에서 최고의 관심과 찬사는 당연히 김희진(장 클로드 갈로타 무용단)의 몫이라는 생각이다. 김희진이 춤춘 《익명의 사회》는 7~8년 전쯤 초연(初演)된 작품. 한 무용가는 이 작품의 초연과 이날 공연을 비교하며 "음악과 의상은 초연 그대로지만 표현의 깊이와 질이 다르다"면서 "초연의 심플함에 내면의 힘이 거의 완벽에 가깝게 들어갔다"고 말했다.

초연을 보지 못해 두 춤을 비교할 수는 없지만, 이날 공연만을 놓고 볼 때 전체적으로 김희진의 춤은 힘이 넘쳤고 속도감이 빛났다. 특히 바닥에 무릎을 꿇은 채 몸을 뒤로 젖혀 어깨를 바닥에 대고 얼굴을 좌우로 돌리는 동작은 아크로바틱한 고난도의 테크닉으로 익명의 사회에서의 처절한 고독과 이로 인한 번민, 고통 등을 생생하게 그려냈다. 더욱이 군살 하나 없이 강인해 보이는 어깨근육과 근육질이면서도 여성적인 선을 잃지 않은 하체가 만들어내는 중성적 느낌은 그가 제기하는 문제를 여성만의 고뇌가 아니라 인간 보편의 문제로 승화시키기 충분해 보였다. 여기에 강렬한 눈빛이 더해진 흥겨운 집시춤사위는 고독에 스스로 몸서리치게 만드는 고통스러운 익명의 사회에서, 존재를 위한 처절한 저항이며 도전으로 생각됐다.

김나영(피나 바우쉬 무용단)의《하나 그리고 둘》도 같은 주제의 작품으로 생각됐다. 본질적으로 혼자인 현대의 삶, 또 현실적으로 외로움을 더욱 느낄 수밖에 없는 이국만리 타향의 삶, 그것들이 잘 어우러져 있었다. 그러나 프랑스와 독일의 춤선이 다르듯 김희진의 작품과 그 색깔이 달랐다. 김희진의 작품이 테크닉을 위주로 다소 비인간적이나 싶을 정도로 깔끔하게 말하고 있다면 김나영의 것은 피나 바우쉬식을 가미한 회화적 설명이었다. 다양한 소품과 음향 및 알아들을 수 없는 언어를 사용하면서 과거에 대한 향수 그리고 혼자 살아가는 현실과 우정 또는 사랑으로 둘이 되는 삶을 서사기법과 우의적 기법을 적절하게 섞어 전달했다.

발레에서는 여성보다 남성의 춤이 훨씬 빛이 났다. 여성 발레리나의 춤들은 정확한 동작으로 무대를 밟아 나갔지만 전체적으로 무거웠다. 오랜만에 고국 팬을 대한다는 긴장과 피로가 아직 안 풀린 탓인지 동작이나 표현은 정확했으나 감동을 만들어내는 데는 실패한 듯했다. 이는 또 무대와 음악이 제대로 갖춰진 전막발레가 아니어서 더욱 그렇게 느껴졌는지도 모른다. 그런 모든 것을 고려하더라도 김혜영(아틀란타발레단)은 너무 무거웠다.

이날 무대에 선 발레리나 중 허용순(뒤셀도르프발레단)의 모던발레작품《카르멘》은 카르멘의 열정을 희극적이면서도 그로테스크하게 묘사, 관객들의 호응을 받았다. 이에 반해 남성 무용가들은 파트너를 머리 뒤까지 들어올리는 등 박력이 넘치고 자신있는 동작으로 많은 박수를 받았다. 특히 최광석(산호세발레단)은 마리아 야콥스와 파트너를 이뤄 경쾌하고 박진감 있는《코펠리아》를 만들어냈다. 아담한 체구의 야콥스는 '돌아온 우리 스타'들이 이날 컨디션 부조화로 다소 무거웠던 것과 달리 명랑한 선을 만들어내 특히 많은 박수를 받았다.

이날 공연에서 가장 문제로 지적하고 싶은 부분은 오프닝 무대에 어린이를 올려놓은 것이다. 어린이들이 추는 춤은 앙증맞고 귀엽지만 프로 무대의 오프닝으로 하기에는 무리가 있었다. 학예회 발표회 같은 이들의 무대는 시작부터 관객들의 긴장을 풀어버려 전체 작품 감상에 나쁜 영향을 미쳤을 것이다. 정 이들을 출연시켜야 했다면, 이들의 작품을 차라리 피날레로 돌려 출연자 모두와 함께 하는 축제형식으로 하는 게 적당하지 않았을까 싶다. 2부를 연 박인자 발레단의《브라보! 바흐》는 '돌아온 무용스타'들에 뒤지지 않으려는 열의와 성의

가 돋보였다.

제2회 한국을 빛내는 해외무용스타 초청공연 2003년 7월 16~18일 호암아트홀

'그들이 다시 왔다.' 2001년 서울 LG아트센터에서 「한국을 빛내는 해외무용스타 초청공연」의 슬로건이 '그들이 왔다'였다. 이번에 다시 온 '그들'은 지난번 발레를 위주로 편성했던 공연보다 더 알찼다.

안은영의《밤으로의 꿈》은 편안하고 쉬운 음악에 맞는 부담 없는 무브먼트를 선보였다. 안은영은 팬티에 하얀 드레스셔츠만 입고 춤을 추면서도 고전적인 표현의 절제를 통해 아늑한 관능미를 담은 상큼한 무대를 만들어냈다. 또 모던댄스도 클래식보다 얼마든지 기교적으로 뛰어날 수 있다는 것도 보여줬다.

김남진의《절반》은 강렬한 표현이 돋보였다. 무대에서 병을 깨고, 상반신에 빨래집게를 집는 등 세상에 대한 공격과 풍자, 또는 자기 자신의 내면의 상처 표현이 빛났다. 특히 빨래집게를 옮겨 꼬집는 것은 상처의 의미도 있지만 자학하거나 장기를 판매하는 그런 구체적인 처절한 경험의 느낌으로 다가왔다. 누워서 침을 뱉는 모습은 세상에 대한 절규로도 보였다. 누워서 침을 뱉으면 제 얼굴에 쏟아질 것은 당연한데 그래도 뱉어야만 하는 인간의 자존심이 느껴졌다. 단단한 근육의 움직임을 통한 표현과 속도감 있게 움직이는 다이나미즘이 특히 좋았다. 좀처럼 어울리기 어려운 춤과 소리도 잘 붙은 것 같다. 무대의 분할도 적절했다. 지금까지 걸어온 김남진의 험한 무용가로의 길을 엿볼 수 있는 진정성 가득한 작품으로 생각된다.

이용인의《표면 아래》는 독특한 춤 언어와 조명, 이미지를 갖고 있었다. 이용인은 빠르고 직선적이며, 날카로운 춤사위로 표현하면서도 묵직하게 균형을 잡아낸다. 정(靜)과 동(動), 강(强)과 약(弱)이 좋은 균형을 만들어냈다. 착시의 효과를 이용해 서서히 표면 아래로 침잠, 의식의 내면으로 찾아 들어가는 장면은 아주 인상적이었다. 느리지도 빠르지도 않은 조심스러운 뒷걸음은 관객들의 감정이입을 불러일으키는 것 같았다.

남소연이 오굴칸 보로바와 함께 춤춘《페드라》는 페드라와 히폴리트의 안타까운 사랑을 깔끔하게 그려냈다. 남소연은 정확하면서도 부드러운 동작으로 다소 관능적이면서도 유머러스한 페드라를 에너지를 절제해 가면서 표현했다.

이은영은《꿈꾸는 아이》에서 풍선과 망사를 이용해 정말 '꿈꾸는 듯' 환상적인 무중력의 느낌을 만들어냈다. 풍선 두 개를 긴 망사천의 한쪽 끝 양쪽에 매달아 공중에 선 채로 멈춰 있는 망사는 무대 전체를 무중력 공간, 또는 환상적인 수중공간으로 바꾸어 놓았다. 바람소리에 따라 망사가 움직이는데 마치 물속처럼 아늑했다. 망사에 많은 시선을 빼앗기긴 했지만 이은영의 춤은 부드럽고 정확했으며 단순함 속에 환상적 이미지와 리듬을 담아낸 문학적인 작품이었다.

모리스 베자르의 안무작인 김용걸의《아레포》는 아주 짧은 춤이었지만 이번 공연의 백미였다. 그동안 테크닉도 테크닉이지만 힘이 더 돋보였던 김용걸은 이제 그 힘을 안으로 응축해 이를 감정으로 부드럽게 표현해낼 줄 알게 된 것 같다. 여유 있는 표현과 적절한 힘과 악센트에 관객들은 열광하기 충분했다. 한쪽 어깨가 없는 붉은 원색의 타이즈와 하얗게 회칠한 얼굴은 베자르 특유의 일본취향을 느끼게 했다. 하지만 경쾌한 춤의 활력은 의상과 분장에 꼭 어울렸다. 앙코르에 어울릴 듯한 짧은 소품이었지만 메피스토펠레스의 짧은 미소가 떠오를 만큼 강렬했다.

— 춤 2003년 8월호

제5회 한국을 빛내는 해외무용스타 초청공연 2008년 7월 24~26일 아르코예술극장 대극장

'한국을 빛내는 해외무용스타, 그들이 온다'. 매년 여름 기다려지는 무대 중의 하나다. 올해도 그들이 왔다. 물론 그들이 무슨 '스타'냐며 반발이 있을 수 있다. 그 말이 맞기도 하다. 에투왈은 고사하고 드미솔리스트도 못된 코르드발레도 있을 수 있으니까.

그러나 파리오페라발레단의 솔리스트 김용걸도 처음에는 군무진도 못되는 연수단원으로 시작했다. 한국을 대표하는 국립발레단의 주역무용수 출신으로 모스크바콩쿠르 개인 3위, 파리국제콩쿠르에서 파드되(2인무) 부문 1위를 하고서도 그랬다. 안타깝지만 한국 발레의 수준은 일단 거기임을 인정해야 한다. 그렇기 때문에 한국에서의 성과에 만족하지 않고 세계에 몸을 던져 처음부터 다시 시작하는 그 자체가 용감하고 아름답다.

알랭 플라텔이 이끄는 벨기에 무용단 '세 드 라 베' 무용단 소속 예효승의 춤 에너지는 더욱 강력해졌고, 테크닉도 한층 고난도가 됐다. 알랭 플라텔이 안무한 《발자국 이야기》에서 예효승의 삶과 예술에 대한 고민이 그대로 응축돼 있었다. 뼈가 녹아버려 살만 남아있는 육체가 휘청거리는 동작은 처절했다. 격한 감정이 응축된 상송에 맞춰 간략하면서도 표현적인 무대와 잘 어울리는 고난도 테크닉은 피를 짜내 만들어낸 것처럼 보는 이의 마음으로 생생하게 전달됐다. 마지막 장면에서 세제를 마시고 쓰러진 그의 입에서 피어오른 동그란 비눗방울은 아름다운 춤의 영혼, 사리로 빚어낸 비극적 예술혼을 상징하는 것도 같다.

예효승의 안무작 《KY2002YK》도 고난도 테크닉을 바탕으로 한 자전적 춤으로 비극적인 플라텔 것에 비해 낙관적 느낌이 강했다. 어느 정도 꿈을 이룬 거장의 예술적 경향과 아직 창창한 젊은 예술혼의 차이처럼도 보인다.

최태지 국립발레단장의 딸로 더 유명한 보리스 에이프만 발레단의 최리나는 늘씬한 지체미로 독특한 개성을 선보이며 독립적인 발레리나로 한국에 첫 선을 보였다. 최근 러시아 보리스 에이프만 발레단 주역무용수로 데뷔, 화제를 모으기도 한 최리나는 동료 세르게이 볼로부예프와 에이프만의 대표작 《붉은 지젤》과 《안나 카레리나》를 췄다.

《붉은 지젤》은 최리나가 러시아에서 처음으로 데뷔한 작품으로 기형적이라고 해도 괜찮을 가늘고 긴 몸매는 이데올로기에 치인 '슬픈 지젤' 올가 스페시브체바의 고뇌를 멋지게 살려냈다. 또 불꽃튀는 사랑에 빠진 안나 까레리나의 정열도 제대로 그려냈다. 너무 큰 키(?) 때문에 자칫 포기할 뻔했던 발레의 꿈을 다시 펼 기회를 잡은 소중한 열정이 돋보였다. 아직 세련된 우아미보다는 풋풋한 욕심이 앞서지만 어쩔 수 없는 시간이 약으로 보인다.

이밖에 스웨덴왕립발레단의 남민지, 네덜란드국립발레단의 유서연, 한상이, 미국 코레쉬 현대무용단의 임재훈, 캐나다 서든리댄스시어터의 정정아도 함께 무대에 올라 해외에서 '목숨을 걸고' 닦은 실력을 고국 팬들에게 아낌없이 보여줬다. 특히 코레쉬무용단의 군무는 일상적이면서도 아름다운 동작의 대비로 인상적이었다.

이와 함께 국립발레단 이원철·장운규·전효정, 유니버설발레단 임혜경, 유빈댄스 정형일 등 한국 무대를 대표하는 스타들이 이용인, 차진엽, 브라이언 유 등 해외무용스타 출신의 안무작품을 췄다. 한국 무대를 지키는 이들의 자존심을 건 경쟁의식도 전체적으로 작품의 밀도를 한층 살려내 보는 이를 즐겁게 했다.

— 한팩 뷰 2008년 9월호

한국 현대춤작가 12인전

2001 한국 현대춤작가 12인전 2001년 3월 6~8일 문예회관 대극장

「한국 현대춤작가 12인전」은 1987년 실험적인 작가정신의 고양과 무용예술의 활성화를 기치로 내걸고 시작, 우리 춤의 현재와 미래를 조망하는 가장 권위 있는 무대의 하나로 자리 잡은 것으로 생각된다. 다양한 실험이 이뤄졌고, 입석까지 매진됐다는 점에서 실험성과 대중성을 추구한 소기의 목적은 충분히 달성된 것으로 보인다. 또 절반의 문제점과 함께 절반의 새로운 가능성을 동시에 제시했다는 점에서 우리 춤의 현재와 미래를 조망한다는 당초의 의도에도 상당히 접근한 것으로 생각된다.

절반쯤의 작품에서 공통적으로 가장 두드러진 문제점은 과다한 감정의 노출이다. 프랑스의 시인이자 평론가인 폴 발레리는 시와 산문에 대해 이야기하며 "소설은 산보요, 시는 무용"이라고 했다. 이를 역으로 풀면 무용은 시와 같은 상징과 운율이 핵심이라는 말이다. 그러나 일부 작품에서의 신파와 같은 연기, 상투적 이미지 등은 지나치게 서술적이어서 무용이라기보다는 산보라는 게 더 적합해 보였다. 구체적으로 예를 들면 신은경의 작품《조각달》은 이별의 슬픔에 무너져 내리는 모습이라든지, 청각장애인의 수화를 연상케 하는 서술적인 표현이 많았다. 또 김명회의 작품《여인의 탄식》은 자살을 앞두고 신발 벗기, 또는 신데렐라의 구두 등 상투적인 상징을 차용해 춤언어가 너무 진부해 보였다.

이와 함께 자아도취적인 이미지의 과다도 문제라고 생각한다. 이정희의 작품《하얀 영혼의 노래》는 영상이 춤 못지않은 중요 장치였는데 춤과 영상을 함께 볼 수 없게 했다. 춤을 보

려하면 강한 이미지의 영상이 거슬렸고, 영상을 보려면 춤이 방해를 했다. 또 문영철의 작품 《마흔의 일기》는 첫 부분과 끝 부분에서 관객을 향해 강한 조명을 쏴 춤을 보기가 어려웠다. 정혜진의 작품 《배따라기》는 기둥을 두 개 세우고 형제의 사이에 놓인 부인의 갈등을 그렸는데 그것이 원작과 내용이 다른 직설적인 성적 이미지로 전달돼 아쉬웠다. 다시 말하면, 자신만이 아는, 혹은 자신도 모르는, 또 자신만 안다고 생각하는 암호와 같은 이미지가 무리한 오브제 사용과 맞물려 관객들을 오해하게 하거나 피로하게 한 부분이 있었다.

그러나 나머지 절반의 작품에서 이 같은 문제점을 보완할 다양한 시도가 있었다는 점에서는 고무적이다.

판소리에 춤의 옷을 입히는 시도를 한 김매자의 《범피중류(汎彼中流)》는 이 세 가지는 물론 전통성까지 포함한 훌륭한 무대를 마련했다고 생각한다. 심청이가 인당수에 뛰어들기 직전의 갈등을 춤으로 만든 이 작품은 느린 춤사위에서 빠른 춤사위로 변하며 절정으로 치닫다가 다시 느린 춤사위로 돌아오는 등 속도감과 함께 심청의 감정에 따른 무브먼트를 유기적으로 적절하게 구성한 것으로 보인다. 또 무대의 상하좌우를 나눠 이승과 저승을 표현하고, 사막에 쏟아낸 물결조명과 그 뒤에서 터져 나오는 판소리와 북소리 생음악은 무대의 생동감을 한층 높였다.

이와 함께 아직은 희소성이 있는 젊은 남성무용수의 무대기획은 참신했으며 성공적이었다. 이원국, 김정학, 문영철, 최상철 등 출연자 모두가 갖고 있는 테크닉은 춤의 의미를 떠나 관객을 매료시키기 충분했다.

김정학은 그림자를 이용한 무대와 도시적 포크음악을 배경으로 모던 전통춤을 편하게 전달했으며, 문영철도 중성적 표정과 몸짓으로 느리지도, 빠르지도 않은 춤으로 40대의 데카당스한 욕망을 표현해냈다.

특히 최상철의 《빨간말》은 안에서 밖으로, 또다른 뒷면으로 세 번 변화하는 무대장치와 부조리한 몸짓들을 표현하는 독창적 춤사위로 이날 가장 큰 박수를 받았다. 한편 이 작품은 제목과 무대장치에서 지리 킬리언을 생각나게 한다. 킬리언의 작품 중에 《인디고 로즈(Indigo rose)》라는 작품이 있는데, 갖가지 색의 장미가 있지만 '인디고' 즉 '쪽빛' 장미는 없다고 한다. 킬리언은 이 불가능한 장미를 향한 도전을 예술적 이상으로 삼아 이 작품을 만들었다고 했다. 최상철의 '빨간말', 풀어 말하면 던져지는 말도, 응답하는 말도 아닌 '빨간 색의 진짜 언어'를 꿈꾼 것이 《인디고 로즈》를 연상시켰다. 또 세 번째 변화하며 등장하는 비스듬히 누운 머리도 킬리언의 네덜란드댄스씨어터(NDT)가 위치한 덴 하그(영어명 헤이그)의 현대미술관의 유명한 야외조각품을 연상시키기도 했다.

'다시'의 여러 가지 동음이의어를 천착한 김영희의 작품《ᄃ시》도 관심을 모았다. 어떻게 보면 고대 이집트의 제사장과 같은 모습으로 이국적인 그로테스크, 세기말적 나르시시즘 등이 연상되는 강한 힘을 가진 작품이었다.

다소 무리한 부분이 한두 곳 있었지만 오문자의 작품《풍경화》도 대중적인 기호로 삶의 풍경을 풀어낸 것이 인상적이었다.

한편 – 우연이겠지만 – 최상철의《빨간말》과 전미숙의《아듀, 마이러브》가 각각 '이별의 부산정거장'과 '댄서의 순정'이라는 추억의 노래로 끝나는 게 재미있었다. 20세기 초반 스트라빈스키와 피카소가 나타났을 때 비평가들은 "예술가들이 대중을 소외시키고 있다"고 비판했다. 그러나 20세기 후반 대중소비사회시대의 도래 이후 대중은 이제 그때의 복수로 순수예술가를 소외시키고 있다는 말도 할 수 있다. 이 같은 시도는 포스트모더니즘시대 이후 나타난 퓨전, 크로스오버 등 새로운 표현어법이기도 하지만 대중에 대한 화해를 모색하는 순수예술가들의 고뇌와 자조를 동시에 엿볼 수 있는 것 같다.   — 춤 2001년 4월호

2002 한국 현대춤작가 12인전 2002년 2월 22∼24일 문예회관 대극장

16회를 맞은 「한국 현대춤작가 12인전」은 한국무용, 발레, 현대무용 등 장르의 구별 없이 우리 춤계의 주축을 이루고 있는 무용가들의 신작발표 무대로 한국무용협회의 무용제와 함께 국내에서 가장 중요한 창작춤 무대로 평가된다.

2002년 공연은 현재 무대에서 왕성하게 활동, 우리나라 춤계의 주축으로 자리잡아가고 있는 40대 전후의 무용가들로 꾸며졌다. 특히 이 무대에 처음 서는 김영미, 박경숙, 강미선, 안윤희, 방희선, 김장우, 강준하 등은 처음 서는 무대인 만큼 기운 찬 다양한 시도로 주목을 모았다.

2001년 뉴욕에서 공부하고 9·11테러 직전 귀국, 행운의 여성으로 꼽히는 김영미의 작품《선인장꽃》은 힘과 속도감을 겸비한 테크닉에 퇴폐미 가득한 왜곡 이미지를 담아 선인장꽃

의 상징적 의미를 잘 그려냈다.

이 작품은 마사 그레이엄의 걸작《비탄이 연상되는 신축성 있는 천으로 온몸이 결박당한 채 얼굴 표정의 왜곡으로 어둠의 터널과 삭막한 모래언덕을 표현하는 등 시작부터 관객들의 관심을 잡는 데 성공했다. 천으로 결박당한 몸은 최근 아프가니스탄 전쟁으로 유명해진 이슬람 원리주의자들이 여자들에게 강요한 '부르카'와도 비슷한 느낌도 주었다. 또 스크린의 모서리를 사선으로 한번 접어 그 위에 투사한 영상은 왜곡의 이미지를 한층 강화, 그로테스크한 느낌도 주었으며, 이 같은 일련의 왜곡이미지들은 데카당스한 느린 곡조의 재즈와 첼로음악과 잘 어울렸다. 작품의 제목 '선인장꽃'에서 시작해 사막, 이데올로기의 질곡, 왜곡, 단절, 탈출 등 춤의 도입부에 담긴 비교적 명징한 이미지들이 소리와 표정, 음악과 춤과 영상 등과 조화를 이뤄 한 송이 선인장 꽃을 피우기 위해 얼마나 고통스러운 환경을 극복해야 하는지, 척박한 현실에서 여성이 아름답게 살기가 얼마나 힘든지 보여주는 것 같다. 특히 무용수가 영상을 바라보고 있는 영상을 쳐다보는 무용수의 모습으로 마지막을 장식, 무한대의 환상공간 또는 복제의 이미지, 삶의 극한적인 반복의 허무 또는 좌절의 이미지를 잘 보여줬다.

강미선 안무, 안은미 연출, 어어부밴드 음악으로 공연된《데미안》도 재미있는 작품이었다. 알 속에서 웅크리고 있는 남자의 벌거벗은 몸과 학춤으로 시작한 이 작품은 실제 오리를 무대에 출연시켜 웃음을 자아내게도 했다. 데미안에 미운 오리새끼의 의미도 덧붙이려는 장난스런 연출의도로도 보인다. 이어 어어부밴드의 구음에 맞춰 한국무용의 안정된 춤사위와 표현력이 강한 현대춤이 적절하게 조화를 이룬 춤이 펼쳐졌다. 격렬한 리듬과 비트, 독특한 보컬을 자랑하는 어어부 밴드, 충격적인 이미지가 장기인 안은미, 단정한 선의 강미선 모두가 적절한 선에서 양보, 쉽게 만들기 어려운 재미있는 균형과 안정미를 만들어냈다. 마지막 부분에서 온통 꽃으로 채운 오케스트라 피트가 떠오르면서 싱그러운 꽃향기가 극장에 진동하고 그 안에 알에서 막 깨어난 듯한 데미안이 앉아있는 장면과 역시 한판 뒤집어버리는 안은미 특유의 피날레 장면은 수미가 상응하는 즐거운 쇼의 대미였다. 재미있는 작품을 봐서 관객으로서는 즐겁지만 한 작가의 안무의 세계와 춤을 본다는 '작가12인전' 본래의 의도와는 조금 동떨어져 있다는 것을 지적하지 않을 수 없다. 강미선 혼자의 작품이 아니라, 안은미와 어어부밴드 등 각각 다른 세 아티스트들의 공동작품이 돼버렸기 때문이다.

방희선의 작품《꽃》도 재미있는 작품이었다. "내가 그의 이름을 불러주기 전에는 그는 다만 하나의 몸짓에 지나지 않았다. 내가 그의 이름을 불러 주었을 때 그는 나에게로 와서 꽃이 되었다.…"는 내용의 김춘수의 시 〈꽃〉은 명징하면서도 아름다운 이미지로 너무나 익숙한 시. 방희선은 김춘수의 '꽃'을 성적 코드 가득한 블랙코미디로 해석해냈다.

이 작품은 졸음으로 시작했다. '해당미수각(海棠未睡覺)', 잠에서 덜 깬 해당화 즉 아직 잠에서 덜 깬 모습이 여성이 가장 아름답게 보이는 순간의 하나라는 양귀비로 인해 생긴 고사를 생각나게 한다. 방희선을 비롯한 5명의 무용수가 한가하게 졸면서 손과 발을 까불거리기도 한다. 지독한 권태를 못이기는 호기심과 내밀한 관능을 자극하는 느낌도 난다.

이어 누군가를 부르는 소리가 들려온다. "헬로우" "여보세요" 하나의 몸짓으로 존재하던 꽃이 이름을 불러주면서 꽃이 되는 순간이다. 졸음에 지쳐 마네킹으로 굳어있던 '꽃'들이 조그만 타원형의 카세트를 빼앗기 위해 치열한 다툼을 벌인다. 여기서 타원형의 예쁜 카세트는 남성의 상징으로 생각된다. 액세서리와 같으면서도 즐거움을 주는 말하는 물건이다.

'쉿' 하는 소리와 함께 혼란이 정리되고 경염을 통한 건전한 쟁탈전이 벌어진다. 그러나 뒷모습이 뭔가 허전하다. 무용수들은 앞부분만 차려 입었다. 뒤돌아섰을 때 옷의 뒷부분이 뻥 뚫려 있다. 껍질에, 호기심에, 본능에 집착하는 요즘 삶의 허전한 단면을 말하는 것도 같다. 김춘수의 시 〈꽃〉이 낭송된다. 그러나 모두가 "아니야"라고 외친다. '꽃'이 결코 이름이 불리기를 기다리는 수동적인 존재가 아니라 능동적인 존재라고 주장하는 것이다.

4명이 퇴장하고 방희선이 카세트를 차지해 홀로 춤을 춘다. 나른한 관능이 꿈틀거린다. 예쁜 카세트가 다리 사이를 미끄러지고 온몸을 애무하고 지나간다. 배꼽춤 등을 비롯한 이슬람과 인도의 춤사위를 차용한 관능적인 춤이 펼쳐지다가 장중한 아다지오의 춤으로 바뀐다. 비로소 사랑이 끝나고 꽃이 진다.

한바탕 관능적인 춤을 춘 방희선이 모로 누워 카세트를 들고 있는 가운데 만삭인 4명의 임산부들이 들어온다. 막 피어나는 꽃보다는 활짝 흐드러지게 핀 꽃의 아름다움을 찬미하고, 심지어 임산부의 아름다움마저 노래한 르네상스의 미학이 생각나고, 남성박멸주의의 강인한 초기 페미니즘을 조롱하는 것처럼도 보인다. 방희선은 김춘수의 수동적인 '꽃'은 거부하지만 '서로에게 잊히지 않는 하나의 눈짓이 되고 싶은 것'은 인정하는 것 같다.

박경숙의 《Spanish Fantasy》는 플라멩코 등 정열적이면서도 애조를 띤 플라멩코 춤을 차용, 무리하지 않고 편안하면서도 깔끔한 소품을 만들어냈다. 약간의 감정의 과잉도 엿보였지만 정열을 주제로 하는 스페인 춤을 차용한 만큼 충분히 이해할 수 있었다. 생각하는 춤이 아니라 즐겁게 보는 춤으로써 다른 작품과 좋은 대조를 이루기도 했다.

안윤희의《노래를 할 걸 그랬어》는 화려하지는 않지만 정확하고 단정한 춤사위로 병상의 남편을 간호하는 아내의 슬픈 꿈을 초현실적으로 잔잔하게 그려냈다.

강준하의《목탄으로 그린. 山》도 열심히 춤을 추고 만든 흔적이 역연했다.

한편 김장우의《樂》은 지나치게 형식미와 양식화를 추구, 작가전의 특징인 안무가의 춤이 보이지 않아 아쉬웠다.

이 무대에 처음 선 이들의 다양한 시도는 오문자의《A labyrinth to love》, 백연옥의《인연의 주머니》, 정혜진의《눈꽃》, 손관중의《적VI-검은 호흡》등 춤작가전 참여 경험이 있는 안무자들의 안정된 작품과 좋은 대조를 이루어 '활기'라는 말로 올해의 춤작가전을 요약할 수 있게 했다.

— 춤 2002년 3월호

2003 한국 현대춤작가 12인전 2003년 3월 28~30일 문예회관 대극장

정상에 오르는 것보다 지키는 것이 더 어렵다고 한다. 잘 나갈 때 조심해야 한다는 말도 같은 의미다. 정상에 오르기 위해서는 다양한 시도를 할 때는 좀 못해도 괜찮다. 역시 어려울 때는 난국을 극복하기 위해 작전이나 계략도 쓰고, 좀 건방져 보여도 괜찮지만 일단 정상에 오르면 다르다. 이전의 장점들이 단점으로 변하기 일쑤다. 근면한 것이 지독하거나 여유없음으로 비쳐지기도 한다. 용기가 오만으로, 자존심이 건방짐으로도 보인다. 정상에 오르면 미덕도 악덕으로 비추는 것이 보통이기 때문에 만일 사소한 나쁜 점이 나타나기라도 한다면 흔히 그것은 엄청나게 확대된다. 당하는 측이야 억울하겠지만 어쩔 수 없다. 많은 것을 가진 강자를 시샘하고 부러워하는 것이 범속한 사람들의 어쩔 수 없는 박덕이기 때문이다. 그래서 정상에 오르기는 그렇게 어렵지만 내려가는 것은 순간이다.

한국무용, 발레, 현대무용 등 우리나라 창작춤의 현주소를 한 눈에 조망하는 주요한 무대로 자리잡은 한국현대춤협회의 「작가12인전」의 모습이 꼭 그렇다. 「2003 한국 현대춤작가 12인전」에서는 이 무대의 정의와 수준에 어울리지 않는 작품들이 다수 등장하는 등 나태와 인정 또는 흥정의 느낌이 포착되기 때문이다.

국수호의 작품《볼레로》는 듀엣까지 인정하는 창작자 자신이 추는 솔로춤이라는 '작가12

인전'의 본래 의미와도 맞지 않는 공연이었다. 산카이 주쿠의 작품 분위기를 연상시키는 중성적인 느낌의 무용수 17명이 무대에서 공연한 이 작품에서 국수호는 맨 끝에 잠깐 나왔다가 들어갔다. 이는 작가12인전의 전통과 의미를 명백히 훼손한다고밖에 할 수 없다.

이은주의 작품 《진달래 꽃비》는 안무의도와 무대, 춤의 이미지가 서로 맞지 않았다. 오른쪽에 그로테스크한 성황당이 크게 자리잡고 상체의 움직임을 위주로 한 무거운 춤이 비스듬한 동선에서 소월이나 황진이의 시에서 느껴지는 진달래의 의미를 찾기 힘들었다. 특히 마지막에 천정에서 쏟아진 붉은 물은 '진달래 꽃비'라기보다는 괴기영화 '캐리'의 축제장면에서 쏟아진 피와 같은 분위기였다.

신은경의 작품 《단장의 애가》는 주인공만 쫓아가는 1960년대 유랑극단식 조명에 춤도 음악적이라기 보다는 서사에 가까운 신앙고백이어서 공감이 어려웠다. 또 한글 제목은 '단장의 애가'인데 영어제목은 'Lamentation of Broken Heart(상심의 한탄)'이어서 서로 매치가 되지 않았다. 영어제목을 아예 쓰지 말든지, 아니면 보다 정확한 의미를 전달할 수 있는 말이 됐으면 좋겠다. '단장의 애가'가 춤의 초점이 없이 신파조로 지리멸렬했던 것은 아마 한글제목과 영문제목의 의미의 차이에서 볼 수 있듯 춤이 뚜렷한 주제의식, 또는 문제의식을 추상해내지 못했기 때문이 아닌가 싶다.

문영철의 작품 《백조Ⅱ(飛歌)》는 매튜 본의 '남자백조'와 너무 닮았다. 하체를 가린 백조 털로 만든 바지가 좀 짧았을 뿐 전체적으로 너무 똑같았다. 이쯤 되면 본인이 아무리 내용을 새롭게 꾸민다고 해도 관객들은 매튜 본의 이미지를 벗어나지 못한다. 음악마저 차이코프스키의 〈백조의 호수〉여서 5월말 모극장에서 공연예정인 매튜 본의 작품 예고편을 보는 것 같았다. 더욱이 박자도 좀 안 맞고 해서 도대체 이런 작품이 어떻게 춤작가 무대에 올랐는가 의아하게 생각할 정도였다. 나중에 들은 이야기지만 천장에서 소품이 떨어져 부상을 입는 바람에 그렇다고 하는데 관객으로서는 알 수 없는 노릇이다. 함께 춘 박은혜의 선은 정확하고 우아했다.

가장 눈길을 모은, 전미숙의 작품 《나팔꽃이 피었습니다》는 이들 작품들과 비교되면서 가치가 더욱 부각됐다. 강한 주제의식이 돋보였고 점층적인 의상의 효과적인 활용, 색과 음악, 춤의 통일성, 잘 짜여진 구조와 적절한 소품의 활용 등 이번 작가12인전에서 가장 할 말이 많은 작품이었다.

김성한의 작품 《접촉》도 속도감과 균형, 안정성이 뛰어났다.

윤미라의 작품《2월 눈물》도 춤선이 맑고 아름다웠다.

전홍조의 작품《풍경을 춤출 수 있을까》는 살수차를 동원, 무대위에 비오는 장면을 연출하는 등 다양한 시도가 관객들의 눈길을 잡았고, 춤도 거기에 잘 맞게 깔끔했다. 그러나 뒤 샹의 샘이 연상되는 소품 등 부분적으로 상투적인 점도 없지 않았다.

김복희의 작품《삶꽃 바람꽃-두번째 이야기》는 초반에 공을 이용한 아이디어는 재미있었지만 다소 몸이 무거워 보였다. 그러나 후반에 갈수록 몸이 풀리면서 삶의 깊이와 고뇌가 잘 표현됐다. 전체적으로 미니멀하면서도 재미있는 구조였지만 부분적으로 감정의 과잉이 보이기도 했다.

김순정의 작품《내가 부르고 싶은 노래는》은 다양한 아이디어와 표현이 더해졌지만 지나치게 작위적으로 꾸미려 해서 아쉬웠다. 아름다운 춤선과 무르익은 테크닉은 나무랄 데 없었는데 김순정 특유의 힘과 관능을 살리지 못한 것으로 생각된다.

박호빈의 작품《말뚱 콤플렉스를 위한 메트로놈 4중주 2003》도 2002년 세종문화회관 소극장 초연때보다 훨씬 더 볼륨이 커지고 재미있어졌다. 그러나 풍선얼굴이 제대로 만들어지지 않아 희극적인 맛이 상당히 감소돼 아쉬웠다.

— 춤 2003년 5월호

2010 한국 현대춤작가 12인전 2010년 4월 13~18일 아르코예술극장 대극장

올해로 24회 째를 맞는 한국현대춤협회의 「2010 한국 현대춤작가 12인전」은 현대무용가 김복희를 비롯해 김매자, 국수호, 이정희 등 한국 창작춤 1세대와 윤미라, 김순정, 이윤경, 이고은 등 중견, 그리고 안무가는 물론 무용수로도 현장에서 활발하게 활동하는 한국 창작춤의 '젊은 허리' 이정연, 손미정, 임혜경, 김영미 등이 참가, 한국 창작춤의 전개를 압축적으로 보여주는 무대로 특히 관심을 모았다.

《오동추야, 오동꽃피면》(안무 윤미라)은 한국춤의 선이 얼마나 아름다운지, 또 내면의 감성을 얼마나 섬세하고 애절하게 또 해학적으로 그려낼 수 있는지 보여줬다.

처음 봉긋하니 솟아있는 무대에 등장한 윤미라의 몸은 좀 크고 무거워 보였다. 일본의 노(能)를 보는 듯 느릿한 움직임으로 달밤의 유유자적함을, 외로움을 그려냈다. 평소와 다른 묵직한 서사적 무브먼트였다. 그리고 옷을 한꺼풀씩 벗으며 마음의 정한을 풀어놓는데, 비로소 그 같이 무거운 서사미의 궁금증이 풀렸다. 대극장 무대를 한 줄로 가득 채워 크게 동그라미를 그릴 수 있을 정도로 옷을 잔뜩 겹쳐 입은 것이었다. 14벌의 의상을 '겹입고' 만들어낸 퍼포먼스는 마치 이장호 감독의 영화 〈어우동〉에서 이보희가 연출해낸 한 장면을 연상시켰다. 조선조 최대의 바람둥이 어우동의 일생을 그린 이 영화에서 어우동의 옷을 벗기는 베드신 장면이 있는데, 조선조 양반가 여인의 옷을 벗기기가 얼마나 어려운지 재미있게 보여줬다. 두루마기에서 당의, 저고리, 속치마 등 양파껍질처럼 벗기고 벗겨도 또 벗겨내야 하자 심각한 베드신 장면임에도 불구, 급기야 관객들의 웃음이 터져나오기도 했다. 윤미라도 이 작품에서 옷을 끝도 없이 벗자 관객들은 재미로 옷가지를 세게 되고 그 숫자가 10벌을 넘어가자 객석 여기저기서 웃음이 절로 터져 나왔다. '마침내' 옷을 다 벗은, 아니 춤추기 위한 옷만을 입은 윤미라가 자유롭게 오동추야 달밝은 밤을 우아하게 흥겹게 관능적으로 노래했다. 더 이상 설명이 필요 없는 한국 여인의 정한과 흥, 관능이 제대로 녹아있는 춤사위였다. '오동추' 노래가 반복되며 다양하게 변주된 여심이 사그라지는 조명과 함께 무대 뒤로 사라지는 대미는 모처럼 끝나는 게 아쉬운 한국 춤무대의 한 장면이었다.

《페르소나(Persona)》(안무 김영미)는 좋은 춤과 상상력으로 무대를 가득 채웠다. 특히 전반부와 후반부가 전혀 다른 이미지의 왜곡을 이용한 춤으로 관객의 관심을 무대에 집중시키는 데 성공했다. 독특한 움직임과 리듬으로 무의식의 감각을 자유로운 상상력과 관능으로 풀어냈다. 수미쌍관의 안정된 형식 속에서 인간의 내면을 아름답고도 깊게, 생생하게 극적으로 그려내는 데 성공했다.

《공(空):비움》(안무 이정연)은 다양한 상상력이 인상적이었다. 붉은 부대자루 같은 것 안에 무엇이 들어있는 듯 호기심을 불러일으켰다. 원숭이 같기도 하고, 오리 같게도 생긴 것 안에서 팔이 나오고, 발이 나오고, 얼굴이 나오더니 비로소 사람이 됐다. 빨간 옷에서 무채색의 또 다른 옷을 입은 무용수의 등장도 재미있었다. 하지만 비움 속에 새로운 탄생으로 이어지지는 못했다. 붉은 부대자루 춤으로 펼쳐졌던 다양한 호기심을 무채색의 다소 건조한 춤이 해결해내지 못했기 때문이다. 또 지나치게 작위적인 기둥과 로프 등의 사용이 거슬렸다. 얼핏 중국신화 '혼돈'이 떠오른다. '혼돈'이라는 놈이 있어 구멍을 뚫어 눈과 귀, 입을 만들었더니 죽어 버렸더라는 이야기다. '혼돈'으로 잘 빚어낸 비움을 잘 정리하고 채워야 했는데 그렇지 못한 느낌이다. 그래서 막상 눈과 입과 귀를 만들었더니 죽어버린 '혼돈'이 된 모양새다.

《변형된 감각》(안무 이윤경)은 자연을 몸의 느낌으로 재해석, 안무자 특유의 리듬감과 속도감 있는 움직임으로 단정하게 그려냈다. 첫날 공연에서 작품이 2번 반복됐는데 이는 '변형된 감각'의 재미있는 해석으로 보였다. 하지만 사실은 음악에 문제가 생겨 다시 한 것이라고 작품이 끝난 뒤 들었다. 우연한 실수가 오히려 작품의 의미를 더 강조하는 형식이 되지 않았나 싶기도 하다.

발레리나의 은퇴무대의 앞뒤를 사실적으로 그려낸《For a while…》(안무 임혜경)은 참신한 구상의 발레무대였다. 창작이 꼭 형이상학적으로 어렵게 구조를 짜고 구성해야만 되는 것이 아니라 예술가의 치열한 내면의 느낌을, 일상을 그대로 무대 위에 던져놔도 충분히 아름다운 한편의 작품이 될 수 있다는 것을 보여줬다.   — 춤 2010년 5월호

한팩 솔로이스트

2011 한팩 솔로이스트 2011년 6월 17~18일 아르코예술극장 대극장

연극의 3요소는 무대, 희곡, 배우다. 무대가 마련되고 대본이 결정된 뒤 배우만 있으면 연극이 이뤄진다. 이들 못지않은 중요한 요소로 평가되지만 연출은 없어도 연극은 가능하다. 그러나 이들 셋 중에 하나라도 없으면 연극은 불가능하다.

이를 무용에 적용할 수 있을까? 못할 것도 없다. 무용 역시 무대가 마련되고 대본의 준비가 우선이다. 단 무용은 연극과 달리 언어가 아닌 움직임으로 표현한다. 그래서 무용에서의 대본은 구성과 함께 음악을 포함한다. 때문에 무용에서의 대본은 음악이라고 하는 게 더 적절할 것 같다. 무대와 음악이 준비된 다음 무용수만 있으면 무용 역시 가능하다. 따라서 무용의 3요소는 무대, 음악, 무용수라고 할 수 있을 것이다.

그러면 연극에서의 연출과 비슷한 무용의 안무는 어디쯤 위치할까? 연극의 연출과 무용의 안무는 비슷하면서도 다르다. 연극에서 연출가와 배우는 어느 정도 이성적, 경쟁적 관계로 떼어놔도 관계없다. 사실 연출가와 대립하는 스타 배우들을 우리는 얼마든지 볼 수 있다. 안무가와 무용수의 관계도 일정 수준에서는 그럴 수 있다. 하지만 안무가와 무용수의 거리가 연출가와 배우의 그것보다 훨씬 가깝다. 연출가와 배우는 언어를 매개로 한 희곡을 통해 만나지만 안무가와 무용수는 언어를 넘어서는 직접적인 움직임으로 함께 하기 때문이다. 또 우리는 실제 안무가와 다투는 스타 무용수를 본 적이 드물다. 이는 안무가들이 대부분 스타 무용수 출신이기 때문이기도 하고 그렇지 않을 경우 천재적인 감각으로 저항을 불

허하는 경우가 대부분이다. 어떻게 보면 불교에서 가르침(敎)을 중심에 두는 교종이나, 깨달음(覺)을 우선시하는 선종의 차이와 비슷할지도 모르겠다. 교외별전(敎外別傳), 불립문자(不立文字), 염화시중미소(拈華示衆微小)의 경지가 안무가와 무용수의 관계를 표현하는 적절한 말일지도 모르겠다.

「한팩(Hanpac) 솔로이스트」는 무용수를 위한 무대다. 최근 무대 위에서 가장 중요시되는 무용수들의 입지가 좁아지고, 무용수와 안무가와의 역할의 경계가 모호해지고 있는 상황에서 그들의 역할과 위치를 재인식하기 위한 기획무대다. 김용걸, 예효승 등이 무대에 서 절정의 테크닉으로 관객을 휘어잡은 '솔로이스트' 1조는 본래의 기획의도를 충분히 보여줬다. 하지만 안무와 춤이 상대적으로 부조화를 이룬 '솔로이스트' 2조의 무대는 춤에 있어서 안무가 얼마나 중요한지를 역설적으로 강조한 무대로 평가된다.

첫 작품 한국무용가 성현주, 현대무용가 성한철 남매의 2인무《VIEWPOINT》는 한국무용가 김충한이 안무했다. 성한철이 승무 등 한국춤사위를 기본으로 한 춤을 추고 성현주가 현대무용 무브먼트를 선보인 첫 무대의 시작은 좀 어설펐다. 특유의 호흡을 찾지 못한 승무는 신비감이 잃었고 궁중음악은 특유의 유장한 몸짓을 찾기 힘들었다. 부채놀림도 신명이 없어 연습부족을 절실하게 느끼게 했다. 현대무용가에게 한국춤사위를 추게 하고 무게 중심이 아래쪽에 있는 한국무용가에게 현대춤을 추게 한 것이 부적절해 보였다. 하지만 작품이 원과 원점을 돌아 창과 방패의 갈등을 넘어 각자 본래 색의 춤으로 돌아와 한국춤의 유장한 호흡과 현대춤의 멋진 그림이 조화를 이루면서 비로소 진정한 '관점'이 무엇인지를 알게 했다.

이경은이 춤을 추고 세네갈 안무가 안드레야 왐마가 안무한 두 번째 작품《ACROSS THE STREET》는 뛰어난 무용수에 훌륭한 안무가가 얼마나 중요한지를 깨닫게 한 무대였다. 아프리카 특유의 에너지가 넘치면서도 절제된 힘은 관객으로 하여금 시종 무대에서 긴장된 눈을 떼지 못하게 했다. 강렬한 이미지와 응축된 에너지는 '모던한 원시'의 느낌이 무엇인지 알게 했다. 별다른 무대장치 없이 조명과 음악만 갖고 한 사람으로도 충분히 대극장 무대를 열기로 가득 채울 수 있다는 것을 실증했다. 안무와 무용수가 어울렸을 때 현대춤이 얼마나 아름답고 재미있을 수 있는지를 증명한 무대였다.

한국무용가 조연진, 조인호 남매의 디지털 복합무대《우린 잘 살고 있어요》(안무 이준희)는 이미 진부한 디지털 이미지에 익숙한 상상력의 움직임에 얹혀졌다. 현대무용이 얼마나 빠르고 눈부시게 바뀌고 있는지 모르는 것 같았다. 안무가가 결코 연출가가 아니어야 함을 가르쳐주는 작품이었다.

한국무용가 김은희가 춤을 추고 현대무용가 류석훈이 안무한《다시 길을 걷다》는 한마디로 '미스 매치'였다. 김은희는 자타가 공인하는 한국무용가 최고의 스타일리스트다. 류석훈은 이제 '젊은'이라는 말을 떼어버리고 '중견'의 위치에 올라도 충분한 대표적인 한국 현대무용가 가운데 한 명이다. 그의 명증하면서도 속도감 넘치는 이미지는 또래 무용가 가운데 단연 압권으로 꼽힌다. 하지만 두 사람을 붙여놨을 때 김은희의 스타일도, 류석훈의 깔끔함도 사라져 버렸다. 타성의 속도감과 어쭙잖은 난해성과 상투성만이 남아 관객들을 답답하게 했다.

— 한팩 뷰 2011년 8월호

CJ영페스티벌

제4회 CJ영페스티벌 2009년 10월 23~24일 서강대 메리홀

CJ문화재단이 젊은 예술인들을 지원하는 프로그램인 「CJ Young Festival」이 4회를 맞았다. 이번 공연에는 독특한 춤 에너지로 관심을 모으고 있는 안영준 안무의 《흘러나온다》, 탈춤을 분해 조립한 렉나드(R.ecnad) 프로젝트 그룹의 《통(通), 리오거나이제이션(Reorganization)》 (안무 심새인), 그리고 영국 아크람 칸 무용단 입단 예정인 김성훈 안무의 《블랙 코미디》 세 작품이 결선 무대에 올랐다.

《흘러나온다》는 잘 구성된 유기적인 춤이 돋보였다. 남자 무용수 2명과 여자 무용수 1명이 만들어내는 다양한 무브먼트는 현대무용의 독특한 맛을 느끼게 하기 충분했다. 고난도 기술을 강렬한 에너지로 풀어내며 의미의 구조를 잘 쌓아나갔다. 그러나 익숙한 무대 구성에 대한 보완과 장면과 장면의 연결이 좀 더 자연스러울 필요가 있어 보인다.

《블랙 코미디》는 마이크를 이용, 중의적 상징을 잘 그려냈다. 마이크는 관심의 초점에서 주장의 도구로, 권력과 관능의 상징으로 효과적으로 사용됐다. 춤도 편안한 일상의 동작을 바탕으로 형태미와 속도감을 갖춰 좋은 구성을 보였다. 위트와 풍자미도 좋았지만 전달하려는 메시지가 좀 진부한 느낌이 없지 않았다. 특히 후반부에 주제를 좀 더 깊이 있게 천착하지 못한 채 개인기를 이용해 반복돼 사족이 된 느낌이다.

《통(通), 리오거나이제이션(Reorganization)》은 탈춤의 재구성이라는 재미있는 시도를 했지만 아쉽게도 잘 재구성된 탈춤을 찾기 쉽지 않았다. — 춤 2009년 11월호

가족/어린이를 위한 공연

서울발레시어터의 《이상한 나라의 앨리스》 2001년 5월 4~13일 예술의전당 토월극장
유니버설발레단의 「동물의 사육제」 2001년 5월 1~6일 문예회관 대극장

    춤이 온갖 장르의 가족공연이 러쉬를 이루는 어린이날 시즌공연의 중심으로 떠올랐다. 과거 어린이날 춤공연은 현대무용진흥회가 양재동 서울교육문화회관에서 기획행사로 치르는 「세계어린이무용축제」에 불과했으나, 2001년에는 예술의전당, 세종문화회관, 문예회관 대극장 등 서울시내 주요극장 무대에 발레, 한국무용, 현대무용 등 다양한 무용작품이 경쟁적으로 올랐다. 이는 어린이 공연이 그동안의 상업적인 대형 번역 뮤지컬 일색에서 벗어나 문화·예술 본래의 속성인 다양성과 독창성을 어린이들에게 다채롭게 보여준다는 점에서 긍정적으로 평가된다. 특히 어린이들을 위한 무용공연이 아직 대중화에 이르지 못하고 있는 무용의 저변확대와 대중화를 위해 잠재적 관객이며, 또 자녀들과 함께 새로운 볼거리를 찾는 부모들을 춤무대로 끌어들일 수 있다는 점에서 보다 재미있고 예술성 높은 작품의 기획과 제작이 절실히 요구된다.

    예술의전당과 서울발레시어터는 모던창작발레《이상한 나라의 앨리스》를 16회 공연했다. 600여석 객석을 회마다 거의 매진시키고 비록 많지는 않지만 얼마간의 이익금을 예술의 전당과 서울발레시어터가 배분했다는 사실은 고무적인 현상이다.

이 작품은 영국 옥스퍼드대 수학교수였던 루이스 캐럴이 가혹한 아동노동 등 자본주의가 부도덕한 욕망을 무제한으로 확대해 가던 19세기 영국사회를 풍자, 비판하면서 어린이의 소중한 꿈을 아름답게 그린 명작을 제임스 전이 안무한 작품이다.

제임스 전은 앨리스가 빠져들어간 토끼굴을 컴퓨터의 사이버공간으로 바꾸는 등 원작의 상황을 우리의 현재 상황으로 번안해 원작을 읽지 않았더라도 춤과 음악만으로도 충분히 내용의 흐름을 따라갈 수 있도록 상상력이 넘치는 재치있는 모던발레로 안무했다.

고양이의 앙증맞은 특성을 잘 살린 고양이춤과 앨리스가 4명의 남자와 함께 마치 돌고래가 수용을 하듯 떨어지는 춤이 특히 인상적이었다. 이와 함께 티파티의 춤, 칩스춤 등이 흥미롭게 잘 만들어졌으며 나비의 춤 파드되도 아이들에게 춤의 아름다움을 잘 전달할 수 있는 장면이었다. 빠른 댄스음악에 힙합, 브레이크 댄스 등을 적절하게 활용, 아이들이 지루해 하지 않으며 극의 전개를 잘 따라갈 수 있도록 대중성을 강조한 것도 좋은 생각으로 평가된다. 그러나 1막의 후반부 TV 속의 세계에서 너무 검은 색조로 가 조금 무거운 분위기였던 게 아쉬움으로 남는다.

한국문화예술진흥원과 유니버설발레단도 「동물의 사육제 & 문훈숙과 함께하는 이야기발레」를 9회 공연, 관객들의 호응을 받았다.

1부에서 문훈숙 단장은 어린이 관객에게 극장 내부가 어떻게 생겼으며, 무대와 조명은 어떻게 만들어지고, 한 사람의 무용수가 탄생하기 위해 얼마나 많은 훈련이 필요한지를 마치 이웃집 언니처럼 편안하고 재미있게 소개하면서 《백조의 호수》, 《돈키호테》 등 클래식발레에서부터 《인 더 무드》 등 모던발레에 이르기까지 명장면을 잘 보여줬다.

2부에서는 카미유 생상의 음악 〈동물의 사육제〉에 맞춰 상황을 서커스단의 공연모습으로 꾸며 코끼리, 원숭이, 캥거루 등 다양한 동물들의 춤을 보여줬다. 그러나 훈련사의 채찍치는 동작과 소리가 너무 커서 동물의 사육제의 활발함을 반감시켰으며, 의상도 너무 화려하고 불편해 춤을 보여주는 데는 실패한 것으로 생각된다.　　　　　　　　　　　　— 춤 2001년 6월호

김선희발레단의 《인어공주》 2003년 7월 23~27일 예술의전당 토월극장

황미숙파사무용단의 《흥부·놀부의 타임머신 여행》 2003년 7월 24~30일 성균관

대 6백주년 기념관

서울발레시어터의 《백설공주》 2003년 7월 24일~8월 3일 예술의전당 토월극장

무용이 어린이들의 정서교육은 물론 신체의 균형발달에 좋은 것은 이미 알려진 사실이다. 뿐만 아니라 자기 자신을 표현하는 능력을 키우는 데 이보다 더 좋은 장르를 찾기가 쉽지 않다. 그러나 음악과 미술에 비해 어린이들의 과외활동으로 인기를 끌지 못하고 있다. 또 연극이나 오페라처럼 공연으로도 인기가 떨어진다. 요즘 어린이청소년연극은 일반 성인극보다 더 인기를 끌면서 어린이날과 방학 시즌 상품으로 자리잡았다. 음악도 마찬가지다. 예술의전당의 가족오페라 〈마술피리〉는 몇 년째 공연하면서 유료 객석 점유율 90%이상을 차지하고 있다. 항상 적자를 보는 일반 성인오페라와는 달리 극장의 달러박스 역할을 하고 있는 것이다. 그러나 무용은 아직 그렇지 못하다. 연말 가족공연으로 자리잡은 고전발레 《호두까기 인형》이 여전히 성황을 이루는 것을 보면 분명 어린이청소년 무용시장이 있기는 있는데, 그 지점을 찾지 못하고 있어 아쉽다.

이 같은 상황에서 김선희발레단의 창작발레 《인어공주》, 황미숙파사무용단의 《흥부·놀부의 타임머신 여행》, 서울발레시어터의 《백설공주》 등 창작 가족무용이 잇따라 무대에 올라 관심을 모았다.

하지만 이들 작품은 아직 가족 무용의 가능성보다는 문제점을 더 많이 드러냈다. 물론 더 많은 문제점이 발견될수록 모범 답안에 더 가까이 접근할 수 있는 것도 사실이다. 이 같은 점에서 이들 작품은 시도 자체만으로도 큰 가치를 갖는다고 할 수 있다. 무용의 저변확대와 대중화를 위한 자기희생적인 시도이기 때문이다. 마스터 피스라는 것은 한번 공연으로 완성되는 것이 아닌 만큼 이번 공연의 결과가 썩 만족스럽지 않더라도 결코 실망할 일은 아니다. 가다가 아니 가면 간 만큼 좋다. 이번 공연의 문제점을 면밀히 분석, 수정해 더 좋은 다음 공연을 준비해야 한다. 그것은 무용계 전체의 큰 축적으로 남아 다른 작품을 제작하는 데 중요한 자료가 될 것이다.

#김선희발레단의 《인어공주》(안무 김선희)는 2001년 초연해, 매년 공연하고 있는 김선희

발레단의 고정레퍼토리다. 스타급 뛰어난 무용수들이 대거 등장, 화려한 테크닉으로 관객들의 눈을 즐겁게 해주는 것이 이 작품의 장점이다. 이번 공연에는 유니버설발레단의 솔리스트 유난희, 룩셈부르크 국제무용콩쿠르 2인무 2위의 김현웅, 이시연, 미국 잭슨콩쿠르 동상의 한상이, 한국예술종합학교 영재 입학생 이현준 등이 출연, 화려한 테크닉을 자랑했다. 안무도 전체적으로 뚜렷하게 흠잡을 데 없이 깔끔했다. 스토리도 기승전결이 비교적 잘 갖추어져 극적인 효과도 높았다.

그러나 문제는 디즈니적 상상력이다. 결론은 다르지만 이 작품은 전체적으로 디즈니 만화영화 〈리틀 머메이드〉의 이미지와 줄거리를 토대로 하고 있다. 인어공주의 친구 가재나 물고기, 문어의 형상을 한 마녀, 인어공주의 아버지 트리톤, 육지를 그리워하는 인어공주가 그리워하는 왕자의 동상 등 만화영화의 줄거리를 그대로 따르고 있다. 심지어 포크로 머리를 빗는 인어공주의 에피소드까지 똑같다. 만화영화가 해피엔딩으로 끝나는 것에 반해 발레는 원작과 같은 비극으로 끝나는 것이 조금 다를 뿐이다.

때문에 심리적으로 만화의 귀엽고 깔끔한 이미지가 춤에 투영되면서 어딘가 어색함이 느껴진다. 〈리틀 머메이드〉는 일본 애니메이션에 눌려 고사위기에 처한 만화영화의 종가 월트 디즈니를 되살린 걸작. 이것이 갖고 있는 계산된 이미지의 힘은 실로 엄청나다. 자유로운 상상력과 무진장의 투자가 결합해 최고의 엔터테인먼트를 만들어냈다. 거기에 독창적이면서도 귀여운 음악의 파괴력은 대단하다.

강력한 문화산업적 시스템이 만들어낸 환상적인 이미지의 대부분을 수공업적인 무대에 수용하는 것은 사실 불가능하다. 이는 디즈니가 만든 뮤지컬 〈라이온 킹〉을 봐도 알 수 있다. 월트 디즈니는 만화영화 〈라이온 킹〉의 스토리와 음악은 가져왔지만 표현방법은 전혀 다르게 했다. 사자나 원숭이, 하이에나의 이미지를 그대로 무대에 끌어들이는 것이 아니라 상징적으로 재해석해냈다. 사자가 무대에 서는 것이 아니라 브레히트적인 낯섦, 가부키적인 상징을 이용해 이미지만 부여할 뿐 사람이 공연하고 있음을 분명히 했다. 만화영화에서는 동물이 사람처럼 움직일 수 있지만 무대에서는 불가능하다. 영화는 환상이지만 무대는 실제이기 때문에 사람이 동물처럼 말할 수도, 움직일 수도 없다. 때문에 동물의 이미지만을 갖고 사람이 하는 것을 강조한다면 더욱 연극적으로 보여 감동을 배가시킬 수 있다. 그것이 브레히트의 서사기법과 가부키의 상징적인 방법론이다. 직유가 아니라 은유를 선택할 수밖에 없는 것이다.

그런데 《인어공주》는 만화영화를 그대로 무대에 올려놓으려 했다. 거기에서부터 문제가 발생한다. 집에 월트 디즈니 만화영화 비디오 한 두 편쯤은 갖고 있는 등 이미 월트 디즈니적 상상력으로 세뇌된 어린이들에게 아무래도 조금은 어색한 발레가 어떤 영향력을 미쳤을지는 의문이다. 스토리는 그냥 가져온다고 하더라도, 〈라이온 킹〉과 같은 발상의 전환을 이루는 전략이 필요해 보인다. 그것이 이 작품이 고정 레퍼토리로 생명을 가질 수 있는 길인 것 같다.

#파사무용단의 《흥부 · 놀부의 타임머신 여행》(안무 황미숙)은 어른들에게도 쉽지 않은 현대무용을 아이들의 시각으로 만들었다는 점에서 관심을 모았다. 특히 라이트를 터트리고, 식인종이 등장하고, 채플린이 나타나는 등 다양한 연극적인 기법으로 아이들의 눈길을 잡으려 한 시도가 좋았다. 또 무용수들이 객석으로 내려와 아이들에게 선물을 주는 등 무대와 객석의 거리를 좁히려는 시도도 칭찬할 만하다. 그러나 기본 스토리라인 골격에 문제가 있어 보인다.

이 작품은 군이 흥부와 놀부의 시간여행으로 할 이유가 없었다. 어떤 형제에게 흥부와 놀부라고 이름을 붙인다고 다 흥부와 놀부가 되는 것이 아니다. 흥부와 놀부의 캐릭터가 있어야 한다. 물론 고전을 새롭게 해석해 적극적인 성격의 놀부, 소극적인 성격의 흥부로 만들 수는 있다. 그러나 심술궂으면서도 타인을 괴롭히는 놀부, 무골호인의 순수한 흥부 그 본래의 상징성을 벗어나서는 안 된다. 그 상징성을 현대적으로 해석, 심술궂음을 적극성으로, 바보 같은 순수함을 소극성으로 볼 수는 있을 것이다.

그러나 이 작품에 드러난 이들 형제의 모습은 추수를 끝내고, 서로를 걱정해 밤새 벼를 옮기다가 달밤에 논에서 맞부딪친 '의좋은 형제' 같은 느낌이 더 강하다. '흥부 · 놀부의 타임머신 여행'보다는 '의좋은 형제의 타임머신 여행'으로 각을 잡았으면 더 가족적이고 재미있을 수 있었겠다. 흥부와 놀부 형제의 냄새가 나지 않으면서 지나가는 새 장수의 다리를 걸어 넘어뜨리고 타임머신을 얻어 타고 세상을 돈다는 이야기는 어딘지 어설퍼 보인다. 또 이들이 시간여행에서 보여주는 형제애도 결코 흥부와 놀부의 갈등구조와 어울리지 않는다. 의좋은 형제가 어떤 계기로 타임머신을 선물로 얻어 여행을 하면서 서로를 위하는 모습이 더욱 어울리는 스토리라인으로 보이는 작품의 캐릭터와 구성으로 생각된다.

또 군이 지적할 필요가 없다고도 생각되지만 사실성, 개연성의 문제다. 흥부와 놀부가 타임머신을 타고 석기시대로 갔을 때 커다란 돌도끼로 때리는 장면이 나오는데 만화영화에서는 가능하지만 실제적인 무대에서 그만한 부피감의 도끼로 그렇게 내려친다는 것은 곧 사망이나 큰 부상이 느껴진다. 또 원시인의 춤이 너무 고급하다. 원시인이라고 꼭 고급한 춤을 추지 말라는 법은 없지만 원시인은 원시인답게 단순, 과격, 강렬한 반복적인 춤사위가 어울려 보인다.

성당으로 들어갔을 때도 신부와 수녀들이 쌍쌍춤을 추는 것도 쉽게 이해되지 않는다. 종교계를 풍자하는 것이 아니라면 굳이 그렇게 만들 필요가 없어 보인다. 이미지 위주의 춤에서 사실성은 사실 무시해도 좋은 요소지만, 이같이 스토리 라인이 살아있는 극무용의 경우 사실성과 개연성은 결코 간과할 수 없는 요소다. 여러 가지 공들이고, 노력한 흔적이 역연하지만 재공연에서 수정할 부분이 많아 보인다.

#서울발레시어터의 《백설공주》(안무 제임스 전)는 어른과 아이 모두가 함께 즐길 수 있는 감각적이고 힘있는 음악과 이미지를 사용했다. 특히 계모를 40대 중년의 위기로 파악한 점은 참신하고 설득력 있었다. 흔히 가족공연의 경우 눈높이를 지나치게 낮추는데 예술적으로 또 경영적으로 좋은 선택은 아닌 것 같다. 가족공연을 주로 보는 것은 어린이지만 선택하는 것은 결국 어른이라는 점에서 우선 어른을 만족시켜야 한다. 어른과 아이 모두가 호기심을 느낄 수 있는 시각으로 접근한 서울발레시어터의 《백설공주》는 가족 무용에 있어서 최적의 접근 시각으로 평가된다.

계모가 거울에 대고 "세상에서 가장 아름다운 여자가 누구냐"고 묻는 상황을 이중의 가면극으로 표현한 것은 놀라운 감각이었다. 왕비의 뒷모습이 보이고, 똑같은 분장의 무용수가 거울의 프레임 속에서 방향만 반대로 움직이다가 욕망의 본 모습이 드러날 때는 섬뜩한 가면의 무용수로 바뀌는 것은 경탄을 자아내게 할 만했다. 연극적인 기법을 사용하면서도 춤의 장점을 잃지 않는 안무감각이 빛났다. 계모가 자신의 아름다움을 잃어가는 안타까움을 도발적인 춤사위로 표현한 것도 좋았다. 또 독사과를 만드는 마임동작과 종이비행기와 꽃잎 등은 재미있는 발상이었다.

그러나 지극히 개인적인 주관에 따른 것이기는 하지만, 왕비보다 백설공주가 아름답지 않게 보인 것이 이 작품의 가장 큰 맹점이 아닌가 생각된다. 사실 구체적으로 무대에 보이는 백설공주는 아무리 아름다워도 객석에 아름답게 보이기 쉽지 않다. 이 때문에 백설공주도 아예 서사적으로 표현했으면 어땠을까 싶다. 백설공주가 갖고 있는 이미지가 워낙 크기 때문에 어쩔 수 없는 것이다.

— 춤 2003년 9월호

국립발레단·유니버설발레단·서울발레시어터의 《호두까기인형》

연말 단골 가족공연 레퍼토리인 발레《호두까기인형》이 2004년에는 4개 버전이 격돌했다. 국립발레단의 볼쇼이 버전과 유니버설발레단의 키로프 버전, 그리고 서울발레시어터의 창작에 러시아의 벨라루스국립발레단이 처음 내한했다.

독일 작가 호프만의 동화를 바탕으로 러시아 음악가 차이코프스키가 작곡, 프랑스 안무가 마리우스 프티파가 안무해 1892년 초연한 발레《호두까기인형》은 매년 말 전 세계에서 수백 편이 공연되는 연말 최고의 송년 가족공연 레퍼토리다.

크리스마스날 밤 한 소녀의 꿈을 소재로 펼쳐지는 아름다운 춤과 음악의 판타지는 온 가족이 지난 한해를 돌아보고, 희망찬 새해를 꿈꾸기에 충분한 감동을 제공한다. 이에 따라 국립발레단이 28년째, 유니버설발레단이 19년째 공연하며 선의의 경쟁을 벌이면서 한국발레 대중화를 이끌어 왔다. 2003년부터 서울발레시어터가 가세했고 2004년에는 러시아 벨라루스 국립발레단이 직접 공연, 치열한 4파전을 벌였다.

유니버설발레단의《호두까기인형》(12월 21~26일 세종문화회관대극장)은 러시아의 안무가 바실리 바이노넨이 안무한 '키로프 발레단'버전으로 99년부터 유니버설발레단의 예술감독을 맡고 있는 전 키로프발레단 예술감독 올레그 비노그라도프가 재안무했다. 원작에 가장 가깝다고 평가되는 줄거리에 정교한 스펙터클과 함께 아기자기한 볼거리가 가득한 정통 키로프 풍 발레가 펼쳐졌다. 올해도 역시 예년과 다름없이 화려한 핑크빛에 즐거운 러시아적 환상이 무대에서 화려하게 펼쳐져 큰 박수를 받았다.

국립발레단의《호두까기인형》(12월 21~28일 예술의전당 오페라극장)은 '볼쇼이의 황제' 유리 그리고로비치가 2000년 직접 안무한 작품으로 호두까기인형 역을 인형이 아니라 작은 무용수가 맡는 등 화려한 춤을 극대화한 것이 특징이다.

하지만 초연 당시 그리고로비치의 완고한 철학적 사색이 빠진 것 같아 아쉽다. 당시 그는 이 작품을 연습시키면서 무용수를 '접시 위의 음식'으로 비유했다. 요리사가 아름답게 펼쳐 놓은 요리 접시 위에서 독특한 맛과 향을 내며 움직여야 한다는 주문이었다. 그러나 음식은 차려져 있는 것 같은 데 맛과 향이 잘 느껴지지 않았다. 그냥 타성에 젖어 흘러간다는 느낌이었다.

그리고로비치 버전의 특징은 주인공이 클라나나 왕자가 아니라 드로셀마이어다. 그리고 그것은 음악적으로 설득력이 있다. 차이코프스키는 당초 프티파로부터 이 작품 작곡을 의뢰 받았을 때 그리 만족하지 않았다. 왜냐하면 1장과 2장의 비약이 너무 커서 등장인물의 통일성을 맞추기가 어렵기도 했기 때문이다. 그는 이 고단한 숙제를 안고 여행을 떠났다가 누이동생 사샤의 부음을 듣고 크게 상심했다. 그는 여기서 클라라와 호두까기 안형 왕자와의 여행에 대한 악상을 얻는다. 그리고 세상을 떠난 여동생 사샤는 사탕과자 요정으로, 자신과 사샤의 안식처였던 사샤의 집은 요정의 나라로, 그리고 조카 티티아나는 클라라로 대입시켰다. 그리고 차이코프스키 자신은 호두까기 인형을 클라라에게 선물하는 드로셀마이어로 각각 대입시켜 작곡을 했다. 그리고로비치는 드로셀마이어를 차이코프스키만큼 중요하게 생각하고 안무했다.

그러나 이번 공연에서 그것이 잘 느껴지지 않았다. 힘이 일반 버전과 마찬가지로 클라라와 왕자에게 주어져 아쉬움이 남는다. 또 조명이나 눈 내리는 장면 등에서 큐가 제대로 맞지 않아 매너리즘 또는 레임덕의 흔적 같은 것도 느껴졌다. 하지만 국립발레단의 왕자로 첫 주역을 맡은 김현웅은 좋은 신체적 조건을 바탕으로 정확하고 힘있는 동작을 펴 앞으로 국립발레단을 떠난 이원국의 공백을 메울 재목으로 주목된다.

서울발레시어터의《호두까기인형》(12월 23~25일 과천시민회관 대극장)은 국립발레단과 유니버설발레단의 러시아산 클래식 버전이 아니라 뉴욕풍 모던발레다. 부잣집 딸 마리를 심장병을 앓는 동생과 함께 사는 가난한 소녀가장 단비로 번안, 한국적인 정서의 크리스마스를 보여줬다. 자유로운 정신으로 고전을 재해석하는 제임스 전의 생기발랄한 상상력이 빛났다. 이태섭의 무대디자인은 미니멀하면서도 화려함을 갖춰 인상적이었다.

벨라루스국립발레단은 울산(12월 17~18일 울산문화회관), 분당(20일 벽강예술관), 대구(23~24일 대구 오페라하우스), 안산(25~27일 안산 문화예술의 전당), 고양(28~29일 고양 어울림극장), 인천(31일 인천종합문화예술회관) 등에서 화려한《호두까기인형》을 선보였다. 20여명의 스타급 무용수와 100명에 이르는 발레단원들을 보유하고 있는 이 발레단은 아직 러시아 발레가 녹슬지 않았다는 것을 보여줬다. 30세 전후의 주역 무용수들은 무용감각과 연기력을 겸비, 고전발레의 아름다움을 지방관객들에게 잘 보여줬다.

특히 서울발레시어터의《호두까기인형》은 국립발레단이나 유니버설발레단의 작품과 한 잣대로 비교하기는 무리가 있다. 대기업과 중소기업의 제품처럼 규모의 면에서 차이가 있기 때문이다. 하지만 고된 창작에 의한 고정 레퍼토리를 추구하고 있다는 점에서 애정이 간다.

기존의 블록버스터 작품들은 매너리즘을 벗고 더욱 긴장된 몸짓으로 초연의 열정을 되살려 작품을 해야 한다. 부족한 창작 공연들은 완성도를 더욱 높이기 위해 끊임없이 채찍질을 해야 한다. 무용의 미래가, 대중화가 바로 이런 가족 무용에 달려있기 때문이다.

20세기 초 미국의 켈로그박사가 완벽한 영양식 '시리얼'을 개발했으나 처음에 실패했다. 아무리 완벽한 음식이라도 사람들은 어릴 적부터 먹지 않은 음식에 수저가 잘 가지 않는다는 것을 몰랐던 것이다. 그러나 제1차, 2차 세계대전이 나고 음식이 귀해져 이 시리얼이 대대적으로 보급될 수밖에 없었다. 이 시리얼을 먹고 자란 세대가 어른이 됐을 때 비로소 시리얼은 대용식이 됐다. 그리고 고유명사 '켈로그'는 이제 시리얼의 대명사가 돼버렸다.

한 해 7000억여 원의 매출을 올리는 일본 공연예술단체 '시키(四季)'가 처음 시작한 것도 어린이극이었다. 시키의 대표 아사리 게이타는 기업의 메세나를 이용해 어린이극을 먼저 만들었다. "이들이 자라 시키의 고객이 될 것"이라는 신념이 있었고, 그 신념은 열매를 맺어 오늘날 시키는 세계 최대의 공연예술 단체의 하나가 됐다.

연말 가족무용 고정 레퍼토리가 현재의 흥행을 위한 것이 아니라, 미래의 무용시장 전체를 넓힌다는 각오로 좀 더 많은 투자와 함께 진지하게 공연돼야 할 이유를 이런 사례들은 명쾌하게 웅변한다.

— 춤 2005년 1월호

정동극장의 《안데르센의 크리스마스 이야기》 2005년 12월 16~31일 정동극장

정동극장이 제작한《안데르센의 크리스마스 이야기》(안무 정혜진)는《호두까기인형》일색인 크리스마스 및 송년 시즌무대에 세계적 보편성과 한국적 정체성을 함께 담아낸 의미있는 작품으로 생각된다. 초연임에도 불구하고 탄탄한 구조를 갖은 작품의 형태적 완결성에 재미를 담아내 부분적 보완만 거친다면 송년 고정레퍼토리로 부족함이 없어 보인다.

애니메이션과 발레, 한국무용, 현대무용 그리고 탭댄스에 삼고무, 오고무를 응용한 퍼큐션 등 장르를 넘어선 흥겨운 크로스오버의 성공이 가장 눈에 띈다. 이미 한국에 매니아를 거느린 재일교포 뉴에이지 아티스트 양방언의 세련됐으면서도 비트가 있는 음악이 다채로운 만남을 잘 이어 붙였다.

동화 같이 잘 꾸며진 무대도 돋보였다. 천을 양쪽으로 나눠 흔들며 강풍과 폭설효과를 내고, 사막 뒤에 위치해 스크린으로도 쓰는 등 소품의 다양한 사용이 인상적이었다. 성냥팔이 소녀가 쓰러졌을 때 리모컨으로 움직이는 미니 구급차를 사용한 것도 큰 재미를 줬다.

이런 다채로운 무대 위에서 어른도 아이도 아닌 청소년들의 중성적 매력의 풋풋한 춤이 싱그러웠다. 물론 이로 인해 작품의 진지성과 감수성을 놓친 부분도 없지 않다. 이 작품이 본격 고정레퍼토리로 자리잡기 위해 풀어야할 숙제이기도 하다.

발레로 만든 서막의 눈꽃요정 춤은 화려하게 작품을 여는 좋은 착상에 구도였다. 한국무용가가 작품 전체의 분위기를 살려, 한국 무용이 아닌 발레로 시작한 쉽지 않은 결정은 결정에 먼저 박수를 보낸다. 하지만 이어지는 거리표정이 좀 더 서사적이었으면, 그리고 스토리를 이어 붙이는 애니메이션의 인물 캐릭터가 춤과 좀 거리가 있어 아쉬웠다.

고아원 장면은 재미있고 표현력 좋았다. 매튜 본의《호두까기인형》분위기도 났지만 익살스럽고 재치 넘치는 음악에 한국적 춤사위를 얹은 것은 전혀 다른 재미를 줬다.

성냥팔이 소녀의 탈출장면을 슬로비디오로 묘사하면 표현력 좋은 현대무용을 차용한 것 높이 사고 싶다. 개까지 끌고 쫓아가는 장면은 좀 과격했지만 작품의 분위기를 일신하는 데 큰 효과가 있었다. 아직 무대예술에 익숙하지 않은 어린 관객들의 무대 예술의 상징성과 표현력을 보여주는 좋은 장면이었다.

고아원을 탈출해서 거지들과 함께 추는 탭댄스에 한국춤사위를 결합해 독창적인 흥겨운 탭을 만들어냈다. 성냥팔이소녀 제1캐스트 송은혜의 솔로춤은 귀엽고 깔끔했지만 세상에 대한 부러움이나 고통이 절실하게 표현되지 않아 좀 아쉬움이 남는다.

성냥을 켜면서 무대 밑에서 성냥모습을 한 무용수들이 나오고 이를 영상으로 증폭시켜 환상적인 느낌을 배가했다. 발레로 만든 불꽃여왕 춤은 좀 더 강하고 속도감 넘치게 해 관능미마저 느낄 정도로 정열적이었으면 더 좋았을 뻔했다. 좋은 아이디어 명증한 색상이 잘 결합돼 재미있는 디베르티스망을 만들었다.

과자신, 음식신 등은 이 작품 디베르티스망의 백미로 평가된다. 오고무와 삼고무를 비롯한 각종 북춤을 이용한 재미있는 악기들을 만들어 춤추며 연주, 세계적으로 성공한 한국의 넌버벌 퍼포먼스 〈난타〉를 연상케 했다. 또 도시락에 쌀알같은 것을 넣고 흔들고, 빨래판을 긁으며 넌버벌 퍼포먼스의 원조 〈스텀프〉와 같은 화성과 비트도 재미있었다. 이 하이브리드 음악에 맞춰 발레와 한국춤을 함께 추는 것은 정말 신나는 축제의 한 장면이었다.

— 춤 2006년 1월호

김화례발레노바의 《강아지똥》 2007년 5월 17~18일 충무아트홀 대극장

발레노바의 《강아지똥》(안무 김화례)은 베스트셀러 동화 〈강아지똥〉을 고전발레로 옮겼다. 천대받는 강아지똥이 어떻게 생명을 품어내는지 생명의 연쇄를 따라 재미있게 그렸다. 만화영화, 연극, 마당극 등 다양하게 옮겨졌던 원작이 발레로 만들어져 무대에 오르는 날 원작자 권정생 선생이 이승을 떠난 것도 작품의 의미를 더욱 깊게 하는 것 같다.

강아지똥이 봄, 여름, 가을, 겨울을 지나며 따돌림 받으면서도 못난이 참새, 거만한 흙, 그리고 민들레 새싹 등과의 교류를 통해 생명을 키워 가는 과정을 한 폭의 수채화처럼 그려냈다. 고무줄놀이, 술래잡기 등 재미있게 표현한 추억의 놀이, 미니멀한 무대, 상징적인 의상과 표현, 그리고 내레이션의 도입 등 발레의 대중화를 위한 다양한 모색이 눈길을 잡는다.

원작을 입체적으로 재구성, 한국적 춤사위, 전통놀이에서 따온 다양한 무브먼트, 연극적 기법의 도입으로 보는 재미를 만들어낸 점을 높이 사고 싶다. 기법적으로도 전통 발레 테크닉을 고수하면서도 무동춤 사위, 고무줄놀이 등 다양한 무브먼트를 끌어들인 것이 이채롭다.

하지만 아동극적 과장이 눈에 띄어 아쉬움이 남는다. 뮤지컬 〈라이온킹〉이 만화영화를 어떻게 성인 뮤지컬로 만들었는지, 시르키 드 솔레이으가 〈미스테르〉에서 어떻게 보물섬을 만들었는지 참조해볼 대목이 많다.

또 영세한 자본에서 로버트 윌슨과 같은 과감한 생략이 좀 더 분명한 표현을 가져올 수 있을 것 같다. 이 경우 무용수가 잘 안보일 수 있다는 지적은 옳다. 하지만 개선안은 얼마든지 있고, 그 예 역시 많다.

대미에서 민들레씨의 확산을 상징하는 종이눈도 종이 바람개비 같은 새로운 아이디어를 도입, 〈스노우쇼〉 같이 무대와 객석의 벽을 허무는 작업도 생각해볼 만하지 않았을까 싶다.

강아지똥 역의 김은미, 박영진, 새싹 역의 서지희, 민들레 역의 백두산의 춤이 돋보였다. 한번으로 끝나지 말고 플롯을 비롯해 표현, 무대 등 부분을 보완하면 온 가족이 함께 즐길 수 있는 수준 높은 가족 발레 레퍼토리의 확보도 기대할 수 있을 것 같다. ― 춤 2007년 6월호

대전시립무용단의 《춤 마고》 2008년 5월 5일 대전문화예술의전당 아트홀

대전시립무용단의《춤 마고》(안무 김매자)는 모처럼 보는 한국춤의 장르적 특성을 살린 레퍼토리 무대였다. 창작 한국춤의 대표주자인 김매자가 처음으로 만든 가족춤답게 품위 있는 춤으로 잘 짜인 구조였다.

'마고할미'는 단군신화 이전의 창세 신화로 신라시대 박제상이 쓴 '부도지'에 그 내용이 전한다. 아주 몸집이 큰 거인인 마고할미는 매일 잠만 잤는데 코고는 소리 때문에 하늘과 땅이 생겨났다. 하루는 잠이 깨 오줌을 눴는데 그 오줌으로 강과 바다, 산맥이 생겨났다고 한다.

김매자는 그리스 신화로 치자면 신들의 왕인 제우스 이야기에 해당하는 해학적이며 정겨운 '마고할미설화'를 할머니가 아이들에게 들려주던 옛이야기처럼 재미있게 풀어나갔다. (김매자는 실제로 객석에서 손자를 무릎에 앉히고 그림책을 넘기는 장면을 실시간 영상을 통해 무대에서 보여줬다.)

혼돈에서 꿈틀대는 생명의 창조를 표현하는 도입부는 김매자 특유의 힘있는 춤으로 추상화됐다. 그러나 가족무용이라는 점에서 좀 더 이미지를 구체화해야 하지 않았을까도 싶지만 이 경우 자칫 시쳇말로 촌스러워질 수 있는데 이를 피하기 위한 의도적인 전략으로도 이해할 수도 있을 것 같다.

천지개벽을 표현한 '빛의 가야금' 장면에서 쉴 새 없이 쏟아지는 레이저 장면은 스펙터클한 볼거리를 만들어냈다. 그러나 빛이 너무 강해 춤을 볼 수 없었던 것이 아쉽다. 춤과 어우러진 빛은 고정레퍼토리가 되기 위해 풀어야 할 숙제로 보인다.

강강수월래와 답교놀이, 천으로 표현된 천지창조의 구체적 모습은 이 작품의 백미였다. 강강술래 춤이 얼마나 다양하고 힘차게 활용될 수 있는지 그 실례를 보여줬고, 천의 환상적인 움직임과 춤의 적절한 결합은 어린 관객들에게 무대가 주는 상상력이 어떤 것인가에 대해 모범을 보여줬다.

오방색을 순화해 보여준 흥겨운 학춤, 굿거리 무대의 빛깔도 전통춤이라는 것이 얼마나 신명나고 자유로운지 보여줬다. 마지막 장면에서 무대와 객석 가득 쏟아진 눈꽃무대는 러시아 마임이스트 슬라바 폴루닌의 걸작 〈스노우쇼〉의 대미를 연상케 했다.

《춤 마고》는 전반부보다 후반부에 편안한 춤사위와 볼거리가 집중돼 있다. 작품의 서사구조상 전반부가 혼돈 등 천지창조 이전이어서 어쩔 수 없는 측면이 있겠지만 군이 서사구조를 시간 순으로 잡지말고 볼거리를 중심으로 시점을 움직이며 자유로운 상상력을 펼쳤으면 어땠을까 싶다. 〈스노우쇼〉를 경쟁상대로 잡았으면 좀 더 서정적이고, 직설적이며, 웃음의 코드를 더 많이 가미해야 할 필요가 있어 보인다. 장면도 철학적 인과관계에 따른 전개가 아니라 재미 위주로, 감정에 기쁨과 슬픔을 적절히 섞을 필요가 있어 보인다.

— 춤 2008년 6월호

박인숙지구댄스씨어터의 《흰디와 테디》 2009년 5월 5~7일 예술의전당 토월극장

지구댄스씨어터의 《흰디와 테디》(안무 박인숙)는 부제가 '반짝이는 얼음나라'로 환경의 중요성을 소재로 한 어린이 창작동화를 바탕으로 한 가족무용극이다. '반짝이는 얼음나라'에 사는 북극곰 흰디가 지구 온난화로 얼음이 녹으면서 '뜨거운 멋의 나라' '매캐한 플라스틱의 나라' '사라지는 숲의 나라' '검은 물의 나라' '마법사 테디의 나라' 등을 헤매면서 다시 '얼음나라를 찾아서…' 가는 세상 여행 과정을 그리고 있다.

캐릭터가 잘 살아있는 의상과 춤, 소품, 무대 등 공들인 흔적이 역연했다. 특히 춤은 화려한 뮤지컬을 보듯 알기 쉽고 아름다운 동작으로 군무와 2인무, 솔로를 적절히 배치, 하나 하나 아름다운 그림을 만들어냈다.

그러나 전체적인 연결과정에서 자연스러움이 좀 부족했으며 무엇보다도 시간안배에 실패한 것으로 보인다. 초등학교 저학년 이하의 학생을 주요 관객대상으로 한 작품으로 90분은 너무 길었다. 때문에 초반 화려한 무대와 명료한 춤으로 관객의 관심을 끄는 데 성공한 이 작품은 이내 동력을 잃고 자신만의 나르시시즘으로 빠져 들어갔다. 과감하게 커트, 긴장감 넘치는 속도감으로 작품을 수정해 관객의 관심을 무대에 집중시킬 전략적 모색이 필요해 보인다.

— 춤 2009년 6월호

동문무용단 정기공연

현대무용단 탐 「창작 솔로춤」 2003년 2월 18~19일 문예진흥원 예술극장 대극장

이화여대 현대무용 전공 현대무용단 탐(예술감독 조은미)의 젊은 무용수들이 올해 무용 시즌을 여는 창작 솔로춤 무대를 마련했다. 유희주, 정지영, 이옥경, 김수정, 조양희 등 다섯 명이 안무하고 출연한 작품들이 무대에 올랐다.

가장 눈길을 끄는 작품은 성형수술 등 외모 지상주의 열풍을 신랄하게 풍자한 조양희 안무의 《mass mess》였다. 잘 짜인 이야기 구조를 바탕으로 178cm의 늘씬한 지체미에서 뿜어져 나오는 조양희의 속도감 넘치는 묵직한 춤 에너지는 보는 이를 압도하기 충분했다. 그는 탐이 왜 '아마조네스'라고 말해지는지 그 이유도 함께 설명해주는 것 같았다.

작품은 영상으로 시작됐다. 각종 성형수술장면과 디스토피아적인 사이보그를 표현한 영상 등이 투사되면서 외면에 치우친 현대 여성 대중의 심리에 직설적으로 메스를 가했다.

영상이 끝난 뒤 하얀 침대 시트가 걷혀지면서 빨간 4단 매트 위에 온 몸에 붕대를 감은 조양희가 등장했다. 빨간 매트는 수술하면서 흘린 피가 배어있는 듯 섬뜩한 느낌으로 좋은 착상으로 생각됐다.

조양희는 강한 비트의 음악에 맞춰 수술이 끝난 뒤 아직 익숙하지 않은 팔과 다리를 새로 맞추려는 듯 기형적으로, 비인격적으로 신체를 비틀고, 들어올리고 했다. 관절을 풀고, 꺾으면서 새로 맞춘 몸에 적응하는 것을 브레이크 댄스의 동작에서 차용한 것은 거친 영상의 다소 부담스러운 이미지에서 춤의 경쾌함으로 빨리 분위기를 바꾸는데 도움을 줬다. 또 온 몸

을 매트 위에 던지면서 만들어내는 격렬한 충격음은 가학본능의 흥분을 자극했으며, 오른발을 왼 무릎 위로 올렸다가 발목은 다시 왼발 밑으로 꼬아 올리는 요가 같은 아크로바틱한 신체의 왜곡 동작도 무대에 시선을 잡아두는 재미있는 동작이었다. 몸의 표정을 다양하게 변화시키면서 가끔씩 등장하는 균형미는 동중정(動中靜)의 시원한 춤 맛을 느끼게 했다.

다시 붉은 매트로 돌아와 매트를 탈의실 가림대로 사용하면서 그 뒤에서 벗어 던진 붕대와 아대는 묘한 에로티시즘을 자극했다. 또 세워진 붉은 매트 위로 걸친 맨 팔과 다리는 비인간적이면서도 묘한 에로티시즘을 자극했다. 육체파 여배우 킴 베이신저가 출연하려고 계약했다가 영화내용이 지나치게 컬트해서 계약을 포기, 그에게 결정적 피해를 입힌 영화 〈박싱 헬레나(Boxing Helene)〉의 한 장면이 연상된다. 이 영화는 부인을 편집적으로 사랑하는 남편이 부인의 팔, 다리를 잘라버리는 내용이다.

부드러운 옷으로 갈아입고 등장한 조양희의 몸에 밀로스섬의 비너스 영상이 투사된다. 비너스 영상이 토루소여서 영화 〈박싱 헬레나〉가 더욱 연상되기도 한다. 조양희의 움직임은 단속적으로 확대되다가 굿거리장단에 신들린 춤사위로 변했다. 새로운 탄생의 기쁨을 표현하는 것으로 보인다. 부드럽고, 강인하고, 빠르면서 정확한 템포감이 인상적이다. 그러나 영상의 투사가 좀 더 분명했으면 하는 아쉬움이 남는다.

배경의 사막 뒤에 대량생산된 마네킹들이 가득 놓인다. 조양희도 그 앞에 마련된 침대에 눕는다. 대중(mass)들의 집단의식에 휘말려 기꺼이 칼질(mess) 당하는 정체성을 상실한 요즘 사람들을 상징하면서. 이는 여성에 한정되지 않는다. 상징은 남성을 넘어 물신만능주의의 빠진 우리 사회 대중의 음습한 욕구에 메스를 들이댄다는 느낌이다.

김수정이 요즘 가장 주목받는 남자 현대무용가 가운데 한 사람인 박호빈과 함께 춘《팝콘》도 재미와 춤 맛을 갖춘 작품이었다. 일부 관객들은 이번 탐 공연에서 이 작품을 가장 재미있고 좋은 작품으로 평가하기도 했다. 대중적으로 쉽게 다가가면서도 기능적으로 쉽지 않은 춤 무대였기 때문이다.

이 작품은 마임으로 시작했다. 박호빈과 김수정이 겹쳐 서서 팝콘을 먹는 모습을 장난스럽게 희화화했다. 그러나 그냥 희화한 것이 아니라 가진 자와 가지지 못한 자, 남성과 여성 등 정치적 억압이 존재하는 느낌이 나 마냥 가볍지는 않았다.

청소하고 옷을 갈아입는 장면은 사람들의 관음적 엿보기를 자극하는 듯 출입구가 열린 방안에서 이루어졌다. 벽으로 존재해 서있던 체스판 무늬의 평상이 무대 오른쪽으로 옮겨져 본래 평상의 역할로 돌아왔다. 갑자기 수줍은 남녀로 돌변, '내숭'의 모습을 보이던 박호빈과 김수정은 남성이 여성의 무릎에 안기는 등 성적 역할의 고정관념을 뒤집으면서 사랑싸움 등 빠른 움직임으로 변했다. 박호빈은 여성적인 선이 강조됐고, 김수정은 소년스러운 느낌이 부각되는 춤사위였다. 이들이 만들어내는 앙상블은 아무런 목적이 없이 진행되는 순진무구한 젊은이들의 사랑을 잘 형상화했다. 여성적인 남성춤과 남성적인 여성춤으로 중성의 지점에서 만난 이들의 춤은 넓은 춤의 스펙트럼에서 매끄럽게 만나고 부딪히면서 기분 좋은 경쾌함을 만들어냈다.

이들은 춤을 추면서 서로의 주머니를 뒤집었다. 주머니는 등, 허리, 팔, 엉덩이 등 곳곳에 만들어져 있었다. 그런 곳에도 주머니가 있을까 생각할 정도로 많은 주머니였다. 모든 주머니를 뒤집자 그런 누더기가 따로 없었다. 이는 비밀이 많은 현대인의 위선적 삶을 상징하는 듯하며, 그것을 까뒤집는 것은 순수 인간으로의 회귀를 요구하는 것으로도 보인다.

전체적으로 수채화처럼 맑으면서도 앙증맞고 경쾌한 젊은이다운 재기 발랄한 춤 무대였다. 춤의 자연스런 연결과 속도감이 특히 좋았다.

유희주 안무의 《warning》은 딱히 꼬집을 데가 없었다. 성적을 내는 콩쿠르라면 모를까 젊은이의 작품에서 이런 느낌은 결코 좋은 느낌이라고 할 수 없다. 실패를 한다 해도 전복적인 문제의식, 당당한 도전의식이 필요해 보인다. 음악에 대한 감각이 좋았으나 주제의식이나 표현이 다소 진부한 느낌이었다. 세상에 대한, 혹은 스스로에 대한 '경고'라는 주제의 설명을 젊은이답게 좀더 쉽고 공격적으로 펼쳤으면 어땠을까 싶다. 중반이후 초반의 긴장을 털어 내고 자신의 페이스를 찾았지만 무대가 무거워 보였다. 춤도 예쁘게 잘 췄으나 힘의 배분, 속도의 조절 등이 필요해 보인다.

정지영 안무의 《겨울나비》 역시 젊은이다운 패기가 보이지 않았다. 그로테스크한 마임 표정연기로 시작했는데 권태에 대한 왜곡과 구토인지, 아니면 인간 본성의 악마적 속성의 표현인지 불분명했다. 무엇보다 큰 문제는 어디서 많이 본 듯한 이미지였다는 것이다. 춤은 물 흐르듯이 연결이 좋았다. 그러나 좋은 춤을 제대로 요소요소에 나누지 못했으며, 소품의 사용을 비롯해 작품이 가지고 있는 상징체계가 허약했다. 특히 절단된 신체의 모티브는 근대 이후 중요한 상징 가운데 하나인데 주제와의 연결이 잘 이루어지지 않아 아쉬웠다.

이옥경 안무의 《gag》 역시 좋은 춤이었지만 전개가 너무 평이했다. 세상에 아부해야만 살수 있는 모습이 너무 평범하게 그려지는 등 전체적인 표현이 너무 타성적으로 느껴졌다. 메트로놈을 쓴 것도 좀 그랬다. 이 작품 다음에 공연된《팝콘》에 출연했던 박호빈은 2002년 하반기 메트로놈을 이용한 작품으로 좋은 평가를 얻었다. 물론 메트로놈을 소재로 쓴 사람이 박호빈 하나가 아니라 셀 수 없이 많았던 만큼 그리 문제가 되지 않을 수도 있으나 지난해 의미있는 무대에서 상당한 주목을 받았던 작품이어서 연상이 안 될 수가 없었다.

일반적인 의미의 '개그'를 벗어나 '질식할 것 같다'는 뜻의 영어 'gag'의 의미에 대해 천착한 것은 평가할 수 있지만 한국에서 탄생한 웃기는 방송 코미디 프로그램 장르의 하나인 '개그'라는 의미의 그림자가 너무 컸다. 웃기는 '개그'를 그냥 무시할 것이 아니라 질식할 것 같은 'gag'와 잘 연결하면 어땠을까 싶다. 질식할 것 같은 'gag'를 웃어버리고 마는 '개그'로 표현하면 질식할 것 같은 'gag'가 좀 더 의미있게 다가오지 않았을까 하는 생각이다.

— 춤 2003년 3월호

엘디피(LDP) 제3회 정기공연 2003년 7월 11~12일 문예진흥원 예술극장 대극장

밀라노에 도무스아카데미라는 세계적인 명문 패션학교가 있다. 1995년 이 학교를 방문, 취재를 했었다. 그때 이 학교 관계자는 "한국 학생들을 보면 두 번 놀란다"고 했다. 처음 1학년에 들어와 기초과정을 배울 때 학생들이 너무 그림을 잘 그려 놀란다는 것이다. 이렇게 기초가 탄탄하고 손재주 있는 학생들은 세계 어느 곳에서도 찾기 힘들다고 칭찬했다. 한국에서 미대에 들어가려면 보통 데생능력으로는 어렵다. 사진 이상의 실력이 필요하다. 초등학생 때부터 중, 고교 6년 꼬박 12년에 미대에 들어가서도 열심히 그려 대략 15년 이상의 내공이니 충분히 그럴 만도 하다. 그러나 2학년으로 진급, 창작과정에 들어갔을 때 또 한번 놀란다고 했다. 이렇게 완벽한 기초를 가진 학생이 이렇게 상상력이 없을까 하고 놀란다는 것이다.

한국예술종합학교 무용원 실기전공 엘디피(LDP)의 제3회 정기공연을 봤을 때 문득 그 도무스아카데미 관계자의 말이 생각났다. 화려한 테크닉에 비해 알맹이를 찾기가 너무도 어려웠기 때문이다. 물론 알맹이는 고사하고 테크닉도 안 된 작품들이 많은 상황에서 좋은 테크닉의 공연을 보는 것만으로도 충분히 고마워해야 할지 모르는 일이다. 그러나 테크닉이 아까워서라도 알맹이에 대한 섭섭함이 커지기도 한다.

LDP의 이번 정기공연에는 김영진이 안무한 《If you want》, 차진엽이 안무한 《5W1H》(원제: 너에게 묻는다), 이즈톡 코박이 안무한 《Play on string》 등 세 작품이 발표됐다.

《If you want》는 라이트를 바닥에 내려놓고 시작했다. 공연이 시작되면서 라이트가 올라갔는데 모던하면서도 긴장감을 주는 출발이었다. 이 같은 상황에서 군더더기 하나 없는 세련된 동작이 아래에서 위로, 다시 아래로 물 흐르는 듯 점강법으로 이어져 좋은 느낌을 줬다. 도시적인 세련된 감수성이 엿보였고, 접촉 테크닉과 부드러운 도약과 리프팅은 일품이었다. 그러나 그것뿐이었다. 이어지는 비슷한 리듬과 동작의 반복과 약간의 변주는 지루함뿐, 어떤 메시지의 집중으로 이어지지 못했다. 안무자가 '원하는 게 있다면' 그게 뭔지 묻고 싶을 정도였다.

프로그램에 쓰인 안무의도는 치열한 생존경쟁에서 무언가를 잃어 가는 것을 표현하고 싶어하는 것 같았다. 안무자는 그것을 아주 복잡하게 써놨다. 작품 내용은 '내가 떠나고 없는 자리,/ 당신이 떠나고 없는 자리,/ 서로 빼앗고 싸우며 살아야 할 소유가 아님에/ 진정 서로를 위하여 자유로우며…/ 몇 사람은 총알로, 몇 사람은 말로,/ 그들의 행위로 사람들을 무덤으로 몰아넣고도 그것을 보지도 않고 느끼지도 않는다.'라고 적었다. 무용보다도 더 독해가 힘든 멋을 잔뜩 부린 글이다.

차진엽의 《5W1H》는 2002년 한국무용협회 주최 젊은 안무가전에서 최우수 안무상을 탄 작품 《너에게 묻는다》를 재안무한 작품이다. 그때 차진엽의 작품 《너에게 묻는다》는 군계일학이라고 해도 지나치지 않았다. 《'너에게 묻는다》는 잘 만들어진 춤 집에 다양한 아이디어와 생각을 담아 춤 맛을 제대로 보여준 젊은 무대였다. 싱크대 자리 뺏기, 하이힐 빼앗기, 의자 뺏기 등을 통해 남자와 여자, 여자와 여자, 남자와 남자, 나아가 사람과 사람들 사이의 격렬한 경쟁의 삶을 잘 포착해 냈다.

그러나 이 작품을 색다른 전략 없이 대극장에 그냥 확대해 놓은 것은 다소 무책임해 보였다. 소극장에서 보여줬던 긴장미가 사라지면서 구멍이 숭숭 뚫려 마치 손바닥에서 모래가 새어나가듯 했다. 소극장에서는 위에서 아래로 지켜보며 느꼈던 이 작품의 거칠고 긴장된 호흡은 참 일품이었다. 그러나 아래서 위로 올려보는 대극장 무대에서는 이 같은 에너지가 사라진 채 공허로움만 남았다. 넷이 추던 춤을 여섯이 춘다고, 두 개의 싱크대를 세 개로 늘린다고 작품의 효과가 그만큼 증가하지는 않는다.

또 안타까운 것은 '5W1H'와 'If you want'의 춤의 호흡이 놀랄 만큼 유사했다는 것이다.

수준이 낮은 다른 작품들과 경쟁했을 때 상대적으로 돋보였던 것이 일란성 쌍둥이라고 할 수 있을 정도로 유사한 테크닉을 갖고 있는 춤과 함께 비슷한 리듬으로 나란히 놓음으로써 난해 공연에서와 같은 메리트를 얻지 못했다. 더욱이 앞의 작품이 이미 뚜렷한 메시지를 잡아내지 못하고 지리멸렬한 가운데 유사한 춤 형식과 리듬이 다시 진행됨으로써 관객들에게 피로감을 더하기도 했다.

또 차진엽에게 한층 불우했던 것은 다음 작품 이즈톡 코박의 《Play on string》이 느리면서도 서정적인 호흡으로 아주 독특한 아름다움을 만들어냈다는 것이다. 지루한 앞의 작품과 유사함으로 인해 점수를 깎였는데 다음 작품이 뛰어나 점수를 상대적으로 더 까먹고 말았다. 지난해 인상깊었던 작품이라 큰 기대를 갖고 봤는데 여러 가지로 실망스러움을 발견해 아쉽다.

이즈톡 코박은 자신의 작품내용에 대해 "개인적, 사회적, 문화적 모순은 유혹이라는 주제로 음악과 움직임들 사이의 추상적 관계를 보여준다"고 쓰고 있다. 프로그램의 다른 작품내용과 마찬가지로 쉽게 새겨지지 않는 문장이다. "개인적, 사회적, 문화적 모순을 유혹이라는 주제로 풀어냈는데 음악과 움직임들 사이의 추상적 관계를 가지고 표현했다"라는 게 정확한 번역일 것 같다. 그의 작품은 그렇게 느껴졌다. 어렸을 때의 동심과 놀이의 고즈넉한 동작을 편안한 음악에 실었다. 같은 무용수를 가지고 의미와 감동이 전달되는 게 이렇게 다르다는 것이 놀랍다. 올 초 정명훈이 국내 오케스트라를 지휘했는데 바로 몇 일전 그 오케스트라가 연주했던 음악과는 하늘과 땅 정도의 느낌이 차이가 있었던 경우가 생각났다. 이 작품은 전작들의 단순, 과격함과는 달리 속도와 형태, 높이에서 다양한 다채로움을 편안하고 활기차게 변주했다. 전작들에게서 신경증적이고, 기계적인 위선을 느꼈다면, 이 작품은 안정적이면서도 솔직하면서도 편안한 내면으로의 침잠이 느껴졌다. 이는 어쩌면 전작들과의 아주 작은 차이가 추는 감상의 기복일지도 모른다. 그러나 그 작은 것이 바로 작품의 질적 차이를 만드는 핵심이라고 생각된다.   — 춤 2003년 8월호

늘휘무용단 「공간-그 무한의 가능성 II」 2004년 3월 20일 국립극장 달오름극장

이화여대 한국무용 전공 늘휘무용단(예술감독 김명숙)의 젊은 새내기 안무가들이 젊은 설치미술가들과 함께 마련한 퓨전무대 「공간-그 무한의 가능성 II」는 완성도 높은 신선한 작품으로 눈길을 끌었다.

젊은 영상작가 최종범과 늘휘무용단의 중견단원 윤정민 안무의 《그 여자의 결혼》은 춤과 영상, 음악이 조화를 이룬 모처럼의 수작으로 평가된다. 미래주의적이면서도 무겁지 않게 여러 가지 의미를 잘 담아낸 최종범의 영상을 배경으로 최근 결혼한 윤정민이 결혼에 대한 고민을 진지하게 풀어냈다. 오영훈의 음악도 편집음악으로 생각되지 않을 정도로 잘 만들어졌다.

흑백의 영상이 피아노 건반처럼 흐르는 가운데 무용수들이 등장, 영상을 따라 움직이며 마치 무용수들이 영상 속에 스며있는 듯한 착시효과를 보였다. 잔잔한 춤이 펼쳐지는 동안 한 쪽 구석에 칼라로 변화하는 티포그라피(typographie)도 인상적이었다. 이 티포그라피는 윤씨 부부 양가의 한자이름을 소재로 만든 것으로 한자의 조형성과 색, 춤이 잘 어우러져 공연 내내 맛난 음식의 영양가 높은 예쁜 고명처럼 눈길을 끌었다.

잔잔한 영상에서 뛰쳐나와 강력한 힘을 보여준 김종덕의 춤은 시원했다. 김종덕의 힘과 호흡에 결코 밀리지 않는 배진일의 단력 있는 춤도 크게 칭찬을 받을 만 했다.

이 작품에서 눈길을 끈 것은 김종덕을 비롯한 이애덕, 한지현 등 안무자의 선배들이 출연, 작품의 무게를 잡아준 것으로 생각된다. 이들의 출연이 안무자의 자세를 더욱 진지하게 했고, 또 후배 무용수들이 진중하게 작품에 임해 춤의 완성도를 더욱 높였을 것으로 생각된다.

이애덕 등 5명의 무용수가 무대에 등장, 춤을 출 때 석양 무렵 기다란 그림자를 영상처리해 아우라처럼 무용수에 늘여 붙인 것은 특히 인상적이었다. 결혼에 관한 꿈과 현실의 틈을 들뜨지 않고 꾹꾹 눌러가며 애잔하게 그린 춤과 화려하지 않지만 의미를 담아 눌러 짠 듯한 묵직한 영상이 잘 붙었다. 마지막 장면에서 영상이 위아래로 움직일 때 무용수가 함께 조금씩 움직이며 만들어낸 착시효과는 환상적이었다. 두 번째 안무작이라고는 믿어지지 않을 정도로 힘과 기술, 부드러움과 빠름, 영상과 조명, 음악이 탄탄하게 잘 어울린 작품이었다. 춤과 영상이 좀처럼 어울리지 못하는 한국 무용현실에서 춤과 영상이 어떻게 결합돼야 하는지 하나의 전범을 보여준 작품으로 생각된다.

　김율희 안무의《스치며 스며들듯》은 인간의 만남과 헤어짐의 설렘과 애잔함을 수채화처럼 담아냈다. 문(門)에서 아이디어를 얻은 '난 당신을'이라는 제목의 고창선 설치작품은 경계선에서의 만남을 강렬하게 표현하고 있다. 김율희는 3개의 문을 '스치듯 스며들 듯' 돌며나며 관능적인 춤선으로 그리운 여심을 잘 그렸다. 전체적으로 음악을 잘 타며 부담 없이 편안하게 춤을 연결해 나갔다. 하지만 초반에 눈빛과 호흡이 너무 강해 전개에 다소 무리가 있었다. 한국 춤에서 한복을 벗고 드레스를 입은 상태에서 호흡을 한껏 살려 강한 액센트를 줘 손을 뿌리치는 동작은 좀 생각해봐야 할 대목이다. 손목을 힘껏 잡아챘을 때 한복 소매가 감키며 만들어내는 여운이 없어 춤사위의 본래 의도가 살기 어렵기 때문이다.

　박경은 안무의《신데렐라 콤플렉스》는 이끼 낀 유리구두와 드레스 등을 소재로 한 김집의 설치작업이 우선 눈길을 잡았다. 동화적이면서도 페이소스가 있는 무대에서 박경은 등은 경쾌한 속도와 이미지의 춤을 처음부터 끝까지 몰아부쳤다. 재미있는 경쾌한 춤과 속도였지만 처음부터 끝까지 춤의 속도가 비슷해 후반부에서 다소 지루함이 느껴졌다. 빠름이 빛나는 것은 느림과 대비될 때다. 빠름만 강조하다 보니 빠른 춤의 장점을 제대로 객석에 전달하지 못한 것 같다. 이에 따라 '신데렐라 콤플렉스'가 아니라 '신데렐라 신드롬'을 표현한 듯한 느낌이 났다.

— 춤 2004년 4월호

크누아(KNUA)무용단 제15회 정기공연 2004년 10월 28~30일 예술의전당 토월극장

　어떤 사람이 "학교발표 공연도 보러 오냐"고 말했다. 이면을 깔고 말하는 사람이 아니어서 '열심히 보러 다닌다'는 칭찬으로 들었다. 그러나 주변에서 이 말을 잘못 들으면 어떤 편파성도 느꼈을 것이다. 한국의 춤은 현재 대학을 중심으로 동인제로 움직이고 있는 것이 사실이다. 그리고 한국예술종합학교는 일반 대학 예술대학, 학부, 학과에 대립적인 갈등요소를 갖고 있는 것도 사실이다. 하지만 한국예술종합학교는 분명히 한국 예술, 특히 무용에 있어서 중요한 실체 중의 하나다. 이곳 출신 무용가들이 각종 국내외 콩쿠르에서 거둬들이는 성과는 이미 눈에 확실히 보인다. 그러나 아직 일천한 역사로 인해 그 성과가 제대로 평가받지 못하고 있는 것도 사실이다. 이는 시간이 해결해 줄 문제로 향후 일반대학과의 조율을 통해 전향적으로 해결될 것으로 믿는다.

한국예술종합학교 무용원이 운영하는 KNUA무용단의 기량은 비록 아마추어 학생들 위주지만 테크닉 면에서는 결코 대학을 졸업한 일반 무용단 무용수 못지않은 기량을 갖고 있다. 안무자 역시 국내에서 내로라하는 평가를 갖는 중견 무용가들로 이들의 공연은 충분히 기록할 만한 의미가 있다고 생각한다.

문제는 작품이 아니라 관객들이었다. 자기밖에 모르는 무질서한 관객들은 이 공연의 격을 '학교잔치' 수준으로 떨어뜨렸다고 생각된다. 자신의 친한 친구가 무대에 올랐다고 다른 사람이 인사하는데 그 친구 이름만 주변의 사람들이 민망할 정도로 큰 목소리로 호명하고, 공연 중 옆 사람은 당연하고 앞 뒤 사람과 이야기하며 완전히 '동네학예회' 분위기를 만들어 버렸다. 학교와 관계가 없는 일반 관객의 입장에서 상당히 불쾌할 수밖에 없었다. 작품을 잘 만드는 교육도 중요하지만, 그보다 더 중요한 것은 남의 작품을 존중하고, 감상하는 교육과 훈련이라는 생각이 들었다.

미나 유 안무《액티브 존》은 전혀 기대치 않은 편안함과 함께 참신한 아이디어를 보여준 상큼한 작품으로 21세기의 긍정적 대중성을 만들어낸 한 전형이 아닐까 생각된다.

이 작품의 편안함은 경탄할 만한 고난도 테크닉과 자유로운 상상력에서 나오는 것 같다. 슈퍼마켓의 일상화된 카트와 소파, 의자, 인공 암벽 클라이밍을 이용한 자유로운 놀이 형식의 자유스런 춤은 보는 이를 자유롭게 했다. 특히 실내 암벽타기를 이용한 움직임은 마치 영화 〈매트릭스〉의 몇몇 장면을 보는 듯했다. 허공에서 놀이식 멈춤을 이끌어내는 일상적 소재의 활용이 놀라왔다. 왈츠와 랩, 락 등 다양한 음악을 활용한 것도 관객을 충분히 즐겁게 했다. 움직임과 정지가 잘 어울려 만들어내는 이미지는 신선했다. 타이포그라피와 영상이미지는 반전(反戰)의 느낌이 났는데 전체 작품과 어울리며 한동안의 흥겨움을 격정적 메시지로 마감했다.

김선희 안무《아테네의 밤》역시 경쾌하고 흥겨웠다. 올해 서울무용제에서 안무상을 탄 작품으로 이미 예술성을 인정받았는데 이번 공연에서는 그 때 못 발휘한 '끼'를 한껏 발휘, 대중성을 강화했다. 하지만 좀 머뭇거리고 있다는 느낌이 들었다. 공격적일 정도로 광적인 디오니소스적 축제인 만큼 좀 더 과감하고 육감적으로 놀아도 좋지 않았을까 하는 생각이다.

또 피그말리온의 조각이 갈라테로 깨어나는 장면도 좀 극적일 필요가 있어 보인다. 굳은 자세에서 좀 더 신화적으로 깨어나며 조명 등 무용외적 다른 고려가 있어야 하지 않을까 싶다. 그리고 안무자의 전작《인어공주》의 포세이돈과 유사한 아폴로의 캐릭터도 여전히 문제로 지적된다.

이와 함께 주인공 피그말리온이 잘 생기고 아름다운 발레리노라는 것도 좀 고려해봐야 할 대목 같다. 피그말리온은 어원상 피그미족, 즉 난장이족에서 나온 말이다. 아름답고 건장한 피그말리온이 축제에서 소외돼 혼자의 고독을 즐기는 것이 예술가의 명예로운 고립으로도 이해되지만 어원으로 추론해 보면 고흐나 베토벤처럼 외모가 떨어져서(?) 그럴 가능성도 있다. 못생기고 빼빼 말랐지만 실력이 뛰어난 무용가를 주인공으로 하는 '노틀담의 꼽추' 형식도 또 다른 한편이 가능할 것 같다.

이 작품은 전체적으로 탄탄한 논리적 뼈대를 갖고 예술성과 대중성을 이미 확보하고 있다. 특히 안규철의 무대는 보기 드물게 사실성과 상징성을 함께 갖춘 인상적인 스펙터클을 보여준다. 몇몇 부분의 논리적 결함과 캐릭터를 보완하면 예술성을 갖춘 한국 발레의 대중성을 갖는 창작 레퍼토리로 자리잡기 충분해 보인다.   — 춤 2004년 12월호

서울현대무용단의 《춤추는 돌, 거시기한 삶》   2005년 4월 21〜23일 얼굴박물관

경희대 현대무용 전공 서울현대무용단(예술감독 박명숙)의《춤추는 돌, 거시기한 삶》(대본 · 연출 김정옥, 총괄안무 박명숙, 안무 조성희 · 박해준 · 김영미 · 장애숙)은 돌처럼 단단해진 이 무용단의 20년 내공을 보여줬다. 특히 안무와 연출이 어떻게 만나야 하는지 그 전범을 보여줬다.

무용에 있어서 연출의 역할이란 무엇일까. 늘 의문이다. 설명적 경향의 연출과 묘사적 특성의 안무가 만나기는 좀처럼 쉽지 않기 때문이다. 더욱이 한국과 같이 표현보다도 분석이 우위에 있는 예술풍토에서 대체로 안무가가 연출가에게 휘둘리게 돼 안무의도가 실종되는 경우가 많다. 하지만 이 작품의 경우 안무자와 연출자가 서로에게 양보하면서도 자기 자리를 잃지 않고 있다. 이는 김정옥, 박명숙 두 예술가가 이미 오래 전부터 연극과 무용, 또는 무용과 연극이 하나가 된 작품을 실천해왔기 때문이기도 할 것이다. 더욱이 2년이라는 짧지 않

은 기간을 거쳐 공동작업한 결과로 생각된다.

'얼굴박물관'은 전통과 현대가 극적으로 만난 공간이다. 연극연출가 김정옥이 수십년간 모은 석인, 목각인형, 사진 등 수백점의 얼굴을 모아놓은 '사람의 공간'이다. 그 사람은 수백년을 살아온 것도 있지만 각자의 표정은 지극히 현대적이다.

입구는 최가철물점의 은빛 철문이 조그만 개선문 또는 알리바바와 40인의 도적에 나오는 동굴의 문처럼 두텁게 지키고 있다. 문을 넘어서면 그리스 신전의 폐허와 같은 마당이 나타난다. 그 안에 수백 년의 세월을 이긴 석인(石人)들이 아무렇게나 서있다. 아무렇게나 서있는 것이 의도된 것보다 오히려 더 많은 생각을 준다. 그 세월의 더께가 주는 여러 가지 의미가 직관으로 다가온다. 그 위에 '관석헌(觀石軒)'이 있다.

'돌을 보는 집'이라는 뜻의 '관석헌'은 이 박물관의 영빈관 겸 객사로 전남 강진에서 도시계획에 쫓겨 헐릴 위기에 있는 한옥을 옮겨왔다. 대원군때 경복궁을 중건한 대목수가 경복궁을 짓고 남은 백두산 소나무로 지은 집이다. 100년 가까운 세월동안 나무도 많이 삭아 없어졌다. 그 빈 곳을 백두산의 '손자' 소나무가 메웠다. 북한이 백두산 소나무를 벌목해 중국에 수출했는데 운송도중 그만 배가 뒤집어져 남쪽으로 떠내려 왔다. 이 나무들이 군산 앞 바다의 양식장을 훼손한 것이다. 해경이 이 나무를 건져 경매에 부쳤는데 마침 '관석헌'을 짓는 대목수가 샀다. 역사의 우연과 운명성이 느껴지는 부분이다.

오른쪽에 박스형 박물관이 있다. 이 박물관은 층계와 전시장으로 이뤄져있는데 전시물들을 한 곳으로 옮겨 놓으면 층계는 객석이 되고, 전시장은 그대로 무대가 된다. 유리창을 크게 만들어 자연광이 좋은 복합공간이다.

작품은 이 공간을 효율적으로 모두 이용해 유기적인 드라마와 퍼포먼스를 구성했다. 층계에서 관석헌으로, 관석헌에서 전시장으로 이어지는 동선이 지극히 자연스러웠다. 또 공연이 끝난 뒤 무대에서 바로 뒤풀이 파티가 열렸고, 관석헌 앞마당에서 석인들과 함께 하는 캠프파이어도 훌륭한 작품의 연장이며, 마무리였다.

프롤로그 '거시기한 얼굴'은 층계에서 시작됐다. 관객들은 전시장에 서있었다. 무대와 객석의 뒤바꿈은 자주 있는 형식은 아니지만 언제나 흥미롭다. 배우가 돼서 객석 관객들의 공연을 지켜보는 서사성, 그 낯설음이 재미있다. 참여를 통해 꺼내는 브레히트의 소격효과가 극적 경험을 한층 배가한다.

소리 광대역을 맡은 연극배우 손봉숙의 대사가 구성지게 펼쳐지는 가운데 탄성 있는 자루를 뒤집어쓰고 만들어낸 인간 이미지는 '거시기'를 중립적 의미에서의 '거시기', 썸씽 (Something)으로 잘 구현해 냈다.

김정옥의 '거시기'는 참 함의가 많은 말이다. 모든 것을 얼버무리고 뭉뚱그려서 이해하는 환원적인 단어다. 의미를 나누고 개념지어 한정하는 분석적인 단어가 아니다. 거기에는 이성의 로고스가 아니라 여유 있는 감성의 파토스가 있다. 모더니즘의 명증한 합리가 아니라 포스트모더니즘의 신화적 통합이 있다. 입김을 불어 언 손을 녹이기도 하고, 뜨거운 국을 식히기도 하는 그런 모순적인 통합의 유머다.

이 작품에서 '거시기'에 대한 중립적 시각은 여기서 끝인 것 같아 아쉽다. '거시기'의 통합적 함의를 다양하게 확대하지 못하고 전체적으로 어두운, 본능적인 측면에서의 '거시기'의 의미를 무겁게 잡아낸 것 같다. 물론 이것이 나쁘다는 표현은 아니다. 낙관과 익살로 풀어낸 '거시기'가 있었더라면 '거시기한 삶'이 좀 더 구성지게 표현되지 않았을까 하는 지적이다.

조성희가 안무하고 춘 2장 '그리운 얼굴'은 관석헌의 배경과 딱 맞는 절창이었다. 조성희는 날아갈 듯한 누(樓)마루의 날씬한 관석헌과 흡사한 가벼운 자태로 애절한 피리연주에 맞춰 춤을 췄다. 아니 그렸다는 말이 더 맞겠다. 소쩍새소리, 풀벌레 소리, 바람소리 등 자연의 소리에 휘영청한 보름달 조명, 여기에 더해진 기타, 피리, 포크음악이 작품을 입체적으로 그리는데 도움을 줬고, 마지막 풀향기, 꽃향기는 작품을 절정으로 끌어올렸다.

관석헌 안으로 들어가 실루엣으로 옷을 하나씩 벗어 던지는 장면은 김광균의 시 '설야'의 한 구절 '먼 곳에 여인의 옷 벗는 소리'를 떠오르게 했다. '거시기'가 갖고 있는 관능성에 초점을 맞춘 상큼한 극적 춤이었다.

이어 박해준이 안무한 3장 '그 놈의 사랑', 김영미가 안무한 4장 '잃어버린 정원', 장애숙이 안무한 5장 '거시기한 웃음', 6장 '거시기한 죽음'이 펼쳐졌다. 박해준의 외로운 몸짓들의 부조화와 불협화음에 맞춘 키치한 동작들은 '거시기'한 사랑을 그런 대로 잘 그렸다. 주위의 전시품들과 조화를 이룬 고난도의 2인무를 통해 깊은 감성을 만들어낸 김영미의 춤도 느낌이 좋았다. 그러나 장애숙의 작품에 이르러서는 객석 컨디션이 너무 나빴다. 관객이 적당히 왔으면 편안하게 넉넉한 기분으로 관람할 수도 있으련만 옴짝 달싹할 수 없을 정도로 옆사람과 어깨와 어깨가, 앞사람의 등과 무릎이 붙어있는 상황에서 '거시기'에 대해 좀 길고 무겁게 접근한 것이 관객들을 좀 '거시기'하게 하지 않았나 싶다.

마지막 7장 '삶은 거시기하다'는 변화된 수미쌍관으로 독특한 이미지를 만들어냈다. 프롤로그에서 자루를 이용해 만들어낸 개인적 절규와 의도적 왜곡을 긴 천을 이용해 여러 사람이 얼굴과 손을 찍어내 만들어낸 집단의 이미지는 인상적이었다. 그러나 프롤로그의 이미지를 무겁게 확대하기보다는 좀 더 익살맞게 펼쳐냈다면 '거시기한 삶'이 갖고 있는 즐거운 낙관으로 전체 작품을 다채로운 색깔과 의미로 채색할 수 있었을 것 같다.

— 춤 2005년 5월호

크누아(KNUA)무용단 제16회 정기공연 2005년 10월 21~23일 예술의전당 토월극장

김혜식 안무《봉선화》는 봉선화의 피고 지는 모습을 영상과 결합해 환상적으로 엮어냈다. 특히 한국적 정서를 가진 서양음악 장르인 가곡을 한국적으로 리메이크해 연주한 점, 또 이 음악에 맞춰 한국춤사위를 섞어 만든 발레 동작이 인상적이었다.

동양적 느낌의 꽃의 요정이 8선녀를 깨우는 듯 만들어낸 8명의 무용수로 만들어낸 꽃잎의 춤이 아늑했다. 화선지에 먹이 떨어지듯 그려낸 동양화 이미지의 영상과도 잘 어울렸다.

'가곡'이라는 장르는 기본적으로 서양음악을 바탕으로 만든 한국음악이다. 이 가곡을 해금으로 리메이크함으로써 한국음악 본래의 느낌을 강화한 것도 좋은 전략으로 보인다. 국악에 맞춰 발레를 하기 가장 어려운 것이 바로 국악의 특징인 농현(弄絃)을 어떻게 표현하느냐인데 아예 가곡을 전통악기로 리메이크하며 이런 음악적 난점을 쉽게 넘어선 것 같다.

파드되 부분에서 개화하는 꽃의 이미지는 강렬한 관능을 느끼게 했다. 여기에 리메이크된 가곡 '봉선화'는 애이불비(哀而不悲)라 할까, 그런 단정함에 애절함을 더한 묘한 관능적 이미지를 만들어냈다. 이런 바탕에서 한국적 춤사위를 응용한 팔의 움직임이 발의 동작과 잘 어울려 감성적인 좋은 그림을 만들어 냈다.

그러나 최승희의 신무용적 느낌도 났다. 최승희도 이시이 바쿠로부터 발레를 배우고 한국적 춤사위를 이용해 춤을 만들었다.《봉선화》는 발레의 동작이 훨씬 더 많이 사용된 본격적 발레였지만 분장과 의상, 화장이 너무 직접적 이미지여서 그런 느낌을 만들었는지 모르겠다. 모던하거나 미니멀한 의상과 분장으로 갔더라면 좀 더 '쌈박한' 한국적 발레 단편이 하나 만들어지지 않았을까 하는 아쉬움이 남는다.

그랑 파드되를 춘 김리회는 테크닉도 테크닉이지만 작품의 느낌에 따라 변화한 편안한 표정연기가 좋았다.

정승희 안무《물위에 쓴 시》는 정호승의 시 '허허바다'에서 아이디어를 얻은 작품으로 좋은 군무로 시작했다. 토월극장의 무대 깊이를 잘 살려 만들어낸 물안개 가득한 물결느낌의 군무는 깊고 편안했다. 늘이고 뻗으며 확대된 군무는 잔잔하게, 때론 역동적으로 일렁이면서 다양한 물의 느낌을 만들어냈다.

그러나 농현, 박자와 함께 만들어진 한국춤사위를 서양 클래식에 실으려면 특별한 전략이 필요할 것 같다. 이 때문에 작품의 하이라이트인 듀엣에서 한국춤 특유의 맺고 끊는 호흡이 자칫 마사 그라함식 릴리스 앤 컨트랙트 느낌으로 늘어져 버리지 않았나 싶다.

베르나르트 바움가르텐 안무《Seoul》은 김승옥의 소설 〈서울, 1961년 겨울〉이 연상되는 작품이다. 서울사람들에 대한 외국인의 인상이 치밀하고 깊게 녹아 힘있게 그려져 큰 공감을 자아냈다. 무용수의 특기를 잘 살려 큰 동작과 빠른 스피드로 역동적 느낌을 제대로 그려냈다. 연극적 독백이 서툴러 아쉬움은 남지만 서울의 빛과 그림자를 크고 빠른, 힘있는 춤사위로 화려하게 풀어내 이날 공연에서 가장 크고 많은 박수를 받았다.   — 춤 2005년 11월호

아지드현대무용단 「연(緣)」 2005년 11월 2~3일 국립극장 별오름극장

성균관대 현대무용 전공 아지드현대무용단(예술감독 정의숙)의 젊은 안무가들의 발랄한 아이디어가 빛나는 재미있는 소품무대였다.

《연Ⅰ》(안무 김봉순)은 커다란 바지를 재미있게 활용, 남녀의 만남과 사랑, 이별 등을 재미있게 꾸몄다. 하나의 바지 통 하나에 각각 하나씩 들어가 사랑하고 싸우고 하는 장면을 알콩달콩 재미있게 만들었다. 이솝우화에서 두 마리 말을 서로 묶어 놓고 양쪽에 먹이를 놔준 우화가 떠올랐다. 이때 말들이 처음에는 서로 제 길을 고집하다가 결국은 사이좋게 한 방향으로 같이 가 옮겨가며, 두 그릇의 먹이를 먹는 지혜를 발휘했다. 하지만 인간의 우화는 그렇지 못했다. '인연'으로 만났지만 끝내 그 갈등을 극복하지 못하고 헤어지고, 다른 사람이 바지의 또 다른 통으로 들어와 새로운 삶을 꾸린다. 인간의 만남, 사랑은 먹이처럼 나눠 먹을 수 있

는 것이 아니라서 그럴지도 모르겠다. 깜찍한 아이디어로 재미있는 단상들을 마치 찰리 채플린의 유쾌한 무성영화처럼 경쾌하면서도 의미 있는 동작으로 엮어낸 수작이다.

《연Ⅱ》(안무 김윤경)의 주요 모티브인 신발 뺏기 놀이는 신데렐라를 연상시킨다. 하지만 움직임이나 내용이 진부해 보이지는 않는다. 차분하면서도 말간 수채화처럼 무용수들이 속도를 달리하며 그림을 만들어갔다.

《연Ⅲ》(안무 이은주)은 월트 디즈니 영화의 주제가 '작은 세상'의 노래가 계속 반복되는 오르골 연주를 주요 모티브로 해서 빼앗기 놀이를 했다. 《연Ⅱ》의 신발뺏기 놀이가 관능적인 경쟁의 느낌이 났다면 이 작품은 권력 뺏기라는 느낌이 났다. 노래 자체가 갖고 있는 상징성 때문일 것이다. 이 노래는 70~80년대 민주화투쟁시절 각종 집회와 뒤풀이에서 연대를 강조하며 불렀던 노래다. 오르골을 빼앗기 위해 서로 다투는 모습에서 이 '작은 세상'에서의 권력다툼이 하찮아 보이기도 하게 춤은 반복적이었다. 이를 좀 더 강한 힘으로 밀어붙였으면 어땠을까 싶기도 하다. — 춤 2005년 12월호

내한공연한
외국 작품들

아이리쉬 탭댄스 《스피리트 오브 더 댄스》 2002년 1월 15~20일 세종문화회관 대극장

세계적으로 선풍을 일으키고 있는 아일랜드의 탭댄스 공연《스피리트 오브 더 댄스(Sprit of the Dance)》가 관객들로부터 절찬을 받았다. 8회 공연 동안 거의 매회 빈자리 없이 극장을 가득 채운 관객들은 시작부터 끝까지 박수와 함께 발을 구르며 환호를 이어나갔다. 그런 흥이 기립박수에 인색한 우리 관객들의 상당수를 일으켜 세워 커튼콜을 외치는 이례적인 풍경을 만들어내기도 했다.

《스피리트 오브 더 댄스》는 세계적으로 새로운 뮤지컬에 대한 요구가 거세지고 있는 가운데 하나의 대안으로 강력히 떠오르고 있는 아이리쉬 탭댄스의 진면목을 볼 수 있는 무대였다.

〈캣츠〉, 〈미스 사이공〉, 〈레 미제라블〉, 〈오페라의 유령〉 등 세계 4대 뮤지컬을 잇달아 성공시켜 뮤지컬의 황제로 불리는 앤드류 로이드 웨버와 카메룬 매킨토시가 이후 발표한 신작이 잇따라 실패하면서 1990년대 말 세계 뮤지컬계는 춘추전국시대에 들어갔다. 이 상황에서 아이리쉬 탭댄스를 주요 볼거리로 내세워 화려한 볼거리를 강화한 '리버 댄스(River Dance), '로드 오브 더 댄스(Lord of the Dance)', '스피리트 오브 더 댄스'가 선풍을 일으키면서 이른바 '댄스 뮤지컬'이 새로운 뮤지컬의 한 전형으로 떠올랐다. 이 작품은 특히 국내에서도 공연예술의 왕으로 군림해온 뮤지컬이 2001년 7월부터 2002년 6월까지 7개월 간 공연한 〈오페라의 유령〉의 성공으로 투기성 자본이 일시에 뮤지컬에 몰렸다가 썰물처럼 빠져나가면서 국내 공연예술 흥행의 새로운 대안으로 꼽히기도 한다. 리버댄스는 공연예술계에서 넌버벌 퍼포먼스와 함께 2003년에 가장 중요한 흥행요소로 떠오르고 있다.

탭댄스는 미국에 노예로 팔려온 흑인들이 자기를 표현하는 방법으로 발을 구르며 발전시킨 춤. 이를 미국 동부에 아일랜드와 스코틀랜드인들이 놀이와 춤의 형식으로 발전시킨 것이 현재의 탭댄스다. '리버 댄스'와 '로드 오브 더 댄스'가 속도감이 넘치는 아이리쉬 탭댄스를 중심으로 만들어진 반면 '스피리트 오브 더 댄스'는 아이리쉬 탭댄스와 플라멩코, 왈츠, 살사 등 우아한 모던댄스와의 조화를 통해 더 넓은 춤의 스펙트럼을 추구하고 있다.

댄서로서의 꿈을 위해 먼 길을 떠나는 주인공의 사랑과 예술을 춤으로 보여주는 이 작품은 춤공연이라기보다는 뮤지컬에 가까운 장대한 무대효과로 거칠고 신비주의적인 켈트문화의 분위기를 물씬 풍기는 한편의 아일랜드 서사시로 평가된다.

그러나 이 작품의 내용을 자세히 들여다보면 사실 별 게 아니다. 아프리카 흑인들의 영향을 받아 아일랜드인들이 만든 탭댄스를 줄기로 해 플라멩코, 왈츠, 살사, 재즈 등의 춤을 섞고 무용수들이 옷을 갈아입는 막간을 가수의 노래와 즐거운 바이올린 연주로 채웠다. 별다른 이야기 줄거리가 있는 것도, 뛰어난 예술성이 있는 것도 아니다. 화려한 조명과 일사불란하게 잘 짜인 곡예 같은 춤 솜씨가 관중을 황홀경으로 몰고 가는 스펙터클이 넘치는 대형 '쇼(show)'일 뿐이다. 하지만 이것이 뮤지컬의 황제 앤드류 로이드 웨버가 〈오페라의 유령〉을 잇는 성공적인 후속작을 내놓지 못하면서 시작된 세계 뮤지컬계의 과도기적 진공 상태를 메우고 있는 주요 흐름 중의 하나인 것도 사실이다.

음악과 무용, 연극을 포함한 우리 공연계도 분명 이만한 능력은 갖고 있다. 그러나 우리가 이런 작품을 만들어 내지 못하는 이유는 뭘까. 그것은 우리가 아직도 문화, 예술을 '보고 즐기는 대상'이 아니라 '가르치는 대상', '저 높이 있는 감동의 대상' 쯤으로 여기고 있기 때문으로 보인다. 이 같은 의식은 '쇼'라는 말에 대한 우리와 서구예술가들의 인식의 차이에서 극명하게 드러난다.

서구의 아티스트들은 자신들의 공연을 '쇼'라고 하는데 별 이의를 달지 않는다. 그들은 관객들에게 '보여주기' 위해 작품을 만들기 때문이다. 세계적 비디오 아티스트 백남준도 자신의 작품을 일컬을 때 보통 '쇼'라고 한다. 작품의 엑기스만을 모은 데모테이프도 '쇼케이스'

라고 부른다. 그러나 우리 작품에 대해 '쇼'라고 하면 난리가 난다. 예술가가 무슨 '딴따라' 냐며 거의 신경증적으로 반발한다. 그러나 '쇼'를 부정적으로 보는 바로 거기에 우리 문화, 예술의 한계가 있다.

우리 문화예술계는 사람들이 '보고 즐기는 것'보다 '한 차원 높은 예술적인 무엇에 감동하기'를 바란다. 또 '보고 즐기는' 문화예술보다는 '가르치는' 문화예술에 대해 더 전념한다. 이에 따라 만드는 사람보다, 가르치고 평가하는 사람이 더욱 힘을 갖게 되고, 보는 사람보다 평가하는 사람을 위한 작품을 만드는 왜곡된 문화예술 시장구조가 만들어진다. 문화와 예술이 일반 사람들과 점점 더 멀어지게 되는 중요한 원인의 하나가 여기에 있다.

우리 예술도 이제 《스피리트 오브 더 댄스》처럼 자기만족 위주의 엄숙한 난해성을 벗어 던지고, 대중과 함께 해야 한다. 예술이 저 높은 곳에서 한 걸음 내려오고, 대중은 조금 올라가야 한다. 예술의 기원 중의 하나가 유희다. 대중이 예술과 함께 놀면서 생활의 스트레스를 털어 버리고, 새로운 창의를 얻으면, 정치나 경제나 사회에도 활력이 넘칠 것이다. 그것이 강자만이 살아남는 정글법칙이 지배하는 신자유주의 문화시대를 살아나가는 해법이기도 하다.

— 춤 2002년 2월호

산카이주쿠의 《히비키》 2002년 7월 2~3일 호암아트홀

1978년 파리에 진출, 유럽을 중심으로 활동하는 세계적인 일본 무용단 '산카이주쿠(山海塾)'가 공연한 《히비키(響)》는 우리 공연예술의 나아갈 방향에 대해 많은 시사를 주고 있다.

'산카이주쿠'를 만든 사람은 이 무용단 대표인 아마가츠 우시오(天兒牛大). '산과 바다의 학교'라는 뜻의 무용단 이름이나, '소띠해 소년'이라는 뜻의 대표 이름이나 거칠 것이 없는 호연지기가 절로 느껴진다. 이들에게는 동양인들이 서양에 대해 흔히 느끼는 콤플렉스를 찾을 수 없었다. 물론 서양에 대한 동경도 없어 보였다. 그런 자유로움 속에 만들어진 《히비키》는 유럽 공연예술계의 최고의 권위를 자랑하는 로렌스올리비에상 새로운 최고 무용작품상을 타기 충분해 보였다.

《히비키》에서 가장 눈에 띄는 것은 우선 미학적으로 완벽한 개성있는 무대다. 그러나 이 무대를 만드는 데 들어간 재료는 사실 별 것이 없다. 직경 50cm에서 1m50cm쯤 되는 대형 유리접시 13개와 천장에 매단 유리플라스크 4개, 그리고 프랑스 어느 해변에서 가져왔다는 고운 모래가 전부다. 바닥에 고운 모래를 깔고, 그 위에 접시를 둥그렇게 늘어놓고 천장에 4개의 플라스크를 매달아 물을 한 방울씩 4개의 접시로 떨어뜨렸을 뿐이다.

그러나 여기에 다양한 조명으로 구성한 빛의 구조물이 만들어지자 어느 민족 누구나 공감할 수 있는 새로운 생명의 공간이 만들어졌다. 접시 하나 하나가 하나의 행성이요, 우주였으며 이 공간에 녹아든 무용수들도 모두 하나의 우주처럼 느껴졌다. 무용수와 유리접시는 살아서 교감, 공명, 반사하는 숨쉬는 생명과 행성으로 느껴졌다. 이 장엄함을 만들어내는 데는 엄청난 물량이 필요하지 않았다. 이미 열거한 대로 약간의 소품들이었을 뿐이다. 단지 그것이 강력한 정신적 창조력에 의해 새롭게 조직됐을 뿐이다.

다음은 논리적으로 설득력 있는 안무다. 아마가츠는 공연 전 가진 인터뷰에서 "우주의 뭇 생명체들의 울림과 연결돼 가는 흐름을 그렸다"고 간략하게 이 작품을 설명했다.

그의 설명처럼 이 작품은 천지창조의 1인무, 세상의 모든 것이 만들어지는 오행사상과 연결돼 있는 5인무, 그리고 천·지·인, 또는 성부 성자 성신을 상징하는 3인무, 인간의 탄생을 표현하는 2인무, 그리고 실존의 고독을 그린 1인무에 이르기까지 춤의 변화가 세계의 탄생과 함께 하는 논리적 설득력을 갖고 있었다. 이 춤은 또 세상의 혼란을 그리는 4인무와 1인무의 변주를 거쳐 다시 맨 처음 시작했던 자궁 속의 춤으로 돌아갔다. 동양적 철학을 바탕으로 인간과 우주의 순회를 명료하게 전달하고 있다.

거기에 민족적 특수성을 세계적 보편성과 절묘하게 연결하고 있다. 생명의 탄생을 노래하는 현장은 동양도 서양도 아니다. 동양의 간결함에 서양의 색채를 썼다. 온몸의 분칠을 통해 인종의 구별이 없는 인간을 표현해냈으며, 중력을 받아들이는 동양적인 춤사위에 하늘로 날아오르려는 유럽적 춤사위의 화려함을 혼합해냈다. 일본적인 것을 서구적인 것과 절묘하게 혼합, 인류보편의 미학을 만들어내고 있는 것이다.

공연 전 아마가츠는 자신의 춤에 대해 다음과 같이 말했었다. "유럽의 춤은 중력을 거부한다. 중력에 반발해 날아가는 동작으로 구성되어 있다. 그러나 우리의 춤은 그렇지 않다. 지구의 에너지를 수용하고 받아들였다. 그런 면에서 우리의 춤은 무용의 개념을 바꾼 하나의 '혁명'이었다."

그러나《히비키》는 정통의 부토(舞踏)는 아니었다. 이에 대해 그는 "유럽에서 동양과 서양의 문화의 차이가 있다는 것을 몸으로 인식했다"며 "그러나 인간으로서의 공통점은 분명 존재했다. 문화의 차이를 인정하고, 인간으로서의 공통점에 대해 천착하면서 나 스스로도 변화해 오늘에 이르렀다"고 말했다.

그는 물질문명의 발달에 따라 세계무용이 두 가지 흐름으로 나가고 있다고 전망했다. 하나는 일체의 것을 벗어던지고 몸 자체로 돌아가는 움직임이고, 다른 하나는 첨단기술문명을 이용한 멀티미디어적인 춤이다. 그러나 그는 "춤이 정신적인 예술이라는 측면에서 둘 다 같은 맥락"이라며 "손동작 하나에도 의미를 찾아가는 프로세스가 더욱 중요하다"고 강조했다.

아마가츠는《히비키》를 통해 전통과 현대, 국수주의와 사대주의, 구상과 추상 사이의 애매모호한 난해함 속에 숨어있는 우리 춤계에 의미있는 교훈을 던져주고 있다. 특히 쓸데없는 겉치레 무대에 대해서도 맹성을 촉구하고 있는 것 같다.　　　　　　　　　　　　　　　　　　　　　　　　　　　— 춤 2002년 8월호

네덜란드댄스시어터(NDT) Ⅲ의 《시간이 걸릴 때》와 《생일》 2004년 5월
27~30일 예술의전당 토월극장

'說明ない 慾望'

네덜란드 덴 하그(영어지명 헤이그) 루첸트극장 지리 킬리언 방에 걸려 있는 액자에 써있는 말이다. 우리말로 '설명할 수 없는 욕망'이라는 뜻이다. 1998년 11월 25일 그의 사무실에서 그를 만났었다. 그때 그는 일본문화에 대한 자신의 느낌을 이같이 명료하게 표현했다. 그리고 자신이 만들고자 하는 춤은 단순함 속에 집어넣은 설명할 수 없는 욕망이라고 말했었다.

앞으로 구체적인 작업에 대해 묻자 나이든 무용수들을 위한 작업, 그리고 영상이라고 했었다. 그때 한 말들은 그냥 던진 말이 아니라 몇 년에 걸친 작업 끝에 그 결실이 나왔고, 그것이 2004년 서울에서 공연한 '네덜란드댄스시어터(NDT) Ⅲ'의《시간이 걸릴 때(When Time Takes Time)》와《생일(Birthday)》였다.

지리 킬리언은 NDT Ⅲ를 '40+죽음'이라고 부른다. 젊은 시절 화려한 기교와 에너지로 한 시대를 풍미한 이들이 무용수로서 사망선고를 받은 육체의 한계를 넘어서고 있기 때문이

다. 이들에게서 전성기 때의 화려한 기량은 보기 힘들다. 하지만 수십 년 간의 무대경력을 통해 축적된 내공으로부터 터져 나오는 표현과 에너지는 테크닉만으로는 만들어낼 수 없는 치열한 그 무엇을 담고 있다. 킬리언은 "예술적으로 엄청난 경험을 축적한 이들이 단지 육체적으로 전성기를 지났다는 이유만으로 무대 밖으로 사라져야 하는 것은 안타까운 일"이라며 "육체의 한계를 넘어선 이들이 만들어내는 무대는 옷깃을 여미게 하는 깊은 감동이 있다"고 말했었다.

이 공연에서 극장 로비에 50대를 훌쩍 넘긴 출연자들의 전성시대 모습을 비디오를 통해 보여줘 작품의 감동을 극대화했다.

《시간이 걸릴 때》에 대해 킬리언은 아이가 베토벤 피아노소나타 〈월광〉을 연주하려는 시도에서 영감을 받은 작품이라고 설명했다. 그러나 늙고 올록볼록 살이 삐어져 나오는 남녀 무용수들이 추는 작품은 그렇게 보이지 않았다. 포기하지 않고 새로움에 도전하는 생명력 충일한 전사, 투사처럼 보였다.

강렬한 인상의 일본 노(能)음악과 절제된 형식미가 넘치는 가부키의 단정한 느낌이 나는 무대에서 두 무용수는 부끄러운 듯 사막 뒤로 그림자와 퍼즐처럼 등장했다. 동양적 신비의 커튼 뒤에 숨어 그림자로 춤을 췄다. 꿈과 현실의 거리를 흑과 백의 색으로 가려 만들어낸 아이디어와 표현이 절묘하다. 늙은 무용수들의 장점을 최대한 살려낸 감각적 연출이 절로 감탄을 자아내게 한다. 또 60이 다 된 마른 남자 무용수가 몸을 뒤로 젖혀, 목을 잡고 몸을 지면과 수평해서 떠있는 중후한(?) 여자무용수를 버텨낸 허리힘에 놀라지 않을 수 없었다. 세월을 이겨낸 무용수들의 고련이 감동으로 다가온다. 이들의 춤은 뭔가를 배우는데 지금 시작해도 결코 늦지 않았다는 용기를 준다. 또 사라질 수밖에 없는 인간이 만든 모든 소중한 것의 예정된 죽음이 가슴 아리게 다가오며 지금 이 순간에 대한 사랑이 필요하다는 것을 역설하는 듯 했다.

《생일》은 무용수들이 무대에서 연기만 하고 춤은 영상 속에서 추어진다. 로비에서 젊을 때의 영상과 대비되는 데다가 2002년 촬영된 영상과 현재의 모습과도 또 차이가 나 인생, 세월의 무상함이 절로 느껴진다. 바로크식 유머와 위트로 채색된 이들의 연기와 영상을 통한 춤의 대비는 현실의 비애와 과거의 화려함이 재미있게 교직됐다.　　　　　— 춤 2004년 7월호

DV8의 《저스트 포 쇼(Just for show)》 2005년 3월 31일~4월 2일 LG아트센터

한국에서 초연한 영국의 무용단 DV8의《저스트 포 쇼(Just for show)》(안무 로이드 뉴슨)
는 세계 예술의 최근 경향을 잘 보여준다. 과감한 해체를 마무리하고 분라쿠와 마법, 요가,
서커스, 마임과 각종 놀이에 이어 록 콘서트와 영화 패러디, 섹스 등 무대에 적용 가능한 온
갖 요소를 작품에 끌어들여 흥겨운 축제를 만들어냈다. 그리고 그 축제의 요소 하나하나는
삶의 근본과 맥이 닿아 있다. 그러나 한국은 아직 이 같은 세계의 흐름에 발맞추지 못하고
있는 것 같다. 여전히 무거운 사실주의, 비장한 엄숙주의가 문화, 예술의 주류를 이루고 있
다. 이 같은 경향은 정치, 사회에서도 마찬가지다. 중후장대한 이론의 거대함이 표현을 압박
하고 있는 형국이다. 그래서 경쾌한 유희를 통해서 춤, 나아가 예술, 인생의 본질에 접근하려
는 중요한 움직임을 보여주는 무대를 더 주목하게 된다.   — 춤 2005년 5월호

부퍼탈무용단의 《러프 컷》 2005년 6월 21~26일 LG아트센터

우리의 춤, 이제는 달아날 데가 없다. 한국무대가 바로 세계무대이기 때문이다. 세계 최고
의 공연예술제 중의 하나인 프랑스 아비뇽연극제에 앞서 한국에 먼저 선보이는 작품이 있
는가 하면 한국에서 세계초연인 작품도 있다. 이미 세계적으로 이름난 작품도 앞다투어 들
어오고 있다. 앞으로 예정돼 있는 작품도 줄을 서있다. 관객들이 소화가 힘들 정도로 세계
적인 작품들이 쏟아지고 있는 형국이다. 여기서 살아남기 위해 이제 한국 무용가들은 과거
자신의 성가를 잊어야 할 것 같다. 한국의 경쟁자들을 상대로 작품을 하는 것은 더 이상 의
미가 없기 때문이다.

이 같은 상황에서 한국을 소재로 해서 만든 피나 바우쉬의《러프 컷(Rough Cut)》은 많은
시사를 준다. (어쩌면 절망일지도 모른다.)

피나 바우쉬는 참 한국을 꼼꼼히 봤다. 춤만 본다면 무당춤, 살풀이춤, 탈춤, 꼭두각시춤
에서 씻김굿의 신내림, 신목잡기 등 샤머니즘의 원시적 춤을 해체, 자신의 춤으로 만들었다.
대학로에서 흔히 보는 힙합춤도 놓치지 않았다. 또 해금, 가야금 산조, 궁중정악 등 전통음

악에서부터 김대현의 〈자장가〉, 김민기의 〈가을편지〉, 어어부의 구음을 비롯한 현대음악까지 다양한 한국음악을 바탕으로 춤을 만들었다. 궁중정악에 자기 나름의 탈춤을 붙이고, 어어부의 현대적 구음에 현대무용으로 필터링한 살풀이춤을 춘 것은 절묘했다. 김민기의 노래에 제사를 끝내고 지방을 태우듯 지화(紙花)를 태운 퍼포먼스도 인상적이었다. 장옷의 변형 또는 수월관음을 연상케 하는 의상이나, 성황당에서 정한수 떠놓고 기원하고, 산사의 애절한 불공과 금강역사, 사천왕상의 몸짓을 그려놓은 것도 무릎을 치게 했다. 진달래, 철쭉이 만발한 한국의 산과 파도치는 바닷가 바위 등의 영상은 압권이었다.

뿐만 아니었다. 남존여비 가부장제의 전통을 통렬하게 비판하고, 퇴폐 사우나 미아리 텍사스를 연상시키는 성매매 현장까지 날카롭게 집어냈다. 일밖에 모르는 근면한 일상을 보면서 한편으로는 공격적이고 무모한 한국인의 무모한 주벽을 지적했다. 그리고 사람인(人)자를 이용해 한국적인 끈끈한 사랑을 재치있게 그리고, 끝없이 달리는 한국인 근면성, 또는 맹목성으로 끝을 맺었다.

한국을 꼼꼼히 관찰한 뒤 그것을 자신의 철학과 미학으로 해체, 필터링한 그의 작품은 한국적인 것 같으면서도 아니었다. 한국적인 소재를 피나 바우쉬적으로, 독일 부퍼탈적으로 창조해냈다.

이 작품을 보면서 문득 베르나르 페브르 다르시에 프랑스 아비뇽연극제 전 예술감독의 말이 생각난다. 그는 1997년 한국을 방문, "한국은 세계 예술의 원천을 잘 보전한 나라"라고 칭찬하면서도 "그러나 그것을 아주 촌스럽게 무대화했다"고 비판했었다. 그가 《러프 컷》을 봤으면 뭐라고 했을까. '한국 문화에 있는 세계 예술의 원천을 독창적 방식으로 예술화하는 데 성공했다'고 하지는 않았을까 싶다.

그의 작품에서 얻어진 준거틀로 2005년 6월의 한국 춤을 보면 한숨이 절로 난다. 특히 6월에는 지금 한국 춤을 이끌고 있는 중견들의 작품이 많았기 때문에 더 그렇다. 한국을 세밀하게 관찰하지도 못했고, 해석도 무책임하기 이를 데 없었다. 전체는커녕 개체의 단편을 보는 데도 실패한 것 같다. 세계의 장점을 다 모아 뛰어도 힘든데 동네의 먼지 낀 고물만 보듬고 '내가 최고'라고 주장하는 정저와(井底蛙)가 생각난다. 8년 전 페브르 다르시에가 지적한 것보다도 오히려 퇴보한 느낌조차 난다.

물론 몇 년이라는 시간을 주고, 10억 원이 넘는 작품 제작비와 컴퍼니에 대한 공공의 지원을 받으면 누구나 그 만한 작품을 만들어낼 수 있다고 항변할 수 있다. 하지만 프랑스 영화가 할리우드 영화를 비판하며 자본만을 탓하다가 영화 100주년을 맞아 할리우드만큼의 자본이 쥐어졌을 때 할리우드에 참담한 패배를 맛본 쓰라린 경험이 있다. 춤은 몸으로 하는 것이고, 몸은 머리와 가슴이 움직인다. 물질적 한계 내에서 차가운 이성과 뜨거운 정열이 담긴 몸을 최대한 움직여야 세계무대는 둘째치고, 이미 세계 명품 춤의 격전장이 된 한국에서 살아남을 수 있을 것 같다.

— 춤 2005년 7월호

실비 길렘&아크람 칸의 《신성한 괴물들》 2007년 3월 6~8일 LG아트센터

실비 길렘, 프랑스 파리 오페라 최연소 에투왈(étoile)로 정상의 순간에서 모던으로 변신하는 모험을 감행했다. 그는 물론 지금도 세계 최정상급 기량을 자랑, 영국 로열발레단에서 활약하고 있다. 하지만 무대 아래서 가까이 보면 그 역시 더 이상 젊다고는 할 수 없다. 자신의 전성기를 지났음을 그도 역시 알고 있을 것이다. 그러나 현재 무대에서의 그의 움직임은 결코 그것을 인정하지 않는다. 주관적으로, 또 객관적으로, 그는 한계를 넘어선 것처럼 보이기도 한다. 기량 면에서나 정신적인 측면에서 모두.

실비 길렘과 아크람 칸의 2인무인 작품《신성한 괴물들》은 여러 사람이 안무했다. 대만 클라우드게이트 무용단의 안무가 린화민이 실비 길렘의 솔로를 만들었고, 아크람 칸이 추는 인도 전통춤 카탁은 가우리 샤르마 트리파티가 안무했다. 실비 길렘과 아크람 칸의 2인무는 칸이 안무했다.

다양한 안무가의 협업은 중요한 점을 시사한다. 춤이 더 이상 한 사람의 안무에 의존할 필요는 없다는 것이다. 어떤 축제에서 안무의 순수성을 주장, 참가작을 제한한 경우가 있었다. 콩쿠르에서 1·2등을 뽑고, 입시시험이 아닌데 안무, 연출, 대본 등 작품의 모든 것을 안무가 혼자 책임질 필요는 없다고 생각한다. 안무에 재능이 있는 사람은 안무를 하고, 대본, 연출은 물론 안무마저도 도움이 필요한 부분은 다른 사람의 협력을 받을 수 있다. 한 명의 안무가에, 한 무용단 사람만을 주장하는 것은 이제 더 이상 쓰기도 진부해 보이는 세계화 시대, 포스트모더니즘에 어울리지 않는 순혈주의, 심하게 말해 근친상간이라는 생각도 하게 한다. 누가 도움을 주고, 누가 만들었다는 지적 재산권 영역만 분명하다면 작품의 결과로만 판단해야 할 것으로 생각된다.

세계 최고 수준의 클래식 발레리나가 중국과 인도(엄밀하게 말해 대만과 방글라데시) 문화 출신의 현대무용가에게 몸을 맡기는 게 서구에서도 결코 쉬운 일은 아니다. (한국의 어느 무용가는 서구에서도 실비 길렘뿐이라고 말했다.)

우아함과 테크닉을 겸비한 늘씬한 지체미로 동양적 관능을 투명하게 그려내는 길렘의 춤은 아크람 칸의 강렬한 에너지의 카탁춤과 조화를 이뤘다. 특히 길렘은 15분 가까이 두 발로 칸의 허리를 조이며 하나인 두 몸의 관능미를 마치 인도 탄드라 밀교의 한 장면처럼 절묘하게 춤춰냈다.

'신성한 괴물들(monstres sacrés)'은 본래 19세기 프랑스에서 사라 베르나르 등과 같은 연극계 대스타들을 칭하는 용어로 처음 사용됐다. 현재는 대중과 미디어로부터 거의 신과 같은 지위를 부여받았지만 그렇기에 자신의 본 모습을 감추고 괴물처럼 살아가야 하는 예술계와 스포츠계의 스타들을 일컫는 말로 쓰이고 있다. 실비 길렘은 아크람 칸과의 장르를 넘어선 만남을 통해 '신성한 괴물들'을 벗어나 '뜨거운 피가 흐르는 자유로운 인간'으로 돌아온 것 같다. 다양성과 독창성, 한계를 뛰어넘으려는 과감한 용기가 귀감이 되는 무대였다.

— 춤 2007년 4월호

4. 단평

■ 좋은 작품도 중요하지만 기획도 중요하다. 현대공연예술에서 1980년대까지는 창작이 중심이었지만, 포스트모더니즘 시대인 1980년대 이후는 오히려 기획이 더 중요해졌다. 구슬이서 말이라도 꿰어야 보배인 것이다. 작품도 작품이지만 기획이 더 돋보이는 무대가 있었다. 한국 남자 현대무용을 대표하기에 부족함이 없는 제임스전-손관중-안성수-홍승엽을 한 무대에 올려놓은 「2003 오늘의 춤작가 Big4 초대전 - 움직임, 이미지, 그리고 메시지」(2003년 11월 10~11일 예술의전당 토월극장)다.

제임스 전은 도발적이면서도 명확한 표현, 손관중은 강력한 다이나미즘, 안성수는 가장 음악적인 아름다운 춤추상, 홍승엽은 명증한 이미지로 각각 독자적인 춤 세계를 구축, 한국 남성 현대무용의 네 기둥을 형성하고 있다고 할 수 있다. 이들이 한 무대에서 기량을 겨룬 이 공연은 역시 많은 관객들이 몰렸다. 한 무용가로서는 모으기 힘든 다양한 관객들이다. 하지만 자신과 관련된 작품만을 보고 자리를 비우는 관객들도 없지 않아 주변의 눈살을 찌푸리게 했다. 춤의 대중화를 위해 출연자들에게는 다소 무리한 무대이기도 하지만 이런 무대가 자주 있어 관객들에게 흥미를 유발하고 볼거리를 줘야 하지 않을까 생각된다.

― 춤 2003년 12월호

■ 매년 무용시즌 첫 막을 열었던 중견 무용가들의 솔로춤 소품전 「한국 현대춤작가 12인전」. 2004년 작가12인전은 마지막 날 공연 도중 천장에서 석고보드가 객석으로 떨어져 관객이

다치는 등 사고가 발생했다. 이에 따라 4인의 공연이 4월로 순연되는 불상사를 빚기도 했다. 18년 전통의 현대춤작가전 사상 최악의 사고였다. 첫날 공연 중 이미영의 작품《월행(月行)》(2004년 3월 16~18일 문예진흥원 예술극장 대극장)은 연극적 효과를 도입한 시작은 좋았다. 천을 활처럼 드리우고 당기면서 긴장감 넘친 출발이었다. 그러나 음악 바흐의 무반주첼로 협주곡이 한국춤을 추기에는 너무 어려워 보였다. 춤이 음악을 따라가지 못하면서 감정과 표현이 과잉됐고, 상투적이고 진부한 국면으로 흐르고 말았다. 특히 먹을 갈고, 서예를 하는 장면은 극적으로 제대로 소화하지 못해 춤과 극, 음악의 전체적인 부조화만 드러내고 말았다. 형식과 내용에 대한 실험을 찾을 길 없이 나태한 관성만이 느껴진 무대였다.

— 춤 2004년 4월호

■ 랄랄라휴먼스텝스의《아멜리아》(안무 에두아르 록, 2004년 6월 3~5일 LG아트센터)는 전성기의 무용수들이 눈부신 기량을 중심으로 첨단 메카니즘의 영상기법을 이용해 관객들을 숨쉴 틈 없이 몰아갔다. 라이브 음악과 영상, 조명과 춤이 결합돼 오감을 자극하는 아름다운 미장센이었다. 황홀할 정도로 빠르고 균형잡힌 아름다움이었지만 1시간 30분간 반복됨으로써 지루한 감도 없지 않았다.

한편 플라멩코 춤꾼 호아킨 코르테스의《라이브(Live)》(2004년 6월 24~28일 세종문화회관 대극장)'는 라틴 노래와 음악을 배경으로 관능의 무대였다. 한 밤에 집시들이 모여 파티를 하는 모양으로 보컬, 기타, 바이올린, 첼로, 플류트, 드럼 등 퍼큐션이 연주에 맞춰 코르테스는 특유의 관능을 폭발시켰다. 한 사람의 힘으로 이끌어가기는 무대가 조금 커서 아쉬웠지만 민속을 이같이 상업화시킬 수 있는 힘이 놀라왔다. 이는 결국 스타를 만들어낸 스페인 무용계와 상업 엔터테인먼트 회사간의 협력의 결과로 생각된다. — 춤 2004년 7월호

■ MCT가 주최하는 〈2005 오늘의 춤작가 Big 4 초대전〉(2005년 3월 12~13일 LG아트센터)에 안은미, 홍승엽, 전미숙, 안성수의 작품이 공연되었다. 그 중 2000년 리옹페스티벌에 초청되었던 홍승엽의《데자뷔》중에서 발췌한 공연은 반딧불이나, 물소리, 백열등, 지느러미 등의 소품과 이미지를 활용해 관객의 기억에서 어디서 본 듯한 무엇을 꺼내려 했다. 편안하

면서도 깔끔한 홍승엽의 특징을 확인시켜주는 그의 대표작이다. 언어의 자의성과 이미지에 대한 몸의 탐구라는 점에서, 어디선가 경험한 무언가를 상기시킨다는 점에서 이 작품은 관객들에게 항상 새로움을 낚게 한다.

— 춤 2005년 4월호

■ 우댄스컴퍼니의《소통》(안무 김장우, 2005년 6월 5일 LG아트센터)은 자연과의 소통, 애완동물과의 소통, 소외된 사람과의 소통(왕따), 사랑하는 사람과의 소통, 모두가 사랑으로 만족하는 소통 등 다섯 개의 '소통'으로 이뤄졌다. 하지만 결정적으로 '관객과의 소통'에는 실패한 것 같다. 표피적 관찰과 관성적인 표현은 매스게임을 연상케 했으며, 설익은 SF적 환상과 시사적 관심은 이벤트의 느낌이 났고, 진부한 의상은 전통의상 패션쇼 같다는 생각도 들었다. 백화점식으로 늘어놓고 이것저것을 보여주기보다는 자신의 철학이 담긴 한 방으로 정리해야 하지 않았을까 싶다. 짧은 시간에 하나의 소통에 집중해 풀어나갔다면 단편의 날카로운 맛이 살아나지 않았을까 생각된다. 형식논리에 치우친 안이한 플롯과 스타일의 무대였다.

— 춤 2005년 7월호

■ 2005년 「부토페스티벌」에서 공연한 김영미 안무의 《리벌루션(Revolution)》(7월 9~10일 국립극장 별오름극장)은 제목처럼 혁명적이지는 않았지만 차분했다. 세련된 무대감각 좋았고, 감각적이고 깊이감도 있었다. 하지만 일본춤을 너무 의식해서인지 표현에 강한 자신의 장점을 제대로 발휘하지 못했다는 생각이 든다.

— 춤 2005년 8월호

■ 관객이 있는 소설프로젝트 「그들은 만나지 않았다」(2005년 9월 7~10일 국립극장 별오름극장)는 소설의 내용을 대본으로 풀어낸 젊은 작가들의 움직임이 신선했다. 요즘처럼 의미없는 추상이 훈장처럼 내세워지는 상황에서 구체적인 움직임을 내세우는 젊은 작가들의 솔직함을 높이 평가하고 싶다.

이상의 소설을 발레로 안무한 《봉별기》(안무 김선아)는 한편의 깔끔한 무용시였다. 한지의 그림자를 이용해 작품을 시작하고 한국적 춤사위가 느껴지는 발레동작은 신선했다. 소설의 내용을 처음부터 끝까지 마치 움직이는 삽화를 보듯, 뮤직비디오를 보는 것처럼 시적으로 풀어나갔다. 이미지가 소설에 너무 끌려간다는 생각도 없는 것은 아니지만 애초에 소설 낭독을 바탕으로 시작한 것이니 어쩔 수 없는 일로 생각된다.

반면 김승옥의 소설을 한국춤으로 풀어낸《무진기행》(안무 박은행)은 좀 달랐다. 낭독을 생략한 채 정훈희의 '안개', 이난영의 '목포의 눈물' 등 흘러간 음악을 배경으로 풀어갔다. 영상을 쓴 것이나, 우산이 날아가는 것이나 구체적인 연극적 기법을 많이 적용했다. 구체적이고 편안한 것은 미덕이지만 그로 인해 무용 특유의 압축미를, 여백미를 잃은 것 같아 아쉽기도 하다.

— 춤 2005년 10월호

■ 트러스트무용단의 유연아가 안무한《스탠딩(Standing)》(2006년 2월 25~26일 아르코예술극장 대극장)은 깔끔하고 느낌이 풍부한 작품이었다. 회전의자를 놓고 걸레질하고 털고 앉고 몸을 꼬면서 고독한 현대인, 특히 여성의 고민이 전해졌다. 의자 하나와 조명을 쪼개 미니멀한 무대에 걸 맞는 무브먼트로 피 흘리는 여성의 고통을 감각적으로 깔끔하게 그려냈다.

— 춤 2006년 4월호

■ 국립오페라단의 〈보체크〉(연출 양정웅, 안무 홍승엽, 2007년 6월 14~17일 LG아트센터)는 국립오페라단이 처음 시도하는 현대 오페라다. 알반 베르크가 작곡한 무조음악으로 일반 관객들이 접근하기 쉽지 않다. 이 작품에서 홍승엽은 무용이 오페라의 성공에 어떻게 기여할 수 있는가 최대치를 보여준 것 같다. 음악과 연출이 중심이 된 오페라에서 무용의 공간이 어디에 있으며 무용이 오페라를 관객들에게 얼마나 효율적으로 전해주는지 보여줬다. 힘없고 가난해 아내마저 빼앗기는 가엾은 병사 보체크의 상황을 무용수들의 춤으로 배경을 채색하고, 가수들의 동작으로 점을 찍어 노래를 듣기 이전에 불립문자로 객석에 전했다. 첫 장 보체크가 군악대장을 면도하는 장면에서의 4인무는 상당히 어렵다는 선입관의 이 현대 오페라를 강렬하게 객석에 각인시켜 관객들이 무대의 모든 메시지를 받아들일 수 있도록 준비시켰다.

18세기 프랑스 희극작가 마리보 원작의 연극 〈사랑과 우연의 장난〉(연출 임영웅, 안무 최청자, 2007년 6월 13~7월 1일 예술의전당 토월극장)은 국내 초연이다. 이 작품이 국내 초연인 이유 중의 하나가 '마리보류(流)의 부자연스럽게 꾸민 말투, 부자연스럽게 멋부리는 언동'이라는 뜻의 '마리보다주(marivaudage)'라는 말을 만들어 낼 정도로 어려운 대본에 있었던 것 같다. 잘 다듬어진 대본에 고급한 의상과 무대, 젊은 스타들의 호연이 만들어낸 모처럼의 완성도 높은 이 연극의 끝마무리를 지은 것은 춤이었다. 해피엔딩의 끝을 고급스런 춤으로 마무리한 원로 연출가 임영웅의 젊은 감각과 거기에 멋지게 호응한 최청자의 춤은 화려한 정통고전극의 대미로 나무랄 데 없었다.

— 춤 2007년 7월호

■ LDP무용단의 《The freedom of will》(안무 이용우, 2008년 5월 27~28일 아르코예술극장 대극장)은 '막지 마라, 나는 오늘 좀 달려야겠다'로 광고카피로 유명한 CF스타, 패션모델로 일반에 잘 알려진 이용우가 선보인 큰 무대로 상당한 관심을 끌었다. 하지만 그는 '달리지 못해 막을 필요가 없어' 보여 아쉬웠다. 처음의 비틀거리며 쓰러지며 만들어내는 몸짓의 왜곡은 박력 있고 화려했다. 그러나 환경파괴, 디스토피아적 이미지가 좀 진부했다. 또 무대의 차단막을 모두 걷어 올려 대극장 무대를 있는 대로 넓혀 무용수가 작아진 느낌이다. 이 큰 무대를 채우려면 좀 더 뛰고 움직여야 했는데 움직임 약했던 느낌이다. 테크닉은 좋았다. 강렬한 동작이 아크로바틱하게 착착 달라붙어 돌고 뛰며 대단한 힘을 보여줬다. 그러나 장면의 연결이 부드럽지 않았다. 디테일과 구성이 전체적으로 유기적으로 연결되지 않아 뛰어난 테크닉이 만들어내는 특유의 흥과 다이나믹이 모래알처럼 부스러졌다. 3인1조로 지팡이를 이용해 하는 철봉과 공놀이 등 아크로바틱한 재미가 있었지만 필요이상 길어 긴장감을 약화시키는 바람에 좋은 춤의 효과를 반감시키기도 했다.

— 춤 2008년 7월호

■ 오!마이라이프무용단의 《미들 플레이스(Middle place)》(안무 밝넝쿨, 2008년 6월 2~3일 아르코예술극장 대극장)는 무용수들이 넝쿨처럼 얽혀 페이소스와 유머가 얽혀있는 삶을 자연적인 꺾임과 온몸 비틀기, 그림자 앙상블 등으로 좋은 그림을 만들어냈다. 시적으로 잘 어울린 추억의 사진틀이었다. 유기적인 움직임으로 반복과 확대를 통해 자극에 제대로 반응했다. 잘 짜여진 구성과 편안한 호흡이 좋은 균형점을 찾았다.

— 춤 2008년 7월호

■ 김재덕 안무의 《조커의 블루스》(2009년 6월 1일 아르코예술극장 대극장)는 빠르고 정확한 움직임에 라이브 판소리를 결합, 독특한 느낌을 만들어내고 있는 김재덕의 스타일이 잘 드러났다. 좌우를 시원하게 튼 무대에서 마치 배트맨과 조커가 나오는 액션영화를 한편 보듯이 화려한 움직임이 유머와 함께 재미있게 펼쳐졌다. 객석 통로에 마련된 판소리 무대는 독특한 서사미를 창출, 무대의 빠른 움직임과 재미있게 연결됐다. 얼핏 무성영화시대의 변사의 느낌으로 빠르고 화려한 몸짓과 익살스런 소리가 멋지게 어울렸다. 하지만 소리가 폭포수를 뚫고 나오는 생소리가 아니라 마이크로 확대돼 부분적으로 일그러져 아쉽다. 춤의 추상성과 판소리의 구체성을 잘 이어 붙였지만 이 같은 형식이 몇 작품에서 계속되면서 자칫 관성화할 가능성도 우려된다.   — 춤 2009년 7월호

■ 젊음의 특징 중의 하나가 경쾌함이다. 윤석태 안무의 《퍼즐》(2009년 9월 16일 아르코예술극장 대극장)은 삶의 '퍼즐'을 경쾌한 음악에 발랄한 움직임으로 시원하게 풀었다. 명랑한 이미지를 재기발랄하게 풀어 음악과 움직임, 이미지가 좋은 밸런스를 유지했다. 솔로가 힘이 넘치고 군무의 감성도 좋아 객석을 절로 흥겹게 했다. 하지만 대사의 도입이 좀 부적절해 보였다. 춤으로 설명이 안 되니 말을 더했다는 느낌이다. 춤 속에 말이 붙어 말이 음악이 되고 춤이 돼야 하는데 춤의 설명으로 사족이 된 듯했다. 더욱이 대사훈련이 완전치 않아 이런 문제가 도드라져 보였다. 마무리 등 부분적으로 춤이 늘어지는 점이 없지 않았다. 전체적으로 춤맛은 좋았지만 주제와 다소 밸런스가 맞지 않아 이 같은 문제점이 드러나지 않았나 싶다.   — 춤 2009년 10월호

■ 유빈댄스의 《틈》(안무 이나현, 2009년 11월 14~15일 대학로예술극장 소극장)은 색깔 좋은 비단이었다. 좋은 속도감과 균형으로 감성적인 그림을 만들었다. 깔끔한 미니멀리즘으로 음악성을 잘 살린 리듬감 있는 움직임으로 무대 곳곳을 균형있게 채웠다. 긴장과 밀도가 오밀조밀 유기적으로 이어져 인간의 틈, 인간과 인간 사이의 틈을 추상화해 존재의 의미를 되묻게 했다.   — 춤 2009년 12월호

■ 무용문화포럼(공동회장 김동호 · 임학선)의 「2010 무용문화포럼이 선정한 안무가 시리즈」 첫날 공연 무대에 선《여보세요!》(안무 유희주, 2010년 10월 23일 두리춤터)는 7년 동안 무대에서 보지 못했던 현대무용의 젊은 기대주 유희주를 다시 발견하는 모처럼의 작품이었다. 공간과 높이 등 자신의 욕심만큼 기량을 충분히 펼쳐 보이기 힘든 극장 공간이었지만 춤에 대한 열정과 노력만은 마치 관객들에게 "여보세요! 저 아직 여기 무대에 있어요!"라고 다부지게 말하는 것 같았다.

유희주는 소극장 무대를 좌우 앞뒤로 나눠 좁은 의자 위에서 위태롭게 시작, 에너지를 잘 갈무리하며 좋은 집중을 만들어냈다. 긴장 탓인지 부분적으로 균형이 흔들리기도 했지만 잘 넘기고 이불 호청 같은 부대 속에서 갇혀 잇는 몸을 답답하지 않게 관능적이면서도 힘있게 풀어냈다. 집요하고 질긴 집중으로 목표를 향해 끈끈하게 조여나가면서도 감정에 흐르지 않고 쿨하게 매듭을 지었다. 아직 7년 전의 속도감이나 깔끔한 테크닉을 회복하지 못했지만 삶을 관조하는 세월이 주는 힘이 춤에 대한, 삶에 대한 진정성과 집중도를 강화, 한층 새로운 춤을 기대하게 했다.

— 춤 2010년 11월호

월간 『춤』 리뷰 목록

※ 안무가의 경우 대괄호 안에 작품명. 무용단의 경우 작품명 옆 소괄호 안에 안무자명.
　기획공연이나 축제의 경우는 타이틀과 소괄호 속 안무자명만 표기. 외국무용단의 경우 안무자와 작품명만 표기.

2001년

04월호　2001 한국 현대춤작가 12인전(신은경, 김명회, 이정희, 문영철, 정혜진, 김매자, 최상철, 김영희, 오문자, 전미숙)

05월호　서울발레시어터[사계](제임스 전), 안은미[은하철도], 국립무용단[춘향전-춘당춘색고금동](배정혜)

06월호　서울발레시어터[이상한 나라의 앨리스](제임스 전), 유니버설발레단[동물의 사육제], 제1회 서울 국제 즉흥춤 축
　　　　제

07월호　홍승엽[빨간 부처], 김명숙[샘 Ⅱ]

08월호　제1회 한국을 빛내는 해외무용스타 초청공연

09월호　퓨전앙상블(김민정, 유경아, 노정식)

10월호　김명숙[움직이는 산], 김영희[부모은중경], 김운미[함 Ⅱ]

12월호　2001 서울공연예술제 무용경연(이고은, 정진한, 장선미, 조은미), 김은희[우물단장]

2002년

01월호　정의숙[동동-사랑의 비가], 안성수[시점], 안신희[달빛 Ⅰ · Ⅱ]

02월호　아이리쉬탭댄스[스피리트 오브 더 댄스], 육완순[鶴아, 학아]

03월호　2002 한국 현대춤작가 12인전(김영미, 강미선, 방희선, 박경숙, 안윤희, 강준하, 김장우)

04월호　조흥동 춤인생50년 기념공연, 김나영[칼멘 샌디에고의 행방]

05월호　안애순[굿-Play], 조은미[조소/비탄]

06월호　안은미&김지영[페이퍼 레이디], 안은미[제발 나를 죽여줘]

07월호　유니버설발레단[로미오와 줄리엣](올레그 비노그라도프), 2002 민족춤제전

08월호　산카이주쿠[히비키], 2002 젊은 안무자 창작공연(우혜영, 김진완, 신종철, 정유라, 좌유경, 김진미, 이태상, 차진
　　　　엽, 윤혜정)

09월호　박호빈[말똥 콤플렉스를 위한 메트로놈 4중주], 이윤경 · 류석훈[더블 웨이-블루]

10월호　김명숙늘휘무용단 파리공연([샘]), 손인영[감각]

11월호　김매자[얼음강], 최상철[빨간 백조], 김영희[달아]

12월호　박호빈[꼬리를 문 물고기], 윤미라[물빛그늘], 우리시대의 무용가 2002(김원&김성한, 김은희&박호빈, 안은미&임
　　　　혜경, 박인자&이만익, 강미선&제임스 전)

2003년

01월호　김현자[그 물 속에 불을 보다], 정혜진[돌의 거울]

02월호　육완순[슈퍼스타 예수 그리스도], 안애순[하얀 나비의 비명-아이고], 최청자[겨울이야기]

03월호　현대무용단탐 창작솔로춤(조양희, 김수정, 유희주, 정지영, 이옥경)

04월호　유니버설발레단 파리공연([로미오와 줄리엣/심청]), 손인영[아바타 처용]

05월호 서미숙 파리공연([프리미티프]), 2003 한국 현대춤작가 12인전(국수호, 이은주, 신은경, 문영철, 전미숙, 김성한, 윤미라, 전홍조, 김복희, 김순정, 박호빈)

06월호 국립무용단[바다](김현자), 김명숙[나비연가]

07월호 방희선·장성원[마차 안의 작은 이야기], 안은미춤·서울-Please, 홍승엽[쉐도우 카페/두 개보다 많은 그림자]

08월호 LDP 제3회 정기공연(김영진, 차진엽, 이즈톡 코박), 제2회 한국을 빛내는 해외무용스타 초청공연

09월호 김선희[인어공주], 황미숙[흥부놀부의 타임머신 여행], 서울발레시어터[백설공주](제임스 전)

10월호 김명숙[육법공양 헌무의식/소천], 김삼진[둔(屯)-시계보는 아이]

11월호 안신희[이기적 유전자], 국립무용단[비어있는 들](김현자)

12월호 박호빈[오르페우스 신드롬 2003/천적증후군], 김말애&지희영[우리 함께 춤추던 때가…], 2003 오늘의 춤 작가 Big4 초대전(안성수, 손관중, 홍승엽, 제임스 전)

2004년

01월호 정승희[Images-비천사신무], 이애주[영가무도], 우현영[사하라시스]

02월호 정귀인[흙으로 빚은 인형], 이은영[결혼], 안성수[이상한 나라 2], 홍승엽[말들의 눈에는 피가]

03월호 김영미[동물원 이야기], 2004 조흥동 춤의 세계, 방희선·장성원[TaBoo]

04월호 국립무용단의 2004주목(김장우, 정혜진, 최데레사), 2004 한국 현대춤작가 12인전(김은희, 문영철, 이미영), 늘휘무용단 정기공연[공간-그 무한의 가능성Ⅱ](윤정민, 김율희, 박경은)

05월호 머스 커닝햄[Ground level overlay/Split sides], LG아트센터의 한국 무용계를 이끄는 4인의 안무가전(안성수 김은희, 박호빈, 허용순)

06월호 사비에르 르 로이[Self-Unfinished], 사샤 발츠[육체], 나초 두아토[Multiplicity], 매튜 본[호두까기인형!], 안은미[제발 내 손을 잡아줘], 유정숙[바리], 강미선[우리춤 2004-전통춤과 신무용의 만남], 조흥동[우리춤 우리맥]

07월호 제25회 서울무용제(백정희, 김선희, 장유경, 김혜림, 이은영, 최데레사, 문영철, 조남규), 지리 킬리언[시간이 걸릴 때/생일], 에두아르 록[아멜리아], 호아킨 코르테스[라이브]

08월호 한국컨템포러리무용단[메모리](장은정, 김정은, 윤미정, 이윤경), 김복희[우리시대의 새]

09월호 서미숙[프리미티프]

11월호 우리춤빛깔찾기9[박인자, 박명숙, 임학선], 한·중·일 아시아가무단[아무타제], 이애덕[바람인가, 마음인가], 황미숙[장미에게도 비밀은 있다]

12월호 KNUA무용단 제15회 정기공연(미나 유, 김선희), 안성수[선택], 국립무용단[코리아 환타지], 경기도립무용단[꿈, 꿈이었으니](조흥동), 김민정[다시 돌아온 불후의 명작], 우리시대의 무용가 2004(제임스 전, 홍승엽, 손관중)

2005년

01월호 국립무용단의 동동2030(이화석, 이윤경, 박재순, 백형민), 국립발레단·유니버설발레단·서울발레시어터[호두까기인형], 김선희[인어공주]

02월호 김은희[산해경], 방희선·장성원[실종], 장선희[수묵]

03월호 김성한[Story about Enemy], 안애순[피드백], 정의숙[씻김 이천오], 김선미[강변북로], 김운미[그 한여름]

04월호 2005 오늘의 춤작가 Big 4 초대전(안성수, 전미숙, 안은미, 홍승엽, 강혜련[3D], 국립무용단의 2005주목(안성수, 김영희, 정은혜), 박재희[바람벽]

05월호 서울현대무용단 25주년기념공연[춤추는 돌, 거시기한 삶](조성희·박해준·김영미·장애숙), 조기숙[몸놀이], 로이드 뉴슨[Just for show]

06월호 김삼진[터미널], 평론가가 뽑은 제8회 젊은 무용가 초청공연(박나훈, 정영두, 이태상, 김정아, 윤정민, 김정은, 이해준, 박인주)

07월호 피나 바우쉬[러프 컷], 강미선[페드라], 최데레사[움직임과 소리], 이윤경[웨이팅 룸Ⅱ], 문영철[무몽—귀천], 김장우[소통]

08월호 김영희[마음을 멈추고/기다림], 김영미[리벌루션], 정동극장의 아트프론티어2005(김용걸), 김순정[바람이 분다, 간다], 조기숙[솔로—센스1]

09월호 춤으로 클릭하는 동화(이고은, 박호빈, 이해준), 김정은[기워진 이브Ⅱ]

10월호 손인영[안팎], 김은희[진공], 최데레사[나! 심청], 관객이 있는 소설프로젝트(김선아, 박은행), 전은자[풍경], 박호빈[푸른 돌], 이경은[The Two]

11월호 안은미[Let me change your name], 우리춤빛깔찾기10(김윤규, 김성한, 김윤수), 홍혜전[팜므 파탈], KNUA무용단 제16회 정기공연(김혜식, 정승희, 베르나르트 바움가르텐)

12월호 안성수[앵콜 볼레로 2005], 김윤정[이별그림], 남정호[성난 돌진], 아지드무용단 정기공연[연](김봉순 · 김윤경 · 이은주)

2006년

01월호 안애순[복수는 가슴 아픈 것], 정혜진[안데르센의 크리스마스 이야기], 서정숙[미얄]

02월호 김윤정[닻을 내리다—피터를 위한], 창무회 30주년 기념공연(최지연, 김선미, 윤수미), 한국컨템포러리무용단 30주년 기념공연(이윤경, 박명숙, 육완순), 이경옥[바보 온달과 평강공주의 시소게임], 장선희[사랑에 관한 일곱 개의 변주]

03월호 김선희[지귀—불꽃]

04월호 트러스트무용단 10주년 기념공연(김남진 · 전인정, 김형희 · 김윤규, 유연아), 제9회 창작발레신인안무가전(김경영, 송성호, 김은주, 신무섭), 오늘의 무용가 초대전 2006(박소정, 장현수, 김선이, 조정희, 홍승엽)

05월호 김봉순[하루], 강혜련[수류], 장선희[시 읽는 시간—발레가 시를 만났을 때]

06월호 류석훈[그들이 원하는 것들…], 안은미[新춘향]

07월호 평론가가 뽑은 제9회 젊은 무용가 초청공연(이태상, 강지혜, 홍혜전, 신종철, 박순호, 안정연, 정진용, 한창호, 서원호), 홍승엽[아큐]

08월호 서울발레시어터의 발레3545(김순정, 허용순, 제임스 전, 백연옥)

09월호 김희진[기억세포], 정동극장의 아트프론티어2006(김미애)

10월호 서울발레시어터[피가로의 결혼](제임스 전), 김성한[훔치는 타인들]

11월호 정영두[걷다 · 서다 · 팔을 뻗다], 김윤진[노래하듯이]

12월호 박나훈[숨이 놀다], 남정호[고백]

2007년

01월호 안성수[고요한 견제/귀신이야기—볼레로 2006], 이경은[춘몽]

02월호 안애순[백색소음], 황미숙[변하지 않는…/목련, 아홉 번째 계단으로], 김숙자[불멸의 처—링반데룽Ⅱ]

03월호 정의숙[블랭킷 앤드 볼], 이정연[그림자 왈츠]

04월호 정동극장의 아트프론티어2007(김주원), 실비 길렘&아크람 칸[신성한 괴물들], 서미숙[청소년을 위한 이야기가 있는 발레]

05월호 정은혜[봄의 단상], 손관중[적(跡)Ⅷ—공간 플러스], 김선희[거꾸로 가는 기차], 김종덕[또 다른 음모]

06월호 윤미라[저 꽃, 저 물빛], 유니버설발레단[발레 춘향](유병헌), 김화례[강아지똥]

07월호 방희선 · 장성원[백설공주의 미러—셀프/전시장 안의 사람들], 박호빈[꼬리를 문 물고기]

08월호 평론가가 뽑은 제10회 젊은 무용가 초청공연(김판선, 김봉순, 이용인, 신종철, 윤수미, 노진환, 윤민석, 정연수, 박주영), 김남진[Begging…], 이정연[검은 사막의 시 2]

09월호 국립무용단의 바리바리 촘촘 디딤새 2007(여미도, 문창숙, 김선영, 유영수, 류장현, 박기환), 유니버설발레단[발레뮤지컬 심청](김경영), 뉴욕의 춤추는 브루클린 브리지(김현남, 박나훈, 정의숙)

10월호 예술의전당의 자유젊은무용(김윤정, 김설진), 국립무용단[춤 · 춘향](배정혜), 안은미[바리-이승편]

11월호 제1회 서울댄스컬렉션(박영준 · 인정주, 김수정, 임혜리, 최진한), 서미숙[뉴 볼레로], 서울발레시어터[마스크](제임스 전)

12월호 이경옥[눈물], 안성수[그곳에 가다/볼레로 2007], 2007 바뇰레 국제 안무 서울페스티벌(박영준, 김남진, 김성한, 김판선, 윤푸름, 정연수)

2008년

01월호 김원[Being Involved]

02월호 2007 안무가 집중육성지원사업 안무발표회(김남진, 한창호, 신은주, 이순주, 김지원, 박재현), 김은정 · 한창호 [사랑굿], 창무예술원의 내일을 여는 춤(신창호, 정란, 손미정, 박은정)

03월호 류석훈[그래피티 2008]

04월호 김선희[인어공주], 장현수[검은 꽃-사이코패스 증후군]

05월호 김성한[물구나무 서는 인간], 류석훈 · 이윤경[웨이팅/변신]

06월호 대전시립무용단[춤 마고](김매자), 국립무용단[밀레니엄 로드](배정혜 · 국수호 · 류장현 외)

07월호 황미숙[노란달팽이], 이용우[The freedom of will], 밝넝쿨[미들 플레이스], 홍승엽[뿔], 이희자[귀신이야기]

08월호 박나훈[메멘토 모리], 윤미라[화첩-공무도화], 평론가가 뽑은 제11회 젊은 무용가 초청공연(윤푸름, 신창호, 이혜경, 김판선, 김영재, 박소정, 홍은주, 최문석, 김수정)

09월호 김용걸[몬스터 발레], 국립무용단의 바리바리 촘촘 디딤새 2008(정현숙, 장윤나, 엄은진, 박종현, 황재섭)

10월호 이주희[남이환상], 김민희[아랑, 백골의 눈물 꽃잎처럼…], 안은미[봄의 제전], 허용순[천사의 숨결], 윤혜정[프로젝트 합], 방희선 · 장성원[낙원을 꿈무다], 손인영[지붕아래]

11월호 안애순[갈라파고스-가상낙원], 제2회 서울댄스컬렉션(이동원 · 김준희, 권령은, 이문석 · 최기섭, 전혁진, 이지은, 오민정, 김희선, 이윤정)

12월호 박호빈[만월], 허용순[침묵의 소리], 김운미[상생-2008 누구라도 그러하듯이], 최상철[기억의 방], 우리시대의 무용가 2008(김윤정, 박호빈, 김은희, 이용인, 차진엽, 이경은)

2009년

01월호 이경옥[독 · 살 · 청 III], 정의숙[도시천사], 김정은[책 읽어주는 여자], 박명숙[바람의 정원], 조은미[포칼 포인트], 정은혜[서울 굿, 점지], 김형희 · 김윤규[서드 턴]

02월호 2008 안무가 집중육성지원사업 안무발표회(김성훈, 김주성, 진윤희, 정미영)

04월호 강혜련[풍류], 장은정[육식주의자들/몇 개의 질문]

05월호 김매자[춤본-하늘, 땅, 인간], 전미숙[약속 하시겠습니까…], 손관중[적(跡)IX-푸른 침묵], 신창호[플랫폼]

06월호 박인숙[흰디와 테디], 이고은[카드게임], 국립무용단[Soul, 해바라기](배정혜)

7월호 손인영[삼일밤 삼일낮], 정의숙[보들레르의 여인들], 김은희[에테르], 김재덕[조커의 블루스], 최상철[빨간 말], 김경영[0+]

08월호 안애순[불쌍], 이경옥[분홍신], 김형희 · 김윤규[데칼로그-살인하지 말라], 안성수[장미/Mating Dance], 서미숙[올드 재즈/보이지 않은 경계선]

09월호 한명옥[조율]

10월호 최상철[섬], 이정연[트라이어드], 윤석태[퍼즐], 김경영[826번째 외침]

11월호 경기도립무용단[태권무무-달하](김정학), 강혜련[페이딩 어웨이], 김선미[볼레로], 안성수[음악그리기], 정연수

[노란 원숭이], 제4회 CJ영페스티벌(안영준, 심새인, 김성훈)

12월호 서울국제공연예술제 뉴탤런트(이선아, 이동원 · 김준희, 권령은), 김남진[미친 백조의 호수], 이나현[틈], 국립발레단[왕자 호동](문병남), 김은희[마라]

2010년

01월호 2009 대한민국무용대상 솔로&듀엣 경연(이윤경 · 류석훈, 김은희, 전미숙, 정혜진, 조윤라), 윤미라[여인, 흥에 젖다], 김선희[오페라 발레-뮤즈], 박나훈[배추생각]

02월호 안신희[선택, 공존의 이유]

03월호 안은미[바리-저승편]

04월호 이경은[이것은 꿈이 아니다], 정연수[죽음의 조건]

05월호 백현순[유림], 류석훈[바다가 죽어서 남긴 시신], 2010 한국 현대춤작가 12인전(윤미라, 김영미, 이정연, 이윤경, 임혜경), 정은혜[미얄], 이경옥[안데르센-그 몇 가지에 대한 대화], 정신혜[춤, 사계]

06월호 제24회 한국무용제전(김운미, 김지영, 남수정, 김장우, 정선혜), 박호빈[배꼽]

07월호 김영희[기억], 강혜련[몽류], 장해숙[넋이야 있고 없고]

08월호 전미숙[아듀, 마이러브/아모레, 아모레미오], 배상복 · 이미도[프렐류드], 홍승엽[벽오금학], 정신혜[찰나], 평론가가 뽑은 제13회 젊은 무용가 초청공연(길진영, 류장현, 윤석태, 김보람, 조주현, 김경영)

9월호 안성수[시점 NOW]

10월호 제주도립무용단[Soul of Jeju](배상복), 이은주[무어화], 정신혜[불온한 윤회], 인천시립무용단[물의 성, 물의 노래](홍경희), 정혜진[아가-메밀꽃 필 무렵], 경기도립무용단[태권무무-달하](김정학)

11월호 제31회 서울무용제(한효림, 차수정, 최경실), 제4회 서울댄스컬렉션(이현범 · 최진주, 김보람 · 장경민, 주정민, 이지희, 조슈아 퓨, 노경애), 윤덕경[하얀 선인장] 유희주[여보세요!]

12월호 정은혜[처용], 발레블랑 30주년 기념공연(허용순, 김나영), 대전시립무용단[이곳…](김매자)

2011년

01월호 정의숙[자유부인 2010]

02월호 김남진[미친 백조의 호수Ⅰ·Ⅱ/두통/Passivity]

03월호 김복희[꿈, 탐욕이 그린 그림/피의 결혼], 전미숙[나는 잠수한다/반·갑·습·니·까/약속 하시겠습니까…?], 안은미[조상님께 바치는 댄스]

04월호 박명숙[윤무]

06월호 국립현대무용단의 안무가베이스캠프Ⅰ(김성용, 밝넝쿨, 최경실, 정영두, 김남진, 이태상)

07월호 윤미라[달굿], 김용걸[WorkⅠ]

08월호 평론가가 뽑은 제14회 젊은 무용가 초청공연(정보경, 김동규, 박재현, 유희주, 김동호, 배유리, 노정식, 김설리, 김보람), 조현상 · 조슈아 퓨[Connect the Dots], 이미희[순환 속으로]

09월호 국립현대무용단[수상한 파라다이스](홍승엽), 이경옥[헨젤과 그레텔-비밀의 숲]

11월호 정의숙[윤이상을 만나다]

2012년

03월호 박명숙[윤무]

04월호 안은미[사심없는 땐쓰], 정의숙[자유부인 2012], 이경옥[슬픈 빨강-헨젤과 그레텔에게]